Gesellschafterhaftung bei Existenzvernichtung der Einmann-GmbH

Europäische Hochschulschriften

Publications Universitaires Européennes
European University Studies

Reihe II
Rechtswissenschaft

Série II Series II
Droit
Law

Bd./Vol. 4363

PETER LANG
Frankfurt am Main · Berlin · Bern · Bruxelles · New York · Oxford · Wien

Michael Burg

Gesellschafterhaftung bei Existenzvernichtung der Einmann-GmbH

Ein Beitrag zur Weiterentwicklung des Gläubigerschutzes im faktischen GmbH-Konzern

PETER LANG
Europäischer Verlag der Wissenschaften

Bibliografische Information Der Deutschen Bibliothek
Die Deutsche Bibliothek verzeichnet diese Publikation in der Deutschen Nationalbibliografie; detaillierte bibliografische Daten sind im Internet über <http://dnb.ddb.de> abrufbar.

Zugl.: Leipzig, Univ., Diss., 2005

15
ISSN 0531-7312
ISBN 3-631-54905-9

www.peterlang.de

Meinen Eltern

Vorwort

Die vorliegende Abhandlung wurde im Sommersemster 2005 von der Juristenfakultät der Universität Leipzig als Dissertation angenommen. Das Manuskript ist auf dem Stand von Dezember 2005.

Mein herzlicher Dank gilt meinem Doktorvater, Herrn Prof. Dr. Tim Drygala, von dem der Vorschlag zu dieser Arbeit stammt und der mir stets wertvolle Anregungen gegeben hat. Zu Dank verpflichtet bin ich auch Herrn Prof. Dr. Franz Häuser und Herrn Prof. Dr. Peter W. Herrmann für die Erstellung des Zweit- und Drittgutachtes.

Mein tief empfundener Dank gilt den vielen helfenden Händen, die mich bei der Erstellung der Arbeit unterstützt haben und die undankbare Aufgabe übernommen haben, die Arbeit Korrektur zu lesen. Hervorzuheben sind hierbei die Eheleute Edgar und Gisela Stein, Frau Stephanie Blümlein, mein Freund und Kollege Herrn Martin Gimnich sowie insbesondere Frau Katharina Landes.

Besonderer Dank gebührt meinen Eltern, ohne deren Unterstützung ich die Arbeit nicht hätte schreiben können.

Köln, im Januar 2006 Michael Burg

Inhalt

A) Einleitung

I. Problemstellung

Die Gesellschaft mit beschränkter Haftung ist eine Gesellschaftsform, durch deren Wahl die Gesellschafter aufgrund der von § 13 Abs. 2 GmbHG vorgeschriebenen Haftungstrennung ihr Unternehmensrisiko zu Lasten der Gläubiger beschränken. Es herrscht wohl ein allgemeiner Konsens darüber, dass diese durch § 13 Abs. 2 GmbHG erlaubte Risikoverlagerung wirtschaftlich sinnvoll und deshalb legitim ist.[1] Durch die Haftungstrennung wird risikoreiches Handeln auf dem Markt gefördert; dies wiederum kann insgesamt Innovationsschübe auf die Wirtschaft bewirken[2]. Freilich gilt das nur im Grundsatz, wenn man bedenkt, dass nicht nur die Gesellschafter die wirtschaftlichen Folgen des Ruins zu tragen haben, sondern dass daneben auch die Gläubiger und die Arbeitnehmer der Gesellschaft erheblich betroffen sind. Letzteres lässt den wirtschaftlichen Nutzen einer solchen Haftungstrennung zumindest fraglich erscheinen.[3] Diese Bedenken mehren sich, wenn man in die Überlegung mit einbezieht, dass die GmbH ein beliebtes Instrument zur Konzernbildung darstellt. Während bei einer selbständigen Gesellschaft die negativen Folgen der Haftungstrennung zumeist durch den Gleichlauf der Interessen der Gesellschaft, der Gesellschafter und Gesellschaftsgläubiger in Grenzen gehalten werden, ist dieses Regulativ im faktischen GmbH-Konzern bei noch anderweitigen Unternehmensinteressen nicht mehr ohne weiteres vorhanden. Hinzu kommt, dass bei rund 80 % aller Gesellschaften mit beschränkter Haftung das Korrektiv einer Minderheit fehlt, die einem Handeln der Mehrheit zu Lasten der Gesellschaft Grenzen setzt.[4] Folge ist eine erhöhte Risikotragung durch die Gläubiger der Unternehmung.

Angesichts der mit der Haftungsbeschränkung in diesen Situationen verbundenen Folgen für den Rechtsverkehr scheint daher die Frage angebracht, ob der Alleingesellschafter nicht von Rechts wegen dazu angehalten werden muss, seine GmbH „ernst zu nehmen", und es ihm verboten sein muss, sich als ein in seiner Herrschaftsmacht unbeschränkter Eigentümer der Gesellschaft zu gerieren. Man kann es nämlich schon als widersprüchliches Ergebnis bezeichnen, dass der Alleingesellschafter im Insolvenzverfahren auf seine beschränkte Haftung verweisen kann, aber im Gegenzug – bis auf die wenigen bestehenden gesetzlichen Schutzsysteme – keine Einschränkung seiner Herrschaftsmacht hinnehmen muss. Dies führt im Ergebnis dazu, dass der Gesellschafter mit dem Vermögen wie mit eige-

---

[1] Nach einer Untersuchung von *Meyer/Hermes*, GmbHR 2005, 807, 808 spielt die Haftungsbeschränkung noch immer die zentrale Rolle bei der Rechtsformwahl.

[2] *Ehricke*, AcP 199 (1999), 257, 302; *Hölzle*, ZIP 2003, 1376, 1376; *Haas*, WM 2003, 1929, 1930; *Benecke*, BB 2003, 1190, 1192; zur Rechtsökonomik des Mindestkapitals vgl. den Beitrag von *Eidenmüller/Engert*, GmbHR 2005, 433 ff.

[3] So auch *Wiedemann*, ZGR 2003, 283, 287 f.; *Hölzle*, ZIP 2003, 1376, 1377, der deshalb die Verpflichtung des Gesetzgebers formuliert, aus ökonomischen und rechtlichen Gründen einer solchen Zielsetzung ein effektives System des Gläubigerschutzes gegenüberzustellen.

[4] *Burgard*, ZIP 2002, 827, 827 f., der für eine gläubigerschützende Corporate Governance bei der GmbH plädiert.

nen umspringen kann, ihm jedoch die damit verbundene persönliche Haftung abgenommen wird.[5] Das Nachsehen haben dabei die Gläubiger der Gesellschaft.

Es gibt also durchaus Umstände, unter denen die durch § 13 Abs. 2 GmbHG erlaubte Abwälzung des Unternehmensrisikos zu beanstanden und deshalb von der Rechtsprechung zu korrigieren ist. Das ist, sieht man sich z.B. die Rechtsprechung zum qualifiziert faktischen Konzern an, nichts „grundlegend Neues". Gerade die Entwicklung dieser Haftungsfigur zeigt, dass es schwer fallen kann, die Grenzen der Haftungstrennung zwischen der Kapitalgesellschaft und ihren Gesellschaftern auf einigermaßen justitiable Formeln zu bringen. Vorläufiger Endpunkt dieser Entwicklung scheint das „Bremer Vulkan"-Urteil des II. Zivilsenats des BGH vom 17.9.2001 zu sein[6], welches durch Ausführungen des II. Zivilsenats in Folgeentscheidungen immer mehr an Kontur gewinnt[7]. Der BGH lehnt es ab, das Haftungssystem des Konzernrechts der Aktiengesellschaft weiterhin auf den faktischen Einmann-GmbH-Konzern anzuwenden. Der Schutz einer abhängigen Einmann-GmbH gegen Eingriffe ihres herrschenden Alleingesellschafters folgt nun nicht mehr den konzernrechtlichen Haftungselementen (§§ 291 ff., 311 ff. AktG).[8]

Das Schutzkonzept setzt sich nunmehr aus zwei tragenden Komponenten zusammen:
Zunächst soll nach den Vorstellungen des II. Zivilsenats durch die Ausdehnung des Tatbestandes der Einlagenrückgewähr die Erhaltung des Stammkapitals im Interesse des Gläubigerschutzes verbessert werden. Der BGH stellt im „Bremer Vulkan"-Urteil eindeutig klar, dass sich der Gläubigerschutz in der abhängigen GmbH in erster Linie aus den §§ 30, 31 GmbHG ergibt.[9] Diese Säule des Haftungskonzepts wird in den nachstehenden Ausführungen jedoch nicht zum Gegenstand der Untersuchung gemacht. Das Augenmerk wird sich vielmehr ganz auf die zweite Säule des neuen Haftungskonzepts richten, die der II. Zivilsenat darin erblickt, dass er den Bestandsschutz einer abhängigen GmbH gegen existenzgefährdende Eingriffe postuliert. Der BGH will somit für den Fall, dass die GmbH infolge eines rücksichtslosen Eingriffs seitens ihres Alleingesellschafters ihren Verbindlichkeiten nicht mehr nachkommen kann, betroffenen Dritten ein Mittel zur Hand geben, um die betreffenden Alleingesellschafter zur Verantwortung ziehen zu können.[10]

II. Gang der Untersuchung

Im Hinblick auf die hohe Insolvenzanfälligkeit der GmbH[11] und die damit verbundenen dramatischen Folgen für die Gläubiger und Arbeitnehmer des Unternehmens

---

[5] So die Einschätzung von *J. Wilhelm*, Rechtsform und Haftung bei der juristischen Person, S. 355.
[6] BGHZ 149. 10 ff.
[7] BGHZ 150, 61 ff. (=ZIP 2002, 848 ff.; NJW 2002, 1803 ff.); BGHZ 151, 181 ff. (=ZIP 2002, 1578 ff.; NJW 2002, 3024 ff.) –„KBV"- ; BGH ZIP 2004, 2138 ff. –„Klinik"- ; BGH ZIP 2005, 117 ff. – „Autohändler"-; BGH ZIP 2005, 250 –„Unterschlagung"-; eine Übersicht über die jüngste Rechtsprechung der Instanzgerichte liefert Wahl, GmbHR 2004, 994 ff.
[8] BGHZ 149, 10, 16 (=ZIP 2001, 1874, 1876).
[9] BGHZ 149, 10, 16 (=ZIP 2001, 1874, 1876).
[10] BGHZ 149, 10, 16 f. (=ZIP 2002, 1874, 1876).
[11] Vgl. die Statistik bei *Burgard*, ZIP 2002, 827.

scheint diese Haftung für Existenzvernichtung mehr als erforderlich. Ob die Nachteile dieser Interessengruppen allerdings durch das Verbot existenzgefährdender Eingriffe behoben werden[12], soll im Rahmen dieser Arbeit untersucht werden.

Vorab steht allerdings die Untersuchung, ob das Urteil die schon lange geforderte Abkehr von den Haftungsgrundsätzen im qualifiziert faktischen Konzern darstellt.[13] Interessant dürfte auch die hiermit eng verknüpfte Beantwortung der Frage sein, ob ein „Abschied" von den konzernrechtlichen Vorschriften auch für die mehrgliedrige abhängige Gesellschaft zu gelten hat.[14]

Im Weiteren soll untersucht werden, ob der in der „Bremer Vulkan"-Entscheidung vollzogenen Entwicklung der Anerkennung eines Bestandschutzes der Einmann-GmbH zu folgen ist oder ob sich den Stimmen angeschlossen werden muss, die aus den unterschiedlichsten Gründen dieser Rechtsprechung die Gefolgschaft versagen[15]. Im Anschluss hieran muss die im „Bremer Vulkan"-Urteil noch offengelassene Frage nach der dogmatischen Grundlage des Haftungskonzepts beantwortet werden. Es wird in diesem Zusammenhang zu überprüfen sein, ob die im „KBV"-Urteil[16] erfolgte Konkretisierung der Gesellschafterhaftung als eine „echte" Durchgriffshaftung eine tragfähige Konzeption darstellt oder besser anderen zur Diskussion stehenden Ansätzen der Vorrang einzuräumen gewesen wäre.

Im Anschluss an die dogmatische Einordnung der Haftung wird die Aufgabe der Herausbildung des Tatbestandes der Existenzvernichtungshaftung angegangen. Hierbei wird die Untersuchung ihr Augenmerk darauf zu richten haben, wer als Adressat der Haftung für Existenzvernichtung neben dem herrschenden Gesellschafter in Betracht kommt. Gedacht wird hierbei in erster Linie an die im Schrifttum viel diskutierte Frage, ob auch in der unabhängigen Gesellschaft die Haftung des Alleingesellschafters für existenzvernichtende Eingriffe zum Tragen kommt.[17] Die dies ohne weitere Ausführungen bejahende „KBV"-Entscheidung[18] des BGH soll in diesem Zusammenhang auf ihre Vertretbarkeit überprüft werden.

Von zentraler Bedeutung für das Haftungssystem wird allerdings die Beantwortung der Frage sein, ob die Haftung wie der II. Zivilsenat es in seinen beiden jüngsten Entscheidungen vertritt, nur bei Vermögensentzug eingreift[19], oder auch für besonders rücksichtslose, risikobehaftete oder unvernünftige unternehmerische Entscheidungen zu gelten hat. Im Hinblick auf die gewonnenen Erkenntnisse sollen in einem weiteren Schritt Fallgruppen gebildet werden, die von der neuen „Existenz-

---

[12] Dies wird von Burgard bezweifelt, vgl. *Burgard*, ZIP 2002, 827 f.

[13] Dies verneinend *K. Schmidt*, NJW 2001, 3577 ff.

[14] *Altmeppen*, Abschied vom qualifiziert faktischen Konzern, 1991; *ders.*, DB 1994, 1912 ff.

[15] So wohl die Ansicht von *Bitter*, WM 2001, 2133 ff.; *Römermann/Schröder*, GmbHR 2001, 10, 15 ff.; *Römermann*, BGH-Report 2002, 881 f.; vgl. auch *Nassal*, ZIP 2003, 969 ff., der bezweifelt, ob angesichts des insolvenzrechtlichen Restitutionsinstrumentariums eine Durchgriffshaftung für existenzvernichtende Eingriffe überhaupt notwendig ist.

[16] BGHZ 151, 181 ff. (=ZIP 2002, 1578 ff.)

[17] Zur Übertragbarkeit des Haftungskonzepts auf die Aktiengesellschaft vgl. *Henze*, WM 2005, 717, 725 f.

[18] BGHZ 151, 181 (1. Leitsatz) (=ZIP 2002, 1578 ff.).

[19] BGH ZIP 2005, 250, 251; BGH ZIP 2005, 117, 118.

bzw. Bestandsvernichtungshaftung" erfasst werden sollten, um so den im Schrifttum geforderten Pflichtenrahmen des Alleingesellschafters festzulegen[20].

[20] *K. Schmidt*, NJW 2001, 3577, 3580.

B) Teil: Haftung für Existenzvernichtung der abhängigen Gesellschaft im faktischen Einmann-GmbH-Konzern

I. Das Haftungsmodell nach den „Bremer Vulkan"-Grundsätzen

Wie bereits erwähnt, zeigt gerade die Rechtsprechung zur Haftungsfigur des qualifiziert faktischen Konzerns die Schwierigkeit der durch § 13 Abs. 2 GmbHG statuierten Haftungstrennung. In einem ersten Schritt soll deshalb zunächst auf die neue zweite Haftungssäule des „Bremer Vulkan"-Urteils und damit auf die Weiterentwicklung der Haftungsfigur des qualifiziert faktischen Konzerns eingegangen werden. Begonnen wird mit einem Einblick in den der Entscheidung zu Grunde liegenden Sachverhalt und die wesentlichen Kernaussagen des Urteils. Im Anschluss soll die Entscheidung in Kontext zu den bisherigen Entscheidungen gebracht werden, um auf der Grundlage dieser Darstellung die neuen Tendenzen der Haftungsgrundsätze besser einordnen und würdigen zu können.

1) Sachverhalt

Im „Bremer Vulkan"-Urteil vom 17.9.2001 hatte der BGH über die Schadensersatzklage der Bundesanstalt für vereinigungsbedingte Sonderaufgaben (BvS) gegen ein ehemaliges Vorstandsmitglied der Bremer Vulkan Verbund AG wegen vereinbarungswidriger Verhinderung von Investitionsvorhaben für die MTW Schiffswerft GmbH (MTW) zu entscheiden.

Die Klägerin schloss unter dem Namen Treuhandanstalt (THA) zusammen mit der deutschen Maschinen- und Schiffsbau GmbH (DMS), deren alleinige Gesellschafterin sie damals war, am 11. August 1992 mit der Bremer Vulkan AG Schiffbau und Maschinenbaufabrik (BVV) und der Schichau Seebeck Werft AG (SSW) einen Veräußerungs- und Abtretungsvertrag (KAV) über die beiden Geschäftsanteile, welche die DMS als Alleingesellschafter der Hanse Schiffs- und Maschinenbaugesellschaft (Hanse Holding) hielt, die Alleingesellschafterin der MTW war. Mit Verschmelzung der Hanse Holding auf BVV wurden die Anteile an MTW mit 2 % von BVV und mit 98 % von der Vulkan Schiffbau Verbund GmbH (VSV) gehalten, deren alleiniger Gesellschafter BVV war. Die THA verpflichtete sich, vorbehaltlich der Zustimmung der EG-Kommission und des Bundesministers der Finanzen, an die MTW einen Gesamtausgleichsbetrag von rund 686 Mio. DM auf ein Treuhandkonto zu zahlen, der zu Investitionen bei der MTW und einer weiteren Gesellschaft zu verwenden war. Die BVV verpflichtete sich ihrerseits, die MTW als Verbundgesellschaft zu veranlassen, in dem Zeitraum von 1992 bis 1995 Investitionen in Höhe von 562,2 Mio. DM vorzunehmen. Die Freigabe der Mittel erfolgte wegen der erforderlichen Zustimmung der EG sukzessive, zuletzt 1995 mit einem Teilbetrag von 194 Mio. DM. Die Treuhand stellte schon vor dieser letzten Auszahlung fest, dass die der MTW zur Verfügung gestellten Mittel im Wege eines Liquiditätsausgleichs teilweise an Westdeutsche Konzernunternehmen gelangt waren.

Zu diesen Zahlungen war die MTW verpflichtet, weil sie 1994 dem zwischen der BVV und den Beteiligungsgesellschaften abgeschlossenen Vertrag über konzerninterne Finanzierung und Geldanlagen (Cash Concentration System, im folgenden: CCS) beigetreten war, nach welchem die Verbundgesellschaften verpflichtet waren, frei verfügbare liquide Mittel ausschließlich bei der Treasury von BVV anzulegen und Betriebsmittelkredite nur bei ihr aufzunehmen. Auch der Zuschuss von 194 Mio. DM wurde in das CCS einbezogen und entsprechend dem Liquiditätsbedarf der Gruppe in Westwerften des Konzerns eingesetzt. Am 3. Juli konfrontierte die von BVV beauftrage Consulting Group den Vorstand der BVV mit dem Hinweis auf drohende Liquiditätsrisiken. Eine Erfüllung der Investitionsverpflichtungen der BVV gegenüber der MTW mit Hilfe angeratener Kreditmitteln schied wegen des Scheiterns von Verhandlungen mit Bankenvertretern aus. Der Vorstand erklärte daraufhin, dass die Zahlungsanforderungen der Werften in Ostdeutschland nicht mehr bedient werden könnten, obwohl zu diesem Zeitpunkt allein 590 Mio. DM der MTW an Fest- und Tagesgeldern hätten angelegt sein müssen. Am 1. Mai 1996 wurde über das Vermögen der BVV das Konkursverfahren eröffnet. Da die BVV zur Rückzahlung dieses Betrages nicht mehr in der Lage war, mussten diese Forderungen gegen die BVV in der Bilanz der MTW auf Null wertberichtigt werden. Die Konsequenz hieraus war eine Überschuldung der MTW in Höhe von ca. 233 Mio. DM, die dazu führte, dass die BvS als Nachfolgeorganisation der THA die MTW aus dem Konkurs der BVV übernahm und nochmals mit öffentlichen Finanzmitteln in Höhe der Überschuldung ausstattete. Der MTW steht aus dem Liquiditätsverbund gegen die VSV noch eine Forderung in Höhe von 527.300.000,- DM, gegen die BVV eine solche von 4,7 Mio. DM zu.

Die Klägerin machte gegen den Beklagten einen Schadensersatzanspruch unter anderem wegen fehlerhafter Konzernführung und zweckwidriger Verwendung von öffentlichen Fördermitteln in Höhe von 688 Mio. DM geltend.

2) Kernaussagen des Urteils

Betrachtet man den Klagegegenstand des vorliegenden Falles, so erscheinen die Ausführungen zum Wandel des Haftungskonzepts im GmbH-Konzernrecht schon sehr überraschend. Für die Begründung der deliktsrechtlichen Ansprüche gegen die Vorstandsmitglieder der BVV hätte es nämlich keiner Ausführungen zu den gesellschaftsrechtlichen Ansprüchen aus § 31 GmbHG oder aus konzernrechtlichen Haftungstatbeständen bedurft.[21] Der II. Zivilsenat nutzte, vielleicht auch wegen des maßgeblichen Einflusses seines Vorsitzenden, der diesen Wandel der Rechtsprechung in einem Festschriftbeitrag andeutete[22], die Chance, um in einem zum Leitsatz erhobenen obiter dictum die Haftungsgrundsätze im GmbH-Konzernrecht auf eine neue Linie zu bringen.

Bezüglich der hier nur interessierenden 2. Säule des neuen Haftungskonzepts führt der II. Zivilsenat aus, dass der abhängigen GmbH (hier: die MTW) nicht nur ein Anspruch auf Erhaltung ihres Stammkapitals, sondern auch ein eigenständiger Anspruch auf Gewährleistung des Bestandes zustehe[23]. Infolgedessen müsse ein Alleingesellschafter bei Eingriffen in das Vermögen und die Geschäftschancen der

[21] *K. Schmidt*, NJW 2001, 3577, 3578.
[22] Vgl. *Röhricht*, in: Festschrift 50 Jahre BGH, S. 83 ff.
[23] BGHZ 149, 10, 17 (=ZIP 2001, 1874, 1876).

GmbH angemessene Rücksicht auf die eigenen Belange seiner GmbH nehmen, wobei nach Auffassung des BGH dieser Bereich des GmbH-Interesses, der mit der Bewahrung der Fähigkeit zur Gläubigerbefriedigung umschrieben wird, selbst für den Alleingesellschafter nicht disponibel ist. Der Gläubigerschutz neben den §§ 30 f. GmbHG soll in der Einmann-GmbH damit eigenen Regeln folgen, also weder dem Modell der Verlustausgleichspflicht und der Gläubigersicherung im Vertragskonzern (§§ 302, 303 AktG), noch demjenigen des Benachteiligungsausgleichs im faktischen Konzern (§ 311 ff. AktG).[24]

3) Einordnung in die bisherige Rechtsprechung zum Konzernrecht
Wenn nun auch über die Kernaussagen des Urteils Klarheit besteht, ist jedoch noch nicht die Frage geklärt, ob sich im „Bremer Vulkan"-Urteil eine Revolution oder eher eine Evolution abgespielt hat[25]. Im Folgenden sollen deshalb die bisherigen konzernrechtlichen Entscheidungen des BGH im Hinblick auf diesen Aspekt beleuchtet werden.

a) Entscheidungen des II. Zivilsenats zum qualifizierten faktischen GmbH-Konzern
Die erste einschlägige Entscheidung des BGH zu der hier behandelten Frage stammt aus dem Jahr 1959[26]. In dem der Entscheidung zu Grunde liegenden Fall hatte der Beklagte zunächst mit Zustimmung seiner Mitgesellschafter und nachher als Alleingesellschafter veranlasst, dass die später in Konkurs gefallene Gesellschaft zu überhöhten Preisen Sachwerte von einer zweiten von ihm beherrschten Gesellschaft kaufte. Der II. Zivilsenat prüfte in diesem Zusammenhang neben § 30 Abs. 1 GmbHG noch § 826 BGB und stellte unter anderen fest, dass eine Ersatzpflicht der Gesellschafter wegen Weisungen an die Geschäftsführer nur unter den Voraussetzungen von § 826 BGB in Betracht käme.[27]

Auf der selben Linie liegt ein Urteil des VI. Zivilsenates aus dem Jahr 1961. Es befasste sich eingehend mit „Durchgriffs"-Problemen und kam zu dem Ergebnis, dass allein deshalb, weil jemand eine juristische Person beherrsche, er noch nicht für deren Verbindlichkeiten haftbar gemacht werden könne.[28]

Diese Auffassung hat der BGH im „ITT"-Urteil[29] für den Fall des Vorhandenseins von widersprechenden Minderheitengesellschaftern ausdrücklich revidiert. Das Urteil bezog sich, dem Streitgegenstand entsprechend, in erster Linie auf den Schutz der Minderheit in der abhängigen GmbH. Elemente des Gläubigerschutzes enthielt es nur mittelbar. Die Entscheidung begründete die Pflicht des Mehrheitsgesellschafters, eine treuwidrig verursachte Schädigung der Minderheit nicht durch direkte Ausgleichszahlung zu beseitigen, sondern durch die Herstellung des frühe-

---

[24] BGHZ 149, 10, 16 f. (=ZIP 2001, 1874, 1876).
[25] So die Fragestellung bei *Ulmer*, ZIP 2001, 2021, 2022.
[26] BGHZ 31, 258 ff.
[27] BGHZ 31, 258, 278 f.
[28] BGH WM 1961, 1103, 1104; vgl. auch BGHZ 68, 312, 320; BGH WM 1981, 519, 520; BGH WM 1981, 1200, 1201.
[29] BGHZ 65, 15, 21.

ren Zustandes.[30] Jedoch wurde das Verbot zur Verfolgung von Sondervorteilen zum Nachteil der GmbH nicht aus der Treuepflicht zur Gesellschaft, sondern aus der Treuepflicht zu den Mitgesellschaftern gewonnen. Eine Anerkennung eines eigenständigen Bestandsinteresses der GmbH findet sich folglich nicht im „ITT"-Urteil.

1980 entschied der II. Zivilsenat[31], dass die Rückzahlung eines eigenkapitalersetzenden Gesellschafterdarlehen nur soweit verboten sei, wie es eine Lücke im Stammkapital der Gesellschaft auffülle. Die Rückzahlungssperre gelte eben nicht auch für neben dem Stammkapital eingebrachte Geldmittel. Ob dies auch für den Fall gelte, dass der ausgezahlte Betrag zwar noch durch das Aktivvermögen gedeckt sei, die Gesellschaft aber dennoch zahlungsunfähig sei, wurde vom Senat offengelassen. Drei Jahre später stellte der BGH ohne nähere Erörterung noch einmal ausdrücklich fest, dass die Gesellschafter ohne weiteres in der Lage seien, nicht nur Gewinne, sondern auch das übrige Vermögen der GmbH auf sich zu übertragen, sofern sie sich einig seien und nicht im Nachteil der Gläubiger gegen Kapitalerhaltungsvorschriften verstießen.[32]

In der „Autokran"-Entscheidung[33] hatte die Klägerin mit sieben Gesellschaften mbH Leasingverträge über Autokräne abgeschlossen. Nachdem die Klägerin mit der Zwangsvollstreckung in das Vermögen der Gesellschaft ausgefallen war, nahm sie deren Mehrheitsgesellschafter persönlich auf Zahlung der Leasingraten in Anspruch. Dieser hielt nahezu alle Anteile der Gesellschaften selbst, die restlichen Anteile verwaltete er treuhänderisch für Familienangehörige. Er war zunächst Geschäftsführer, dann Generalbevollmächtigter aller sieben Gesellschaften. Deren Buchführung erfolgte über eine Verwaltungs-GmbH, die der Beklagte zu diesem Zwecke errichtet hatte und deren Anteile er ebenfalls hielt. Gewinne und Liquidität der Gesellschaften schöpfte er durch Factoringverträge ab, und die Rechnung für den Umbau seines Privathauses ließ er von einer der Gesellschaften bezahlen. Der II. Zivilsenat sah eine Schwierigkeit darin, bei einer im Alleinbesitz des herrschenden Unternehmens stehenden GmbH Schadensersatzansprüche der abhängigen Gesellschaft gegen das herrschende Unternehmen zu begründen, da in der GmbH der Alleingesellschafter oder die einverständlich handelnden Gesellschafter in den Grenzen des § 30 GmbHG frei seien, über das Gesellschaftsvermögen zu verfügen.[34] Der BGH wies aber zumindest darauf hin, dass sich ein eigenständiges Gesellschaftsinteresse dann nicht begründen lasse, wenn man es im herkömmlichen Sinne nur als zusammengefasstes Gesellschaftsinteresse verstehe. Die Entscheidung dieser Frage wurde jedoch letztlich offengelassen, weil der II. Zivilsenat die Haftung des herrschenden Unternehmens im Interesse der Gläubiger auf eine Analogie zu den §§ 303, 322 Abs. 2 und 3 AktG stützte.[35]

---

[30] BHGZ 65, 15, 18 u. 21.
[31] BGHZ 76, 326, 333.
[32] BGH NJW 1984, 1037 ff.
[33] BGHZ 95, 330 ff.
[34] BGHZ 95, 330, 340 f.
[35] BGHZ 95, 330, 345 ff.

Die dem „Autokran"-Urteil folgende „Tiefbau"-Entscheidung des BGH[36] bestätigte die Möglichkeit einer analogen Anwendung der aktienrechtlichen Bestimmungen zum Vertragskonzern auf den qualifiziert faktischen GmbH-Konzern.

In der „Video"-Entscheidung[37] ging der BGH noch einen Schritt weiter, indem er einen Verlustausgleichsanspruch analog § 302 AktG auch in der Einmann-GmbH bejahte. Die Pflicht zur Verlustübernahme diene zumindest auch der Schaffung eines Ausgleichs dafür, dass die Kapitalsicherungsvorschriften im Vertragskonzern rechtlich (§ 291 Abs. 3 AktG) und im qualifiziert faktischen Konzern tatsächlich außer Kraft gesetzt seien. Diese dienten dem Gläubigerschutz und beanspruchten auch in der Einmann-GmbH volle Geltung. Auch diese könne damit auf die Einhaltung der dafür maßgebenden Vorschriften nicht verzichten, so dass auch im qualifiziert faktischen Einmann-Konzern das herrschende Unternehmen die Verluste der abhängigen Gesellschaft ausgleichen müsse.[38]

In dem der „TBB"-Entscheidung zugrundliegenden Sachverhalt war der Beklagte gemeinsam mit seiner Ehefrau an mehreren Gesellschaften mbH und darüber hinaus als Komplementär an einer KG beteiligt. Einzelkaufmännisch war er als Wirtschafts- und Finanzberater tätig. Außerdem war er alleiniger Geschäftsführer der „TBB"-GmbH, deren einzige Gesellschafterin seine Ehefrau war. Sämtliche Gesellschaften waren vermögenslos, Anträge auf Eröffnung des Konkursverfahrens wurden jeweils mangels Masse abgelehnt. Die Klägerin machte Forderungen für von ihr erbrachte Maurer- und Betonarbeiten in Höhe von etwa 100.000 DM aus den mit der „TBB" geschlossenen Bauverträgen gegen den beklagten Gesellschafter geltend. Die herausragende Bedeutung des Urteils lag in der Auswechslung des die Qualifikation und damit die Konzernhaftung begründeten Tatbestandes. Nunmehr gründete die Haftung nicht mehr auf der dauernden und umfassenden Leitung der abhängigen Gesellschaft, sondern auf dem objektiven Missbrauch der Leitungsmacht durch das herrschende Unternehmen. Der II. Zivilsenat griff in der „TBB"-Entscheidung auch die seit dem „Autokran"-Urteil noch im Raum stehende Frage nach einer Haftung des Alleingesellschafters auf und erteilte einer auf einem Eigeninteresse der GmbH beruhenden Treuepflicht des Einmann-Gesellschafters eine generelle, also insbesondere ohne den Vorbehalt einer abweichenden Beurteilung bei existenzgefährdenden Einflussnahmen, Absage.[39]

Gleichwohl spricht das Urteil von einer unterlassenen Rücksichtnahme auf die eigenen Belange der abhängigen Gesellschaft. Was unter diesen Begriffen im Einzelnen zu verstehen ist, erläutert das Urteil jedoch nicht näher. Der BGH führt „nur" aus, dass es in einem solchen Fall an einer angemessenen Rücksichtnahme fehlt, „wenn die Gesellschaft infolge der im Konzerninteresse ausgeübten Einwirkungen ihren Verbindlichkeiten nicht mehr nachkommen kann"[40]. Der II. Zivilsenat erkennt hiermit offenbar ein Eigeninteresse an, das inhaltlich über die Beach-

[36] BGHZ 107, 7 ff.
[37] BGHZ 115, 187 ff.
[38] BGHZ 115 , 187, 197 f.
[39] BGHZ 122, 123, 129.
[40] BGHZ 122, 123, 130; ein Eigeninteresse der abhängigen GmbH wurde unter dem Gesichtspunkt der fehlenden Rücksichtsnahme schon 1985 vom OLG Hamm anerkannt: OLG Hamm WM 1987, 35, 36.

tung der Kapitalerhaltungsvorschriften hinausgeht. Für eine solche Auslegung könnte man anführen, dass die Kapitalerhaltungsvorschriften nur vor Auszahlungen (§ 30 GmbHG) schützen, der BGH aber von „schädigenden Eingriffen" spricht. Eine solche Fähigkeit den Verbindlichkeiten nachkommen zu können, setzt notwendigerweise die Erhaltung der Überlebensfähigkeit voraus. Eine durch solche Maßnahmen wirtschaftlich ruinierte, in die Insolvenz getriebene Gesellschaft, ist nämlich außerstande ihre Verbindlichkeiten zu erfüllen.[41] Wenn auch nicht explizit, so hat der BGH doch durch das Gebot der Rücksichtnahme auf die eigenen Belange der Gesellschaft einen Anspruch der abhängigen GmbH gegen ihren Alleingesellschafter auf Wahrung ihrer wirtschaftlichen Überlebensfähigkeit begründet.[42] Das „TBB"-Urteil sprach damit zumindest inzidenter ein Bestandsschutzinteresse auch der im Alleinbesitz stehenden GmbH aus. Diesen Grundsatz hat der Bundesgerichtshof in den Folgeentscheidungen[43] bestätigt. Eine definitive Entscheidung über eine Haftung für existenzbedrohende Eingriffe hat der BGH jedoch in keiner dieser Entscheidungen getroffen.

b) Neue Tendenzen durch die „Bremer Vulkan"-Entscheidung?

Die in der Ausgangsentscheidung zum Ausdruck kommende Grundauffassung steht damit auf den ersten Blick im Widerspruch zur traditionellen Auffassung der Rechtsprechung der Zivilsenate.[44] Von nun unterliegt der Alleingesellschafter ausdrücklich der Pflicht, die Existenz seiner Gesellschaft nicht durch rücksichtslose Eingriffe aufs Spiel zu setzen. Der Gesellschaft kommt also ein eigenständiger Anspruch auf Gewährleistung ihres Bestandes zu.[45]

Auf den zweiten Blick knüpft das neue Urteil mit seiner Feststellung zur Bestandsschutzhaftung des Alleingesellschafters gegenüber seiner GmbH jedoch an die im „TBB"-Urteil herausgearbeiteten Voraussetzungen an und zitiert sogar Urteilspassagen aus der „TBB"-Entscheidung, wenn es daran anknüpft, dass die unterlassene Rücksichtnahme „auf die eigenen Belange der abhängigen Gesellschaft" die Haftungsfolgen auslöst.

aa) Abschied von der Haftungsfigur des qualifiziert faktischen Konzerns?

Neu – aber keinesfalls überraschend – ist hingegen der Verzicht auf die analoge Anwendung der aktienrechtlichen Haftungselemente der §§ 302 ff. AktG. Für viele ist damit, um es mit den Worten Altmeppens[46] zu sagen, endgültig Abschied von

---

[41] *Röhricht*, in: Festschrift 50 Jahre BGH, S. 83, 108.

[42] *Röhricht*, in: Festschrift 50 Jahre BGH, S. 83, 108; a.A. *Bitter*, Konzernrechtliche Durchgriffshaftung bei Personengesellschaften, S. 318.

[43] BGH NJW 1994, 446 ff. -„EDV"-; BGH NJW 1994, 3288 (3290) -„Fertighaus II"-; BGH BB 1994, 2303 ff. -„Architektenfall 1"-; BGH BB 1995, 997 ff. -„Architektenfall 2"-; BGH NJW 1996, 1283 f. „Betriebsfortführung"; BGH BB 1997, 489 ff. -„Wochenkonzern"-; BGH DStR 1997, 1937 ff. -„Auffanggesellschaft"-; BGH DStR 2000, 1065 ff. -„Baugesellschaftskonzern"-; BGH ZIP 2000, 2163 ff. -„Anwaltshonorar"-.

[44] Vgl. *Ulmer*, ZIP 2001, 2021, 2022.

[45] BGHZ 149, 10 ff. (=BGH ZIP 2001, 1874 ff.).

[46] *Altmeppen*, Abschied vom „qualifiziert faktischen Konzern"; *ders.*, DB 1994, 1912 ff.

der Haftungsfigur des qualifiziert faktischen Konzerns i.S. einer Verlustausgleichspflicht genommen worden.[47]

Dem wird entgegengebracht, der BGH habe keineswegs die Rechtsfigur des qualifiziert faktischen Konzerns i.S.d. „TBB“-Entscheidung verabschieden wollen.[48] Diese Meinung beruht auf einem Verständnis von einem im qualifiziert faktischen Konzern geltenden zweispurigen Haftungsmodell.[49] Die Haftungsverfassung im qualifiziert faktischen GmbH-Konzern besteht demzufolge zum einen aus einer Verlustdeckungspflicht des herrschenden Unternehmens analog §§ 302 f. AktG. Hierbei sollen nicht Maßnahmen oder Organisationsverschulden, sondern allein der Zustand der qualifizierten Abhängigkeit haftungsbegründend wirken. Diese verschuldensunabhängige Verlustausgleichspflicht soll aber erst zu dem Zeitpunkt greifen, „wenn eine dem Vorhandensein eines Beherrschungsvertrages entsprechende Leitungsdichte erreicht ist“[50]. Zum anderen soll sich der das Schicksal der abhängigen GmbH bestimmende Allein- oder Mehrheitsgesellschafter auch wegen einer schuldhaften Verletzung der mitgliedschaftlichen Sonderverbindung schadensersatzpflichtig machen können.[51]

Wenn nun der BGH betont, dass der „Schutz einer abhängigen GmbH gegen Eingriffe ihres Alleingesellschafters nicht dem Haftungssystem des Konzernrechts (§§ 291 ff., 311 ff. AktG) folgt“, so wird angesichts der von den Vertretern des zweispurigen Haftungsmodells geübten Kritik[52] gegen eine Herleitung einer unmittelbaren Außenhaftung des herrschenden Gesellschafters analog §§ 303, 322 AktG verständlich, warum in den Ausführungen des BGH im „Bremer Vulkan“-Urteil nicht die Abkehr von der Haftungsfigur des qualifiziert faktischen Konzerns i.S. einer Verlustausgleichspflicht erblickt wird.

bb) Stellungnahme

Die Abkehr der Rechtsprechung vom konzernrechtlichen Ansatz ist, wenn man diesem Modell denn folgen will, natürlich nur auf die zweite Säule des Haftungs-

---

[47] Vgl. hierzu *Altmeppen*, ZIP 2001, 1837, 1838; *Ulmer*, ZIP 2001, 2021, 2022; *Römermann/Schröder*, GmbHR 2001, 1015, 1017; *Wilken*, DB 2001, 2383, 2384; *Bitter*, WM 2001, 2133 ff.; *Henze*, BB 2002, 1011, 1012; *Raiser*, in: FS f. Ulmer, S. 493, 500; *Janert*, MDR 2003, 724, 726; *Henze*, WM 2005, 717, 722.

[48] *K. Schmidt*, NJW 2001, 3577, 3580 f.; *ders.*, GesR, § 39 III 2 c), S. 1225 ff.; diese Ansicht vertritt auch *Cahn*, ZIP 2001, 2159, 2160, der die Haftungsgrundsätze des „Bremer Vulkan“-Urteils lediglich als Sonderfall für die Haftung in der Einmann-GmbH versteht; *Westermann*, NZG 2002, 1129, 1133; vgl. auch *Zeidler*, in: Michalski, GmbHG, Syst. Darst. 4 Rn. 260 a, der im Verweis auf die weiter geltenden Haftungsgrundsätze des „TBB“-Urteils eine „offengelassene Hintertür“ zum Konzernrecht erblickt; Zweifel bzgl. eines „Abschieds“ hegt auch *Wilhelmi*, DZWIR 2003, 45, 48.

[49] *K.Schmidt*, BB 1985, 2074, 2078; *ders.*, ZIP 1986, 146 ff.; *ders.*, ZIP 1989, 545 ff.; *ders.*, ZIP 1991, 1325, 1327; *ders.*, ZIP 1993, 549, 551; *ders.*, GesR, § 39 III 2 c), S. 1225 ff., von einem Dreistufenmodell sprechend; ein Nebeneinander ebenfalls für nahe liegend erachtend *Konzen*, NJW 1989, 2977, 2986.

[50] *K.Schmidt*, ZIP 1989, 545, 550.

[51] Von solch einem zweispurigen Haftungsmodell scheint auch *J.Wilhelm* auszugehen, allerdings im Zusammenhang mit der von ihm befürworteten Organhaftung, vgl. *J.Wilhelm*, Kapitalgesellschaftsrecht, D VII 5, Rn. 568 ff.

[52] Vgl. zu dieser Kritik *K. Schmidt*, ZIP 1989, 545, 547.

systems beschränkt. Insoweit ist es verständlich und sogar konsequent, die „Bremer Vulkan"-Entscheidung nicht als Abkehr von einer Verlustausgleichspflicht analog §§ 302 ff. AktG zu verstehen.

Fraglich ist jedoch, ob diesem zweispurigen Haftungskonzept überhaupt gefolgt werden kann und ob die Ausführungen im „Bremer Vulkan"-Urteil gerade dieses Konzept stützen wollten. Hiergegen spricht zum einen, dass dem Erfordernis einer „dem Beherrschungsvertrag vergleichbare Leitungsdichte" dieselben Bedenken entgegenstehen, wie den Merkmalen der qualifizierten Abhängigkeit wie sie vom BGH noch im „Video"-Urteil angenommen wurden[53]. Ob nun „dauernde und umfassende Leitung" oder einem „dem Beherrschungsvertrag vergleichbare Leitungsdichte" verlangt wird, dürfte sich im Ergebnis nichts nehmen. Diese „enge" Fassung der qualifizierten Abhängigkeit dürfte deshalb ebenso wenig praktikabel sein wie das Kriterium der „dauernden und umfassenden Leitung" der abhängigen Gesellschaft.[54]

Zum anderen spricht gegen das zweispurige Haftungsmodell, dass der BGH eine solche Differenzierung des Haftungstatbestandes ablehnt und sich damit eindeutig von dieser Meinung distanziert.[55] So heißt es bereits im „Video"-Urteil, dass zwischen der „Autokran"-Entscheidung, die mehr in Richtung eines Verletzungstatbestandes ging, und der „Tiefbau"-Entscheidung, die eindeutig in Richtung eines Gefährdungstatbestandes tendierte, „entgegen der Ansicht von K. Schmidt kein grund-sätzlicher Unterschied" besteht[56]. Wenn der BGH sich nun in der „Bremer Vulkan"-Entscheidung endgültig für die Ausgestaltung des Haftungstatbestandes als Verletzungstatbestand entschieden hat, heißt dies also gerade nicht, dass er daneben noch einen Gefährdungstatbestand analog §§ 302 ff. AktG begründen will, der einen Verlustausgleichanspruch ermöglicht.[57]

Vielmehr ist, nachdem der II. Zivilsenat schon durch die „TBB"-Grundsätze den Analogiebereich des § 303 AktG definitiv verlassen hat, der Rückschluss auf eine Analogie zu § 302 AktG nicht mehr tragbar.[58] Im Übrigen besteht für eine solche Haftung im Falle der Insolvenz der abhängigen GmbH auch kein Bedürfnis. Denn ein eigenständiges Interesse der Einmann-GmbH, welches eine Verlustausgleichspflicht rechtfertigen könnte, lässt sich, nachdem die Gläubiger durch die Ausfallhaftung befriedigt sind, gerade nicht begründen.[59] Vor allem werden sich, was noch zu zeigen ist, die als Rechtfertigung aufgezeigten Anwendungsfelder einer

---

[53] *Bitter*, S. 502.

[54] Vgl. hierzu *Krieger*, in: Münchner Hdb. des GesR, AG, § 69 Rn. 114, der auf Abgrenzungsschwierigkeiten dahingehend hinweist, ob bestimmte Formen der Konzernführung diese Voraussetzung erfüllen oder nicht.

[55] *Ulmer*, in: Der qualifizierte faktische GmbH-Konzern, S. 65, 71.

[56] BGHZ 115, 187, 194.

[57] So ausdrücklich BGHZ 150, 61, 68, wo von der Aufgabe der Rechtsprechung zur Haftung aus qualifiziert faktischen Konzern gesprochen wird. An ihre Stelle sei die Haftung wegen existezvernichtenden Eingriffs getreten.

[58] *Ulmer*, in: ZHR-Beiheft 70 (2001), 41, 67.

[59] So auch *Ulmer*, in: ZHR-Beiheft 70 (2001), 41, 71; selbst *K. Schmidt* räumt ein, dass die Fälle der Verlustausgleichspflicht selten vorkommen werden, vgl. *K. Schmidt*, NJW 2001, 3577, 3580.

solchen Strukturhaftung[60] auch mit einer Verhaltenshaftung befriedigend lösen lassen[61]. Denn jeder Struktur geht ein Verhalten voraus, das insoweit als Anknüpfungspunkt für die Begründung einer Verhaltenshaftung herhalten kann.[62]

c) Ergebnis

Die Anerkennung des Bestandsschutzes in der abhängigen GmbH durch das „Bremer Vulkan"-Urteil ist, vergleicht man die Entwicklung der Rechtsprechung bis zum 17.9.2001 und bezieht man vor allem die zum „TBB"-Urteil erlangten Erkenntnisse mit ein, nichts Revolutionäres. Die Entscheidung des BGH muss vielmehr als konsequente Fortentwicklung der Rechtsprechung nach dem „TBB"-Urteil verstanden werden.[63] Die „TBB"-Entscheidung war, auch wenn sie noch auf das aktienrechtliche Ausgleichssystem nach den §§ 302 ff. AktG (analog) abstellte, durch den Verzicht auf das dem Vertragskonzern entsprechende Qualifizierungserfordernis der umfassenden und dauernden Ausübung von Leitungsmacht, schon längst als Absage an dieses Haftungssystem zu verstehen.[64] Die gedankliche Anlehnung der Haftung an die Regeln des Vertragskonzerns war deshalb schon in den Folgeentscheidungen[65] nicht mehr so deutlich wie in der „TBB"-Entscheidung, weshalb die „Wende" im „Bremer Vulkan"-Urteil alles andere als überraschend kam.

Durch die Anerkennung eines Bestandsschutzes der abhängigen Einmann-GmbH hat das „Bremer Vulkan"-Urteil zudem endlich die Unstimmigkeit geschlossen, die die BGH-Rechtsprechung bisher in sich trug. Wenn der BGH früher auf der einen Seite im Innenverhältnis die Existenz eines eigenständigen Gesellschaftsinteresses der GmbH – zumindest außerhalb der Gefährdung von Gläubigerinteressen – verneinte[66], jedoch im Außenverhältnis ohne weiteres eine Konzernhaftung des Alleingesellschafters analog §§ 302, 303 AktG bejahte[67], so hat er nun durch die Anerkennung eines „Bestandschutzes" der Einmann-GmbH die Grundlage für eine Haftung geschaffen, die diesen Widerspruch nicht mehr in sich trägt.

---

[60] So sieht *K. Schmidt* im vollständigen Autonomieverlust der Tochter (also eine dem Beherrschungsvertrag vergleichbare Leitungsdichte), das Merkmal der von ihm befürworteten Strukturhaftung analog § 302 AktG, vgl. *K. Schmidt*, ZIP 1991, 1325, 1328 f.

[61] Vgl. hierzu die Darstellung unter C) VIII 1) h).

[62] So auch *Wilken*, WiB 1997, 453, 456; insoweit wird sich die von *K. Schmidt* befürchtete Frage bei Nichtanwendung seines Modells, ob es sich hierbei um eine Konzernzustands- oder Konzernverhaltenshaftung handelt, nicht stellen, vgl. *K. Schmidt*, GesR, § 39 III 3 d), S. 1237.

[63] Dies wird vor allem von *Ulmer* herausgestellt, der in diesem Zusammenhang von einer Evolution statt einer Revolution spricht, vgl. *Ulmer*, ZIP 2001, 2021, 2022; so auch *Emmerich*, AG 2004, 423, 424.

[64] So auch *Habersack*, in: Emmerich/Habersack, Aktien- und GmbH-Konzernrecht, Anh. § 318 Rn. 34.

[65] *Decher*, Münchner Hdb. des GesR, GmbH, 1. Auflage, § 71 Rn. 36.

[66] Vgl. BGHZ 119, 257, 262.

[67] Vgl. BGHZ 122, 123, 130.

II. Zulässigkeit des Bestandsschutzes einer Einmann-GmbH ?

Die in der „Bremer Vulkan"-Entscheidung ausgesprochene Haftung für Existenzvernichtung und das damit bewirkte Bestandsvernichtungsverbot führen zu einer Einschränkung der Verfügungsmacht des Alleingesellschafters. Insoweit war bisher allerdings nur anerkannt, dass lediglich die §§ 30 f. GmbHG die Dispositionsbefugnis der Gesellschafter einengen, weshalb ein über diese Vorschriften hinausgehender Bestandsschutz der GmbH zumeist strikt verneint wurde.

Zum Teil[68] wird ein weitergehender Gläubigerschutz im Konzern mit der Überlegung abgelehnt, der Gesetzgeber habe die GmbH ja gerade für einen weitergehenden Einfluss der Gesellschafter geöffnet, aber dennoch nur den Schutz des Stammkapitals angeordnet. Es sei also gerade ein gesetzgeberischer Wille zu erkennen, dass die Gläubiger Gefahren, die über die Verletzung des Stammkapitals hinausgingen, hinzunehmen haben. Der konzernspezifische Gläubigerschutz der GmbH sei im Vergleich zur AG also deshalb niedriger, weil in der GmbH dieser Schutz insgesamt niedriger ausfalle.

Diese Gedanken gehen erkennbar auf Überlegungen zurück, nach denen in der GmbH, anders als in der Aktiengesellschaft, das Vermögen zur vollständigen Disposition der Anteilseigner steht, soweit diese die Schranke der Unverletzbarkeit des Stammkapitals achten.[69] Die GmbH sei nun einmal nur um der Haftungsbeschränkung willens vermögensmäßig verselbstständigt. Der Gesetzgeber habe sich bewusst für das Prinzip des festen Kapitals entschieden, weshalb jeder Versuch, die Dispositionsbefugnis der Gesellschafter weiter einzuengen, diese gesetzgeberische Wertung unterlaufen und zudem mangels hinreichender konkreter Abgrenzungskriterien zu einer unannehmbaren Rechtsunsicherheit führen würde. Ein über die §§ 30 f. GmbHG hinausgehende Verfügungsgrenze der GmbH-Gesellschafter sei folgerichtig zu verneinen.[70]

Zur Begründung wird auch angeführt, dass es bei der Frage, ob es über die Schranken des § 30 GmbHG hinaus ein auch vom Alleingesellschafter aus Treuepflicht zu respektierendes Eigeninteresse gibt, es der Sache nach gar nicht um einen Bestandsschutz, der sowieso wegen der Befugnis des Alleingesellschafters die GmbH jederzeit formell oder informell zu liquidieren systemwidrig sei, sondern um einen verkappten Gläubigerschutz ginge.[71] Die Berücksichtigung von Gläubi-

---

[68] *Ehlke*, DB 1986, 523, 525 f.; *Vonnemann*, BB 1990, 217, 219; *Rehbinder*, AG 1986, 85, 92; *Reuter*, in: Münchner Komm/BGB, Vor. § 21 Rn. 44; *Römermann/Schröder*, GmbHR 2001, 1015, 1018; *Schröder*, GmbHR 2002, 904, 905; *Römermann*, BGH-Report 2002, 881.

[69] *Flume*, BGB Allg. Teil Bd. I/2, § 2 VII 3 S. 60 f.; *ders.*, in: FS f. Beitzke, S. 43, 62 ff; *ders.*, ZHR 144 (1980), 18, 29; *Semler*, in: FS f. Goerdeler, S. 551, 559.

[70] Ähnlich äußert sich *Zöllner*, nach dessen Ansicht es den Gesellschaftern einer GmbH bei einverständlichem Zusammenwirken möglich sein soll, Maßnahmen zum Nachteil der juristischen Person zu treffen, die den Gläubigern zum Schaden gereichen., vgl. *Zöllner*, Schranken mitgliedschaftlicher Stimmrechtsmacht bei den privatrechtlichen Personenverbänden, S. 21 f.; ähnlich auch *Weitbrecht*, Haftung der Gesellschafter bei materieller Unterkapitalisierung der GmbH, S. 55; *Ehricke*, AcP 199 (1999), 257, 303, der von der Zulässigkeit des „ausbluten" lassen spricht.

[71] *Lutter/Hommelhoff*, GmbHG, Anh. § 13 Rn. 42; *Lutter*, in: ZGR-Sonderheft 6, S. 192, 211; *ders.* ZIP 1985, 1425, 1428; ebenfalls auf die unentziehbaren Auflösungsrechte abstellend *Drüke*, Die Haftung der Muttergesellschaft für Schulden der Tochtergesellschaft, S. 49, der damit argumentiert, dass

gerinteressen solle nach dem Gesetz jedoch nur in dem oben beschriebenen Rahmen erfolgen. Eine darüber hinausgehende Schutzwürdigkeit der Gläubiger bestehe nicht.[72] Zum Teil wird ein solches Ergebnis auch durch eine Gleichstellung der Haftung im Konzern mit einer Haftung nach Rechtsscheinsgrundsätzen gerechtfertigt. Die Gläubiger dürften nur auf den durch die §§ 30 f. GmbHG gesetzten Rechtsschein vertrauen, weshalb sich ein weitergehender Schutz verbieten würde.[73]

1) Gibt es einen rechtfertigenden Grund für einen Bestandsschutz?
Das System des Kapitalschutzes ist im GmbH-Gesetz freilich anders und im Ergebnis auch schwächer ausgestattet als im Aktiengesetz.[74] Es ist wohl Allgemeingut, dass sich AG und GmbH in drei wesentlichen Punkten unterscheiden. Die GmbH-Gesellschafter haben die Möglichkeit, den Geschäftsführern bindende Anweisungen zu geben und damit die Gesellschaft zu leiten. Der Vorstand einer AG übt seine Leitungsaufgaben gemäß § 76 AktG hingegen unter eigener Verantwortung, d.h. unter Ausschluss von Weisungen anderer Gesellschaftsorgane, aus. Zudem unterwirft das Aktiengesetz in den §§ 57, 58, 60 das gesamte Vermögen der Gesellschaft einer Bindung zum Zwecke des Gläubigerschutzes, wodurch den Aktionären bis zur Liquidation grundsätzlich nur der Bilanzgewinn ausgeschüttet werden darf. Den GmbH-Gesellschaftern steht dagegen die Möglichkeit offen, den gesamten Gewinn der Gesellschaft jährlich zu entnehmen. § 30 GmbHG verbietet allein Ausschüttungen zu Lasten des Stammkapitals, während sonstige offene Eigenkapitalposten, insbesondere Rücklagen, an die Gesellschafter ausgekehrt werden dürfen.[75] Rücklagen können zwar in der AG durch ihre Auflösung in Bilanzgewinne verwandelt werden. Die Kompetenz dazu ist aber bei der Aktiengesellschaft der Verwaltung, also Vorstand und Aufsichtsrat überwiesen (§ 172 AktG), die wiederum bei ihrer Entscheidung an das Interesse der Gesellschaft gebunden sind. Das GmbH-Recht legt diese Kompetenz hingegen in die Hand der Gesellschafter (§ 46 Nr. 1 GmbHG). Weiter sind die Regeln über die Kapitalaufbringung und -erhaltung im Aktienrecht schon durch die detaillierten Publizitäts- und Bilanzierungspflichten schärfer entwickelt. Von besonderer Relevanz ist im Zusammenhang mit der Frage des Bestandschutzes der Einmann-GmbH, dass das AktG für

gem. den § 262 Abs. 1 Nr. 1 AktG und § 60 Abs. 1 Nr. 1 GmbHG in den Gesellschaftsvertrag eine Bestimmung aufgenommen werden könne, nach der die Gesellschaft nach einer bestimmten Zeit aufgelöst werde. Ebenso könne nach diesen Bestimmungen, die auch in der Satzung oder im Gesellschaftsvertrag nicht geändert werden können, die Auflösung der Gesellschaft mit einer ¾ Mehrheit in der Gesellschafterversammlung beschlossen werden. Zudem würde Abs. 2 der zitierten Normen das Recht einräumen, weitergehende Auflösungsrechte in der Satzung zu normieren; vgl. auch *Römermann/Schröder*, GmbHR 2001, 1015, 1018.

[72] *Lutter*, ZIP 1985, 1425, 1428 f.; so auch *Flume*, in: FS f. Beitzke, S. 43, 65; *Brandes*, in: FS f. *Kellermann*, S. 25, 32; für die Zeit nach dem „Bremer Vulkan"-Urteil: *Römermann/Schröder*, GmbHR 2001, 1015, 1018; *Römermann*, BGH-Report 2002, 881.

[73] *Ehlke*, DB 1986, 523, 525.

[74] *Ulmer*, ZHR 148 (1984), 391, 418; *Ballerstedt*, Kapital, Gewinn und Ausschüttung bei Kapitalgesellschaften, S. 92 f.

[75] Vgl. hierzu *Tiebert*, Die analoge Anwendbarkeit des aktienrechtlichen Konzernrechts auf den GmbH-Konzern, S. 9.

den Fall der Einmann-Gesellschaft bzw. im Falle einvernehmlichen Handels der Gesellschafter keine Unterscheidung trifft, vielmehr ein ebenso hohes Schutzniveau wie sonst vorsieht[76]. Insoweit wird verständlich, warum, wie oben vertreten wurde, der Einmann-AG ein Bestandsschutz zugesprochen wird.

Ob der konsequenten Ablehnung eines über die §§ 30 f. GmbHG hinausgehenden Bestandsschutzes der GmbH trotzdem etwas entgegengebracht werden kann, soll im Weiteren untersucht werden. Je nachdem welche Ergebnisse die Untersuchung hervorbringt, wird sich zeigen, ob den Stimmen im Schrifttum[77] gefolgt werden muss, die dem BGH bezüglich der Anerkennung eines weitergehenden Bestandsschutzes der Einmann-GmbH die Gefolgschaft versagen.

a) Verbot der „kalten" Liquidation

Für die Gläubiger besteht die Gefahr, dass ohne eine weitere Verfügungsgrenze der Rechtsmacht der Gesellschafter, die Gesellschaft zum Vorteil dieser Gruppe soweit geschwächt werden könnte, dass es einer Liquidation dann am Substrat fehlen würde.

Aus diesem Grunde finden sich einige Stimmen im Schrifttum, die über den Schutz der §§ 30, 31 GmbHG, dem GmbH-Recht ein „Verbot der kalten Liquidation" entnehmen wollen.[78] So sollen die Gesellschafter in der Entscheidung, diGesellschaft aufzulösen, zwar frei sein (vgl. § 60 Abs. 1 Nr. 2 GmbHG). Jedoch würde dies nichts an der Tatsache ändern, dass der Durchführung der Liquidation zwingende gesetzliche Vorschriften zum Schutze der Gläubiger zu Grunde lägen. So sehe das GmbHG nach beschlossener Auflösung unter anderem vor, dass die Verpflichtungen der Gesellschafter zunächst zu erfüllen sind (§ 70 GmbHG) und erst nach Ablauf eines Jahres das übrige Vermögen an die Gesellschafter verteilt werden kann (§§ 72 f. GmbHG). Eine solche geordnete Abwicklung fände aber gerade nicht statt, wenn es infolge einer existenzgefährdenden Maßnahme zum „kalten" oder „schleichenden" Kapitalentzug käme. Durch eine solche „kalte" Liquidation würde gerade das zum Schutz der Gläubiger bestehende zwingende Verfahren umgangen, weshalb den Gesellschaftern die Existenzvernichtung verboten werden müsse.[79]

Dass die Gesellschafter bzw. der Alleingesellschafter die Existenzgrundlage derart aushöhlen können, dass es im Endeffekt zum masselosen Konkurs kommen muss, zeigt gerade das Bedürfnis nach einer weitergehenden Verfügungsgrenze. Ob man mit den Vorschriften der §§ 65 ff. GmbHG einen Existenzschutz begründen kann, erscheint allerdings fraglich[80]. Letztlich geht es den Vertretern dieses

---

[76] *Meyer*, Haftungsbeschränkung im Recht der Handelsgesellschaften, S. 852.

[77] *Römermann/Schröder*, GmbHR 2001, 1015, 1018; *Schröder*, GmbHR 2002, 904, 905; *Römermann*, BGH-Report 2002, 881 f.; *Nasall*, ZIP 2003, 969 ff., nach dessen Ansicht es der Haftung für Existenzvernichtung an der erforderlichen verfassungsrechtlichen Legitimation fehlt.

[78] *M. Winter*, Mitgliedschaftliche Treuebindung, S. 203 ff.; *ders.*, ZGR 1994, 570, 585 f.; *Priester*, ZGR 1993, 512, 521 ff.; wohl auch *Röhricht*, in: Festschrift 50 Jahre BGH, 83, 89 u. 91.

[79] *M. Winter*, S. 203 ff.; *ders.*, ZGR 1994, 570, 586 f.; ähnlich die Begründung des II. Zivilsenats im „Autohaus"-Urteil, vgl. BGH ZIP 2005, 117, 118.

[80] Gegen eine solche Begründung der Haftung auch *Altmeppen*, ZIP 2002, 961, 966.

Lösungsansatzes allein um die Sicherstellung einer möglichst hohen Vermögensmasse im Falle der Abwicklung der Gesellschaft. Das Risiko, eine solche Masse im Vermögen der Gesellschaft nicht anzufinden, wurde den Gläubigern aber durch die Vorschrift des § 13 Abs. 2 GmbHG zugewiesen. Weshalb hiervon eine Ausnahme zu machen ist, kann der Ansatz über die „kalte“ Liquidation jedenfalls nicht erklären. Die §§ 65 ff. GmbHG knüpfen an den Tatbestand der Auflösung an und bestimmen, dass den Gläubigern bei der Verteilung des Gesellschaftsvermögens der uneingeschränkte Vorrang beim Zugriff auf die Haftungsmasse zukommt.[81] Damit hat sich der Sinn und Zweck dieser Vorschriften allerdings schon erschöpft. Die Garantie eines bestimmten Haftungsvolumens lässt sich den Vorschriften gerade nicht entnehmen.[82] Die „kalte“ Liquidation beeinträchtigt den Regelungsbereich der §§ 65 ff. GmbHG zwar insoweit, dass der durch die Vorschrift garantierte Gläubigervorrang reduziert wird, gerade hieran kann die Norm selbst jedoch nichts ändern, weil sie den Schutz des Gesellschaftsvermögens im Interesse der Gläubiger erst im Nachhinein bewirken soll.[83]

Gleichwohl hilft der Blick auf die Liquidationsbestimmungen weiter. Den Bestimmungen lässt sich zumindest der Hinweis entnehmen, dass die §§ 30 f. GmbHG nicht die einzige Grenze der Dispositionsfreiheit der Gesellschafter sind.

Die Bestimmungen der §§ 72, 73 GmbHG erstrecken sich nämlich nicht nur auf das Stammkapital, sondern auf das gesamte Gesellschaftsvermögen[84]. Warum den Gesellschaftern aber vor der Auflösung eine schrankenlose Verfügung hinsichtlich dieses weiteren Vermögensteils erlaubt sein soll, erscheint schwer verständlich, weil die Vermögensbindung der Liquidationsvorschriften nur den Schutzumfang fortsetzen soll, der durch den Wegfall des Interessengleichlaufs entstanden ist, der zwischen Gesellschaftern und Gläubigern im Hinblick auf die Erhaltung des Bestandes und der Steigerung der Ertragskraft bestand. Auch wenn die Liquidationsvorschriften ein Verbot der „kalten“ Liquidation nicht zu begründen vermögen, so kann man sie zumindest als Beleg dafür nehmen, dass es eine weitere Verfügungsgrenze zumindest für den Fall geben muss, in dem die Gläubigerinteressen wie im Falle der Auflösung nicht mehr hinreichend durch die gesetzlichen Systeme geschützt werden können, da es an einem Gleichlauf der Interessen von Gesellschaftern und Gläubigern fehlt.

b) Ansatz über § 35 Abs. 4 GmbHG

Gegen eine unbegrenzte Dispositions- und Definitionskompetenz des Alleingesellschafters könnte allerdings die dem § 35 Abs. 4 GmbHG zu entnehmende Wertung sprechen. Die Norm bestimmt, dass auf Rechtsgeschäfte des alleinigen Geschäftsführers-Gesellschafters mit der durch ihn vertretenen Gesellschaft § 181 BGB an-

---

[81] Scholz/*K. Schmidt*, 8. Aufl., § 73 Rn. 1.

[82] *Möhring*, Schutz der Gläubiger einer konzernabhängigen GmbH, S. 86.

[83] *Hartmann*, GmbHR 1999, 1061, 1066; *Mülbert*, DStR 2001, 1937, 1941 f.; gegen eine Begründung der Haftung über das Verbot der kalten Liquidation auch *Bruns*, WM 2003, 815, 817; dies verkennt *Haas*, WM 2003, 1929, 1933 ff., der in der rechtsmissbräuchlichen Außerkraftsetzung des § 73 Abs. 1 GmbHG einen Anknüpfungspunkt für die Existenzvernichtungshaftung sieht.

[84] *Lutter/Hommelhoff*, § 73 Rn. 1.

zuwenden ist. Wenn nun aber die Gesellschafter das Interesse der Gesellschaft uneingeschränkt definieren könnten, würde jedes vom Alleingesellschafter gewollte Rechtsgeschäft notwendigerweise im Interesse der Gesellschaft liegen und ein von § 181 BGB vorausgesetzter Konflikt wäre gar nicht möglich.[85] Wenn § 35 Abs. 4 GmbHG diesen Konflikt nun aber regelt, könnte dies im Umkehrschluss bedeuten, dass die Dispositionskompetenz des Alleingesellschafters gerade nicht unbeschränkt ist.[86]

Aus diesem Umkehrschluss eine Verfügungsgrenze abzuleiten, muss jedoch fehlschlagen. § 35 Abs. 4 GmbHG kann nämlich lediglich entnommen werden, dass selbst im Falle der Einmann-GmbH diese Trägerin von Interessen sein kann, jedoch nicht, dass dem Alleingesellschafter hierdurch die Dispositionskompetenz entzogen ist.

Als Argument für eine solche Auslegung kann der mit der Vorschrift verfolgte Zweck angeführt werden. § 35 Abs. 4 GmbHG will nicht Rechtsgeschäfte zwischen der Gesellschaft und dem geschäftsführenden Alleingesellschafter verbieten. Die Norm soll solche Rechtsgeschäfte lediglich erschweren. Die Unwirksamkeit des Insichgeschäfts nach § 181 BGB greift nicht, wenn eine Gestattung dieses Vorgangs vorliegt. Diese kann beim Alleingesellschafter, der zugleich Geschäftsführer ist, zwar nur in der Satzung erfolgen[87]. Der Alleingesellschafter kann jedoch durch Satzungsänderung sogar nachträglich das Selbstkontrahieren gestatten und damit das Geschäft mit ex tunc Wirkung genehmigen.[88] Sinn und Zweck der Vorschrift ist es sicherzustellen, dass sich die Gläubiger über die Möglichkeit von Insichgeschäften informieren können. Selbst wenn man in dieser Vorschrift eine Erschwerung des Selbstkontrahierens erblicken möchte, so eröffnet dem Alleingesellschafter doch gerade seine Verfügungsmacht die Möglichkeit, sich von dieser Einschränkung zu befreien. Sinn und Zweck des § 35 Abs. 4 GmbHG wird angesichts dieses Ergebnisses verständlich, wenn man bedenkt, das Trägerschaft und Definitions- bzw. Dispositionskompetenz im Hinblick auf das Gesellschaftsinteresse divergieren.[89] Eine Grenze für die Verfügungsmacht des Alleingesellschafters kann diese Vorschrift demnach nicht bewirken.

c) Funktion der juristischen Person als absolute Grenze des Einflusses der Gesellschafter

Einer unbegrenzten Verfügbarkeit des Gesellschaftszwecks könnte aber die Funktion der juristischen Person entgegenstehen. Seit der „TBB“-Entscheidung steht fest, dass sich selbst ein Alleingesellschafter durch fehlende Rücksichtnahme im Hinblick auf die Interessen seiner GmbH und die dadurch herbeigeführte Insolvenz einer Haftung aussetzen kann. Dahinter steht die Auffassung, dass es auch dem Alleingesellschafter als herrschendem Unternehmen nicht erlaubt ist, sich zwecks

[85] So leitete der BGH jedenfalls vor Inkrafttreten des § 35 Abs. 4 GmbHG die Unanwendbarkeit des § 181 BGB her; vgl. BGHZ 56, 97, 105.
[86] So jedenfalls *Ulmer*, ZHR 148 (1984), 391, 408.
[87] Baumbach/Hueck/*Zöllner*, § 35 Rn. 79.
[88] Scholz/*Schneider*, § 35 Rn. 109.
[89] Vgl. hierzu *Hartmann*, GmbHR 1999, 1061, 1062.

Verfolgung eigenunternehmerischer Interessen über die Funktion der GmbH als zur Übernahme des unternehmerischen Risikos geeigneter Haftungsträger hinwegzusetzen.[90]

Der Grund für die Schaffung der Figur der juristischen Person durch das Recht liegt darin begründet, durch die rechtliche Verselbstständigung eines Vermögensbereichs die Möglichkeit der Haftungsbeschränkung für die in der Satzung als Gesellschaftszweck angegebene Tätigkeit zu eröffnen. Insoweit kann man die GmbH als Personengesellschaft betrachten, die nur um der Haftungsbeschränkung willen vermögensmäßig gegenüber ihren Mitgliedern verselbständigt ist.[91]

Hierbei darf aber nicht übersehen werden, dass sich die durch Verselbstständigung des Vermögensbereiches bewirkte Haftungstrennung zwischen Gesellschaft und Gesellschaftern (§ 13 Abs. 2 GmbHG), mit von der Rechtsordnung hingenommenen Folgen für andere Teilnehmer des Rechtsverkehrs nur dann rechtfertigen und praktisch durchhalten lässt, wenn die Gesellschafter den Anspruch der juristischen Person auf Bewahrung ihrer Lebensfähigkeit respektieren.[92]

Nur so kann verhindert werden, dass die normative Zweckbindung des Gesellschaftsvermögens, vorrangig die Befriedigung der Gläubiger sicherzustellen – und damit der Haftungsbeschränkung auf das Gesellschaftsvermögen seine Legitimation zu geben – ad absurdum geführt wird. Die Dispositionsbefugnis des Alleingesellschafters bzw. der einvernehmlich handelnden Gesellschaftergesamtheit ist durch diese Funktion also insoweit eingeschränkt, als dass die für die Erfüllung dieser Funktion notwendige Existenzfähigkeit der Gesellschaft eine absolute Schranke für die Einwirkungen der Gesellschafter darstellt.[93]

aa) Grundsätzlicher Funktionsschutz durch das GmbH-Gesetz

Ob der BGH damit zu Recht die Legitimation seines Haftungsmodells in den Funktionsbedingungen der Haftungsbeschränkung selbst finden durfte, ist hierdurch jedoch noch nicht erwiesen. Grundsätzlich wird die Funktion der Gesellschaft als Haftungsträger nämlich durch die Kapitalerhaltungsvorschriften und die sie ergänzenden Vorschriften gewährleistet, weshalb der Gesellschafter jenseits dieser Vorschrift den gerade beschriebenen Anspruch der Gesellschaft auf Existenzwahrung, jedenfalls nach der oben dargestellten Meinung, nicht verletzen kann. Der Wille des Gesellschafters, so die Argumentation, schlage nach der Vorstellung des Gesetzgebers nur dann nicht auf die Gesellschaft durch, wenn die Haftungsausstat-

---

[90] *Röhricht*, in: Festschrift 50 Jahre BGH, 83, 103 ff.; vgl. hierzu auch *Assmann*, JZ 1986, 928, 931; ähnlich auch die Auffassung von *Drax*, Durchgriffs- und Konzernhaftung der GmbH-Gesellschafter, S. 182.

[91] *Flume*, ZHR 144 (1980), 18, 29.

[92] So auch die Meinung von *Fabricius*, Relativität der Rechtsfähigkeit, S.82 ff.; *Fabritius*, ZHR 144 (1980), 628; *Assmann*, JZ 1986, 928, 931 (bes. Fn. 113); ders. diesen Ansatz relativiert in: FS 100 GmbHG, S. 657, 707; *Priester*, ZGR 1993, 512, 520; *Gehrlein*, NJW 2000, 1089, 1090; *Röhricht*, in: Festschrift 50 Jahre BGH, S. 83, 104; *Wiedemann*, in: FS 50 Jahre BGH Bd. II, 337, 353; *Sandmann*, Die Haftung von Arbeitnehmern, Geschäftsführern und leitenden Angestellten, S. 285; *Hölzle*, ZIP 2003, 1376, 1377.

[93] *Mülbert* spricht in diesem Zusammenhang von einer Metawertung aus dem gesetzlichen Gläubigerschutzsystem, vgl. *Mülbert*, DStR 2001, 1937, 1940; ähnlich auch *Hölzle*, ZIP 2003, 1376, 1379.

tung der Gesellschaft zu Lasten der Gläubiger entgegen der gesetzlichen Vorschriften beeinträchtigt werde.[94]

Um diesem Einwand gerecht zu werden, soll zunächst geklärt werden, inwieweit Drittinteressen durch die Rechtsordnung in der Situation des faktischen GmbH-Konzerns bereits geschützt werden. Erst dann, wenn diese vom Gesetzgeber vorgesehenen Systeme versagen, stellt sich die Frage, ob eine weitergehende Berücksichtigung dieser Interessengruppen durch die Annahme einer weitergehenden Verfügungsgrenze überhaupt vertretbar ist.

aaa) Bestehendes Gläubigerschutzsystem

Nach § 13 Abs. 2 GmbHG haftet den Gesellschaftsgläubigern für die Verbindlichkeit der Gesellschaft nur das Gesellschaftsvermögen. Das bedeutet indes nicht, dass der Gesetzgeber mit der GmbH eine Gesellschaftsform bereitstellen wollte, die es den Gesellschaftern ermöglicht, die von dem Gesellschaftsunternehmen erwirtschafteten Gewinne zu internalisieren, indem die Gesellschafter diese abschöpfen, und eingetretene Verluste zu externalisieren, indem diese auf die Gläubiger abgewälzt werden. Vielmehr sollte, wie schon gesagt, eine Unternehmensform geschaffen werden, in der das unternehmerische Verlustrisiko von vornherein auf einen von den Gesellschaftern zu leistenden Kapitaleinsatz beschränkt werden kann. Dies sollte allerdings nicht einseitig zu Lasten der Gesellschaftsgläubiger gehen, wie das vom GmbH-Gesetzgeber geschaffene Gläubigerschutzsystem zeigt:

Die zentralen Gläubigerschutzvorschriften im GmbH-Recht sind die Kapitalerhaltungsvorschriften der §§ 30 – 32b GmbHG. Sie haben den Zweck, jede Art der Schmälerung des Stammkapitals durch Leistung der GmbH zum Vorteil eines Gesellschafters zu verhindern.[95] § 30 Abs. 1 GmbHG schützt dabei zunächst das gesellschaftsvertraglich vereinbarte und eingetragene Stammkapital i.S.d. §§ 3 Abs. 1 Nr. 3, 5 Abs. 1, 10 Abs. 1 GmbHG. Nach § 30 GmbHG darf das zur Erhaltung des Stammkapitals erforderliche Vermögen nicht an die Gesellschafter ausgezahlt werden. Eine Auszahlung i.S.d. § 30 Abs. 1 GmbHG liegt vor, wenn durch eine Vermögenszuwendung der Gesellschaft der bilanzmäßige Überschuss der Aktiva über die echten Passiva (Verbindlichkeiten und Rückstellungen, ohne Rücklagen) die statuarische Stammkapitalziffer nicht mehr deckt.[96] Zahlungen, die unter Verstoß gegen dieses Verbot geleistet werden, sind der Gesellschaft nach § 31 GmbHG zu erstatten. Indem § 30 GmbHG „das zur Erhaltung des Stammkapitals erforderliche Vermögen der Gesellschaft" schützt und das Stammkapital in der Bilanz zu passivieren ist (§ 42 Abs. 1 GmbHG), ergibt sich ein als Gewinn an die Gesellschaft verteilbarer Überschuss erst, wenn das Aktivvermögen der Gesellschaft größer ist als die Summe der echten Passiva, also der Verbindlichkeiten der Gesellschaft und des Stammkapitals. Die §§ 30, 42 Abs. 1 GmbHG bewirken daher, dass das Gesellschaftsvermögen in Höhe der Summe aus echten Gesellschaftsverbindlichkeiten und Stammkapital gegenüber der Gesellschaft wertmäßig gebunden wird.[97] Aus-

[94] Vgl. die in Fn. 68 u. 69 Genannten.
[95] Vgl. nur Roth/Altmeppen/*Altmeppen*, § 30 Rn. 1.
[96] *Lutter/Hommelhoff*, § 30 Rn. 8.
[97] *K.Schmidt*, GesR, § 37 III 1, S. 941.

zahlungen an die Gesellschafter, durch die eine Unterbilanz entstehen würde, sind folglich unzulässig. Das Verbot erfasst in diesem Rahmen auch Zuwendungen an Dritte, die wirtschaftlich als Leistungen an einen Gesellschafter zu betrachten sind[98], sowie sogenannte verdeckte Gewinnausschüttungen[99], wie namentlich Geschäfte, die einem Gesellschafter einen überhöhten Gewinn oder den Erwerb von Gesellschaftsvermögen zu einem unangemessen niedrigen Preis ermöglichen[100]. Verbleibt der Gesellschaft an einem solchem Geschäft ein geringerer Nutzen, als sie durch ein Drittgeschäft hätte erzielen können („*at arms length*" – Prinzip[101]), und erleidet sie hierdurch zu Lasten ihres Stammkapitals einen Vermögensausfall, so muss der begünstigte Gesellschafter den Fehlbetrag gemäß § 31 GmbHG ersetzen.

Verstärkt wird der Gläubigerschutz durch die Liquidationsbestimmungen (§§ 60 ff. GmbHG).[102] Hiernach sind die Liquidatoren verpflichtet, bei Auflösung der Gesellschaft erst die Gläubiger zu befriedigen. Dies hat den Zweck, die Gesellschaftsgläubiger vor einer voreiligen Verteilung des Gesellschaftsvermögens an die Gesellschafter zu bewahren.

bbb) Der Interessengleichlauf

Der Gesetzgeber legte diesen Regelungen die Vorstellung von wirtschaftlich denkenden und vernünftig handelnden Gesellschaftern zugrunde, die an der Erhaltung des Bestandes und der Steigerung der Ertragskraft der Gesellschaft selbst am meisten interessiert sind.[103] Der BGH bezeichnet dies als „Interessengleichlauf" von Gesellschaft, Gesellschaftern und Gläubigern, welcher als ein für den Rechtsverkehr wesentliches Regulativ wirkt.[104]

(1) Die veränderte Interessenausrichtung im Konzern

Die herrschende Meinung[105] geht nun allerdings davon aus, dass die Einbindung der Gesellschaft in einen Konzernverbund mit besonderen Gläubigergefahren einhergeht. Zwar ist jedes Substitutionsverhältnis für den Geschäftsverkehr tendenziell ungefährlich, weil das Unternehmen als solches der Marktkontrolle unterliegt. Gleichwohl bringt die Substituierung von Märkten durch Organisation und hierarchische Entscheidungen im Wege der Konzernierung auch Gefahren mit sich. Sie beruhen vor allem darin, dass durch die Unternehmensverbindung das eigenständi-

---

98 Scholz/*Westermann*, § 30 Rn. 28 ff.

99 *Schneider*, ZGR 1985, 279, 280.

100 Baumbach/Hueck/*Hueck/Fastrich*, § 29 Rn. 68 ff.

101 *Lutter/Hommelhoff*, § 30 Rn. 27; Scholz/*Westermann*, § 30 Rn. 20.

102 *K.Schmidt*, ZIP 1981, 1.

103 So *Burgard*, WM 1993, 925, 927; *Limmer*, Die Haftungsverfassung des faktischen GmbH-Konzerns, S. 43.

104 BGHZ 95, 330, 334; selbst *Rehbinder*, in: AG 1986, 85, 93 erkennt diese Gefahr „Legitimation eines konzernspezifischen Gläubigerschutzes", will aber den Gläubigerschutz unterhalb der Grenze des Minderheitenschutz ansiedeln und damit nicht als Bestandsschutz der Gesellschaft, S. 94.

105 *Ulmer*, ZHR 148 (1984), 391, 397; *Rehbinder*, AG 1986, 85, 93; *Keßler*, GmbHR 1993, 541, 546 f.; *Priester*, in: FS f. Semler, S. 561, 562; vgl. zu den Vorteilen einer Konzerneinbindung *Heck*, Personengesellschaften im Konzern, S. 144.

ge Interesse der Gesellschaft durch das Konzerninteresse überlagert wird. So stellte schon Mestmäcker[106] im Vorfeld zur Diskussion um das AktG 1965 als Gefahr für die abhängige Aktiengesellschaft fest, dass deren Unternehmen nicht mehr marktorientiert arbeiten würden. Dem Unternehmen fehle die Möglichkeit der marktmäßigen Ausrichtung und Kontrolle ihrer Geschäftsführung. Dies belastet vor allem den Geschäftsverkehr, dessen einzelne Teilnehmer die Risiken eines Vertragsschlusses nunmehr an der Gesamtkonzernpolitik ausrichten müssen, die für sie allerdings undurchschaubar bleibt. Zudem kann die Konzernspitze durch Steuerung der Investmentpolitik und der Reservenbildung das gesamte Finanzwesen lenken. Zentralisiert das herrschende Unternehmen das sogenannte „Cash-flow-Management" auf die Konzernspitze, so ist die abhängige Gesellschaft bezüglich ihrer Liquidität permanent auf die Konzernspitze angewiesen. Wird der Finanzbereich der GmbH in der Form gelenkt, dass die Konzernspitze das Finanzwesen völlig kontrolliert, so führt dies zwangsläufig zu einer Steuerung wesentlicher anderer Unternehmensbereiche, wie z.B. der Beschaffungspolitik, die ihrerseits mittelbar die Produktionspläne bestimmt. Weiterhin muss bedacht werden, dass sich im Konzernsachverhalt die Interessenausrichtung des herrschenden Unternehmens ändert. Dieses ist weniger an einer Gewinnmaximierung der abhängigen GmbH interessiert, als vielmehr am Florieren des Gesamtkonzerns. Es geht ihm somit in erster Linie um die möglichst rentable Nutzung der im Konzern zusammengefassten Ressourcen[107]. Der herrschende Unternehmensgesellschafter denkt demzufolge gesellschaftsübergreifend und wird gegebenenfalls eine Schädigung der einzelnen konzernangehörigen Gesellschaften in Kauf nehmen, wenn dies dem Konzernganzen zum Vorteil gereicht. Die nachhaltige Existenzsicherung des Konzerns, und nicht die des einzelnen abhängigen Konzern-Unternehmens, ist vorrangiges Ziel der Konzernleitung.[108] Die abhängige Gesellschaft kann z.B. dadurch geschädigt werden, dass die Konzernverrechnungspreise, zu denen sie ihre Produkte an ein anderes Konzernunternehmen liefert, unter dem Marktwert liegen und so mögliche Gewinne nicht realisiert werden können. Auch die Festlegung einer bestimmten Produktpalette mag für den Konzern vorteilhaft sein, für die abhängige Gesellschaft aber wird der Spielraum dadurch eingeengt. Das Unternehmen der abhängigen Gesellschaft kann dadurch über kurz oder lang der Konkurrenzfähigkeit beraubt sein, was verheerende Folgen nach sich zieht, wenn die Gesellschaft in die Unabhängigkeit entlassen wird. Nicht selten werden dem abhängigen Unternehmen im Laufe der Zeit qualifizierte Mitarbeiter entzogen oder es muss Patente zur Verfügung stellen. Durch die Umstellung der Produktion im Konzerninteresse und die Regelung des Absatzes kann zudem der eigene Kundenstamm zerstört werden.

---

[106] *Mestmäcker*, sehr weitgehend in: FS f. Kronstein, S. 129, 134, wenn er von einer Vernichtung der Eigenständigkeit spricht; vgl. auch *Mecke*, Konzernstruktur und Aktionärsentscheid, S. 234 f.

[107] *Kleindiek*, Strukturvielfalt im Personengesellschafts-Konzern, S. 41 f.; *Keßler*, GmbHR 1993, 541, 547.

[108] *Scheffler*, DB 1985, 2005, 2006; ausführlich hierzu *Görling*, Die Konzernhaftung in mehrstufigen Unternehmensverbindungen, S. 108.

(2) Zwischenergebnis

Wie die Beispiele zeigen, geht die Ausrichtung der Unternehmenspolitik am Interesse der herrschenden Unternehmergesellschaft zu Lasten der abhängigen Gesellschaft, genauer: zu Lasten des GmbH-Vermögens. Die Auffassung, dass der konzernspezifische Gläubigerschutz in der GmbH niedriger ausfallen müsse als in der AG[109], übersieht gerade, dass, mangels des Vorhandenseins von effektiven Gegenkräften in der GmbH, die soeben geschilderten Gefahren im faktischen GmbH-Konzern viel höher ausfallen als in der AG. Durch das Weisungsrecht gemäß § 37 Abs. 1 GmbHG ist dem Gesellschafter ein Instrument gewährt worden, das in der Aktiengesellschaft nur bei Abschluss eines Beherrschungsvertrages eine Rechtfertigung erfährt.[110] Außerdem unterliegt das GmbH-Innenrecht weitgehend der Gestaltungsfreiheit der Gesellschafter, weshalb sich die GmbH im Ergebnis auch als besonders konzernoffen präsentiert.[111] Aus der Stellung des Alleingesellschafters als Satzungsgeber der abhängigen GmbH folgt nämlich die Möglichkeit, das Interesse der beherrschten Gesellschaft auf das Konzerninteresse auszurichten.[112] Es ist nicht unüblich, dass beherrschte Gesellschaften von Anfang an als Konzerninstrument, z.B. zum Vertrieb von Konzernprodukten, gegründet werden. Dies dürfte auch mit § 1 GmbHG grundsätzlich im Einklang stehen, der zwar verlangt, dass nur zulässige Zwecke in die Satzung aufgenommen werden dürfen, jedoch damit nicht zugleich erklärt, dass die Zwecke für die Gesellschaft nicht nachteilig sein dürfen.[113]

ccc) Schutz der Gläubiger im faktischen Konzern durch die Kapitalerhaltungsvorschriften?

Der Interessengleichlauf ist eine Wertung, auf der das gesamte Gläubigerschutzsystem beruht. Eine Störung dieses Gleichlaufs könnte dementsprechend für eine Ausweitung des Systems auf bislang noch nicht erfasste Sachverhalte sprechen.[114] Fraglich ist aber, ob der durch den Konzernsachverhalt gestörte Interessengleichlauf nicht bereits durch allgemeine Regeln des GmbH-Rechts aufgefangen wird.

Zum Teil wird es als bloße Behauptung bezeichnet, wenn den §§ 30 GmbHG im faktischen Konzern die Wirksamkeit abgesprochen wird.[115] Im Hinblick auf die Tatsache, dass der II. Zivilsenat den Gläubigerschutz auch für die konzernierte

---

[109] So das Ergebnis von *Rehbinder*, AG 1986, 85, 92.

[110] *Limmer*, S. 21; *Henze*, NZG 2003, 649, 653.

[111] *Lutter/Timm*, NJW 1982, 409.

[112] Vgl. *Beinert*, Die Konzernhaftung für die satzungsgemäß abhängig gegründete GmbH, S. 38 f.; *Wiedemann*, in: FS 50 Jahre BGH Bd. II, S. 337, 353; der hieraus folgert, dass die abhängige GmbH damit von sich aus genetisch kein Immunsystem bereithält, um sich gegen entsprechende Maßnahmen zur Wehr zu setzen.

[113] Ähnlich *Fleck*, ZHR 149 (1985), 387, 394; Die Frage, wann dem Satzungsrecht der Gesellschafter eine Grenze zu setzen ist, soll im 2. Teil der Arbeit nachgegangen werden.

[114] Das der Interessengleichlauf eine Wertung im Rahmen des durch § 13 Abs. 2 GmbHG gebildeten Systems darstellt und eine Ausdehnung rechtfertigen kann, verkennt *Wilhelmi*, DZWIR 2003, 45, 54.

[115] *Gätsch*, Gläubigerschutz im qualifizierten faktischen GmbH-Konzern, S. 112 ff.; so auch *Schröder*, GmbHR 2002, 904, 905; Zweifel an einer Lücke im gesetzlichen Gläubigerschutz hegt auch *Wilhelmi*, DZWIR 2003, 45, 52 ff.

GmbH vorrangig aus den Kapitalerhaltungsregeln nach §§ 30, 31 GmbHG gewinnen möchte[116], bedarf diese Kritik einer näheren Betrachtung. Wenn sich über die Kapitalerhaltungsregel eine angemessene Lösung für die Probleme im faktischen Konzern finden ließe, könnte bzw. müsste wegen des generellen Vorrangs der Kapitalerhaltungsregeln insoweit auf die Ausgestaltung einer ergänzenden Haftung für Bestandsvernichtung verzichtet werden[117].

(1) Regelungsgehalt der §§ 30 ff. GmbHG

Für den Gläubigerschutz im faktischen GmbH-Konzern ist vor allem entscheidend, ob sich schädigende Konzernleitungsmaßnahmen unter dem Begriff der Auszahlung gemäß § 30 Abs. 1 GmbHG oder unter den des kapitalersetzenden Darlehens subsumieren lassen. Das Auszahlungsverbot des § 30 Abs. 1 GmbHG umfasst nach allgemeiner Ansicht nicht nur Geldleistungen, sondern geldwerte Leistungen aller Art an die Gesellschafter.[118] Eine Auszahlung kann etwa deshalb vorliegen, wenn die abhängige GmbH zu Gunsten des herrschenden Unternehmens Verbindlichkeiten eingeht oder erfüllt oder Sicherheiten bestellt.[119]

Der Anwendungsbereich der Vorschriften über eigenkapitalersetzende Darlehen wird durch § 32a Abs. 3 GmbHG sachlich und persönlich erweitert, indem neben Darlehen auch andere Leistungen an die Gesellschaft und auch eine Gewährung durch Dritte als Eigenkapitalersatz behandelt werden können, wenn dies wirtschaftlich einem kapitalersetzenden Darlehen entspricht. So gilt ein Darlehen oder eine vergleichbare Leistung der Obergesellschaft im mehrstufigen faktischen Konzern an die Enkelgesellschaft unter den Voraussetzungen des § 32a Abs. 1 S. 1 GmbHG als eigenkapitalersetzendes Darlehen und fällt in den Haftungsfond.[120]

(2) Defizite des gesetzlichen Regelwerks

Die Kapitalerhaltungsvorschriften schützen die Gläubiger nach dem aufgezeichneten Regelungsgehalt aber nur in begrenztem Maße. Auf die oben beschilderten Eingriffe im Konzerninteresse seitens des herrschenden Unternehmens reagieren die §§ 30 f. GmbHG erst bei Entstehung einer Unterbilanz. Bis zu dieser Grenze vermögen die Kapitalschutzvorschriften nachteiligen Einflussnahmen nicht entgegenzuwirken.[121] Selbst nach Erreichen dieser Grenze ist der Schutz der Gläubiger nur unzureichend. So setzt der Tatbestand der Zahlungsunfähigkeit keinesfalls das Bestehen einer Überschuldung voraus.[122]

---

[116] BGHZ 149, 10, 16 (=ZIP 2001, 1874, 1876).

[117] So auch die Schlussfolgerung von *Keßler*, GmbHR 2001, 1095, 1099, der jedoch im Ergebnis davon ausgeht, dass sich über die §§ 30 ff. GmbHG nur einige Aspekte der Konzerngefahr abfangen lassen; vgl. zu diesem Punkt auch *Schön*, ZHR 168 (2004), 268, 275.

[118] Baumbach/Hueck/*Hueck*, § 30 Rn. 12; Hachenburg/Goerdeler/*Müller*, § 30 Rn. 56 u. 65 ff.

[119] *Lutter/Hommelhoff*, § 30 Rn. 8.

[120] BGHZ 81, 311, 315; *Noack*, GmbHR 1996, 153, 154; *Gerkan*, ZGR 1997, 173, 182 f.; *Lutter/Hommelhoff*, § 32a/b Rn. 63.

[121] So auch *Lutter/Banerjea*, ZGR 2003, 402, 420 f.

[122] *Wolf*, StuB 2002, 1130, 1131.

Zudem ist die wertmäßige Bindung des Gesellschaftsvermögens nicht an den Zerschlagungswert der einzelnen Gegenstände orientiert, auf die es einem Gläubiger in der Zwangsvollstreckung ankäme. Es wird vielmehr nach dem sogenannten „*going concern*"-Prinzip bilanziert, so dass den Gläubigern im Falle der Zerschlagung des Vermögens in der Regel ein geringerer Wert zur Verfügung steht, der durch das Stammkapital nicht mehr gedeckt ist.[123] Auch die Angleichung der Bilanzierungs- und Bewertungsvorschriften an das Aktienrecht, durch die die Regelungsvorschriften für die GmbH verschärft worden sind, vermag an der Gefahr der Überbewertung von Aktiva im Kern nichts zu ändern.[124]

Ferner lassen sich mit § 30 Abs. 1 GmbHG nicht sämtliche Eingriffe des herrschenden Unternehmens erfassen, da nicht jede nachteilige Maßnahme durch das herrschende Unternehmen eine Auszahlung im Sinne des § 30 Abs. 1 GmbHG darstellt. Die Einordnung des Eingriffs als Auszahlung ist jedoch, so der BGH, zwingende Voraussetzung für die Wirkung der §§ 30 f. GmbHG.[125] So wird man z.B. die durch die Ausrichtung an das Konzerninteresse entstehenden Nachteile zu Lasten des Vermögens der abhängigen GmbH nicht als Auszahlungen i.S.d. § 30 GmbHG verstehen dürfen.[126] Man denke nur daran, dass risikoreiche Geschäfte, die die Gefahr eines Verlustes in sich bergen, über die abhängige GmbH abgewickelt werden, während gewinnversprechende Geschäfte von der herrschenden Gesellschaft an sich gezogen werden.[127] Auch im Verzicht auf die Wahrnehmung von Gewinnchancen zum Nutzen des Konzerns offenbart sich die Gefahr fremder unternehmerischer Ausrichtung. Einer abhängigen Tochtergesellschaft werden hierdurch in gleicher Weise wie bei einer Substanzverminderung die zur Aufrechterhaltung ihre Geschäftsbetriebes notwendigen Mittel entzogen, ohne dass dem mit Kapitalschutzregeln adäquat begegnet werden könnte, weil Geschäftsbeziehungen als solche nicht ohne weiteres bilanziell erfasst werden[128]. Auch sonstige Beeinträchtigungen der Haftungssubstanz, wie die Belastung der Gesellschaft mit Schadensersatzansprüchen außenstehender Dritter, stellen keine Auszahlung zu Gunsten

---

[123] *Ulmer*, ZHR 148 (1984), 391, 400; *Kirchner*, ZGR 1985, 214, 226 f.

[124] *Kirchner*, ZGR 1985, 214, 227.

[125] BGH ZIP 2000, 493, 494.

[126] *Ehlke*, DB 1986, 523, 525 f.; eine Aufzählung findet sich auch bei *Vetter*, ZIP 2003, 601; insoweit ist schwer verständlich, dass *Gätsch*, S. 112 ff. in diesem Zusammenhang eine Lücke im Kapitalerhaltungssystem verneint; warum Wilhelmi diese Lücke verneint ist klar, da er nur Vermögensab- und Vermögensentzug als haftungsauslösende Verhaltensweisen anerkennt, vgl. *Wilhelmi*, DZWIR 2003, 45, 52 ff.

[127] So auch *Bitter*, WM 2001, 2133, 2136, der darauf hinweist, dass die §§ 30, 31 GmbHG erst im Falle der Realisierung des Risikos und den dadurch ausgelösten Verlust des Stammkapitals greifen würden. Ein zu diesem Zeitpunkt gestellter Insolvenzantrag könne aber den Schaden der Gläubiger nicht mehr verhindern; vgl. auch *Lutter/Banerjea*, ZGR 2003, 402, 420 f.

[128] Dies verkennt *Wilhelmi*, DZWIR 2003, 45, 53, nach dessen Ansicht der unentgeltlichen Überlassung von Geschäftschancen ein konkludenter Vertrag zugrunde liegt; wie hier *Ulmer*, AG 1986, 123, 127; *Röhricht*, in: Festschrift 50 Jahre BGH, S. 83, 93, der davon ausgeht, dass der Entzug eines Betätigungsfeldes der Gesellschaft, durch den Abschluss neuer Verträge mit einem anderen Unternehmen des Alleingesellschafters, überhaupt keine bilanzielle Auswirkung hat; vgl. auch *Hölzle*, ZIP 2003, 1376, 1378.

eines Gesellschafters dar.[129] Im Bezug auf ein Wettbewerbsverbot gilt, dass die Kapitalerhaltungsregeln der § 30 f. GmbHG ein Wettbewerbsverhalten des Gesellschafters nicht erfassen, solange ein Verbot keinen Anspruch gegen den Gesellschafter auslöst, auf welchen die Gesellschaft verzichten könnte.[130] Gerade bei einer wie im „Bremer Vulkan"-Fall erfolgten Einbindung der abhängigen Gesellschaft und ihrer realen Verbandsverfassung in einen konzernumgreifenden „Liquiditätsverbund" zeigen sich die Praktikabilitätsdefizite und dogmatischen Schwächen der in § 31 GmbHG normierten Erstattungspflicht.[131] Alle nicht als offene oder verdeckte Auszahlung von Stammkapital zu qualifizierende schädigende Maßnahmen des Gesellschafters bleiben selbst dann, wenn sie die Gesellschaft in die Insolvenz führen, in Ermangelung eines Verbotstatbestandes gesellschaftsrechtlich sanktionslos[132].

Die §§ 30 f. GmbHG vermögen noch nicht einmal bei Maßnahmen, die als Auszahlung zu qualifizieren sind, einen Existenzschutz der Gesellschaft zu begründen. So sind Entnahmen denkbar, vor allem bei niedrigem Stammkapital, die zwar nicht gegen § 30 Abs. 1 GmbHG verstoßen, aber dennoch die Solvenz der Gesellschaft bedrohen, weil sie – auch wenn noch Reinvermögen in Höhe des nominellen Stammkapitals vorhanden ist – diesen Entzug von Liquidität nicht verkraftet und ihr die zur Fortführung der Geschäftstätigkeit erforderlichen liquiden Mittel fehlen, um z.B. ungünstige Entwicklungen wegen fehlender Reserven auffangen zu können.

(3) Ergebnis

Die These der Wirksamkeit der Kapitalerhaltungsvorschriften ist nach den hier gefundenen Ergebnissen damit nicht haltbar. Dies verwundert deshalb wenig, weil die Vertreter dieser Meinung mit keinem Punkt auf die hier aufgezeigten Probleme eingehen, obwohl diese im Schrifttum schon seit längerem diskutiert werden.

So fehlt eine Auseinandersetzung mit der Frage, wie Maßnahmen zu behandeln sind, die nicht unter den Begriff der Auszahlung fallen. Die zur Rechtfertigung vorgetragenen Urteile über die Anwendung der §§ 30, 31 GmbHG auf Gesellschaften mit beschränkter Haftung, die in einem Wirtschaftsverbund eingegliedert waren, können für die Tauglichkeit der Vorschriften – in den hier geschilderten Problemfeldern – kein Beleg sein. In der unter anderem zitierten „Helaba/ Sonnenring"-Entscheidung[133] ging es z.B. um ein Darlehen des herrschenden Unternehmens an die Tochtergesellschaft. Dass dieser Sachverhalt nicht die Ineffektivität der §§ 30, 31 GmbHG aufzeigt, wird hier nicht bestritten. Jedoch gibt es, wie z.B. ein Blick auf die Problematik der Risikogeschäfte oder die Wahrnehmung von Geschäfts-

---

[129] BGH ZIP 2000, 493 ff.

[130] Baumbach/Hueck/*Zöllner*, § 29 Rn. 69 und § 30 Rn. 15 f.

[131] So *Keßler*, GmbHR 2001, 1095, 1099, der in den §§ 30, 31 GmbHG nur einen partiellen Schutz erblickt; *ders.*, GmbHR 2002, 945, 949; a.A. *Römermann/Schröder*, GmbHR 2001, 1015, 1020, die davon ausgehen, dass die Vorschriften der §§ 30, 31 GmbHG die Problemlage des Cash-Pooling befriedigend lösen könnten.

[132] *M.Winter*, S. 203.

[133] BGHZ 81, 311, 322.

chancen verdeutlicht, ein weites Gebiet gesellschaftsbezogener Einwirkungen, auf die die gesetzlichen Kapitalerhaltungsvorschriften nicht reagieren können.

Wie die bisherigen Ergebnisse zeigen, ist der Konzern eine Organisationsform, in der die Rahmenbedingungen des Haftungsprivilegs erfolgreich ausgeschaltet werden. Die Gläubigerschutzmechanismen sind hier nicht mehr voll funktionsfähig. Das Verbot der Auszahlung von Stammkapital kann nicht die Fähigkeit der Gesellschaft gewährleisten, den Verbindlichkeiten gegenüber ihren Gläubigern nachzukommen, weshalb eine solche Zielrichtung des neuen Haftungskonzepts nicht von vornherein mit dem GmbH-Recht unvereinbar ist.[134]

ddd) Anpassung der §§ 30 f. GmbHG

Auch wenn die §§ 30 f. GmbHG den Gefahren einer faktischen Konzernierung nicht entgegentreten können, muss dies jedoch nicht heißen, dass die Verpflichtung zur Stammkapitalsicherung über die §§ 30 f. GmbHG hinaus, nicht an diesen Normen festgemacht werden kann. Aus diesem Grunde finden sich einige Stimmen in der Literatur, die angepasst an die Bedürfnisse, die sich aus der faktischen Konzernierung ergeben, einen Weg über die Modifikation der Kapitalerhaltungsregeln suchen.

(1) Bilanzrechtliche Lösung

So wird vorgeschlagen, da die Kapitalerhaltungsvorschriften nach ihrem herkömmlichen Verständnis keinen effektiven Gläubigerschutz gewährleisten könnten, bei Gefährdung des künftigen Bestands der Gesellschaft durch Entzug der Produktionsgrundlagen oder der existenznotwendigen Liquidität die für eine Ausschüttungssperre nach § 30 GmbHG maßgebliche Vermögensrechnung nicht einfach an den fortgeschriebenen Wertansätzen der Jahresbilanz auszurichten. Vielmehr sei den Risiken infolge der bestandsgefährdenden Maßnahmen durch Wertberichtigung auf der Aktivseite und Rückstellungen zur Abdeckung drohender Zusatzbelastungen Rechnung zu tragen. So dürfte selbst bei ungewöhnlich niedriger nomineller Kapitalausstattung der GmbH in aller Regel das Verbot des § 30 GmbHG eingreifen.[135] Diese bilanzrechtliche Lösung greift damit erkennbar auf die Grundsätze für die Aufstellung einer Überschuldungsbilanz zur Ermittlung des Insolvenzgrundes der Überschuldung (§ 19 InsO) zurück.[136]

Auch wenn die Vorzüge dieser Lösung nicht von der Hand zu weisen sind, ergeben sich doch einige praktische Probleme, die dazu führen, Abstand vom diesem Konzept zu nehmen. Zum einen dürfte es erhebliche Schwierigkeiten bereiten, die Zerschlagungswerte zu ermitteln, weil es einen Markt für gebrauchte Güter des Anlagevermögens oftmals nicht geben wird. Damit setzt sich diese Lösung jedoch der Gefahr aus, dass der Liquidationswert nur einen Bruchteil des am „*going concern*"-Prinzip orientierten Wiederbeschaffungswert ausmacht.

---

134 So auch *Haas*, WM 2003, 1929.

135 *Ulmer*, in: FS f. Pfeiffer, S. 853, 868; *ders.*, ZIP 2001, 2021, 2026; zustimmend *Weber*, ZHR 155 (1991), 120, 124; Scholz/*Westermann*, § 30 Rn. 16.

136 Diese Grundsätze stammen ebenfalls von *Ulmer*, vgl. Hachenburg/Ulmer, § 63 Rn. 23 ff.

Dagegen spricht auch, dass ein solcher Vermögensstatus allein keine unbedingt sichere Grundlage für die notwendige Feststellung bietet, dass aus der Sicht im Zeitpunkt der Auszahlung diese mit hoher Wahrscheinlichkeit zur Vernichtung der Gesellschaft führen musste.[137] In Fällen, in denen der Gesellschafter nach Lage der Dinge der Überzeugung sein konnte, die Auszahlung beeinträchtige nicht die Lebensfähigkeit der Gesellschaft, hat eine Bilanzierung nach Zerschlagungswerten mit der tatsächlichen Lage nichts zu tun und würde zu einer verschärften Haftung führen. Eben dieses Problem stellte sich ja auch bei der Bestimmung der Überschuldung, weshalb dort auf den zweigliedrigen Überschuldungstatbestand abgestellt wird. Demnach müsste auch im Rahmen der Haftung nach §§ 30 f. GmbHG danach gefragt werden, ob eine positive Überlebens- und Fortbestehensprognose attestiert werden kann. Was soll aber für den Fall gelten, in dem Liquidations- und Fortführungswert voneinander abweichen?

Selbst wenn man zu dem Ergebnis gelangt, dass durch die vorgeschlagene Bilanzierungsmethode die Funktion der GmbH besser gesichert wird, kann dies aber nur für die Fälle gelten, in denen es um die Frage geht, ob eine gesellschafterliche Entnahme von GmbH-Vermögen noch zulässig ist. Wenig hilfreich ist sie damit für die gerade im Konzern relevanten Fallgruppen, in denen die abhängige Gesellschaft zumeist geschädigt wird, ohne dass es zu einer bilanziell relevanten Entnahme kommt. So wird man den Umstand, dass die abhängige Gesellschaft durch die Ausrichtung am Konzerninteresse Verluste zu Lasten des Stammkapitals erleidet, nicht mit einer Auszahlung i.S.v. § 30 GmbHG vergleichen können.

(2) Verbot existenzgefährdender Auszahlungen

Neben diesem bilanztechnischen Ansatz wird sich für ein aus Sinn und Zweck der Kapitalschutzvorschriften ableitbares Verbot des Entzugs betriebsnotwendigen Vermögens auch oberhalb des Stammkapitalbetrages ausgesprochen.[138] § 30 GmbHG soll demnach bereits dann greifen, wenn zwar im Zeitpunkt der Auszahlung noch ein Stammkapitalbetrag abdeckendes Gesellschaftsvermögen verbleibt, die Gesellschaft hierdurch aber so stark gefährdet wird, dass in absehbarer Zeit nach der Auszahlung die Insolvenz oder wenigstens der Verlust des zur Deckung des Stammkapitals erforderlichen Vermögens der Gesellschaft zu erwarten ist. Die Kapitalerhaltungsvorschriften seien in dieser Hinsicht nicht ausreichend, insbesondere trete eine akute Gefährdung der Befriedigungsaussichten nicht erst durch unmittelbar zu Lasten des Stammkapitals ausgehenden Ausschüttungen ein. Eine solche könne sich vielmehr bereits durch Entnahmen bzw. gleich zu bewertende Maßnahmen der Gesellschaft ergeben, durch die betriebsnotwendiges Vermögen oberhalb der Stammkapitalziffer angegriffen werde.[139] Folglich sollten im Interesse des Gläubigerschutzes derartige existenzgefährdende Auszahlungen, in Ermangelung einer anderen Grundlage im GmbHG im Wege der Rechtsfortbildung dem

---

[137] Diese Gefahr für den Ansatz erkennt auch *Hartmann*, GmbHR 1999, 1061, 1067 (Fn. 62).

[138] *Fleck*, ZGR 1990, 31, 36 ff.; *ders.*, in: FS 100 Jahre GmbH-Gesetz, S. 391, 398 f.

[139] *Fleck*, in: FS 100 Jahre GmbH-Gesetz, S. 391, 398 f.

Anwendungsbereich des § 30 GmbHG unterstellt werden.[140] Hierdurch würde ein präventiver, vorverlagerter Kapitalschutz etabliert.

Dem sehr nahe steht ein neuerer Ansatz[141], der eine Art Verwandtschaft zwischen einer verbotswidrigen Auszahlung i.S.d. § 30 GmbHG und den hier in Betracht kommenden Fallgruppen, wie z.B. dem „Cash-Management" und dem Entzug von Geschäftschancen, erblickt. Es sei deshalb nicht völlig ausgeschlossen, die Haftung für Existenzvernichtung des abhängigen Unternehmens unter Zugrundelegung eines erweiterten Verständnisses des Auszahlungskriteriums zu begründen. Ein Vorteil einer in Analogie zu § 30 GmbHG begründeten Haftung des Alleingesellschafters bestünde nämlich darin, dass auf diesem Wege auch der jeweilige (Fremd-)Geschäftsführer nach § 43 Abs. 3 GmbHG zur Respektierung des Eigeninteresses der GmbH in die Pflicht genommen werden könnte, ohne dass es weiterer Rechtsfortbildung bedürfe.

(3) Stellungnahme

Gegen diesen Lösungsansatz spricht allerdings, dass die §§ 30 f. GmbHG selbst bei erweitertem Verständnis der Auszahlung nur einen vergleichsweise minimalen Gläubigerschutz im Konzern bieten können. Dies liegt bei den §§ 30, 31 GmbHG daran, dass sich die Vorschriften ausdrücklich nur auf die Zahlung von zur Stammkapitalerhaltung benötigtem Gesellschaftsvermögen beziehen. § 30 GmbHG wendet sich nun einmal nicht gegen fehlerhafte Maßnahmen der Geschäftsführung, die das rechnerische Vermögen der Gesellschaft unangetastet lassen.[142] Erforderlich ist eine Auszahlung, d.h. eine unmittelbare oder mittelbare Zuwendung aus dem Gesellschaftsvermögen zu Gunsten eines Gesellschafters.[143] Wenn daher die Gesellschaft bei bestehender Unterbilanz an ihren Gesellschafter einen Gegenstand zu marktüblichen Preisen verkauft, obwohl sie ihn dringend braucht, um die Produktion aufrechtzuerhalten, kann sich zwar der Geschäftsführer nach § 43 GmbHG schadenersatzpflichtig machen, § 30 GmbHG ist aber nicht verletzt. Der Norminhalt erfasst eben nicht jede zu einer Unterbilanz führende Minderung des Gesellschaftsvermögens.[144] Bei Verhaltensweisen wie dem Entzug von Geschäftschancen, ist die bilanzielle Sichtweise zudem nicht in der Lage, die Schädigung der Gesellschaft in vollem Umfang abzubilden. Die von der oben genannten Meinung in diesen Fällen erkannte Beeinträchtigung des Stammkapitals ist nur die spätere Folge der Ausschüttung.[145]

---

[140] *Fleck*, ZGR 1990, 31, 38 u. 42; *ders.*, in: FS 100 Jahre GmbH-Gesetz, S. 391, 399; *Lutter/Hommelhoff*, § 30 Rn.5; *Drygala*, ZIP 1992, 1628, 1629.

[141] *Ulmer*, ZIP 2001, 2021, 2026.

[142] *U.H. Schneider*, in: FS f. Döllerer, S. 537, 544.

[143] Scholz/*Westermann*, § 30 Rn. 19 ff.

[144] *Bender*, BB 2005, 1492, 1493.

[145] Diese will *Hartmann*, GmbHR 1999, 1061, 1067, entgegen der herrschenden Meinung erfassen, weil er auch die mittelbare Verursachung einer Unterbilanz von § 30 GmbHG erfasst sieht. Er kann aber auch nicht erklären, wieso solche Maßnahmen als Auszahlung anzusehen sein sollten. Zudem erkennt er selbst, das seinem Ansatz erhebliche Bedenken im Hinblick auf die Rechtsunsicherheit entgegenstehen.

Richtig ist, dass der Bundesgerichtshof in einem Urteil vom 24.11.2003[146] festgestellt hat, dass sich der in § 30 Abs. 1 GmbHG geregelte Vermögensschutz nicht auf eine Garantie einer bilanzmäßigen Rechnungsziffer beschränkt, weshalb es für einen Verstoß gegen § 30 GmbHG bereits – entgegen der bislang ganz herrschenden Meinung[147] – ausreiche, dass die Gesellschaft im Tausch gegen die abfließende Liquidität eine „nicht sofort realisierbare Forderung" gegen den Gesellschafter erhalte, auch wenn das Darlehen ordnungsgemäß verzinst wird und der Gesellschafter kreditwürdig sei. Zugleich deutet der BGH jedoch in eine obiter dictum einen möglichen Ausnahmetatbestand von dieser Regel an. Solange (i) die Darlehensvergabe im Interesse der Gesellschaft erfolge, (ii) die Darlehensbedingungen dem Drittvergleich standhielten und (iii) die Kreditwürdigkeit des Gesellschafters „selbst bei Anlegung strengster Maßstäbe außerhalb jeden vernünftigen Zweifels stehe oder die Rückzahlung des Darlehens durch werthaltige Sicherheiten voll gewährleistet sei.[148]

Ohne in dieser Arbeit näher auf das Urteil eingehen zu wollen[149], kann festgestellt werden, dass selbst bei einer strengeren Handhabung des Anwendungsbereichs des § 30 Abs. 1 GmbHG, und einer damit einhergehende Erweiterung des Haftungstatbestandes, ein zufriedenstellender Existenzvernichtungsschutz nicht erreicht werden kann.[150]

Entstammen die Zuführungen der Gesellschaft an den Cash Pool dem freien Vermögen[151] oder sind die Voraussetzungen der vom BGH angedeuteten Ausnahme erfüllt, besteht trotzdem noch die Gefahr, dass durch die nahezu vollständige Abgabe der Liquidität die zur Aufrechterhaltung des Geschäftsbetriebes notwendi-

---

[146] BGHZ 157, 72 ff.

[147] Zur Zulässigkeit des sogenannten Aktivtausches vgl. für die GmbH: RGZ 150, 28, 34 ff.; BGH WM 1998, 968, 970 f.; Baumbach/Hueck/*Hueck/Fastrich*, § 30 Rn. 14 f.; Scholz/*Westermann*, § 30 Rn. 25; *Cahn*, Kapitalerhaltung im Konzern, S. 254; für die AG: OLG Hamm ZIP 1995, 1263, 1270; *Bayer*, in: Müchner Komm./AktG, § 57 Rn. 28; *Henze*, in: Großkomm/AktG, § 57 Rn. 49; *Lutter*, in: Kölner Komm., § 57 Rn. 28.

[148] BGHZ 157, 72, 77; siehe zu den Ausnahmen auch die Besprechung von Hentzen, ZGR 2005, 480, 494 ff. m.w.N.

[149] Vgl. hierzu die Stellungnahmen – zumeist im Zusammenhang der Auswirkung der Rechtsprechung auf das Cash Pooling – von: *Fuhrmann*, NZG 2004, 552 ff.; *Saenger/Koch*, NZG 2004, 271 f.; *Reidenbach*, WM 2004, 1421 ff.; *Helmreich*, GmbHR 2004, 457 ff.; *Cahn*, Der Konzern 2004, 235 ff.; *Hahn*, Der Konzern 2004, 641 ff.; *Habersack/Schürnbrand*, NZG 2004, 689 ff.; *Langner/Mentgen*, GmbHR 2004, 1121 ff.; *Vetter*, BB 2004, 1509 ff.; *Schilmar*, DB 2004, 1411; *Langner*, GmbHR 2005, 1017 ff.; *Schäfer*, GmbHR 2005, S. 133 ff.; *Kerber*, ZGR 2005, 437 ff.; *Hentzen*, ZGR 2005, 480 ff.

[150] So auch *Reidenbach*, WM 2004, 1421, 1425; *Henze*, WM 2005, 717, 725 f., sieht diese Lücke selbst beim strengeren Kapitalerhaltungssystem des AktG als gegeben an; *Habersack/Schürnbrand*, NZG 2004, 689, 695; *Lux*, MDR 2004, 342 f.; *Helmreich*, GmbHR 2004, 457, 460, 462; für ein nebeneinander der beiden Institute auch *Ulmer*, ZHR 169 (2005), 1, 4; *Kiethe*, DStR 2005, 1573, 1575; *Bender*, BB 2005, 1492, 1493; *Schäfer*, GmbHR 2005, 133, 134.

[151] Die BGH-Entscheidung soll unanwendbar sein, wenn nach bilanzieller Betrachtungsweise weder vor Darlehensvergabe eine Unterbilanz besteht noch durch die Darlehensvergabe verursacht wird, vgl.*Vetter*, BB 2004, 1509, 1516; *Helmreich*, GmbHR 2004, 457, 459 ff.; *Schilmar*, DB 2004, 1411, 1412; die Entscheidung gilt demnach nicht für Darlehensgewährung aus dem freien Vermögen, so auch *Wessels*, ZIP 2004, 793, 795; *Bender*, BB 2005, 1492, 1493.

gen Investitionen unterbleiben und hierdurch die Existenzvernichtung der Gesellschaft herbeigeführt wird.[152] Das Zahlungsverbot des § 30 Abs. 1 GmbHG orientiert sich nur an der Frage der gegenwärtigen Unterbilanz, während die angemessene Rücksicht gegenüber dem Bestandsinteresse der Gesellschaft und die daraus resultierende Vermögensbetreuungspflicht eine zukunftsgerichtete Liquiditätsplanung verlangt, die an den tatsächlichen finanziellen Bedürfnissen der abhängigen Gesellschaft auszurichten ist.[153] Es gibt also sehr wohl Folgen eines Cash-Managements, für die die §§ 30 f. GmbHG keine adäquate Lösung darstellen. Nur soweit die abgezogene Liquidität zur Deckung des Stammkapital erforderlich ist, greift überhaupt das Rückzahlungsverbot ein, weshalb nicht von einer Verdrängung der Existenzvernichtungshaftung gesprochen werden kann[154].

Hinzu kommt, dass der Erstattungsanspruch des § 31 GmbHG nur den jeweiligen Wert der Vermögensverlagerung erfasst und demzufolge die Gesellschaft nicht vor den aus dem Verstoß gegen § 30 GmbHG folgenden weitergehenden Vermögensbeeinträchtigungen schützt.[155] So wird zu Recht auf die Konstellation hingewiesen, bei der die Vermögensverlagerung i.S.d. § 30 GmbHG eine existenzbedrohende Verknappung der Liquiditätsreserven bewirkt und hierdurch in der Folge die Insolvenz wegen Zahlungsunfähigkeit.[156] In diesem Fall gewährleistet § 31 GmbHG nur die Rückforderung des Auszahlungsbetrages, hingegen nicht den Ausgleich des durch die Existenzvernichtung bewirkten weiteren Schadens.[157] Von solch einem Szenario scheint selbst der BGH auszugehen, wenn es in der „KBV"-Entscheidung heißt: dass ein haftungsbegründender Missbrauch vorliegt, „soweit nicht der der GmbH durch den Eingriff insgesamt zugefügte Nachteil schon nach den §§ 30, 31 GmbHG vollständig ausgeglichen werden könne oder kein ausreichender Ausgleich in das Gesellschaftsvermögen erfolge" [158].

---

[152] *Reidenbach*, WM 2004, 1421, 1425; *Habersack/Schürnbrand*, NZG 2004, 689, 695; *Habersack*, in: Emmerich/Habersack, Aktien- und GmbH-Konzernrecht, Anh. § 317 Rn. 37.

[153] *Reidenbach*, WM 2004, 1421, 1425; ähnlich *Habersack/Schürnbrand*, NZG 2004, 689, 695; *Schilmar*, DB 2004, 1411, 1412 f., nach dessen Ansicht sich aus § 30 GmbHG gerade kein Gebot zur angemessenen Liquiditätsausstattung ableiten läßt und dies auch im Hinblick auf die eingreifende Haftung für Existenzvernichtung nicht erforderlich sei.

[154] Hiervon gehen auch *Seidel*, DStR 2004, 1130, 1134; *Hahn*, Der Konzern 2004, 641, 643; *Henze*, WM 2005, 717, 724 f.; *Bender*, BB 2005, 1492, 1493; *Reidenbach*, WM 2004, 1421, 1425 f.; *Esters*, GmbHR 2004, 105 ff.; *Habersack/Schürnbrand*, NZG 2004, 689, 695, *Lux*, MDR 2004, 342 f.; *Helmreich*, GmbHR 2004, 457, 460; *Ulmer*, ZHR 169 (2005), 1, 4; *Bender*, BB 2005, 1492, 1493 und *Kiethe*, DStR 2005, 1573, 1575 aus; noch weitgehender *Schäfer*, GmbHR 2005, 133 ff., der die neue Rechtsprechung zur Kapitalerhaltung nicht auf Cash-Pool-Systeme anwenden möchte, da bereits durch die Existenzvernichtungshaftung eine ausreichende Sicherheit gewährleistet werde; ähnlich schon früher *Schilmar*, DB 2004, 1411, 1413.

[155] Vgl. hierzu *Drygala*, GmbHR 1993, 317, 321, der auf die zwangsläufig eintretenden weiteren Nachteile, wie z.B. die Zerschlagungsverluste, abstellt; ähnlich *Decher*, ZInsO 2002, 113, 115, nach dessen Meinung in Falle der Insolvenz ein Ausgleich der damit verbundenen Maßnahme nicht mehr möglich ist; *Wiedemann*, ZGR 2003, 283, 292; *Vetter*, ZIP 2003, 601.

[156] *Keßler*, GmbHR 2002, 945, 949.

[157] Dies ist nach *Lutter Banerjea*, in: ZGR 2003, 402, 421, der Grund, warum § 31 GmbHG einer weitergehenden Haftung nicht entgegensteht.

[158] BGHZ 151, 181, 187 (=ZIP 2002, 1578, 1580).

Eine Interpretation der Norm als allgemeiner Schutz der Befriedigungsaussichten der Gläubiger würde sich auch von dem § 30 GmbHG zu Grunde liegenden Schutzzweck der Kapitalerhaltung lösen.[159] Der II. Zivilsenat geht zudem von einem zweistufigen Schutzbereich zu Gunsten der Gläubiger aus, wenn er schreibt, dass sich der Schutz der Gesellschaft auf die Erhaltung ihres Stammkapitals und die Gewährleistung ihres Bestandschutzes beschränkt. Angesichts dieser Formulierungen muss stark bezweifelt werden, ob es wirklich selbstständiger Zweck des § 30 GmbHG sein kann, die Existenz der Gesellschaft gegen Eingriffsmaßnahmen ihrer Gesellschafter zu schützen. Der BGH unterscheidet jedenfalls offensichtlich zwischen der Erhaltung des Stammkapitals einerseits und dem Bestandsschutz der Gesellschaft andererseits. Anders ist es nicht zu erklären, warum die Verantwortlichkeit der Gesellschafter für Existenzvernichtung nicht von einer Haftung des gesetzlichen Vertreters des herrschenden Unternehmens begleitet wurde. Eine Analogie zu § 30 GmbHG würde zur Folge haben, dass auch der Geschäftsführer über § 43 Abs. 3 GmbHG diese Grenze zu respektieren hätte. Von einer solchen Herleitung der Haftung der Geschäftsführung schweigt aber das „Bremer Vulkan"-Urteil. Dies ist auch nachvollziehbar, da es bei den §§ 30 f. GmbHG in erster Linie um einen bilanziell-rechnerischen Vermögensschutz geht.[160] Soweit Bestandsschutz hiervon ausstrahlt, wird dieser wohl eher reflexartig durch den Erhalt des Stammkapitals erreicht.[161]

Festzuhalten bleibt deshalb, dass selbst bei extensiver Auszahlung der Voraussetzungen des § 30 GmbHG die Kapitalerhaltungsvorschriften einen, durch die Funktion der juristischen Person bedingten, umfassenden Bestandsschutz nicht gewährleisten können und wollen.[162] Hinzu kommt, dass die Anerkennung eines Bestandsinteresses der GmbH im Gegensatz zu einer Rechtsfortbildung der § 30 GmbHG, im Einklang mit den normativen Vorgaben des GmbH-Rechts steht, was im Ergebnis zur Verhinderung von Wertungswidersprüchen führt.[163]

eee) Ergebnis

Es lässt sich somit feststellen, dass die Vermögensbindungsvorschriften des GmbH-Rechts nur bedingt auf die Gefahren, die von einem Konzern ausgehen, reagieren können. Selbst wenn man die seit der „TBB"-Entscheidung anerkannten Grundsätze bezüglich der Erleichterung der Darlegung und Beweislast hinsichtlich eines Verstoßes gegen die §§ 30 f. GmbHG zu Gunsten der Gläubiger auch nach dem „Bremer Vulkan"-Urteil beachtet, ist dem erforderlichen Gläubigerschutz je-

---

[159] *Belling/v.Steinau-Steinrück*, SAE 1996, 253, 259; ähnlich *Westermann*, NZG 2002, 1129, 1133; *Bruns*, WM 2003, 815, 817.

[160] *Wolf*, StuB 2002, 1130, 1131.

[161] *Hartmann*, GmbHR 1999, 1061, 1067.

[162] So im Erg. auch *Keßler*, GmbHR 2001, 1095, 1099, nachdem die §§ 30 f. GmbHG solche Maßnahmen nicht erfassen können, die *a priori* nicht in den Regelungsbereich der normativen Kapitalbindung fallen. Hierzu zählt er die willkürliche Zuordnung von Geschäftschancen und Risiken, den in sonstiger Weise erfolgenden Entzug von Funktionsgrundlagen.

[163] So die treffende Feststellung von *Belling/v.Steinau-Steinrück*, SAE 1996, 253, 259.

doch noch nicht ausreichend genüge getan.[164] Für gesellschaftsbezogene Einwirkungen, die *a priori* nicht in den Regelungsbereich der normativen Kapitalbindung fallen oder bei denen die Rückzahlung nach § 31 GmbHG nicht den durch die Existenzvernichtung bewirkten Schaden kompensieren kann, bedarf es einer ergänzenden Haftung der Gesellschafter[165]. Folglich kann selbst mit einer auch vom BGH befürworteten erweiterten Auslegung der §§ 30 f. GmbHG das Bedürfnis nach einem Bestandsschutz nicht beiseite geschoben werden.

bb) Systematische Einwände gegen einen Bestandsschutz

Der Begründung eines weitergehenden Gläubigerschutzes über die Funktion der juristischen Person könnte jedoch der Vorwurf gemacht werden, dass allein mittels dieses Begriffes Verhaltenspflichten zur Existenzwahrung geschaffen werden, die im geltenden Recht keine Stütze finden, vielmehr diesem sogar zuwiderlaufen würden.[166] Die Anerkennung einer weiteren Verfügungsgrenze und damit eines Existenzvernichtungsverbots ist demnach nur zu befürworten, wenn eine solche Konstruktion mit bestehenden Rechtssätzen vereinbar ist.[167]

aaa) Einwand aus § 13 Abs. 2 GmbHG

So findet sich häufig der Hinweis, dass die Fallgruppen einer Existenzvernichtungshaftung nicht die in § 13 Abs. 2 GmbHG zum Ausdruck kommende, den Daseinszweck der GmbH konstituierende Grundentscheidung des Gesetzgebers in Frage stellen dürfte.[168] Dieser besteht gerade darin, durch die rechtliche Verselbstständigung von Unternehmensfunktion und Unternehmensteilen die Risikoaufspaltung zu ermöglichen. Den Gläubigern soll für Verbindlichkeiten der Gesellschaft nur das Gesellschaftsvermögen haften. Mit diesem Hinweis auf die Relativierung der Haftungsbeschränkung wird wohl eines der Hauptbedenken gegen die Statuierung eines Verbotes von existenzvernichtenden Maßnahmen angesprochen.[169] Die Haftung für alle vorsätzlichen oder fahrlässigen Entscheidungen der Unternehmensführung, die zum Zusammenbruch der Gesellschaft führen, höhle die Beschränkung der Haftung auf das Gesellschaftsvermögen aus.[170]

Dieser aus § 13 Abs. 2 GmbHG folgende Einwand greift aber nur, wenn es sich beim Schadensersatz wegen Verletzung des Eigeninteresses um eine Haftung für Schulden der GmbH handeln würde. Aus § 13 Abs. 2 GmbHG ergibt sich nur, dass

---

[164] A.A. *Römermann/Schröder*, GmbHR 2001, 1015 ff.; *Römermann*, BGH-Report 2002, 881 f.

[165] *Keßler*, GmbHR 2001, 1095, 1099.

[166] Baumbach/Hueck/*Zöllner*, GmbH-KonzernR, Rn. 100; *Altmeppen*, ZIP 2002, 961, 965; diesen Vorwurf wird man z.B. Fleck machen müssen, der den Gesellschaftern ein aus § 43 Abs.3 GmbHG folgendes Recht auf Willkür zuspricht und dennoch ein ungeschriebenes Verbot der Existenzgefährdung annimmt, vgl. *Fleck*, ZGR 1990, 31, 36.

[167] *Larenz*, Methodenlehre der Rechtswissenschaft, S. 422, der von der Vereinbarkeit mit bereits anerkannten Rechtssätzen spricht; vgl. auch *Haas*, WM 2003, 1929.

[168] *Priester*, ZGR 1993, 512, 524; auf diese Schranken verweist auch *M. Winter*, S. 213.

[169] Vgl. statt vieler BGH ZIP 2000, S. 493, 494; *Rehbinder*, AG 1986, 85, 94, der damit die Ablehnung einer solchen Haftung begründet; *Nassall*, ZIP 2003, 969, 970.

[170] Vgl. *Drygala*, Der Gläubigerschutz bei der typischen Betriebsaufspaltung, S. 108, der diesen Einwand gegen die Organhaftungsthese Wilhelm's anführt.

die Gesellschafter einer GmbH mit Eintragung der juristischen Person ins Handelsregister nicht schon aufgrund ihrer Mitgliedschaft haften.[171] Anderes gilt jedoch, wenn der herrschende Alleingesellschafter im Falle der Existenzvernichtung für eigenes Fehlverhalten haftet. Eine solche Haftung steht keineswegs mit dem Trennungsprinzip des § 13 Abs. 2 GmbHG in Konflikt. So haften Gesellschafter trotz der Anordnung des § 13 Abs. 2 GmbHG Dritten gegenüber wegen Gläubigerbenachteiligung nach § 826 BGB auf Schadensersatz. Auch wenn die Gesellschafter an einem für die Gesellschaft schädigenden Beschluss mitwirken, können sie sich gegenüber der Gesellschaft schadenersatzpflichtig machen.[172] Folglich schließt § 13 Abs. 2 GmbHG eine persönliche Haftung nicht von vornherein aus, sondern nur eine verschuldensunabhängige Haftung gegenüber der Gesellschaft bzw. den Gläubigern.[173] Die Vorschrift stellt lediglich klar, dass aus dem bloßen Erwerb einer Beteiligung an einer GmbH für den Gesellschafter keine Risiken folgen. Der Vorschrift ist jedoch nicht zu entnehmen, dass einen Gesellschafter keine sonstigen Verhaltenspflichten treffen können, die mit Zahlungspflichten sanktioniert sind. Die Anordnung eines gewissen Pflichtenstandards und die sich daraus ergebende Haftung des Gesellschafters, verstößt demnach nicht gegen das in § 13 Abs. 2 GmbHG niedergelegte Trennungsprinzip.[174]

Auch wenn damit ein Existenzvernichtungsverbot nicht gegen § 13 Abs. 2 GmbHG verstößt, so darf auf der anderen Seite nicht übersehen werden, dass durch zu überspannte Haftungstatbestände die Gefahr einer unbeschränkten Nachschusspflicht des Alleingesellschafters besteht, die die Haftungstrennung nur noch formal aufrecht erhält.[175] Da dieser Einwand aber nicht die Haftung an sich in Frage stellt, soll ihm erst im Rahmen des Haftungstatbestandes Rechnung getragen werden.

bbb) Vereinbarkeit mit Art. 14 GG

Die Statuierung eines Bestandsvernichtungsverbotes setzt sich der Kritik aus, dass eine solche Vorgehensweise die unternehmerischen Befugnisse der Gesellschafter, wie Auflösung, Teilliquidation, Zweckänderung, etc. in einem mit Art. 14 GG nicht mehr zu vereinbarendem Maße einengen würde.[176] So findet sich denn auch

---

[171] *K.Schmidt*, ZIP 1993, 549, 552.

[172] BGHZ 93, 146 ff.

[173] Dies verkennt *Nassall*, ZIP 2003, 969, 970 ff. und wohl auch *Benecke*, BB 2003, 1190, 1192; wie hier *Roth*, ZGR 1989, 421, 428 f.

[174] BGHZ 31, 258, 271; so auch *Flume*, BGB Allg. Teil Bd. I/2, S. 85 f.; *Steiniger*, Die Haftung des Geschäftsführers und/oder des Gesellschafter - Geschäftsführers aus c.i.c. bei wirtschaftlicher Bedrängnis der GmbH, S. 82, der jedoch im Ergebnis Loyalitätspflichten des Alleingesellschafters verneint; *Keßler*, GmbHR 2002, 945, 946 f.; *Haas*, WM 2003, 1929, 1930.

[175] So weist *Priester* darauf hin, dass wenn man den unmittelbaren Zugriff auf die Gesellschafter im Wege einer Durchgriffshaftung ablehnt, die Inanspruchnahme der Gesellschafter nicht wegen Verletzung eines überzogenen Pflichtenstandards durch die Hintertür erreichen darf, vgl. *Priester*, ZGR 1993, 512, 524; diese Bedenken finden sich auch bei *Haas*, WM 2003, 1929, 1930.

[176] *Wiedemann*, Die Unternehmensgruppe im Privatrecht, S. 87; *Drüke*, S. 49; *Strelau*, Wettbewerbsverbot für den GmbH-Geschäftsführer und Befreiungsmöglichkeiten, S. 85, die in der Berücksichtigung der Interessen von Gläubiger und Arbeitnehmern eine Einschränkung der durch Art. 14 GG geschützten Mitgliedschaftsrechte erblickt.

der Einwand, die Anerkennung eines Bestandsschutzes der Gesellschaft hätte zur Folge, dass die Gesellschafter dazu verpflichtet wären, de iure wie de facto den Gesellschaftszweck der Gewinnerzielung nicht aufzugeben und die selbständige Organisation nicht zu gefährden.[177] Eine derartige Einschränkung der Dispositionsbefugnis führe zu der im Hinblick auf Art. 14 GG nicht hinzunehmenden Konsequenz, dass ein einmal investiertes Kapital auch bei Unrentabilität gebunden bliebe.[178]

Die Befürchtung, dass ein Verbot der Existenzvernichtung die durch Art. 14 GG geschützte unternehmerische Befugnis zur Auflösung der Gesellschaft in unzulässiger Weise einengen könnte, ist jedoch unbegründet. Den Gesellschaftern bleibt natürlich die Befugnis erhalten, den Gesellschaftszweck jederzeit zu ändern oder die Gesellschaft aufzulösen. Da das Verbot existenzgefährdender Maßnahmen unabhängig vom jeweiligen Gesellschaftszweck zum Tragen kommt, liegt in seiner Anerkennung gerade kein Widerspruch zur Befugnis der Gesellschafter, den Gesellschaftszweck frei zu bestimmen. Sollte sich der Alleingesellschafter dafür entscheiden, die Abhängigkeit der Einmann-GmbH zum Konzern schon in der Satzung festzulegen, wird er durch das Bestandsvernichtungsverbot hieran nicht gehindert.[179] Auch das Recht zur Auflösung wird durch die Pflicht zur Existenzwahrung nicht an höhere Voraussetzungen geknüpft. Der mit dem Bestandsschutz verfolgte Schutz der Drittinteressen wird mit dem Beschluss zur Auflösung durch die Abwicklungsvorschriften gewährleistet, weshalb sich Bestandsschutz und Abwicklung der Gesellschaft ergänzen, jedoch nicht begrenzen.

Die durch die Begründung eines Existenzvernichtungsverbots geschaffene zusätzliche Dispositionsgrenze setzt sich auch im übrigen keinen verfassungsrechtlichen Bedenken aus. Die Eigentumsgarantie des Art. 14 GG sichert den Eigentümern nur zu, mit dem Ihren im Rahmen des Erlaubten beliebig zu verfahren. Natürlich kann man mit seinem Vermögen auch unvernünftig umgehen.[180] Niemand stellt in Zweifel, dass einer natürlichen Person für das eigene Vermögen auch die Befugnis zuzusprechen ist, nachteilige Dispositionen über ihr Eigentum zu treffen. Ein Missbrauch zu Lasten Dritter kann und will die Eigentumsgarantie des Art. 14 GG jedoch nicht gewährleisten.

Besonderes Augenmerk verdient in diesem Zusammenhang eine Untersuchung von Ballerstedt[181] aus dem Jahr 1951, der davon ausgeht, dass der mit der Investitionsentscheidung eingeleitete Eigentumsgebrauch nicht ohne Inanspruchnahme von Wirtschaftskräften der Gesamtheit möglich sei. Die dem Eigentum innewohnende Rechtsmacht bleibe zwar immer noch „Herrschaftsbefugnis aus eigenem Recht", sei aber nun in Recht und Pflicht wirtschaftsverfassungsmäßig gebunden und habe damit die Ausschließlichkeit eingebüßt, die ihr als reines Privatrecht an der Sach-

---

[177] *Wiedemann*, Die Unternehmensgruppe, S. 87.

[178] *Drüke*, S. 49.

[179] Ob dies auch für den Fall gelten muss, indem durch die Satzungsgestaltung die eigenständige Existenz der Gesellschaft vernichtet wird, soll im Rahmen der Untersuchung der in Betracht kommenden Fallgruppen erfolgen.

[180] BVerfGE 50, 290, 339 f.

[181] *Ballerstedt*, JZ 1951, 486, 491.

substanz zukommen könne. Die Eigentumsverpflichtungen erwiesen sich somit als Korrelat für die soziale Macht, die der Eigentümer mit der Investition auf dem Markt erstrebe. Haben die Gesellschafter durch den Einsatz von Kapital von ihrer Investitionsfreiheit in gewisser Weise Gebrauch gemacht, sind sie also nicht mehr schlechthin frei.

Die natürliche Person trägt ihr unternehmerisches Risiko selbst, der GmbH-Gesellschafter hat dieses Risiko seiner Gesellschaft aufgebürdet, und genau dieser Unterschied rechtfertigt es, dem Gesellschafter den unvernünftigen Umgang mit seinem Vermögen zu Lasten des Rechtsverkehrs zu verbieten und ihn einer Haftung zu unterwerfen, wenn er die Existenz der Gesellschaft in einer für den Rechtsverkehr nicht hinnehmbarer Weise zerstört.[182] Ein solches Verständnis des Bestandsschutzes bewirkt, dass die Freiheit des Gesellschafters in einem nur minimalen Bereich tangiert wird, weil die bloße Schädigung der noch zahlungsfähigen GmbH eine Haftung nicht auszulösen vermag. Die Existenzvernichtungshaftung ist gerade kein allgemeines Schädigungsverbot, weshalb auch der Alleingesellschafter mit dem Vermögen der GmbH bis zu dieser Grenze „unvernünftig" umgehen kann.[183] Zudem bleibt es dem GmbH-Gesellschafter trotz des Existenzvernichtungsverbotes weiterhin erlaubt, die Gesellschaft als Grundlage eines haftungsrechtlich begrenzbaren Risikos einzusetzen.

ccc) Zulässigkeit nachteiliger Weisungen in der Einmann-GmbH?

Der Herleitung einer weitergehenden Verfügungsgrenze könnte allerdings das gesetzlich verankerte Weisungsrecht der Gesellschafter entgegenstehen. Man könnte ohne weiteres einwenden, dass das Konzerninteresse gegenüber einer GmbH ohne Verstoß gegen Organisationsprinzipien des GmbH-Rechts in dem Sinne legal durchgesetzt werden könne, dass die herrschende Gesellschaft die ihr nach GmbH-Recht zustehenden Befugnisse (§§ 37, 45 GmbHG), insbesondere ihr Weisungsrecht gegenüber dem Geschäftsführer, ausübt.

Die herrschende Meinung[184] geht sogar noch einen Schritt weiter, wenn sie die Ansicht vertritt, dass sich aus der Vorschrift des § 43 Abs. 3 S. 3 GmbHG im Wege eines Umkehrschlusses die Wertung entnehmen lasse, dass den Gesellschaftern das Recht zukomme, den Geschäftsführern für die Führung der Gesellschaft nachteilige Weisungen zu erteilen, ihnen sogar Willkür möglich sei[185].

---

[182] Vgl. *K. Schmidt*, GesR, § 39 IV b) bb), S. 1235, der von einem Verbot des Ruinierens spricht.

[183] Das ein solches allg. Schädigungsverbot im Recht der GmbH fehlt, vgl. OLG Frankfurt GmbHR 1997, 346 ff.

[184] *Priester*, ZGR 1993, 512, 524; *Drygala*, S. 110; *Ulmer*, ZHR 148 (1984), 391, 414 f.; *ders.*, GmbHR 1984, 256, 262; *Fleck*, ZHR 149, 387, 408; *ders.*, ZGR 1990, 31, 36; *Drüke*, S. 47; *Ensthaler/Kreher*, BB 1995, 1422, 1424; *Benecke*, BB 2003, 1190, 1192; a.A. *K. Schmidt* , ZIP 1988, 1497, 1506, der aus der Regelung des § 43 Abs.3 S. 2 GmbHG folgert, dass auch einverständliches Handeln der Gesellschafter sie zum Schutze der Gläubiger nicht von der Verantwortung freimache, vielmehr seien sie nicht berechtigt, „die Gesellschaft durch eigenes Tun in ihrer Existenz zu gefährden"; gegen diesen Umkehrschluss auch *Altmeppen*, ZIP 1999, 1354, 1355.

[185] *Fleck*, ZGR 1990, 31, 36.

Diese Argumentation wird, soweit ersichtlich, zwar ausschließlich gegen den Organhaftungsansatz von Wilhelm[186] vorgetragen, steht allerdings einer Verhaltenshaftung wegen Existenzvernichtung allgemein entgegen[187]. Wenn diese Einschätzung der herrschenden Meinung zuzustimmen ist, dürfte es schwer fallen über die Funktion der juristischen Person einen Bestandsschutz herzuleiten. Eine solche Konzeption würde einen erheblichen Widerspruch zur gesetzgeberischen Wertung darstellen, weshalb die These schon an dieser Stelle einer Überprüfung bedarf.

(1) Der Umkehrschluss der herrschenden Meinung

Der Geschäftsführer muss der Gesellschaft gegenüber für die aus einer von ihm begangenen Pflichtverletzung entstandenen Schäden grundsätzlich einstehen (§ 43 Abs. 1 GmbHG). Seine Pflichten erfüllt er, solange er die „Sorgfalt eines selbständigen, treuhänderischen Verwalters fremder Vermögensinteressen" beachtet.[188] Aus dieser Verpflichtung ließe sich ohne weiteres ableiten, dass schädigende, das Vermögen der GmbH beeinträchtigende Eingriffe dem Geschäftsführer untersagt sind.

Da die Geschäftsführer aber verpflichtet sind, Weisungen, die die Gesellschafter erteilt haben, auszuführen, scheidet eine Haftung bereits dann aus, wenn die schädigende Handlung des Geschäftsführers eine entsprechende Gesellschafterweisung vollzieht. Eine Ausnahme gestattet nach herrschender Meinung der Gesetzeswortlaut nur dann, wenn sich die Weisung auf eine Einlagenrückgewähr bezieht[189]. Der auf der Einlagenrückgewähr beruhende Schadensersatzanspruch gegen den Geschäftsführer ist, soweit er zur Befriedigung der Gläubiger benötigt wird, unverzichtbar (§ 43 Abs. 3 S. 2 i.V.m. § 9b Abs. 1 GmbHG). Im Umkehrschluss ergibt sich für die herrschende Meinung daraus die Grundregel, dass, wenn der Geschäftsführer auf Weisung handelt, er jenseits der Einlagenrückgewähr von der Haftung nach § 43 GmbHG frei sein muss. Daneben kann die GmbH durch einen entsprechenden Beschluss der Gesellschafter auf den Anspruch gegen den Geschäftsführer verzichten. Die Geschäftsführerhaftung steht also weitgehend zur „Disposition" der Gesellschafter.

Im Hinblick auf diese Ausgangslage erscheint es wenig verwunderlich, dass von der Entlastungswirkung von Weisungsbeschlüssen auf das Ergebnis geschlossen wird, dass nach der Konzeption des Gesetzes auch nachteilige Weisungen der Gesellschafter zulässig sein müssten[190]. Selbst wenn den Geschäftsführer eine gewisse Einstandspflicht wegen der Gläubigerinteressen treffe, sei dies – so jedenfalls die bisher herrschende Meinung – nach der gesetzlichen Wertung jedoch nur für den Fall der Einlagenrückgewähr anzunehmen. Der Vorschrift einen weitergehenden Gläubigerschutz zu entnehmen hieße, ihr einen Wert beizumessen, der ihr nach der Vorstellung des Gesetzgebers nicht zukomme. Sie sei als flankierende Absicherung

---

[186] *Wilhelm*, Rechtsform, S. 285 ff., 330 ff. u. 344 ff.

[187] *Versteegen*, Konzernverantwortlichkeit und Haftungsprivileg, S. 97.

[188] Vgl. statt aller *Lutter/Hommelhoff*, § 43 Rn. 28.

[189] BGHZ 31, 258, 278; 119, 257, 261; 122, 333, 336; Baumbach/Hueck/*Zöllner*, § 43 Rn. 28; *Fleck*, GmbHR 1974, 224, 227; *Lutter/Hommelhoff*, § 43 Rn. 22.

[190] Vgl. die in Fn. 184 genannten Fundstellen.

der Kapitalerhaltungsvorschriften konzipiert.[191] Folglich könnten keine zwingenden Sorgfaltspflichten außerhalb der Kapitalerhaltungsvorschriften angenommen werden, denn nicht jede (existenzgefährdende) Einflussnahme, die den Gläubigerinteressen zuwiderlaufe, ginge mit einer Auszahlung i.S.d. §§ 30 f. GmbHG einher.

Die Anknüpfung des § 43 Abs. 3 GmbHG an § 30 GmbHG ist nach wohl herrschender Meinung Beleg dafür, dass das Gesetz die Dispositionsbefugnis des Gesellschafters, nur durch zwingendes GmbH-Recht im Gläubigerinteresse begrenzt.[192] Wenn aber die Gesellschafter trotz ihrer weitgehenden Weisungsrechte im Unterschied zum Geschäftsführer nicht an Handlungs- und Rücksichtsnahmepflichten mit entsprechenden Haftungsfolgen gebunden seien, so die herrschende Meinung, sei es völlig unverständlich, warum gerade die wirtschaftliche Existenzfähigkeit der GmbH den zwingenden, nicht disponiblen Kernbereich pflichtgebundener Unternehmensleitung bilden solle.[193]

(2) Zweck des § 43 Abs. 3 GmbHG

Fraglich ist, ob die von der herrschenden Meinung als selbstverständlich angesehene Tatsache, dass es mit dem Zweck des § 43 Abs. 3 GmbHG vereinbar sei, dass sich der Geschäftsführer, der das Stammkapital durch sorgfaltswidrige Geschäftsführung verbraucht hat, ohne weiteres auf eine Weisung des Geschäftsführers berufen kann, solange es sich nicht bei der Maßnahme um einen Fall der Einlagenrückgewähr handelt, so übernommen werden kann.

(a) Argumentation der herrschenden Meinung

Richtig ist, dass die Organhaftung der GmbH-Geschäftsführer wegen Pflichtverletzung (§ 43 Abs. 2 GmbHG) grundsätzlich disponibel ist. Dies ist auch nicht systemwidrig, weil sich der Geschäftsführer außerhalb von § 43 Abs. 3 GmbHG grundsätzlich der übergeordneten Geschäftsführungskompetenz der Gesellschafter beugen muss. Anders als im AktG (§ 93 Abs. 5 S. 3 AktG) findet diese Verzichtbarkeit nach dem Gesetzeswortlaut noch nicht einmal in etwaigen Gläubigerinteressen eine Grenze.

Entsprechendes könnte man aber vielleicht aus § 43 Abs. 3 S. 2 i.V.m. § 9b Abs. 1 GmbHG ableiten, wonach der Verzicht auf einen etwaigen Ersatzanspruch unwirksam ist, wenn dieser zur Befriedigung der Gesellschaftsgläubiger erforderlich ist. Nach herrschender Meinung soll diese Regelung zur Unverzichtbarkeit des Schadensersatzanspruchs im Gläubigerinteresse aber nur gelten, soweit der Gesellschafter wegen Einlagenrückgewähr (§§ 30, 31, 33, GmbHG) haftbar ist. Der Wortlaut von § 43 Abs. 3 S. 2 i.V.m. § 9b Abs. 1 GmbHG wird also dahingehend ausgelegt, dass er sich nur auf den Sonderfall des § 43 Abs. 3 S. 1 GmbHG bezieht.[194] Es wird besonders darauf hingewiesen, dass ein gegenüber der Regelung

---

[191] Begr. RegE zu § 44 GmbHG 1892, Stenographische Berichte (1892/5), S. 3724, 3750.

[192] *Ulmer*, in: FS f. Pfeiffer, S. 853, 865.

[193] *Fleck*, ZGR 1990, 31, 35 f.; *Beinert*, S. 79 f.; *M. Winter*, S. 196.

[194] Baumbach/Hueck/*Zöllner*, § 43 Rn. 28 u. 37 ff.; Hachenburg/*Mertens*, § 43 Rn. 92; Hachenburg/*Hüffer*, § 46 Rn.64; Scholz/*Schneider*, § 43 Rn. 187 ff.; *Sudhoff*, Rechte und Pflichten des Geschäftsführers einer GmbH und einer GmbH & Co., S. 140; *Hueck*, GmbHR 1959, 189, 193.

des § 43 Abs. 3 GmbHG weitergehendes Verbot von Haftungsbegrenzungen durch Gesellschafterbeschluss zum Schutze der Gläubiger, die Handlungsfreiheit der Gesellschaftsorgane zu weitgehend einschränken würde. Der Gläubiger könne auf die Sicherstellung einer gewissen Grundausstattung vertrauen, nur insoweit sei er deshalb auch nach dem Willen des Gesetzgebers, wie sich gerade aus der Vorschrift des § 43 Abs. 3 GmbHG ergebe, schutzwürdig. Einer über die Grenzen dieser Norm hinausgehenden Gläubigerbenachteiligung würden nur die §§ 138, 826 BGB, sowie die Bestimmungen des Anfechtungsgesetzes und der InsO eine Schranke setzen.[195]

Hiergegen wird nun vorgebracht, dass die § 43 Abs. 3 S. 2 und S. 3 GmbHG ebenso gut wie ein fünfter Absatz gelesen werden könnten, der damit nicht nur für den Sonderfall der Einlagenrückgewähr i.S.d. § 43 Abs. 3 S. 1 GmbHG Geltung beanspruchen könnte, sondern auch die allgemeine Geschäftsleiterhaftung (§ 43 Abs. 2 GmbHG) erfassen würde.[196]

(b) Stellungnahme

Wenn für die Argumentation der noch herrschenden Meinung Sinn und Zweck der Norm herangezogen wird, überzeugt dies ohne weiteres. Wie sich in der bisherigen Untersuchung gezeigt hat, ging der Gesetzgeber bei der Schaffung des GmbH-Gesetzes von der Prämisse aus, dass der Gesellschafter mit seinem Eigentum vernünftig umgehen werde. Deswegen sah er sich auch nur veranlasst, die Vorschriften zur Kapitalaufbringung und -erhaltung zu schaffen. Wenn er mit dem Wortlaut des § 43 Abs. 3 S. 1 GmbHG nun darauf abstellt, dass Gläubigerinteressen nur in dem Maße zu berücksichtigen sind, als zu ihren Lasten das Stammkapital beeinträchtigt wird, so spiegelt sich hierin die Überzeugung des Gesetzgebers wieder, dass das Stammkapital seiner Schutzfunktion zu Gunsten der Gläubiger nachkommen kann.

Die Kapitalerhaltungsvorschriften schützen die Gläubiger nach dem schon aufgezeichneten Regelungsgehalt allerdings nur in begrenztem Maße. Der mit den Vorschriften verfolgte Zweck würde missachtet, wenn die §§ 30 f. GmbHG als absolute Grenze für die Macht der Gesellschafter angesehen würden.[197] Gerade dieser Aspekt kann deshalb für die Begründung einer weiteren Interpretation des § 43 Abs. 3 GmbHG nicht herangezogen werden. Wenn überhaupt, ist eine Lösung durch eine Extension des mit den §§ 30 f. GmbHG verfolgten Zwecks des Gläubigerschutzes zu suchen, aber nicht über eine Vorschrift, die lediglich als flankieren-

---

[195] *Fleck*, GmbHR 1974, 224, 229.

[196] Lutter/*Hommelhoff*, § 43 Rn. 28.; BGH NJW 2000, 576 (der zur insoweit zu identischen Problematik der Verjährungsverkürzung Stellung bezogen hat); *Lindacher*, JuS 1984, 672, 674; *Altmeppen*, DB 2000, 261, 262; *ders.*, DB 2000, 657, 659, der in beiden Beiträgen die Unverzichtbarkeit auf Fälle grober Sorgfaltswidrigkeit beschränkt. Auf diesem Ansatz soll jedoch erst im Rahmen des Verschuldensmaßstabes eingegangen werden; vgl. auch *Sandmann*, S. 331, der die weitere Einschränkung der Abbedingung der gesetzlich geschuldeten Sorgfalt im Hinblick auf die von ihm vertretene gespaltene Haftung von Gesellschaftern und Geschäftsführern zur Abwehr existenzgefährdender Handlungen als erforderlich erachtet.

[197] Siehe die ab B) II. 1) c) beginnende Darstellung.

der Schutz der Kapitalerhaltungsnormen verstanden wird. Hierfür besteht auch kein Bedürfnis, weil der Lücke im System des Gläubigerschutzes bereits an anderer Stelle entgegengewirkt werden kann. Wenn dieses System wieder funktioniert, kann dies für die flankierenden Vorschriften nicht abweichend beurteilt werden.

Ein Ansatz, der in der Pflichtenbindung der Geschäftsführer generell, und nicht nur in dem von § 43 Abs. 3 S. 1 GmbHG thematisierten Bereich, ein Element des Gläubigerschutzes sieht, könnte aber vielleicht auf die Entstehungsgeschichte des § 43 GmbHG zurückgreifen. So wird in der amtlichen Begründung zu § 44 des GmbHG-Entwurfes von 1891, der dem heutigen § 43 GmbHG entspricht, das Erfordernis der Sorgfalt eines ordentlichen Kaufmannes ausdrücklich damit gerechtfertigt, dass es im Regelungskontext nicht nur um die Interessen der Gesellschafter, sondern auch um diejenigen der Gesellschaftsgläubiger gehe.[198] Genau diese Gläubigerinteressen hat der Gesetzgeber aber gleichzeitig nur in dem Maße absolut geschützt, als es um Maßnahmen der Geschäftsführung geht, die einen Schadensersatz wegen eines Verstoßes gegen § 30 GmbHG begründen. Der vom Gesetzgeber mit der Vorschrift des § 43 GmbHG bezweckte Gläubigerschutz kann demnach nicht für die Begründung einer weitergehenden, nicht disponiblen Haftung der Geschäftsführer herhalten.

Dies kann man über den Wortlaut der Norm ebenfalls nicht behaupten, der sich einer extensiveren Auslegung verschließt.[199] Wenn es in § 43 Abs. 3 S. 1 heißt, dass „insbesondere“ die unverzichtbare Haftung bei Verstößen gegen § 30 und § 33 GmbHG ausgelöst wird, könnte man dem vielleicht die Wertung beilegen, dass der Aufzählung in S. 1 keine abschließende Wirkung im Bezug auf die folgenden Regelungen in S. 2 und S. 3 zukommt. Eine solche Interpretation würde allerdings den Rahmen zulässiger Gesetzesauslegung bei weitem überschreiten. Wenn es in § 43 Abs. 3 S. 1 GmbHG heißt, „insbesondere sind sie zum Ersatz verpflichtet“, ist hierin lediglich eine Hervorhebung der Fallgruppen der Einlagenrückgewähr im Vergleich zur allgemeineren Formulierung der Haftungsnorm des Abs. 2 zu erblicken.

(3) Bedenken gegenüber dem Umkehrschluss der herrschenden Meinung

Selbst wenn nach hier vertretener Auffassung dem Zweck des § 43 Abs. 3 GmbHG mit der bisher herrschenden Meinung nicht entnommen wird, dass der Geschäftsführer sich auch für den Fall, dass unbefriedigte Gläubiger zurückbleiben, nicht auf die Weisung der Gesellschafter berufen kann, stehen dem Umkehrschluss der herrschenden Meinung, dass hieraus zugleich die Dispositionsfreiheit der Gesellschafter jenseits der §§ 30 f. GmbHG folge, erhebliche Bedenken entgegen.

(a) Grund der Haftungsfreistellung

Betrachtet man die Gründe für die Haftungsfreistellung genau, so wird deutlich, dass das gerade herausgearbeitete Ergebnis zum Haftungsumfang der Geschäfts-

---

[198] Entwurf eines GmbHG, Amtl. Ausgabe 1891, S. 94.

[199] So auch *Altmeppen*, ZIP 2001, 1837, 1844.

führer einen Freibrief des Gesellschafters außerhalb der Kapitalerhaltungsvorschriften nicht zu begründen vermag.

Zum einen dient § 43 Abs. 3 GmbHG, wenn er eine Grenze der Entlastungswirkung von Weisungsbeschlüssen zieht, vorrangig dem Gläubigerschutz und nicht dem Schutz der Gesellschaft. Daher kann aus der Entlastungswirkung von Weisungsbeschlüssen kein Schluss auf das Bestehen bzw. Nichtbestehen einer Verantwortlichkeit der Gesellschafter im Verhältnis zur Gesellschaft gezogen werden.[200] Zum anderen wird die Haftung des einen Weisungsbeschluss ausführenden Geschäftsführers gemäß § 43 Abs. 3 S. 3 GmbHG aufgehoben, weil Geschäftsführer wegen der übergeordneten Geschäftsführungskompetenz der Gesellschafter (§ 37 GmbHG) zur Befolgung der Beschlüsse verpflichtet sind und ihnen von einer nach wie vor weitverbreiteten Meinung auch gegen entsprechende Beschlüsse kein eigenes Anfechtungsrecht zugebilligt wird.[201]

Dass die Haftungsfreistellung daneben die Wertung enthält, dass geschäftsleitende Maßnahmen, zu denen die Gesellschafter angewiesen haben, prinzipiell haftungsfrei sind, ist dagegen sehr fragwürdig. Zum einen besteht für eine solche Wertung kein Bedürfnis, weil sich der Ausschluss der Geschäftsführerhaftung bereits schlüssig mit der Gehorsamspflicht aus § 37 Abs. 1 GmbHG erklären lässt, die es verbietet, dem Geschäftsführer die Nachteiligkeit seiner Handlung zum Vorwurf zu machen.

Zum anderen lassen sich dem Gesetz für diese Sichtweise keine Anhaltspunkte entnehmen, insbesondere der Wortlaut der Vorschrift beschränkt sich darauf, die Ersatzpflicht aufzuheben, erklärt die Maßnahme aber nicht für zulässig.[202] Auch wenn das Gesetz zur Frage der Haftung der Gesellschafter schweigen mag, so sind diese in der Ausübung ihrer organschaftlichen Befugnisse Pflichten unterworfen, die aus dem Schuldverhältnis zu ihrer Gesellschaft resultieren und bei deren Verletzung ein Schadensersatzanspruch ausgelöst werden kann.[203]

(b) Kein Verzicht zu Lasten Dritter

Aber nicht nur dieser Aspekt spricht gegen eine Verzichtbarkeit des Anspruchs gegen den Gesellschafter. Einer Einwilligung, und nichts anderes ist der Verzicht, kann schon keine entlastende Wirkung zukommen, wenn sie sich nicht nur auf das Rechtsverhältnis der Geschäftsführer zur Gesellschaft beziehungsweise zu den Gesellschaftern bezieht, sondern darüber hinaus auch auf das Rechtsverhältnis zu Dritten erstreckt. Anspruchsinhaber ist zwar die Gesellschaft, weshalb eigentlich

---

[200] *Ziemons*, Die Haftung der Gesellschafter für Einflussnahmen auf die Geschäftsführung der GmbH, S. 68.

[201] BGHZ 76, 154, 159; *Däubler*, GmbHR 1968, 4, 8; *Immenga*, GmbHR 1973, 5, 7 f.; *Eisenhardt*, in: FS Pfeiffer, S. 839, 851; Roth/Altmeppen/*Altmeppen*, § 37 Rn. 3 f. u. § 43 Rn. 85 ff.; a.A. *Lutter/Hommelhoff*, Anh. § 47 Rn. 65 i.V.m. Rn. 33, für ein Anfechtungsrecht im Falle der Strafbarkeit oder der Schadensersatzpflicht des GF; *Raiser*, Recht der Kapitalgesellschaften, § 33 Rn. 63; Hachenburg/*Raiser*, Anh. § 47 Rn. 163, für ein Anfechtungsrecht, sofern der Anfechtungsgrund nicht allein im Schutz der (Minderheits-)Gesellschafter begründet liegt; Baumbach/Hueck/*Zöllner*, Anh. § 47 Rn. 75, für ein Anfechtungsrecht für alle ausführungsbedürftigen Beschlüsse.

[202] *Versteegen*, S. 98.

[203] *Roth*, ZGR 1993, 170, 202.

durch einen gesellschaftsinternen Beschluss ein Eingriff in die Rechtsposition Dritter ausgeschlossen sein müsste. Dritte können derartige Ansprüche aber pfänden und sich überweisen lassen (§§ 829 ff. ZPO), so dass die Frage nach einer haftungsfreistellenden Wirkung eines Gesellschafterbeschlusses auch Gläubiger der Gesellschaft berühren kann.[204] Wenn man dem Rechtsgrundsatz Folge leisten möchte, dass Rechtsgeschäfte zu Lasten Dritter ohne deren Mitwirkung unzulässig sind[205], müsste eigentlich auch eine von den Gesellschaftern ausgesprochene Billigung zu Vermögensschäden der Gesellschaft führende Handlung der Geschäftsführer bzw. im Extremfall der Gesellschafter, die Rechtswirksamkeit versagt werden, wenn Drittinteressen berührt werden. Für die Durchsetzbarkeit von Ansprüchen gegen eine GmbH ist aber gerade der Umfang des Vermögens der Gesellschaft entscheidend. Jeder Verzicht auf einen begründeten Schadensersatzanspruch der Gesellschaft gegenüber den Geschäftsführern verkürzt das Gesellschaftsvermögen und berührt damit letztlich auch die Interessen der Gläubiger. Zum Teil wird sogar darauf abgestellt, dass es in der Situation des § 43 Abs. 3 S. 3 GmbHG nur noch um die Gläubigerbefriedigung geht, weshalb der Schadensersatzanspruch auch nur dieser Gruppe zustehe. Aus der Sicht der Belange der Gesellschaft sei deshalb kein sachlicher Grund ersichtlich, der die Aufgabe des Anspruchs rechtfertigen könne.[206]

Wenn die Gesellschafter die Geschäftsführer trotzdem durch eine Weisung von einem ihnen nicht zustehenden Ersatzanspruch freisprechen können, so kann dies nur bedeuten, dass sie für den Schaden einzustehen haben.[207] Auf diese Weise lässt sich auch die vom Gesetz angeordnete Entlastungsfunktion eines Weisungsbeschlusses in das Haftungs- und Verantwortlichkeitssystem des GmbHG einordnen. Indem die Gesellschafter von ihrem Weisungsrecht Gebrauch machen, soll die Gesellschaft jedenfalls keinen potentiellen Haftungsschuldner verlieren.[208]

(c) Schlechterstellung des Gesellschafter-Geschäftsführers?

Dieses Ergebnis setzt sich sicherlich der Kritik aus, dass der Gesellschafter, wenn er zugleich Geschäftsleiter ist, hinsichtlich der Disponibilität seiner Haftung strengeren Regeln unterliegt als ein Fremdgeschäftsführer.[209] Dies geschieht, weil die soeben dargelegte Begründung für die Zulässigkeit der Entlastung des Geschäfts-

---

[204] Vgl. hierzu Rowedder/Schmidt-Leithoff/*Koppensteiner*, § 43 Rn. 50; Hachenburg/*Mertens*, § 43 Rn. 15; Die Organhaftung dient daher, wenn auch nur mittelbar, dem Schutz der Gläubiger, vgl. *U.H.Schneider*, in: FS f. Werner, S. 795, 808.

[205] *Fikentscher*, Schuldrecht, § 37 III 2 d), Rn. 254.

[206] Roth/Altmeppen/*Altmeppen*, § 43 Rn. 89 ff.

[207] *Ziemons*, S. 57 u. 143; *Kaffiné*, Begrenzung der Haftungsrisiken des Geschäftsführers einer GmbH gegenüber der Gesellschaft bei Ausführung wirtschaftlich nachteiliger Weisungen der Gesellschafter, S. 81 f.

[208] Dies übersieht z.B. *Freitag*, in: WM 2003, 805, 808, der bzgl. der Weisungen von einem Druckmittel des Mutterkonzerns spricht, aber nicht die daraus zugleich resultierende Haftung des herrschenden Unternehmens bedenkt; wie hier *Blaurock*, in: FS f. Stimpel, S. 553, 563; *Thöni*, in: GmbHR 1989, 187, 191; Roth/Altmeppen/*Altmeppen*, (3. Auflage), § 43 Rn. 56.

[209] Vgl. zu diesem Grundsatz in einem anderen Zusammenhang *Altmeppen*, DB 2000, 657, 658 ff.; *ders.*, ZIP 2001, 1837, 1845.

führers von seiner Haftung nach § 43 GmbHG, in der Person des Gesellschafters-Geschäftsführers nicht mehr tragen würde.[210]

Selbst wenn man, wie die bisher herrschende Meinung, dem Zweck des § 43 Abs. 3 GmbHG nicht entnehmen möchte, dass sich auch der Fremdgeschäftsführer nicht auf eine Weisung des Gesellschafters berufen kann, wenn er das Stammkapital durch sorgfaltwidrige Geschäftsführung verbraucht und dadurch unbefriedigte Gesellschafter zurücklässt, spricht doch die einfache Tatsache gegen den oben formulierten Einwand, dass der Gesellschafter gegenüber dem Existenzvernichtungsverbot verpflichtet ist. Der Alleingesellschafter hat im Gegensatz zum Fremdgeschäftsführer das wirtschaftliche Risiko seiner unternehmerischen Tätigkeit jedenfalls dann zu tragen, wenn er den Anspruch der Gesellschaft auf Bewahrung ihrer Lebensfähigkeit durch fehlende Rücksichtnahme verletzt. Durch diese Handlung bewirkt er, dass er kein determiniertes, d.h. beschränkt auf die Stammeinlage, sondern das volle Unternehmensrisiko zu tragen hat. Der Fremdgeschäftsführer hat wie gezeigt eine ganz andere Stellung in der Gesellschaft, die seine Haftungsfreizeichnung rechtfertigt. Seine Entlastung nach § 43 Abs. 3 GmbHG beruht zum einen auf der übergeordneten Geschäftsführungskompetenz der Gesellschafter in der GmbH.

Zum anderen sollte bei der personellen Ausrichtung von Verkehrspflichten im Unternehmensbereich das Prinzip der Kohärenz von wirtschaftlichem Vorteil und Haftungsrisiko ausschlaggebend sein.[211]

Dass man folglich im Bereich der Existenzvernichtungshaftung den Träger der Herrschaftsfunktion ins Auge fasst, dem die Erwerbschancen und finanziellen Gewinne aus dem gewinnorientierten Wirtschaften der Gesellschaft über den Zahlungsanspruch des § 29 Abs. 1 GmbHG zukommen, erscheint nicht unbillig. Er ist es, der in eigenem wirtschaftlichen Interesse die Geschäfte betreibt. In der Person des Gesellschafters, nicht in der Person außenstehender Dritter oder des Fremdgeschäftsführers, sind die Chancen und Risiken der Unternehmung in Einklang zu bringen, weshalb das Argument der Schlechterstellung des Gesellschafter-Geschäftsführers gegenüber der Haftung eines Fremdgeschäftsführers nicht zu überzeugen vermag.

ddd) Zwischenergebnis

Die vorgebrachten Einwände vermögen demzufolge eine Abkehr vom hier favorisierten Ansatz nicht zu rechtfertigen. Die Begründung eines weitergehenden Gläubigerschutzes mit der durch die Funktion der juristischen Person erforderten Lebensfähigkeit läuft dem geltenden Recht nicht zuwider, vielmehr muss man den Funktionsschutz eines Rechtsinstituts als eine dem geltenden Recht innewohnende

---

[210] Vgl. hierzu *J. Wilhelm*, DB 1986, 2113, 2119; Roth/Altmeppen/*Altmeppen*, (3. Auflage) , Anh. § 13 Rn. 66, die genau aus diesem Grunde, einem Gesellschafter, der zugleich die Funktion des Geschäftsführers bekleidet, die Berufung auf eine (selbst erteilte) diesbezügliche Weisung abschneiden.

[211] *Keller*, Die deliktische Außenhaftung des GmbH-Geschäftsführers für Fehlverhalten im Unternehmensbereich, S. 72.

Aufgabe bezeichnen.[212] So formuliert das BVerfG im Hinblick auf die grundrechtliche Garantie der Privatautonomie als Ausprägung der allgemeinen Handlungsfreiheit die Pflicht des Staates, die Funktionsvoraussetzungen der Privatautonomie auch bei gestörter Vertragsparität zu sichern. Habe einer der Vertragspartner eine zu starke Position und handele es sich dabei um eine typische Fallgestaltung, die eine strukturelle Unterlegenheit des anderen Vertragsteils erkennen ließe und seien die hieraus resultierenden Folgen als ungewöhnlich belastend einzustufen, bestehe die judizielle Aufgabe in der Beseitigung dieser strukturellen Imparität.[213]

Dieser Grundsatz des BVerfG lässt sich dahingehend auf die gesellschaftsrechtlichen Pflichten übertragen, dass hier die Rechtsfortbildung in der Verantwortung steht, die Funktionsfähigkeit des sich durch privatautonomen Gründungsakt konstituierenden sozialen Gebildes „juristische Person“ zu gewährleisten.[214] Das Bestandsvernichtungsverbot des „Bremer Vulkan“-Urteils ist im Endeffekt nichts anderes als ein Bündel berechtigter Erwartungen des Rechts- und Geschäftsverkehrs, die die Gesellschafter mit Gründung und Betrieb der Kapitalgesellschaft hervorrufen.[215] Wenn es dem Alleingesellschafter gestattet wäre, durch Dispositionen über das Gesellschaftsvermögen die Existenz der Gesellschaft zu vernichten, wäre dies Ausdruck seiner Überlegenheit gegenüber den Interessen des Rechtsverkehrs. Die Rücksichtnahme des Alleingesellschafters, wenn sie für den Bestand und damit die Funktion der Gesellschaft unerlässlich ist, gilt folglich auch ohne einen besonderen Verpflichtungsgrund von Rechts wegen.

Diese Wertung beruht in gewisser Weise auch auf dem Freiheitsparadoxon, welches besagt, das freiheitssichernde Institutionen rechtlich nicht so lange und soweit geschützt werden dürfen, bis sie Gefahr laufen, sich selbst aufzuheben oder zu beseitigen.[216] Dies muss aber auch für die Wahl bzw. inhaltliche Ausgestaltung von bestimmten Organisationsformen im Rahmen des Unternehmensrechts gelten. Gerade weil den Gesellschaftern die Freiheit gewährt wird, das Risiko ihrer unternehmerischen Tätigkeit auf die GmbH zu verlagern, muss diese Freiheit durch den Bestandsschutz der Gesellschaft vor sich selbst geschützt werden.

Wo die Gefahr besteht, das Privatautonomie dazu verwendet wird, die Selbstregulierung durch marktwirtschaftliches Geschehen zu behindern, ist es gerade Aufgabe der Rechtsfortbildung, die verschiedenen Aspekte in Einklang zu bringen.[217] Demnach ist es legitim, wenn die Rechtsprechung die Funktion der juristischen Person als Haftungsträger, der neben der Übernahme des unternehmerischen Risi-

---

[212] Dies übersieht *Nassall*, ZIP 2003, 969, 970 f., wenn er schreibt, dass das neuerliche Haftungsinstitut nicht auf einer Gesetzesauslegung beruht. Sein darauf aufbauende These, durch diese Rechtsprechung seien die Grenzen zulässiger richterlicher Rechtsfortbildung überschritten, kann deshalb nicht überzeugen.

[213] BVerfG NJW 1994, 36, 38 f.; dies übersieht *Nassall* in seiner Argumentation, vgl. *Nassall*, ZIP 2003, 969, 971.

[214] *Immenga*, in: FS 100 Jahre GmbH-Gesetz, S. 189, 206 f.; *Teichmann*, Gestaltungsfreiheit in Gesellschaftsverträgen, S. 107; *Hölzle*, ZIP 2003, 1376, 1379; im Ergebnis so auch *Wiedemann*, ZGR 2003, 283, 285 f.

[215] *Wiedemann*, in: FS 50 Jahre BGH Bd. II, S. 337, 353.

[216] *Lehmann*, GmbHR 1992, 200.

[217] *Zöllner*, in: FS 100 Jahre GmbH-Gesetz, S. 85, 101.

kos auch den Schutz der Gläubigerinteressen gewährleisten soll, durch die Statuierung eines Bestandsschutzes gewährleistet.

cc) Fehlende Erheblichkeit dieser Interessen für einen Bestandsschutz?

Auch wenn man damit den Bestand der juristischen Person als eine der Gesellschaft innewohnende Funktion ansehen kann, ist hierdurch allerdings nicht zugleich der Beweis erbracht, dass die Statuierung eines Bestandsvernichtungsverbotes auch angebracht ist. Insoweit wird man sich mit dem grundlegenden Einwand auseinandersetzen müssen, dass nicht die Privatautonomie, sondern ihre Einschränkung einer Rechtfertigung bedarf.[218]

Durch die Heranziehung der Funktion der juristischen Person zur Begründung eines Existenzschutzes der Einmann-GmbH, wird den Erwartungen außenstehender Dritter eine größere Bedeutung für das Innenverhältnis zwischen Gesellschaft und Gesellschaftern zugesprochen, als dies allgemein üblich ist. Das unternehmerische Risiko, mit den Forderungen auszufallen, wird durch die Vorschrift des § 13 Abs. 2 GmbHG aber gerade den Gläubigern auferlegt. Auch wenn diese Interessen wegen des Wegfalls des „Interessengleichlaufs" im Konzern eines besonderen Schutzes bedürfen, wird mit den unterschiedlichsten Argumenten[219] vorgebracht, dass gerade die Gläubigerinteressen für die Rechtfertigung eines Bestandsschutzes nicht herangezogen werden können.

aaa) Kein Interesse der Gläubiger an Existenz der Gesellschaft?

Unter anderem wird vorgetragen, dass „insbesondere die Gläubiger kein schützenswertes Interesse am Fortbestand der Unternehmung als solcher, sondern allein an der Befriedigung ihrer Forderungen" hätten.[220] Dieser Einwand verkennt jedoch die Tatsache, dass gerade bei einer Existenzvernichtung für die Gläubiger die nicht unbegründete Gefahr besteht, mit ihren Forderungen auszufallen. Gerade ihr Interesse an der Befriedigung ihrer Forderungen spricht deshalb für ihr Interesse am Schutz der Gesellschaft vor unangemessenen Eingriffen in den Bestand.[221] Von einer solchen Sichtweise geht auch der II. Zivilsenat des BGH in der „Bremer Vulkan"-Entscheidung aus. Dort heißt es, dass das Eigeninteresse der abhängigen Gesellschaft die Fähigkeit der Gesellschaft umfasst, ihren Verbindlichkeiten nachkommen zu können, und dementsprechend den Alleingesellschafter die Pflicht treffe, bei seinen Dispositionen über das Gesellschaftsvermögen darauf zu achten, dass er die Existenz der Gesellschaft nicht gefährdet.[222] Damit bringt der II. Zivil-

---

[218] *Zöllner*, in: FS 100 Jahre GmbH-Gesetz, S. 85, 100.

[219] Vgl. hierzu: *Lutter*, ZIP 1985, 1425, 1428 f.; *Flume*, in: FS f. Beitzke, S. 43, 65; *Brandes*, in: FS f. Kellermann, S. 25, 32; für die Zeit nach dem „Bremer Vulkan"-Urteil: *Römermann/Schröder*, GmbHR 2001, 1015, 1018; *Römermann*, BGH-Report 2002, 881 f.

[220] *Bitter*, S. 318.

[221] Vgl. hiezu *Mertens/Cahn*, in: FS f. Heinsius, S. 545, 566, dort heißt es: „Eine Treuepflicht des (Allein-)Gesellschafters gegenüber seiner GmbH reicht nur so weit, wie der Schutz der Gläubiger es erfordert. Insoweit genügt es, wenn der Bestand des Unternehmens gewährleistet wird"; Dies verkennt anscheinend auch *Ziemons*, S. 119, die das Interesse der Erfüllung der Forderung nur durch Stammkapital schützen möchte, jedoch nicht durch ein Bestandschutz der Gesellschaft.

[222] BGHZ 149, 10, 17 (=ZIP 2001, 1874, 1876).

senat zum Ausdruck, dass dem an der Erfüllung der Verbindlichkeiten interessierten Gläubiger ein, wenn auch nur mittelbares, Interesse am Bestand der Gesellschaft zukommt.

Dem wird jedoch weiter entgegnet, dass „Existenzgefährdung“ nicht nur durch die Funktion der juristischen Person nicht verboten sei, sondern jeder ökonomischen Aktivität in haftungsbeschränkter Form entsprechen würde.[223] Es stimmt, dass gerade der mit der Haftungstrennung verfolgte Zweck darin liegen sollte, risikoreiches Handeln auf dem Markt zu fördern und damit Innovationen, strukturellen Wandel und die Schaffung von Arbeitsplätzen zu begünstigen, welche insgesamt einen Schub auf die Wirtschaft bewirken würden. Dass damit aber auch das missbräuchliche Ausnutzen dieser Trennung keine Haftung auslösen kann, sondern sogar aus ökonomischer Sicht erwünscht ist, kann gerade nicht behauptet werden. Denn es geht im Hinblick auf die gerade genannten Gesichtspunkte des gesamtwirtschaftlichen Interesses nicht an, dass das Risiko wirtschaftlichen Scheiterns einseitig dem Rechtsverkehr, insbesondere den Geschäftspartnern, aufgebürdet wird.[224] Die Angst, durch die Wahl der Rechtsform des Geschäftspartners ein übergroßes Risiko der fremden Unternehmung tragen zu müssen, würde im Gegenteil die soeben beschriebenen ökonomischen Vorteile in ihr Gegenteil verkehren.[225]

bbb) Schutz der Gläubiger durch die §§ 823 Abs. 2, 826 BGB?

Die fehlende Erheblichkeit der Interessen der Gläubiger zur Begründung eines Bestandsschutzes könnte sich allerdings bereits aus den allgemeinen Haftungsregeln der §§ 823 Abs. 2 (i.V.m. § 266 Abs. 1 Alt. 2 StGB), 826 BGB ergeben, wodurch nach zum Teil vertretener Ansicht ein hinreichender Gläubigerschutz gewährleistet würde.[226] Auf einen gesellschaftsrechtlichen Existenzschutz der Gesellschaft vor unangemessenen Eingriffen könne man dementsprechend verzichten. Gerade das Entscheidungsmaterial der letzten Jahre belege, dass sich die wirklich problematischen Fälle auch ohne Überdehnung des Anwendungsbereichs des § 826 BGB, als vorsätzliche sittenwidrige Schädigung lösen ließen.[227] Eine eigenständige gesell-

---

[223] *Bitter*, WM 2001, 2133, 2136; ähnlich schon *ders.*, S. 318 .

[224] *Roth*, GmbHR 1985, 137, 140.

[225] *Lehmann*, GmbHR 1992, 200, 205, der mit diesem Aspekt die Legitimität der Durchgriffshaftung begründet, spricht davon, dass die volkswirtschaftlichen Transaktionskostenvorteile durch die Lasten der Gläubiger wieder aufgezehrt würden; *Röhricht*, in: Festschrift 50 Jahre BGH, S. 83, 98 f.; *Hölzle*, ZIP 2003, 1376, 1377.

[226] *Römermann/Schröder*, GmbHR 2001, 1015, 1018; *Römermann*, BGH-Report 2002, 881; *Schröder*, GmbHR 2002, 904, 905; *ders.*, GmbHR 2005, 227, 229; vgl. zu diesem Gedanken auch *Goette*, Die GmbH nach der BGH Rechtsprechung, Zivilrechtliche Grundlagen steuerrechtlicher Beratung, § 9 Rn. 19; *ders.*, in: ZHR-Beiheft 70 (2001), 11, 23 f.; *Haas*, WM 2003, 1929, 1940, der allerdings sowieso nur die Missbrauchsvarianten der „Vermögenstrennung“ und „Vermögensbindung“ anerkennt; *Heidenhain*, LMK 2003, 7, 8; *Barnert*, JR 2003, 199, 200; für eine Herleitung der Haftung über den deliktsrechtlichen Ansatz nun auch *Habersack*, in: Emmerich/Habersack, Aktien- und GmbH-Konzernrecht, Anh. § 318 Rn. 35; vgl. auch *Ehricke*, AcP 199 (1999), 257, 303.

[227] *Goette*, in: ZHR-Beiheft 70 (2001), 11, 23, *ders.*, DStR 2005, 197, 200; so auch schon *Röhricht*, ZGR 1999, 445, 466; *Wilhelmi*, DZWIR 2003, 45, 50, der davon spricht, dass der Tatbestand der Haftung aus existenzvernichtenden Eingriff in der Regel auch einen Schadensersatz aus § 826 BGB so-

schaftsrechtliche Regelung sei auch nicht erforderlich, da eine solche sowieso nur vorliegen würde, wenn sie inhaltlich spezifisch gesellschaftsrechtliche Kriterien berücksichtige. Derartige Kriterien würden jedoch auch schon im Rahmen der Feststellung der Sittenwidrigkeit im Tatbestand des § 826 BGB Berücksichtigung finden.[228]

Nach der Vorschrift des § 826 BGB muss derjenige, der einem anderen in sittenwidriger Weise vorsätzlich einen Schaden zufügt, diesen Schaden ersetzen. Es dürfte sich allerdings bereits als problematisch erweisen, die Sittenwidrigkeit einzelner Konzernleitungsmaßnahmen – im Sinne eines Verstoßes gegen das Anstandsgefühl aller billig und gerecht Denkenden – festzustellen. Allein die Verfolgung eigener Interessen bei der Ausübung von Rechten kann eine Sittenwidrigkeit jedenfalls nicht begründen. Dies hat selbst dann zu gelten, wenn damit eine Schädigung Dritter einhergeht, weil niemand verpflichtet sein kann, eigene berechtigte Belange den Interessen Dritter unterzuordnen.[229] So haben Gläubiger einer Gesellschaft grundsätzlich selbst dann keinen Anspruch aus § 826 BGB, wenn die Gesellschafter den Geschäftsbetrieb der Gesellschaft mit dem Ziel der Weiterführung durch eine neu gegründete GmbH einstellen.[230]

Zu bedenken ist auch, dass die Leitungsmaßnahmen gegenüber der abhängigen GmbH erfolgen, und zunächst nur dort der Schaden eintritt. Solange der Gläubiger nur mittelbar aufgrund der Vermögenslosigkeit der GmbH geschädigt wird, könnte er einen Schaden nur im Wege der Drittschadensliquidation geltend machen, was aber im Bereich deliktischer Ansprüche nur für die obligatorische Schadensverlagerung anerkannt ist.[231] Demnach wird man nur bei einer bewussten und zielgerichteten Schädigung einzelner Gläubiger eigene Ansprüche aus § 826 BGB zuerkennen können. Deshalb erscheint es auch wenig verwunderlich, dass der BGH in den Fällen des „Auslaufenlassens" im Rahmen einer sog. GmbH-Stafette, also der Weiterführung des Geschäftsbetriebes durch eine neugegründete GmbH bei gleichzeitiger Auflösung der alten GmbH, erst dann eine sittenwidrige Schädigung i.S.v. § 826 BGB annahm, wenn besondere Umstände wie etwa die Verschleuderung des Gesellschaftsvermögens hinzukamen.[232] Mit der „Klinik"-Entscheidung setzt sich der BGH in einen bemerkenswerten Widerspruch zu dieser Rechtsprechungslinie.[233] Hiernach soll es für die Annahme eines sittenwidrigen Verhaltens ausreichen, dass die Gesellschafter "....planmäßig das Vermögen einschließlich der Ge-

---

wohl der Gesellschaft als auch ihrer Gläubiger auslöst; *Wahl*, GmbHR 2005, 994, 997; *Schröder*, GmbHR 2005, 227, 229.

[228] *Wilhelmi*, DZWIR 2003, 45, 50 f.

[229] BGH DB 1988, 226, 228; Palandt/*Thomas*, § 826 Rn. 2; *Wilhelmi*, DZWIR 2003, 45, 50.

[230] *Treffer*, GmbHR 2003, 166, 167.

[231] Palandt/*Heinrichs*, Vor. § 249 Rn. 113 u. 117 m.w.N.

[232] Vgl. BGH ZIP 1996, 637 (= DStR 1996, 839, 840); sich gegen die Effektivität des § 826 BGB aussprechend auch *Mödl*, JuS 2003, 14, 15; *Eberl-Borges*, WM 2003, 105, 114; *Bruns*, WM 2003, 815, 817; *Henze*, NZG 2003, 649, 658.

[233] So auch *Wackerbarth*, ZIP 2005, 877, 883; *Lieder*, DZWiR 2005, 309, 317, nach dessen Ansicht dies zur Aufweichung des Vorsatzerfordernisses führe, was allerdings die systematischen Stellung des § 826 BGB als deliktischer Auffangtatbestand verbiete.

schäftschancen von der alten auf die neue Gesellschaft verlagern und so den Gläubigern der alten Gesellschaft den Haftungsfonds entziehen"[234].

Selbst wenn sich die §§ 823 Abs. 2, 826 BGB nach diesem Rechtsprechungswechsel als effektiver Schutz gegen die hier genannten Gefahren für den Gläubiger erweisen würden, was nicht ohne bedenkliche Aufweichung des Vorsatzerfordernisses von statten gehen würde[235], kann damit allerdings nicht die Subsidiarität des Bestandsschutztatbestandes begründet werden. Zum einen ist dies für den Fall eindeutig, in dem der deliktische Anspruch nicht der GmbH, sondern ihren Gläubigern zusteht, weil es insoweit schon an einer Anspruchskonkurrenz bei der GmbH fehlt.[236] Aber selbst für den Fall, dass die deliktischen Ansprüche der GmbH selbst zustehen sollten, kommt diesen nach allgemeinen Grundsätzen keine Ausschlusswirkung gegenüber einem aus einer Sonderverbindung hergeleiteten Anspruch zu, weshalb der Hinweis auf die Subsidiarität des Bestandsschutztatbestandes nicht zu überzeugen vermag.[237]

Hieran ändern auch die zur Begründung der Subsidiarität der Konzernhaftung zitierten Rechtssprechungsfälle[238] nichts. Wenn in diesen Fällen eine Haftung nach den „TBB"-Grundsätzen abgelehnt wurde, dann zum Teil deshalb, weil das Einzelausgleichssystem nicht außer Funktion gesetzt war, zum Teil aber auch, weil die Kriterien des objektiven Missbrauchs nach Auffassung der Gerichte nicht vorlagen.[239] In keinem dieser Fälle wurde jedoch eine Haftung nach den „TBB"-Grundsätzen mit der Begründung abgelehnt, dass schon die §§ 823 Abs. 2, 826 BGB einschlägig seien. Vielmehr hat der aus dem Zivilrecht anerkannte Grundsatz zu gelten, dass, wenn eine Haftung aus Delikt mit einer Haftung aus Vertrag oder einer Sonderverbindung zusammentrifft, zwischen beiden Ansprüchen regelmäßig Anspruchskonkurrenz besteht.[240]

---

234 BGH ZIP 2004, 2138, 2139.

235 So schon *Geißler*, GmbHR 1993, 71, 77; *Wackerbarth*, ZIP 2005, 877, 883; *ders.*, Grenzen der Leitungsmacht in der internationalen Unternehmensgruppe, S. 181 ff.; nach Einschätzung von *Bruns*, WM 2001, 1497, 1505 bedürfte es für die Effektivität des § 826 BGB zudem noch einer Modifizierung der Rechtswidrigkeit und der Schadensberechnung.

236 *Ulmer*, ZIP 2001, 2021, 2028.

237 *Mülbert* begründet dieses Ergebnis mit der Erwägung, dass die Funktion der unabhängig vom Bestehen einer Sonderbeziehung gewährten deliktischen Ansprüche nicht darin liegen kann, beim Vorliegen einer Sonderrechtsbeziehung schlechter zu stellen, vgl. *Mülbert*, DStR 2001, 1937, 1938; so auch *Keßler*, GmbHR 2002, 945, 950; *Wilhelm*, NJW 2003, 175, 178; *Wilhelmi*, DZWIR 2003, 45, 56, der den Anspruch aus der Sonderbeziehung jedoch nicht für erforderlich hält; von einer kumulativen Anwendbarkeit geht auch *Kiethe*, NZG 2005, 333, 336 aus.

238 Hierzu *Goette*, in: ZHR-Beiheft 70 (2001), 11 ff.; vgl. BGH BB 1995, 997, 998 –„Architektenfall 2"- und BGH BB 2000, 2487, 2488 -„Anwaltshonorar"-.

239 Vgl. hierzu die Darstellung bei *Goette*, in: ZHR-Beiheft 70 (2001), 11, 23.

240 BGHZ 66, 315, 319; Erman/*Schiemann*, Vor § 823 Rn. 25; *Wilhelm*, NJW 2003, 175, 178, nach dessen Auffassung der Anspruch aus Sonderverbindung grundsätzlich zuerst zu prüfen ist und eine Haftung wegen vorsätzlicher, sittenwidriger Schädigung erst als Äußerstes in Betracht kommt; dies verkennt *Bruns*, NZG 2004, 409, 410, der schreibt, dass eine Haftung aus Sonderverbindung nicht zulässig sei, da ansonsten die Haftungsvoraussetzung des § 826 BGB ausgehebelt würden; Im Konfliktfall haben die Voraussetzungen des vertraglichen Anspruchs sogar Vorrang, vgl. BGHZ 96, 221, 229.

Ein mögliches Eingreifen der deliktischen Anspruchsnormen im Falle der Existenzvernichtung und der damit bewirkte Schutz der Gläubigerinteressen kann demnach eine Entbehrlichkeit des Bestandsschutztatbestandes und der damit verknüpften Haftung nicht begründen.

ccc) Schutz durch insolvenzrechtliche Instrumentarien?

Nach der Meinung von Nassall stehen mit der Insolvenzantragspflicht nach § 64 Abs. 1 GmbHG, der Anfechtung wegen Gläubigerbenachteiligung (§ 133 InsO, § 3 AnfG) und der Erstattungspflicht des GmbH – Geschäftsführers nach § 64 Abs. 2 GmbHG effektive Instrumentarien zur Verfügung, mit welchen eine ordnungsgemäße Liquidation gesichert sei bzw. weit über die Kapitalerhaltungsregeln der §§ 30 f. GmbHG hinaus die für das GmbH-Vermögen wirksamen Folgen existenzvernichtender Eingriffe im Sinne der neueren Rechtsprechung des II. Senats beseitigt werden könnten.[241] Ein Bedürfnis für einen Haftungstatbestand im Falle einer Existenzvernichtung bestehe nicht, da mittels der Anfechtungstatbestände im Interesse der Gesellschaftsgläubiger sämtliche existenzvernichtenden Eingriffe sanktioniert werden könnten.[242] Einer solchen Einschätzung von der Effektivität der insolvenzrechtlichen Instrumentarien kann allerdings nicht gefolgt werden. Es muss nämlich festgestellt werden, dass § 64 GmbHG und die §§ 129 ff. InsO einen effektiven Schutz der Gesellschaft und damit mittelbar der Gläubiger nicht bewirken können.[243]

(1) Dies gilt für die aus § 64 Abs. 1 GmbHG resultierende Insolvenzantragspflicht nicht nur allein deshalb, weil selbst die Stellung eines rechtzeitigen, d.h. im Moment des Eintritts der vermögensmäßigen Überschuldung erfolgenden, Insolvenzantrags nicht zu einer angemessenen Befriedigung der Gläubiger führt[244], sondern vor allem, weil sie sich grundsätzlich nur gegen den GmbH-Geschäftsführer richtet. Gesellschafter, selbst Mehrheits- oder Alleingesellschafter, sind keine Normadressaten der Pflicht aus § 64 GmbHG.[245] Dies gilt nach wohl überwiegend vertretener Meinung auch für einen Gesellschafter, der herrschendes Unternehmen ist, solange er nicht als faktischer Geschäftsführer zu qualifizieren ist.[246] Was lediglich in

---

[241] *Nassall*, ZIP 2003, 969, 972 ff.

[242] *Nassall*, ZIP 2003, 969, 974 f.; für eine Ausweitung des insolvenzrechtlichen Restitutionsinstrumentariums spricht sich auch *Wackerbarth*, ZIP 2005, 877, 884 aus.

[243] So auch *Röhricht*, ZIP 2005, 505, 515; *Wilhelmi*, DZWIR 2003, 45, 56; *Mülbert*, DStR 2001, 1937, 1941 f.; vgl. auch *Lutter/Banerjea*, ZGR 2003, 402, 411; *Rubner*, DStR 2005, 1694, 1695.

[244] So der Einwand von *Röhricht*, in: Festschrift 50 Jahre BGH, S. 83, 94; *Wilhelmi*, DZWIR 2003, 45, 56; a.A. *Nassall*, der als Vorteil dieses Instrumentariums hervorhebt, dass die Gläubiger zumindest vor weiteren Vermögensschmälerungen bewahrt werden.

[245] Baumbach/Hueck/*Schulze-Osterloh*, § 64 Rn. 40 u. 89.

[246] Scholz/*K.Schmidt*, § 64 Rn. 9; Hachenburg/*Ulmer*, § 64 Rn. 13 (Fn. 19); Baumbach/Hueck/*Schulze-Osterloh*, § 64 Rn. 89; dies soll nach wohl noch vorherrschender Meinung selbst dann gelten, wenn das herrschende Gesellschafter maßgeblichen Einfluss hat, vgl. *K.Schmidt*, JZ 1978, 661, 665 f.; *Grunewald*, ZGR 1986, 580, 594; *Roth*, GmbHR 1985, 137 ff.; *Flume*, ZIP 1994, 337, 342; wohl auch Scholz/*K.Schmidt*, § 64 Rn. 54; a.A.: *Blaurock*, in: FS Stimpel, S. 553, 563; Roth/Altmeppen/*Altmeppen*, § 64 Rn. 77; *Wilhelm*, ZIP 1993, 1833, 1837; *Altmeppen*, ZIP 1994, 1939, 1941.

Betracht kommt, ist eine Haftung wegen Teilnahme am Delikt nach § 64 GmbHG.[247] Nassall schreibt zwar, dass dieser Umstand dadurch ausgeglichen werde, dass die GmbH-Geschäftsführer empfindliche Sanktionen treffe, wie etwa eine Schadensersatzpflicht nach § 823 Abs. 2 BGB bzw. eine Erstattungspflicht nach § 64 Abs. 2 GmbHG.[248] Den Gläubigern ist mit diesen Ansprüchen gerade in Fällen der hier relevanten Art allerdings wenig geholfen und es trifft zudem meist den Falschen[249]. Im Fall der MTW entstand durch die Zahlungsunfähigkeit des BVV eine Überschuldung von ca. 233 Mio. DM, da die diesbezügliche Forderung der MTW gegen den BVV in der Bilanz der MTW auf Null berichtigt werden musste. Angenommen, der Geschäftsführer der MTW hätte die Entwicklung beim BVV ebenso gut übersehen können wie der Vorstand der BVV, weshalb eine Erstattungspflicht angenommen werden könnte. Es ist jedoch unrealistisch zu glauben, dass Geschäftsführungsorgane für einen solchen, den Gläubigern entstandenen Schaden, auch nur annähernd noch aufkommen könnten. Nicht die Geschäftsführung, sondern die aus dem ruinösen Verhalten gegenüber ihren Tochtergesellschaften profitierenden Muttergesellschaften müssen zur Verantwortung gezogen werden, weshalb die Haftung des Geschäftsführers aus § 64 GmbHG eine Haftung wegen Existenzvernichtung nicht zu verdrängen vermag. Dies muss um so mehr gelten, als dieses Haftungsinstitut die von einem nicht unerheblichen Teil des Schrifttums geforderte Mitverantwortung des herrschenden Gesellschafters bewerkstelligen könnte. Bei der Insolvenzverschleppung und Masseschmälerung könnte es sich durchaus um Fälle unangemessener Rücksichtnahme i.S.d. der „Bremer Vulkan"-Grundsätze handeln.[250]

(2) Gleiches gilt für die aus den §§ 129 ff. InsO folgenden Anfechtungsrechte. Die These, mit §§ 129 ff. InsO könnten sämtliche existenzvernichtende Eingriffe sanktioniert werden, kann nämlich keinesfalls überzeugen. Die Existenzvernichtungshaftung bietet zwar keine Handhabe, gezahlte Beträge anfechtungsgleich von einem begünstigten Gläubiger zurückzufordern. Hierfür verbleibt es bei den Vorschriften der §§ 129 ff. InsO[251]. Aber selbst wenn man die Anfechtungstatbestände für die Weggabe von Produktionsmitteln, die Besicherung von Gesellschaftsverbindlichkeiten auch gegenüber dem herrschenden Unternehmen anwenden kann[252], so gibt es doch eine Vielzahl von zur Existenzvernichtung führenden Verhaltensweisen, denen mit dem Anfechtungsrecht der InsO nicht beizukommen ist[253].

---

[247] Scholz/*K.Schmidt*, § 64 Rn. 54; *K.Schmidt*, JZ 1978, 661, 665 f.; Baumbach/Hueck/*Schulze-Osterloh*, § 64 Rn. 89; *Wolany*, Rechte und Pflichten des Gesellschafters einer GmbH, S. 115.

[248] *Nassall*, ZIP 2003, 969, 974.

[249] Das die Haftung den Geschäftsführer zumeist unverhältnismäßig hart trifft, vertritt auch *Roth*, ZGR 1989, 421, 427 f.; *ders.*, EWiR 1993, 1095, 1096; *Canaris*, JZ 1993, 649, 652.

[250] Im Ergebnis wohl auch Scholz/*K. Schmidt*, § 64 Rn. 56; *Röhricht*, ZIP 2005, 505, 514; für eine gesonderte Gesellschafterhaftung neben dem § 64 GmbHG auch *Karollus*, ZIP 1995, 269, 272 f.

[251] So *Hölzle*, ZIP 2003, 1376, 1382, der allerdings auch feststellt, dass sich eine Haftung des Gesellschafters wegen existenzvernichtenden Eingriffs auch in Bezug auf die noch durch die spätere Insolvenzschuldnerin zum Zweck der „Klimapflege" gezahlten Beträge realisieren lässt.

[252] So die Beispiele von *Nassall*, ZIP 2003, 969, 974.

[253] So auch *Röhricht*, ZIP 2005, 505, 515.

Von der wohl herrschenden Ansicht wird bereits die Ablehnung eines angetragenen Vertrages, also die Wahrnehmung einer Geschäftschance, gerade nicht als eine Rechtshandlung bewertet, die dem Anfechtungsrecht unterliegt.[254] Hierbei ist nicht ausschlaggebend, ob dies durch aktives Tun oder durch ein Unterlassen erfolgt, weil in beiden Varianten kein Zugriffsobjekt aus dem Vermögen des Schuldners aufgegeben wird.[255] Noch evidenter wird die Unbrauchbarkeit der Anfechtungstatbestände, wenn man sich weitere potentiell existenzvernichtende Eingriffe vor Augen führt. Woran soll z.B. eine Anfechtung anknüpfen, wenn bereits die Satzungsgestaltung in der abhängigen GmbH zu einer späteren Existenzvernichtung führt? Ebenso wie man zulässigerweise GmbH & Co. KGs gründen kann, deren einziger Zweck in der Übernahme der persönlichen Haftung einer KG besteht, kann auch die Rolle als Produktions-, Finanzierungs- oder Forschungstochter in der Satzung festgeschrieben werden.[256] Die durch diese dienende Funktion dem herrschenden Unternehmen zufließenden Vorteile stehen im Einklang mit der Satzung der abhängigen GmbH. Dann fehlt es aber an einem Anknüpfungspunkt für eine Anfechtung nach den §§ 129 ff. InsO. Gleiches gilt für die in Konzernsachverhalten häufig anzutreffende Konstellation der „Aschenputtelgesellschaft", der von vornherein untragbare Risiken zugewiesen werden. Solange keine Vorteile an das beherrschende Unternehmen fließen, was z.B. immer dann der Fall ist, wenn die abhängige GmbH als alleiniger Kostenträger für eine Gewinnchance verwendet wird, die sich nicht realisiert, greifen die §§ 129 ff. InsO nicht ein. Ebenfalls von diesen Vorschriften nicht erfasst ist die Konstellation, dass ein dauernd ertragloses bzw. verlustbringendes Geschäft auf die nur mit Mindeststammkapital ausgestattete, abhängige GmbH übertragen wird.[257] Dies lässt sich für beide Fallkonstellationen ganz einfach damit erklären, dass Folge der Anfechtung nach § 143 Abs. 1 S. 1 InsO nun einmal nur die Verpflichtung des Anfechtungsgegners ist, das, was durch die anfechtbare Handlung aus dem Vermögen des Schuldners weggegeben worden ist, nicht was der Anfechtungsgegner erlangt hat, zur Insolvenzmasse zurückzugewähren.[258] Das kann in den oben genannten Konstellationen allerdings gegen Null laufen[259], auch wenn der Nutzen für das herrschende Unternehmen erheblich sein

---

254 HK/*Kreft*, InsO, § 129 Rn. 21; BGH WM 1964, 505, 507, für den Fall des Verzichts auf ein bäuerliches Verwaltungs- und Nutznießungsrechts; a.A. *Nassall*, ZIP 2003, 969, 974.

255 Hess/Weis/Wienberg/*Weis*, Kommentar zur InsO, § 129 Rn. 24.

256 *Lutter*, DB 1994, 129, 130.

257 So auch *Röhricht*, ZIP 2005, 505, 515; vgl. für solch einen Fall OLG Dresden WIB 1997, 466, 468.

258 Ganz herrschende Ansicht vgl. BGH, NJW 1970, 44, 46; BGH, ZIP 1998, 2165, 2166; NR/*Nerlich*, Kommentar zur InsO, § 143 Rn. 8; *Kirchhof*, in: Münchner Komm/InsO, § 143 Rn. 21; Hess/Weis/Wienberg/*Weis*, Kommentar zur InsO, § 143 Rn. 66 m.w.N.; insoweit ist die Definition bei Nassall falsch, vgl. *Nassall*, ZIP 2003, 969, 975.

259 Oder, was *Röhricht*, ZIP 2005, 505, 515 hervorhebt, für die inzwischen in die Insolvenz gefallene und aus dem Markt herausgefallene Gesellschaft nicht mehr von Interesse sein. Hieran ändert sich auch nichts durch die von *Nasall*, ZIP 2003, 969, 975 hervorgehobene Rückgewährpflicht für Surrogate aus § 143 Abs. 1 S. 2 InsO; § 819 Abs. 1, § 818 Abs. 4, 285 BGB. Die Vorschriften gewähren nur einen Ausgleich des Wertes des weggebenen Gegenstandes, den er zum Zeitpunkt der Weggabe hatte, führt aber nicht zu einer Ausgleichspflicht der darüber hinaus bei der Gesellschaft entstehenden Schäden.

kann. Für die Haftung wegen Existenzvernichtung kommt es nicht darauf an, dass dem Alleingesellschafter infolge des Eingriffs ein Vermögensvorteil zugeflossen ist.[260]

Der Gläubigerschutz vor existenzvernichtenden Eingriffen kann nach den hier gefundenen Ergebnissen nicht – allenfalls im Hinblick auf einzelne Symptome - durch insolvenzrechtliche Instrumentarien gewährleistet werden, weshalb diesen folglich auch keine Ausschlusswirkung gegenüber dem Gläubigerschutz durch eine Existenzvernichtungshaftung zukommen kann[261].

ddd) Widerspruch zum Auflösungsrecht der Gesellschafter?

Der Heranziehung der angesprochenen Funktion der juristischen Person als weitere Verfügungsgrenze könnte aber der Einwand entgegenstehen, dass die hierdurch geschützten Interessen der Gläubiger im Hinblick auf den Existenzerhalt der Gesellschaft rechtlich völlig unerheblich seien, weil es dem Alleingesellschafter nämlich ohne weiteres möglich sei, die Auflösung oder Verschmelzung der Gesellschaft zu beschließen[262]. In der „Autohaus"-Entscheidung[263] stellt der II. Zivilsenat noch einmal ausdrücklich klar, dass den Gesellschafter gegenüber den Gesellschaftsgläubigern keine Verpflichtung treffe, das Gesellschaftsunternehmen fortzuführen.

Nun wird argumentiert, dass, wenn dem Gesellschafter die Rechtsmacht zukomme, den Bezugspunkt, an dem hier die Grenze der Verfügungsmacht fest gemacht wurde, wegfallen zu lassen, müsse er folglich auch über den darin gebündelten Interessen stehen, weshalb die Interessen der Gläubiger eine Beschränkung der Verfügungsmacht nicht begründen könnten.[264]

Ungeachtet dessen, dass das „Verbot der kalten Liquidation" eine Grenze des Verfügungsrechts der Gesellschafter nicht zu begründen vermochte[265], zeigen die zur Begründung herangezogenen Vorschriften gleichwohl, dass sich die Pflicht des Alleingesellschafters, die Interessen der Gläubiger nicht zu gefährden, paradoxer Weise aus dem Recht der Gesellschafter herleiten lässt, die Auflösung der Gesellschaft jederzeit zu beschließen. Gegenüber einem solchen Beschluss nach § 60 Abs. 1 Nr. 1 GmbHG greift zwar das Bestandsinteresse der GmbH nicht ein, der Beschluss bewirkt aber, dass es nach den §§ 65 ff. GmbHG zwingend zu einer Abwicklung der juristischen Person unter Berücksichtigung der schutzwürdigen In-

---

[260] BGHZ 151, 181, 188; *Keßler*, GmbHR 2002, 945, 950; *Henze*, BB 2002, 1011; *Diem*, ZIP 2003, 1283, 1284.

[261] Wie hier *Wilhelmi*, DZWIR 2003, 45, 56; *Röhricht*, ZIP 2005, 505, 515 f.; a.A. *Wackerbarth*, ZIP 2005, 877, 884 f.

[262] *Lutter*, ZIP 1985, 1425, 1428 f. spricht davon, dass in solch einem Fall der besondere und reflexartige Schutz aus dem Gedanken der Treuepflicht nicht gegeben ist.

[263] BGH ZIP 2005, 117, 118.

[264] So die Überlegung von *Hommelhoff*, Die Konzernleitungspflicht, S. 256, der jedoch zugleich erklärt, dass diese Argumentation nicht zwingend sei, weil das Recht die Konzernspitze durchaus zur Berücksichtigung dieser Interessen zwingen könne, solange die Gesellschaft noch nicht liquidiert sei. Welche Normen dies bewirken könnten, lässt er jedoch offen; vgl. auch *Drüke*, S. 49, der wegen der unentziehbaren Auflösungsrechte der Gesellschafter ein Bestandsschutzinteresse verneint.

[265] Vgl. Erg. bei B) II. 1) a).

teressen Dritter kommt.[266] So sieht § 73 GmbHG zum Schutz der außenstehenden Gläubiger vor, dass vor der Verteilung des Gesellschaftsvermögens die Verbindlichkeiten der Gesellschaft getilgt oder sichergestellt werden müssen. In dieser Bestimmung setzt sich der im Gläubigerinteresse angeordnete Schutz der Erhaltung der gesetzlichen Vermögenssubstanz bis in das Abwicklungsverfahren fort und verbietet eine vorzeitige Auszehrung des Gesellschaftsvermögens. Die Liquidationsvorschriften stellen somit einen Ausgleich zu dem durch den Fortfall des Gewinninteresses herbeigeführten Fehlens des Gleichlaufs der Interessen von Anteilseignern, Gläubigern und Arbeitnehmern dar. Wenn den Gläubigern gerade für den Wegfall des Substrats ihrer Interessen ein gesetzlicher Schutz durch die Liquidationsvorschriften zugesprochen wird, spricht dies für die Erheblichkeit dieser Interessen vor dem Zeitpunkt der Auflösung. Indem die Gesellschafter den Auflösungsbeschluss treffen, können sie damit zwar über die Existenz der Gesellschaft, aber nicht über den Schutz der Interessen der Gläubiger disponieren, weil dieser nun von Gesetzes wegen gewährleistet wird.[267]

Da im faktischen Konzern die Vermutung des Interessengleichlaufs ebensowenig Geltung beanspruchen kann wie im Stadium der Auflösung[268], liegt es nahe, die Interessen der Gläubiger als Grenze der Verfügungsmacht des Alleingesellschafters anzuerkennen. Für die Frage der Herleitung eines Bestandschutzes der Gesellschaft kann demnach allein wegen der Befugnis der Gesellschafter die Gesellschaft jederzeit aufzulösen, nicht auf die Unerheblichkeit der Gläubigerinteressen geschlossen werden.

eee) Regelungslücke als gesetzgeberischer Wille?

Auch wenn somit feststeht, dass die Effektivität des Gläubigerschutzsystems der §§ 30 f. GmbHG im faktischen Konzern nicht gewährleistet ist und demzufolge die Funktion als Haftungsträger *ad absurdum* geführt werden kann, bleibt es fraglich, ob der Gesetzgeber neben dem bereits geschilderten Schutz, einen weitergehenden überhaupt für notwendig erachtet. Sollte die These der herrschenden Meinung zutreffend sein, dass der GmbH-Gesetzgeber einen Gläubigerschutz nur im Rahmen der gesetzlichen Vorschriften für erforderlich hält, obwohl er sich der Ineffektivität dieses Schutzes im Konzern bewusst war, ist die Begründung eines über diese Vorschriften hinausgehenden Schutzes der Gläubiger nicht möglich.[269]

Der Blick auf den aufgezeigten Bestand an gläubigerschützenden Regelungen macht deutlich, in welch hohem Maße der Gesetzgeber einen Ausgleich zwischen den verschiedenen Interessen der Gläubiger und der unternehmerisch tätigen Gesellschafter erreichen wollte. Als der Gesetzgeber bei der Schaffung des GmbH-Gesetzes allein auf die Erhaltung des Stammkapitals abstellte und nur dessen Ver-

---

[266] *K. Schmidt*, ZIP 1989, 545, 546 f.; *Hommelhoff*, S. 256; wohl auch *Ulmer*, WPg 1986, 685, 692; Scholz/*Emmerich*, Anh. KonzernR Rn. 90.

[267] Im Ergebnis wie hier *Hölzle*, ZIP 2003, 1376, 1379; ähnlich die Überlegung des BGH, der es als „unredlich" bezeichnet, wenn der Gesellschafter die Auflösung der Gesellschaft nicht mit dem dafür vorgesehenen gesetzlichen Verfahren betreibt, BGH ZIP 2005, 117, 118.

[268] Vgl. Erg. bei B) II. 1) c) aa) bbb).

[269] Vgl. statt vieler *Ehlke*, DB 1986, 523, 525 f.

teilung an die Gesellschafter versagte, ging er offensichtlich von der Vorstellung aus, dass es dem Gesellschafter am Erhalt und nicht an der Vernichtung der Gesellschaft gelegen ist. Das GmbH-Recht enthält dementsprechend keine Regelung, durch die Gläubiger vor Maßnahmen geschützt werden, die zur Vernichtung der Gesellschaft führen.

Die Argumentation, dass trotz der Wirkungen des Konzerns ein besonderer Gläubigerschutz in der abhängigen GmbH mangels gesetzlicher Vorschriften nicht gewollt sei[270], übersieht demzufolge, dass das GmbH-Gesetz die Gefahren eines Missbrauchs der Rechtsform der juristischen Person nicht hinreichend mitbedenkt. Das GmbH-Gesetz ist in der Vorstellung des Gesetzgebers von 1892 verhaftet, nach der die Gesellschafter als (wirtschaftliche) Eigentümer gelten. Die Einbindung einer Gesellschaft in einen Beherrschungsvertrag und insbesondere die faktische Einbindung einer Gesellschaft in ein Konzernverhältnis, waren zwei dem GmbH-Gesetzgeber völlig unbekannte Gestaltungen, weshalb das Fehlen eines speziellen GmbH-Konzernrechts keinen Freifahrschein der Gesellschafter darstellen kann.

Vielmehr zeigt sich an den Vorschriften zur Liquidation der Gesellschaft (§§ 65 ff. GmbHG), dass der Gesetzgeber dem Konzept eines speziellen Gläubigerschutzes im Konzern sehr nahe steht. Wenn sich der Gesetzgeber im Stadium der Auflösung dazu veranlasst sah, die Interessen der Gläubiger speziell zu schützen, weil der Schutz zu diesem Zeitpunkt nicht mehr durch den schon beschriebenen Interessengleichlauf gewährleistet werden konnte, legt dies die Vermutung nahe, dass – da das Fehlen dieses Interessengleichlaufes auch für Konzernkonstellationen festgestellt werden musste – die Ergänzung der vom GmbH-Recht errichteten verbandsinternen Kontrollmechanismen dem Willen des Gesetzgebers nicht zuwiderläuft.

Gegen diese Vermutung wird sicherlich vorgebracht, dass in der GmbH-Novelle von 1980 die Bestimmungen der §§ 30 f. GmbHG durch die Regelungen über eigenkapitalersetzende Gesellschafterdarlehen in den §§ 32a, b GmbHG, Kredite an Geschäftsführer in § 43a GmbHG und die Änderung von § 33 GmbHG ergänzt worden, jedoch keine speziellen konzernrechtlichen Vorschriften aufgenommen wurden, obwohl hierzu entsprechende Vorschläge vorlagen. Dies zeige, dass nach der Meinung des Gesetzgebers für eine weitergehende Einschränkung des Dispositionsrecht der Gesellschafter kein Bedürfnis bestehe.[271]

Definiert man eine Gesetzeslücke als planwidrige Unvollständigkeit[272], so liegt hier keine vor, denn das Fehlen der Konzernregel beruht auf einer bewussten Entscheidung des Gesetzgebers. Gegen die obige Argumentation spricht allerdings, dass der Gesetzgeber die in der GmbH-Novelle vorgenommenen Erweiterungen ersichtlich nicht als abschließend verstanden wissen wollte. So hat er bezüglich einer etwaigen Gesellschafterhaftung wegen materieller Unterkapitalisierung erkennen lassen, dass er einen noch weitergehenden Schutz für wünschenswert erachte, dies

---

[270] So *Rehbinder*, AG 1986, 85, 92.

[271] Vgl. Baumbach/Hueck/*Hueck*, § 31 Rn. 17 a; *Bentler*, Das Gesellschaftsrecht der Betriebsaufspaltung, S. 116.

[272] *Larenz*, S. 354 ff.

jedoch mangels hinreichender Klärung von Voraussetzungen und Ausgestaltung solcher Ausdehnungen nicht in die Novelle einbeziehe.[273] Ziel der Reform sei es, der bisher nur auf allgemeinen Grundsätzen gestützten Rechtsprechung eine gesetzliche Grundlage zu verschaffen.[274]

Des Weiteren sprechen die Gesetzesmaterialien für die auch vom Gesetzgeber erkannte Notwendigkeit weiterer Schutzsysteme in der Konzernsituation. So sah der Regierungsentwurf eines GmbH-Gesetzes aus dem Jahr 1973 die Einführung konzernrechtlicher Regelungen vor.[275] Der Entwurf richtete sich weitgehend an den konzernrechtlichen Vorschriften des Aktiengesetzes von 1965 aus, sie sahen Regelungen für den Vertragskonzern und den faktischen Konzern vor. Die in diesem Entwurf gemachten Vorschläge sind bei der Novelle des GmbH-Gesetzes im Jahr 1980 nur deshalb nicht verwirklicht worden, weil der Gesetzgeber, obwohl er von der Notwendigkeit der Aufnahme konzernrechtlicher Vorschriften in das GmbH-Gesetz überzeugt war, sich auf einige dringliche Gesetzesänderungen beschränken wollte.[276]

Wenn die Beschränktheit des den Gläubigern zur Verfügung stehenden Haftungsfond als Eckpfeiler des Gläubigerschutzsystems der GmbH bezeichnet wird[277], ist dieses Gebäude durch die Anerkennung einer zusätzlichen Verfügungsgrenze nicht zugleich vom Einsturz bedroht.[278] Vielmehr bewirkt die Anerkennung eines Bestandsschutzes, dass dieses Gebäude nicht durch Situationen zum Einsturz gebracht wird, auf die es nie vorbereitet war. Der hinter den §§ 30 f. GmbHG stehende gesetzgeberische Wille steht einem weitergehenden Gläubigerschutz jedenfalls nicht entgegen. Die These der herrschenden Meinung hätte daher vielmehr lauten müssen, dass das geltende Schutzsystem gerade im Hinblick auf den vom Gesetzgeber verfolgten Zweck des Gläubigerschutzes ergänzt werden muss.

2) Ergebnis

Die Haftungstrennung zwischen Gesellschaft und Gesellschafter, wie sie von § 13 Abs. 2 GmbHG vorgesehen ist, lässt sich ohne von der Rechtsordnung hinnehmbare Folgen für andere Teilnehmer am Rechtsverkehr nur dann rechtfertigen und praktisch durchhalten, wenn die Gesellschafter die selbstständige Existenzfähigkeit des Haftungsträgers respektieren. Wenn nun aber die gesetzlichen Schutzmechanismen auf die konzernbedingten Gefahren nicht reagieren können, muss dies angesichts der nachgewiesenen Gläubigergefährdung zur Folge haben, diesen Anspruch der Gesellschaft auf eine andere Weise zu sichern. Gerade die berechtigten Erwartungen der Gläubiger, dass der Gesellschafter durch seine Einflussnahmen nicht die Existenz und damit die Erfüllung der ihnen zustehenden Verbindlichkeiten gefährdet, können eine Erweiterung des vom Gesetzgeber vorgegebenen Kon-

---

[273] Vgl. BT-Drucksache 8/1347, S. 38.
[274] Vgl. BT-Drucksache 8/1347, S. 39.
[275] Vgl. BT-Drucksache 7/253, S. 66 ff.
[276] *Limmer*, S. 3.
[277] *Ulmer*, GmbHR 1984, 256.
[278] Diese Gefahr sieht z.B. *Versteegen*, S. 71; wie hier *Hölzle*, ZIP 2003, 1376, 1379, der von einer vierten Säule des gesetzlichen Gläubigerschutzsystems spricht.

zepts rechtfertigen. Die Anerkennung eines Bestandsinteresses aufgrund der gefährdeten Erfüllungsinteressen der Gläubiger ist damit nichts anderes als eine „teleologische Extension" des seitens des Gesetzgebers verfolgten Schutzes der Gläubiger von den nicht hinzunehmenden Folgen der Haftungstrennung.[279]

Wie die Untersuchungen gezeigt haben, ist die Befürchtung, dass eine so verstandene Pflicht die durch Art. 14 GG geschützte unternehmerische Befugnis zur Auflösung der Gesellschaft in unzulässiger Weise einengen könnte, gegenstandslos[280]. Ein Bestandsvernichtungsverbot steht auch mit der als Gegenargument angeführten freiheitlichen Wirtschaftsordnung, der es nicht entspreche, alle herrschenden Gesellschafter ohne Rücksicht auf die innere Gesellschaftsstruktur Verhaltenspflichten zu unterwerfen[281], im Einklang. Das in der „Bremer Vulkan"-Entscheidung zum Ausdruck kommende Bestandsvernichtungsverbot unterwirft den Alleingesellschafter nur insoweit einer Verhaltenspflicht, als er der abhängigen Gesellschaft die Rücksichtnahme auf ihre Fähigkeit schuldet, ihre Verbindlichkeiten gegenüber ihren Gläubigern erfüllen zu können. Er darf sie also nicht durch einen rücksichtslosen Eingriff in die Insolvenz führen.

---

[279] So schon *Fleck*, ZGR 1990, 31, 39; der davon spricht, dass die Kapitalerhaltungsregeln der vom einzigen Gesellschafter ausgehenden Bedrohung, nur unzureichend Rechnung tragen würde, weshalb eine sachgerechte und sinnentsprechende Fortentwicklung in Richtung auf einen vorbeugenden Kapitalschutz geboten sei; *Keßler*, GmbHR 2001, 1095, 1099; vgl. auch *Goette*, ZHR-Beiheft 70 (2001), 11, 23, der im Hinblick auf das von Röhricht vertretene Haftungsmodell von einer „speziellen Durchgriffshaftung" spricht, die neben den Kapitalaufbringungs- und -erhaltungsvorschriften eine „dritte Säule" bilde.

[280] Vgl. Erg. Bei B) II. 1) c) bb) bbb).

[281] So *Wiedemann*, Die Unternehmensgruppe, S. 87.

III. Dogmatische Grundlage des Haftungsmodells

Der Alleingesellschafter haftet nach der Rechtsprechung des BGH also zum einen für die Erhaltung des Stammkapitals, und zum anderen für die Gewährleistung des Bestandsschutzes der abhängigen GmbH. Wie in der Einleitung schon kurz erwähnt, hat der BGH im „Bremer Vulkan"-Urteil jedoch die Frage nach der dogmatischen Grundlage der zweiten Haftungssäule unbeantwortet gelassen und damit eine Flut von Aufsätzen hervorgerufen, die sich allesamt mit der Herleitung einer Grundlage für Haftung wegen existenzvernichtenden Eingriffs des Alleingesellschafters auseinandersetzen[282]. Seinem in der Ausgangsentscheidung begründeten „Versäumnis" ist der II. Zivilsenat mit dem „KBV"-Urteil vom 24.06.2002[283] entgegengetreten und hat sich, so jedenfalls die ersten Einschätzungen[284], für eine Ausgestaltung der Existenzvernichtungshaftung als „echte Durchgriffshaftung" entschieden.

Ob dem II. Zivilsenat damit ein großer Wurf gelungen ist, der gegenüber jeglicher Kritik standhalten wird[285], soll in den folgenden Ausführungen nachgegangen werden. Um dieser Aufgabe gerecht zu werden, soll vor allem auf bereits in der Literatur aufgezeigte Haftungsmodelle eingegangen und ihre Brauchbarkeit im Hinblick auf die neue Tendenz des „Bremer Vulkan"-Urteils herausgearbeitet werden. In Betracht kommt neben der Begründung über eine Durchgriffshaftung vor allem eine Lösung über die „Treuepflicht" oder „Sonderverbindung" des Alleingesellschafters, sowie eine modifizierte Form der schon seit langer Zeit kontrovers diskutierten Organhaftung des Alleingesellschafters.[286]

1) Das „KBV"-Urteil

Im zur Entscheidung vorliegenden Fall hatte der BGH über die Haftung zweier Gesellschafter (Schwiegervater und Schwiegersohn) der „Kindl Backwaren Vertriebs" GmbH („KBV") zu entscheiden. Der Schwiegervater war mit 40%, der Schwiegersohn mit 60 % an der KBV beteiligt, wobei dieser auch Geschäftsführer der Gesellschaft war. Nachdem die Klägerin ihren titulierten Werklohnanspruch gegen die masselose Bestellerin (KBV) nicht durchsetzen konnte, deren wirtschaft-

---

[282] Zu nennen wären hier vor allem die Stellungnahmen von *Ulmer*, ZIP 2001, 2021 ff.; *K.Schmidt*, NJW 2001, 3577 ff.; *Mülbert*, DStR 2001, 1937 ff.; *Bitter*, WM 2001, 2133 ff.; *Hoffmann*, NZG 2002, 68 ff.; *Altmeppen*, ZIP 2001, 1837 ff.; *ders.*, NJW 2002, 321 ff.; *ders.*, ZIP 2002, 961 ff.; *ders.*, ZIP 2002, 1553 ff.

[283] BGHZ 151, 181 ff. (=ZIP 2002, 1578 ff.; GmbHR 2002, 902 ff.).

[284] *Altmeppen*, ZIP 2002, 1553 ff.; *Hoffmann*, NZG 2002, 68 ff.; *Ulmer*, JZ 2002, 1049 ff.; *Esters*, GmbHR 2004, 105 ff.; *Emmerich*, AG 2004, 423, 425.

[285] So jedenfalls *Keßler*, nach dessen Ansicht sich die Ausführungen des „KBV"-Urteils zum Haftungsdurchgriff plausibel und konsistent in das seit der „Bremer Vulkan"-Entscheidung entwickelte Lösungskonzept einfügen, vgl. *Keßler*, GmbHR 2002, 945, 946.

[286] Für eine Treuepflichthaftung: *Ulmer*, ZIP 2001, 2021 ff.; *K.Schmidt*, NJW 2001, 3577 ff.; für eine Lösung mittels der Organhaftung: *Altmeppen*, ZIP 2001, 1837 ff.; *ders.*, NJW 2002, 321; *ders.*, ZIP 2002, 961 ff.; *ders.*, ZIP 2002, 1553 ff.; der Organhaftungsansatz geht auf *J.Wilhelm* zurück, vgl. *J.Wilhelm*, Rechtsform, S. 285 ff., 330 ff., 344 ff.; wiederholt bei *J.Wilhelm*, NJW 2003, 175, 178 ff.; für eine insolvenzrechtliche Einordnung wohl *Goette*, DStR 2005, 197, 200.

liche Lage bei Auftragserteilung noch nicht so schlecht gewesen war, verklagte sie den Schwiegervater. Der Anspruch der Klägerin stützte sich unter anderem darauf, dass die KBV, nachdem sie die Werkleistung des Klägers empfangen hatte, von ihren Gesellschaftern stillgelegt wurde, ohne dass eine ordnungsgemäße Liquidation i.S. der §§ 65 ff. GmbHG stattgefunden habe. Die Aktiva der Bestellerin seien vielmehr von einer Auffanggesellschaft übernommen und der Geschäftsbetrieb unter neuer Firma von der Auffanggesellschaft fortgeführt worden. Dieses „Auslaufenlassen" hat nach Ansicht der Klägerin die Insolvenz der Bestellerin und damit ihren Forderungsausfall herbeigeführt.

Tatsächlich wurden die Aktiva der KBV, vor allem ihr Forderungs- und Warenbestand, von einer Auffanggesellschaft übernommen, in der der Schwiegervater zumindest als Geschäftsführer tätig wurde. Im Gegenzug übernahm die Auffanggesellschaft hierfür einen Teil der Verbindlichkeiten der KBV, unter denen sich allerdings nicht die Forderung der Klägerin befand.[287] Nicht aufgeklärt werden konnte die Behauptung der Klägerin, einem der Gesellschafter seien Aktivposten übertragen worden, welche er dann zu seinen Gunsten verwertet habe.

Neben der Bejahung der Tatbestandsvoraussetzungen des § 826 BGB sah der II. Zivilsenat eine Haftung der Gesellschafter unter dem Gesichtspunkt des „existenzvernichtenden Eingriffs" als gegeben an, weshalb der Rechtsstreit an das Berufungsgericht zurückverwiesen wurde. Dieses hatte weder zur Haftung nach § 826 BGB, noch zu einem Anspruch der Klägerin unter dem Gesichtspunkt der „Existenzvernichtung" i.S. des „Bremer Vulkan"-Urteils irgendwelche Ausführungen gemacht. Nach Ansicht des II. Zivilsenat soll ein solcher zur Existenzvernichtung führender „Missbrauch der Rechtsform der GmbH" vorliegen, wenn der Zugriff auf das Gesellschaftsvermögen die gebotene Rücksichtnahme auf die Erhaltung der Fähigkeit der Gesellschaft zur Bedienung ihrer Verbindlichkeiten in einem ins Gewicht fallenden Maße vermissen lässt. Der hierin liegende Verstoß gegen den Grundsatz der Vermögenstrennung und Vermögensbindung müsse „zum Verlust des Haftungsprivilegs führen, soweit nicht der der GmbH durch den Eingriff insgesamt zugefügte Nachteil schon nach den §§ 30, 31 GmbHG vollständig ausgeglichen werden könne oder kein ausreichender Ausgleich in das Gesellschaftsvermögen erfolge".[288]

Der BGH stellt demzufolge, wie schon aus den Ausführungen des dem Senat Vorsitzenden deutlich wurde, für die Legitimation der Existenzvernichtungshaftung auf die Funktionsfähigkeit der Haftungsbeschränkung ab.[289] Ob dies zugleich den Rückgriff auf die Konzeption einer Durchgriffshaftung rechtfertigen kann, erscheint jedoch mehr als fraglich.[290]

---

[287] Es wurden Forderungen und Waren im Gesamtbetrag von 1.205.000 DM gegen Verbindlichkeiten in Höhe von ca. 823.000 DM, also ein Vermögen von ca. 382.000 DM übernommen.

[288] BGHZ 151, 181, 187 (=ZIP 2002, 1578, 1580).

[289] *Röhricht*, in: Festschrift 50 Jahre BGH, S. 83 ff.

[290] Die Instanzgerichte sind der Rechtsprechung des BGH jedenfalls bislang ohne Widerspruch gefolgt: OLG Thüringen GmbHR 2002, 112 ff.; OLG Rostock ZIP 2004, 118 ff.; LAG Köln ZIP 2003, 1893 ff.; siehe hierzu auch den Beitrag von *Wahl*, GmbHR 2004, 994 ff.

2) Ansatz über die Grundsätze der Durchgriffshaftung

Der BGH greift mit den Formulierungen zur Durchgriffshaftung ersichtlich Erwägungen des Schrifttums auf, die schon seit langem für eine Lösung der konzernrechtlichen Probleme auf die Anwendung der Grundsätze der Durchgriffshaftung vertrauen[291].

In den meisten Beiträgen nach dem „Bremer Vulkan"-Urteil wird sich denn auch für eine Lösung der Probleme im faktischen Konzern über die Grundsätze der Durchgriffshaftung ausgesprochen.[292] Unter anderem wird davon ausgegangen, dass, wenn im faktischen Konzern die Mindestvoraussetzungen für die Haftungsbeschränkungen nicht mehr vorliegen würden, auch diejenigen Normen (§ 13 Abs. 2 GmbHG), die dem Gesellschafter erst diese Möglichkeit eröffneten, auf solche Fallgestaltungen nicht mehr angewendet werden könnten, weil dies dem Zweck der Norm entgegenstehen würde.[293] Deshalb müsse bei „Spekulationen zu Lasten der Gläubiger", also genau denjenigen Fällen von denen auch das „Bremer Vulkan"-Urteil handele, die Haftungsbeschränkung des § 13 Abs. 2 GmbHG im Wege der teleologischen Reduktion durchbrochen werden.

Daneben finden sich Ausführungen, nach denen die vom II. Zivilsenat als haftungsbegründend angesehene Existenzvernichtung zu Lasten der Gläubiger nichts anderes sei als ein Missbrauch der juristischen Person, da die kompensationslosen Eingriffe in das Gesellschaftsvermögen deren Haftungsmasse in einer der Eigenständigkeit der juristischen Person widersprechenden Art und Weise schmälern würden.[294] Deshalb habe man die in der „Bremer Vulkan"-Entscheidung begründete Haftung des Alleingesellschafters aufgrund von existenzvernichtenden Eingriffen in das Gesellschaftsvermögen als eine vom BGH ausdrücklich anerkannte Fallgruppe der allgemeinen Durchgriffshaftung anzusehen. Als Argument für diese dogmatische Einordnung der Existenzvernichtungshaftung wird angeführt, dass

---

[291] *Bitter*, Konzernrechtliche Durchgriffhaftung bei Personengesellschaften; *ders.*, ZIP 2001, 265, 270; *Stimpel*, in: FS f. Goerdeler, S. 601, 610, der der Meinung ist, dass wenn man die konzernrechtliche Haftung mit einem Ausfall des Kapitalsicherungsrechts begründe, dies für die Gedanken der Durchgriffshaftung spreche; erwähnt werden muss auch ein Urteil des BAG vom 08.09.98 (= BAG RdA 2000, 235 ff.), welches in diesem Zusammenhang von einer konzernrechtlichen Durchgriffshaftung spricht.

[292] OLG Jena, GmbHR 2002, 112, 115; *Bitter*, WM 2001, 2133, 2137; *Bitter/Bitter*, BB 1996, 2153, 2159; *Bruns*, WM 2001, 1497, 1503 u. 1505; vgl. auch *Keßler*, GmbHR 2001, 1095 f.; *ders.*, GmbHR 2002, 945, 949 f.; *Goette*, in: ZHR – Beiheft 70 (2001), 11, 23; *Hoffmann*, NZG 2002, 68, 71 f.; *Westermann*, NZG 2002, 1129, 1136; einem solchen Lösungsansatz ebenfalls nicht abgeneigt: *Wilken*, DB 2001, 2383, 2386; Rowedder/Schmidt–Leithoff/*Koppensteiner*, Anh. § 52 Rn. 104 Rn. 364 b, der sich noch nicht abschließend zwischen diesem Ansatz und einer aus § 317 AktG entnommenen Wertung (vgl. hierzu Rn. 77) entschieden hat; *Janert*, MDR 2003, 724; *Freitag*, WM 2003, 805, 808; *Bruns*, WM 2003, 815, 816 f.; *Hölzle*, ZIP 2003, 1376, 1380; *Diem*, ZIP 2003, 1283, 1284; *Barnert*, JR 2003, 199, 200 f.; *Lutter/Banerjea*, ZGR 2003, 402, 411 f.; *Wiedemann*, ZGR 2003, 283, 291; *Benecke*, BB 2003, 1190, 1193; *Mohr*, GmbH-StB 2003, 52, 56; wohl auch *Boujong*, NZG 2003, 497, 509; *Raiser*, in: FS f. Ulmer, S. 493, 504; *Görner/Kling*, GmbHR 2004, 778, 779; *Weitnauer*, ZIP 2005, 790. 793.

[293] *Bitter*, WM 2001, 2133, 2139.

[294] *Hoffmann*, NZG 2002, 68, 71; so auch die Ansicht des OLG Jena, ZIP 2002, 631, 634, das von einem Durchgriffsanspruch wegen Nichtbeachtung der Eigenbelange der GmbH spricht.

nur die Durchgriffslehre die vom II. Zivilsenat im „Bremer Vulkan“-Urteil angenommene reine Außenhaftung des Gesellschafters zu begründen vermöge.[295]

Das Konzept einer allgemeinen Durchgriffshaftung sei auch keineswegs unzulässig, da die Rechtsprechung nicht daran gehindert sei, einzelne, in ihren Voraussetzungen klar umrissene Durchgriffstatbestände zu entwickeln, bei deren Vorliegen sich die Berufung der Gesellschafter auf den Haftungsausschluss nach § 13 Abs. 2 GmbHG als missbräuchlich erweise.[296] Als Beispiel hierfür wird auf den Tatbestand der Vermögensvermischung verwiesen, der auch nach Ansicht der Stimmen, die eine allgemeine Durchgriffshaftung ablehnen, einen Durchgriff auf die Gesellschafter rechtfertigen kann[297]. Dementsprechend sei ein solcher, zur objektiven Haftung führender Begründungsansatz auch für existenzvernichtende Eingriffe des Alleingesellschafters immerhin erwägenswert.[298]

a) Nähe zu den bisher diskutierten Fallgruppen der Durchgriffshaftung?

Die Befürworter einer Lösung über die Haftungsgrundsätze der Durchgriffshaftung führen an, dass die dogmatische Einordnung als eine „allgemeine Durchgriffshaftung wegen existenzvernichtender Eingriffe“ vor allem deshalb überzeugend sei, weil die Haftung regelmäßig in Situationen in Betracht kommen würde, die eine besondere Nähe zu den bereits anerkannten Durchgriffsfallgruppen der nachträglichen materiellen Unterkapitalisierung oder der Vermögensvermischung aufweisen würde.[299] Noch weiter geht die These, dass das pauschale Abstellen auf einen Missbrauch nur den Umstand verdecke, dass es im Grund auch in der jetzt vom BGH praktizierten Konzernhaftung um zwei verschiedene Ansatzpunkte ginge, nämlich um die in der Literatur in erster Linie angeführte Vermögensvermischung sowie insbesondere um die Unterkapitalisierung.[300] Ob hiermit wirklich ein überzeugendes Argument für das Abstellen auf eine Durchgriffslösung geboten wird, soll im Folgenden einer Prüfung unterzogen werden.

aa) Definition des Durchgriffs

Unter Durchgriffshaftung wird allgemein die persönliche Haftung der GmbH-Gesellschafter für Zahlungsverbindlichkeiten ihrer Gesellschaft in gesetzlich nicht

---

295 *Hoffmann*, NZG 2002, 68, 71.

296 *Ulmer*, ZIP 2001, 2021, 2026; so nun auch in einer Stellungnahme zum „KBV“-Urteil, vgl. *Ulmer*, JZ 2002, 1049 ff.; vgl. auch *Wiedemann*, ZGR 2003, 283, 295; *Lutter/Banerjea*, ZGR 2003, 402, 419 f.

297 Vgl. hierzu *Altmeppen*, ZIP 2002, 1553 ff.

298 Vgl. *Ulmer*, ZIP 2001, 2021, 2026, der sich in dieser Stellungnahme selbst jedoch für eine Lösung über die Treuepflicht aus,; *ders.*, JZ 2002, 1049 ff., der sich in diesem Beitrag für eine Lösung über die Durchgriffskonzeption ausspricht.

299 OLG Jena ZIP 2002, 631, 634; *Hoffmann*, NZG 2002, 68, 71; *Bitter*, WM 2001, 2133, 2137; *Decher*, in: ZHR-Beiheft 70 (2001), 25, 29, der davon überzeugt ist, dass die bisher entschiedenen Konzernfälle auch allein unter Anwendung der allgemeinen Haftungsgrundsätze der Durchgriffshaftung zu lösen gewesen wären; *Weitnauer*, ZIP 2005, 790, 793; wohl auch *Lutter/Banerjea*, ZGR 2003, 402, 419.

300 *Bitter*, ZIP 2002, 265, 273.

geregelten Fällen verstanden (analog §§ 128, 129 HGB).[301] Sie greift grundlegend in das System der juristischen Person ein. Sie schiebt das mit der selbstständigen Rechtsperson verbundene Schutzschild der Haftungsbeschränkung zur Seite, so dass die Gläubiger zusätzlich auf das Privatvermögen der Mitglieder zugreifen können, wenn diese das Institut der Haftungsbeschränkung objektiv zweckwidrig verwenden. In der Literatur wird eine fast unübersehbare Vielzahl von unterschiedlichen Durchgriffsansätzen vertreten, ohne dass eine herrschende Lehre erkennbar wird. Für die hier anstehende Frage, ob die Haftung für existenzvernichtende Eingriffe eine Nähe zu den bisher diskutierten Fallgruppen aufweist, und deshalb deren dogmatische Grundlage auch für die hier zur Untersuchung stehende Haftung herangezogen werden sollte, ist es nicht angezeigt, diese Grundsatzdiskussion nochmals aufzunehmen[302].

bb) Fallgruppe der Vermögens- und Sphärenvermischung

Ein anerkannter Fall der Durchgriffshaftung liegt vor, wenn Vermögensgegenstände der GmbH mit dem Privatvermögen der Gesellschafter oder des alleinigen Gesellschafters derart vermischt werden, dass eine dingliche Zuordnung zu dem einen oder anderen Rechtsträger nicht mehr zuverlässig vorgenommen werden kann. Das soll zum einen der Fall sein, wenn die Gesellschafter das Vermögen der Gesellschaft ununterscheidbar, d.h. in buchhalterisch nicht nachvollziehbarer Weise von ihrem sonstigen Vermögen führen (sogenannte Vermögensvermischung)[303] bzw. nicht mehr zwischen den Trägern der Vermögensmasse unterschieden werden kann, was dann der Fall ist, wenn die rechtliche Trennung von Gesellschaft und Gesellschaftern nach außen überspielt wird (sogenannte Sphärenvermischung)[304].

Den Vertreten des Durchgriffsansatzes kann ohne weiteres zugestimmt werden, dass diese Verhaltensweisen einen konzernrelevanten Tatbestand darstellen. Es besteht die Gefahr, dass zwischen den jeweiligen Sphären, sei es hinsichtlich der Rechtsträger, sei es hinsichtlich der Vermögensmasse, nicht klar genug getrennt wird. Nachdem der BGH in der „TBB"-Entscheidung die Konzernhaftung wesentlich auf die undurchsichtige Vermögenslage abgestellt hat, derentwegen einzelne schädigende Eingriffe nicht mehr isoliert werden können, stellt die Konzernhaftung nach zum Teil vertretener Ansicht inhaltlich eine Rückkehr zu dieser Fallgruppe der Durchgriffshaftung dar, die lediglich nun durch konzernrechtliche Grundsätze ersetzt worden sei.[305]

Mit dem Verzicht auf die aktienrechtliche Analogie könnte sich damit der Rückgriff auf die dieser Fallgruppe zugrundeliegende Dogmatik als naheliegend erweisen. So ja auch der BGH in der „KBV"-Entscheidung, wenn er darauf abstellt, dass „die Notwendigkeit der Trennung des Vermögens der Gesellschaft von

---

[301] *Kuhn*, in: FS f. Fischer, S. 351, 352.

[302] Vgl. hierzu aber *Drax*, S. 72 ff.; Hachenburg/*Ulmer*, Anh. § 13 Rn. 28 ff.; Scholz/*Emmerich*, § 13 Rn. 76 ff.; *K.Schmidt*, GesR, § 9 II, S. 221 ff. (m.w.N.).

[303] BGHZ 95, 330, 333 f.; 125, 366, 368; *Lutter/Hommelhoff*, § 13 Rn.10; *Nirk*, in: FS f. Stimpel, S. 443, 453; *Stimpel*, in: FS f. Goerdeler, S. 601, 607; *Drüke*, S. 75.

[304] *Lutter*, ZGR 1982, 244, 251.

[305] So *Bauder*, BB 1993, 1103, 1104; *Schulze-Osterloh*, ZIP 1993, 1838; *Bitter*, S. 521 ff.

dem übrigen Vermögen der Gesellschafter und die strikte Bindung des ersteren zur – vorrangigen – Befriedigung der Gesellschaftsgläubiger während der gesamten Lebensdauer der GmbH besteht. Beide – Absonderung und Zweckbindung – sind unabdingbare Voraussetzungen dafür, dass die Gesellschafter die Beschränkung ihrer Haftung auf das Gesellschaftsvermögen in Anspruch nehmen können".[306] Es überrascht dementsprechend nicht, dass teilweise zu dem Ergebnis gekommen wird, es handele sich bei dieser Entscheidung zur Haftung wegen „Existenzvernichtung" bei genauerer Betrachtung um eine Haftung wegen Vermögensvermischung, weshalb diesbezüglich die Lösung des BGH über die Durchgriffsgrundsätze nicht angreifbar sei.[307]

cc) Fallgruppe der materiellen Unterkapitalisierung

Daneben wird, wie gesagt, in den anderen relevanten konzernspezifischen Fallgruppen, den „Spekulationen zu Lasten der Gläubiger"[308], eine Nähe zum Tatbestand der Unterkapitalisierung erkannt. Begründet wird dies mit der Erwägung, dass die Unterkapitalisierung und die dadurch bewirkte übermäßige Insolvenzwahrscheinlichkeit bei Risikoprojekten, und nicht die Bestandsgefährdung als solche, das wirkliche Gläubigerproblem sei.[309]

aaa) Umschreibung des Problemkreises

Um die Nähe dieser Fallgruppe zu dem hier zur Untersuchung stehenden Haftungsmodell feststellen zu können, soll zunächst der Problemkreis der Unterkapitalisierung kurz umschrieben werden.

So sind aus der weiteren Untersuchung die Fälle der sog. nominellen Unterkapitalisierung auszuklammern, die eine Regelung in den §§ 32a, b GmbHG sowie in den ergänzenden Rechtsprechungsgrundsätzen gefunden haben. Damit sind Fallgestaltungen gemeint, in denen die Gesellschafter zwar für eine ausreichende Ausstattung der Gesellschaft mit Vermögen sorgen, dies aber nicht mit per se haftendem Eigenkapital, sondern nur mit einem Gesellschafterdarlehen oder sonstigem Ersatzkapital.[310]

Materielle Unterkapitalisierung ist hingegen die extreme Missrelation des Geschäftsvolumens einer GmbH zur verfügbaren Kapitalbasis, die im Falle ungünstiger Entwicklungsindikatoren (d.h. ungünstiger Ertragsaussichten, Umsatzerwartungen, spezifischer Markt- und Geschäftsrisiken, etc.) mit großer Wahrscheinlichkeit einen Konkurs oder sonst ein Scheitern der Gesellschaft zur Folge hat.[311]

---

[306] BGHZ 151, 181, 186 f. (=ZIP 2002, 1578, 1580).

[307] *Altmeppen*, ZIP 2002, 1553, 1557.

[308] Formulierung bei *Bitter*, WM 2001, 2133, 2140.

[309] *Bitter*, WM 2001, 2133, 2137, dementsprechend stellt er bei der nach seiner Auffassung mit der „Bremer Vulkan"-Entscheidung anerkannten Fallgruppe der „Spekulation zu Lasten der Gläubiger" auf die durch die Unterkapitalisierung herbeigeführte unzulässige Risikoverlagerung ab (S. 2140); *Hoffmann*, NZG 2002, 68, 71; Die Rechtsprechung hat sich bisher gegen einen eigenständigen Haftungstatbestand der materiellen Unterkapitalisierung ausgesprochen und allenfalls in äußersten Einzelfällen eine Haftung aus § 826 BGB angenommen, vgl. nur BGH NJW 1977, 1449, 1451.

[310] *K.Schmidt*, ZIP 1990, 69, 78; Scholz/*Emmerich*, § 13 Rn. 81.

[311] *Stimpel*, in: FS f. Goerdeler, S. 601, 607 f.; *Blaurock*, in: FS f. Stimpel, S. 553, 559.

Die Relevanz dieser Fallgruppe erklärt sich aus der Tatsache, dass die überwiegende Mehrzahl aller Insolvenzen bei Gesellschaften mit beschränkter Haftung durch eine unzureichende Ausstattung mit Eigenkapital verursacht werden.[312] Ein Blick auf die Eigenkapitalquoten deutscher Unternehmen zeigt, dass dieses Problem noch lange nicht ausgestanden ist. So kommen kleine deutsche Unternehmen mit bis zu 50 Mitarbeitern laut einer EU-Studie nur auf eine Eigenkapitalquote von 14 Prozent. Ein noch dramatischeres Bild zeichnet der Deutsche Sparkassen- und Giroverband in einer Studie. Danach kommen die 3,3 Mio. Mittelständler im Schnitt nur auf eine Eigenkapitalquote von sieben Prozent.[313] Im Hinblick auf dieses Problempotential erscheint es mehr als angebracht, eine befriedigende Lösung für die durch eine extreme Unterkapitalisierung herbeigeführte Insolvenz der abhängigen Gesellschaft zu finden. Dies gilt um so mehr, wenn man bedenkt, dass das Gesetz hierzu keine Lösung bereithält, da es für die Gründung einer GmbH nur ein abstrakt bemessenes Garantiekapital, nicht aber eine dem konkreten Unternehmenszweck entsprechende Eigenkapitalausstattung vorschreibt (§ 5 GmbHG).

bbb) Defizit des Durchgriffsansatzes

Für die Definition des Begriffs der materiellen Unterkapitalisierung wird vor allem auf die von Ulmer entwickelte Erläuterung Bezug genommen. Hiernach ist eine Gesellschaft materiell unterkapitalisiert, „wenn das Eigenkapital nicht ausreicht, um den nach Art und Umfang der angestrebten oder tatsächlichen Geschäftstätigkeit unter Berücksichtigung der Finanzierungsmethoden bestehenden, nicht durch Kredite Dritter zu deckenden mittel- oder langfristigen Finanzbedarf zu befriedigen“.[314] Ein Durchgriff ist folglich in Erwägung zu ziehen, wenn die Gesellschaft einen Geschäftsumfang entfaltet, der in einem deutlichen Missverhältnis zu ihrer Kapitalausstattung steht und deswegen nach unternehmerischen Grundsätzen auf Dauer nicht beherrschbar ist.[315] Die Haftung der Gesellschafter wird also damit begründet, dass sich eine Beschränkung der Gesellschaftshaftung nur dann rechtfertigen lässt, wenn die Höhe des Eigenkapitals wenigstens in äußeren Grenzen den sich aus der jeweiligen wirtschaftlichen Tätigkeit ergebenden Gefahren entspricht.[316]

Auf der anderen Seite ist es bis heute nicht gelungen, die Unterkapitalisierung ex ante präzis zu erfassen, insbesondere bilanziell messbar zu machen.[317] Eine auf materieller Unterkapitalisierung basierende Haftungsregel ist aber nur dann „justitiabel“, wenn die Adressaten mit hinreichender Sicherheit beurteilen können, ob die Eigenkapitalausstattung ihres Unternehmens den rechtlichen Anforderungen

---

[312] Hachenburg/*Ulmer*, Anh. § 30 Rn. 1 f. und 8.; vgl. *Hansen*, GmbHR 1981, 259, 261 f.
[313] Quelle: Die Welt, Ausgabe vom 05.04.02, S. 11.
[314] Hachenburg/*Ulmer*, § 30 Rn. 16.
[315] *Geißler*, GmbHR 1993, 71, 77.
[316] *Stimpel*, in: FS f. Goerdeler, S. 601, 608; *Ulmer*, GmbHR 1984, 256, 262.
[317] So der zutreffende Einwand von *K.Schmidt*, JZ 1984, 771, 777 f.; *ders.*, JZ 1985, 301, 305; ders., GesR, § 18 II 4 b), S. 525; siehe auch *Ehricke*, AcP 199 (1999), 257, 283; *Wiedemann*, ZGR 2003, 283, 296; *Wellenkamp*, DStR 2003, 210, 211.

genügt.[318] Sanktionsfähige Rechtsgrundsätze für die Bestimmung einer ordnungsgemäßen Eigenkapitalausstattung sind jedoch gerade in der Betriebswirtschaftslehre bisher weder allgemein noch speziell für Unternehmen anerkannt, wenn man von den Sonderbestimmungen für Kreditinstitute und Versicherungen absieht.[319] Um also mit dem Konzept einer Durchgriffshaftung zu vertretbaren Ergebnissen gelangen zu können, müssten die Befürworter dieses Ansatzes erst einmal konkrete Berechnungsmethoden vorweisen, ab wann die Höhe des Eigenkapitals nicht mehr den Gefahren der Unternehmung entspricht. Diesen Nachweis sind sie aber bislang allesamt schuldig geblieben. Selbst die eingangs zitierte Formel ist zu ungenau, um den Gerichten ein justitiables Instrument an die Hand zu geben[320].

Diesen Vorwurf muss sich auch die Formel der „Insolvenzwahrscheinlichkeit" gefallen lassen.[321] Nach diesem Ansatz soll für den Fall, dass den Gläubigern aufgrund der Unterkapitalisierung ein übermäßiges, nicht mehr mit Sinn und Zweck der Haftungsbeschränkung vereinbares Insolvenzrisiko aufgebürdet wird, die Haftungsbeschränkung im Wege der teleologischen Reduktion des § 13 Abs. 2 GmbHG durchbrochen werden. Ein spekulatives Risiko muss dieser Meinung zu Folge als übermäßig betrachtet werden, wenn es nicht mehr als „unvorhergesehen" bezeichnet werden kann, was der Fall sein soll, wenn das Risiko zu einer 5 bis 10% höheren Insolvenzwahrscheinlichkeit führt, als bei Vorliegen eines normalen Insolvenzrisikos. Im Gegensatz zu der „allgemeinen" Unterkapitalisierungsdefinition wird damit zumindest angegeben, wann das gewöhnliche Geschäftsrisiko als Überschritten zu gelten hat. Insoweit würde hier die grundsätzliche Kritik an einer Unterkapitalisierungshaftung, welche insbesondere an der Schwierigkeit der Feststellung einer Abweichung vom Ist- zum Sollzustand festgemacht wird[322], nicht greifen.

Mit diesem auf der Insolvenzwahrscheinlichkeit beruhenden Ansatz wird die ex ante Bestimmbarkeit der Unterkapitalisierung aber nicht entbehrlich.[323] Um verlässlich Auskunft darüber geben zu können, ab wann das Risiko einer Unternehmung nicht mehr den Gläubigern aufgebürdet werden kann, müsste auch die Formel von der „Insolvenzwahrscheinlichkeit" genau festlegen, welches Eigenkapital für eine bestimmte Unternehmung bei Vorliegen eines gewissen Risikos erforder-

---

[318] *Vonnemann*, Haftung der GmbH-Gesellschafter bei materieller Unterkapitalisierung, S. 134 ff.; *ders.*, GmbHR 1992, 77, 79.

[319] Grundlegend hierzu *Büschgen*, GmbHR 1974, 25 ff. u. 49 ff.; *Vonnemann*, S. 134 ff.; *ders.*, GmbHR 1992, 77 ff.; vgl. auch Roth/Altmeppen/*Altmeppen*, § 13 Rn. 30; *K. Schmidt*, JZ 1984, 771, 777 f.; *ders.*, JZ 1985, 301, 304; *ders.*, GesR, § 9 IV 4 a), S. 240; Bedenken gegen betriebswirtschaftliche Kriterien hegend auch *Geißler*, GmbHR 1993, 71, 77.

[320] Nach *Hopt/Hehl*, GesR, Rn. 1151, ist die fehlende Anerkennung der Fallgruppe der Unterkapitalisierung durch die Rechtsprechung allein auf die Tatsache zurückzuführen, dass es besonders schwierig ist, die Unterkapitalisierung allgemein zu definieren und im Einzelfall das erforderliche Eigenkapital zu bestimmen; so im Ergebnis auch BAG ZIP 1999, 878, 879, die einen Durchgriff wegen Unterkapitalisierung wegen der Unklarheit des Begriffes und seiner tatsächlichen Voraussetzungen ablehnten.

[321] *Bitter*, WM 2001, 2133, 2140 f.

[322] Vgl. statt vieler *Ehricke*, in: AcP 199 (1999), 257, 282.

[323] So auch *Ehricke*, in: AcP 199 (1999), 257, 282.

lich ist.[324] Erst mit diesem Wert ließe sich dann ermitteln, ob das „normale" Ausfallrisiko, welches den Gläubigern über § 13 Abs.2 GmbHG zugewiesen ist, überschritten wurde. Die Formel der „Insolvenzwahrscheinlichkeit" ist im Endeffekt nichts anderes als eingangs dargestellte Abgrenzungsformel, da auch die allgemeine Definition der Unterkapitalisierung auf eine Kapitalausstattung abstellt, die einen Misserfolg zu Lasten der Gläubiger bei normalem Geschäftsverlauf mit hoher, das gewöhnliche Geschäftsrisiko deutlich übersteigender Wahrscheinlichkeit erwarten lässt. Zudem wird mit dem Kriterium der Insolvenzwahrscheinlichkeit ein nicht gerade „justitiables" Instrument zur Bestimmung materieller Unterkapitalisierung eingeführt. Was soll z.B. für den Fall gelten, in dem die Insolvenzwahrscheinlichkeit den vorgesehenen Rahmen erreicht, aber zugleich die Maßnahme mit 80 % Wahrscheinlichkeit einen erheblichen Gewinn verspricht? Soll den Gesellschaftern das Eingehen dieses Risikos verboten sein? Oder wie hat man Vor- und Nachteile der Maßnahme im Model der „Insolvenzwahrscheinlichkeit" zu berücksichtigen?

dd) Stellungnahme

Wie die Ausführungen zeigen, ist den Vertretern der Lösung über die Durchgriffshaftung zuzugeben, dass die bisher einzige anerkannte Fallgruppe der Durchgriffshaftung, die Vermögensvermischung, wenigstens zum Teil auch in Konzernlagen zum Tragen kommt. Dies dürfte um so mehr gelten, wenn man die Anforderungen an das Eingreifen der Tatbestände herunterschraubt. Bester Beleg für diese Einschätzung ist gerade das „KBV"-Urteil des BGH[325], in dem das Verhalten der beiden Gesellschafter ohne weiteres den Durchgriff wegen Vermögensvermischung rechtfertigen konnte.

Der von den Befürwortern einer Durchgriffshaftung auf Grund dessen gezogene Schluss, das Konzept einer Durchgriffshaftung stelle eine dogmatische Grundlage dar, welche auf alle bisher diskutierten Fallkonstellationen anwendbar sei, kann jedoch nicht bestätigt werden.[326] Wenn die Nähe zu den bisher diskutierten Fallgruppen angeführt und sogar davon gesprochen wird, nun die Chance erhalten zu haben einen allgemeinen Durchgriffstatbestand zu erschaffen, beruht dies allein auf der Vorstellung, die materielle Unterkapitalisierung mit der Durchgriffshaftung lösen zu können. Dass diese Annahme aber verfehlt ist, haben die oben gemachten Ausführungen deutlich gemacht. Mangels ex anter Bestimmbarkeit kann die Unterkapitalisierung keine Fallgruppe einer Durchgriffshaftung darstellen. Auch die von den Befürwortern einer Durchgriffslösung aufgestellte These, die Gerichte seien nicht daran gehindert, einzelne, in ihren Voraussetzungen klar umrissene Durchgriffstatbestände zu entwickeln, dürfte angesichts des hier erarbeiteten Ergebnisses jedenfalls für die materielle Unterkapitalisierung nicht zutreffen.

Hierdurch fehlt es nicht nur an der geltend gemachten „Nähe", sondern es offenbart sich zugleich eine der größten Schwächen der vom BGH gewählten dogmatischen Grundlage. Wenn man nämlich den meisten Befürwortern der Durchgriffs-

---

[324] Dass er hierzu nicht in der Lage ist, gesteht Bitter selbst ein, *Bitter*, S. 201.

[325] BGHZ 151, 181 ff. (=ZIP 2002, 1578 ff.)

[326] Im Ergebnis ähnlich *Wimmer-Leonhardt*, Konzernhaftungsrecht, S. 208.

haftung darin zustimmen möchte, dass der „Missbrauch" der Gesellschafterstellung in Wirklichkeit nichts anderes ist, als die bisher diskutierten Fallgruppen der Vermögensvermischung und der Unterkapitalisierung, darf man konsequenter Weise für eine Lösung der „Konzernhaftung" nicht mehr auf die Durchgriffskonzeption abstellen. Einer Lösung der materiellen Unterkapitalisierung (od. „Spekulation zu Lasten der Gläubiger") über dieses Institut stehen die oben angeführten Bedenken entgegen. Damit kann die vom BGH favorisierte dogmatische Grundlage aber eines der wesentlichsten Probleme[327] des GmbH-Rechts nicht erfassen, was deren Unzulänglichkeit mehr als deutlich aufdeckt[328].

b) Einwand von Altmeppen

In diesem Sinne wird man auch die Kritik von Altmeppen zu verstehen haben, der in seiner Besprechung des Urteils zu Recht hervorhebt, dass es jenseits der Fälle von Einlagenrückgewähr und Vermögensvermischung existenzvernichtende Verhaltensweisen gibt, an denen ein Gesellschafter schuldhaft mitgewirkt haben kann.[329] Er kommt deshalb zu dem Ergebnis, dass denen mit einer Konzerneinbindung einhergehenden Gefahren allein mit einer Haftung wegen Sphären- oder Vermögensvermischung nicht effektiv begegnet werden könne. Der Ansatz sei lediglich für einzelne Symptome von Konzernherrschaft geeignet. Er stellt daher zu Recht die Frage, warum der BGH für die Fallgruppe der Existenzvernichtung wegen rücksichtslosen Eingriffs auf die Grundsätze zur Durchgriffshaftung zurückgegriffen hat, die nur ein Symptom von Konzernherrschaft befriedigend zu lösen vermag.[330]

Altmeppen lässt es bei dieser Kritik aber nicht bewenden. Vielmehr stellt er weiter heraus, dass Durchgriffshaftung immer nur Beschreibung eines erwünschten Ergebnisses sei, jedoch keine Beschreibung einer brauchbaren Haftungsgrundlage, aus der sich konkrete Pflichten des Gesellschafters ergeben würden. Der vom II. Zivilsenat formulierten Anspruchsgrundlage spricht er deshalb die Tauglichkeit einer dogmatischen Grundlage ab.[331] Ihr fehle das für einen Haftungstatbestand zentrale Element einer konkreten Pflicht, die der Schuldner rechtswidrig und schuldhaft verletzt haben müsse, um den Haftungstatbestand zu erfüllen.[332] Nach seiner Auffassung ist es deshalb verfehlt, die zweite Haftungssäule des „Bremer Vulkan"-Urteils für die in Betracht zu ziehenden Fallgruppen neben denen der Vermögensvermischung auf ein Institut aufzubauen, dass sich nicht in justitiabler Form definieren lässt und auch keine Rechtssicherheit in der Anwendung in sich birgt.[333] Zum einen dürfte es dem herrschenden Unternehmen anhand der bisher zur Verfü-

[327] So *Drax*, S. 169.

[328] So auch das Ergebnis von *Barnert*, JR 2002, 199, 201, obwohl er ein Befürworter des Durchgriffskonzepts ist.

[329] *Altmeppen*, ZIP 2002, 1553, 1561.

[330] *Altmeppen*, ZIP 2002, 1553, 1561.

[331] *Altmeppen*, ZIP 2001, 1837, 1842; *Römermann*, BGH-Report 2002, 881; dies gesteht auch Benekke, eine Vertreterin der Duchgriffslösung, zu, vgl. *Benecke*, BB 2003, 1190, 1193.

[332] *Altmeppen*, ZIP 2002, 1553, 1563.

[333] So auch *Wimmer-Leonhardt*, S. 209.

gung stehenden Rechtsgrundsätze unmöglich sein, mit hinreichender Sicherheit zu beurteilen, ob eine von ihm getroffene Entscheidung die Haftung auslösen werde oder nicht.[334] Zum anderen befürchtet er, dass die mangelnde Präzision des Haftungsgrundes zu einem kasuistischen Sumpf führe, weil die Gerichte mit Sachvortrag überflutet würden, ohne dass Klarheit über den allein relevanten Sachverhaltskomplex bestehen könne.[335] Im Hinblick auf das aus dem Rechtsstaatsprinzip des Art. 20 Abs. 3 GG folgenden verfassungsrechtlichen Gebot der Rechtssicherheit, sei damit eine solche dogmatische Grundlage für die zweite Haftungssäule nicht tragbar.[336]

Dem wird man zustimmen müssen, wenn man bedenkt wie vage der Begriff des Missbrauchs ist. Missbrauch ist nichts anderes als der Oberbegriff zu den Grenzen der Gestaltungsfreiheit, deren Überschreitung wegen einer damit gebundenen Gefährdung des Rechtsverkehrs, insbesondere der Gläubiger, nicht sanktionslos hingenommen werden kann.[337] Mag dieser Begriff auch für den Fall der Vermögensvermischung geklärt sein, so steht eine feste dogmatische Grundlage für alle anderen Fälle der Existenzvernichtung doch noch aus, wie der Blick auf das Problemfeld der materiellen Unterkapitalisierung offenbart.[338] Von einer praktikablen Lösung, die den Interessen der Beteiligten gerecht wird und zugleich ein möglichst hohes Maß an Rechtssicherheit bei der Rechtsanwendung bietet, kann folglich gerade nicht gesprochen werden.[339]

Hinzu kommt, dass die Durchgriffshaftung im Endeffekt nichts anderes ist, als ein Korrektiv für die Fälle, in denen das Trennungsprinzip zu mit der Rechtsordnung nicht mehr vertretbaren Ergebnissen kommt, damit jedoch keine dogmatische Grundlage darstellt.[340] Wenn die Beschränktheit des den Gläubigern zur Verfügung stehenden Haftungsmodells als Eckpfeiler des Gläubigerschutzsystems der GmbH bezeichnet wird[341], so wird dieses „Gebäude" durch einen Lösungsansatz über die Durchgriffshaftung völlig beseitigt, obwohl wie oben nachgewiesen[342], eine weitere Verfügungsgrenze i.S. des Bestandsvernichtungsverbotes und eine darauf aufbauende verschuldensabhängige Haftung der Wertung des § 13 Abs. 2 GmbHG

---

[334] Im Ergebnis ähnlich *Schröder*, der von einer dogmatisch zweifelhaften und in der praktischen Anwendung unklaren Durchgriffshaftung spricht, vgl. *Schröder*, GmbHR 2002, 904, 905.

[335] *Altmeppen*, ZIP 2002, 1553, 1561.

[336] *Altmeppen*, ZIP 2002, 961, 965; auf die Rechtsunsicherheit hinweisend auch Römermann, BGH-Report 2002, 881, 882; von einer dogmatischen Gleichwertigkeit zu anderen diskutierten Ansätzen kann also keinesfalls gesprochen werden, so aber *Lutter/Banerjea*, ZGR 2003, 402, 413.

[337] So *Westermann*, NZG 2002, 1129, 1136; *Wimmer-Leonhardt*, S. 209.

[338] Vgl. *Westermann*, NZG 2002, 1129, 1138, der zutreffend schreibt, dass die Generalklauselartigkeit des vom BGH als Anspruchsgrundlage bevorzugten Missbrauchsgedankens verhältnismäßig weitgehende Deutungen zulässt, oder sollte man besser sagen: „unverhältnismäßig weitgehende Deutungen"; *Wilhelm*, NJW 2003, 175, 178.

[339] So aber gerade *Henze*, NZG 2003, 649, 657, der dies als Rechtfertigung für das Abstellen auf einen Durchgriffsansatz vorbringt; vgl. auch *Haas*, WM 2003, 1929, 1939, nach dessen Ansicht diese Bedenken auch bei den anderen dogmatischen Grundlagen bestehen würden; wie hier *Wilhelm*, NJW 2003, 175, 178; Bedenken erhebt auch *Drygala*, GmbHR 2003, 729.

[340] *Altmeppen*, ZIP 2002, 1553, 1563; dem zustimmend *Schröder*, GmbHR 2002, 904, 905.

[341] *Ulmer*, GmbHR 1984, 256.

[342] Vgl. das Erg. bei B) II. 1) c) bb) aaa).

nicht zuwiderlaufen würde. Der Schutz der Gesellschafter wie auch die Funktionsfähigkeit der GmbH als Unternehmensform gebieten, dass selbst bei einer Desavouierung des Haftungsfondsprinzips eine persönliche Haftung nur unter Hinzutreten subjektiver Tatbestandsvoraussetzungen ausgelöst wird.[343] Dies kann ein Lösungsansatz über die Durchgriffshaftung jedoch nicht bewerkstelligen.

c) Durchgriffshaftung – ein Bruch mit dem „Bremer Vulkan"-Grundsätzen –

Dass der Begründungsansatz über eine Durchgriffshaftung nicht mehr als eine Erwägung[344] bleiben sollte, ergibt sich neben dieser grundsätzlichen Kritik an der Idee einer Durchgriffshaftung zudem aus dem „Bremer Vulkan"-Urteil selbst. Das Konzept einer Durchgriffshaftung fügt sich nämlich nicht ohne Bruch in die im „Bremer Vulkan"-Urteil ausgesprochenen Wertungen ein, auch wenn dies plötzlich nach dem „KBV"-Urteil allenthalben anders beurteilt wird[345].

Schon die Formulierungen im zweiten Leitsatz lassen allein auf einen Anspruch der Gesellschaft schließen, dort heißt es: „...trifft ihn die Pflicht (gemeint ist der Alleingesellschafter), bei Dispositionen über ihr Vermögen auf ihr Eigeninteresse an der Aufrechterhaltung ihrer Fähigkeit, ihren Verbindlichkeiten nachzukommen....". Auf die Gläubiger wird hier nur insoweit Bezug genommen, als dass es um ihre Forderungen geht, um derentwillen die Existenz der Gesellschaft zu erhalten ist. Zudem spricht der BGH im weiteren vom „Anspruch der Gesellschaft wegen eines bestandsvernichtenden Eingriffs"[346]. Die Formulierungen der „Bremer Vulkan"-Entscheidung ließen folglich allein den Rückschluss zu, dass der BGH den hier zur Diskussion stehenden Anspruch als einen der Gesellschaft zustehenden Anspruch versteht.[347] Mit der in den Formulierungen zum Ausdruck kommenden Entscheidung für eine Innenhaftung ist jedoch zugleich zwingend die Richtung für die dogmatische Grundlage der Existenzvernichtungshaftung vorgegeben.

Noch deutlicher wird der Bruch zur Ausgangsentscheidung, wenn man den Fakt mit in die Überlegung einbezieht, dass der II. Zivilsenat in der „Bremer Vulkan"-Entscheidung auf die im rücksichtslosen Eingriff liegende Pflichtverletzung abstellte. Dies spricht mehr als eindeutig für die Tatsache, dass es sich bei der zweiten Säule des neuen Haftungskonzepts um einen Haftungstatbestand für Fehlver-

---

[343] *Roth*, ZGR 1989, 421, 428; vgl. wie gesagt auch Erg. bei B) II. 1) c) bb) aaa).

[344] So die Einstufung von *Ulmer*, ZIP 2001, 2021, 2026.

[345] Vergleiche hierzu die Aufsätze von *Ulmer*, ZIP 2001, 2021, 2027 (insbes. Fn. 61) und JZ 2002, 1049, 1050; *Keßler*, GmbHR 2002, 945, 946; wie hier *Heidenhain*, LMK 2003, 7; von einem deutlichen Wandel sprechen *Lutter/Banerjea*, ZGR 2003, 402, 403.

[346] BGH ZIP 2001, 1874, 1876; vgl. auch BGHZ 122, 123, 130 -„TBB"-, in dem es heißt: „Der Gesellschaft und unter Umständen ihren Gläubigern ist der Zugriff auf das Vermögen des herrschenden Unternehmen jedoch dann zu gestatten....".

[347] Jetzt ausdrücklich BAG ZIP 2005, 1174, 1176; so auch *Altmeppen*, ZIP 2002, 961, 966; *Schaub*, DNotZ 2002, 468, 470; *Eberl-Borges*, Jura 2002, 761, 765; *Wrede*, NuR 2003, 593, 595; *Ulmer*, ZIP 2001, 2021, 2024; missverständlich das OLG Jena ZIP 2002, 631, 633, welches einen Direktanspruch der Gläubiger nur für den Fall der masselosen Insolvenz befürwortet, jedoch als dogmatische Grundlage eine Durchgriffshaftung analog §§ 128, 129 HGB befürwortet, bei welcher sich diese Problematik nicht stellen würde.

halten handelt.[348] Damit muss aber ein Begründungsansatz über die Durchgriffskonzeption verworfen werden, denn nur eine rechtswidrige und schuldhafte Pflichtverletzung kann eine Haftung für Fehlverhalten begründen.[349]

Die These jedenfalls, der BGH hätte in der „Bremer Vulkan"-Entscheidung die Haftung des Alleingesellschafters ausschließlich als Durchgriffshaftung zu Gunsten der Gesellschaftsgläubiger ausgestaltet, war in Anbetracht der Formulierungen des Urteils auf keinen Fall haltbar.[350] Diese Meinung beruht allein auf der Annahme, der II. Zivilsenat habe sich mit dem Abschied vom aktienrechtlichen Haftungssystem der §§ 302 ff. AktG zugleich von dem diesen Normen zu Grunde liegenden Regel-/Ausnahmeverhältnis der Innen- und Außenhaftung getrennt, wonach es sich beim hier diskutierten Anspruch vorrangig um einen der Gesellschaft handele. Gerade die mit der im „Bremer Vulkan"-Entscheidung vollzogene Aufgabe einer Analogie zu § 303 AktG spricht im Gegenteil dafür, dass der Ersatzanspruch nicht auch den ausgefallenen Gläubigern, sondern nur der GmbH zugewiesen ist.[351]

Die in der „KBV"-Entscheidung und auch in den Entscheidungen aus dem Jahr 2004 zum Ausdruck kommende Besinnung auf die Grundsätze der Durchgriffshaftung und der Hinweis auf die Außenhaftung gegenüber den Gläubigern stellt damit einen erheblichen Bruch gegenüber denen in der Ausgangsentscheidung getroffenen Wertungen dar.[352]

d) Fortbildung der Haftung im Widerspruch zur Durchgriffshaftung

Die jüngsten Entscheidungen des BGH aus dem Jahr 2004 scheinen, wie gesagt, auf den ersten Blick eine Bestätigung für die Befürworter einer echten Durchgriffshaftung zu sein. Die Weiterentwicklungen der Existenzvernichtungshaftung begründen auf den zweiten Blick allerdings erhebliche Erklärungsnöte.

Der BGH hebt in seiner Entscheidung II ZR 256/02 ausdrücklich hervor: „Diese Grundsätze gelten auch für die Haftung eines Gesellschafter-Gesellschafters...,

---

[348] *K.Schmidt*, NJW 2001, 3577, 3579; *ders.*, in: FS f. Druey, S. 551, 553; *ders.*, GesR, § 39 III 3 b) bb), S. 1235; so auch *Ulmer*, ZIP 2001, 2021, 2028; *Eberl-Borges*, Jura 2002, 761, 765; *Westermann*, NZG 2002, 1129, 1131, nach dessen Ansicht es im Kern des „Bremer Vulkan"-Urteils um die zu begründende Verschuldenshaftung des beherrschenden Gesellschafters ging; *Schrell*, BB 2003, 1451, 1455; *Fischer/Gasteyer*, NZG 2003, 517, 521; *Wrede*, NuR 2003, 593, 595; a.A. *Wilhelm*, NJW 2003, 175, 178.

[349] *Altmeppen*, ZIP 2002, 1553, 1561; *Döser*, AG 2003, 406, 413; Bedenkt man diesen Hintergrund, ist es auch verständlich, warum sich *Ulmer* in einer seiner Stellungnahmen zum „Bremer Vulkan"-Urteil noch gegen seine eigene Erwägung bezüglich der Lösung über die Durchgriffshaftung entschied, da er in einer dem Urteil vorangegangenen Stellungnahme auf der Grundlage der „TBB"-Formel „objektiver Missbrauch" noch für eine Durchgriffshaftung des Einmann-Gesellschafter plädierte, vgl. *Ulmer*, in: ZHR-Beiheft 70 (2001), 41, 62 u.65. Um so überraschender mögen dann auch für *Ulmer* die Formulierungen des BGH im „KBV"-Urteil gewesen sein, die gerade gegen eine Verschuldenshaftung sprechen, vgl. hierzu *Ulmer* selbst, wenn er davon spricht, dass sich entgegen seiner Erwartungen das Durchgriffskonzept durchgesetzt hat, in: JZ 2002, 1049, 1050 (insbes. Fn. 18).

[350] So aber *Hoffmann*, NZG 2002, 68, 71.

[351] *Schaub*, DNotZ 2002, 468, 470; *Raiser*, in: FS f. Ulmer, S. 493, 504.

[352] So wohl auch *Fischer/Gasteyer*, NZG 2003, 517, 522, nach deren Meinung der BGH in der „Bremer Vulkan"-Entscheidung inhaltlich auf eine modifizierte Treuepflicht im Sinne eines Schutzes vor Existenzgefährdung zurückgegriffen hat.

wenn er über die zwischengeschaltete Holding einen beherrschenden Einfluss auf die Gesellschaft ausüben kann". Mit einer echten Durchgriffshaftung lässt sich die Inanspruchnahme des mittelbaren Gesellschafters jedoch nicht oder doch nur schwerlich begründen.[353] Dies ist unstreitig für den Fall, in welchem die Muttergesellschaft direkt in die Enkelgesellschaft eingreift, da diese kein Gesellschafter der Enkelin ist. Aber selbst wenn die Muttergesellschaft über ihre Tochtergesellschaft den existenvernichtenden Eingriff ausführt, ist das Eingreifen des Haftungsinstituts nicht sichergestellt. Zu einer Haftung der Mutter kommt es nämlich nur dann, wenn die Tochtergesellschaft infolge des Eingriffes selbst insolvent wird, also auch auf dieser Konzernebene ein existenzvernichtender Eingriff vorliegt.

Auch die Ausführungen des II. Zivilsenats[354] zur Möglichkeit des Alleingesellschafters, den Nachweis zu erbringen, dass der Gesellschaft im Vergleich zur Vermögenslage bei einem redlichen Verhalten nur ein begrenzter – und damit in diesem Umfang auszugleichender – Nachteil entstanden ist, sprechen gegen die Wahl für eine „echte" Durchgriffshaftung. Die Haftung wird zumeist über eine teleologische Reduktion des § 13 Abs. 2 GmHG begründet, die zu einem generellen Entzug des Haftungsprivilegs führt. Eine beschränkte Haftung muss dann aber mit Rücksicht auf den dogmatischen Ansatz ausscheiden.[355] Eine echte Durchgriffshaftung steht damit im offenen Widerspruch zu der vom II. Zivilsenat eröffneten Möglichkeit des Nachweises eines geringeren Schadens der Gesellschaft.[356]

e) Zwischenergebnis

Angesichts dieser Ergebnisse wird man der Einschätzung zustimmen müssen, dass der BGH in der „KBV"-Entscheidung die notwendige Differenzierung zwischen der Fallgruppe der Vermögensvermischung und denen einer Haftung für Existenzvernichtung vermissen lässt und somit auch nur für die erste Problematik eine zufriedenstellende und passende Haftungsgrundlage angewendet hat.[357] Von einer zufriedenstellenden Lösung für die neben den Fällen der Vermögensvermischung relevanten Fälle der Existenzvernichtung kann man, angesichts der vorgebrachten Bedenken, im Hinblick auf die vom BGH im „KBV"-Urteil getroffenen Konkretisierung jedenfalls nicht sprechen.[358]

---

353 *Bruns*, NZG 2004, 409, 410; *Vetter*, ZIP 2003, 601, 607 ff.; *Lieder*, DZWiR 2004, 252, 253; *ders.*, DZWiR 2005, 309, 310.

354 BGH ZIP 2005, 117 ff.

355 So auch Hachenburg/*Ulmer*, Anh. § 30 Rn. 62; *Altmeppen*, ZIP 2005, 119, 120; *Emmerich/Habersack*, Konzernrecht, 8. Aufl., § 31 II 1 S. 429; Bedenken auch bei *Haas*, NZI 2005, 239, 240; zu diesem Ergebnis müsste konsequenterweise auch *Lutter/Banerjea*, ZGR 2003, 402, 412 f. kommen; a.A. *Vetter*, ZIP 2003, 601, 605.

356 So auch Wackerbarth, der anmerkt, dass es bislang noch nicht geklärt sei, wie sich das Konzept einer unmittelbaren Außenhaftung zur Möglichkeit des Nachweises eines Höchstschadens verhalte, Wackerbarth, ZIP 2005, 877, 881. Im Ergebnis spricht sich Wackerbarth jedoch für eine auf den nachgewissenen Höchstschaden beschränkte Außenhaftung aus.

357 *Altmeppen*, ZIP 2002, 1553, 1561.

358 So auch *Schröder*, GmbHR 2002, 904, 905; Bedenken äußert auch *Vetter*, ZIP 2003, 601, 602; a.A. *Ulmer*, JZ 2002, 1049 ff.; *Keßler*, GmbHR 2002, 945 ff.

Dies muss vielleicht um so mehr gelten, als dem II. Zivilsenat durchaus andere im Schrifttum diskutierte Begründungsansätze zur Verfügung standen, die sich wesentlich einfacher in den durch das „Bremer Vulkan"-Urteil vorgegebenen Rahmen hätten einfügen lassen. So ist die Anerkennung einer Durchgriffshaftung eines Alleingesellschafters im Vergleich zu einer Lösung über die Treuepflicht der deutlich radikalere Eingriff in das Gefüge des GmbH-Rechts.[359] Wie bereits festgehalten wurde, stellt nämlich allein eine verschuldensabhängige Haftung wegen Verstoßes gegen das Bestandsinteresse der Einmann-GmbH grundsätzlich keinen Verstoß gegen das in § 13 Abs. 2 GmbHG niedergelegte Trennungsprinzip dar.[360] Die Durchgriffshaftung erfordert demgegenüber die Suche nach einer Haftungsbrücke, um ein Vorgehen der Gläubiger gegen den Gesellschafter für Verbindlichkeiten der Gesellschaft zu erreichen. Gerade eine solche Haftungsbrücke, wie sie in der OHG in den §§ 105, 128 HGB vorgesehen ist und dementsprechend auch von den Befürwortern einer Durchgriffshaftung für die GmbH befürwortet wird[361], stellt aber im GmbH-Recht einen erheblichen Verstoß gegen das in § 13 Abs. 2 GmbHG niedergelegte Trennungsprinzip dar.

Einige Vertreter einer Lösung über die Grundsätze der Durchgriffshaftung sind für die mehrgliedrige Gesellschaft der Auffassung, dass eine konsequente Anwendung der Treuepflicht auch auf qualifiziert faktische GmbH-Konzernlagen zu einer angemessenen, GmbH-spezifischen Haftungsordnung führt.[362] Die Obergesellschaft hat nämlich aufgrund ihrer Treuepflicht gegenüber der abhängigen Gesellschaft im Vergleich mit dem Mehrheitsgesellschafter der GmbH – außerhalb eines Vertragskonzerns – keine Privilegien. Die Durchsetzung der Konzerninteressen zu Lasten des Interesses der abhängigen Gesellschaft ist – entsprechend dem in der „ITT"-Entscheidung[363] zum Ausdruck gekommenen Grundsatz zur Treuebindung des herrschenden Gesellschafters – als eine Treuepflichtverletzung gegenüber den Interessen der Mitgesellschafter zu verstehen, die bei Verschulden ersatzpflichtig macht[364].

Dementsprechend sollte es nicht verwundern, dass die tatsächlichen Vorgänge, die Gegenstand der Beurteilung im „Bremer Vulkan" als auch im „KBV"-Urteil waren, ohne weiteres unter die seit der „ITT"-Rechtsprechung anwendbaren Regeln der Folgen einer Treuepflichtverletzung gefallen wären, wenn nur ein Minderheitengesellschafter vorhanden gewesen wäre, der seine Zustimmung zu den

---

[359] So auch die Argumentation *Ulmers* vor Veröffentlichung des „KBV"-Urteils, in: ZIP 2001, 2021, 2026; *Lutter/Banerjea*, ZGR 2003, 402, 411.

[360] Vgl. Erg. bei B) II. 1) c) bb) aaa).

[361] BGHZ 95, 330, 332; *Ulmer*, JZ 2002, 1249, 1250; *Vetter*, ZIP 2003, 601, 603; Baumbach/Hueck/*Fastrich*, § 13 Rn. 15; *Bitter*, S. 98 ff.; *Lieder*, DZWiR 2005, 309, 318.

[362] *Hoffmann*, NZG 2002, 68, 73; *Schramm*, Konzernverantwortung und Haftungsdurchgriff im qualifizierten faktischen GmbH-Konzern, S. 141, der jedoch eine Treuepflicht in der Einmann-GmbH verneint und stattdessen die Haftung auf eine von ihm entwickelte Konzernverantwortung stützt, die, was Schramm selbst erkennt, im Ergebnis allerdings dem Ansatz über die Treuepflicht sehr nahe steht; *Lutter/Banerjea*, ZGR 2003, 402, 411.

[363] BGHZ 65, 15 ff.

[364] Vgl. hierzu auch *Eberl-Borges*, Jura 2002, 761, 765, nach der auch in der Einmann-GmbH der haftungsbegründende Umstand allein die Verletzung der Treuepflicht ist.

jeweiligen Maßnahmen verweigert hätte. Es kann nicht bestritten werden, dass die Abgabe der gesamten öffentlichen Subventionsmittel in das zentrale Cash Management der Konzerngruppe oder die Auslagerung des im wesentlichen gesamten Aktivvermögens einer GmbH auf eine Auffanggesellschaft unter Übernahme nur eines Teils der Verbindlichkeiten, möglicherweise sogar Übertragung des Aktivpostens auf einen der Gesellschafter, der diese dann zu seinen Gunsten verwertet, in der mehrgliedrigen GmbH zu einer Haftung aus Treuepflichtverletzung i.S.d. „ITT"- Entscheidung geführt hätte.

Wenn sich nun herausstellen würde, dass die Treuepflicht auch gegenüber der Einmann-Gesellschaft zum Tragen kommt, stellt diese dogmatische Einordnung der Haftung als Treuepflichtverletzung die dem GmbH-Recht nähere Lösung dar. Sollte deshalb im Folgenden der Nachweis einer Treuepflicht des Alleingesellschafters gelingen, stünde eine GmbH-spezifischere Konzeption zur Lösung der Probleme des Konzernrechts zur Verfügung, welcher gegenüber den Überlegungen zum Haftungsdurchgriff der Vorrang eingeräumt werden muss. Der Lösungsansatz über die Durchgriffshaftung würde dann als subsidiär zurücktreten.[365]

3) Ansatz über die Treuepflicht

Die Existenz einer Treuepflicht der Gesellschafter ist heute im Personen- wie im Kapitalmarktrecht anerkannt. Sie ist die Verpflichtung der Gesellschafter, als Mitglied der GmbH deren Interesse zu wahren, sie insbesondere nicht durch schädigendes Verhalten zu beeinträchtigen und sie gegebenenfalls aktiv zu fördern.[366] Der Geltungsgrund für die Treuepflicht liegt nach heute wohl herrschender Auffassung in den vielfältigen Einflussmöglichkeiten, die den Gesellschaftern kraft Gesellschaftsvertrag und Gesetz auf die Gesellschaft und die mitgliedschaftlichen Interessen ihrer Mitglieder eingeräumt sind.[367] Andere Ansätze stellen hier entweder auf das mitgliedschaftliche Gemeinschaftsverhältnis oder die mitgliedschaftliche Zweckförderungspflicht ab.[368]

Ausführungen zu den gesetzlichen Grundlagen der Treuepflicht der GmbH-Gesellschafter i.S. des Nachweises von Anhaltspunkten für ihr Bestehen im kodifizierten Recht nehmen in der Literatur keinen allzu breiten Raum ein. So beschränkt man sich auf die Feststellung, die Treuepflicht ergebe sich aus „der Mitglied-

---

[365] *Wilhelm*, NJW 2003, 175, 178 u. 180, der jedoch die Subsidiarität der „Missbrauchshaftung" mit der Schwäche ihrer Fassung begründet; vgl. auch *Schramm*, S. 144, jedoch bezogen auf seine Haftung wegen Konzernverantwortung. Die grundsätzliche Wertung kann jedoch auch für die Treuepflichtlösung herangezogen werden; vgl. zur allgemeinen Subsidiarität der Durchgriffshaftung *Kraft*, in: Kölner Komm., § 1 Rn. 58.

[366] Baumbach/Hueck/*Hueck*, § 13 Rn. 22; *Immenga*, in: FS 100 Jahre GmbH-Gesetz, S. 189 ff.; *Lutter*, AcP 180 (1980), 84, 102 f.; *Wiedemann*, in: FS f. Heinsius, S. 949, 950; *Hüffer*, in: FS f. Steindorff, S. 59, 69; *Ulmer*, ZHR 148 (1984), 391, 418.

[367] BGHZ 103, 184, 195; *Rehbinder*, ZGR 1976, 386, 391; *Mestmäcker*, Verwaltung, Konzerngewalt und Rechte der Aktionäre, S. 345 u. 348 ff.; *Hüffer*, in: FS f. Steindorff, S. 59, 74; *Wiedemann*, in: FS f. Heinsius, S. 949, 960; *Timm*, WM 1991, 481, 482.

[368] Vgl. *K.Schmidt*, GesR, § 20 IV 1 b), S. 588 f.

schaft", bzw. folge unmittelbar aus dem „Gesellschaftsverhältnis".[369] Das dürfte darauf zurückzuführen sein, dass die Treuepflicht im GmbH-Recht stark in Anlehnung an die Treuepflicht der Personengesellschaften entwickelt wurde und sich somit eine GmbH-spezifische Diskussion ihrer Herleitung aus dem Gesetz nicht aufdrängte[370]. Dementsprechend wird teilweise auch ausdrücklich auf die im Personengesellschaftsrecht entwickelten Grundsätze zurückgegriffen. So sehen einige die Treuepflicht als die gesellschaftsrechtliche Verdichtung des allgemeinen Prinzips von Treu und Glauben[371], die allerdings eine gesteigerte, über die „schlichte Normalität" des § 242 BGB hinausgehende Pflichtenbindung begründet[372]. Wieder andere stützen die Treuepflicht auf die mitgliedschaftliche Förderungspflicht des § 705 BGB[373], oder diese und § 242 BGB[374], wobei wiederum das eigentliche Problem bei der Bestimmung des Pflichtenmaß gesehen wird. Den Gläubigern kommen also zum einen die Kapitalerhaltungsvorschriften zugute und zum anderen reflexartig auch der Schutz, den die Mitgliedergesamtheit vor treuepflichtwidrigen Eingriffen einzelner Mitglieder genießt.

Der Ansatz über die Treuepflicht der Gesellschafter ist dem „Durchgriffsmodell" des BGH damit insofern überlegen, als es zunächst eine Pflicht des Gesellschafters in das Zentrum der Haftung rückt, die er dann rechtswidrig und schuldhaft verletzt haben muss, um den Haftungstatbestand zu erfüllen.[375] Die Frage ist allerdings, ob die an diesem Begründungsansatz geübte Kritik Zustimmung verdient und sich damit ein Abstellen auf diesen Ansatz verbietet.

a) Versagen des Treuepflichtansatzes im Einmann-GmbH-Konzern?

Von der bisher noch herrschenden Meinung[376] wird der Einwand gegen die Treuepflichtlösung erhoben, dass die oben erwähnte zweite Säule des Gläubigerschutzes in den Fällen versagt, in denen es um eine Einmann-GmbH geht oder die Gesell-

---

369 *Marsch-Barner*, ZHR 157 (1993), 172, 173; *K.Schmidt*, GesR, § 20 IV 1 b), S. 588 f.; *Lutter/Hommelhoff*, § 14 Rn. 7; Rowedder/Schmidt-Leithoff/*Pentz*, § 13 Rn. 36 (für die Förderungspflicht der Gesellschafter).

370 Baumbach/Hueck/*Hueck/Fastrich*, § 13 Rn. 21.

371 *M.Winter*, S. 67 f; Scholz/*Winter*, § 14 Rn. 50.

372 *Lutter*, ZHR 153 (1989), 446, 452; *Immenga*, in: FS 100 Jahre GmbH-Gesetz, S. 189, 190; Scholz/*Winter*, § 14 Rn.50.

373 *Lutter*, AcP 180 (1980), 84, 102 f.; *Ivens*, GmbHR 1988, 249, 251.

374 *Häsemeyer*, ZHR 160 (1996), 109, 113; Rowedder/Schmidt-Leithoff/*Pentz*, § 13 Rn. 36.

375 *Altmeppen*, ZIP 2002, 1553, 1561 f., der sich im Ergebnis allerdings gegen eine Lösung über die Treuepflicht ausspricht, S. 1562.

376 BGHZ 119, 257, 262; 122, 333, 336; 142, 92 ff.; *Lutter*, ZIP 1985, 1425, 1428; *Lutter/Hommelhoff*, Anh. § 13 Rn. 42; *Kropff*, in: FS f. Semler, S. 517, 536; Baumbach/Hueck/*Zöllner*, GmbH-KonzernR Rn. 83; *Altmeppen*, DB 1994, 1912, 1914; *Ehlke*, DB 1986, 523, 525; *Verhoeven*, GmbH-Konzern-Innenrecht, Rn. 159; *Beinert*, S. 74 ff.; *Möhring*, S. 62; wohl auch *Bitter*, S. 316; *Wiedemann*, Die Unternehmensgruppe, S. 87; *Hartmann*, GmbHR 1999, 1061, 1062 ff.; *Wolany*, S. 114 f.; *Strelau*, S. 85; *Claussen/Korth*, in: FS f. Beusch, S. 111, 117 u. 128; *Meyer-Arndt*, BB 1992, 534, 536; *Tiedchen*, GmbHR 1993, 616, 618; *Steck*, Wettbewerbsverbot und verdeckte Gewinnausschüttung bei der GmbH, S. 39; so auch die amerikanische Rechtsprechung, die Muttergesellschaft trifft keine Treuepflicht gegenüber ihrer 100 % Tochtergesellschaft (Anadarko Petro v. Panhandle Eastern, 545 A.2d S. 1171, 1174, Del. 1988).

schaftergesamtheit einvernehmlich handelt. Eine Treuepflicht, die über die Grenze der §§ 30 f. GmbHG hinweggeht, wurde bisher für unmöglich gehalten, weil die Interessen von Gesellschaft und Gesellschafter in dieser Situation identisch seien, bzw. ein Mitgesellschafter als Bezugspunkt für die Treuepflichten fehlen würde. Es soll also keine Treuepflicht des Alleingesellschafters gegenüber seiner Gesellschaft geben. Aus diesem Grunde finden sich nicht wenige Stimmen im Schrifttum, die eine Heranziehung des Ansatzes über die Treuepflicht als dogmatische Grundlage für das neue Haftungskonzept nach den „Bremer Vulkan“-Grundsätzen strikt ablehnen.[377] Der durch den II. Zivilsenat ausgesprochene Bestandsschutz der Einmann-GmbH sei keineswegs als „Revitalisierung“ einer „überkommenen Treuebindung“ zwischen der GmbH und ihrem Alleingesellschafter zu verstehen.[378]

Ein Zitat mag das vorstehende Problem der weiteren Untersuchung verdeutlichen: „Wenn der Treuepflichtgedanke sich in der folgenden Untersuchung als Ausprägung des Bestandsschutzes zu Gunsten der GmbH erweisen würde, dann muss er die Gesellschafterebene transzendieren und kann nicht mehr der freien Disposition der Alleingesellschafter unterliegen. Ist der Treuepflichtgedanke hingegen nur Minderheitenschutz mit Reflexwirkung für die GmbH und deren Gläubiger, so kann er in der Einmann-GmbH nicht zum Zuge kommen“[379].

aa) Herleitung der Treuepflicht aus der Mitgliedschaft

Begründet man die Treuepflicht allein mit dem persönlichen Zusammenwirken der Gesellschafter und einem hieraus resultierenden besonderen Vertrauensverhältnis[380], wird man im Falle der Einmann-GmbH mit diesem Ansatz nicht weiterkommen[381]. Gegen eine solche Herleitung spricht allerdings, dass sich konkrete Vertrauensverhältnisse zwischen den Gesellschaftern nur schwerlich nachweisen lassen. Hinzu kommt, dass eine solche Herleitung der Treuepflicht heute als überholt angesehen wird.[382]

Flume[383] leitet die Treuepflicht aus der Mitgliedschaft und somit aus der Gesellschafterstellung selbst ab. Seines Erachtens ergeben sich die Schranken für die Ausübung der Gesellschafterrechte „mit Selbstverständlichkeit“ aus der Mitglied-

---

[377] *Altmeppen*, ZIP 2001, 1837, 1841 f.; *Bitter*, WM 2001, 2133, 2138; *Römermann/Schröder*, GmbHR 2001, 1015, 1018; Rowedder/Schmidt-Leithoff/*Koppensteiner*, Anh. § 52 Rn. 104 Fn. 364 b; *Bruns*, WM 2003, 815, 817; *Haas*, WM 2003, 1929, 1939.

[378] *Keßler*, GmbHR 2001, 1095, 1099.

[379] *Lutter*, ZIP 1985, 1425, 1428, der der letzteren Ansicht zugeneigt ist.

[380] So z.B. noch BGHZ 18, 350, 365; BGH JZ 1976, 561, 562.

[381] So jedenfalls *Willburger*, Der Durchgriff auf die Gesellschafter wegen ausgeübter Herrschaftsmacht im Haftungssystem der GmbH, S. 48 ff.; der die den Gesellschafter bindende Treuepflicht aus dem Gesellschaftsvertrag ableitet, bei dem die Gesellschaft nicht selbst Partner dieses Vertrages ist, sondern dessen Ergebnis, weshalb ihr hieraus keine eigenständigen Rechte gegen die oder den Gesellschafter zukommen könnten; stellt man alleine auf diese Herleitung ab, wird auch verständlich, warum Zöllner vorbringt, die Befürworter einer Treuepflicht gegenüber der Einmanngesellschaft hätten deren „Wurzeln“ aus den Augen verloren, vgl. *Zöllner*, ZHR 162 (1998), 235, 239.

[382] Rowedder/Schmidt-Leithoff/*Pentz*, § 13 Rn. 36.

[383] *Flume*, BGB Allg. Teil Bd. I/2, S. 270; diese Lösung wird auch von *Wiedemann*, Die Unternehmensgruppe, S. 86 favorisiert, jedoch mit einem Verstoß gegen Art. 14 GG im Ergebnis abgelehnt.

schaft selbst, weshalb diese Rechte nicht zur Erlangung von Sondervorteilen oder zum Schaden der juristischen Person ausgeübt werden dürften. Er vermeidet mit seinem Ansatz die Problematik, für die Begründung einer Treuepflicht auf das Rechtsverhältnis der Mitglieder zueinander abstellen zu müssen.

Auf dieser Wertung basiert nun der Ansatz von K. Schmidt[384], der von der Eigenständigkeit der GmbH als Rechtsträger ausgeht. Jede GmbH sei als juristische Person und damit als rechts- und schutzfähiges Subjekt zu respektieren. Die so propagierte Treuepflicht gegenüber der Gesellschaft als dogmatische Grundlage der Haftung wird nicht aus der Treuepflicht zwischen den Gesellschaftern hergeleitet, sondern wird als eigenständige Loyalitäts- und Rücksichtsnahmepflicht gegenüber dem „Unternehmen an sich" gedacht. Die Grundlage dieser für die Gesellschafter bestehenden Pflicht rührt jedoch nicht aus ihrer Stellung als Organ der Gesellschaft her, sondern aus den zwischen der GmbH und jedem einzelnen Gesellschafter kraft der Mitgliedschaft bestehenden Sonderrechtsbeziehung. Ausgehend von Flumes Deutung der Mitgliedschaft in der juristischen Person[385], wird damit argumentiert, dass die mitgliedschaftlichen Rechte und Pflichten im Unterschied zur Gesamthandpersonengesellschaft nicht auf die Mitgesellschafter, sondern unmittelbar auf die juristische Person bezogen seien. Hieraus würden Rechtspflichten hervortreten, deren schuldhafte Verletzung zur Schadensersatzpflicht des Gesellschafters führe, die unabhängig vom Vorliegen eines Konzernverhältnisses greifen würden. Nach dieser Ansicht ist damit nicht die Begründung der Sonderrechtsbeziehung, sondern die aus dieser Beziehung resultierenden Pflichten das eigentliche Problem. Zwar besteht seiner Ansicht nach kein Recht der GmbH auf Autonomie gegenüber den Gesellschaftern, bei Existenzgefährdung sei aber eine Verschuldenshaftung anzuerkennen, bei der die „Sonderrechtsbeziehung" das dogmatische Gerüst bilde.[386]

Der Vorteil einer solchen Vorgehensweise liegt auf der Hand. Durch die ausschließliche Herleitung der Treuepflicht aus der Mitgliedschaft bzw. Sonderverbindung, wird eine Unabhängigkeit von der Gesellschafterzahl erreicht. Als weiterer Vorteil ist hervorzuheben, dass durch eine solche Begründung die eingliedrige GmbH denselben Regeln unterliegen würde wie die mehrgliedrige.

Diesem Lösungsansatz steht jedoch entgegen, dass die Ableitung aus der Mitgliedschaft nicht von der Notwendigkeit befreit, den Inhalt der Mitgliederpflichten näher zu bestimmen.[387] Bezüglich dieses Kritikpunktes wird zwar das Argument angeführt, dass sich entsprechend dem Gedanken der positiven Vertragsverletzung aus jeder Sonderrechtsbeziehung Nebenpflichten ergäben, deren Verletzung Schadensersatzansprüche begründeten.[388] Stets muss aber die Existenz einer mitgliedschaftlichen Pflicht, wenn sie im Wege der Rechtsfortbildung gewonnen werden soll, zumindest unter Rückgriff auf allgemeine Grundsätze des Gesellschaftsrechts

[384] *K. Schmidt*, ZIP 1986, 146, 148; *ders.*, ZIP 1988, 1497, 1505; *ders.*, ZIP 1989, 545, 546; *ders.*, in: Der qualifizierte faktische GmbH-Konzern, S. 109, 126 f.
[385] *Flume*, BGB Allg. Teil Bd. I/2, S. 258 ff.
[386] *K.Schmidt*, ZIP 1986, 146, 148 f.; *ders.*, ZIP 1988, 1497, 1505 ff.; *ders.*, ZIP 1989, 545, 546.
[387] *Altmeppen*, ZIP 2002, 1553, 1561.
[388] *K. Schmidt*, in: Der qualifizierte faktische GmbH-Konzern, S. 109, 126.

oder durch entsprechende Anwendung gesetzlicher Vorschriften entwickelt werden. Allein die Behauptung, aus der Mitgliedschaft folge eine Pflicht des Mitglieds auf Wahrung der Existenz der Gesellschaft, würde etwas voraussetzen, was es erst anderweitig zu begründen gilt. Erst die Rechte und Pflichten des Mitglieds begründen eine „Sonderverbindung“ i.S. der Mitgliedschaft.[389]

bb)Eigeninteresse der abhängigen Einmann-GmbH

Betrachtet man noch einmal die Gründe für die Treuepflicht des Gesellschafters, erscheint eine Begründung dieser Pflicht auch des Alleingesellschafters gegenüber seiner GmbH zumindest dogmatisch möglich. Die entscheidenden Geltungsgründe, zum einen das gesellschaftsvertragliche Leistungsversprechen, zum anderen die aus dem Gebot der Funktionserhaltung der Privatautonomie erwachsene Korrelation von Macht und Verantwortung, können nämlich auch unabhängig vom Vorhandensein weitere Mitgesellschafter Geltung beanspruchen.

Damit die Treuepflicht greifen kann, müsste jedoch eine Interessensphäre der Gesellschaft eigenständig und unabhängig vom Willen des Alleingesellschafters/bzw. der Gesellschaftergesamtheit ermittelt werden, man spricht insoweit von einem sog. Eigeninteresse der GmbH.[390] Dies würde einen Bereich bewirken, der auch dem Alleingesellschafter in seiner Rolle als Satzungs- und Weisungsgeber entzogen ist und als Rechtfertigung für die Herleitung von Treuepflichten genügt.

Es besteht wohl weitgehend Einigkeit darüber, dass die Gesellschaft ein Eigeninteresse am Erhalt des durch die §§ 30 f. GmbHG geschützten Vermögens hat.[391] Ob ein solches Eigeninteresse der GmbH auch jenseits des Schutzbereichs der Kapitalerhaltungsvorschriften anzuerkennen ist, ist trotz des in der „Bremer Vulkan“-Entscheidung ausgesprochenen Bestandschutzes jedoch nach wie vor noch umstritten.[392] Dies verdeutlicht unter anderem die These, der Bundesgerichtshof habe mit der Passage „der fehlenden Rücksichtnahme auf die eigenen Belange der abhängigen Gesellschaft“ nur die in der Gesellschaft zusammenlaufenden und durch gesetzliche Vorschriften geschützten Einzelinteressen gemeint.[393]

aaa)Definition des Eigeninteresses

In einem vorgelagerten Schritt soll zunächst der Begriff des Eigeninteresses von denen in der Literatur bestehenden Begriffen des „Gesellschaftsinteresses“ und des

[389] So ist wohl die Kritik von *Altmeppen* zu verstehen, der bezweifelt ,mit Hilfe des Begriffs der Sonderbeziehung (bzw. Sonderrechtsverhältnis) zu einem schlüssigen Pflichten- und Haftungsverständnis zu kommen, vgl. *Altmeppen*, NJW 2002, 321, 322; *ders.*, ZIP 2002, 961, 965; *ders.*, ZIP 2002, 1553, 1561; *Benecke*, BB 2003, 1190, 1193.

[390] a.A. *Mülbert*, DStR 2001, 1937, 1943 (Fn.65), dessen Argument einer dem Eigeninteresse entgegenstehenden Liquidationskompetenz der Gesellschafter bereits im Rahmen der Zulässigkeit eines Bestandsvernichtungsverbotes widerlegt werden konnte, vgl. hierzu Erg. bei B) II. 1) c) cc) ccc).

[391] *Versteegen*, DB 1993, 1225, 1227; *Ziegler*, WM 1989, 1041, 1043.

[392] Zuletzt dagegen *Altmeppen*, ZIP 2001, 1837, 1841 f., der von einem „rudimentären“ Eigeninteresse spricht; *Römermann/Schröder*, GmbHR 2001, 1015, 1018.

[393] *Bitter*, S. 317, der diese Aussage zur der der „Bremer Vulkan“-Entscheidung entsprechenden Passage der TBB-Entscheidung (vgl. BGHZ 122, 123 ,130) getroffen hat; seine ablehnende Haltung bestätigend in: WM 2001, 2133, 2138 f.; a.A. *K. Schmidt*, NJW 2001, 3577, 3580.

„Unternehmens an sich“ abgegrenzt werden, um den Gang der weiteren Untersuchung zu vereinfachen. Vor allem soll durch diese frühzeitige Grenzziehung gezeigt werden, dass die heraufbeschworene Gefahr, dass die Suggestivkraft des Begriffes des Eigeninteresses zum fatalen Verständnis führe, der Gesellschaft müsse ebenso wie einer natürlichen Person ein Eigeninteresse an ihrer Existenz zukommen[394], nicht besteht.

(1) Theorie vom „Unternehmen an sich“

Die Bedenken scheinen auf die sogenannte Theorie „ vom Unternehmen an sich“ zurückzugehen. Diese stellt nämlich auf den Ausgangspunkt ab, dass die Gesellschaft als solche ein Interesse an sich selbst habe.[395]

Dabei wird besonders auf die Tatsache Wert gelegt, dass hinter diesem so verstandenen Interesse keine Drittinteressen der Arbeitnehmer, der Gläubiger oder der Allgemeinheit stehen. Sinn und Zweck der Theorie war es, im Hinblick auf die wirtschaftlichen Verhältnisse der Weimarer Republik, die Wünsche der damaligen Verwaltung nach größtmöglicher Stabilität der einmal vorhandenen Verwaltung zu schützen und die Stellung der Mehrheitsaktionäre gegenüber den Minderheitenaktionären zu stärken.[396] Indem die Gesellschaft als solche geschützt werden sollte, wurde ihre Bestandssicherung zum wirtschaftlichen Selbstzweck der Gesellschaft. Die These verhindert nämlich, dass lebensunfähige Unternehmen vom Markt verdrängt werden.[397]

Wie der BGH aber mehrmals zu Recht festgestellt hat, gibt es kein Interesse der Gesellschaft an ihrem ewigen Fortbestehen[398], weshalb diesem Ansatz von vornherein jede Grundlage entzogen ist und sich eine weitergehende Auseinandersetzung erübrigt.

(2) Das Gesellschaftsinteresse

Das Gesellschaftsinteresse wurde vor allem als Maßstab für die Zulässigkeit von Maßnahmen der Gesellschaft entwickelt, die durch den herrschenden Gesellschafter veranlasst, die Minderheit benachteiligten.[399] Er unterscheidet sich vom Eigeninteresse im hier verstandenen Sinne dadurch, dass bei diesem die Interessensphäre der Gesellschaft unabhängig vom Vorhandensein eines Minderheitsgesellschafters gegenüber dem herrschenden Gesellschafter besteht und nur auf den Bestand der Gesellschaft gerichtet ist. In der mehrgliedrigen GmbH mit außenstehenden Gesellschaftern kennzeichnet der Begriff des Gesellschaftsinteresses damit nichts anderes als ein Mehr zum Eigeninteresse, das sich von diesem in Reichweite und In-

---

[394] So *Bitter*, S. 318 f. u. 538.

[395] Diese Theorie ist entweder auf Hausmann, Vom Aktienwesen und Aktienrecht, S. 27 ff. oder auf Rathenau, Vom Aktienwesen, zurückzuführen.

[396] *Nußbaum*, Zur neueren Entwicklung der Lehre vom Unternehmen, in: Beiträge zum Wirtschaftsrecht, Bd. II, S. 492, 499.

[397] *Nußbaum*, S. 492, 502; a.A. *Netter*, in: FS f. Pinner, S. 507, 564.

[398] BGHZ 103, 184, 189 u. 192; zuletzt BGH ZIP 2005, 117, 118.

[399] BGHZ 71, 40, 45 f.; *Zöllner*, S. 349 ff.; *Schockenhoff*, Gesellschaftsinteresse und Gleichbehandlung beim Bezugsrechtsausschluß, S. 8 ff.

tensität der Treuepflicht unterscheidet. Damit wird auch der in die Diskussion eingebrachte Begriff des „rudimentären“ Eigeninteresses verständlich, der im Hinblick auf die befürchtete Verwechslungsgefahr mit einem Eigeninteresse bei Vorhandensein eines Minderheitengesellschafters entsprechend formuliert wurde.[400] Da es in der weiteren Untersuchung immer nur um die Frage der Anerkennung eines Eigeninteresse einer Einmann-GmbH geht, wird im Hinblick auf die bestehende Verwechslungsgefahr zu anderen Ansätzen in der Literatur[401], im Weiteren vom Eigen- oder Gesellschaftsinteresse gesprochen.

bbb)Meinungsstand bezüglich eines Eigeninteresses der abhängigen Einmann-GmbH

Im Schrifttum wird ein Eigeninteresse der Gesellschaft unabhängig von Mitgliedergesamtinteressen teilweise umfassend bejaht, zum Teil auch vollkommen abgelehnt oder mit den unterschiedlichsten Einschränkungen befürwortet.

(1) Eigeninteresse nur in Konzernlagen

Nach einem Großteil der Stimmen im Schrifttum soll ein Eigeninteresse der Gesellschaft zumindest beim Vorliegen einer faktischen Konzernstruktur bejaht werden können.[402] Es wird zwar ohne weiteres von der Möglichkeit eines vom Willen der Gesellschafter unabhängigen Eigeninteresses ausgegangen.[403] Die Anerkennung folge jedoch nicht bereits aus der Rechtsform der Gesellschaft und auch das Vorliegen einer juristischen Person könne für sich allein noch nicht ein solches Interesse begründen. Vielmehr führe erst das Bestehen einer Konzernlage zu einem eigenständigen Interesse der Gesellschaft.[404] Im Gegensatz zu den nicht konzernierten Gesellschaften fehle es hier wegen der anderweitigen unternehmerischen Betätigung der herrschenden Gesellschaft am typischen Gleichlauf von Gesellschafts- und Gesellschafterinteresse.[405] Hierdurch komme es zu einer Gefährdung sowohl der abhängigen Gesellschaft als auch ihrer Gläubiger, weil keine Gewähr mehr dafür bestehe, dass der Gesellschafter den ihm zustehenden Einfluss nicht dazu verwende, der Gewinnerzielung in der Gesellschaft widersprechende Ziele zu verfolgen.[406] Dieser Gefahr könne man nur mit dem Rechtsgedanken eines eigenständigen Gläubigerschutzes gegenüber dem herrschenden Unternehmen entgegentreten. Daher habe man wegen der konzernspezifischen Gefahren für die abhängige Gesellschaft und ihre Gläubiger zwischen Gesellschafts- und Gesellschafterinteresse zu unterscheiden und eine Pflicht des herrschenden Unternehmens zur Rück-

---

[400] *Röhricht*, in: Festschrift 50 Jahre BGH, S. 83, 104.

[401] Vgl. die Terminologie *Altmeppens*, ZIP 2001, 1837, 1842, der ebenfalls von einem „rudimentären Eigeninteresse“ spricht.

[402] *Ulmer*, ZHR 148 (1984), 391, 416 ff.; *ders.*, WPg 1986, 685, 692; *Hommelhoff*, S.256; *Ziegler*, WM 1989, 1041, 1043 f.; *Authenrieth*, GmbHR 1984, 198, 199; *Emmerich*, AG 1975, 285, 288; *Weitbrecht*, S.56; für den faktischen AG-Konzern: *Strohn*, Die Verfassung der Aktiengesellschaft im faktischen Konzern, S.16 ff., 90, 116 ff.; *Decher*, in: Münchner Hdb. des GesR, GmbH, § 68 Rn. 27 f.

[403] *Ulmer*, ZHR 148 (1984), 391, 416 ff.

[404] *Ulmer*, ZHR 148 (1984), 391, 418.

[405] Vgl. *Assmann*, JZ 1986, 928, 930; vgl. hierzu auch die Darstellung bei B) II. 1) c) aa) bbb).

[406] *Ulmer*, ZHR 148 (1984), 391, 396; *Priester*, ZIP 1986, 137, 140.

sichtnahme auf das Eigeninteresse der abhängigen GmbH auch dann anzuerkennen, wenn er Alleingesellschafter der GmbH ist.[407]

Hinsichtlich der Anerkennung eines Eigeninteresses stellen die Vertreter dieser Meinung also auf die Interessen Dritter ab. Die Gefährdung dieser Interessen durch das anderweitige unternehmerische Engagement des herrschenden Unternehmens rechtfertigt dieser Ansicht zu Folge ein eigenständiges Interesse der abhängigen Gesellschaft.

(2) Eigeninteresse abhängig von der Gesellschaftsform

Daneben gibt es gewichtige Stimmen in der Literatur, die ein eigenständiges Interesse nur mit gewissen Einschränkungen befürworten. Sie machen die Anerkennung eines Eigeninteresses von der Gesellschaftsform abhängig.[408]

Die Kategorie eines Eigeninteresses wird zwar für die Aktiengesellschaft angenommen, aber sogleich für die GmbH verneint.[409] Wie schon im Rahmen der Ablehnung eines Bestandsschutzes besprochen[410], wird für die Begründung dieser Meinung darauf abgestellt, dass das GmbH-Vermögen zur vollständigen Disposition der Anteilseigner stehen würde, soweit diese die Schranken der Unverletzbarkeit beachteten.[411] Dieser wesentliche Unterschied zur Aktiengesellschaft verbiete die Berücksichtigung anderer Interessen als die der Anteilseigner. Ein über die §§ 30 f. GmbHG hinausgehender Bestandsschutz der GmbH und ein daraus resultierendes Eigeninteresse seien folgerichtig zu verneinen. Eines der wesentlichen Argumente ist daneben, dass es beim Bestandschutz der Gesellschaft in Wirklichkeit um einen verkappten Gläubigerschutz ginge, der jedoch nur im Rahmen der gesetzlichen Normen zu gewährleisten sei und nicht darüber hinaus.[412]

Dass allein mit dieser Argumentation die Ablehnung eines Eigeninteresses der Einmann-GmbH nicht gerechtfertigt werden kann, wurde bereits im Rahmen nach der Frage der Zulässigkeit einer neben die Kapitalerhaltungsvorschriften bestehenden Verfügungsgrenze des Alleingesellschafters nachgewiesen.[413] Die Rechtfertigung der Ablehnung eines Eigeninteresses könnte sich jedoch aus der Erwägung ergeben, dass selbst in diesem Fall der Gläubigerschutz nicht für die Begründung eines weitergehenden Bestandsschutzes herangezogen werden könne, weil es in der GmbH kein allgemeines, objektiv drittbestimmtes Interesse gäbe, sondern nur die

---

[407] *Ulmer*, ZHR 148 (1984), 391, 419.

[408] *Flume*, BGB Allg. Teil Bd. I/2, § 2 VII 3 S. 60 f.; *Semler*, in: FS f. Goerdeler, S. 551, 559; *Lutter*, ZIP 1985, 1425, 1428 f.

[409] *Flume*, BGB Allg. Teil Bd. I/2, § 2 VII 3 S. 60 f.; *ders.*, in: FS f. Beitzke, S. 43, 62 ff.; *Semler*, in: FS f. Goerdeler, S. 551, 559; auch *Mertens* geht bei der Aktiengesellschaft vom Vorliegen eines Eigeninteresses der Gesellschaft aus. Der Vorstand einer Aktiengesellschaft habe danach deren Bestand zu sichern und Maßnahmen zu unterlassen, die die Gesellschaft gefährden oder vernichten. Eine Aussage bezüglich der Anerkennung eines Eigeninteresses der GmbH trifft Mertens jedoch nicht, vgl. *Mertens*, in: FS f. Goerdeler, S. 349, 356.

[410] Vgl. Darstellung bei B) II.

[411] *Flume*, ZHR 148 (1984), 391, 418.

[412] *Lutter/Hommelhoff*, GmbHG, Anh. § 13 Rn. 42; *Lutter*, in: ZGR-Sonderheft 6, 192, 211; *ders.* ZIP 1985, 1425, 1428 f.

[413] Vgl. die Darstellung ab B) II. 1) ff.

durch die Satzung und Gesellschafter festgelegten Interessen der Gesellschaft.[414] Hingegen begründe die Verselbstständigung der Aktiengesellschaft gegenüber ihren Gesellschaftern die in den §§ 311 ff. AktG angeordnete Ausgleichspflicht.[415] Die Vorschriften hätten die Aufgabe, ungünstige Rechtsgeschäfte der abhängigen Aktiengesellschaft möglichst zu vermeiden oder falls dies nicht möglich sei, doch zumindest auszugleichen. Folglich hätten also selbst die Anteilseigner kein Recht, nachteilige Geschäfte zu tätigen. Ihr Einverständnis könne daher einen Schaden der abhängigen Aktiengesellschaft nicht ausschließen. Im Ergebnis sei die Aktiengesellschaft folglich vor solchen Maßnahmen ihrer Gesellschafter geschützt, weshalb ihr auch nur ein unabhängiges Eigeninteresse zukomme. Ein weitergehender Schutz der abhängigen GmbH und damit die Anerkennung eines über die §§ 30 f. GmbHG hinausgehenden Eigeninteresses sei nur bei Vorliegen eines qualifiziert faktischen Konzerns zu billigen, da in dieser Situation eine Ausfallhaftung analog § 302 AktG möglich sei.[416]

(3) Eigeninteresse als Schutz vor Existenzgefährdung

Der wohl als herrschend zu bezeichnende Teil der Literatur bejaht ein Eigeninteresse der Gesellschaft auch ohne eine der oben benannten Einschränkungen.[417] Dies wird mit der einfachen Erwägung begründet, dass das Schutzbedürfnis der Gläubiger einer konzernabhängigen Gesellschaft nicht höher sei als das eines Gläubigers einer unabhängigen Gesellschaft. Allein aus der Tatsache, dass Missbräuche der Gesellschaftsform in Konzernkonstellationen häufiger vorkommen würden, könne ein unterschiedliches Schutzbedürfnis der Gläubiger nicht begründen.[418]

Dieser Argumentation könnte ohne weiteres zugestimmt werden, wenn der Beweis geführt werden könnte, dass die Interessen Dritter sowohl bei der abhängigen als auch bei der unabhängigen Gesellschaft trotz der gesetzlichen Bestimmungen gefährdet sind. Diese Untersuchung und die damit einhergehende Frage, ob es für die Anerkennung eines eigenständigen Interesses einer Gesellschaft auf das Vorliegen eines Abhängigkeitstatbestandes i.S.d. § 17 AktG ankommt, soll jedoch erst zu einem späteren Zeitpunkt aufgegriffen werden.[419] Zum einen stellt der BGH für das Eingreifen seiner zweiten Haftungssäule auf das Abhängigkeitserfordernis ab. Zum anderen kommt es für die dogmatische Verankerung des Haftungskonzepts bei der Treuepflicht des Alleingesellschafters nicht auf diese Differenzierung an.

---

[414] *Lutter*, ZIP 1985, 1425, 1428 u. 1432.

[415] *Lutter*, ZIP 1985, 1425, 1428.

[416] *Lutter*, ZIP 1985, 1425, 1428 f.

[417] *Fleck*, ZHR 149 (1985), 387, 394 f.; *ders.*, ZGR 1990, 31, 36 ff.; *M.Winter*, S. 206 f.; *Priester*, ZGR 1993, 512, 517 ff.; *K.Schmidt*, ZIP 1986, 146, 148; *Brammsen*, DB 1989, 1609, 1610; *Wiedemann/Hirte*, Festschrift 50 Jahre BGH – Festgabe aus der Wissenschaft, Bd.II, S. 337, 353; *Sandmann*, S. 285; *Versteegen*, DB 1993, 1225, 1226 f.; *Henze*, GmbHR 2000, 1069, 1072; wohl auch *Westermann*, NZG 2002, 1129, 1137.

[418] *Ziemons*, S. 120.

[419] Vgl. hierzu die Darstellung ab C) II. 1).

Hierfür ist allein entscheidend, dass es ein Eigeninteresse in der abhängigen Einmann-GmbH gibt, gegenüber dem der Alleingesellschafter zur Treue verpflichtet ist.

(4) Originäres Eigeninteresse

Im Hinblick auf § 13 GmbHG wird die Eigenständigkeit der GmbH zumeist mit den Begriffen Trennungsprinzip und Rechtsfähigkeit umschrieben. Diese Begriffe greifen aber nach zum Teil vertretener Ansicht zu kurz, weil sie allein nicht die Besonderheit der juristischen Person erfassen könnten.[420] Die gemeinhin mit dem Begriff des Trennungsprinzips gekennzeichnete beschränkte Haftung der Gesellschafter sei weder hinreichendes noch notwendiges Merkmal der juristischen Personen. Die KGaA sei juristische Person und dennoch hafte der Komplementär für die angefallenen Verbindlichkeiten persönlich. Die KG hingegen sei keine juristische Person und trotzdem hafteten die Kommanditisten nach Leistung ihrer Einlage nicht mehr für die Schulden der Gesellschaft. Die Fähigkeit im Rechtsverkehr als Träger von Rechten und Pflichten aufzutreten, mit anderen Worten, die Fähigkeit Rechtssubjekt zu sein, kommt sowohl der OHG, der KG und neuerdings auch der GbR zu.[421] Wenn man sie als Rechtssubjekte ansehe, ohne dass sie zugleich die Voraussetzung einer juristischen Person erfüllten, könne dies nur bedeuten, dass der juristischen Person noch ein weiteres Kriterium innewohnen müsse, welches sie von einem rechtlich verselbstständigten Sondervermögen ihrer Gesellschafter unterscheide.[422]

(a) GmbH als „ideales Ganzes"

Von dieser Prämisse geht jedenfalls ein Ansatz aus, wonach man mit der GmbH als juristische Person „Ernst machen müsse"[423]. Statt auf die Interessen Dritter abzustellen, folge das Eigeninteresse der Gesellschaft schon aus der Forderung nach der Anerkennung der juristischen Person. Die juristische Person sei eine rechtliche Konstruktion, der ein eigener Ordnungswert innewohne.[424] Dementsprechend sei sie nicht mit ihren Gesellschaftern gleichzusetzen, sondern stehe ihren Gesellschaftern aufgrund ihrer selbständigen Rechtssubjektivität als Gegner der Rechtsbeziehungen gegenüber.[425] Die Richtigkeit dieser These ergebe sich aus der Tatsache, dass die Gesellschaft eine Körperschaft im Sinne des Savignyschen Körperschaftsbegriffs sei.[426] Folglich sei die Gesellschaft ein „ideales Ganzes", das von der Gesamtheit seiner Mitglieder verschieden sei, weshalb auch der Wille bzw. das Interesse der Gesellschaft nicht mit den Interessen der Gesamtheit der Gesellschafter identisch sei.

---

[420] *Flume*, BGB Allg. Teil, Bd. I/2, § 8 I, S. 262.
[421] *K.Schmidt*, GesR, § 8 III 2 a), 3, 4, S. 206 ff.
[422] *Ziemons*, S. 98.
[423] *J.Wilhelm*, Rechtsform, S. 285, 335 f.; *ders.*, in: FS f. Flume Bd. II, S. 337, 391 ff.
[424] *J.Wilhelm*, Rechtsform, S. 332.
[425] *J.Wilhelm*, Rechtsform, S. 337 u. 340.
[426] *J.Wilhelm*, Rechtsform, S. 348.

Einer anderen Ansicht zur Folge muss als Ausgangspunkt der Überlegung zugrundegelegt werden, dass Rechte von der Rechtsordnung anerkannte und geschützte Interessen seien. Folglich komme der GmbH aufgrund ihrer Fähigkeit Träger von Rechten und Pflichten zu sein, ein originäres Eigeninteresse zu.[427]

(b) Stellungnahme:
Diese Thesen können nicht dazu berechtigen, der Gesellschaft ein von den Interessen der Gesellschafter verselbstständigtes Eigeninteresse zuzusprechen. Die Stellung der Gesellschaft als Trägerin von Interessen ist nämlich nicht so selbstverständlich wie die obige Meinung es annimmt. Die GmbH ist zwar eigenständige Rechtspersönlichkeit, die Trägerin von Rechten und Pflichten sein kann und damit ausschließliches Zuordnungsobjekt im Verhältnis zu Dritten (vgl. § 13 Abs. 2 GmbHG). Seinem Wesen nach handelt es sich bei Interessen aber um Gefühlspositionen, die auf die Befriedigung jeglicher Art von Bedürfnissen und Wünschen, Begehrungen und Willenszielen gerichtet ist.[428] Damit ist klar, dass zunächst nur Menschen als Träger von Interessen in Frage kommen, weil nur sie eine solche Begehrensposition entwickeln können, nicht jedoch erdachte Rechtskonstruktionen.[429] Dies verdeutlicht, dass es sich beim Eigeninteresse der Gesellschaft letztlich nur um eine Hilfsvorstellung handeln kann, nämlich die Zusammenfassung von Einzelinteressen.[430] Anderenfalls wäre es auch nicht zu erklären, warum Trägerschaft und Definitions- bzw. Dispositionskompetenz im Hinblick auf das Gesellschaftsinteresse divergieren.[431] Festzuhalten ist damit, dass die GmbH nicht um ihrer selbst Willen Träger eines eigenständigen Interesses ist.

Demzufolge greift jedoch auch die der ersten These zugrundeliegende Vorstellung eines verselbstständigten Eigeninteresses der GmbH zu weit. Der These, der Gesetzgeber habe, als er den Gesellschafter als wirtschaftlichen Eigentümer ansah, die Eigenständigkeit der juristischen Person nicht zu Ende gedacht, kann nicht gefolgt werden. Der Gesetzgeber geht eindeutig von einer Eigentümerstellung der Anteilseigner aus, was sich insbesondere an dem nur über § 30 GmbHG beschränkten Schutz des Gesellschaftsvermögens ergibt. Die der These zugrundeliegende Wertung bezüglich der juristischen Person lässt sich zudem nicht mit der geltenden Vorstellung der juristischen Person vereinbaren.[432] Es handelt sich bei der juristischen Person, wie oben festgestellt wurde, nicht um ein „Ding an sich", das völlig losgelöst von seinen Anteilseignern existieren kann. Der Gesetzgeber hat die juristische Person als ein Zweckgebilde der Rechtsordnung geschaffen, die die Haftungsbeschränkung, die Unabhängigkeit vom Mitgliederwechsel als auch die Ein-

---

[427] *Hartmann*, GmbHR 1999, 1061, 1062.
[428] *Jürgenmeyer*, Das Unternehmensinteresse, S. 140.
[429] *Bitter*, S. 315; *Adams*, Eigentum; Kontrolle und beschränkte Haftung, S. 15; *Weber*, Privatautonomie und Außeneinfluß im Gesellschaftsrecht, S. 210.
[430] *Schön*, ZGR 1996, 429, 438; so auch *Zöllner*, S. 20, der jedoch nur die Einzelinteressen der Mitglieder hiervon erfasst sehen will.
[431] Vgl. Erg. bei B) II. 1) b).
[432] *Lutter*, ZGR 1982, 244, 253.

führung einer dauerhaften Kooperationsform ermöglichen sollte.[433] Dieses Vertragsgebilde soll jedoch von seinen Mitgliedern bestimmt werden können. Die Gesellschafter sind in ihren unternehmerischen Entscheidungen frei auch solche Maßnahmen zu treffen, die sich für die Gesellschaft existenzbedrohend auswirken können.[434] Der nach den Vorstellung der Befürworter eines originären Eigeninteresses vertretene Begriff eines solchen Eigeninteresses hätte allerdings zur Folge, dass den Gesellschaftern jegliche nachteilige Handlung verboten ist.

In ihrer Konsequenz würde dieser Ansatz letztlich dazu führen, dass das Gesellschaftseigentum kein in eine besondere Rechtsform gekleidetes Miteigentum der Gesellschafter ist, sondern gebundenes Vermögen der GmbH. Die Gesellschafter wären lediglich Verwalter fremden Vermögens und könnten deshalb über dieses nicht wie eigenes verfügen.[435] Nach den Ergebnissen des ersten Teils unterwirft das in der „Bremer Vulkan"-Entscheidung zum Ausdruck kommende Bestandsvernichtungsverbot den Alleingesellschafter allerdings nur insoweit einer Verhaltenspflicht, als er der abhängigen Gesellschaft die Rücksichtnahme auf ihre Fähigkeit schuldet, ihre Verbindlichkeiten gegenüber ihren Gläubigern zu erfüllen.[436] Nur ein solcher Inhalt des Eigeninteresses lässt sich noch mit dem verfassungsrechtlich garantierten Eigentumsrecht der Anteilseigner (Art. 14 GG) vereinbaren, da sie solange über ihr Eigentum verfügen können, als sie nicht Rechte Dritter verletzten.[437] Der oben dargestellten Herleitung eines „originären" Eigeninteresses der GmbH kann damit nicht gefolgt werden.

(5) Generelle Ablehnung eines Eigeninteresses

Im Schrifttum ist die „klassische" Auffassung der älteren zivilrechtlichen Rechtsprechung in ihrer Ablehnung eines vom Willen des Alleingesellschafters unabhängigen Eigeninteresses gefolgt.[438] Nach den Vertretern dieser Meinung bündelt sich das Eigeninteresse in der Person des Alleingesellschafters, weil keine anderen, insbesondere Minderheitengesellschafter zur Verfügung stünden, deren gesellschaftsbezogener Schutz das Interesse der Gesellschaft abdecken würde.[439]

---

[433] *Lutter*, ZGR 1982, 244, 254; *Wiedemann*, GesR I, § 4 I 3, S. 201 ff.; *Müller-Freienfels*, AcP 156 (1957), 522, 529.

[434] Zu den Grenzen dieser Entscheidungsfreiheit vgl. das Erg. ab B) III. 4) c) aa).

[435] *J. Wilhelm*, Rechtsform, S. 338.

[436] Vgl. Erg. bei B) II. 2).

[437] Vgl. zu diesem Grundsatz Maunz/Dürig/*Papier*, GG–Komm., Art. 14 GG Rn. 4; *Maunz/Zippelius*, Deutsches Staatsrecht, S. 135 ff.

[438] Baumbach/Hueck/*Zöllner*, GmbH - KonzernR, Rn. 98; Roth/Altmeppen/*Altmeppen*, Anh. § 13 Rn. 25 u. § 43 Rn. 99; Rowedder/Schmidt-Leithoff/*Koppensteiner*, § 43 Rn. 5 und 70 ; *Wiedemann*, Die Unternehmensgruppe, S. 87 f.; *Rehbinder*, AG 1986, 85, 92 f.; *Adams*, AG 1989, 333, 338; *Weitbrecht*, S. 55; *Gätsch*, S. 175 f.; *Rogge*, Die Haftung im qualifiziert faktischen GmbH-Konzern und ihre Vermeidung, S. 27; *Vonnemann*, GmbHR 1988, 329, 333; *Konzen*, NJW 1989, 2977, 2979; *Tiedchen*, GmbHR 1993, 616, 617 f.; *Ehricke*, in: AcP 199 (1999), 257, 302 f.; *Jansen*, Konzernbildungskontrolle im faktischen GmbH -Konzern, S. 60; *Bitter*, S. 314; nach dem „Bremer Vulkan"-Urteil vor allem *Bitter*, WM 2001, 2133, 2138 f.; *Römermann/Schröder*, GmbHR 2001, 1015, 1018.

[439] Vgl. *Tröster*, Die Einmann-GmbH, S. 38 ff., der als Ausgangspunkt für die Feststellung, welche Interessen zu den „eigenen" Interessen der GmbH gehören, auf das von der Rechtsordnung mit der Verleihung der Rechtsfähigkeit verfolgte Ziel abstellt, einen Satz später aber erst einmal erklärt, dass

Dieses Ergebnis versteht sich für diejenigen Autoren, die rechtsrelevante Treuepflichten des GmbH-Gesellschafters nur aus seinem Verhältnis zu den Mitgesellschaftern ableiten, von selbst.[440] Nach ihnen ist mit dem Versuch der Begründung einer Treuepflicht in der Einpersonengesellschaft schon die Grundlage dieses Rechtsinstitutes verlassen. Diejenigen, die die Treuebindung zur GmbH bei der Mehrpersonengesellschaft als eigenständige Kategorie begreifen, begründen ihre Ablehnung im wesentlichen mit den schon im Rahmen des Bestandschutzes besprochenen Erwägungen.

Darüber hinausgehend wird das Argument ins Feld geführt, dass es den Gesellschaftern einer GmbH bei einverständlichem Zusammenwirken möglich sei, Maßnahmen zum Nachteil der juristischen Person zu treffen, die den Gläubigern zum Schaden gereichen würden.[441] Sie seien in der Verfügung über das Gesellschaftsvermögen frei, solange die Kapitalerhaltungsvorschriften der §§ 30 f. GmbHG eingehalten würden. Des Weiteren spreche gerade in der GmbH die Befugnis der Gesellschaftergesamtheit unter Zustimmung aller den Zweck der Gesellschaft grundlegend zu ändern, gegen ein eigenständiges Interesse der GmbH.[442] Die in die Diskussion eingebrachte Überlegung, ein solches Bestandsinteresse zumindest im GmbH-Konzern anzuerkennen, wird ebenfalls verworfen.[443] Der Gläubigerschutz in der GmbH sei generell abweichend von dem des Aktienrechts geregelt und auf schwächere Prinzipien aufgebaut, daher sei eine einschränkende analoge Anwendung der aktienrechtlichen Wertungen auf den GmbH-Konzern ungeeignet.[444] Die diesbezüglich vorgetragenen Argumente entsprechen denen, die bereits im Rahmen der Frage des Bestandschutzes der Einmann-GmbH vorgetragen wurden, weshalb bezüglich einer Stellungnahme auf die obigen Ausführungen verwiesen werden kann.[445]

---

die Ausdrucksweise „eigene“ Interessen nur ein „brevi loquens“ für die Interessen der hinter der Organisation stehenden natürlichen Person darstellen; *Konzen*, NJW 1989, 2977, 2979; *Jansen*, S. 66.

[440] *Verhoeven*, Rn. 159 ff.; *Möhring*, S. 62; wohl auch *Bitter*, S. 316; für die unabhängige Einmann-GmbH stellen *Wolany*, S. 114 f.; *Strelau*, S. 85; *Claussen/Korth*, in: FS f. Beusch, S. 111. 117 u. 128; *Meyer-Arndt*, BB 1992, 534, 536; *Tiedchen*, GmbHR 1993, 616, 618 und *Steck*, S. 39; auf dieses Argument ab.

[441] *Zöllner*, S. 21 f.; Baumbach/Hueck/*Zöllner*, GmbH-KonzernR Rn. 83; ähnlich auch *Weitbrecht*, S. 55; *Ehricke*, AcP 199 (1999), 257, 303, der von der Zulässigkeit des „ausbluten“ lassen spricht.

[442] *Wiedemann*, Die Unternehmensgruppe, S. 87; Baumbach/Hueck/*Zöllner*, GmbH-KonzernR Rn.83; im Ergebnis ähnlich *Hartmann*, GmbHR 1999, 1061, 1062 ff., der zwar die Einmann-GmbH als selbständigen Interessenträger ansieht, jedoch dem Alleingesellschafter die Möglichkeit einräumt, auf die daraus folgende Treuepflicht gestaltend Einfluss zu nehmen, z.B. durch Änderung des Bezugspunktes der Treuepflicht oder die Bestimmung des Geschäftsführers zur Erteilung eines Dispenses von der Beachtung der Treuepflicht.

[443] Baumbach/Hueck/*Zöllner*, GmbH-KonzernR Rn.83.

[444] *Zöllner*, S. 21 f.; auf diesen Aspekt abstellend auch *Rehbinder*, AG 1986, 85, 94; *Verhoeven*, Rn. 300.

[445] Vgl. Darstellung ab B) II. 1).

ccc) Begründung eines Eigeninteresses

Der Frage, ob ein Eigeninteresse der Einmann-GmbH mit den vorgebrachten Argumenten abzulehnen ist, soll im folgenden nachgegangen werden.[446] Ein entsprechendes Interesse müsste sich aus allgemeinen Grundsätzen des Gesellschaftsrechts oder aus Wertungen des GmbHG selbst entnehmen lassen. Ansonsten setzt sich das Eigeninteresse der Kritik aus, dass mit ihm Verhaltenspflichten entwickelt werden, die im geltenden Recht keine Stütze finden und somit über das zum Schutz Gebotene weit hinausgehen.[447] So findet sich z.B. der Einwand, wonach die Befürchtung gehegt wird, es werde ein „generalklauselartiges" Eigeninteresse der GmbH hypostasiert, „aus dem in bester begriffsjuristischer Weise Folgerungen gezogen werden".[448]

(1) Freie Verfügbarkeit des Gesellschaftszwecks

Soweit ersichtlich besteht das Kernargument gegen ein vom Willen des Alleingesellschafters existierendes unabhängiges Eigeninteresse darin, dass ein solches nur mit Hilfe des Gesellschaftszwecks umschrieben werden kann, welcher jedoch zur Disposition der Gesellschafter steht.[449] Fraglich ist, ob dieser These ohne weiteres zugestimmt werden kann.

(a) Der Gesellschaftszweck

Der Grund für die Schaffung der Figur der juristischen Person durch das Recht liegt darin begründet, durch die rechtliche Verselbstständigung eines Vermögensbereichs die Erreichung des diesem gesetzten Zwecks sicherzustellen.[450] Aus der Tatsache, dass das GmbHG den Zweck der Gesellschaft, anders als z.B. § 705 BGB für die Gesellschaft bürgerlichen Rechts, zwar in den §§ 1, 61 GmbHG erwähnt, aber nicht definiert und er auch nicht zum notwendigen Inhalt der Satzung gehört (vgl. § 3 GmbHG), kann nicht geschlossen werden, dass der Zweck der GmbH von untergeordneter Bedeutung ist. Vielmehr muss man davon ausgehen, dass der vereinbarte Zweck das Lebensgesetz des Verbandes ist.[451] Unter diesem Aspekt ist es um so einleuchtender, dass erst der Zweck der juristischen Person eine Existenzberechtigung und ein „Daseinsziel" gibt[452] und damit den Inhalt des Interesses der Gesellschaft bestimmt[453]. Vor diesem Hintergrund muss sichergestellt werden, dass die Gesellschaft auch zur Erfüllung dieses Zwecks geeignet ist. Dies wird meistens schon dadurch gewährleistet, dass sich die Gesellschafter durch die Gründung oder den Beitritt zu einem solchen Verband verpflichten, das Interesse

---

446 Vgl. hierzu auch die umfangreiche Darstellung von *Wimmer-Leonhardt*, S. 193 ff.

447 So die Kritik von *Wiedemann*, Die Unternehmensgruppe, S. 87.

448 Baumbach/Hueck/*Zöllner*, GmbH-KonzernR Rn. 83; *Altmeppen*, NJW 2002, 331, 332; *ders.*, ZIP 2002, 961, 965; *Benecke*, BB 2003, 1190, 1193.

449 Vgl. statt vieler Baumbach/Hueck/*Zöllner*, GmbH-KonzernR Rn. 83.

450 *Fabricius*, S. 82 ff.

451 *Wiedemann*, GesR, § 1 I 1 b) bb), S. 10.

452 *Beinert*, S. 29 f.

453 *Ulmer*, ZHR 148 (1984), 391, 419; *Winter*, ZGR 1994, 570, 583 (Fn. 63); *Bollmann*, Der Schadensersatzanspruch gemäß § 317 AktG bei Schädigung der abhängigen Eine-Person-AG, S. 30.

der Gesellschaft oder den Verbandszweck zu fördern.[454] Die Förderungspflicht ist zwar nur in § 705 BGB ausdrücklich formuliert worden, sie stellt aber trotzdem einen Grundsatz dar, der für alle Gesellschaften i. w. S. gilt.[455] Denn auch bei der GmbH liegt unzweifelhaft ein „gemeinsamer Zweck" i.S.v. § 705 BGB vor, wenn alle Beteiligten einen Beitrag zur Zweckerreichung leisten, wenn sie die Zweckerreichung durch Mitverwaltungsrechte beeinflussen können und wenn sie am Gewinn und Verlust teilhaben.

Ausgehend von der Tatsache, dass sich der Zweck einer GmbH im Zweifel, d.h. sofern sich aus der Satzung keine entgegenstehenden oder abweichenden Anhaltspunkte ergeben, auf die selbstständige, eigennützige und erwerbswirtschaftliche Teilnahme am Wirtschaftsverkehr auf dem durch den Unternehmensgegenstand umschriebenen Markt richtet, wird man grundsätzlich die Bestandserhaltung und Rentabilität als das Interesse der Gesellschaft ansehen müssen.[456] Rentabilität kann nämlich nur dann erzielt werden, wenn der Unternehmer seine vorhandenen Ressourcen möglichst wirtschaftlich einsetzt und sich weiterhin um eine optimale Verwendung der Produktionsfaktoren und eine Fortentwicklung seiner Produkte bemüht. Das Gewinnstreben läuft damit de facto auf einen Erhalt der Gesellschaft hinaus. Diese Zweckerreichung kann aber nur gewährleistet werden, wenn sich die Gesellschafter zugleich entsprechenden Verhaltenspflichten unterwerfen.[457]

(b) Das Weisungsrecht der Gesellschafter

Gegen eine Herleitung des Eigeninteresses über den Zweck der Gesellschaft könnte nun sicherlich der Einwand erhoben werden, dass dies dem gesetzlich verankerten Weisungsrecht aus § 37 Abs. 1 GmbHG widerspricht. Wenn das Gesetz den Gesellschaftern die Leitungsmacht zuspreche, so die Vertreter dieser Meinung, impliziere dies zugleich das Recht der Auswahl und Festlegung der Interessen der Gesellschaft, denn nichts anderes sei die Leitung der Gesellschaft.[458] Es zeigt sich jedoch schon an den §§ 76, 93 AktG, dass die Befugnis zur Leitung noch lange nicht dazu autorisiert, die Interessen der Gesellschaft zu definieren. Wie sonst ist es zu erklären, dass der Vorstand selbst bei Berechtigung zur Leitung der Gesellschaft dem Unternehmensinteresse unterworfen ist.[459]

(c) Die Satzungsautonomie

Trotz dieses Befundes kann der Ansicht zugestimmt werden, dass die Gesellschafter durch den von ihnen gesetzten Zweck das Eigeninteresse der GmbH bestim-

---

[454] *Lutter*, AcP 180 (1980), 84, 103; *Bischoff*, BB 1987, 1055, 1057.

[455] *K. Schmidt*, GesR, § 19 III 3 b), S. 557; *Wiedemann*, GesR I, § 1 I 1 b) aa), S. 9; *Ivens*, GmbHR 1988, 249, 251; *Lutter*, AcP 180 (1980), 84, 107; *Müller-Erzbach*, Das private Recht der Mitgliedschaft, S. 33.

[456] So *Rittner*, JZ 1980, 113, 115; zu diesem Zweck auch Hachenburg/*Ulmer*, § 1 Rn. 9; *Sonnenberg*, Die Änderung des Gesellschaftszwecks, S. 80 ff.; *Zöllner*, S. 28; a.A. *Versteegen*, S. 197 ff.

[457] *Assman*, JZ 1986, 928, 931; *M. Winter*, in: ZHR 148 (1984), 579, 595.

[458] *Lutter*, ZIP 1985, 1425, 1433; vgl. auch *Drüke*, S. 47; *Ehlke*, DB 1986, 523, 525; *Wiedemann*, Die Unternehmensgruppe, S. 88.

[459] *Versteegen*, S. 93.

men.[460] Wie oben festgestellt wurde, kommt der GmbH ungeachtet ihrer Selbständigkeit und Fähigkeit, Träger von Rechten und Pflichten zu sein, kein der natürlichen Person vergleichbarer Eigen- oder Selbstzweck zu. Das eigenständige Interesse der Gesellschaft wird primär aus dem Gesellschaftszweck abgeleitet. Die konkrete Bestimmung der Art der Tätigkeit der Gesellschaft sowie des damit verfolgten Ziels fällt aber unter die Satzungsautonomie und ist damit Sache der Gesellschafter.[461] Wenn der Gesellschafter jedoch jederzeit im Wege der Satzungsänderung den Zweck modifizieren kann, steht ihm folglich auch der Inhalt des Interesses zur Disposition.[462] Zudem könnten die Gesellschafter die Geschäftsführer dazu bestimmen, sie von der Beachtung des Interesses der Gesellschaft zu dispensieren.[463]

(2) Grenze der Verfügbarkeit in der Existenzfähigkeit der Gesellschaft

In der damit gegebenen Möglichkeit des herrschenden Unternehmens, maßgeblichen Einfluss auf die Definition des Interesses der abhängigen GmbH auszuüben, muss jedoch kein Widerspruch zur Anerkennung eines vom Willen der Gesellschafter unabhängigen Interesses der Gesellschaft liegen.[464]

Dies allerdings nur, wenn der Beweis erbracht werden kann, dass es einen dem Alleingesellschafter in seiner Funktion als Satzungsgeber entzogenen Bereich gibt. Es stellt sich somit die Frage, ob die Rechtsmacht des Alleingesellschafters außerhalb der Kapitalaufbringungs- und Kapitalerhaltungsvorschriften durch weitere ungeschriebene Schranken begrenzt ist.[465]

Mit dem im „Bremer Vulkan"-Urteil festgestellten Bestandsvernichtungsverbot der Gesellschaft, welches die Fähigkeit der Gesellschaft sichern soll, ihre Verbindlichkeiten gegenüber Gläubigern bedienen zu können, ist die Antwort bereits vorgegeben. Der oben festgestellte Bestandsschutz zu Gunsten der Einmann-GmbH gibt gerade einen Bereich vor, in dem die Dispositionsmacht des Alleingesellschaf-

---

460 Baumbach/Hueck/*Zöllner*, GmbH-KonzernR Rn. 35; vgl. auch *M.Winter*, ZGR 1994, 570, 582 ff.; *ders.*, S. 197; *Wiedemann*, GesR I, § 3 I 3 a), S. 155.

461 *Kübler*, GesR, § 5, S. 30; Änderungen bedürfen aber nach herrschender Meinung der Zustimmung sämtlicher Gesellschafter, wobei dieses Erfordernis aus § 33 Abs. 1 S. 2 BGB folgt: vgl. *Zöllner*, S. 30; *Lutter/Hommelhoff*, § 1 Rn. 11; Hachenburg/*Ulmer*, § 1 Rn. 10; Scholz/*Emmerich*, § 1 Rn. 2a; Scholz/*Priester*, § 53 Rn. 171; a.A. *Wiedemann*, GesR I, § 3 I 3 a), S. 156; *Korth*, Abschluß von Beherrschungsverträgen, S. 113 f.; *Timm*, Die Aktiengesellschaft als Konzernspitze, S. 31 ff.

462 Aus diesem Grunde lehnt *Versteegen*, S. 109 den Gesellschaftszweck zur Bestimmung eines absoluten Eigeninteresses ab, ohne dabei jedoch die Überlegung angestellt zu haben, dass es vielleicht einen nichtdisponiblen Gesellschaftszweck gibt.

463 *M.Winter*, S. 190 ff. u. 214.

464 *Ulmer*, ZHR 148 (1984), 391, 419; a.A. *Ziemons*, S.105; *Wiedemann*, Die Unternehmensgruppe, S. 87; *Röhricht*, WPg 1992, 766, 785; *Beinert*, S. 93 (wenn das Gesellschaftsinteresse von vornherein auf das Konzerninteresse ausgerichtet ist); *Tröster*, S. 39, der ein „Eigeninteresse zum Teil damit ablehnt, dass die Verleihung der Rechtsfähigkeit die Billigung des verfolgten Zwecks bedeute; ähnlich *Jansen*, S. 66, die von der juristischen Person als ein die Haftungsbeschränkung ermöglichendes Instrument spricht; *Rubner*, DStR 2005, 1694 ff.

465 Unbrauchbar im Hinblick auf diese Untersuchung ist ein Urteil des OLG Karlruhe GmbHR 1998, 235, das ohne weitere Begründung das Eigeninteresse als weitere Schranke neben den §§ 30 ff. GmbHG anerkennt.

ters seine Grenze findet. Wenn die Stimmen in der Literatur[466], die eine Treuepflicht des Alleingesellschafters wegen eines über die Grenze der §§ 30 f. GmbHG hinausgehenden Eigeninteresses kategorisch ablehnen, zugleich selbst deutlich machen, dass der abhängigen Gesellschaft wegen der unabdingbaren Geltung der §§ 30 f. GmbHG insoweit ein vom gemeinsamen Willen der Gesellschafter unabhängiges Eigeninteresse zu Gunsten der Gläubiger zukommt[467], muss dies auch für das nicht disponible Bestandsinteresse der Einmann-GmbH gelten. Wie oben nachgewiesen wurde, ist die Anerkennung eines über die §§ 30 f. GmbHG hinausgehenden Gläubigerschutzes in der abhängigen Einmann-GmbH erforderlich. Wenn man dies erkennt, ist es auch legitim, den Umfang des unabdingbaren Schutzes auszudehnen und damit zugleich ein weitergehendes Eigeninteresse anzuerkennen.

Dieses Ergebnis kommt schon in einer Entscheidung des BGH aus dem Jahr 1992[468] zum Ausdruck. Der II. Zivilsenat wies damals zwar ausdrücklich in seinem Urteil, das allerdings keinen Konzernsachverhalt betraf, auf das Bestimmungsrecht des Gesellschaftsinteresses durch die Gesellschafter hin. Wenn der BGH diese Berechtigung jedoch nur „außerhalb der Gefährdung von Gläubigerinteressen" zuspricht, wird diese Kompetenz nur in einem Rahmen zugesprochen, in dem die Folgen der Risikoabwälzung dem Rechtsverkehr noch auferlegt werden können.
Im Hinblick auf dieses Ergebnis ist es verständlich, wenn zu dem Ergebnis gekommen wird, dass der Bestandschutz in seiner Konsequenz zwingend die Anerkennung eines als Schranke für die Dispositionsfreiheit ihrer Gesellschafter fungierenden Eigeninteresses der GmbH fordert.[469] Ähnlich die Ansicht, wonach der den Gläubigern so zugestandene Schutz, Existenzvoraussetzung für die juristische Person sei und deshalb ihr Eigeninteresse bilden müsse.[470] Wenn dieser Schutz allerdings über die §§ 30 f. GmbHG hinausgeht, wie dies im Rahmen der Herleitung des Bestandsvernichtungsverbotes nachgewiesen werden konnte, muss dies auch zwingend Auswirkungen auf den Umfang des Eigeninteresses haben.

Selbst der BGH spricht im ersten Leitsatz des „KBV"-Urteils[471] davon, dass die vorrangige Befriedigung der Gesellschaftsgläubiger während der Lebensdauer der GmbH eine Zweckbindung des Gesellschaftsvermögens darstelle, welche unabdingbare Voraussetzung für die Inanspruchnahme des Haftungsprivilegs des § 13 Abs. 2 GmbHG sei. Anders ausgedrückt, das Verbot existenzvernichtender Maßnahmen kommt unabhängig von der jeweiligen Satzungsausgestaltung zum Tragen, da es sozusagen einen „vorgegebenen Kern"[472] der Gesellschaftsform der GmbH darstellt. Allein die Tatsache, dass den Gesellschaftern die Änderung des Gesellschaftszwecks möglich ist, kann demnach nicht als Argument für eine Ablehnung des eigenständigen Interesses der Gesellschaft brauchbar gemacht werden. Die immanenten Grenzen, die einer privatautonomen Verwendung des Rechtsgebildes

---

[466] Vgl. die Nachweise in Fn. 64 ff.
[467] Vgl. nur *Vonnemann*, S. 112; *Bitter*, S. 315.
[468] BGHZ 119, 257, 259, 262.
[469] *Röhricht*, in: Festschrift 50 Jahre BGH, S. 83, 98 ff.
[470] *Belling/v.Steinau-Steinrück*, SAE 1996, 253, 259 f.
[471] BGHZ 151, 181 ff. (=ZIP 2002, 1578 ff.)
[472] Terminologie stammt von *Hommelhoff*, ZGR 1994, 395, 405.

Schranken setzen können, finden sich nach den hier gefundenen Ergebnissen in der Sicherung der Funktionsfähigkeit des jeweiligen Rechtsinstitutes, die zwingend dessen Lebensfähigkeit voraussetzen. Die wirtschaftliche Existenzfähigkeit und damit der Erhalt der Gesellschaft als im Rahmen des gesetzlichen Systems funktionsfähiger Träger der Haftung für die unternehmerische Tätigkeit ihrer Gesellschafter begründeten Verbindlichkeiten, muss damit der Disposition der Gesellschafter sowohl in ihrer Eigenschaft als Satzungs- wie auch Weisungsgeber entzogen werden.[473]

(3) Ablehnung eines objektiv drittbestimmten Interesses der Gesellschaft?

Die bisherigen Ausführungen zum nicht disponiblen Gesellschaftszweck haben gezeigt, dass in den Bemühungen um die Anerkennung eines Eigeninteresses ein verkappter Gläubigerschutz erblickt werden kann.[474] Wie schon bei der Darstellung der Theorie „Unternehmen an sich" festgestellt, kann es bei der Anerkennung des Eigeninteresses der GmbH – verstanden als Verbot existenzgefährdender Einflussnahmen – nicht um den Zweck gehen, die juristische Person GmbH um ihrer selbst Willen zu schützen.[475] Hiergegen spricht, dass die Aktionäre bzw. Gesellschafter von Gesetzes wegen dazu berufen sind, die Gesellschaft aufzulösen.[476] Nicht ein Interesse der Gesellschaft „an sich", sondern die Interessen der Gläubiger sind es, zu deren Schutz die Pflicht entwickelt wurde, bei einer Einflussnahme nicht die Existenz der GmbH aufs Spiel zu setzen. Das Eigeninteresse der Gesellschaft stellt sich damit nicht als tatsächliches, eigenes Interesse der GmbH, sondern als ein von der Rechtsordnung verliehenes Interesse zum Schutze Dritter dar.[477]

Die Heranziehung von Drittinteressen zur Begründung eines Eigeninteresses der Gesellschaft wird jedoch nach zum Teil vertretener Ansicht kategorisch abgelehnt.[478] Die selbstverständliche Einsicht, dass auch der Alleingesellschafter Eingriffsgrenzen zum Schutze der Gläubiger zu wahren habe, sei noch keine Rechtfertigung, ein Eigeninteresse der abhängigen GmbH zu unterstellen. Die Vertreter dieser Sichtweise begründen ihre ablehnende Haltung vor allem damit, dass der

---

[473] *Röhricht*, in: Festschrift 50 Jahre BGH, S. 83, 105.

[474] So der von *Lutter* formulierte Einwand, vgl. *Lutter/Hommelhoff*, Anh. § 13 Rn. 42; *Zöllner*, S. 21 f.; ähnlich auch *Goette*, § 9 Rn. 19, der zu dem Erg. kommt, dass sich ein Bestandsschutz nur aus Interesse der Gesellschaftsgläubiger rechtfertigen ließe und diesen Fall dann über das Deliktsrecht lösen möchte; so auch *Römermann/Schröder*, GmbHR 2001, 1015, 1018.

[475] So auch *Drygala*, GmbHR 2003, 729 f.; wenn man sich dies vor Augen führt, sollten die von Bitter gesehenen Gefahren weniger akut sein als befürchtet.

[476] Vgl. z.B.: die §§ 730 ff. BGB, §§ 60 ff. GmbHG; §§ 262 AktG; so ausdrücklich noch einmal der II. Zivilsenat in BGH ZIP 2005, 117, 118.

[477] Ähnlich *K. Schmidt*, NJW 2001, 3577, 3580, der von Schutzpflichten gegenüber dem Haftungsreservoir spricht; insoweit dürften auch die von *Streyl*, Zur konzernrechtlichen Problematik von Vorstands-Doppelmandaten, S. 52. geäußerten Bedenken gegen einen so verstandenen Begriff des Eigeninteresses nicht greifen. Der Ausübung von Leitungsmacht wird gerade hier zum Schutze von relevanten Drittinteressen eine Grenze gesetzt, und nicht um ihrer selbst Willen; *Lutter/Banerjea*, ZGR 2003, 402, 439.

[478] *Zöllner*, S. 20.

Begriff des Verbandsinteresses allein als Zusammenfassung der auf den Verband bezogenen Einzelinteressen der Mitglieder zu verstehen sei.[479]

Auf einer ähnlichen Linie liegen diejenigen Autoren, die in neueren Stellungnahmen den Begriff des „rudimentären Eigeninteresses" in die Diskussion eingebracht haben.[480] Das vom II. Zivilsenat im „Bremer Vulkan"-Urteil formulierte Ergebnis einer Eingriffsgrenze im Interesse des Gläubigerschutzes erlaube lediglich insofern von einem nicht disponiblen Punkt auszugehen, der die Fähigkeit der GmbH schütze, ihre Gläubiger befriedigen zu können. Eine Treuepflicht der Gesellschafter zur juristischen Person könnten diese Interessen nicht bewirken. Diese Gläubigerschutzgrenze wird, wohl im Hinblick auf einen Beitrag des Vorsitzenden des II. Zivilsenats[481], als „rudimentäres Eigeninteresse" bezeichnet.

(a) Vergleich mit einer vertraglich konzernierten mehrgliedrigen GmbH

Dass es ein vom Vorhandensein einer Minderheit unabhängiges Eigeninteresse der Gesellschaft geben muss, das über den von den §§ 30 f. GmbHG gewährleisteten Schutz hinausgeht, könnte sich auch aus der Fallkonstellation ergeben, in der ein Beherrschungsvertrag geschlossen wird, für den wegen der damit einhergehenden Tangierung des Gesellschaftszwecks, die Zustimmung aller Gesellschafter erforderlich ist, also auch die von eventuell vorhandenen Minderheitsgesellschaftern.[482] Mit ihrer Zustimmung willigt die Minderheit jedoch in nachteilige, unter Umständen auch bestandsgefährdende Weisungen ein. Diese Interessengruppe bedarf also nicht weiteren Bestandsschutzes qua Bestandsinteresse der Gesellschaft. Kraft Zustimmung zum Beherrschungsvertrag ist also das Innenverhältnis der vertraglich konzernierten mehrgliedrigen GmbH mit dem in der faktisch konzernierten Einmann-GmbH durchaus vergleichbar.[483]

Für die vertraglich konzernierten mehrgliedrigen GmbH wird nun die Meinung vertreten, dass existenzgefährdende Weisungen während der Vertragslaufzeit ver-

---

[479] Ähnlich *Ehricke*, AcP 199 (1999), 257, 302; *Strelau*, S. 85, die zu dem Ergebnis kommt, dass die Interessen der Gläubiger und Arbeitnehmer keinen Einfluss auf das Innenverhältnis der GmbH und ihrer Gesellschafter haben könne; *Versteegen*, S. 110, der die Beschränkung der Rechte der Gesellschafter zu Gunsten verschiedener Bezugsgruppen nicht als Rechtfertigung ausreichen lässt, um diesen Bezugsgruppen ohne rechtliche Ermächtigung durch die Fiktion eines Eigeninteresses zu begünstigen; a.A. noch Lutter in: Fischer/Lutter/*Lutter*, Anh. § 13 Rn. 20, der damals zwar davon ausging, dass die Interessen der 100 % Tochtergesellschaft weitgehend durch die Interessen des Alleingesellschafters geprägt würden, sie aber dadurch noch nicht mit diesen identisch seien.

[480] *Altmeppen*, ZIP 2001, 1837, 1842; Roth/Altmeppen/*Altmeppen*, Anh. § 13 Rn. 46; in diesem Sinne auch *Assmann*, in: FS 100 GmbH-Gesetz, S. 657, 705 ff.

[481] *Röhricht*, in: Festschrift 50 Jahre BGH, S. 83 ff., der wie gesagt den Begriff des „rudimentären Eigeninteresses allerdings aus einem anderen Grund wählte.

[482] Für ein Einstimmigkeitsprinzip: Scholz/*Priester*, § 53 Rn. 171; Scholz/*Emmerich*, Anh. KonzernR, Rn. 206 u. 222 (für den Abschluss eines Beherrschungsvertrages soll jedoch eine qualifizierte Mehrheit ausreichen, Rn. 150); Roth/Altmeppen/*Altmeppen*, Anh. § 13 Rn. 40; *K.Schmidt*, GesR, § 38 III 2 a), S. 1191 f.; Hachenburg/*Ulmer*, § 53 Rn. 145; Baumbach/Hueck/*Zöllner*, GmbH-KonzernR Rn. 39; a.A. Lutter/*Hommelhoff*, Anh. § 13 Rn. 64; *Timm*, ZIP 1986, 1387; *Koerfer/Selzner*, GmbHR 1997, 285, 287 ff.

[483] Vgl. hierzu *Mecke*, in: Entwicklungen im GmbH-Konzernrecht (ZGR-Sonderheft 6), S. 97 f.

boten sind.[484] Wenn die Tragfähigkeit dieser These nachgewiesen wäre, könnte dies darauf zurückgeführt werden, dass es ein vom Vorhandensein einer Minderheit unabhängiges Bestandsinteresse der Gesellschaft gibt, das vor allem durch Drittinteressen bestimmt wird. Dies scheint jedenfalls die Überlegung von Limmer[485] zu sein, der hier (*arg. a maiore ad minus*) die von der herrschenden Meinung im Vertragskonzern gezogene Grenze des Weisungsrechts erst recht im faktischen Konzern gelten lassen möchte.

Ohne in dem hiesigen Zusammenhang ausführlich auf den Problemkomplex der Existenzvernichtungsgefahr im Vertragskonzern eingehen zu wollen, kann gesagt werden, dass, wenn überhaupt, von einer herrschenden Meinung im Zusammenhang mit der Frage, ob der Bestandsschutz eine ungeschriebene Grenze des Weisungsrechts ist, gesprochen werden kann, dies jedenfalls nur für die Zeit während der Laufzeit des Beherrschungsvertrages gilt[486]. Die hierzu vorgebrachten Argumente, die die Unzulässigkeit von Weisungen begründen, welche die abhängige Existenz der Tochtergesellschaft in Frage stellen, begründen diese entweder mit dem Bestehen des Beherrschungsvertrages oder mit Normen, die an diesen anknüpfen.[487]

Damit fehlt es allerdings an der notwendigen Vergleichbarkeit mit der Situation im faktischen Konzern. Der Bestandsschutz wird im Vertragskonzern nur deshalb als Grenze des Weisungsrechts angesehen, weil sich das Weisungsrecht des Mutterkonzerns aus dem Beherrschungsvertrag herleitet. Bei einem Unternehmensvertrag kann es nicht im Bereich legitimer Rechtsausübung liegen, dass aufgrund ver-

---

[484] OLG Düsseldorf AG 1990, 490, 492; *H.Wilhelm*, Die Beendigung des Beherrschungs- und Gewinnabführungsvertrages, S. 140 f.; *Autenrieth*, GmbHR 1984, 198, 199; *Eschenbruch*, Konzernhaftung, Rn. 3056 ; *Geßler*, ZHR 140 (1976), 433, 438 f.; *Hommelhoff*, S. 150 f., 307 f.; *Immenga*, ZHR 140 (1976), 301, 303 ff.; *Kantzas*, Das Weisungsrecht im Vertragskonzern, S. 109 ff.; *Schulze-Osterloh*, ZHR 142 (1978), 519, 523f.; *Semler*, Leitung und Überwachung der AG, S. 335 ff.; *ders.*, in: FS f. Stiefel, S. 719, 750; *Emmerich*, in: ZGR-Sonderheft 6, S. 61, 68; *Sina*, AG 1991, 1, 7 f.; *Streyl*, S. 49 ff.; *Wiedemann/Hirte*, in: FS 50 Jahre BGH – Festgabe der Wissenschaft, Bd. II, S. 337, 383; *Knoblau*, Leitungsmacht und Verantwortlichkeit, S.68; *Schauß*, Das Weisungsrecht des herrschenden Unternehmens bei Bestehen eines Beherrschungsvertrages, S. 85 f.; *Meiser*, Leitungsautonomie im divisionalisierten Konzern, S. 21; *Clemm*, ZHR 141 (1979), 197, 204 ff., der die Bonität des herrschenden Unternehmens als Maßstab heranzieht; *Glaser*, Grenzen des Weisungsrechts im Vertragskonzern, S. 11 f. u. 84 f. stellt darauf ab, dass die rechtliche Existenz nicht Grundlage jedes Beherrschungsvertrages ist, jedoch die Existenzfähigkeit als absolute Grenze des Weisungsrechts außerhalb des Wortlauts des § 308 AktG anerkennt; *Kleindiek*, ZIP 1988, 613, 621; *ders.*, ZIP 1991, 1330, 1334; ähnlich *Windbichler*, Unternehmensverträge und Zusammenschlusskontrolle, S.98 f., die die Existenzfähigkeit nicht als Verweigerungsgrund i.S.v. § 308 AktG anerkennt, jedoch die Lebensfähigkeit der AG (nach Vertragsbeendigung) unter dem Gesichtspunkt des Rechtsmissbrauchs als allgemeine Schranke des Weisungsrechts anerkennt.

[485] *Limmer*, S. 45; ähnlich auch *Decher*, in: Münchner Hdb. des GesR, GmbH, § 70 Rn. 24; *Drygala*, GmbHR 2003, 729, 730.

[486] Vgl. für die herrschende Meinung die in Fn. 439 Genannten; für die Gegenmeinung vgl.: Biedenkopf/*Koppensteiner*, in: Kölner Komm., § 308 Rn. 15; *Koppensteiner*, AG 1995, 95, 96; *Wellenkamp*, WM 1993, 2155, 2156 f.; *Drüke*, S. 94.

[487] Vgl. nur *Immenga*, ZHR 140 (1976), 301, 307; *Geßler*, ZHR 140 (1976), 433, 438; *Kantzas*, S. 111; *Sonnenschein*, ZGR 1981, 429, 441.

traglich eingeräumter Rechte die rechtliche Existenz eines Vertragspartners im Ergebnis aufgehoben wird.[488] Mit dieser Argumentation ist jedoch nicht bewiesen, dass es im faktischen Konzern ein vom Vorhandensein einer Minderheit unabhängiges Eigeninteresse der Gesellschaft gibt. Gegen diesen Rückschluss spricht zudem, dass selbst bei Zustimmung aller Gesellschafter zum Beherrschungsvertrag ein Unterschied zwischen der Einmann-Gesellschaft und der Gesellschaft mit außenstehenden Gesellschaftern besteht. Denn die Zustimmung der außenstehenden Gesellschafter ist wohl nicht gleichbedeutend mit einem Verzicht auf jeglichen konzernspezifischen Schutz ihrer jeweiligen Rechtsstellung.

(b) Wertungswiderspruch zur mitbestimmten GmbH

Nun wird vorgebracht, dass sich eine Divergenz von Gesellschafts- und Gesellschafterinteressen in der mitbestimmten GmbH nicht leugnen ließe.[489] In einer GmbH, die zwingend der Mitbestimmung unterliegen würde, seien nämlich als Orientierungsmaßstab für die Geschäftsführung neben den Interessen der Anteilseigner auch solche der Arbeitnehmer und der Öffentlichkeit von Bedeutung, mithin also Interessen, die sich von jenen der Gesellschaft unterscheiden.[490] Wenn nun aber in der mitbestimmten GmbH die Interessen der Gesellschafter nicht identisch seien mit denen der Gesellschaft, müsste dies auch für das Eigeninteresse gelten. Die Zahl der im Unternehmen beschäftigten Arbeitnehmer könne schwerlich allein eine unterschiedliche Behandlung rechtfertigen.[491]

Ob einer solchen Argumentation zugestimmt werden kann erscheint fraglich, wenn man sich den Inhalt eines solchen Interesses ansieht. Dem Unternehmensinteresse wird selbst kein materieller Gehalt zugesprochen, vielmehr bildet es eine variable Größe, die, um rechtliche Verhaltensmaßstäbe setzten zu können, konkretisierungsbedürftig ist. Die Lehre vom Unternehmensinteresse versucht deshalb mittels einer Abwägung der beteiligten Interessen, nämlich der Anteilseigner an der Gewinnerzielung und Substanzerhaltung, der Arbeitnehmer an der Erhaltung ihrer Arbeitsplätze, sowie der Allgemeinheit an der Wertschöpfung im Unternehmen, ein einheitliches Gesamtinteresse abzuleiten und so einen Beurteilungsspielraum für Maßnahmen der Geschäftsführungsorgane zu gewinnen.[492] Damit sind aber die Adressaten der aus dem Eigen- und dem Unternehmenssinteressen folgenden Pflichten nicht identisch. Das Eigeninteresse soll der Dispositionsmacht der Gesellschafter eine Grenze setzen und ist damit allein schon wegen deren Rechte aus Art. 14 GG an höhere Voraussetzungen gebunden als das Unternehmensinteresse. Allein die Tatsache, dass die herrschende Meinung im Geltungsbereich des Mitbestimmungsgesetzes ein eigenständiges Unternehmensinteresse bejaht, in dem sich die Interessen der Arbeitnehmer wiederfinden, gleichzeitig aber eine Berück-

---

488 BGH BB 1979, 1735, 1738.

489 *Belling/v.Steinau- Steinrück*, SAE 1996, 253, 260.

490 *Reuter*, AcP 179 (1979), 509, 510; *Wodicka*, Untreue zum Nachteil der GmbH, S. 151.

491 *Belling/v.Steinau-Steinrück*, SAE 1996, 253, 260; ähnlich *Wodicka*, S. 152.

492 *Raiser*, in: FS f. R. Schmidt, S. 101, 105 ff.; *Raisch*, in: FS f. Hefermehl, S. 347, 348 ff. (insbes. 356) f.); *Schilling*, ZHR 144 (1980), 136, 144; *Sonnenberger*, GmbHR 1973, 25, 27.

sichtigung anderer Interessen als der der Gesellschafter im Bereich des Eigeninteresses ablehnt, vermag einen brauchbaren Wertungswiderspruch nicht zu begründen.

(c) Die Gesellschaft als Bezugspunkt für Schutzpflichten zu Gunsten Dritter

Entgegen der im Schrifttum vertretenen Ablehnung eines weitergehenden Eigeninteresses ist es jedoch nichts Ungewöhnliches, wenn das primär als Organisationsrecht gestaltete Recht der Verbände mit der Einführung solcher Wertungsbegriffe wie dem Eigeninteresse sachlichen Anforderungen gegenüber geöffnet werden soll.[493] Dies geschieht indem Gedanken des Individualschutzes auf eine höhere Ebene, nämlich auf die der Gesellschaft gehoben und dadurch objektiviert werden. Dadurch entsteht neben dem Individualschutz ein weiteres schutzwürdiges Interesse, das den Beteiligten Verhaltenspflichten auferlegt, wobei beide Interesse voneinander abhängig sind.[494] Auch durch das in der „ITT"-Entscheidung zum Ausdruck kommende „Gesellschaftsinteresse" wurden schon Gedanken des Interessenschutzes – die der Minderheit in der Gesellschaft – auf eine höhere Ebene projeziert, um eine der Mehrheitskompetenz unterliegenden unternehmerischen Entscheidungsbereich einer Sachkontrolle unterwerfen zu können. Ebenso wird beim Unternehmensinteresse versucht, aus den verschiedenen Interessen, die in einem Unternehmen zusammenlaufen, ein einheitliches Gesamtinteresse abzuleiten und so einen Beurteilungsspielraum für Maßnahmen der Geschäftsführungsorgane zu gewinnen.

Auch wenn die GmbH damit „lediglich" Bezugspunkt[495] der Schutzpflichten zu Gunsten Dritter ist, kann man doch von einem Eigeninteresse der Gesellschaft sprechen. Zum einen ist dieses Interesse für den Alleingesellschafter, bzw. die einstimmige Gesellschaftergesamtheit nicht disponibel und zum anderen ist und bleibt nur die Gesellschaft Trägerin dieses Interesses, die hieraus resultierenden Pflichten bestehen nur ihr gegenüber, aber nicht gegenüber Dritten. Sie ist sozusagen der Anspruchsinhaber. Der somit bewirkte mittelbare Schutz der Gläubigerbelange, also im Hinblick auf die Befriedigung ihrer Forderungen, kann damit nicht von anderen Fällen des GmbH-Interesses abgegrenzt werden.[496] Wie die Gegenüberstellung zum Gesellschaftsinteresse i.S.d. „ITT"-Entscheidung gezeigt hat, kommt diesem Interesse nur ein geringerer Schutzumfang zu, da es erst bei Herbeiführung der Insolvenz die Haftung des Alleingesellschafters auszulösen vermag. Die Pflichten des Alleingesellschafters mögen damit zwar weniger intensiv sein, jedoch sind es Pflichten gegenüber dem Eigeninteresse der Gesellschaft.

Zudem geht das GmbH-Gesetz prinzipiell den Weg, die Gläubiger in der Weise zu schützen, dass der ihnen zur Verfügung stehende Haftungsfonds vor schädigenden Zugriffen der Gesellschafter abgesichert wird.[497] Namentlich die Kapitalauf-

---

493 *Limmer*, S. 26.
494 *Assmann*, JZ 1986, 928, 931; *Burgard*, WM 1993, 925, 926.
495 *Zöllner*, S. 73 ff., spricht davon, dass das Unternehmen ein Objekt darstellt, auf welches sich die Interessen anderer Träger richten; *Schön*, ZGR 1996, 429, 438.
496 *Ulmer*, ZIP 2001, 2021, 2026.
497 *Belling/v.Steinau-Steinrück*, SAE 1996, 253, 259.

bringungsvorschriften der §§ 7 Abs. 3, 9, 9a, 9b, 19 Abs. 2, 24 GmbHG und die Kapitalerhaltungsvorschriften der §§ 30, 31, 33, 43 Abs. 3 GmbHG verwirklichen einen der Disposition auch des Alleingesellschafters entzogenen Bereich, der allein den Gläubigerinteressen zu dienen bestimmt ist. Die Durchsetzung von für schutzwürdig erachteten Interessen eines Rechtsträgers, hier die des Gläubigers, muss also nicht unbedingt auch diesem Rechtsträger zugewiesen sein. Vielmehr wird der Drittschutz auch in den gesetzlich geregelten Fällen dadurch verwirklicht, dass der entsprechende Anspruch der juristischen Person gewährt wird.[498]

Wenn die Vertreter der herrschenden Meinung ein eigenständiges Interesse der Gesellschaft ablehnen und trotzdem den Schutz von Drittinteressen für denkbar erachten, zeigt sich, dass es sich im Endeffekt um eine rein begriffliche Problematik handelt, ob Drittinteressen Eingang in das Eigeninteresse finden können.[499] Warum aber dem ohnehin technische Begriff der juristischen Person zum Schutze nachgewiesener Drittinteressen nicht ein Eigeninteresse außerhalb der genannten Vorschriften zugesprochen werden sollte, erscheint angesichts der Regelungstechnik des Gesetzes mehr als unverständlich. Solange bei der Diskussion um ein eigenständiges Bestandsinteresse deutlich bleibt, dass die GmbH nur als Trägerin von Drittinteressen instrumentalisiert wird, um auf diese Weise den notwendigen Gläubigerschutz zu gewährleisten[500], dürfte heraufbeschworene Gefahr, durch die Suggestivkraft des Begriffes des Eigeninteresses werde der fälschliche Eindruck vermittelt die Gesellschaft habe wie eine natürliche Person ein Interesse an ihrer Existenz, nicht bestehen[501].

Selbst wenn man den Begriff des Verbandsinteresses in dem Sinne verwendet, dass hierin eine Hilfsvorstellung zu erblicken ist, unter die diejenigen Einzelinteressen der Mitglieder eines Verbandes zusammengefasst und herausgehoben werden, zu deren Verfolgung die Vereinigung gegründet wurde[502], so sind damit die Interessen im Einzelfall jedoch nur durch eine Bezugnahme auf den Zweck des Verbandes zu ermitteln. Der Zweck der Gesellschaft ist damit ein Mittel, um den

---

[498] Zum selben Ergebnis kommt Altmeppen, nach dessen Ansicht eine Durchgriffshaftung dem Grundgedanken des Kapitalgesellschaftsrechts widerspricht, welcher eine Innenhaftung voraussetzt, vgl. hierzu *Altmeppen*, ZIP 2002, 961, 966.

[499] Hier ist vor allem auf *Zöllner* zu verweisen, der zwar wie gesagt ein eigenständiges Interesse bei 100 % Beherrschung ablehnt und Gläubigerschutz nur über die §§ 30, 31 GmbHG für möglich hält, aber andererseits die Konzernhaftung auch für diesen Fall bejahen will. Vgl. Baumbach/Hueck/*Zöllner*, GmbH-KonzernR Rn. 83, 86 f. und 102.

[500] *Keßler*, GmbHR 2001, 1095, 1099, der ein solches instrumentelles Eigeninteresse jedoch nicht für Begründung einer Treuepflicht des Alleingesellschafters ausreichen lassen möchte.

[501] So aber *Bitter*, S. 318 f. u. 538; diese Bedenken hegt auch *Drygala*, GmbHR 2003, 729 f.; *Lutter/Banerjea*, ZGR 2003, 402, 439 f.; wie hier *Westermann*, NZG 2002, 1129, 1135, der schreibt, dass die angemessene Rücksicht auf Eigenbelange der Gesellschaft kein „Mythos", sondern die Kennzeichnung einer Pflicht ist; vgl. auch *Mödl*, JuS 2003, 14, 16; *Habersack*, in: Emmerich/Habersack, Aktien- und GmbH-Konzernrecht, Anh. § 318 Rn. 34; eine Bedenklich weitgehende Formulierung wählt Wrede, die davon spricht, dass die Gesellschafter neben der Verpflichtung der Gesellschaft das notwendige Kapital zu erhalten auch verpflichtet seien, den Bestand der Gesellschaft „per se" zu schützen, vgl. *Wrede*, NuR 2003, 593, 596.

[502] Vgl. hierzu *Zöllner*, S. 17 ff.

Sonderinteressen der Mitglieder eine gemeinsame Richtung zu geben.[503] Dieser Zweck enthält nach den hier erarbeiteten Ergebnissen in seinem nicht disponiblen Bereich allerdings die Wahrung der Funktionsfähigkeit des Haftungsträgers, wodurch mittelbar Drittinteressen geschützt werden. Diese sind also eine nicht entziehbare Grenze für die Sonderinteressen der Mitglieder, egal ob nun Minderheitsgesellschafter an der GmbH beteiligt sind oder nicht. Das Verbandsinteresse gibt in beiden Fällen eine objektive und praktikable Vorgabe, an Hand der bestimmt werden kann, ob ein Gesellschafter hiergegen verstößt. Das Verbandsinteresse wird folglich weiterhin nur durch Gesellschafterinteressen bestimmt, die jedoch ihren „Willen" – unabhängig vom Vorhandensein weiterer Gesellschafter – von vornherein „nur" in diesem Rahmen ausüben können.

Zu diesem Ergebnis gelangt man auch, selbst wenn man zwischen den Haftungsverbandsinteressen und den Personenverbandsinteressen unterscheidet. Die Gegenansicht leitet zwar gerade hieraus ihre Ablehnung der Einbeziehung der Gläubigerinteressen in die Verbandsinteressen ab.[504] Jedoch räumt auch die Gegenansicht ein, dass der juristischen Person in ihrer Funktion als Vermögens- und Haftungssubjekt innerverbandsrechtlich selbstständige Interessen zukommen, die auch gegenüber der Mitgliedergesamtheit gelten.

Wenn nun gerade die Interessen als Haftungssubjekt einen Bestandsschutz erfordern, muss auch dieser Bereich neben den §§ 30 f. GmbHG ein Teil der unentziehbaren Interessen der GmbH darstellen. Dabei macht es keinen Unterschied, ob man dieses Haftungsverbandsinteresse wie nach hier vertretener Auffassung als Teil des Verbandsinteresses versteht oder eine Unterteilung vornimmt, solange nach beiden Auffassungen diese Interessen nicht mit den Interessen der Gesellschaftergesamtheit identisch sind und somit die Pflicht zur angemessenen Rücksichtsnahme der Gesellschafter begründen können.

cc) Zwischenergebnis

Wie die Darstellung zum Bestandsschutz der Gesellschaft gezeigt hat, ist die rechtliche Verselbstständigung der GmbH nicht so weitgehend, wie die der Aktiengesellschaft gegenüber ihren Anteilseignern. Jedoch wird auch hier durch die Gründung ein Rechtsträger geschaffen, bei dem neben organisatorischen Regeln besonders die Möglichkeit einer Haftungsbeschränkung auf das Gesellschaftsvermögen eine Rolle spielt. Demzufolge ist auch in der GmbH die einzige der Gesellschaft verbleibende und nicht der Dispositionsmacht der Gesellschafter unterfallende Funktion, die eines Haftungsträgers, der seinen Gesellschaftern das wirtschaftliche Risiko ihrer unternehmerischen Tätigkeit abnimmt. Das Bestandsinteresse ist damit aber nichts anderes als ein Bündel berechtigter Erwartungen des Rechts- und Geschäftsverkehrs, die die Gesellschafter mit Gründung und Betrieb der Kapitalgesellschaft hervorrufen.[505]

---

[503] *Müller-Erzbach*, AcP 154, 299, 316 f.

[504] *Zöllner*, S. 21 f.

[505] *Wiedemann/Hirte*, in: FS 50 Jahre BGH – Festgabe der Wissenschaft, Bd. II, S. 337, 353.

Das Eigeninteresse der GmbH, verstanden als Verbot existenzgefährdender Einflussnahmen, verfolgt damit selbstverständlich nicht den Selbstzweck, die juristische Person GmbH um ihrer selbst willen zu schützen. Wie die Diskussion um den Begriff des „Unternehmens an sich" gezeigt hat, bedarf das Interesse der Gesellschaft vielmehr eines personalen Substrats. Die juristische Person ist „lediglich", wie es zu ihrem Wesen gehört, Zentrum einer Vielzahl von hinter ihr stehenden Interessen. Ihr Eigeninteresse ist also nur der Sammelpunkt dieser Einzelinteressen.[506] Das Eigeninteresse der Gesellschaft kann demnach nur den Schutz „außenstehender" Dritter im Auge haben. Rechtlich bleibt jedoch die Gesellschaft Trägerin des geschützten Interesses, die Gläubiger sind über sie mittelbar geschützt.[507]

Den Gesellschaftern bleibt bei solch einem Verständnis des Eigeninteresses die Befugnis erhalten, den Gesellschaftszweck jederzeit zu ändern oder die Gesellschaft aufzulösen. Da das Verbot existenzgefährdender Maßnahmen unabhängig von der jeweiligen Satzungsausgestaltung zum Tragen kommt, also ein vorgegebener Kern ist, liegt in der Anerkennung eines Bestandsinteresses eben gerade kein Widerspruch zur Befugnis der Gesellschafter, den Gesellschaftszweck frei zu bestimmen. Für den Fall, dass die Gesellschafter die Gesellschaft auflösen, übernehmen die Liquidationsvorschriften (§§ 60 ff. GmbHG) die Funktion dieses nichtdisponiblen Zwecks.

Die demgegenüber geäußerten Bedenken, es werde ein generalklauselartiges Eigeninteresse der GmbH geschaffen, „aus dem dann in bester begriffjuristischer Weise Folgerungen gezogen werden"[508], sind folglich unbegründet. Das aus den Wertungen des GmbH-Rechts gewonnene Eigeninteresse der Einmann-GmbH beschreibt lediglich einen der Gesellschafterdisposition von vornherein entzogenen Bereich, der der gesellschafterlichen Privatautonomie insoweit Schranken setzt.[509]

Die Gesellschafter können also weiterhin von ihren Recht Gebrauch machen, die Gesellschaft aufzulösen, ohne dabei ein Eingreifen des Eigeninteresses befürchten zu müssen. Unternehmerische Entscheidungen werden, was noch zu zeigen ist, nur unter ganz besonderen Voraussetzungen einer richterlichen Kontrolle unterstellt. Die Beschränkung der Haftung auf das Gesellschaftsvermögen wird durch die Statuierung einer solchen unabdingbaren Pflicht grundsätzlich nicht in Frage gestellt.[510]

b) Ergebnis

Wenn man bzgl. des Bestandschutzgebotes der „Bremer Vulkan"-Entscheidung von einem „rudimentären" Eigeninteresse sprechen will, so sollte dies im Hinblick auf die befürchtete Verwechslungsgefahr mit einem Eigeninteresse bei Vorhandensein eines Minderheitengesellschafters geschehen und nicht etwa, um damit eine

---

[506] *Limmer*, S. 39.
[507] *Ulmer*, in: FS f. Pfeiffer, S. 853, 860.
[508] Baumbach/Hueck/*Zöllner*, GmbH-KonzernR Rn. 83.
[509] So auch das OLG Karlsruhe, GmbHR 1998, 235 (LS); so ist wohl auch *Wimmer-Leonhardt*, S. 273, zu verstehen.
[510] Dies gilt jedenfalls solange die auf dem Verstoß gegen diese Pflicht beruhende Haftung nicht verschuldensunabhängig ist, vgl. hierzu Erg. bei B) II. 1) c) bb) aaa).

qualitative Abgrenzung zu den sonstigen GmbH-Eigeninteressen aufzubauen. Das Eigeninteresse bei Vorhandensein eines Minderheitengesellschafters verbietet im Grundsatz vermeidbare, nicht kompensierte Schädigung des Vermögens und der Ertragsaussichten der lebenden Gesellschaft, während das „rudimentäre" Eigeninteresse missbräuchliche Verhaltensweisen erst dann eine Grenze setzt, wenn diese Verhaltensweise die Insolvenz der abhängigen GmbH zur Folge hat.[511] Mag es auch zulässig sein, aus Besorgnis um eine Verwechslungsgefahr das hier herausgearbeitete Eigeninteresse des Gesellschaft als „rudimentär" zu bezeichnen, so bleibt es doch ein Eigeninteresse der GmbH, das sich von den anderen Interessen nur in einem Merkmal hinsichtlich der Reichweite des Verbotstatbestandes unterscheidet.[512] Es ist aber nicht eine neben einem Eigeninteresse i.S.d. „ITT"-Entscheidung bestehende „andersartige" Kategorie, die eine Treuepflicht des Alleingesellschafters nicht zu begründen vermag.[513]

Die Treuepflicht gegenüber der Gesellschaft ist nichts anderes als die Bindung des Gesellschafters an den Gesellschaftszweck bei allen Maßnahmen, die materiell den Bereich der Geschäftsführung zuzuordnen sind. Wenn die Vertreter der Gegenmeinung eine Treuepflicht nur für sinnvoll erachtet, wenn Interessen anderer Gesellschafter betroffen sind, übersehen sie hierbei, dass diese Interessen auch durch den Gesellschaftszweck bestimmt werden. Wie in der vorangegangenen Untersuchung festgestellt wurde, gibt es einen als „Eigeninteresse" zu bezeichnenden Gesellschaftszweck, der hier einen Bereich eröffnet, in dem die Treuepflicht zur Gesellschaft nicht mehr zur Disposition der Gesellschafter steht, und dies unabhängig von der Tatsache, ob es sich um eine mehrgliedrige Gesellschaft handelt oder nicht.

Die Treuepflicht wird der GmbH als Zweckgebilde geschuldet. Zu diesem Zweck zählt nach den hier gefundenen Ergebnissen auch die Respektierung der Funktionsfähigkeit der Gesellschaft als ein Haftungsträger, welcher die durch die Haftungstrennung bewirkte Beeinträchtigung der Gläubigerinteressen abfangen soll.[514] Es geht folglich um den Schutz des aufgebrachten und einem bestimmten Zweck gewidmeten Vermögens vor existenzvernichtenden Eingriffen der Gesellschafter.[515] Eine Verletzung dieser Zwecksetzung führt zu einem Schadensersatz-

[511] *Röhricht*, in: Festschrift 50 Jahre BGH, S. 83 u. 104; *K. Schmidt*, GesR, § 39 III 2 c), S. 1223; damit dürfte auch dem Einwand Zöllners genüge getan sein, nach dessen Ansicht die Reichweite und Intensität der Schutz- und Rücksichtspflichten des Einmann-Gesellschafters der mitgliedschaftlichen Treuepflicht gegenüber der Minderheit nicht gleichkommen dürfe, vgl. *Zöllner* in: ZHR 162 (1998), 235, 239, genüge getan sein.

[512] *Ulmer*, in: ZHR-Beiheft 70 (2001), 41, 56.

[513] a.A. *Keßler*, GmbHR 2001, 1095, 1099.

[514] Dies verkennt Schramm, wenn er schreibt, dass mit der Einbeziehung der Gläubigerinteressen der Treuepflichtlösung fremde Erwägungen aufgezwungen würden, da sie normalerweise allein auf das Verhältnis zwischen den Gesellschaftern und der Gesellschaft beschränkt ist, vgl. *Schramm*, S. 86.

[515] Dies übersieht *Altmeppen*, in: ZIP 2002, 961, 966, wenn er schreibt, dass sich nach dem Leitbild des Kapitalgesellschaftsrechts jeder Gesellschafter (auch der Alleingesellschafter) darauf beschränken darf, den Zweck seiner Gesellschaft durch Leistung der von ihm gezeichneten Kapitaleinlage zu fördern. Dem ist zwar zuzustimmen, jedoch wird der Gesellschafter durch die Haftung wegen existenz-

anspruch der Gesellschaft gegenüber ihrem Alleingesellschafter. Es handelt sich damit in erster Linie um einen der Gesellschaft zustehenden Anspruch. Der Ansatz über die Treuepflicht fügt sich damit ohne Argumentationsbruch in den durch die „Bremer Vulkan"-Entscheidung vorgegebenen Rahmen ein. Es war dem II. Zivilsenat folglich ohne weiteres möglich, die „zweite" Haftungssäule des Urteils auf diese dogmatische Grundlage zu stellen.

4) Organhaftung

Neben der Treuepflicht könnte sich auch der auf Wilhelm zurückzuführende Ansatz einer Organhaftung als dogmatische Grundlage anbieten.[516] Hiernach soll es den Gesellschaftern untersagt sein, für die Gesellschaft nachteilige Geschäfte abzuschließen, und zwar selbst dann, wenn die Existenzfähigkeit der Gesellschaft nicht bedroht wird.[517] Dieser Ansatz findet seine Grundlage in der Forderung nach einer stärkeren Beachtung der rechtlichen Eigenständigkeit der juristischen Person gegenüber ihren Gesellschaftern. Es gelte die historische Vorstellung vom Gesellschaftsvermögen als „wirtschaftliches Eigentum" der Gesellschafter zu überwinden.[518] Die Gesellschafter verfügten, wenn sie auf die Geschäftsführung Einfluss nehmen würden, über fremdes Vermögen, nämlich solches der Gesellschaft. Aus ihrer Stellung als Verwalter fremden Vermögens folge deshalb die Anwendbarkeit des allgemeinen Rechtsgrundsatzes der Pflichtgebundenheit fremdbezogener Machtausübung.[519] Alle Gesellschafter, die allein oder im Zusammenwirken mit anderen, und sei es nur durch Geschehenlassen von Maßnahmen, trotz ausreichenden Einflusses und Übersicht die Geschicke der Gesellschaft mitbestimmen, müssten die Ausübung ihrer Macht an den Regeln kaufmännischer Sorgfalt gemäß § 43 GmbHG ausrichten. Bei Verletzung dieser Sorgfaltspflicht würden sie deshalb wie ein Geschäftsführer auf Schadensersatz haften.[520]

a) Die modifizierte Organhaftung

Zur Argumentation bezüglich des Wesens der juristischen Person wurde schon an anderer Stelle ausreichend Stellung bezogen.[521] Die Ablehnung dieses Aspektes führt jedoch noch nicht zwangsläufig dazu, den Organhaftungsansatz von vornherein abzulehnen. Vielmehr ist zu untersuchen, ob die hier getroffenen Feststellungen zum Eigeninteresse der abhängigen Einmann-GmbH eine Modifizierung dieses Ansatzes rechtfertigen könnten. Dies erscheint nicht unmöglich, denn gerade durch

---

vernichtender Eingriffe nicht zu einer Förderung des Zwecks verpflichtet, sondern für einen Verstoß gegen diesen Zweck zur Rechenschaft gezogen; wie hier *Mödl*, JuS 2003, 14, 16.

516 *J. Wilhelm*, Rechtsform, S. 285 ff., 330 ff. u. 344 ff.

517 Dem Ansatz angenähert: *Flume*, BGB Allg. Teil Bd. I/2, S.61, 85 ff; *K.Schmidt*, GesR, § 40 III 3 c), S. 1257; *ders.*, ZIP 1988, 1497, 1505; *Schulze-Osterloh*, ZGR 1983, 123 ff.; a.A.: BGHZ 95, 330, 340; *Lutter*, ZIP 1985, 1425, *Hüffer*, NJW 1982, 428 ff.; *Stein*, Das faktische Organ, S.171 u. 178 ff.; *Schanze*, AG 1982, 42, 43; *Ulmer*, in: FS f. Pfeiffer, S. 864 f., *Vonnemann*, BB 1990, 217 ff., *Drygala*, S.109 ff.

518 *J.Wilhelm*, Rechtsform, S. 344 ff.

519 *J.Wilhelm*, Rechtsform, S. 337.

520 *J. Wilhelm*, Rechtsform, S. 355 f.

521 Vgl. hierzu die Darstellung bei B) III. 3) a) bb) bbb) (4).

den Organhaftungsansatz wird der Alleingesellschafter einem Pflichtenmaßstab unterworfen, der ein von den Gesellschafterinteressen unabhängiges Eigeninteresse voraussetzt.

Von der Brauchbarkeit dieses Ansatzes geht jedenfalls eine neuere Meinung im Schrifttum aus, die einen Lösungsansatz für die Probleme im faktischen Konzern dadurch gewinnt, dass sie die Lehre von der Organhaftung mit dem von ihr akzeptierten „rudimentären Eigeninteresse" der Einmann-Gesellschaft verbindet.[522] Weil es ein Eigeninteresse der GmbH i.S. einer Gläubigerschutzgrenze geben würde, führe auch der Alleingesellschafter fremde Geschäfte, wenn er über das zur Gläubigerbefriedigung erforderliche Vermögen verfüge. Im Gegensatz zum ursprünglichen Organhaftungsansatz wird allerdings nicht § 43 GmbHG als Verschuldensmaßstab zugrundegelegt, sondern eine analoge Anwendung des § 93 Abs. 5 S. 2 und 3 AktG favorisiert.[523] Auch der Alleingesellschafter gerate in eine unverzichtbare Haftung, wenn er unter Verstoß gegen den Mindeststandard unternehmerischer Sorgfalt das zur Gläubigerbefriedigung benötigte Kapital vernichte und hierdurch die Insolvenz der Gesellschaft bewirkt habe.

b) Kritik am modifizierten Organhaftungsansatz

Ob einem solchem modifizierten Organhaftungsansatz die Gefolgschaft versagt werden muss, soll im Weiteren überprüft werden.

aa) Einwand der Dispositionsbefugnis der Gesellschaft

Gegen den Organhaftungsansatz wird angeführt werden, dass er nicht erklären kann, warum es sich bei den Schadenersatzansprüchen aus § 43 GmbHG nicht um dispositive Ansprüche der Gesellschaft handelt. Insoweit ist denjenigen Stimmen in der Literatur zuzustimmen, die bezüglich einer Ablehnung dieser Lösung auf die Disponibilität der Haftung aus § 43 GmbHG zurückgreifen.[524] Aus der Fremdheit der Vermögensmasse lässt sich eine Sorgfaltshaftung, die den Gläubigern einen nicht entziehbaren Schutz gewährt, jedenfalls nicht entwickeln. Ein solches Ergebnis kann sich vor allem auf einen Vergleich zu den §§ 9b, 43 Abs. 3, 64 Abs. 2 S. 3 GmbHG stützen, in denen zum Schutz der Gläubiger die grundsätzliche Möglichkeit des Anspruchsverzichts beschränkt wird. Erst die Einbeziehung von schützenswert erachteten Drittinteressen rechtfertigt einen unverzichtbaren Anspruch der GmbH.[525] Folglich greift der allein auf die Beziehung des Gesellschafters zur GmbH abstellende Ansatz in diesem Punkt zu kurz.

Diesen Fehler vermeidet die modifizierte Organhaftungstheorie, da sie die Fremdheit des Vermögens und die fehlende Dispositionsmacht der Gesellschafter mit einer Grenze im Interesse Gläubiger begründet. Die bisherigen Ergebnisse haben gezeigt, dass man von der Dispositionsbefugnis des Gesellschafters über die Ersatzansprüche der Gesellschaft nicht auf die Zulässigkeit von nachteiligen Maß-

[522] *Altmeppen*, ZIP 2001, 1837, 1843 f.
[523] *Altmeppen*, ZIP 2002, 961, 967; zu dieser These mehr beim Verschuldensmaßstab.
[524] *Vonnemann*, BB 1990, 217, 219; *Fleck*, GmbHR 1974, 224, 227 ff.; Baumbach/Hueck/*Zöllner*, § 43 Rn. 28, 37 ff.; Scholz/*Schneider*, § 43 Rn. 187 ff.
[525] *Drüke*, S. 46.

nahmen schließen kann. Nun wird man sicherlich einwenden, dass der Alleingesellschafter, der zugleich Geschäftsführer ist, sich damit aber immer von seiner Haftung gegenüber den Gläubigern freistellen könnte. Zieht man allerdings die bisherigen Ergebnisse der Untersuchung heran, wird deutlich, dass dem Alleingesellschafter ein solches Privileg nicht zukommt. Verzichtet er auf den gegen ihn gerichteten Anspruch, macht er sich selbst gegenüber der Gesellschaft, und damit mittelbar gegenüber den Gläubigern, haftbar.[526]

bb) Einwand der Unvereinbarkeit mit der Kompetenzverteilung der GmbH

Die grundsätzliche Disponibilität der Haftung aus § 43 GmbHG kann somit nicht gegen eine Brauchbarkeit des Organhaftungsansatzes herangezogen werden. Um so ernster ist jedoch der Hinweis zu behandeln, dass die Überlegungen zur Organhaftung mit dem klassischen, an der selbstständigen GmbH als unverbundenen Unternehmen orientierten Recht unvereinbar seien.[527] Für die Gegner der Organhaftungstheorien ist es dogmatisch nicht begründbar, die Gesellschafter trotz ihrer Stellung als „Herren der Gesellschaft" einer organschaftlichen Haftung gegenüber der GmbH zu unterwerfen. Die Thesen der Organhaftungslehre würden ohne zwingenden Anlass die gesetzliche Kompetenzverteilung zwischen Geschäftsführern und Gesellschaftern durchbrechen, die den Gesellschaftern die Einflussnahme auf die Geschäfte der GmbH ermögliche, ohne sie deswegen den für Geschäftsführer geltenden organschaftlichen Handlungspflichten und entsprechenden Haftungssanktionen zu unterstellen.[528] Der Gesetzgeber habe die Kompetenzen und die Pflichten in der Gesellschaft klar verteilt. Und diese Verteilung sehe nun einmal nur eine Haftung der Geschäftsführer aus § 43 GmbHG vor. Angesichts des vom Gesetzgeber gewollten umfassenden Weisungsrechts der Gesellschafter ließe sich gerade nicht behaupten, es handele sich um eine planwidrige Regelungslücke, die durch die Verantwortung der Gesellschafter zu schließen sei.[529] Vielmehr würde durch die Bindung des legale Weisung erteilenden Gesellschafters an die Verantwortlichkeit des angewiesenen Organs die prinzipiell unbeschränkte Herrschaft der Gesellschafter über die Gesellschaft der durch seine treuhänderische Bindung stark eingeschränkten Stellung des Geschäftsführungsorgans in systemwidriger Weise angeglichen und damit ein wesentliches Strukturprinzip der Kapitalgesellschaft durchbrochen.[530]

---

[526] Vgl. Erg. ab B) II. 1) c) bb) ccc) (3) (b).

[527] *Schanze*, AG 1982, 42, 44; *Ulmer*, ZHR 148 (1984), 391, 414; *Drygala*, S. 108; *Westermann*, NZG 2002, 1129, 1134; bzgl. einiger Aspekte auch *Altmeppen*, ZIP 2001, 1837, 1843.

[528] *Hüffer*, NJW 1982, 428, 429, der davon spricht, dass die Einordnung als Sorgfaltshaftung die Inanspruchnahme der Gesellschafter nicht zu Unrecht in die Nähe des Normalen rückt.

[529] *Ulmer*, ZHR 148 (1984), 391, 414 u. 416; *ders.*, GmbHR 1984, 256, 262 f.; *Möhring*, S. 85; *Sonntag*, Konzernbildungs- und Konzernleitungskontrolle bei der GmbH, S. 47.

[530] *Stein*, S. 154.

aaa) Schadenersatzpflicht für Einflussnahmen nach der bisherigen Rechtsprechung

Bezüglich dieses Kritikpunktes kann man auf ein Urteil des BGH vom 10.12.1984[531] verweisen, in dem dieser entschied, dass die Mitgesellschafter auf Schadensersatz haften, wenn sie schuldhaft durch Einflussnahmen auf die Geschäftsführung einem anderen Gesellschafter zu einer unzulässigen Auszahlung (§ 30 GmbHG) verhelfen. Der BGH begründet diesen Haftungsanspruch damit, dass Adressat des in § 30 GmbHG normierten Auszahlungsverbotes nicht nur der Geschäftsführer sei, sondern auch der Gesellschafter.[532] In der Sache bedeutet dies eine Einschränkung der Dispositionsbefugnis der Gesellschafter, denn auch mit Zustimmung aller Gesellschafter darf das zur Erhaltung des Stammkapitals erforderliche Gesellschaftsvermögen nicht an einzelne Gesellschafter ausgeschüttet werden. Auf einer ähnlichen Linie liegt die Entscheidung des BGH vom 28.09.92[533], in dem ohne weiteres davon ausgegangen wird, dass der nichtunternehmerische Alleingesellschafter der Haftung aus § 43 Abs. 2 GmbHG unterfallen kann. Das Gericht zweifelt nur an der Tatsache, ob der Gesellschafter einer strengeren Haftung unterliegt als der organschaftliche Vertreter. Zudem ist entgegen der von der herrschenden Meinung vertretenen Ansicht das Schweigen des Gesetzes zu möglichen Haftungssanktionen für nachteilige Weisungen nicht beredend im Sinne eines ausdrücklichen Verzichts auf eine Haftung[534], weshalb die diesbezüglich vorgetragene Argumentation nicht überzeugen kann.

bbb) Fremde Geschäfte des Alleingesellschafters?

Wie schon in den Ausführungen zur Treuepflicht festgestellt werden konnte, gibt es ein Eigeninteresse der Gesellschaft, welches nicht zur Disposition der Gesellschafter steht. Folglich ist legitim, wenn die modifizierte Organhaftungstheorie von einen Bereich ausgeht, über den die Gesellschafter nicht „frei" disponieren können. Ob man allerdings allein aus dieser im Gläubigerinteresse zu achtenden Grenze zwingender Weise folgern muss, dass das herrschende Unternehmen hier „fremde Geschäfte" seiner GmbH führt, ist fraglich.[535] Nach den Thesen der modifizierten Organhaftungstheorie soll es jedenfalls, soweit das Gesellschaftsvermögen der GmbH nicht disponibel ist (§§ 30, 31, 43 Abs.3 GmbHG), nicht mehr um die GmbH des Alleingesellschafters gehen, sondern um die der Gläubiger, denen das zu ihrer Befriedigung benötigte Vermögen erhalten werden soll.[536]

Wenn man ein Eigeninteresse der Einmann-GmbH anerkennt, wird damit über die gesetzlichen Vorschriften hinaus ein Bereich begründet, über den auch der Alleingesellschafter nicht verfügen kann, weshalb es nahe liegen könnte, in diesem Bereich von „fremden" Geschäften auszugehen. Für eine solche Sichtweise könnte zudem eine Formulierung im „Bremer Vulkan"-Urteil sprechen, in der es heißt: als

---

[531] BGHZ 93, 146 ff.

[532] BGHZ 93, 146, 149.

[533] BGHZ 119, 255, 261.

[534] Vgl. Erg. bei B) II. c) bb) ccc) (3) (a).

[535] Für die Einordnung als fremdes Vermögen spricht sich auch *Wilhelm* aus, vgl. *Wilhelm*, NJW 2003, 175, 179.

[536] *Altmeppen*, ZIP 1999, 881, 883.

Alleingesellschafter „...hatte sie (die BVV) jedoch die Pflicht, das Vermögen von MTW insoweit zu betreuen, als sie bei ihren Dispositionen..." die angemessene Rücksicht üben müssen.[537] Wenn der II. Zivilsenat im Zusammenhang mit der Pflicht zur Bestandserhaltung der Einmanngesellschaft von „betreuen" spricht, legt dies in der Tat die Vermutung nahe, dass auch der BGH der Auffassung zuneigen könnte, dass der Alleingesellschafter fremde Geschäfte führt, wenn er mit dem zur Gläubigerbefriedigung erforderlichen Vermögen umgeht.

cc) Stellungnahme

Erblickt man in der Treuepflicht das Korrektiv für das in der Mitgliedschaft verkörperte Einflusspotential des GmbH-Gesellschafters, so erscheint dies insbesondere vonnöten, wenn ein Gesellschafter nicht nur über ein hohes Maß an Einfluss verfügt, sondern zugleich ein anderweitiges unternehmerisches Interesse verfolgt. Das herrschende Unternehmen unterliegt daher einer „gesteigerten" Treuepflicht, die ihm im Bereich der Existenzgefährdung das unternehmerische Risiko der abhängigen Gesellschaft zuweist, wenn er die ihm obliegende Treuepflicht dadurch verletzt, dass er die Existenz der Gesellschaft in unangemessener Art und Weise zerstört. Wegen des anzuerkennenden Eigeninteresses der Gesellschaft besteht aber auch ein Bereich, über den die Gesellschafter nicht „frei" disponieren können, was für die dogmatische Verankerung der zweiten Haftungssäule des „Bremer Vulkan"-Urteils in einem Ansatz über eine Organhaftung sprechen könnte.

Es wurde unlängst darauf hingewiesen, dass für beide Lösungen gute Argumente vorgebracht werden können.[538] Für die Treuepflicht kann angeführt werden, dass das Sonderrechtsverhältnis zwischen der abhängigen GmbH und dem herrschenden Unternehmen ebenso wie die Einflussmöglichkeit auf der Mitgliedschaft beruhe.[539] Für die Sorgfaltshaftung spricht, dass hiermit ein dogmatisch klarer Anknüpfungspunkt an ein klassisches Haftungsinstitut zur Verfügung gestellt wird.[540] Gegen ein organschaftliches Haftungsmodell spricht jedoch, dass der individuelle GmbH-Gesellschafter nicht, wie ein Aufsichtsrat, ein für jede Sorgfaltspflichtverletzung haftendes Gesellschaftsorgan, wohl aber ein ihr durch Treuepflicht verbundenes Mitglied ist.[541] Warum also haftungsrechtliche Vorschriften aus dem Bereich der Geschäftsführung heranziehen, wenn ein im Gesellschaftsrecht anerkanntes Rechtsinstitut zur Verfügung steht, das den haftungsbegründenden Umstand erfasst? Seit der für den Gläubigerschutz im einfachen faktischen Konzern grundle-

[537] BGHZ 149, 10, 16 f.(= ZIP 2001, 1874, 1876).

[538] *K.Schmidt*, GesR, § 39 III 2 c), S. 1222, der beide Ansätze als Lösung für den faktischen GmbH-Konzern bespricht, sich aber im Ergebnis wegen des nachfolgend zuerst zitierten Arguments für den Weg über die mitgliedschaftliche Treuepflicht entscheidet; diese Ansätze auch für den faktischen GmbH - Konzern diskutierend *Geitzhaus*, GmbHR 1989, 397, 403 f.; da, wie schon gesagt, mit dem „Bremer Vulkan"-Urteil die Haftungsgrundsätze zum qualifiziert faktischen Konzern aufgegeben wurden, können diese Ansätze zum faktischen Konzern ohne weiteres in die Besprechung einer dogmatischen Grundlage eingebunden werden.

[539] *K.Schmidt*, GesR, § 39 III 2 c), S. 1222.

[540] So *Altmeppen*, ZIP 2001, 1837, 1843.

[541] OLG Jena, ZIP 2002, 631, 633; *K. Schmidt*, NJW 2001, 3577, 3580; *ders.*, GesR, § 39 III 2 c), S. 1222.

genden „ITT"-Entscheidung ist es wohl als allgemeiner Konsens zu bezeichnen, dass der Mehrheitsgesellschafter nicht nur im Verhältnis zur Gesellschaft, sondern auch im Verhältnis der Gesellschafter untereinander Treue schuldet, deren schuldhafte Verletzung einen Schadenersatz auslöst.[542] Im Hinblick auf das oben festgestellte Bestehen der Treuepflicht des Alleingesellschafters wird man deshalb den Stimmen Recht geben müssen, die es als seltsame Regelungstechnik empfinden, einen Verstoß eines Gesellschafters gegen die ihm gesetzten Schranken dadurch zu sanktionieren, dass man ihn als (Quasi-)Fremdgeschäftsführer behandelt, obwohl mit der Treuepflichtkonzeption ein seiner Stellung angebrachteres Haftungsinstitut zur Verfügung steht.[543]

Gegen die modifizierte Organhaftungstheorie kann zudem vorgetragen werden, dass auch der Mehrheitsgesellschafter gegenüber den Minderheitsgesellschaftern zur Interessenwahrung verpflichtet ist und trotz dieser Beschränkung seines Handlungsspielraums nicht wie jemand behandelt wird, der fremde Geschäfte führt. Einen Unterschied zwischen dem hier zugrunde gelegten Eigeninteresse und den Interessen der Minderheitengesellschafter dergestalt, dass nur bei ersterem sich das Vermögen in eine „fremde" Vermögensmasse wandelt, ist jedoch nicht ersichtlich. Dies sollte genügen, um von der Idee einer Organhaftung des Alleingesellschafters Abstand zu nehmen.

5) Stellungnahme zu Gunsten der Treuepflichtkonzeption

Wie die Ergebnisse zeigen, war es dem BGH möglich, für die dogmatische Grundlage der zweiten Haftungssäule auf die Treuebindung des Alleingesellschafters zu seiner Gesellschaft abzustellen.[544] Entgegen der im „KBV"-Urteil getroffenen Entscheidung des BGH für eine Durchgriffshaftung der Gesellschafter wäre eine Entscheidung in dieser Richtung auch die allein vertretbare gewesen, da allein diese dogmatische Herleitung der Haftungsgrundlage die mit dem GmbH-Recht vereinbare Lösung darstellt.[545]

a) Einheitlicher Haftungstatbestand für ein- und mehrgliedrige GmbH

Dies muss um so mehr gelten, wenn man bedenkt, dass in der mehrgliedrigen Gesellschaft aus der Treuebindung des herrschenden Unternehmers ein allgemeines Schädigungsverbot folgt. Nach der „ITT"-Entscheidung muss auch der Mehrheitsgesellschafter aufgrund seiner gesellschaftsrechtlichen Treuepflicht bei der Ausübung seines Einflusses angemessene Rücksicht auf die Interessen der Minderheit nehmen.[546] Wenn der BGH nun auch in der Einmann-GmbH von der angemesse-

[542] Deshalb kann nicht zugestimmt werden, wenn die Haftung des Mehrheitsgesellschafters mit einer Analogie zu § 43 GmbHG begründet wird. Der BGH weist zwar auf § 43 GmbHG hin, dabei zieht er diese Vorschrift jedoch nicht als Grundlage, sondern als Maßstab der Haftung heran, vgl. hierzu ausführlich *H.J.Mertens*, in. FS Fischer, S. 461, 463.

[543] *Ulmer*, ZIP 2001, 2021, 2025 f.; *ders.*, JZ 2002, 1049; *Lutter/Banerjea*, ZGR 2003, 402, 410; *Wilhelmi*, DZWIR 2003, 45, 51.

[544] *Hölzle*, ZIP 2004, 1729, 1734.

[545] So auch *Schramm*, S. 141.

[546] BGHZ 65, 15 ff.

nen Rücksicht auf die Eigenbelange der Gesellschaft spricht, hätte es nahe liegen müssen, dies auch auf die Treuebindung des Alleingesellschafters zurückzuführen.

Für ein Abstellen auf die Treuepflicht des Alleingesellschafters hätte weiterhin gesprochen, dass mit der Anknüpfung des Haftungsmodells an dieses Institut zugleich ein einheitlicher Haftungstatbestand für die mehr- und eingliedrige Gesellschaft begründet wird. Eine Unterscheidung – im Hinblick auf die Haftungsgrundlage – zwischen GmbH mit und solchen ohne Minderheit hätte damit vermieden werden können, was geltendem Recht entsprochen hätte.[547] Ein eigenständiges Haftungskonzept für die Einmann-GmbH aufgrund einer Durchgriffskonzeption muss demzufolge als verfehlt bewertet werden.

Selbst die Stimmen im Schrifttum, die eine Lösung über die Treuepflicht für die Einmann-GmbH ablehnen, gestehen ein, dass die Lösung über die Treuepflicht in der mehrgliedrigen Gesellschaft zu einer angemessenen, GmbH-spezifischen Haftungsordnung führt.[548] Die Erkenntnis, dass selbst der Alleingesellschafter gegenüber seiner Gesellschaft zur Treue verpflichtet ist, kann demnach nur zu dem Entschluss führen, diesem Begründungsansatz auch in der Einmann-Gesellschaft den Vorrang vor dem Konzept einer Durchgriffshaftung einzuräumen.

b) Bisherige Tendenz der Rechtsprechung

Hierfür spricht auch, dass der BGH in seiner bisherigen Rechtsprechung der Lösung über eine Treuepflicht des Alleingesellschafters sehr nahe stand[549]. Beleg für diese Einschätzung sind gerade die gegen eine Lösung über den Treuepflichtansatz vorgebrachten Urteile.[550]

Den Vertretern der Gegenansicht muss zwar zugestanden werden, dass in all diesen Urteilen der Ansatz über die Treuepflicht für die Lösung des jeweiligen Falles abgelehnt wurde. Dies soll jedoch nach einer Entscheidung schon dann nicht mehr der Fall sein, wenn es um die Gefährdung von Gläubigerinteressen geht. Zu diesem Zeitpunkt bestehe nämlich ein von der Gesamtheit der Gesellschafterinteressen unabhängiges Interesse der Gesellschaft, welchem die Gesellschafter durch eine Treuepflicht Rechnung zu tragen hätten.[551] Die anderen entgegengehaltenen Urteile können für die Frage nach dem dogmatischen Modell der Existenzvernichtungshaftung zumindest ergänzend herangezogen werden, weil sie, da der BGH nun eine absolute Grenze der Dispositionsbefugnis des Alleingesellschafters in der Fähigkeit der Gesellschaft ihren Verbindlichkeiten nachzukommen erkennt, keine Lücke mehr bezüglich der Frage aufweisen, ob im Hinblick auf die Haftung wegen Treuepflichtverletzung etwas anderes gelten muss, wenn die Existenz der Gesellschaft gefährdet ist.[552]

---

[547] Die Gründung einer Einmann-GmbH ist nach § 1 GmbHG ausdrücklich zulässig. Die bestehenden Sonderregeln für die Einmann-GmbH in den §§ 7 Abs. 2 S. 3, 8 Abs. 2 S. 2, 19 Abs. 4, 35 Abs. 4 GmbHG, beschränken sich auf verschärfte Nachweis- und Dokumentationspflichten.

[548] So z.B. *Hoffmann*, NZG 2002, 68, 73.

[549] Zu dieser Einschätzung kommt auch *Ulmer*, ZIP 2001, 2021, 2026 f.

[550] *Bitter*, WM 2001, 2133, 2138; BGHZ 119, 257, 262; 122, 333, 336; 142, 92, 95.

[551] BGHZ 119, 257, 262.

[552] BGHZ 122, 333, 336; 142, 92, 95.

Natürlich könnte man gegen diese Argumentation vorbringen, dass diese Urteile allesamt nur die Schädigung der GmbH durch den wirtschaftlichen Alleingesellschafter zum Gegenstand hatten, also gar keinen Konzernsachverhalt betrafen, wie er offensichtlich im „Bremer Vulkan"-Urteil vorlag. Trotzdem wird durch diese Urteile mehr als deutlich, dass der BGH im Falle der Gefährdung von Gläubigerinteressen, und um nichts anderes geht es bei der Haftung für existenzvernichtende Eingriffe, einer Herleitung des Schadensersatzanspruchs über die Treuepflicht sehr offen gegenüberstand. So ist es auch keinesfalls verwunderlich, das der II. Zivilsenat im „Autokran"-Urteil zunächst senatsinterne Überlegungen dahingehend anstellte, ob man nicht den Treuepflichtansatz der „ITT"-Entscheidung weiterentwickeln solle, um somit weiterhin von der aktienrechtlichen Regelung gelöst bleiben zu können.[553]

c) Lösung für das Problem der materiellen Unterkapitalisierung

Für eine Lösung über die Treuepflicht kann auch angeführt werden, dass dieser Begründungsansatz es im Gegensatz zur Durchgriffskonzeption vermag, das „brennendste Gläubigerproblem" [554] des GmbH-Rechts befriedigend zu lösen. Das Fehlen einer Berechnungsweise, mit der die Unterkapitalisierung ex ante bestimmbar wäre, spricht nämlich nicht gegen ein Unterkapitalisierungsverbot an sich[555], sondern nur gegen eine durch präzise ex ante-Bestimmung der Unterkapitalisierung zu rechtfertigende Sanktion, weil sich der allgemeine Haftungsstatus eine Gesellschaft immer ex ante bestimmen lassen muss[556]. Eine nur ex post bestimmbare Unterkapitalisierung kann nur eine Verschuldenshaftung zur Folge haben, weil die Fehlfinanzierung erkennbar und vorwerfbar gewesen sein muss.[557] Nicht anders

---

[553] So *Stimpel*, in: Probleme des Konzernrechts, S. 11, 22.

[554] So *K.Schmidt*, GesR, § 9 IV 4 a), S. 240.

[555] Zwar ist gesetzlich nicht bestimmt, dass das Stammkapital einer GmbH nach dem mutmaßlichen Kapitalbedarf bemessen werden muss. Jedoch bedeutet dies nicht, dass das haftende Kapital rechtsfolgenlos ganz ohne Rücksicht auf das für die satzungsmäßigen Gesellschaftszwecke benötigte Kapital festgesetzt werden darf; so auch BGHZ 31, 258, 268; vgl. auch *Hölzle*, ZIP 2004, 1729, 1730; a.A. *Röhricht*, in: Festschrift 50 Jahre BGH, S. 83, 95 f.; *Goette*, DStR 2005, 197, 198; *Wackerbarth*, Grenzen der Leitungsmacht in der internationalen Unternehmensgruppe, S. 152 ff., 207 ff.; ders., ZIP 2005, 877, 880.

[556] *K. Schmidt*, JZ 1984, 771, 777 f.; *ders.*, JZ 1985, 301, 305; *ders.*, GesR, § 18 II 4 b), S. 525; vgl. zu dieser Problematik auch *Vonnemann*, GmbHR 1992, 77, 79; *ders.*, S. 133 ff.; *Drax*, S. 186; auch *Flume*, BGB Allg. Teil Bd. I/2, S. 87, der deshalb, wie der BGH, die Haftung über § 826 BGB begründen möchte; vgl. auch BT-Drucks. 8/1347, S. 38, dort heißt es, dass sich ein auf mat. Unterkapitalisierung basierender Haftungstatbestand „bei näherer Betrachtung nicht als durchführbar" erweist.

[557] BGH ZIP 1994, 1934, 1937; Hölzle, ZIP 2004, 1729, 1735; *K.Schmidt*, GesR, § 9 IV 4 c), S. 243 und § 18 II 4 b), S. 525; im Ergebnis wohl auch *Ehricke*, AcP 199 (1999), 257, 283; *Boujong*, GmbHR 1992, 207, 208; *ders.*, in: FS f. Odersky, S. 739, 746; *Roth*, ZGR 1989, 421, 429; nach Roth/Altmeppen/*Altmeppen*, § 13 Rn. 30 verlangt der BGH gerade im Hinblick auf diesen Gesichtspunkt für eine Direkthaftung der Gesellschafter eine subjektive Komponente, die den Tatbestand insgesamt zu einer vorsätzlichen sittenwidrigen Schädigung i.S.d. § 826 BGB macht; durch dieses Erfordernis dürfte auch den Ansprüchen von *Vonnemann*, GmbHR 1992, 77, 79, genüge getan werden, nach dem der Gesellschafter zumindest die Möglichkeit haben müsste, durch rechtstreues Handeln die Haftung zu vermeiden.

können die Bedenken des Gesetzgebers verstanden werden, dass eine auf einer nachträglichen Berechnung über eine angemessene Eigenkapitalausstattung beruhende generelle Haftung der Gesellschafter nicht mit dem Gebot der Rechtssicherheit zu vereinbaren sei und letztlich die GmbH als solche in Frage stelle.[558]

Mit der hier favorisierten Treuepflichthaftung hätte dem II. Zivilsenat jedoch gerade ein Rechtsinstitut zur Verfügung gestanden, das als Verschuldenshaftung diese „Klippen der Durchgriffsproblematik“[559] hätte umschiffen können. Der Einmann-Gesellschafter haftet nach der Treuepflichtkonzeption der Gesellschaft gegenüber, wenn er die Insolvenz der Gesellschaft dadurch ausgelöst hat, dass er den Geschäftsführer dazu angewiesen hat, den Betrieb der Gesellschaft ungeachtet der sich aus der erkennbaren Unterkapitalisierung für die noch vorhandene Masse ergebenden Risiken fortzusetzen, die Risiken mithin zu ignorieren.[560] Eine solche Verschuldenshaftung rechtfertigt sich damit, dass es den Gesellschaftern nicht gestattet sein kann, eine unzureichend gerüstete Gesellschaft den Fährnissen der werbenden Tätigkeit auszusetzen.[561] Dies widerspricht einer kaufmännisch ordnungsgemäßen Wahrnehmung ihrer Finanzierungsverantwortung.[562]

aa) Einwand der mangelnden Bestimmbarkeit der materiellen Unterkapitalisierung

Die Verfechter einer Durchgriffshaftung werden nun sicherlich einwenden, dass auch der Ansatz über die Treuepflicht nicht von der Aufgabe befreit ist, die materielle Unterkapitalisierung zu definieren.[563] Dem kann man insoweit zustimmen, als auch der nach der hier vertretenen Auffassung favorisierte Ansatz gewisse Grenzen der Eigenkapitalausstattung festlegen muss. Hierfür kann man aber auf allgemeine Finanzierungsregeln zurückgreifen, die hinreichend Rückschluss darauf zulassen werden, wann ein ordentlicher und gewissenhafter Geschäftsführer damit

---

Das gerade beschrieben Defizit wird man auch nicht dadurch bewältigen können, dass man die Durchgriffshaftung als Folge der Verletzung von ungeschriebenen positiven Finanzierungsregeln verstehen möchte (so z.B. *Wiedemann*, WM 1975, Beilage Nr. 4, S. 19 ; *Kuhn*, Strohmanngründung bei Kapitalgesellschaften, S.216). Eine Pflicht der Gesellschafter, zur Leistung weiterer Einlagen in Form von materiellem Eigenkapital besteht nach § 13 GmbHG ja gerade nicht, vgl. hierzu *Altmeppen*, ZIP 1999, 881, 882.

558 BT-Drucks. 8/1347, S. 38 f.

559 Terminologie bei *Weitbrecht*, S. 54, der diesen Lösungsansatz wegen der Ablehnung eines eigenständiges Interesses der GmbH verwirft.

560 So ist wohl auch *Hölzle*, ZIP 2004, 1729, 1733 zu verstehen; die Rechtfertigung für die Anerkennung einer solchen Haftung dürfte auch trotz der Anerkennung eines Anspruchs der Neugläubiger auf Ersatz ihres gesamten Kontrahierungsschadens wegen (fahrlässiger) Verletzung der Konkursantragspflicht (§ 64 GmbHG) gegeben sein, vgl. hierzu auch Roth/Altmeppen/*Altmeppen*, § 13 Rn. 31 ff., der zwar vom Rückgang des Bedürfnisses für die Anerkennung einer Durchgriffshaftung wegen materieller Unterkapitalisierung spricht, jedoch ohne weiteres von der Zulässigkeit einer verschuldensabhängigen Verhaltenshaftung ausgeht.

561 *K. Schmidt*, GesR, § 18 II 5, S. 525 f.; *Wrede*, NuR 2003, 593, 596.

562 So ausdrücklich *Hölzle*, ZIP 2004, 1729, 1734, er verlangt von den Gesellschaftern entsprechend zu reagieren und entsprechende Maßnahmen zu ergreifen, wenn erkannt oder erkennbar ist, dass die Gesellschaft in die Krise geraten ist.

563 So selbst *Priester*, ZGR 1993, 512, 526, der eine Verschuldenshaftung für Unterkapitalisierung befürwortet.

rechnen musste, dass das Eigenkapital der Gesellschaft das Risiko der Unternehmung nicht mehr trägt.[564] Vermögen diese Finanzierungsregeln zwar nicht exakt angeben zu können, mit welcher genauen Stammkapitalziffer die konkrete GmbH gerade noch angemessen ausgestatte ist, ist damit keineswegs der Beweis angetreten, dass sie nicht nachträglich Aufschluss darüber geben können, ab welchem Betrag diese Voraussetzung jedenfalls erfüllt war. Wenn die Verfechter einer Durchgriffshaftung wegen materieller Unterkapitalisierung der Unsicherheit bei der Frage nach dem Eingreifen der Haftung dadurch begegnen wollen, dass sie erst bei Vorliegen einer „qualifizierten" oder „extremen" Unterkapitalisierung einen Durchgriff für nötig erachten, stellen sie ebenfalls auf eine ungenaue Bestimmung ab.[565] Dementsprechend müssen sie dieses Zugeständnis erst recht einer Verschuldenshaftung machen, der im übrigen aber nicht die Bedenken einer Durchgriffshaftung entgegenstehen.

bb) Vorzüge des Verschuldenselements

Einer Lösung der materiellen Unterkapitalisierung über eine Verschuldenshaftung könnte man allerdings vorwerfen, dass nicht jeder Gesellschafter über vertiefte betriebswirtschaftliche Erkenntnisse verfüge, um das vorab erforderliche Stammkapital und damit auch eine spätere Unterkapitalisierung bestimmen zu können.[566]

Natürlich kann von einem Gesellschafter nicht ohne weiteres vorausgesetzt werden, dass er über betriebswirtschaftliche Kenntnisse verfügt, die selbst bei den meisten Geschäftsführern deutscher GmbHs nicht vorhanden sein dürften. Nach dem Verschuldensmaßstab des § 43 GmbHG kann sich ein Geschäftsführer aber gerade nicht darauf berufen, dass er seiner Aufgabe nicht gewachsen war.[567] Seine Berufung auf die Tatsachen, dass ihm die erforderliche Ausbildung fehle, er seine Qualifikation falsch eingeschätzt habe oder er aus anderen Gründen nicht zur Leitung der Gesellschaft im Stande gewesen sei, wird ihn also nicht von seiner Verantwortung befreien können. Denn gerade in diesen Fällen gebietet die Sorgfalt eines ordentlichen und gewissenhaften Geschäftsführers, die jeweilige Aufgabe einem fähigen Dritten zu übertragen und ihre Ausführung zu überwachen, bzw. in strittigen Fragen Erkundigungen einzuholen, die als Grundlage der eigenen Entscheidungsfindung herhalten können. Hat der Geschäftsführer diesen Anforderungen genüge getan, wird ihm bei ordnungsgemäßer Auswahl ein Verschulden dieser Dritten nicht zugerechnet.[568]

Wendet man diese Grundsätze auf den Alleingesellschafter an, dürften die vom BAG geäußerten Bedenken einer Verschuldenshaftung für Unterkapitalisierung nicht entgegenstehen.[569] Der Gesellschafter hat, wenn er in betriebswirtschaftlichen Dingen nicht firm ist, den Rat seines Geschäftsführers oder eines Dritten zu su-

[564] Einen anderen Ansatz wählt *Hölzle*, ZIP 2004, 1729 ff., der die „Krise der Gesellschaft" i.S.d. §§ 32a, 32b als pflichtauslösendes Moment begreift.
[565] Vgl. statt vieler Hachenburg/*Ulmer*, Anh. § 30 Rn. 55; Lutter/*Hommelhoff*, § 5 Rn. 6.
[566] So BAG ZIP 1999, 878, 880.
[567] BGH, WM 1981, 440, 442; *Kust*, WM 1980, 758, 760.
[568] Scholz/*Schneider*, § 43 Rn. 165.
[569] So schon *Altmeppen*, ZIP 1999, 881, 882.

chen; in Betracht zu ziehen sind hier vor allem Wirtschaftsprüfer. Diese Dritten haben ihm dann zu erläutern, ob die werbende Tätigkeit aufrechterhalten werden kann ohne dabei die Grenze des Vertretbaren zu überschreiten. Der Gesellschafter kann sich dann nicht mehr auf sein mangelndes Fachwissen berufen, weil ihm zumindest der Vorwurf gemacht werden kann, sich nicht die erforderlichen Fachkenntnisse verschafft zu haben. Eine in Unkenntnis getroffene Fehlentscheidung wird demnach nur dann entschuldbar sein, wenn die Unkenntnis ihrerseits unverschuldet war.

Im Hinblick darauf, dass die Unterkapitalisierung gerade im faktischen Konzern eine wesentliche Rolle spielt[570], wäre es mehr als erforderlich gewesen, die Existenzvernichtung auf eine dogmatische Grundlage zu stellen, die gerade diesen relevanten Bereich befriedigend zu lösen vermag. Hierfür kommt nach den hier erarbeiteten Ergebnissen jedoch nur der Begründungsansatz über die Treuepflicht in Frage.

d) Keine Gläubigerbenachteiligung durch Innenhaftung

Die Anknüpfung des „Bremer Vulkan"-Urteils an die Treuepflichtkonzeption stellt im Vergleich mit der Durchgriffskonzeption auch keine unangemessene Benachteiligung der Gläubiger dar.[571] Es stimmt zwar, dass mit der Anknüpfung an dieses Haftungsmodell zugleich die Entscheidung für die Ausgestaltung der Haftung als Innenhaftung gefallen ist. Der Schadenersatzanspruch besteht somit gegenüber der Gesellschaft und wird durch den Insolvenzverwalter geltend gemacht, während der BGH im „KBV"-Urteil den Gläubigern das Recht zuspricht, außerhalb eines Insolvenzverfahrens ihre Forderungen „unmittelbar gegen die an den Eingriffen in das Gesellschaftsvermögen mitwirkenden Gesellschafter geltend zu machen, soweit sie von der Gesellschaft keine Befriedigung erlangen können".[572] Bedenkt man jedoch, dass für die Haftung des Alleingesellschafters die Insolvenz der Gesellschaft gegeben sein muss[573], kann es sich bei den in Betracht kommenden Fällen der „Außenhaftung" der Gesellschafter nur um Fälle der masselosen Insolvenz der Gesellschaft handeln. Denn auch bei dem vom BGH vertreten Durchgriffskonzept geht mit Eröffnung des Insolvenzverfahrens die Befugnis der Gläubiger zur Geltendmachung der Haftung auf den Insolvenzverwalter über, analog § 171 II HGB i.V.m. § 93 InsO.[574]

Damit ist der Unterschied zwischen der Direkthaftung nach den „KBV"-Grundsätzen und den Folgen der Ausgestaltung als Treuepflichthaftung allerdings

---

[570] So die Einschätzung *Meyers*, S. 410.

[571] So aber die Argumentation des OLG Jena ZIP 2002, 631, 634; vgl. auch *Ulmer*, der die Außenhaftung der Gesellschafter als Argument für die Wahl des Durchgriffskonzepts ansieht, vgl. *Ulmer*, JZ 2002, 1049, 1050; *Bruns*, WM 2003, 815, 817, nach dessen Ansicht ein Innenhaftungskonzept nicht den für den existenzvernichtenden Eingriff erforderlichen Gläubigerschutz vermitteln kann.

[572] BGHZ 151, 181 (2. Leitsatz) (=ZIP 2002, 1578).

[573] Hierzu mehr unter C) V.

[574] Vgl. LAG Köln ZIP 2003, 1893, 1899, wonach für den Fall, dass ein Insolvenzverfahren durchgeführt wird, die Ansprüche aus dem existenzvernichtenden Eingriff zur Insolvenzmasse gehören; *Altmeppen*, ZIP 2002, 1553, 1559 f.; vgl. zur Regelung des § 93 InsO auch die umfassende Darstellung von *Brinkmann*, ZGR 2003, 264 ff.

nur als minimal zu bezeichnen.[575] Auch bei einer Ausgestaltung als Innenhaftung wird den Gläubigern im Falle der masselosen GmbH im Hinblick auf ihre mittelbare Betroffenheit in analoger Anwendung der §§ 62 Abs. 2, 93 Abs. 5, 117 Abs. 5, 309 Abs. 4 S. 3, 310 Abs. 4, 317 Abs. 4, 318 Abs. 4 AktG die Möglichkeit einzuräumen sein, diesen der Gesellschaft zustehenden Schadenersatzanspruch subsidiär geltend zu machen, wobei der Anspruch dann auf den jeweiligen Ausfall des Gläubigers gerichtet ist.[576]

Der Streit, ob es beim „Bremer Vulkan"-Urteil um eine „echte Durchgriffshaftung" geht oder nicht, spielt deshalb nur für die „richtige" Dogmatik eine Rolle.[577] Da die Frage der dogmatischen Herleitung zu Gunsten einer Treuepflichtlösung entschieden werden musste, ist damit auch die Entscheidung für eine, um mit den Worten Altmeppens[578] zu sprechen, „unechte Durchgriffshaftung" vorgegeben.

6) Gesamtergebnis

Im Ergebnis sprachen und sprechen damit alle relevanten Aspekte für eine Ausrichtung des neuen Haftungskonzepts an einem Begründungssatz über die Treuepflicht des Alleingesellschafters gegenüber seiner Gesellschaft. Wie die Ausführungen gezeigt haben, hätte sich ein solches Verständnis vom Haftungsmodell ohne Bruch in den durch die bisherigen Entscheidungen des BGH vorgegebenen Rahmen eingefügt. Es erscheint demnach angebracht, die in der „KBV"-Entscheidung ausgesprochene und in den Folgeentscheidungen bestätigte Konkretisierung des „Bremer Vulkan"-Urteils noch einmal zu überdenken. Die dort ausgesprochenen Wertungen bezüglich der dogmatischen Grundlage der Haftung für Existenzvernichtung lassen sich zum einen nicht ohne Bruch mit den im Ausgangsurteil getroffenen Wertungen vereinbaren und zum anderen verdient, wie nachgewiesen wurde, der Begründungsansatz über die Treuepflicht den Vorzug vor einer Durchgriffshaftung, was selbst von Befürwortern dieses Ansatzes eingestanden wird.[579] Die Haf-

---

[575] Im Ergebnis so auch die Ansicht von *Altmeppen*, ZIP 2002, 1553, 1562, ist das wirtschaftliche Ergebnis zwischen „Durchgriffshaftung" und „Innenhaftung" gegenüber der Kapitalgesellschaft „bis zur restlosen Gläubigerbefriedigung" während eines laufenden und außerhalb eines Insolvenzverfahrens praktisch dasselbe; dies verkennt *Vetter*, ZIP 2003, 601, 606, der im Zusammenhang mit der unmittelbaren Anspruchsberechtigung von einem wesentlichen Unterschied der verschiedenen dogmatischen Konzepte spricht.

[576] Dies verkennt *Bruns*, WM 2003, 815, 817 f.; wie hier *Wilhelm*, NJW 2003, 175, 180; K. Schmidt, GesR, § 39 III 3 b), S. 1228; OLG Jena ZIP 2002, 631, 633; auf die Möglichkeit der subsidiären Geltendmachung der Verletzung der gesellschafterlichen Treuepflichtverletzung macht schon BGHZ 95, 330, 340 -„Autokran"- aufmerksam; noch einen Schritt weiter geht Altmeppen, nach dessen Ansicht die unbegrenzte Innenhaftung in eine Durchgriffshaftung umschlägt, weil es keine unbegrenzte Innenhaftung gibt, vgl. *Altmeppen*, ZIP 2005, 119, 120; vgl. auch Hachenburg/*Ulmer*, Anh. § 77 Rn. 91; *Ulmer*, ZIP 2001, 2021, 2028 f., der die von ihm befürwortete Anerkennung dieses Verfolgungsrechts nach Veröffentlichung des „KBV"-Urteils als Nachteil bewertet, was seines Erachtens den Ausschlag für das Durchgriffskonzept gibt, vgl. *Ulmer*, JZ 2002, 1049, 1050.

[577] *Altmeppen*, ZIP 2002, 1553, 1562.

[578] *Altmeppen*, ZIP 2002, 1553, 1562.

[579] Vgl. z.B. *Ulmer*, der sich aufgrund der im „Bremer Vulkan"-Urteil vollzogenen Rechtsfortbildung von einer Befürwortung der Durchgriffshaftung distanzierte, vgl. *Ulmer*, ZIP 2001, 2021, 2027; vgl.

tung des Alleingesellschafters nach den „Bremer Vulkan"-Grundsätzen sollte dementsprechend allein auf der in der fehlenden angemessenen Rücksicht liegenden Treuepflichtverletzung beruhen, die der Gesellschaft die Fähigkeit genommen hat, ihre Verbindlichkeiten gegenüber ihren Gläubigern bedienen zu können.

IV. Abschied von der Haftungsfigur des qualifizierten faktischen GmbH-Konzern nur für die Einmann-GmbH?

Wie die obigen Ausführungen gezeigt haben, spricht bisher nichts für die Meinung, dass neben der Existenzvernichtungshaftung i.S. der „Bremer Vulkan"-Grundsätze auch noch eine Verlustausgleichshaftung analog §§ 302 ff. AktG besteht.[580] Zweifel sind aber hinsichtlich der Frage angebracht, ob sich diese von der herrschenden Meinung vertretene Ansicht auch für den mehrgliedrigen Konzern durchsetzen wird, oder ob hier nach wie vor eine abweichende Sichtweise angebracht ist.[581]

Im Schrifttum findet sich denn auch der Hinweis, dass der These vom „Abschied des qualifiziert faktischen Konzerns" i.S. der Verabschiedung von einer Verlustausgleichspflicht analog § 302 AktG entgegengebracht werden könnte, dass durch das Abstellen des II. Zivilsenates auf einige Entscheidungsgründe des „TBB"-Urteil, dies insoweit noch als Reduktion der Konzernrechtsprechung für die Einmann-GmbH verstanden werden könne.[582] Der BGH lehnt jedenfalls bisher eine Anwendung der Grundsätze zum qualifiziert faktischen Konzern ausdrücklich nur für den Fall eines Alleingesellschafters ab.

Aus dieser Tatsache ein Argument gegen die Einbeziehung des Mehrpersonen – Konzerns unter die neuen Haftungsgrundsätze zu gewinnen, dürfte jedoch schwer fallen. Die Rechtsprechung des BGH kann nämlich ebenso gut auf die einfache Tatsache zurückzuführen sein, dass der II. Zivilsenat bisher nicht die Gelegenheit hatte, dies auch für den mehrgliedrigen Konzern zu entscheiden. Ein Blick auf die nach dem TBB-Urteil[583] ergangenen Urteile zur Konzernhaftung zeigt nämlich, dass diese allesamt einen Konzern zum Gegenstand hatten, bei dem es zumeist um die masselose Insolvenz der Einmann-Tochter-GmbH ging.[584]

---

auch *Hoffmann*, NZG 2002, 68, 70 ff., der zumindest bei der mehrgliedrigen GmbH den Anspruch aus Treuepflichtverletzung als vorzugswürdig erachtet.

580 So aber *K.Schmidt*, NJW 2001, 3577, 3580 f.; *ders.*, GesR, § 39 III 2 c), S. 1225 ff.; vgl. auch *Konzen*, NJW 1989, 2977, 2986.

581 Vgl. hierzu *Cahn*, ZIP 2001, 2159, 2160 der für die AG und die mehrgliedrige GmbH ohne eine nähere Begründung von der Fortgeltung der Grundsätze über den qualifizierten faktischen Konzern ausgeht; so auch *Eberl-Borges*, Jura 2002, 761, 764 f.; *dies.*, WM 2003, 105, 106; *Schaub*, DNotZ 2002, 468, 470 f.; *Römermann/Schröder*, GmbHR 2001, 1015, 1019; *Mülbert*, DStR 2001, 1937, 1946 f.; für eine Übertragung auf die mehrgliedrige Gesellschaft: *Hoffmann*, NZG 2002, S. 68, 72 ff.; *Raiser*, in: FS f. Ulmer, S. 493, 501 f.; *Drygala*, GmbHR 2003, 729, 739; *Lutter/Banerjea*, ZGR 2003, 402, 433.

582 *Wilken*, DB 2001, 2383, 2384, hiervon geht offenbar auch *Cahn* aus, ZIP 2001, 2159, 2160.

583 BGHZ 122, 123 ff.

584 Vgl. zu den Urteilen die Rechtsprechungsübersicht von *Goette*, in: ZHR-Beiheft 70 (2001), S. 11 ff.

Auch die bisherige Entwicklung in der Rechtsprechung steht der hier vertretenen Meinung nicht entgegen, unterstützt diese vielmehr. Der BGH hat zwar in der „Autokran"-Entscheidung erhebliche Bedenken an der Anwendbarkeit des § 302 AktG bei der Einmann-GmbH geäußert. Diese Zweifel gründeten jedoch auf der Vorstellung, dass in der Einmann-GmbH ein eigenständiges Interesse der Gesellschaft, das sich von dem des Alleingesellschafters unterscheide, nicht zu begründen sei.[585] Wenn dieses Eigeninteresse der Einmann-GmbH nun gerade vom II. Zivilsenat in der „Bremer Vulkan"-Entscheidung festgestellt wurde und er trotzdem auf die Anwendung der §§ 302 ff. AktG verzichtete, kann hierin gerade kein Rückfall in die überkommene „Autokran"-Rechtsprechung des BGH gesehen werden. Der Verzicht auf die aktienrechtlichen Wertungen kann jedenfalls nicht mit den im „Autokran"-Urteil noch angemerkten Besonderheiten des Einman-GmbH-Konzerns erklärt werden.

Bedenkt man weiter, dass die Unterschiede der bisherigen Haftung im Vergleich zum Mehrpersonen-Konzern allein darin begründet lagen, dass es im Einmann-Konzern noch auf die Herbeiführung der Insolvenz ankam, dürften die Unterschiede zwischen den beiden Konstellationen auch vor der „Bremer Vulkan"-Entscheidung eher als gering zu bezeichnen gewesen sein, weil die Ausfallhaftung gegenüber den GmbH-Gläubigern auch im Mehrpersonen-Konzern erst dann praktisch wurde, nachdem die GmbH als Schuldnerin ihre Zahlungen eingestellt hatte.[586]

Hinzu kommt, dass es wenig überzeugend ist, die Aufgabe der Haftungsfigur des qualifiziert faktischen Konzerns nur für einen Sonderfall des GmbH-Konzernrechts zu erklären, es ansonsten aber bei der besonderen Haftungsordnung des Aktienrechts zu belassen.[587] Dieses Argument muss um so mehr überzeugen, wenn man davon auszugehen hat, dass die qualifiziert konzernierte Einmann-GmbH als sogenannter „Sonderfall" den Regelfall der Konzernhaftung der Gesellschafter bildet.[588]

Oben ist ferner erarbeitet worden, dass die Treuepflicht ein Instrument darstellt, welches auch in der mehrgliedrigen GmbH Anwendung findet. Das Eigeninteresse bei Vorhandensein eines Minderheitengesellschafters verbietet im Grundsatz jede vermeidbare nicht kompensierte Schädigung des Vermögens und der Ertragsaussichten der lebenden Gesellschaft, während nach Röhricht das Eigeninteresse der Einmann-GmbH missbräuchliche Verhaltensweisen erst dann eine Grenze setzt, wenn der Eingriff die Insolvenz der abhängigen GmbH zur Folge hat.[589] Wenn nun der praktische Unterschied zwischen den Haftungsmaßstäben im Mehrpersonen- und Einmann-Konzern allein darin zu erblicken ist, dass im letzteren Fall der Eingriff ohne angemessene Rücksicht die Insolvenz der Gesellschaft herbeigeführt ha-

[585] BGHZ 95, 330, 345.
[586] So der Hinweis von *Ulmer*, in: ZHR-Beiheft 70 (2001), S. 41, 57.
[587] So *Hoffmann*, NZG 2002, 68, 72.
[588] Vgl. *Burgard*, ZIP 2002, 827, 827 f., nach dessen Angaben bei rund 80 % aller GmbH das Korrektiv einer Minderheit fehlt, die einem Handeln der Mehrheit zu Lasten der Gesellschaft Grenzen setzten; gegen dieses Argumentation *Eberl-Borges*, Jura 2002, 761, 764.
[589] *Röhricht*, in: Festschrift 50 Jahre BGH, S. 83, 104.

ben muss, um die Haftung des Alleingesellschafters zu begründen, kann nicht nur in diesem „eingeschränkteren" Fall die Erforderlichkeit der Heranziehung des aktienrechtlichen Haftungssystems verneint werden.[590]

Die Abkehr von dem konzernrechtlichen Haftungsmodell ist auch keineswegs mit Nachteilen für die Minderheit verbunden, da sich ein bislang aus einer Analogie zu den §§ 304, 305 AktG bejahtes Austrittsrecht gegen vollwertige Entschädigung auch konzernunabhängig begründen lässt.[591] Ein solches Austrittsrecht lässt sich nach allgemeiner Ansicht nämlich jedenfalls auch auf den allgemeinen Grundsatz stützen, dass ein Austritt auch dann zulässig ist, wenn Umstände vorliegen, die ein Verbleiben in der GmbH unzumutbar machen.[592] Dies dürfte bei den hier zur Beurteilung stehenden Fällen von auf Existenzvernichtung gerichteten Verhaltensweisen unstreitig der Fall sein.[593]

Demzufolge sind keine plausiblen Gründe ersichtlich[594], warum der im „Bremer Vulkan"-Urteil begründete Abschied vom aktienrechtlichen Haftungssystem auf den Einmann-GmbH-Konzern beschränkt bleiben sollte. Die Anknüpfung der Haftung an die aktienrechtlichen Elemente der §§ 302 ff. AktG ist dort ebenso verfehlt wie im Einmann-GmbH-Konzern, weshalb sich der in der „Bremer Vulkan"-Entscheidung zum Ausdruck gebrachte Abschied auch auf die mehrgliedrige abhängige Gesellschaft erstrecken sollte.[595]

---

[590] Im Ergebnis so auch *Eberl-Borges*, Jura 2002, 761, 765. Zur Tauglichkeit der Treuepflicht in der mehrgliedrigen abhängigen Gesellschaft vgl. *Hoffmann*, NZG 2002, 69, 71 f., der in diesem Zusammenhang von einer angemessenen, GmbH-spezifischen Haftungsordnung spricht; *Wolf*, StuB 2002, 1130, 1132, nach dessen Ansicht es im Hinblick auf den Sinn und Zweck des Bestandsschutzes nicht darauf ankommen kann, ob dieser durch einen Alleingesellschafter oder durch einen mit 99 % beteiligten Gesellschafter missachtet wird; *Raiser*, in: FS f. Ulmer, S. 493, 501 f.; *Drygala*, GmbHR 2003, 729, 739.

[591] So *Drygala*, GmbHR 2003, 729, 739; *Lutter/Banerjea*, ZGR 2003, 402, 435.

[592] *Lutter/Banerjea*, ZGR 2003, 402, 435; Scholz/*Emmerich*, Anh. KonzernR, Rn. 133 m.w.N.

[593] *Lutter/Banerjea*, ZGR 2003, 402, 435; *Drygala*, GmbHR 2003, 729, 739, nach dessen Ansicht die Anerkennung einer Dividendengarantie analog § 304 AktG unter dem Gesichtspunkt der Minderheitenschutzes jedenfalls nicht zwingend erforderlich ist; *Hoffmann*, NZG 2002, 69, 73 f.

[594] a.A. *Habersack*, in: Emmerich/Habersack, Aktien- und GmbH-Konzernrecht, Anh. § 318 Rn. 3 (dort Fn. 10), der einen Verlustausgleich neben der Existenzvernichtung noch für erforderlich hält.

[595] So auch *Scholz/Emmerich*, Anh. Konzernrecht Rn. 123 ff.; *Lutter/Banerjea*, ZGR 2003, 402, 433 ff.; *Drygala*, GmbHR 2003, 729, 739; *Henze*, NZG 2003, 649, 654 f.; *Hoffmann*, NZG 2002, 68, 72 f.; einschränkend *Habersack*, in: Emmerich/Habersack, Aktien- und GmbH-Konzernrecht, Anh. § 318 Rn. 3 und Rn. 36., der der Existenzvernichtungshaftung mit der Verpflichtung zum Verlustausgleich im Vorfeld ein eingreifendes Schutzinstrumentarium zur Seite stellen möchte, so auch *Cahn*, ZIP 2001, 2159, 2160; *Eberl-Borges*, WM 2003, 105, 105.

C) 2.Teil: Tatbestand des Haftungsmodells

Gerade nach den Entscheidungen des II. Zivilsenats aus dem Jahr 2004, und den damit begründeten Einschränkungen des Haftungsmodells, ist die Kritik aufgekommen, dass der BGH mit der Existenzvernichtungshaftung noch nicht über einen rechtlichen Haftungstatbestand verfüge[596]. Im folgenden Teil der Arbeit sollen deshalb die Voraussetzungen herausgearbeitet werden, die für das Auslösen einer Existenzvernichtungshaftung des Alleingesellschafters erforderlich sind.

I. Subsidiarität der Existenzvernichtungshaftung

Zunächst soll sich der Frage gewidmet werden, ob es bei der Ausfallhaftung nach den „Bremer Vulkan"-Grundsätzen noch auf den Vorrang von Einzelausgleichsansprüchen ankommt. Hiergegen spricht, dass der II. Zivilsenat im Gegensatz zu der von ihm entwickelten „TBB"-Formel für das Eingreifen der Haftung nicht mehr verlangt, dass sich der der abhängigen GmbH zugefügte Nachteil nicht durch „Einzelausgleichsmaßnahmen" kompensieren lässt.[597]

Trotzdem wird zum Teil dafür plädiert, dass den §§ 30, 31 GmbHG auch gegenüber dem neuen Haftungskonzept der Vorrang zukommen müsse. Beim Bestehen derartiger Ansprüche der GmbH komme es nicht ohne weiteres zur Insolvenz oder zum Gläubigerausfall, weshalb es in diesen Fällen schon nicht der Ausfallhaftung bedürfe.[598] Diese Ansicht lässt sich auf eine entsprechende Passage des „Bremer Vulkan"-Urteils stützen, in der es heißt: „Zur Haftung führt aber ein solcher bestandvernichtender Eingriff nur dann, wenn sich die Fähigkeit der GmbH zur Befriedigung ihrer Gläubiger nicht schon durch die Rückführung entzogenen Stammkapitals gemäß § 31 GmbHG wiederherstellen lässt".[599]

Trotz dieses damit vom II. Zivilsenat vorgegebenen Vorrangs des § 31 GmbHG bedarf es aber keines gesonderten Kriteriums der Subsidiarität der Existenzvernichtungshaftung.[600] Die Ausfallhaftung der Gesellschafter soll erst im Falle der Insolvenz der Gesellschaft eintreten, in einem Stadium also, in dem sonstige, die Insolvenz verhindernde Ansprüche nicht bestehen.[601] Solange die Gesellschaft über einen zur Befriedigung ihrer Gläubiger ausreichenden Stand an Einzelausgleichsansprüchen verfügt, ist sie auch in der Lage, ihre Verbindlichkeiten zu erfüllen. Auf eine Verhaltenshaftung der Gesellschafter kommt es nicht mehr an.[602]

---

[596] *Wilhelm*, LMK 2005, 56, 57.
[597] So noch BGH ZIP 2000, 2163, 2163 f.
[598] *Ulmer*, ZIP 2001, 2021, 2028; *ders.*, JZ 2002, 1049, 1051; ähnlich äußert sich *Hoffmann*, NZG 2002, 68, 70; eine umfassende Darstellung findet sich bei *Wilhelmi*, DZWIR 2003, 45, 52 und *Lutter/Banerjea*, ZGR 2003, 402, 421 ff.; a.A. *Diem*, ZIP 2003, 1283, 1285, der in der Existenzvernichtungshaftung und den §§ 30 f. GmbHG parallele und ergänzende Rechtsinstitute erkennt.
[599] BGHZ 149, 10, 16 (=ZIP 2001, 1874, 1876).
[600] Nach Ansicht von *Wimmer-Leonhardt*, S. 205 f., bedarf es schon deshalb nicht des Merkmals der Subsidiarität, weil sich die Existenzvernichtungshaftung nicht aus den Kapitalerhaltungsvorschriften ableitet und diese deshalb nicht nur ergänzt.
[601] *Röhricht*, in: Festschrift 50 Jahre BGH, S. 83, 96 u. 114.
[602] *Röhricht*, in: Festschrift 50 Jahre BGH, S. 83, 96 u. 114; hierdurch klärt sich auch die Frage *Kleindieks*, ob nach dem Willen des Senats (im „TBB"-Urteil) allein schon die von der Konzernspitze her-

Wenn somit schon durch die Tatbestandsvoraussetzung der Insolvenz gewährleistet wird, dass kein Anspruch nach § 31 GmbHG besteht, der die Erfüllung der den Gläubiger gegenüber der Gesellschaft zustehenden Forderungen gewährleisten kann, bedarf es folglich keines Kriteriums im Haftungstatbestand, das speziell den Vorrang von Einzelausgleichsansprüchen gewährleistet.[603] In diesen Fällen ist die Haftung ungeachtet bestehender und durchsetzbarer Erstattungsansprüche nach §§ 30, 31 GmbHG eröffnet.[604]

Dieses Ergebnis steht keinesfalls zu einer Entscheidung des OLG München[605] im Widerspruch, nach dessen Ansicht allein die Eröffnung des Konkursverfahrens einen Einzelausgleich i.S.d. „TBB"-Grundsätze nicht ausschließt. Bedenkt man an dieser Stelle, dass es beim Haftungsmodell nach den „Bremer Vulkan"-Grundsätzen um eine Art Insolvenzverursachungshaftung geht[606], so zeigt sich, dass diese Erwägung hier nicht greifen kann. Für die Haftung des Alleingesellschafters kommt es nicht auf die Eröffnung des Insolvenzverfahrens, sondern auf die Unfähigkeit der Gesellschaft an, ihre Verbindlichkeiten gegenüber ihren Gläubigern erfüllen zu können. Wird demnach im Insolvenzverfahren festgestellt, dass die Fähigkeit der Gesellschaft zur Erfüllung ihrer Verbindlichkeiten allein durch die Erstattung des ihr entzogenen Stammkapitals nach § 31 GmbHG wiederherstellbar ist, kommt eine Haftung i.S. der zweiten Haftungssäule des „Bremer Vulkan"-Urteils nicht mehr in Betracht.[607] Lehnt das Insolvenzgericht die Verfahrenseröffnung allerdings ab, folgt daraus zugleich für die Gläubiger, dass sie sich um Ansprüche aus § 31 GmbHG grundsätzlich nicht mehr kümmern müssen.[608]

Allerdings werden nur die wenigsten, die Existenz der Gesellschaft vernichtenden Maßnahmen einen Anspruch aus § 31 GmbHG auslösen.[609] So wird z.B. die Gründung einer unterkapitalisierten Gesellschaft oder die (satzungsmäßige) Zuweisung einer mit hohen Risiken verbundenen, aufgabenmäßig begrenzten Funktion als solche keine Ersatzansprüche der so entstandenen Gesellschaft gegen ihren Gründer begründen.[610]

---

beigeführte Zahlungsunfähigkeit der Gesellschaft die konzernrechtliche Haftung des Einmann-Unternehmes-gesellschafters auslösen soll, vgl. *Kleindiek*, DZWiR 1993, 177, 181.

[603] Vgl. *Altmeppen*, ZIP 2002, 961, 964 u. 967, der schreibt, dass sich das Merkmal der Existenzvernichtung schon aus der Subsidiarität der Haftung ergibt. Damit dürfte es aber ,wie hier vertreten, nicht auf ein weiteres, die Subsidiarität zum Ausdruck bringendes Merkmal ankommen; so auch die Meinung von *Decher*, ZInsO 2002, 113, 114 f., der das Tatbestandsmerkmal der fehlenden Kompensationsmöglichkeit als Kehrseite der geforderten Intensität der Interessenbeeinträchtigung betrachtet. Nur wenn die Qualität oder die Quantität der Interessenverletzung so hoch sei, dass ihre Folgen nicht kompensiert werden könnten, greife die Haftung ein; ähnlich *Mülbert*, DStR 2001, 1937, 1940, der von zwei Seiten einer Medaille spricht; *Bruns*, WM 2003, 815, 820.

[604] *Emmerich/Habersack*, Konzernrecht, 8. Aufl., § 31 II 3 d) S. 433.

[605] OLG München DB 1998, 614, 615; dem zustimmend *Kiethe/Groeschke*, NZG 2001, 504; für den Fall der Liquidation vgl. BGH ZIP 2001, 2163, 2164 (= NZG 2001, 126; WM 2000, 2382 f.).

[606] So auch *K.Schmidt*, NJW 2001, 3577, 3580; a.A. *Burgard*, ZIP 2002, 827, 830.

[607] So auch *Lutter/Banerjea*, ZGR 2003, 402, 422 f.

[608] So *Lutter/Banerjea*, ZGR 2003, 402, 426.

[609] Dies erkennt auch *Ulmer*, vgl. *Ulmer*, JZ 2002, 1049, 1051; *Wackerbarth*, ZIP 2005, 877, 880.

[610] *Mülbert*, DStR 2001, 1937, 1940, nach dessen Ansicht daher schon das Versagen des Einzelausgleichssystems feststeht, wenn man zu dem Ergebnis kommt, dass die Gesellschafter ihrer Gesell-

II. Abschied vom Konzerntatbestand?

Insbesondere in der Zeit nach dem „TBB"-Urteil stellte sich vermehrt die Frage, inwieweit eine mögliche Haftung im Rahmen des qualifiziert faktischen Konzerns ein Konzernverhältnis nach § 18 AktG erfordert.[611] Obwohl es kein normiertes GmbH-Konzernrecht gibt, gelten die reinen Definitionsnormen der §§ 15 bis 19 AktG gleichwohl für sämtliche Unternehmen ohne Rücksicht auf ihre Rechtsform, sie bilden sozusagen den „allgemeinen Teil" des Rechts der verbundenen Unternehmen.[612] Dementsprechend erschien die Anwendbarkeit des § 18 AktG bis zum „TBB"-Urteil auch als völlig selbstverständlich.

Die Diskussion um die Erforderlichkeit einer einheitlichen Leitung i.S.d. § 18 AktG wurde erst durch die Tatsache ausgelöst, dass der II. Zivilsenat in der Urteilsbegründung auf eine ausdrückliche Prüfung und Annahme eines Konzernverhältnisses, d.h. die einheitliche Leitung der Gesellschaft, verzichtete. Bis zu diesem Zeitpunkt bestand jedoch weitgehend Einigkeit über die Erforderlichkeit dieses Merkmals als Voraussetzung für eine analoge Anwendung der §§ 302 ff. AktG.[613] Die bis dahin herrschende Meinung versuchte denn auch die mit dem „TBB"-Urteil aufgekommene Vermutung, der BGH verzichte auf das Erfordernis einer einheitlichen Leitung der Gesellschaft und begnüge sich mit dem Bestehen eines Abhängigkeitsverhältnisses im Sinne von § 17 AktG, zu widerlegen. So wurde vor allem darauf hingewiesen, dass der II. Zivilsenat sein Urteil selbst als „Klarstellung" bezeichnet habe, so dass insoweit nicht von einer stillschweigenden Änderung der bisherigen Rechtsprechung ausgegangen werden könne. Zudem sei eine besondere Prüfung des § 18 AktG im Hinblick auf die zutreffenden Ausführungen der Vorinstanz, die einen faktischen Konzern bejahte, entbehrlich gewesen.[614] Im Hinblick auf diese Begründungsansätze verwundert es denn auch nicht, dass das BAG in seinen Entscheidungen zur Haftung nach den „TBB"-Grundsätzen weiterhin an einer Prüfung der Voraussetzungen des § 18 Abs. 1 AktG festhielt.[615]

Auch wenn der Meinungsstreit über die Erforderlichkeit der Voraussetzung nach § 18 AktG praktisch wohl nie eine Rolle spielte, hat der II. Zivilsenat mit der „Bremer Vulkan"-Entscheidung die Möglichkeit genutzt, dieser Auslegung des „TBB"-Urteils jegliche Grundlage zu entziehen und dem Streit ein Ende zu setzen. Der zweite Leitsatz des „Bremer Vulkan"-Urteils stellt für die Haftung des Alleingesellschafters allein auf die fehlende Rücksicht gegenüber der abhängigen GmbH ab. Hiermit ist die Klarstellung erfolgt, die die bis zu diesem Zeitpunkt herrschende Meinung dem „TBB"-Urteil nicht entnehmen wollte.

---

schaft durch diese Verhaltensweisen einen unangemessenen Nachteil zugefügt haben; nach Ansicht von Wiedemann gilt das oben Gesagte für alle Strukturmaßnahmen, vgl. *Wiedemann/Hirte*, in: FS 50 Jahre BGH – Festgabe der Wissenschaft, Bd. II, S. 337, 363.

611 Vgl. die Nachweise zu den einzelnen Ansätzen bei *Altmeppen*, ZIP 2001, 1837 ff.

612 Vgl. statt vieler Scholz/*Emmerich*, Anh. KonzernR Rn. 14; *Timm*, Jus 1999, 656.

613 Statt vieler vgl. nur *Krieger*, in: Der qualifiziert faktische Konzern, S. 41 f.

614 *Buchner/Weigl*, DNotZ 1994, 580, 586.

615 Vgl. BAG NJW 1994, 3244, 3245; BAG NJW 1996, 1491, 1492, die mit keinem Wort auf diese Problematik eingehen.

Diese Entscheidung des BGH verdient Zustimmung. Die hier allein relevante Gefahr, die durch das Fehlen des Interessengleichlaufs zwischen Gesellschaftern und Gläubigern bewirkt wird, ist nicht vom Vorliegen einer einheitlichen Leitung abhängig.

Hinzu kommt, dass der Voraussetzung des Vorliegens eines Konzernverhältnisses schon jeher keine praktische Bedeutung zukam. Die einheitliche Leitung wurde nämlich bereits bei Vorliegen einer Abhängigkeit i.S. von § 17 AktG vermutet (§ 18 Abs. 1 S. 3 AktG), weshalb diesem Merkmal ohnehin keine bzw. nur eine geringe Abgrenzungsfunktion zukam. Auch der im „Bremer Vulkan"-Urteil vollzogene Abschied vom aktienrechtlichen Haftungssystem der §§ 302 ff. AktG spricht gegen das Erfordernis einer einheitlichen Leitung. Zwar wird durch diesen Verzicht die Anwendung des Konzernrechts auf die GmbH nicht gänzlich unzulässig. Selbstverständlich bleibt es bei der analogen Anwendung der §§ 291 ff. AktG auf Unternehmensverträge der GmbH. Und auch die rechtsformneutralen Definitionsnormen des AktG zu den verbundenen Unternehmen (§§ 15 ff. AktG) bleiben anwendbar.[616] Jedoch fällt mit der Anknüpfung des Haftungssystems an die §§ 302 ff. AktG die Rechtfertigung für das Erfordernis einer einheitlichen Leitung weg, das, wie schon gesagt, gerade als Voraussetzung für eine analoge Anwendung der §§ 302 ff. AktG angesehen wurde.[617] Für die Haftung wegen Existenzvernichtung kommt es somit nicht auf das Merkmal der einheitliche Leitung nach § 18 AktG an.

III. Haftungsadressaten

Haftungsadressat einer Durchgriffshaftung ist der herrschende alleinige Gesellschafter, der existenzvernichtend in die abhängige Gesellschaft eingreift. Nach der Entscheidung des II. Zivilsenats vom 25. Februar 2002 stehen dem die einvernehmlich handelnden Gesellschafter einer mehrgliedrigen GmbH gleich, und zwar auch dann, wenn sie selber kein Vermögen der GmbH empfangen haben.[618] Der BGH stellt zwar einerseits klar, dass die am Eingriff nicht beteiligten Gesellschafter nicht generell analog § 31 Abs. 3 GmbHG haften. Andererseits soll die Haftung nicht voraussetzen, dass jeder Gesellschafter selbst einen Vorteil erlangt hat. Dieses Ergebnis ist nur konsequent, wenn man die Existenzvernichtungshaftung als Verhaltenshaftung anerkennt.[619]

1) Erstreckung der Haftung auf die unabhängige GmbH

Schenkt man den Worten von K. Schmidt[620] Glauben, so ist die im 1. Teil begründete Verhaltenshaftung bei Beeinträchtigung der Interessen eines beherrschten Unternehmens kein spezifisch konzernrechtliches, sondern ein allgemein gesellschaftliches Instrumentarium. Die Verwirklichung einer latenten Konzerngefahr durch den herrschenden Gesellschafter sei, wo sie vorliegt, lediglich Begehungsweise,

---

616 *Altmeppen*, ZIP 2001, 1837, 1838.

617 Vgl. statt vieler *Krieger*, in: Der qualifizierte faktische Konzern, S. 41, 42.

618 BGHZ 150, 61, 67.

619 So auch *Vetter*, ZIP 2003, 601, 607.

620 *K. Schmidt*, AG 1994, 189, 194.

nicht aber „Tatbestandsvoraussetzung" dieser Haftung.[621] Durch den vom II. Zivilsenat im „Bremer Vulkan"-Urteil ausgesprochenen Verzicht auf eine konzernrechtliche Begründung der Haftung sei es nun nicht mehr erforderlich, dem die Gesellschaft beherrschten Gesellschafter den Stempel des herrschenden Unternehmens aufzudrücken.[622]

a) In der „Bremer Vulkan"-Entscheidung spricht der Senat allerdings noch von einer abhängigen Gesellschaft und legt damit die Einordnung unter der Terminologie des § 17 AktG nahe, die sich allerdings nur auf Unternehmen im Sinn des § 15 AktG bezieht.

In der „KBV"-Entscheidung geht der II. Zivilsenat jedoch schon mit keinem Wort mehr auf ein Abhängigkeitserfordernis ein. Vielmehr heißt es im ersten Leitsatz der Entscheidung: „Die Respektierung der Zweckbindung des Gesellschaftsvermögens zur vorrangigen Befriedigung der Gesellschaftsgläubiger während der Lebensdauer der GmbH ist unabdingbare Voraussetzung für die Inanspruchnahme des Haftungsprivilegs des § 13 Abs. 2 GmbHG"[623]. Der BGH spricht sich in der Entscheidung damit eindeutig für die Anwendbarkeit der Existenzvernichtungshaftung auch in der unabhängigen GmbH aus, ohne auf die hier im ersten Teil zitierten Stimmen in der Literatur einzugehen, die ein Eigeninteresse der Einmann-Gesellschaft nur in Konzernlagen anerkennen.[624]

Obwohl der II. Zivilsenat im 2. Leitsatz des „Bremer Vulkan"-Urteils ausdrücklich auf das Merkmal der Abhängigkeit abstellt, war die Tendenz, dass die Haftung für existentvernichtende Eingriffe ein allgemeingültiges Haftungskonzept darstellt, schon in der „Bremer Vulkan"-Entscheidung erkennbar. Nicht völlig auszuschließen war nämlich, dass diese Voraussetzung nur deshalb in den Leitsatz mit aufgenommen wurde, weil im Verhältnis der BVV zur MTW kein Zweifel am Vorliegen eines faktischen Konzerns bestand.[625] Die Entscheidung spricht auch nur noch von Eingriffen des Alleingesellschafters, während im Gegensatz hierzu im „TBB"-Urteil noch von der Haftung des herrschenden Unternehmers die Rede war.[626]

Interessant ist in diesem Zusammenhang, dass das „TBB"-Urteil nicht von der fehlenden angemessenen Rücksicht durch Ausübung der Leitungsmacht schlechthin, sondern der Konzernleitungsmacht spricht. Durch diese Spezifizierung war

---

621 So auch die Meinung von *Kiethe/Groeschke*, NZG 2001, 504, 505.

622 *K. Schmidt*, NJW 2001, 3577, 3579; dem zustimmend Rowedder/Schmidt-Leithoff/*Schmidt – Leithoff*, Einl. Rn. 56; ähnlich auch der Ansatz des Vorsitzenden des II. Zivilsenats Röhricht, der eine auf dem Gesellschaftsvertrag beruhende Verhaltenspflicht auf Wahrung des Bestandes der Gesellschaft auch in der unabhängigen GmbH bejaht, vgl. *Röhricht*, in: Festschrift 50 Jahre BGH, S. 83, 118 ff.; *ders.*, ZIP 2005, 505, 513, dort allerdings die praktische Bedeutung abstreitend, da in der Praxis ruinöse Eingriffe des Gesellschafters zu Lasten der eigenen Gesellschaft meistens sowieso im Interesse der Verfolgung anderweitiger unternehmerischer Tätigkeit erfolge; nicht auf Konzernsachverhalte beschränkend auch *Görner/Kling*, GmbHR 2004, 779, 780.

623 BGHZ 151, 181 (=ZIP 2002, 1578).

624 Vgl. die in Fn. 382 genannten Fundstellen.

625 *Ulmer*, ZIP 2001, 2021, 2023.

626 *Hoffmann*, NZG 2002, 68, 70, der aber in seinem Beitrag anscheinend den 2. Leitsatz des „Bremer Vulkan"-Urteils übersehen hat, weil er zu dieser Formulierung keine Stellung bezieht.

nach zum Teil vertretener Ansicht die Frage geklärt, dass sich das Gebot zur unangemessene Rücksicht nach Ansicht des BGH auf Konzernsachverhalte beschränken solle.[627] Im zweiten Leitsatz des „Bremer Vulkan"-Urteils heißt es aber nicht mehr „Konzernleitungsmacht", sondern es wird von der Pflicht gesprochen, bei Dispositionen über das Vermögen der Gesellschaft ihr Eigeninteresse zu beachten. Die Formulierungen des „Bremer Vulkan"-Urteils ließen im Vergleich mit den Formulierungen der „TBB"-Entscheidung erkennen, dass der BGH von einer Beschränkung des Gebots der angemessenen Rücksicht auf Konzernsachverhalte in Zukunft absehen würde.

b) Im Weiteren wird der Frage nachzugehen sein, ob die Existenzvernichtungshaftung ein von konzernrechtlichen Beziehungen unabhängiges und allgemein geltendes Haftungskonzept darstellt und deshalb der Entwicklung in der „KBV"-Entscheidung hin zu einem allgemeinen gesellschaftlichen Instrumentarium zugestimmt werden kann. Wenn man die bisherigen Ergebnisse der Arbeit mit in die Überlegung einbezieht, könnte für ein solches Vorgehen sprechen, dass es sich bei der Existenzvernichtungshaftung um einen verschuldensabhängigen Anspruch der Gesellschaft wegen rücksichtsloser Eingriffe in ihr Eigeninteresse handelt. Rücksichtslos kann sich aber auch derjenige verhalten, der am Markt nur mit einem Unternehmen auftritt.[628]

Um allerdings den oben angesprochenen Kritikern gerecht zu werden, die ein Eigeninteresse der Gesellschaft nur in Konzernlagen anerkennen, ist der Nachweis erforderlich, dass auch der unabhängigen Einmann-GmbH ein Eigeninteresse zukommt, das über den Inhalt der Kapitalerhaltungsvorschriften hinausgeht. Zunächst soll ein Blick auf die bisherige Rechtsprechung der Zivil- und Strafgerichte geworfen werden, die sich mit der Frage des Bestehens eines Eigeninteresses der unabhängigen Einmann-GmbH auseinander zu setzen hatten.

aa) Rechtsprechung in Zivilsachen

Neben der schon geschilderten Zivilrechtssprechung zur Frage des Bestehens eines Eigeninteresses einer konzerneingebundenen GmbH gegenüber ihrem Alleingesellschafter, hat die Problematik um ein Eigeninteresse der Einmann-GmbH auch in anderen Gebieten des Zivilrechts zu einer Vielzahl von Entscheidungen geführt. In den zur Entscheidung vorliegenden Fällen ging es entweder um die Anwendbarkeit des § 181 BGB oder die durch § 826 BGB gezogenen Grenzen der Dispositionsmacht des Gesellschafters.

aaa) Rechtsprechung zu § 181 BGB

Den Beginn machte eine Entscheidung des Reichsgerichts aus dem Jahr 1898[629]. Das Gericht stellte zunächst fest, dass selbst nach Vereinigung aller Anteile in einer Hand, die GmbH als Einmann-GmbH rechtlich und tatsächlich als solche fort-

---

[627] *Röhricht*, in: Festschrift 50 Jahre BGH, S. 83, 118.
[628] So *Bruns*, WM 2001, 1497, 1505; *Raiser*, in: FS Ulmer, S. 493, 500 f.; ähnlich *Meyer*, S. 903.
[629] RGZ 68, 172 ff.

bestehe, da sie unabhängig von der Person derer sei, denen die Geschäftsanteile gehörten. Hieraus folge, dass auch das Vermögen der Gesellschaft vom Vermögen der Gesellschafter getrennt bleibe, weshalb auch nicht die Rede davon sein könne, dass in der Einmann-GmbH ein Interessengegensatz zum Nachteil der Gesellschaft ausgeschlossen sei.[630] Dies wurde zum einen damit begründet, dass etwaige Insichgeschäfte, die zum Zeitpunkt der Veräußerung der GmbH-Anteile an einen Dritten noch nicht abgeschlossen waren, dem späteren Erwerber zum Nachteil gereichen könnten. Zu dessen Schutz sei deshalb ein Eigeninteresse anzuerkennen. Zum anderen sei es aufgrund der Tatsache, dass das Vermögen der Gesellschafter nicht für Schulden der Gesellschaft hafte, für die mit der Gesellschaft in Kontakt tretenden Personen nicht gleichgültig, ob der Geschäftsführer die GmbH mit Schulden belasten könne, die wirtschaftlich die Gesellschafter selbst übernehmen müssten.[631]

Nachdem der BGH, aufbauend auf die Rechtsprechung des RG, zwischenzeitlich davon ausging, § 181 BGB könnte auch in der Einmann-GmbH zumindest bis zur Befreiung des Geschäftsführers in der Satzung Geltung beanspruchen[632], stellte er in einem Urteil vom 19.04.1971[633] fest, dass § 181 BGB auf die Einmann-GmbH keine Anwendung findet: „Demgegenüber hält der Senat eine vom Zweck der Vorschrift völlig losgelöste, ausschließlich formale Betrachtungsweise nicht für angängig“. Begründet wurde dies mit dem Hinweis, dass bei der Einmann-GmbH die Willensbildung der Gesellschaft mit derjenigen des Gesellschafters zusammenfalle, weshalb sich ungeachtet ihrer rechtlichen Selbstständigkeit, die Interessen der Gesellschaft bezogen auf den Zeitpunkt des Geschäftsabschlusses, stets mit den Interessen des Alleingesellschafters deckten. Da es § 181 BGB nur auf diesen Zeitpunkt ankäme, könne er den Schutz von zukünftigen Erwerbern nicht bewirken, weshalb der Hinweis auf deren Interessen ins Leere ginge.[634] § 181 BGB komme ebenso wenig die Funktion zu, die für die Gläubiger im Insichgeschäft liegende Gefahr der Verschiebung von Vermögenswerten auf den Gesellschafter zu begegnen. Hierfür sei die Vorschrift weder erforderlich noch geeignet.[635]

Im Ergebnis ist damit festzuhalten, dass der BGH in seiner Rechtsprechung zu § 181 BGB einem vom Willen des Alleingesellschafters bzw. der einstimmig handelnden Gesellschaftergesamtheit unabhängigen Eigeninteresses der Gesellschaft ablehnend gegenüberstand. Diese Rechtsprechung hat sich jedoch, wie schon im ersten Teil angemerkt[636], durch die Einführung des § 35 Abs. 4 S. 1 GmbHG erledigt, der die Anwendbarkeit des § 181 BGB in der Einmann-GmbH ausdrücklich kodifiziert.

[630] RGZ 68, 172, 177.
[631] RGZ 68, 172, 178.
[632] Vgl. BGHZ 33, 189, 191.
[633] BGHZ 56, 97 ff.
[634] BGHZ 56, 97, 101.
[635] BGHZ 56, 97, 104; 75, 358, 360.
[636] Vgl. B) II. 1) b).

bbb) Rechtsprechung zu § 826 BGB

Auf derselben Linie liegen die allesamt nicht Konzernsachverhalte betreffenden Entscheidungen des BGH zur Einschränkung der den Gesellschaftern zustehenden Weisungsbefugnis an die Geschäftsführer. Den Entscheidungen zufolge, soll der Dispositionsbefugnis der Gesellschafter grundsätzlich nur durch § 826 BGB, durch die Kapitalerhaltungsregeln sowie die Konkursantragspflicht eine Grenze gesetzt sein. Wirtschaftlich betrachtet stehe den Gesellschaftern das Gesellschaftsvermögen zu, weshalb eine Einschränkung ihrer Verfügungsmacht nur dann in Betracht komme, soweit dies durch zwingende Gläubigerschutzvorschriften gefordert werde.[637] Verstoße der Geschäftsführer durch die Ausführung der Weisung nicht gegen §§ 30 f. GmbHG, müsste sich die Gesellschaft die Weisungen oder Einverständnisse ihrer Gesellschafter als eigene zurechnen lassen, weil es sich vom wirtschaftlichen Standpunkt her gesehen um eine Selbstschädigung handele.[638]

Eine über die Erhaltung des Stammkapitals hinausgehende Integritätspflicht der Gesellschafter wurde jedoch – in Fällen sittenwidriger Gefährdung der Existenz der GmbH – aus § 826 BGB gewonnen.[639] Hiernach, so die Ansicht der Gerichte, seien Gestaltung der Rechtsverhältnisse, bei denen die Verfolgung der Interessen der Gesellschafter gegenüber ihrer Gesellschaft unmittelbar zum Nachteil der Gläubiger ausschlage, mit einer gesunden Anschauung des Verkehrs nicht zu vereinbaren.[640]

Der Gesichtspunkt der Existenzgefährdung findet auch in späteren Entscheidungen Eingang. So heißt es in einem Urteil des BGH aus dem Jahr 1993[641], dass der Alleingesellschafter seiner GmbH – ebenso wie die Gesellschafter einer mehrgliedrigen GmbH, wenn sie einverständlich handeln – grundsätzlich weder wegen Treuepflichtverletzung oder unerlaubter Handlung Schadensersatz schulde, wenn er der Gesellschaft Vermögen entziehe, das zur Deckung des Stammkapitals nicht benötigt werde. Ob etwas anderes zu gelten habe, wenn eine Maßnahme die Gesellschaft in ihrer Existenz gefährde, wurde ausdrücklich offengelassen.[642]

ccc) Der „Warenzeichenfall" des BGH

Demgegenüber steht die „Warenzeichen"-Entscheidung des II. Zivilsenats aus dem Jahr 1992[643]. Zur Entscheidung lag der Fall eines wirtschaftlichen Alleingesellschafters einer GmbH vor, der einer amerikanischen Gesellschaft die Benutzung eines der GmbH zustehenden Warenzeichens gestattet hatte. Der Beklagte war zu keinem Zeitpunkt förmlich zum Geschäftsführer der Beklagten bestellt, hatte jedoch mit Zustimmung der Treuhandgesellschafter sämtliche Geschäftsführungs- und auch alle Vertretungshandlungen für die Klägerin in sämtlichen Geschäftsbe-

637 BGH NJW 1974, 1088, 1089.

638 BGH NJW1974, 1088, 1089.

639 Vgl. hierzu die den Entscheidungen BGH DB 1973, 2440 f.; BGH NJW 1979, 2104 ff.; BGH NJW-RR 1988, 1181 f. zugrundeliegenden Sachverhalte.

640 BGH NJW 1979, 2104, 2105.

641 BGH GmbHR 1993, 427 ff.

642 Vgl. zu allem BGH GmbHR 1993, 427, 428.

643 BGHZ 119, 257 ff.

reichen wahrgenommen. Die GmbH nahm den Beklagten auf Ersatz des Schadens in Anspruch, der ihr dadurch entstanden war, dass sie – nach Gründung einer eigenen Vertriebsgesellschaft in den USA – das Warenzeichen mit erheblichen Kosten zurückerwerben musste.

Der II. Zivilsenat schreibt hierzu: „Die Annahme, er (der wirtschaftliche Alleingesellschafter) habe gegen oder ohne den Willen der (GmbH) gehandelt, liefe letztlich auf die Unterstellung hinaus, (er) habe seinem eigenem Willen zuwidergehandelt".[644] Zu einer Treuepflichtverletzung des „alleinigen" Gesellschafters gegenüber seiner GmbH heißt es, dass diese angesichts der Stellung des Beklagten als seinerzeit wirtschaftlicher Alleingesellschafter nicht in Betracht komme: „Jedenfalls außerhalb der Gefährdung von Gläubigerinteressen ist ein von der Gesamtheit der Gesellschafterinteressen unabhängiges Gesellschaftsinteresse, dem eine Treuepflicht des Gesellschafters Rechnung zu tragen hätte, grundsätzlich nicht anzuerkennen".[645]

Auch wenn dieses Urteil durch die klare Ablehnung eines Eigeninteresses geprägt ist, zeigen die weiteren Ausführungen gleichwohl eine gewisse Offenheit bezüglich der Anerkennung eines über die §§ 30 f. GmbHG hinausgehenden Eigeninteresses der unabhängigen Einmann-GmbH. Ein Blick auf das Ergebnis im ersten Teil zeigt nämlich, dass der Vorbehalt zu Gunsten der Gläubigerinteressen insoweit mit dem für die Herleitung eines Eigeninteresses der Einmann-Gesellschaft allein wesentlichen Aspekt identisch ist.[646]

Für die Anwendbarkeit der Existenzvernichtungshaftung spricht zudem ein Urteil des BGH aus dem Jahr 1999[647]. In dieser Entscheidung zieht der II. Zivilsenat zwar der Haftung der Gesellschafter für einvernehmliche Veranlassung von Vermögenseinbußen ihrer GmbH enge Grenzen, indem er die an einer solchen Transaktion beteiligten Gesellschafter grundsätzlich nur unter den Voraussetzungen der §§ 31 Abs. 3, 43 Abs. 3 S. 3 GmbHG haften lässt, jedoch soll etwas anderes für den Fall der Existenzgefährdung gelten. Demnach gibt es nach Ansicht des BGH auch in der unabhängigen Gesellschaft außerhalb der Gefährdung des Stammkapitals einen Bereich, in den der Alleingesellschafter bzw. die einvernehmlich handelnden Gesellschafter nicht eingreifen dürfen. Dieser Gedanke liegt erkennbar auch einem Urteil des BGH vom 25.02.2002[648] zu Grunde. In den Entscheidungsgründen stellte der II. Zivilsenat fest, dass die Ausfallhaftung von Mitgesellschaftern grundsätzlich auf den Betrag der Stammkapitalziffer beschränkt sei. Eine unbegrenzte Verhaltenshaftung der Mitgesellschafter solle allerdings greifen, wenn und soweit sie an einer Existenzvernichtung der Gesellschaft i.S.d. „Bremer Vulkan"-Grundsätze mitgewirkt hätten.

---

[644] BGHZ 119, 257, 260.
[645] BGHZ 119, 257, 262.
[646] Vgl. Erg. bei B) II. 1) c).
[647] BGHZ 142, 92 ff.
[648] BGHZ 150, 61 ff. (=ZIP 2002, 848 ff.).

bb)Rechtsprechung in Strafsachen

Weniger schwer mit der Anerkennung eines Eigeninteresses der unabhängigen GmbH tat sich die ständige Rechtsprechung der Strafsenate des BGH. Diese hatten in zahlreichen Fällen[649] über die Strafbarkeit eines GmbH-Geschäftsführers wegen Untreue zum Nachteil der GmbH – trotz Zustimmung aller Gesellschafter zu den vorgenommenen Handlungen – zu entscheiden. Gegenstand der Verfahren waren häufig sogenannte verdeckte Gewinnausschüttungen, die die Geschäftsführer im Einvernehmen mit den Gesellschaftern vorgenommen hatten. Die Strafsenate des BGH stellten im Anschluss an die Rechtsprechung des RG[650] in diesen Fällen der einverständlichen Schädigung des Gesellschaftsvermögens immer wieder heraus, dass der Tatbestand der Untreue die GmbH als eigene Rechtspersönlichkeit schütze. Die generelle Existenz eines Eigeninteresses der Einmann-GmbH folgt für den BGH – im Anschluss an die Rechtsprechung des Reichsgerichts[651] – aus ihrer vermögensmäßigen Verselbstständigung nach § 13 GmbHG. Die Haftungsbeschränkung auf das Gesellschaftsvermögen, sowie das Verbot der Stammkapitalausschüttung prägten das Wesen der GmbH als ein von den Gesellschaftern zu respektierendes eigenständiges Rechtssubjekt. Aus diesem Grund seien weder die Organe der Gesellschaft noch die Gesellschafter berechtigt, das Vermögen der GmbH „willkürlich preiszugeben“.[652]

In einer aufsehenerregenden Entscheidung aus dem Jahre 1988[653] ließ der BGH es für die Erfüllung des Missbrauchstatbestandes ausreichen, dass die vom Geschäftsführer vorgenommene Vermögensverschiebung unter Missachtung von Buchführungsvorschriften als „Verstoß gegen das Verhalten eines ordentlichen Kaufmannes“ zu qualifizieren sei.[654] Die von der Rechtsordnung gegebene Möglichkeit der Bildung getrennter Vermögenssphären dürfte nicht in gesetzwidriger Weise oder unter Verstoß gegen den benannten Grundsatz ausgenutzt werden.

Die benannten Urteile, die in einem deutlich erkennbaren Widerspruch zur zivilrechtlichen Rechtsprechung standen, relativierte der III. Strafsenat in einer Entscheidung vom 24. August 1988[655] – wohl auch unter dem Eindruck der starken Kritik[656] – insoweit, als dass verdeckte Entnahmen tatsächlich entstandener Gewinne außerhalb der förmlichen Gewinnverwendung nun nicht mehr die Strafbarkeit nach § 266 StGB begründen konnten, auch wenn diese auf einer lückenhaften oder falschen Buchführung beruhten. Dieser Grundsatz solle allerdings dann nicht greifen, wenn eine nach § 30 GmbHG zulässige Entnahme „schädliche Folgen habe, die über die hierdurch bewirkte Vermögensminderung hinausreiche und deshalb als rechtswidriger Nachteil für die GmbH zu werten“ sei.[657] Dies sollte unter

---

[649] Vgl. nur BGHSt 3, 32 ff.; BGH NStZ 1984, 118 ff.; BGHSt 34, 379 ff.

[650] RGSt 42, 278 ff.; 69, 203 ff.; 71, 353 ff.

[651] Vgl. nur RGSt 42, 278, 283.

[652] BGHSt 3, 32, 39 f.

[653] BGHSt 34, 379 ff.

[654] Vgl. BGHSt 34, 379, 387.

[655] BGHSt 35, 333 ff.

[656] Vgl. *Vonnemann*, GmbHR 1988, 329 ff.

[657] BGHSt 35, 333, 337.

anderem der Fall sein, wenn die Gewinnentnahme die Existenz oder Liquidität der GmbH gefährdeten. Selbst mit dieser Einschränkung ging der Standpunkt der Strafsenate allerdings noch weit über die Grundsätze der zivilrechtliche Rechtsprechung hinaus.

In einem Urteil des 3. Senates aus dem Jahr 1997 sind hingegen deutlichere Anzeichen einer Annäherung der Rechtsprechung des Strafsenates an die zivilrechtliche Rechtsprechung zu erkennen.[658] Unter mehrfacher Berufung auf seine einschränkende Entscheidung gestand der BGH nunmehr den Gesellschaftern die Freiheit zu, über das Gesellschaftsvermögen zu verfügen, solange das durch § 30 GmbHG geschützte Kapital nicht berührt werde. Nur unter besonderen Umständen sei ein Kapitalabzug auch schon dann rechtswidrig, wenn er das Stammkapital rechnerisch nicht angreife. Eine genauere Betrachtung zeigt dabei, dass in den Fällen, in denen der BGH die Zustimmung der Gesellschafter zu schädigenden Handlungen der Geschäftsführer für unbeachtlich erklärte, entweder Verstöße gegen Kapitalerhaltungsvorschriften oder jedenfalls gravierende Eingriffe in die Vermögenssubstanz gegeben waren, die die Existenz der Gesellschaft vernichtet oder massiv gefährdet hatten. In Anerkennung der zivilrechtlichen Bezugsordnung und in Fortführung seiner einschränkenden Rechtsprechung stellte der BGH auf die Rechtswidrigkeit des Kapitalabzuges als solchen ab, ließ jedoch erkennen, dass er eine Existenzgefährdung der GmbH durch Entzug von notwendigen Produktionsanlagen oder betriebsnotwendiger Liquidität für die Verwirklichung des Untreuetatbestandes für ausreichend erachtet.[659]

Die aufgrund der Tatsache, dass einige Urteile als Grund für die Unbeachtlichkeit des Einverständnisses der Gesellschafter auf den Verstoß gegen die Kapitalerhaltungsregeln des GmbH-Gesetz abstellen, aufgestellte These, dass die Rechtsprechung der Strafsenate auf keiner weitergehenden Grenzziehung beruht, als die der Zivilsenate[660], ist jedoch verfehlt. Hierbei wird verkannt, dass die Urteile nicht entscheidend auf den Verstoß gegen die zivilrechtlichen Vermögensbindung abstellten[661] bzw. dieser Aspekt in späteren Entscheidungen gar nicht mehr geprüft wurde[662]. Insoweit geht damit auch die Feststellung ins Leere, dass aufgrund des Abstellens auf die Kapitalerhaltungsvorschriften und der Feststellung des III. Strafsenates[663], dass das Interesse des Gläubigerschutzes im Rahmen strafrechtlicher Wertung nicht maßgeblich sei, der Wertungsgleichklang zum Gesellschaftsrecht gewahrt und damit der Schutz eines Eigeninteresses über die Bindung der §§ 30 f. GmbHG hinaus nicht anzuerkennen sei[664].

Indem der III. Strafsenat seinen bisherigen Standpunkt festigte und der GmbH wegen ihrer Rechtspersönlichkeit einen Schutz zubilligte, konnte er in seiner Ent-

---

[658] BGH NJW 1997, 66 ff.

[659] Vgl. BGH NJW 1997, 66, 69.

[660] *Weitbrecht*, S. 55.

[661] BGHSt 3, 32, 39 f.; anders nur BGHSt 9, 203, 216.

[662] Ausdrücklich gegen die Beschränkung auf kapitalerhaltende Auszahlungen BGHSt 34, 379, 387 f.; vgl. auch BGH NStZ 1984, 118, 119.

[663] BGH WM 1988, 262, 263 f.

[664] *Weitbrecht*, S. 56.

scheidung vom 29. Mai 1987 ausdrücklich auf die GmbH als alleinigen Träger der geschützten Vermögensinteressen abstellen. Dass der BGH die Gläubigerinteressen für diesen Punkt als nicht maßgeblich abtun konnte, liegt entgegen der oben angeführten Ansicht somit nicht in der Tatsache begründet, dass der BGH die Gläubigerinteressen nicht weitergehend schützen will, sondern in der fehlenden Unterscheidung zwischen dem Grund für die Treuepflicht und dem Anspruchsinhaber. Vielmehr zeigt der III. Strafsenat durch die nachfolgende Formulierung, dass „...freilich die das Gesellschaftsvermögen betreffenden gesetzlichen und kaufmännischen Grundsätze überwiegend auf Wahrung der Interessen der Gläubiger gerichtet sind", dass gerade diese Interessen, die durch die GmbH geschützten Vermögensinteressen ausmachen.[665] An dieser Einschätzung zeigt sich, dass es gerade an einem Wertungsgleichklang zur Rechtsprechung der Zivilgerichte fehlt.

Im Ergebnis bleibt folglich festzuhalten, dass die Gesellschafter auch nach der Rechtsprechung der Strafsenate zwar gewisse Einflussmöglichkeiten auf die Gesellschaft haben, welche sie jedoch nicht missbrauchen dürfen. Ein Missbrauch lag zum einen im Verstoß gegen die gesetzlichen Vorschriften, zum anderen auch in Verhaltensweisen, die zu einem Nachteil führten, der mit den Grundsätzen eines ordentlichen Kaufmannes nicht in Übereinstimmung zu bringen war.

c) Eigeninteresse nur in Konzernlagen

Wie schon im ersten Teil aufgezeigt wurde, erkennt ein nicht unbeachtlicher Teil des Schrifttums[666] ein Eigeninteresse nur unter der Voraussetzung an, dass ein Abhängigkeitsverhältnis und somit ein faktischer Konzern[667] vorliegt. Gegen die Ausdehnung des Bestandsschutzes auch auf die unabhängige GmbH wird angeführt, dass in einer solchen Konstellation der grundsätzliche Gleichlauf von Gesellschafter- und Gläubigerinteressen nicht entfalle, so dass die Gläubigerinteressen schon hinreichend durch den reflexartigen Schutz der §§ 30 f. GmbHG berücksichtigt seien.[668] Anders als ein privater, keine eigenen unternehmerischen Interessen außerhalb der Gesellschaft verfolgender Gesellschafter, tendiere ein herrschendes Unternehmen dazu, die Tätigkeit der abhängigen Gesellschaft nicht an der Gewinnerzielung, sondern am Konzerninteresse auszurichten. Dieser qualitative Unterschied in der Gläubigergefährdung rechtfertige einen weitergehenden Schutz dieser Interessen im Konzern.[669] Folglich lehnen die Vertreter dieses Ansatzes die Anerkennung eines Bestandsinteresses der unabhängigen Gesellschaft und damit natürlich die Anwendbarkeit der Existenzvernichtungshaftung ab.

---

665 BGH WM 1988, 262, 263.

666 *Ulmer*, ZHR 148 (1984), 391, 416; *Hommelhoff*, S. 256; *Ziegler*, WM 1989, 1041, 1043 f.; *Authenrieth*, GmbHR 1984, 198, 199; *Weitbrecht*, S. 56 f.; *Assmann*, JZ 1986, 928, 930; *Limmer*, S. 44 f.; *Drygala*, S. 111; *Lutter/Hommelhoff*, Anh. § 13 Rn. 42, der jedoch eine Haftung des Alleingesellschafters für Extremfälle annimmt (Rn. 41); *Bruns*, WM 2001, 1497, 1511; Rowedder/Schmidt-Leithoff/*Koppensteiner*, Anh. § 52 Rn. 78, hält eine Haftung in der unabhängigen GmbH für nicht begründbar.

667 Vgl. hierzu *Ulmer*, ZIP 2001, 2021, 2023.

668 *Rehbinder*, AG 1986, 85, 93; *Ulmer*, ZHR 148 (1984), 391, 418 ff.; *Weitbrecht*, S. 54 ff.

669 *Assmann*, JZ 1986, 928, 930; von der Rechtfertigung eines besonderen Konzernrechts spricht auch *Heyder*, Der qualifizierte faktische Aktienkonzern, S. 25 ff.

(d) Eigeninteresse auch in der unabhängigen Einmann-GmbH

Demgegenüber steht die wohl herrschende Lehre in der Literatur, die ein Eigeninteresse der Gesellschaft unabhängig von dem Vorliegen einer Konzernlage bejaht.[670] Vielfach wird für den Bestandsschutz der unabhängigen GmbH auf das schon zur Begründung eines Eigeninteresses einer im Konzern eingebundenen GmbH angeführte Argument abgestellt, dass nach § 60 Abs. 1 Nr. 2 GmbHG der Alleingesellschafter zwar die Gesellschaft jederzeit auflösen könne, dies jedoch zu einer zwingenden Beachtung der Interessen der Gläubiger führe. Eine auf diesem Wege begründete Verpflichtung des Gesellschafters zur Erhaltung des Bestandes der Gesellschaft sei vom Bestehen eines Konzernverhältnisses unabhängig.[671] Zudem sei es schwerlich plausibel, dass sich das Interesse der Gesellschaft gegenüber dem Mitgliedergesamtinteresse dadurch verselbstständigen solle, dass der Alleingesellschafter nach Gründung der GmbH eine anderweitige unternehmerische Tätigkeit aufnehme.[672]

Weiterhin wird zur Rechtfertigung einer allgemeinen Bestandsschutzhaftung angeführt, dass die von der herrschenden Meinung angenommene Konzerngefahr gedanklich nur eine Konzernzustandshaftung rechfertigen könne. Die Beeinträchtigung des Eigeninteresses durch ein missbräuchliches Verhalten hingegen müsse bei konzernabhängigen und anderen Gesellschaften dieselbe Rechtsfolge nach sich ziehen. An die Realisierung einer größeren Gefahr gravierendere Rechtsfolgen zu knüpfen als an die Verursachung derselben Interessenverletzung aus einer ungefährlichen Situation heraus, sei Denken in Kategorien der Prävention, was jedoch dem Gesellschaftsrecht fremd sei.

Für die Ausdehnung der Haftungsgrundsätze des „Bremer Vulkan"-Urteils könnte auch die bekannt hohe Insolvenzfähigkeit von Unternehmen in Rechtsform einer GmbH sprechen.[673] So findet sich der Hinweis im Schrifttum, dass das

---

[670] *J.Wilhelm*, DB 1986, 2113, 2118 f.; *K. Schmidt*, ZIP 1986, 146, 148 f.; *ders.*, ZIP 1988, 1497, 1505 ff.; *ders.*, ZIP 1989, 545, 546 f.; *Brammsen*, DB 1989, 1609, 1610; *Fleck*, ZGR 1990, 31, 36, der, wie gesagt, den §§ 30 f. GmbHG ein Verbot existenzgefährdender Entnahmen entnehmen will; *M.Winter*, S. 202 ff.; *ders.*, ZGR 1994, 570, 585 f. u. 590 f.; *Assmann*, in: FS 100 Jahre GmbH-Gesetz, S. 657, 707; *Ziemons*, S. 119 f.; *Versteegen*, DB 1993, 1225, 1226 ff.; *Priester*, ZGR 1993, 512, 536 ff., 539; *Kübler*, NJW 1993, 1204, 1205; *Schanze*, AG 1993, 376, 377; *Roth*, ZGR 1993, 170, 202; Schnauder/*Müller-Christmann*, JuS 1998, 980, 984; Scholz/*Emmerich*, § 13 Rn. 93; *Röhricht*, in: Festschrift 50 Jahre BGH, S. 83, 118 f.; *Wiedemann/Hirte*, in: FS 50 Jahre BGH – Festgabe aus der Wissenschaft, Bd.II, S. 337, 353; *Gehrlein*, NJW 2000, 1089, 1090; *Henze*, GmbHR 2000, 1069, 1072; *Sandmann*, S. 285; sich gegenüber der Idee des Bestandsschutzes auch in der unabhängigen GmbH öffnend *Ulmer*, in: ZHR-Beiheft 70 (2001), 41, 53; von einer allgemeinen Durchgriffsrechtlichen Problematik sprechend *Goette*, in: ZHR-Beiheft 70 (2001), 11, 23; *Kiethe/Groeschke*, NZG 2001, 504 f.; von einem Schädigungsverbot auch außerhalb der Konzernsituation geht *Knobbe-Keuk* aus, in: DB 1992, 1461, 1463; *Raiser*, in: FS f. Ulmer, S. 493, 500 f.; *Bruns*, WM 2003, 815, 823; *Drygala*, GmbHR 2003, 729 ff.; *Lutter/Banerjea*, ZGR 2003, 402, 407.

[671] Vgl. statt vieler *M. Winter*, S. 207; *Priester*, ZGR 1993, 512, 520 f.

[672] M. Winter, ZGR 1994, 570, 591.

[673] Das dies ein Problem des allgemeinen GmbH-Rechts ist, gesteht sogar *Ulmer* ein, in: ZHR 148 (1984), 391, 397.

Stammkapital in solchen Situationen allein nicht den Fortbestand des Unternehmens und daher schon gar nicht den notwendigen Gläubigerschutz gewährleisten könne.[674]

Ein weiteres Argument zielt auf die Schwachstellen des GmbHG ab. Das Gesetz sei in der Vorstellung des Gesetzgebers von 1892 verhaftet, wonach die Gesellschafter als (wirtschaftliche) Eigentümer betrachtet wurden. Dem historischen Gesetzgeber sei z.B. die heute vielfach anzutreffende Einmann-GmbH fremd gewesen, da Einmann-Gründungen bis zur GmbH-Novelle 1980 unzulässig waren. Wenn nun jedoch die Einmann-GmbH als rechtsfähiger sozialer Verband anerkannt sei, zeige dies, dass die vom GmbH-Recht errichteten verbandsinternen Kontrollmechanismen auch in der unabhängigen GmbH nicht mehr ausreichen würden.[675]

Als weiterer Vorzug einer Anerkennung eines Eigeninteresses und damit eines Bestandsschutzes der unabhängigen Einmann-GmbH wird vorgebracht, dass so der offene Widerspruch zwischen den Auffassungen der Zivil- und Strafsenate des BGH zumindest abgemildert werde, was insbesondere im Hinblick auf die Einheit der Rechtsordnung mehr als wünschenswert sei.[676] Erwähnung finden sollte auch das Argument, dass es geradezu als widersinnig zu bezeichnen sei, wenn sich der herrschende Alleingesellschafter (um der gebotenen Gleichbehandlung mit einem Privatgesellschafter willen) der Haftung mit der Begründung entziehen könne, der existenzvernichtende Eingriff sei nicht im Konzerninteresse, sondern zu rein privaten Zwecken erfolgt.[677]

e) Versagen des Gläubigerschutzes in der unabhängigen Gesellschaft?

Die schon im ersten Teil erarbeiteten Ergebnisse bezüglich der zur Begründung eines Eigeninteresses vorgebrachten Ansätze[678], können auch für diesen Teil der Arbeit brauchbar gemacht werden, so dass eine erneute Auseinandersetzung mit der Vielzahl von Argumenten unterbleiben kann. Dies liegt vor allem daran, dass im ersten Teil Begründungsansätze zur Herleitung eines Eigeninteresses aufgegriffen wurden, die eigentlich von Vertretern stammten, die damit ein Eigeninteresse der unabhängigen Gesellschaft zu begründen versuchten.

Wie die im Rahmen der Herleitung der dogmatischen Grundlage angestellten Untersuchungen gezeigt haben, konnten die gesetzlichen Schutzmechanismen, die eigentlich die Funktion der Gesellschaft als ein Haftungsträger gewährleisten sollten, auf die konzernbedingten Gefahren nicht reagieren. Folglich war es angesichts der erwiesenen Gläubigergefährdung vertretbar, diesen Anspruch der Gesellschaft auf eine andere Weise zu sichern. Gerade die berechtigten Erwartungen der Gläubiger, der Gesellschafter werde durch seine Einflussnahmen nicht die Existenz und

---

674 *Fleck*, ZHR 149 (1985), 387, 394 ff.

675 *Schnauder/Müller-Christmann*, JuS 1998, 980, 983; hierauf scheint auch das LG Köln ZIP 1989, 1565, 1567 abzustellen, das sich für die Anerkennung einer Rechtsbeziehung zwischen Gesellschaft und Alleingesellschafter ausspricht.

676 *M. Winter*, S. 210.

677 *Röhricht*, in: Festschrift 50 Jahre BGH, S. 83, 119.

678 Vgl. die Darstellung ab B) III. 3) a) bb) ccc).

damit die Erfüllung der ihnen zustehenden Verbindlichkeiten gefährden, konnten eine Erweiterung des vom Gesetzgeber vorgegebenen Konzepts und damit eine Anerkennung eines Bestandsinteresses rechtfertigen.

Dass dies auch im Fall der unabhängigen Gesellschaft gerechtfertigt ist, meinen jedenfalls die obengenannten Befürworter dieser Meinung. Ihrer Ansicht nach ist das Schutzbedürfnis oder Nicht-Schutzbedürfnis der Gläubiger in der mehrgliedrigen, sowie in der eingliedrigen abhängigen wie unabhängigen Gesellschaft gleich. Wenn aber das Schutzbedürfnis weitgehend gleich sei, müsse auch der über das Eigeninteresse der Gesellschaft bewirkte reflexive Schutz der Gläubiger weitgehend gleich sein.[679]

Für die Entscheidung der Frage, ob auch in der unabhängigen Einmann-Gesellschaft ein unabhängiges Eigeninteresse außerhalb der durch die Kapitalerhaltungsvorschriften gesetzten Grenzen anzuerkennen ist, wird es deshalb darauf ankommen, ob zum Schutze von Drittinteressen die Anerkennung eines Eigeninteresses notwendig ist. Damit wird auch dem vom BGH im „Warenzeichenfall" geäußerten Vorbehalt Rechnung getragen, dass außerhalb der Gefährdung von Gläubigerinteressen ein unabhängiges Eigeninteresse grundsätzlich nicht anzuerkennen ist.

Es ist deshalb der Frage nachzugehen, ob es auch in der unabhängigen Gesellschaft Situationen gibt, in denen die bestehenden gesetzlichen Gläubigerschutzsysteme keinen oder nur einen unzureichenden Schutz bieten.[680] Falls dieser Nachweis gelingen sollte, wird in einem weiteren Schritt die Frage zu beantworten sein, ob eine weitere Berücksichtigung der Drittinteressen – in Form eines durch ein Eigeninteresse erst ermöglichten Bestandsvernichtungsverbotes – dem gesetzgeberischen Willen zuwiderlaufen würde.

Wie schon in der Diskussion über die Anerkennung eines Eigeninteresses gezeigt wurde, ist dem Gesellschafter einer Einmann-GmbH bzw. den einverständlich zusammenwirkenden Gesellschaftern lediglich der Zugriff auf das Stammkapital untersagt (§ 30 GmbHG). Den Gesellschaftern steht es deshalb frei, auch nachteilige Verfügungen zu treffen, solange das Stammkapital in Höhe der Stammkapitalziffer noch vorhanden ist.[681] Alle anderen nicht als offene oder verdeckte Auszahlung von Stammkapital zu qualifizierende schädigende Maßnahmen des Gesellschafters bleiben, selbst wenn sie die Gesellschaft schuldhaft in die Insolvenz führen, in Ermangelung eines Verbotstatbestandes gesellschaftsrechtlich sanktionslos.[682] Da diese Verfügungen trotz Unversehrtheit des Stammkapitals zur Vernichtung der Gesellschaft führen können, ist es denn auch nicht verwunderlich, dass

---

679 Vgl. insbes. *Ziemons*, S. 120; dass der Grundsatz der Respektierung der Existenzfähigkeit des Haftungsträgers auch für die unabhängige Gesellschaft zu gelten hat, vertreten auch *Priester*, ZGR 1993, 512, 520 und *Röhricht*, in: Festschrift 50 Jahre BGH, S. 83, 119.

680 Auf das Versagen des gesetzlichen Schutzsystems als Rechtfertigung stellen auch *Kiethe /Groeschke*, NZG 2001, 504, 505 ab.

681 Vgl. *Fleck*, ZGR 1990, 31, 34; Baumbach/Hueck/*Hueck/Fastrich*, § 30 Rn. 4.

682 *M. Winter*, S. 203; die §§ 30 f. GmbHG setzen für ihr Eingreifen zwingend voraus, dass der Eingriff des Alleingesellschafters als Auszahlung i.S. des § 30 GmbHG eingeordnet werden kann, vgl. BGH ZIP 2000, 493, 494.

viele der im GmbH-Konzern relevanten Fallgruppen, auf die die §§ 30 f. GmbHG keine Anwendung finden, als Verhaltensweisen angeführt werden, die auch bei einer Existenzvernichtungshaftung in der unabhängigen Einmann-GmbH zum Tragen kommen könnten.

aa) „Auslaufenlassen"/„Aschenputtelgesellschaft"

Unter anderem soll es sich gerade bei den Verhaltensweisen des „Auslaufenlassens" der GmbH und der Aschenputtelgesellschaft um „platte Gläubigerbenachteiligungen" handeln, die nicht konzernspezifisch sind.[683] Es sei nämlich zweifelhaft, ob die Konzernlage für ein „Auslaufenlassen" im Rahmen einer GmbH-Stafette überhaupt noch von Bedeutung sei. Es gäbe nämlich durchaus Konstellationen, in denen die Nachfolgegesellschaft erst nach Stilllegung ihrer Vorgängergesellschaft gegründet werde.[684]

Für die Relevanz dieser Fallgruppen kann auf den vom BGH entschiedenen „Architektenfall I"[685] verwiesen werden. Hierbei ging es um eine Fallgestaltung, bei der einer GmbH & Co. KG alle Risiken zugeteilt wurden, ihr die entsprechenden Gewinnchancen aber vorenthalten wurden („Aschenputtelgesellschaft"). Die Gesellschaft wurde durch ihre beiden Kommanditisten dazu verpflichtet, 41 Eigentumswohnungen nebst Garagen zu einem vereinbarten Festpreis von 2.050.000,- DM zu erstellen. Eine Erhöhung dieses Festpreises durch Lohn- und Materialkosten oder durch Behördenauflagen wurde ausgeschlossen. Demgegenüber sollte der über den Kaufpreis hinausgehende Verkaufspreis in voller Höhe an die Kommanditisten ausgezahlt werden. Die Baukosten der GmbH & Co. KG beliefen sich im Endeffekt auf 2.800.000,- DM. Gerade dieser Fall zeigt, dass es nicht auf die Unternehmenseigenschaft des Alleingesellschafters ankommt, um eine dem Konzern entsprechende Gefahrenlage für den Gläubiger zu schaffen.

aaa) Eigeninteresse auch bei Personengesellschaften?

Gegen die Heranziehung dieses Beispiels könnte jedoch sprechen, dass die GmbH & Co. KG keine Kapitalgesellschaft, sondern eine Personengesellschaft ist, bei der „lediglich" der den Gläubigern persönlich haftende Komplementär eine GmbH ist. Für Personengesellschaften existieren aber keine Kapitalerhaltungsvorschriften, die die Aufrechterhaltung eines bestimmten Stammkapitals gebieten. Die Gesellschafter unterliegen auch keiner Verfügungsbeschränkung hinsichtlich des Vermögens der Gesellschaft. Folglich sind dem Verhalten der Gesellschafter im Hinblick auf die Verwendung des Gesellschaftsvermögens keine Grenze gezogen worden.

Diesen Preis der Unbeschränktheit erkaufen sie sich jedoch mit der persönlichen Haftung (§§ 128 ff. HGB). Der Gesetzgeber geht davon aus, dass ein persönlich haftender Gesellschafter zu einer kaufmännisch vernünftigen Unternehmensfüh-

---

[683] *Decher*, in: ZHR-Beiheft 70 (2001), 25, 38, für die Einbeziehung der Fallgruppe des „Auslaufenlassens" und der gesteigerten Form des „Auslaufenlassens" im Rahmen einer GmbH-Stafette auch schon *Priester*, ZGR 1993, 512, 526.

[684] Vgl. *Röhricht*, in: Festschrift 50 Jahre BGH, S. 83, 91 u. 119.

[685] BGH WM 1979, 229 ff.

rung veranlasst wird.[686] Erfolgt sie dennoch nicht, so sorgt die persönliche Haftung für ausreichenden Schutz.

Eine weitergehende Haftung durch Anerkennung eines Eigeninteresses auch bei Personengesellschaften kann folglich nicht erreicht werden, da sich der Haftungsumfang der gesetzlich vorgesehenen Einstandspflicht nach den §§ 128, 161 II HGB mit dem bei Anerkennung eines Eigeninteresses deckt. Da die Personengesellschaft ein Haftungsträger ist, bei dem die unbeschränkte Verfügungsmacht der Gesellschafter durch das Korrelat der persönlichen Haftung aufgefangen wird, besteht bei ihr demnach grundsätzlich kein Bedürfnis für die Anerkennung eines Bestandsinteresses, gegenüber dem die Gesellschafter zur Treue verpflichtet sind.[687]

bbb) Eigeninteresse der GmbH & Co. KG?

Auch wenn damit für Personengesellschaften die Erforderlichkeit eines Eigeninteresses abzulehnen ist, muss diese Frage für die GmbH & Co. KG jedoch isoliert beantwortet werden. Rechtlich ist sie zwar Personengesellschaft, doch zeigt schon der Blick auf die §§ 125a, 129a, 172 Abs. 6, 172a HGB, dass sie selbst vom Gesetzgeber in vielen Punkten wie eine Kapitalgesellschaft behandelt wird. Sie steht dieser daher weitgehend gleich.[688]

Dies ist auch gerechtfertigt, wenn man bedenkt, dass bei einer KG mit einer natürlichen Person als Komplementär die Nichtbeachtung einer ordnungsgemäßen Unternehmensführung die oben beschriebenen Haftungsfolgen auslöst, während sich die Lage bei der GmbH & Co. KG völlig anders darstellt.[689] Die GmbH haftet als persönliche Gesellschafterin nur bis zur Höhe ihres Stammkapitals. Ein darüber hinausgehender Anspruch der Gläubiger existiert nicht. Insbesondere hat der Gläubiger kein Nachfolgerecht im Sinne des § 201 InsO, da mit Vermögenslosigkeit und Löschung der GmbH aus dem Handelsregister kein Schuldner mehr vorhanden ist. Die Insolvenz der Gesellschaft führt zu einer faktischen Schuldbefreiung.[690] Da in einer GmbH & Co. KG mit GmbH als Komplementärin wegen der damit bewirkten Trennung von Haftung und Risiko die gleichen Interessenkollisio-

---

686 BGH ZIP 1990, 578, 584 spricht von einer „Bremsfunktion“ der unbeschränkten Haftung; *Immenga*, Die personalistische Kapitalgesellschaft, S. 118; *J. Wilhelm*, in: FS f. Flume Bd.II, S. 337, 363.

687 Zu einem ähnlichen Ergebnis kommt *Limmer*, GmbHR 1992, 265, 273; *Eberl-Borges* begründet dieses Ergebnis mit der Tatsache, dass Personengesellschaften notwendig mehrgliedrig und nicht als Einmann-GmbH denkbar seien. Ihr Eigeninteresse sei deshalb durch die Zweckförderungspflicht der Gesellschafter nicht nur auf die Verhinderung von existenzvernichtenden Eingriffen beschränkt, vgl. *Eberl–Borges*, WM 2003, 104, 106.

688 *Binz*, Die GmbH & Co., S. 261.

689 So auch BAG GmbHR 1991, 413, 415, nach dessen Auffassung für den Schutz der Gläubiger einer abhängigen GmbH & Co. KG das gleiche Bedürfnis wie für die Gläubiger einer abhängigen GmbH bestehe, da bei der GmbH & Co. KG das Vermögen des Komplementärs wiederum nur ein beschränkt haftendes Vermögen sei; zu diesem Komplex sehr ausführlich *Eberl-Borges*, WM 2003, 105, 113 ff.

690 *Knüllig-Dingeldey*, Nachforderungsrecht oder Schuldbefreiung, S. 21.

nen auftreten können wie in der GmbH, kann für die Beurteilung der Notwendigkeit einer Haftung wegen Existenzvernichtung in der GmbH & Co. KG nichts anderes gelten wie bei dieser.[691]

bb) Entzug von Geschäftschancen

Des Weiteren soll der Entzug von Geschäftschancen ein Verhalten darstellen, welches zwar hauptsächlich im Konzern stattfinden würde, jedoch auch in Einzelgeschäften unabhängig vom Bestehen einer Konzernsituation begründet werden könne.[692] Als Beleg für die Richtigkeit dieser Einschätzung kann der schon oben angesprochene „Warenzeichenfall" herangezogen werden. Auch wenn im konkreten Fall eine unangemessene Rücksichtnahme des Alleingesellschafters nicht festzustellen war, so zeigt der Fall doch, dass auch in der unabhängigen GmbH durchaus die Gefahr besteht, dass der Alleingesellschafter sich Geschäftschancen zur Förderung seiner anderen Interessen zunutze macht. Er kann die Geschäftschance zwar nicht selbst in einer anderen Gesellschaft realisieren, jedoch hat er die Möglichkeit, für die „unentgeltliche" Gestattung der Verwertung der Geschäftsgelegenheit ein ihm allein zufließendes Entgelt zu verlangen. Hierdurch wird aber bereits eine ausreichende Gefahr für eine Interessendivergenz begründet.

cc) Liquiditätsabzug

Neben der Fallgruppe des Entzugs von Geschäftschancen soll nach Vertretern der Literatur auch der existenzgefährdende Vermögenstransfer ein Verhalten darstellen, das auch in der unabhängigen Gesellschaft nicht zu billigen sei und deshalb als ein den Schadensersatz auslösendes Verhalten (hier: fehlende angemessene Rücksicht) bewertet werden müsse.[693]

Der Erfahrungssatz, dass die Gesellschaftsverluste auf die Gesellschafter durchschlagen und diese trotz Haftungstrennung dazu motivieren, Verluste zu verhindern, dürfte für die unabhängige Gesellschaft zumindest solange zutreffen, wie die Schmälerung des Vermögens nicht auf Entnahmen zu Gunsten der Gesellschafter erfolgt. Hierdurch sinkt der Wert der Beteiligung an der Gesellschaft und die Möglichkeit von regulären Entnahmemöglichkeiten. Kommt die Schmälerung des Vermögens dagegen dem Gesellschafter zugute, sind die Einbußen der Gesellschaft nicht mehr identisch mit den Verlusten der Gesellschafter. In diesem Fall kann man also davon sprechen, dass die Interessenidentität zwischen Gesellschaftern und Gläubigern auch in der unabhängigen GmbH nicht mehr dem „Idealfall" entspricht. Die Relevanz dieser Verhaltensweisen zeigt sich mit Blick auf die strafrechtlichen

---

691 Für die Erstreckung der Haftungsgrundsätze (allerdings noch die von „TBB") auf die GmbH & Co. KG auch BAG ZIP 1999, 723 ff.; *Limmer*, GmbHR 1992, 265, 273; *Henssler*, ZGR 2000, 479, 492; a.A. Hachenburg/*Ulmer*, Anh. § 77 Rn. 154, dem es an der typischen Interessenkollision innerhalb der GmbH & Co. KG fehlt, die eine Gefährdung begründen könnte.

692 *Priester*, ZGR 1993, 512, 532.

693 *Priester*, ZGR 1993, 512, 532; *Fleck*, ZGR 1990, 31, 36 f.; *K. Schmidt*, ZIP 1988, 1497, 1506; wohl auch *Gehrlein*, NJW 2000, 1089, 1090, der den Entzug von Gesellschaftsmitteln, der die Gesellschaft bei Fortsetzung der Tätigkeit in die Insolvenz führt, als strafrechtlich relevanten Tatbestand einstuft; *Schaub*, DNotZ 2002, 468, 470.

Entscheidungen bezüglich der Untreue des GmbH-Geschäftsführers.[694] Die Insolvenz der Gesellschaft beruhte in diesen Fällen unter anderem auf überhöhten, wirtschaftlich nicht zu vertretenden Ausschüttungen an den Alleingesellschafter oder an die einvernehmlich handelnde Gesellschaftergesamtheit. Dienen die Entnahmen dazu, private Bedürfnisse der Gesellschafter zu befriedigen, um z.B. aus einer plötzlichen Geldverlegenheit zu helfen, ist damit zwar noch keine völlige Aufgabe des Interesses am Fortbestand der Gesellschaft verbunden, wohl aber steigt für die Gläubiger in solchen Konstellationen das Risiko, dass die Interessen am Wohlergehen des Unternehmens überlagert werden. Der von der Gegenansicht generell bejahte Interessengleichlauf beginnt in solchen Situationen also aufzuweichen.

Entnimmt man das Verbot einer solchen Existenzvernichtung aus § 30 GmbHG selbst, so hätte dies zur Folge, dass bezüglich dieser Verhaltensweise keine Lücke im Gläubigerschutz festgestellt werden könnte.[695] Wie im ersten Teil allerdings festgestellt wurde, spricht die Tatsache gegen diesen Lösungsansatz, dass die §§ 30 f. GmbHG selbst bei erweitertem Verständnis der Auszahlung nur einen vergleichsweise minimalen Gläubigerschutz im Konzern bieten können. Dies liegt bei den §§ 30, 31 GmbHG daran, dass sich die Vorschriften ausdrücklich nur auf die Zahlung von zur Stammkapitalerhaltung benötigtem Gesellschaftsvermögen beziehen. § 30 GmbHG wendet sich nun einmal nicht gegen fehlerhafte Maßnahmen der Geschäftsführung, die das rechnerische Vermögen der Gesellschaft unangetastet lassen.[696] Erforderlich ist eine Auszahlung, d.h. eine unmittelbare oder mittelbare Zuwendung aus dem Gesellschaftsvermögen zu Gunsten eines Gesellschafters.[697] Wenn daher die Gesellschaft bei bestehender Unterbilanz an ihren Gesellschafter einen Gegenstand zu marktüblichen Preisen verkauft, obwohl sie ihn dringend braucht, um die Produktion aufrechtzuerhalten, kann sich zwar der Geschäftsführer nach § 43 GmbHG schadensersatzpflichtig machen, § 30 GmbHG ist aber nicht verletzt.

Eine Interpretation der Norm als allgemeiner Schutz der Befriedigungsaussichten der Gläubiger löst sich zudem von dem § 30 GmbHG zugrundliegenden Schutzzweck der Kapitalerhaltung.[698] Es dürfte nämlich mehr als nur zweifelhaft sein, ob es wirklich selbstständiger Zweck dieser Vorschrift ist, die Existenz der Gesellschaft gegen Eingriffsmaßnahmen ihrer Gesellschafter zu schützen. Dieser Schutz wird wohl insoweit eher reflexartig durch den Erhalt des Stammkapitals im Interesse der Gläubiger erreicht.[699] Zudem vermögen die §§ 30 f. GmbHG einen effektiven Existenzschutz gar nicht zu gewährleisten, da durch § 31 GmbHG nur die Rückforderung des Auszahlungsbetrages, hingegen nicht der Ausgleich des durch die Existenzvernichtung herbeigeführten Schadens, bewirkt wird.[700]

[694] BGHSt 30, 127, 129; BGH GA 1979, 311 ff.; BGH Wistra 1984, 71; BGH Wistra 1987, 216; BGH Wistra 1990, 99.
[695] So *Fleck*, ZGR 1990, 31, 36 f.; dem zustimmend *Lutter/Hommelhoff*, § 30 Rn. 5 f.
[696] *U.H. Schneider*, in: FS f. Döllerer, S. 537, 544.
[697] Scholz/*Westermann*, § 30 Rn. 19 ff.
[698] *Belling/v.Steinau-Steinrück*, SAE 1996, 253, 259.
[699] *Hartmann*, GmbHR 1999, 1061, 1067.
[700] Vgl. B) II. 1) c) aa) ddd) (3).

dd) Materielle Unterkapitalisierung der unabhängigen Einmann-GmbH

Im Schrifttum wird im Zusammenhang mit einem Existenzvernichtungsverbot in der unabhängigen Einmann-GmbH schließlich auf die Fälle eindeutiger Unterkapitalisierung verwiesen.[701] Die Relevanz dieser Fallgruppe auch in der unabhängigen GmbH[702] dürfte vor allem auf die mangelnde Eigenkapitalausstattung kleinerer und mittlerer Betriebe zurückzuführen sein. So sind nach Angaben des Zentralverbandes des Deutschen Handwerks etwa 37 Prozent der Handwerksbetriebe unterkapitalisiert, ihr Eigenkapital erreicht noch nicht einmal zehn Prozent ihrer Bilanzsumme.[703] Rolf E. Breuer, Aufsichtsratsvorsitzender der Deutsche Bank AG, bezeichnet dies als das historisch gewachsenes Problem des deutschen Mittelstands. In den letzten 50 Jahren hätten die Betriebe stets Eigenmittel durch Fremdmittel ersetzt.[704] Dass der deutsche Mittelstand unterkapitalisiert ist, bestätigt auch ein internationaler Vergleich einer EU-Studie. Hiernach kommen kleine deutsche Unternehmen mit bis zu 50 Mitarbeitern nur auf eine Eigenkapitalquote von 14 Prozent. In Frankreich und Portugal sind es mehr als 30 Prozent, in Spanien sogar über 40 Prozent.[705] Nun wird niemand bestreiten, dass es zulässig ist, einen Betrieb auf Grundlage eines unternehmerischen Konzepts zu leiten, dass auf eine hohe Fremdkapitalisierung angelegt ist. Diese Erkenntnis kann aber ebenso wenig wie sie bei Vorliegen eines faktischen Konzerns zur Unzulässigkeit einer Verschuldenshaftung wegen Unterkapitalisierung führen würde, in der unabhängigen GmbH ein solches Ergebnis begründen. Auch wenn die Finanzierungsregeln aus der Betriebswirtschaftslehre zwar nicht exakt angeben können, mit welcher genauen Stammkapitalziffer die konkrete GmbH gerade noch angemessen ausgestattet ist, so können sie doch Aufschluss darüber geben, ab welchem Betrag diese Voraussetzung jedenfalls erfüllt ist. Folglich stellt die extreme Unterkapitalisierung ein Verhalten dar, welches auch in der unabhängigen Einmann-GmbH das gesetzliche Schutzsystem außer Funktion setzt und deshalb die Anerkennung eines auf Bestandsschutz ausgerichteten Eigeninteresses erforderlich macht.

f) Wille des Gesetzgebers gegen Anerkennung eines Bestandsinteresses?

Wie schon im ersten Teil der Arbeit angemerkt wurde, kann man den Gläubigerschutz in der ursprünglichen Gesetzesfassung von 1892 als unzureichend bezeichnen.[706] Hierfür finden sich selbst im Gesetz Anhaltspunkte. Seit der GmbH-Novelle von 1980 unterliegt auch der geschäftsführende Alleingesellschafter bei der Verfolgung eigener Interessen durch Rechtsgeschäfte mit der GmbH gemäß

---

701 *Priester*, ZGR 1993, 512, 526; *K.Schmidt*, GesR, § 9 IV 4, S. 251; *ders.*, ZIP 1988, 1497, 1506; *ders.*, NJW 2001, 3577, 3580; *Decher*, in: ZHR-Beiheft 70 (2001), 25, 38; *Fleck*, ZGR 1990, 31, 40, der eine Haftung allerdings nicht mit der Fortführung der Geschäfte trotz Unterkapitalisierung begründet, sondern mit dem Entzug der Liquidität, welche die Unterkapitalisierung verursacht hat.

702 Dies gilt wohl ebenfalls für die GmbH & Co. KG, bei der nach Angaben von *Uhlenbruck* die Unterkapitalisierung eine der häufigsten Insolvenzursachen in der GmbH & Co. KG ist, vgl. *Uhlenbruck*, in: Die GmbH & Co. KG in Krise, Konkurs und Vergleich, S. 8 f.

703 Quelle: Deutsches Handwerksblatt vom 24.05.2002, S. 6.

704 Quelle: Deutsches Handwerksblatt vom 24.05.2002, S. 6.

705 Quelle: Die Welt vom 05.04.2002, S. 11.

706 Vgl. Erg. oben bei B) II. 1) c) aa) ccc) (2).

§ 35 Abs. 4 GmbHG dem Verbot des § 181 BGB. Diese Vorschrift sollte, neben dem oben schon erwähnten Schutz der Gesellschaft[707], vor allem den Gläubigerschutz verbessern, weil die bis dahin erforderliche Schriftform für Insichgeschäfte hierfür allein nicht als ausreichend erachtet wurde[708]. Zwar kann sich der Geschäftsführer von den Beschränkungen des § 181 BGB freistellen lassen, jedoch werden an die Befreiung von der Beschränkung hohe Anforderungen gestellt, wenn diese in der Satzung festgehalten und im Handelsregister eingetragen werden muss.[709] Es soll so sichergestellt werden, dass die Gläubiger sich über die Möglichkeit von Insichgeschäften informieren können.

Gegen eine Lücke im Gläubigerschutz könnte allerdings die Tatsache sprechen, dass der Gesetzgeber von 1892 die Grenzen zulässiger Ausschüttungen von Gesellschaftsvermögen an die Gesellschafter in § 30 GmbHG regelte und auch in der GmbH-Novelle von 1980 diesen Bereich nur durch Bestimmungen über eigenkapitalersetzende Darlehen (§§32a, b GmbHG)und Kredite an Geschäftsführer (§ 43a GmbHG) ergänzte, jedoch ansonsten keine weiteren Beschränkungen vornahm.

Einer solchen Sichtweise steht aber entgegen, dass der Gesetzgeber die in der GmbH-Novelle vorgenommenen Erweiterungen ersichtlich nicht als abschließend verstanden wissen wollte. So hat er bezüglich einer etwaigen Gesellschafterhaftung wegen materieller Unterkapitalisierung erkennen lassen, dass er einen noch weitergehenden Schutz für wünschenswert erachte, dies jedoch mangels hinreichender Klärung von Voraussetzungen und Ausgestaltung solcher Ausdehnungen nicht in die Novelle einbeziehe.[710] Ziel der Reform sei es, der bisher nur auf allgemeinen Grundsätzen gestützten Rechtsprechung eine gesetzliche Grundlage zu verschaffen.[711] Gegen eine abschließende Wirkung der GmbH-Novelle von 1980 spricht gerade die Regelung des § 35 Abs. 4 GmbHG. Auch wenn die gläubigerschützende Wirkung der Vorschrift zum Teil für höchst zweifelhaft gehalten wird[712], zeigt sich doch, dass der Gesetzgeber, im Hinblick auf die stets drohende Verquickung der Privatsphäre der Gesellschafter und der Sphäre der Gesellschaft, das Kapitalschutzsystem im Interesse der Gesellschaftsgläubiger für ergänzungsfähig erachtet.

Die Schließung weiterer Schutzlücken steht demnach nicht im Widerspruch zum gesetzgeberischen Willen, zumal dieser die Vorreiterrolle der Rechtsprechung als Grundlage eigener legislativer Bemühungen anerkennt.[713]

---

[707] Vgl. B) II. 1) b).

[708] Vgl. den Bericht der Abgeordneten *Lambinus*, *Helmrich* und *Kleinert*, BT-Drucks. 8/3908, S. 74.

[709] Scholz/*Schneider*, § 35 Rn. 105.

[710] Vgl. BT-Drucks. 8/1347, S. 38.

[711] Vgl. BT-Drucks. 8/1347, S. 39.

[712] *Ulmer*, BB 1980, 1001, 1006; Hachenburg/*Mertens*, § 35 Rn. 60; noch weitgehender *Kanzleiter*, DNotZ 1996, 819, 820, der den Gläubigerschutz als Zweck der Vorschrift verneint und diesen vielmehr in einem Beitrag zur Rechtssicherheit erkennt.

[713] Vgl. BT-Drucks. 8/1347, S. 39; so konstatiert *Ulmer*, GmbHR 1984, 256 (Fn. 4), dass die Vorschläge aus der gescheiterten großen GmbH-Reform nur deshalb nicht in der GmbH-Novelle 1980 aufgegriffen worden, weil die Rechtsprechung durch das Grundsatzurteil des BGH (= BGHZ, 65, 15 ff. -„ITT“-) für den Minderheitenschutz im GmbH-Konzern inzwischen andere Wege beschritten habe.

g) Qualitativer Gefahrenunterschied im Vergleich zur Konzerneinbindung?

Die Tatsache, dass der Anerkennung eines Eigeninteresses der unabhängigen Einmann-GmbH mit Vorsicht oder sogar strikter Ablehnung begegnet wird, liegt vor allem darin begründet, dass viele Autoren bei konzernrechtlichen Sachverhalten ohne weiteres von der Möglichkeit ausgehen, dass der Alleingesellschafter das Eigeninteresse der abhängigen GmbH in irgendeiner Form zu Gunsten einer anderen Gesellschaft verletzten wird. Dagegen gilt wohl nach den Vertretern dieser Ansicht in der unabhängigen Gesellschaft der Rechtssatz, dass der Gesellschafter seine Gesellschaft aus eigenem Interesse heraus nicht schädigen werde.

Dies ist im Endeffekt aber nichts anderes, als die Umkehrung der für den GmbH-Konzern als zu weitgehend abgelehnten Vermutung, schon die dauernde und umfassende Leitung der Gesellschaft impliziere eine Verletzung der Interessen der Gesellschaft. Die Annahme, dass eine selbstständige Gesellschaft immer von Gewinnerzielungsabsicht, wirtschaftlich vernünftigem Verhalten und einem dauerhaften Bestandsinteresse geprägt sei, muss als realitätsfremd zurückgewiesen werden. Auch wenn dies in den meisten Fällen wohl der Fall ist, kann man daraus nicht schließen, dass es sich hierbei um ein konstitutives Element handelt.[714]

Wie die Untersuchung gezeigt hat, kann vielmehr festgestellt werden, dass die Divergenz der „Interessen der Gesellschaft" von den Interessen des maßgeblichen Gesellschafters kein Spezifikum des Konzerns ist, weshalb eine Ausdehnung der Bestandserhaltungsgrundsätze auf die „einfache" Gesellschaft erforderlich ist.[715] Eine solche Vorgehensweise dürfte auch nicht zu unverhältnismäßigen Härten führen, da die Haftung bei Fehlen von Minderheitengesellschaftern erst durch die durch fehlende angemessene Rücksicht herbeigeführte Insolvenz der Gesellschaft ausgelöst wird, also erst in einer Situation, in der sich die Gefahr einer Interessendivergenz verwirklicht hat. Insoweit wird man hier nicht mehr von einer „Verdächtigung" redlicher Gesellschafter sprechen können[716], zumal die Beweislast für das Vorliegen eines entsprechenden Sachverhaltes grundsätzlich den Gläubiger trifft.

Auch die den strafrechtlichen Entscheidungen zugrundeliegenden Sachverhalte sprechen für eine Ausdehnung der Haftungsgrundsätze des „Bremer Vulkan"-Urteils auf die unabhängige Einmann-GmbH. Die Fälle, bei denen sich die Strafsenate des BGH mit der Untreue der GmbH-Geschäftsführer zu befassen hatten, betrafen zumeist keine Konzernlagen, sondern Fälle überhöhter Privatentnahmen. Die Beeinträchtigung der dem Vertragspartner zur Verfügung stehenden Haftungsmas-

---

[714] *Kern*, Die Unbestimmtheit des selbständigen Konzernhaftungstatbestandes, S. 138.

[715] So schon *Versteegen*, DB 1993, 1225, 1231; vgl. auch *J. Wilhelm*, DB 1986, 2113, 2119, der schreibt, dass der Gleichlauf von Gesellschafts- und Gesellschafterinteressen am grundsätzlichen Konflikt zwischen dem Interesse der Gesellschaft an der Erhaltung und dem Spekulationsdrang oder dem Durchhaltewillen um jeden Preis (auf fremde Kosten) der Gesellschafter scheitere; vgl. auch *Burgard*, ZIP 2002, 827, 828, der Schutzdefizite auch in einer unabhängigen Einmann-GmbH anerkennt, die durch die Konzernlagen noch verschärft würden („Gleichlauf potenziell gestört"); *Brandner*, in: Der qualifizierte faktische GmbH-Konzern, S. 207, 214; *Lutter/Banerjea*, ZGR 2003, 402, 407.

[716] So aber die Bedenken von *Drygala*, der im typischen Interessengleichlauf ein Verbot erblickt, gegen jeden Gesellschafter mit der Anerkennung einer Verschuldenshaftung den Verdacht zu erheben, er sei auf Schädigung der Gesellschaft aus, *Drygala*, S. 111.

se ist demzufolge nicht nur ein Problem des im Konzern eingegliederten Unternehmens, sondern ist in Wahrheit ein allgemeines Phänomen, das immer dann auftritt, wenn eine Haftungsbeschränkung auf ein gewisses Kapital vorgesehen ist.

Die hier auch in der unabhängigen GmbH sowie in der GmbH & Co. KG anerkannte allgemeine Bestandschutzhaftung dürfte deshalb im Hinblick auf die festgestellte Gefährdung der Gläubiger gerechtfertigt sein, auch wenn die Gefahr den Konstellationen nicht so immanent ist, wie dies bei der „typischen“ Überlagerung des Gesellschaftsinteresses durch das Konzerninteresse der Fall ist. Im Hinblick auf die festgestellten Gefahren ist es trotzdem geboten, dass der Einmann-Gesellschafter von Rechts wegen dazu angehalten wird, die Lebensfähigkeit des Haftungsträgers zu respektieren. Ob die unangemessene Rücksicht im Interesse des Konzerns oder im privaten Interesse erfolgt, kann bei der rechtlichen Bewertung dieses Vorgangs keine entscheidende Bedeutung zukommen.

h) Ergebnis

Den Vertretern der Gegenansicht ist zuzugeben, dass in Konzernlagen eine „erhöhte“ Gefahr der Verletzung des Eigeninteresses der Gesellschaft besteht, weil dieses dort typischerweise vom Konzerninteresse überlagert wird, während es bei einem Privatgesellschafter beim typischen Interessengleichlauf bleibt, da er typischerweise dazu tendiert, sich die GmbH als Produzent von Einkünften zu erhalten.

Wie die obigen Beispiele aber deutlich gemacht haben, gibt es auch unabhängig vom Bestehen eines Konzernsachverhaltes Gefahrenlagen in der unabhängigen GmbH, auf die die §§ 30 f. GmbHG keine Antwort zu geben vermögen. Wenn damit aber das für die Anerkennung eines Eigeninteresses relevante Gläubigerschutzdefizit und die damit einhergehende Funktionsunfähigkeit der GmbH als Haftungsträger, unabhängig vom Bestehen einer Konzernlage, zu bejahen ist, darf der Schutz der Gläubiger in dieser Situation nicht hinter dem durch die Anerkennung des Eigeninteresses bewirkten Standards des faktischen Konzerns zurückbleiben. Die Gefahr der Existenzvernichtung der Gesellschaft ist sowohl in der abhängigen, als auch in der unabhängigen Einmann-GmbH relevant, weshalb auch kein Unterschied in der Qualität der Gefahr zu erkennen ist.[717]

Den zur Rechfertigung einer besonderen Konzernhaftung vorgebrachten Argumenten[718] dürfte nach dem hier vertretenen Verständnis des „Bremer Vulkan“-Urteils jede Grundlage entzogen sein[719]. Durch das „Bremer Vulkan“-Urteil sind die gravierenden Unterschiede zwischen einer allgemeinen Bestandsschutzhaftung

---

[717] *Assmann* hätte in diesem Zusammenhang deshalb besser von einem quantitativen Unterschied bezüglich der Gefahrenlage im Konzern im Vergleich zur unabhängigen Gesellschaft sprechen sollen, vgl. *Assmann*, JZ 1986, 928, 930; im Ergebnis wie hier *Mülbert*, der bezüglich der hier relevanten Gefahren davon spricht, dass diese lediglich in Konzernsachverhalten mit höherer Wahrscheinlichkeit vorliegen und deshalb eine konzernspezifische Haftungsregel nicht rechtfertigen könnten, vgl. *Mülbert*, DStR 2001, 1937, 1947; von einer höheren Wahrscheinlichkeit spricht auch *Drygala*, GmbHR 2003, 729, 730.

[718] Vgl. hierzu die Darstellung bei *Ulmer*, in: ZHR-Beiheft 70 (2001), 41, 69.

[719] Nach Ansicht von *Drygala* ist der Tatbestand der Konzernhaftung mit dem Konzept der „Bremer Vulkan“-Entscheidung weitgehend identisch, vgl. *Drygala*, GmbHR 2003, 729, 738.

und einer Konzernhaftung beseitigt worden, weshalb vieles dafür spricht, die dort anerkannten Haftungsgrundsätze auch für eine allgemeine Bestandsschutzhaftung brauchbar zu machen.[720] Die Existenzvernichtungshaftung setzt demzufolge nicht die Qualifizierung des Gesellschafters als Unternehmen im Sinn des § 15 AktG und damit das Bestehen einer Unternehmensbindung voraus. Adressat der Haftung ist demnach der Gesellschafter der Einmann-GmbH, mag er als Unternehmen zu qualifizieren sein oder nicht.

2) Mittelbare Gesellschafter

Fraglich ist, ob neben dem unmittelbar beteiligten Gesellschafter auch die nur mittelbar beteiligte Konzernspitze, die die Entscheidungen für einen existenzvernichtenden Eingriff der Tochter bei der Enkelgesellschaft entschieden und veranlasst hat, der Haftung zu unterwerfen.[721]

Dies scheint aus mehreren Gründen angebracht. Einerseits wird durch diesen Schritt einer Umgehung der Haftung von vornherein Einhalt geboten[722]. Andererseits ist dieser Schritt auch durchaus gerechtfertigt, wenn die Konzernspitze die Enkelgesellschaft aktiv beherrscht.[723] Auch in diesen Konstellationen besteht die Gefahr, dass im Interesse des die Tochtergesellschaft beherrschenden Gesellschafters eine Benachteiligung der Enkelgesellschaften stattfindet, in dem z.B. Vorteile externalisiert werden.

Eine solche Ausdehnung der Haftung passt sich im Gegensatz zu einer echten Durchgriffshaftung[724] auch ohne Schwierigkeiten in die hier favorisierte dogmatische Grundlage der Treuepflicht ein. Gleichwohl die Treuepflicht nach den hier erarbeiteten Ergebnissen in der Mitgliedschaft des Gesellschafters ihre Grundlage findet, ist es im Ergebnis nahezu unbestritten, dass sie in mehrstufigen Unternehmensverbindungen auch insoweit Geltung beanspruchen kann, als es um Einwirkungen der nur mittelbar beteiligten Mutter auf die Enkelgesellschaft geht.[725] Ist nämlich die Treuepflicht, wie oben festgestellt, ein Korrektiv für die mitgliedschaftlich vermittelten Einwirkungsbefugnisse des Gesellschafters, so muss sich

[720] So z.B. auch *Meyer*, S. 902, nach dessen Ansicht sich schon die „TBB“-Haftung problemlos als allgemeine Gesellschafterhaftung formulieren lässt.

[721] Diese Frage stellt sich genauso für den Alleingesellschafter der seine unmittelbare Beteiligung in einer Holding „parkt“.

[722] Auf haftungsvermeidende Präventionsstrategien weist auch *Keßler*, GmbHR 2005, 257, 264 hin; auch *Schröder* begrüßt die Ausdehnung der Haftung im Hinblick auf die Vermeidung von Umgehungen, vgl. *Schröder*, GmbHR 2005, 227, 228.

[723] Vgl. zu diesem Problemkreis die umfassende Darstellung von *U.H. Schneider/Burgard*, in: FS f. Ulmer, S. 579, 582 ff.; *Vetter*, ZIP 2003, 601, 607 f.; nichts anderes kann gelten, wenn die Beteiligungen am abhängigen Unternehmen lediglich in der Holding „geparkt“ werden oder wenn der Holdinggesellschafter in der Zwischenholding durch Ausübung von Leitungsmacht tatsächlich tätig wird,. vgl. zu diesem Problemkreis *Bayer*, ZGR 2002, 933, 943 m.w.N.

[724] Siehe oben B) III. 2) d), vgl. auch *Bruns*, NZG 2004, 409, 410; *Vetter*, ZIP 2003, 601, 607 ff; zu den Schwierigkeiten auch *Lieder*, DZWiR 2004, 252, 253 f.

[725] BGHZ 65, 15, 20 f.; 89, 162, 165 ff.; Hachenburg/*Ulmer*, Anh. § 77 Rn.74; Scholz/*Emmerich*, Anh. Konzernrecht Rn. 77; *Habersack*, in: Emmerich/Habersack, Aktien- und GmbH-Konzernrecht, Anh. § 318 Rn. 28; eingehend *Wimmer-Leonhardt*, Konzernhaftungsrecht, S. 322 ff.; *Vetter*, ZIP 2003, 601, 607.

die Konzernspitze die Einwirkungsmöglichkeiten, die der von ihr abhängigen Tochtergesellschaft zustehen, zurechnen lassen.[726]

Aus Sicht der Befürworter einer auf Treuepflichten basierenden Haftung ist deshalb konsequent, dass der BGH in seinen jüngsten Entscheidung nunmehr ausdrücklich festgestellt hat, dass die Grundsätze zur Haftung für Existenzvernichtung auch für den Gesellschafter-Gesellschafter gelten.[727] Er soll nach Ansicht des II. Zivilsenats jedenfalls dann wie ein unmittelbarer Gesellschafter behandelt werden, „wenn er über die zwischengeschaltete Holding einen beherrschenden Einfluss ausüben kann.[728] In dieser Lage sei nicht auf die formaljuristische Konstruktion, sondern auf die tatsächlichen Einflussmöglichkeiten abzustellen".[729]

Der nur mittelbar beteiligte Gesellschafter haftet somit unmittelbar gegenüber der Enkel-GmbH, soweit es selbst auf diese einwirkt oder eine entsprechende Einwirkung durch das Tochterunternehmen veranlasst.[730]

3) Schwestergesellschaften

Im „Klinik"-Urteil hat es der BGH offen gelassen, jedoch als zweifelhaft bezeichnet, ob eine vom Gesellschafter beherrschte Schwestergesellschaft aus existenzvernichtendem Eingriff haftet, wenn der GmbH beide planmäßig das Vermögen entziehen und es auf die Schwestergesellschaft verlagern, um den Zugriff der Gesellschaftsgläubiger zu verhindern.[731]

Nach dem hier favorisierten Haftungsmaßstab ist die Entscheidung des BGH nachvollziehbar und auch zu begrüßen. Aus Sicht der Treuepflichtkonzeption muss eine Haftung von Schwestergesellschaften nach Existenzvernichtungsgrundsätzen

---

[726] *Emmerich*, in: FS Stimpel, S. 743, 748 ff.; *Habersack*, in: Emmerich/Habersack, Aktien- und GmbH-Konzernrecht, Anh. § 318 Rn. 28; *Wiedemann/Hirte*, ZGR 1986, 163, 165 f.; Hachenburg/*Ulmer*, Anh. § 77 Rn.74; für eine unmittelbare Sonderverbindung zwischen Mutter- und Enkelgesellschaft sprechen sich aus: Limmer, S. 78 ff.; *Schneider/Burgard*, in: FS Ulmer, S. 579, 585 ff.; *Tröger*, Treupflicht im Konzernrecht, S. 52 ff.; für Einbeziehung der Enkel-GmbH in den Schutzbereich der Treupflicht im Verhältnis Mutter-Tochter: *Stimpel*, AG 1986, 117, 119 ff.; *Assmann*, in: FS 100 Jahre GmbH-Gesetz, S. 657, 710 f.; Rowedder/Schmidt-Leithoff/*Koppensteiner*, Anh. § 52 Rn. 76.

[727] BGH ZIP 2005, 117, 118; BGH ZIP 2005, 250, 251; vgl. auch OLG Rostock ZIP 2004, 118, 120 f.

[728] BGH ZIP 2005, 117, 118; dies gilt nach Ansicht des BGH selbst dann, wenn die Zwischenholding in der Rechtsform einer ausländischen juristischen Person betrieben wird, da maßgeblich, wie auch im internationalen Konzernrecht, allein die Rechtsordnung sei, der die abhängige Gesellschaft untersteht, vgl. BGH ZIP 2005, 250, 251.

[729] BGH ZIP 2005, 117, 118; BGH ZIP 2005, 250, 251.

[730] Für eine Ausdehnung sprechen sich auch *Hölzle*, ZIP 2004, 1729, 1735; *Emmerich*, AG 2004, 423, 428; *Altmeppen*, ZIP 2005, 119, 120; *Keßler*, GmbHR 2005, 257, 264; *Habersack*, in: Emmerich/ Habersack, Aktien- und GmbH-Konzernrecht, Anh. § 318 Rn. 36; *Henze*, WM 2005, 717, 725; *Schröder*, GmbHR 2005, 227, 228; *Wilhelmi*, EWiR 2005, 221; *Gehrlein*, BB 2005, 613, 614; *Haas*, NZI 2005, 239, 240; *Simon/Leuering*, NJW-Special, 267, 268; *Lieder*, DZWiR 2004, 252, 253; *ders.* DZWiR 2005, 309, 310; zweifelnd im Hinblick auf die Ausgestaltung als echte Durchgriffshaftung *Vetter*, ZIP 2003, 601, 607 f.

[731] BGH ZIP 2004, 2138, 2139.

jedenfalls ausscheiden.[732] Teilweise werden zwar auch im Verhältnis von Schwestergesellschaften Treuepflichten über § 242 BGB für möglich gehalten.[733] Wimmer-Leonhardt hat jedoch zu recht festgestellt, dass einer solchen Herleitung von Treuepflichten nicht gefolgt werden kann.[734] Die Tochtergesellschaft muss sich nicht die Einwirkungsmöglichkeit der Muttergesellschaft zurechnen lassen. Sie steht der Schwestergesellschaft ebenso gegenüber, wie ein völlig unbeteiligter Dritter. Eine unmittelbare Haftung der Schwestergesellschaften kommt deshalb nur unter den Voraussetzungen der §§ 823 ff. BGB in Betracht.[735]

Dies stellt allerdings keinen Freibrief für die Einwirkungen der Muttergesellschaft dar. Selbst wenn die Einflussnahme unmittelbar zwischen den Schwestergesellschaften erfolgt ist, wird man diese dem Gesellschafter, der Entsprechendes duldet oder gar veranlasst hat, zurechnen müssen.[736] Die Gläubiger sind hierdurch nicht schlechter gestellt. Soweit es um rechtswidrige Vermögensverlagerungen von der Muttergesellschaft auf die Schwester geht, reichen insolvenzrechtliche Anfechtungstatbestände und § 31 Abs. 1 GmbHG aus, um einen unmittelbaren Zugriff auf das Gesellschaftsvermögen der Schwestergesellschaft zu erhalten.[737] Dem Zugriff der Gläubiger aufgrund der Haftung für Existenzvernichtung unterliegt zudem der Anteilsbesitz des Gesellschafters.[738]

IV. Eingriff ohne angemessene Rücksicht auf die Eigenbelange der GmbH

Wenn die Anerkennung eines – vom Gesellschafterwillen unabhängigen – Eigeninteresses der Gesellschaft nur mit der drohenden Beeinträchtigung schutzwürdiger Drittinteressen gerechtfertigt werden kann, stellt sich nun die Frage, in welchen Fällen eine solche nicht mehr hinnehmbare Beeinträchtigung überhaupt vorliegt. Die bisher zu diesem Kriterium ergangene Rechtsprechung ist jedenfalls nur mäßig aussagekräftig. Entsprechend groß sind die Unsicherheiten, die mit der Bestimmung des Vorliegens eines rücksichtslosen Eingriffs einhergehen.[739] Vor der damit besonders für die Unternehmenspraxis relevanten Aufgabe der Bildung von Fallgruppen soll deshalb in einem ersten Schritt untersucht werden, was unter der Voraussetzung des rücksichtslosen Eingriffs zu verstehen ist.

---

[732] Zu diesem Ergebnis kommt auch *Vetter*, ZIP 2003, 601, 609, allerdings für die Durchgriffshaftung als dogmatische Grundlage.

[733] *Jaschinski*, Die Haftung von Schwestergesellschaften, S. 162, die dies damit begründet, dass eine Unterscheidung zwischen Pflichten, die bei jedem Rechtsverhältnis aus § 242 BGB abzuleiten wären, und echten gesellschaftsrechtlichen Treuepflichten nicht sinnvoll sei, solche nach § 242 BGB aber auch zwischen Schwestergesellschaften bestünden, da hierfür jeder „irgendwie qualifizierte Kontakt" genüge.

[734] *Wimmer-Leonhardt*, S. 180 ff.

[735] Im Ergebnis so denn auch der II. Zivilsenat in der „Klinik"-Entscheidung, vgl. BGH ZIP 2004, 2138, 2140; *Gehrlein*, BB 2005, 613, 615.

[736] Siehe Ergebnis oben; so auch *Habersack*, in: Emmerich/Habersack, Aktien- und GmbH-Konzernrecht, Anh. § 318 Rn. 36; im Ergebnis so auch *Wimmer-Leonhardt*, S. 322, wonach die Benachteiligung in der Regel auf der Entscheidung und der Macht der Muttergesellschaft beruht.

[737] *Vetter*, ZIP 2003, 601, 609.

[738] *Vetter*, ZIP 2003, 601, 609; so ist wohl auch *Raiser*, in: FS Ulmer, S. 493, 507 zu verstehen.

[739] So auch *Hölzle*, ZIP 2004, 1729.

1) Bedeutung des Kriteriums der unangemessenen Rücksicht in der Einmann-GmbH

In diesem Zusammenhang stellt sich als erstes die Frage, ob dem Kriterium der unangemessenen Rücksicht bei Fehlen von Minderheitsgesellschaftern überhaupt eine eigenständige Bedeutung zukommt.[740]

Nach der Rechtsprechung des II. Zivilsenats seit der „TBB"-Entscheidung soll es bei einer Einmann-GmbH dann an einer angemessenen Rücksichtnahme des herrschenden Alleingesellschafters gegenüber dem Eigeninteresse fehlen, wenn die Gesellschaft infolge der im Konzerninteresse ausgeübten Einwirkung ihre Verbindlichkeiten nicht mehr erfüllen kann.[741] Wie diese auch ins „Bremer Vulkan"-Urteil übernommene Formulierung gedeutet werden muss, wurde vor allem nach der „TBB"-Entscheidung kontrovers diskutiert, ohne dass sich bis heute eine herrschende Auffassung herausgebildet hat.

a) Stellungnahmen nach der „TBB"-Entscheidung

Nach zum Teil vertretener Auffassung sollte das Kriterium der Zahlungsunfähigkeit der abhängigen GmbH dazu dienen, die Unmöglichkeit des Einzelausgleichs zu begründen.[742] Andere stellten darauf ab, dass die Zahlungsunfähigkeit nicht Teil des Haftungstatbestandes sei, sondern die als Folge der Nachteilszufügung eintretende Schädigung der Gläubiger indiziere.[743]

Nach zum Teil befürwortetem Verständnis sollten mit dem Erfordernis der Zahlungsunfähigkeit die Anforderungen an den objektiven Missbrauch bei der Einmann-GmbH erhöht werden, da die Einwirkungen des herrschenden Gesellschafters die Insolvenz herbeigeführt haben müssten.[744] Das Erfordernis der fehlenden angemessenen Rücksicht wird mithin als Auslöser der Konzernhaftung angesehen.

Ein weiterer Teil des Schrifttums sah in dieser Passage des „TBB"-Urteils weniger eine Tatbestandsvoraussetzung des Haftungsmodells, sondern erkannte hierin vielmehr eine Beweiserleichterung für den Anspruchssteller derart, dass die Insolvenz der abhängigen Gesellschaft das Vorliegen eines objektiven Missbrauchs nahe legen sollte.[745] Dies wurde damit begründet, dass es auf die Ursache der Insolvenz bei einer Haftung aus qualifiziert faktischem Konzern nicht ankomme, weil dies auch im Rahmen der §§ 302 ff. AktG unerheblich seien.[746]

---

[740] Verneinend *Bruns*, WM 2003, 815, 821, nach dessen Ansicht allein das Ergebnis entscheidet; Zweifel diesbezüglich anmeldend *Ulmer*, JZ 2002, 1049, 1051.

[741] BGHZ 149, 10, 16 (=ZIP 2001, 1874, 1876).

[742] *Drygala*, GmbHR 1993, 317, 321; eine ähnliche Linie vertrat *Kleindiek*, der in der Herbeiführung der Zahlungsunfähigkeit einen Zustand erkannte, der nach der Meinung des BGH eine dem Einzelausgleich nicht zugängliche Nachteilszufügung darstelle, vgl. *Kleindiek*, DZWiR 1993, 177, 181.

[743] *Kropff*, AG 1993, 485, 490.

[744] *Kowalski*, GmbHR 1993, 253, 257 f.; hiervon scheint auch *Ulmer* auszugehen, in: Hachenburg, Anh. § 77 Rn. 135.

[745] *Schneider*, WM 1993, 782, 784; ähnlich *Burgard*, WM 1993, 925, 932 f., der von einem Anscheinsbeweis spricht; *Kiethe/Groeschke*, BB 1994, 2149, 2151; wohl auch Scholz/*Emmerich*, Anh.-Konzernrecht Rn. 120 u. 123; *Ulmer*, in: FS 50 Jahre BGH – Festgabe der Wissenschaft, Bd.2, S. 273, 304.

[746] *Burgard*, WM 1993, 925, 932.

Das Bundessozialgericht ging in einem Urteil aus dem Jahr 1996[747] offenbar davon aus, dass es sich bei diesen Voraussetzungen um einen alternativen Missbrauchstatbestand für den Fall der Vermögenslosigkeit handele. In Bezug auf die Erfordernisse der Haftung im qualifiziert faktischen Konzern heißt es dort, „...dazu ist allerdings erforderlich, dass das herrschende Unternehmen die abhängige Gesellschaft in einer Weise behandelt hat, die einen objektiven Missbrauch der beherrschten Stellung darstellt. Bei einer Einpersonengesellschaft ist diese Voraussetzung erfüllt, wenn die Gesellschaft infolge der im Konzerninteresse ausgeübten Einwirkungen ihren Verbindlichkeiten nicht mehr nachkommen kann“. Die Zahlungsunfähigkeit begründet nach dem Verständnis des Bundessozialgerichts in der Einmann-GmbH also schon die Haftung nach den „TBB“-Grundsätzen. So wird man auch die Überlegung zu verstehen haben, dass die Rücksichtnahme auf die Eigenbelange nur die Gewährleistung des Bestandschutzes erfordere, weshalb im Zusammenhang mit der Haftung von einer Erfolgshaftung wegen Vernichtung der Gesellschaft gesprochen wurde, die neben der Existenzvernichtung nur die Kausalität des Eingriffs für den Zusammenbruch verlange.[748] Eine eigenständige Bedeutung kommt dem Merkmal des rücksichtslosen Eingriffs nach diesen Meinungen also zumindest in der Einmann-GmbH nicht zu.

b) Beurteilung im Lichte der „Bremer Vulkan“-Entscheidung

Der erstgenannten Ansicht bezüglich der Bedeutung der betreffenden Passage als Nachweis der Unmöglichkeit des Einzelausgleichs dürfte, mit dem in der „Bremer Vulkan“-Entscheidung ausgesprochenen Verzicht auf das Erfordernis der Unmöglichkeit des Einzelausgleichs, jede Grundlage entzogen sein. Die Auffassung steht allerdings insoweit ganz mit der neuen Linie des II. Zivilsenats im Einklang, als die Haftung für objektiven Missbrauch erst bei Insolvenz eintreten soll, also in einem Stadium, in dem die Gesellschaft nicht mehr über einen zur Befriedigung ihrer Gläubiger ausreichenden Stand an Einzelausgleichsansprüchen verfügt. Daher konnte der BGH für das neue Haftungsmodell auch auf das Erfordernis der Unmöglichkeit des Einzelausgleichs verzichten.[749] Diese Erkenntnis hilft allerdings nicht weiter, wenn es um die Frage geht, ob dem Kriterium des „Eingriffs ohne angemessene Rücksicht“ auch in der Einmann-GmbH eigenständige Bedeutung zukommt.

Gegen ein Verständnis als Beweiserleichterungsinstrument kann angeführt werden, dass die Ursachen einer Insolvenz auch in individuellen unternehmerischen Fehlentscheidungen liegen können, die mit der Tatsache der Abhängigkeit der Gesellschaft und ihrer Eingliederung in den Konzern nicht im Zusammenhang stehen. Darüber hinaus würde durch eine solche Sichtweise die vom BGH im „TBB“-Urteil aufgegebene Vermutung rechtswidrigen Verhaltens durch die Hintertür wieder eingeführt.[750] Für eine solche Vorgehensweise können jedenfalls die vorgetragenen Argumente keine Rechtfertigung bieten, da ihnen mit dem Verzicht auf die

---

[747] BSG GmbHR 1996, 604, 607.
[748] *Hoffmann*, NZG 2002, 68, 69.
[749] Vgl. hierzu das Erg. bei C) I.
[750] *Lutter/Hommelhoff*, Anh. § 13 Rn. 36.

Heranziehung des aktienrechtlichen Haftungssystems der §§ 302 ff. AktG jegliche Grundlage entzogen wurde.

Dieses Ergebnis entspricht auch der Meinung des II. Zivilsenats, der die Bedeutung der „TBB"-Passage schon lange vor der „Bremer Vulkan"-Entscheidung in einem Urteil vom 25.11.1996[751] geklärt hat. In der Entscheidung heißt es, „...nicht die Vermögenslosigkeit oder Insolvenz begründe die konzernrechtliche Haftung, sondern pflichtwidrige nachteilige Leitungsmaßnahmen, die zu einem derartigen Zustand geführt haben". Diese Ausführung kann nur so verstanden werden, dass die Insolvenz zwar „allein" – genauso hätte es der BGH am besten formulieren sollen – nicht zur Begründung einer Haftung herhalten kann, aber dieser Zustand durch die fehlende Rücksichtnahme herbeigeführt werden muss, um die Existenzvernichtungshaftung auszulösen. Damit spricht aber alles dafür, den rücksichtslosen Eingriff und die Zahlungsunfähigkeit als zwei nebeneinander stehende Voraussetzungen des Haftungsmodells in der Einmann-GmbH zu verstehen. In den Formulierungen einen alternativen Missbrauchstatbestand für den Fall der Vermögenslosigkeit zu erblicken[752], wie dies vom Bundessozialgericht praktiziert wurde, dürfte damit jede Grundlage entzogen sein. Vor allem steht nur dieses Ergebnis mit der schon oben besprochenen Deutung bezüglich der entsprechenden Urteilspassage im Einklang, wonach die Haftung nach den „TBB"-Grundsätzen gegeben ist, wenn die Insolvenz der abhängigen GmbH durch für sie nachteilige Maßnahmen unter Verstoß gegen ihre der Gläubigerbefriedigung dienende Funktion herbeigeführt wurde.[753] Wenn man den praktischen Unterschied zwischen den Haftungsmaßstäben im Mehrpersonen- und Einmann-Konzern allein darin erkennt, dass im letzteren Fall der Eingriff ohne angemessene Rücksicht die Insolvenz der Gesellschaft herbeigeführt haben muss, um die Haftung des Alleingesellschafters zu begründen[754], kann man beide Kriterien nur als selbstständige Haftungsvoraussetzungen begreifen.[755] Folglich kommt der Frage nach dem Maßstab zur Bestimmung der fehlenden angemessenen Rücksichtnahme entscheidende Bedeutung für das gesamte Haftungssystem zu.[756]

---

[751] BGH NJW 1997, 943, 944; OLG Düsseldorf NZG 2001, 368, 370; *Lutter/Hommelhoff*, Anh. § 13, Rn. 36; Baumbach/Hueck/*Zöllner*, GmbH-KonzernR Rn. 92; Hachenburg/*Ulmer*, Anh. § 77 Rn. 152. der allein auf die Tatsache der Insolvenz nicht den Anscheinsbeweis der nachhaltigen Beeinträchtigung stützen will.

[752] So wohl auch *Versteegen*, DB 1993, 1225, der davon spricht, dass eine mangelnde Rücksichtnahme erst dann anzunehmen ist, „wenn die Gesellschaft infolge der im Konzerninteresse ausgeübten Einwirkungen ihren Verbindlichkeiten nicht nachkommen kann".

[753] *Röhricht*, in: Festschrift 50 Jahre BGH, S. 83, 114 f. u. 121.

[754] Vgl. Erg. bei B) III. 3) b).

[755] Im Ergebnis wie hier *Lutter/Banerjea*, ZGR 2003, 402, 418; OLG Thüringen, GmbHR 2002, 112, 115.

[756] A.A. *Bruns*, WM 2003, 815, 820, nach dessen Ansicht die fehlende Rücksichtnahme keine eigenständige Rolle entfaltet, da jeder existenzvernichtende Eingriff diese Rücksicht vermissen lasse. Hierbei übersieht er allerdings, dass wie oben angesprochen nicht die Vermögenslosigkeit oder Insolvenz die konzernrechtliche Haftung begründen, sondern pflichtwidrige nachteilige Leitungsmaßnahmen, die zu einem derartigen Zustand geführt haben. Unter dem Begriff der fehlenden Rücksichtnahme ist demnach ein Abgrenzungsmerkmal zu erkennen, ab welchem Punkt nachteilige Leitungsmaßnahmen

2) Grenzen des Haftungsbereichs

Die Frage, wann das Verhalten des Alleingesellschafters einen rücksichtslosen Eingriff darstellt, hat demnach gerade im Hinblick auf die Rechtssicherheit der Gesellschafter eine entscheidende Bedeutung. Für die damit nun anstehende Aufgabe der Herleitung eines Maßstabes zur Bestimmung der fehlenden angemessene Rücksicht gegenüber den Bestandsinteressen der Einmann-Gesellschaft ist es erforderlich, einen Bereich zu beschreiben, in dem sich der Alleingesellschafter einer Haftung für Existenzvernichtung aussetzen kann. Erst hierdurch wird nämlich ersichtlich, welchen Anforderungen der noch zu gewinnende Haftungsmaßstab genügen muss. Sicher ist bisher nur, dass die Haftung des herrschenden Alleingesellschafters dann nicht in Betracht kommt, wenn die eingetretenen Verluste auf Umständen beruhen, die mit der Ausübung der Leitungsmacht nicht im Zusammenhang stehen.[757]

a) Allgemeine Grenzen der Haftung

Naturgemäß sind die Gläubiger an einem umfassenden Schutz des Gesellschaftsvermögens und einer damit einhergehenden umfassenden Sorgfaltspflicht der Gesellschafter interessiert. Dem GmbH-Gesetz lassen sich jedoch Hinweise entnehmen, die gegen eine solch weitgehende Sorgfaltspflicht der Gesellschafter sprechen. So sind diese grundsätzlich weder zu Nachschüssen verpflichtet (§ 26 GmbHG), noch zu einer Überwachung der Geschäftsführung. Das in § 707 BGB zum Ausdruck gekommene allgemeine gesellschaftsrechtliche Belastungsverbot gilt auch für die GmbH. Der Bundesgerichtshof hat im Zusammenhang mit dem Eigenkapitalersatz ausdrücklich festgestellt, dass Gesellschafter nicht verpflichtet sind, der Gesellschaft über den Mindestbetrag des § 5 GmbHG hinaus weiteres Kapital zuzuführen.[758]

Gemäß § 46 Ziff. 6 GmbHG ist die Gesellschafterversammlung zwar zur Überwachung der Geschäftsführung befugt. Die Aufsichtsbefugnis der Gesellschafterversammlung gegenüber den Geschäftsführern begründet allerdings keine Pflicht.[759] Vielmehr handelt es sich hierbei um eine Obliegenheit, deren Verletzung einen rücksichtslosen Eingriff und damit eine Existenzvernichtungshaftung nicht zu begründen vermag. Das Recht der GmbH kennt zudem keine Gesellschaftsorgane, in denen Vertreter der Gläubiger die Sicherung deren Interessen überwachen können. Ein Aufsichtsrat, in den möglicherweise Vertreter der Gläubiger der Gesellschaft aufgenommen werden können, ist für die GmbH nach der Regelung des

---

haftungsauslösend sind. Da somit aber nicht jede zur Existenzvernichtung führende Maßnahme die Haftung nach dem „Bremer Vulkan“-Urteil auslöst, ist die Schlussfolgerung von Bruns verfehlt.

[757] So die ständige Rechtsprechung des II. Zivilsenats seit BGHZ 95, 330, 334 -„Autokran“-.

[758] BGHZ 105, 168, 175; so auch OLG Hamm, EWiR § 302 AktG 1/97, S. 437 (mit Kurzkommentar von Kowalski, S. 437 f.). Der Frage, ob sich etwas anderes für den Fall ergibt, in dem die Notlage der Gesellschaft durch unangemessen Rücksicht verursacht wurde, wird im Weiteren nachzugehen sein. Gedacht wird hier vor allem an eine Pflicht zum Tätigwerden, als eine Art Rücktritt vom Versuch der Existenzvernichtung durch Erfolgsabwendung.

[759] Vgl. hierzu Rowedder/Schmidt-Leithoff/*Koppensteiner*, § 46 Rn. 34.; *Lutter/Hommelhoff*, § 46 Rn. 17; Scholz/*K. Schmidt*, § 46 Rn. 113.

GmbH-Gesetzes keineswegs obligatorisch. In den Fällen, in denen ein Aufsichtsrat aufgrund des Betriebsverfassungsgesetzes eingerichtet werden muss, dient dieser in erster Linie der Wahrung der Arbeitnehmerinteressen, nicht aber der Wahrung der allgemeinen Gläubigerinteressen. Dem GmbH-Gesetz lassen sich keine Anhaltspunkte entnehmen, dass die Gesellschafter zur Überwachung der Geschäftsführung verpflichtet sind. Es gibt demzufolge kein Surrogat für das Fehlen des Aufsichtsrates in der GmbH.[760] Folglich kann allein das Fehlen von Kontroll- und Überwachungsorganen eine fehlende Rücksichtnahme nicht begründen.[761]

Aber auch andere organisatorische Fragen spielen im Rahmen des neuen Haftungskonzepts keine Rolle. So sind etwa die Konzernorganisation als solche, oder die Frage der personellen Verflechtung auf der Leitungs- und Überwachungsebene der beiden Gesellschaften nicht von Relevanz.[762] Dies muss auch für die schlechte Auswahl eines Geschäftsführers gelten, die nicht geeignet ist, die Haftung für Existenzvernichtung auszulösen.[763] Auf der anderen Seite wird die Haftung aber ebenso wenig allein durch die Tatsache ausgelöst, dass der Unternehmer die Geschäftsführung in der GmbH ausübt.[764]

b) Haftung für unternehmerische Entscheidungen?

Im Zuge der Diskussion über die Autokranentscheidung unterschied man allerdings zwischen der Beeinträchtigung des Eigeninteresses und der Zufügung eines Vermögensnachteils und hielt es für möglich, das Ersteres gegeben sei ohne das Letzteres vorliege.[765] Hiervon gehen wohl auch diejenigen Stimmen im Schrifttum aus, die das Eigeninteresse auch dann als verletzt ansehen, wenn die Gesellschaft tiefgreifend „zu ihrem Nachteil“ umstrukturiert wird und dadurch ihre Fähigkeit zur selbständigen Existenz einbüßt.[766]

Dem stehen gerade für die Zeit nach dem „Bremer Vulkan“-Urteil Stimmen aus dem Schrifttum entgegen, für die allein Eingriffe in das Vermögen und Geschäftschancen der Gesellschaft haftungsauslösend sind.[767] Diese Meinung geht erkennbar auf eine klassische Auffassung im Konzernrecht zurück, nach der die mangelnde Rücksichtnahme auf die eigenen Belange der Gesellschaft deren konkrete Vermögensschädigung voraussetzt.[768] Nur ein konkreter Vermögensnachteil rechtfertige

---

[760] *K. Schmidt*, ZIP 1988, 1497, 1506; Scholz/*K. Schmidt*, § 46 Rn. 113.

[761] So schon *Drygala*, GmbHR 1993, 317, 323.

[762] *Drygala*, GmbHR 2003, 729, 732.

[763] *K. Schmidt*, ZIP 1988, 1497, 1506.

[764] *Knobbe-Keuk*, DB 1992, 1461, 1464.

[765] *Rehbinder*, AG 1986, 85, 96; *Timm*, NJW 1987, 977, 981; *Ulmer*, NJW 1986, 1579, 1584.

[766] *Kleindiek*, GmbHR 1992, 574, 576, *Schneider*, WM 1993, 782, 784; ebenso *Kiethe/Groeschke*, BB 1994, 2149, 2150; *Decher*, in: ZHR-Beiheft 70 (2001), 25, 38 f.; *Ulmer*, in: ZHR-Beiheft 70 (2001), 41, 55; vgl. zu diesem Problemkomplex auch den Diskussionsbericht in: ZHR-Beiheft 70 (2001), 73, 74 u. 77 f.

[767] *Janert*, MDR 2003, 724, 725; *Wilhelmi*; DZWIR 2003, 45, 46 u. 50; *Haas*, WM 2003, 1929 ff.; *Döser*, AG 2003, 406, 413; *Burgard*, ZIP 2002, 827, 830; *Schaub*, DNotZ 2002, 468, 471; *Hoffmann*, NZG 2002, 68, 69; *Keßler*, GmbHR 2001, 1095, 1100.

[768] *Lutter*, in: Der qualifizierte faktische Konzern, S. 183, 200 f.; *Koppensteiner/Biedenkopff*, in: Kölner Komm., § 311 AktG Rn. 24, die dieses Erfordernis für Maßnahmen i.S.d. § 311 AktG fordern.

eine Sonderhaftung wegen Unkompensierbarkeit von Einwirkungen, weshalb dieses Merkmal auch in den Tatbestand des Haftungsmodells gehöre[769].

Im Hinblick auf diese Problemkonstellation wurde nach dem „Bremer Vulkan"-Urteil deshalb wieder die Frage aufgeworfen, ob eine unternehmerische Fehlentscheidung oder, um es mit den Worten von K. Schmidt zu sagen, „schuldhaftes Missmanagement"[770] die Haftung für Existenzvernichtung der Einmann-GmbH auslösen kann.[771]

aa) Ablehnung aus dem Schrifttum

Die Stimmen im Schrifttum, die solche Verhaltensweisen nicht unter das Verbot der Vornahme von existenzgefährdenden Maßnahmen fallen lassen möchten, begründen dies recht unterschiedlich.[772] Vielfach wird argumentiert, nicht jeder Eingriff des Alleingesellschafters könne zur Haftung führen, da andernfalls das aus § 13 Abs.2 GmbHG hervorgehende Haftungsprivileg des GmbH-Gesellschaf-ters ausgehebelt würde.[773] Selbst der II. Zivilsenat spreche im „Bremer Vulkan"-Urteil nur vom Eingriff in das Vermögen und die Geschäftschancen der Gesellschaft, weshalb nicht von einer „allgemeinen" Insolvenzverursachungshaftung ausgegangen werden könne.[774] Haftungsauslösend seien allein der existenzgefährdende bzw. -vernichtende Abzug von Vermögen und Ertragschancen, sowie existenzgefähr-

---

[769] *Versteegen*, DB 1993, 1225, 1230.

[770] *K. Schmidt*, ZIP 1988, 1497, 1504 ff.; *ders.*, in: Der qualifizierte faktische Konzern, S. 109, 125.

[771] Dafür: *K. Schmidt*, ZIP 1988, 1497, 1504 ff.; *ders.*, in: Der qualifizierte faktische Konzern, S. 109, 125; *ders.*, NJW 2001, 3577, 3580; *M. Winter*, ZGR 1994, 570, 591 f.; *Decher*, in: ZHR-Beiheft 70 (2001), 25, 38; *Mülbert*, DStR 2001, 1937, 1942; *Roth*, NZG 2003, 1081, 1082 f.; *Wiedemann*, ZGR 2003, 283, 293; *Lutter/Banerjea*, ZGR 2003, 402, 414 f.; wohl auch *Henze*, NZG 2003, 649, 658; *Emmerich*, AG 2004, 423, 427; *Schulz/Israel*, NZG 2005, 329, 331.
Dagegen: *Keßler*, GmbHR 2001, 1095, 1100; *ders.*; GmbHR 2005, 257, 260; *Ulmer*, JZ 2002, 1049, 1052; *Burgard*, ZIP 2002, 827, 830; *Schaub*, DNotZ 2002, 468 471; *Hoffmann*, NZG 2002, 68, 69 f.; *Cahn*, ZGR 2003, 298, 312; *Vetter*, ZIP 2003, 601, 604 (insbes. Fn. 25); *Haas*, WM 2003, 1929, 1935; *Schön*, ZHR 168 (2004), 268, 288 ff.; missverständlich *Röhricht*, in: Festschrift 50 Jahre BGH, S. 83, 105 f. u. 111, der zunächst Fälle aufzählt, die in der Einmann – GmbH nicht zur Haftung führen und dann davon spricht, dass in all diesen Fällen die Dispositionsmacht des Alleingesellschafters endet, wenn die jeweilige Maßnahme die Insolvenz der Gesellschaft herbeigeführt hat; *ders.*, ZIP 2005, 505, 515; Rowedder/Schmidt-Leithoff/*Pentz*, § 13 Rn. 144 (allerdings im Zusammenhang mit der Frage eines Haftungsdurchgriffs in solchen Situationen).

[772] *Lutter/Hommelhoff*, § 30 Rn. 5; *Röhricht*, in: Festschrift 50 Jahre BGH, S. 83, 105; *Fleck*, ZGR 1990, 31, 42; *Kohlmann*, in: FS f. Werner, S. 387, 404; *Priester*, ZGR 1993, 512, 524.

[773] *Schaub*, DNotZ 2002, 468, 471; *Hoffmann*, NZG 2002, 68, 69; nach Ansicht von *Röhricht*, ZIP 2005, 505, 514, deckt § 13 Abs.2 GmbHG selbst grobe Managementfehler ab (vorbehaltlich der Eingehung unvertretbarer riskanter Spekulationsgeschäfte).

[774] *Burgard*, ZIP 2002, 827, 830; *Schaub*, DNotZ 2002, 468, 471; von einer schuldhaften Insolvenzverursachung sprechen z.B. *K.Schmidt*, ZIP 1988, 1497, 1504 ff.; *Ulmer*, in: ZHR – Beiheft 70 (2001), 41, 71; wohl auch *Bitter*, WM 2001, 2133, 2141, der die Haftung (Durchgriffshaftung) in einem Zeitpunkt eintreten lassen möchte, in dem die Insolvenzwahrscheinlichkeit der Gesellschaft das normalerweise von den Gläubigern zu tragende Maß übersteigt.

dende bzw. -vernichtende Spekulationsgeschäfte.[775] Gegenüber der Haftungsbegründung durch Strukturmaßnahmen wird die Kritik erhoben, dass dies abgesehen von den Eingriffen in den Kapitalschutz sowieso nur die Fälle seien, in denen das erlaubte unternehmerische Risiko nicht zum gewünschten Erfolg geführt habe.[776] Dieses Ergebnis ist auch für diejenigen Autoren verständlich, die das Verbot einer existenzvernichtenden Ausschüttung aus den Kapitalerhaltungsgrundsätzen, insbesondere aus § 30 GmbHG, ableiten, da dies die Haftung logischerweise auf Entnahmen und vergleichbare, unmittelbare oder wenigstens mittelbar einem Gesellschafter zukommende Ausschüttungen beschränkt.[777] Unternehmerische Fehlentscheidungen, insbesondere Risikogeschäfte, scheiden damit grundsätzlich aus, soweit sie nicht im Einzelfall einer Auszahlung i.S.v. § 30 GmbHG gleichkommen.[778]

Zum Teil wird die Nicht-Einbeziehung von unternehmerischen Fehlentscheidungen in den Kreis der haftungsauslösenden Verhaltensweisen auch damit begründet, dass, wenn die Geschäftsführer nicht bei nachteiligen Weisungen seitens der Gesellschafter haften würden, diese Befreiung auch für die Gesellschafter gelten müsste, weshalb unternehmerische Fehlentscheidungen keine Fallgruppe der Haftung darstellen würden.[779]

bb) Erfordernis des Entzugs von Vermögen

Der BGH ist diesen Stimmen im Schrifttum in seinen jüngsten Entscheidungen zur Existenzvernichtungshaftung gefolgt. Der II. Zivilsenat betont sowohl im Fall „Autohändler" als auch im „Unterschlagungsfall", dass durch den Eingriff ein betriebsfremden Zwecken dienender Vermögensentzug bewirkt werden muss.[780] Der Haftungstatbestand des existenzvernichtenden Eingriffs beziehe sich deshalb nicht auf Managementfehler.[781]

Obwohl der BGH eine Begründung für diese Einschränkung des Haftungstatbestandes schuldig geblieben ist, hat seine Entscheidung bislang rege Unterstützung gefunden.[782] Der Sinn und Zweck der Existenzvernichtungshaftung wird dabei anscheinend darin erachtet, das Gesellschaftsvermögen unter Schließung der von § 30 GmbHG offen gelassenen Schutzlücke auch jenseits der Stammkapitalziffer,

---

775 *Burgard*, ZIP 2002, 827, 830; *Schaub*, DNotZ 2002, 468, 471; *Keßler*, GmbHR 2001, 1095, 1100; *Hoffmann*, NZG 2002, 68, 69; *Haas*, WM 2003, 1929 ff., der von Verstößen gegen die Vermögensbindung und –trennung („Waschkorblage") spricht.

776 Vgl. den Diskussionsbericht in: ZHR-Beiheft 70 (2001), 73, 77, mit Beispielsfall.

777 Vgl. hierzu *Fleck*, ZGR 1990, 31, 42.

778 So *Versteegen*, DB 1993, 1225, 1227.

779 *Priester*, ZGR 1993, 512, 524; da dieser Umkehrschluss, wie schon an anderer Stelle aufgezeigt wurde, verfehlt ist, vermag er von vornherein eine Ablehnung eines weiteren Haftungsbereichs nicht zu begründen, weshalb auf diesen Ansatz auch nicht mehr näher eingegangen wird, vgl. die Erg. bei B) II. 1) bb) ccc) (3).

780 BGH ZIP 2005, 250; BGH ZIP 2005, 117 f.; dem folgend BAG ZIP 2005, 1174, 1175.

781 BGH ZIP 2005, 250.

782 *Wackerbarth*, ZIP 2005, 877, 879; *Keßler*, GmbHR 2005, 257, 263; *Gehrlein*, BB 2005, 613; *Wilhelmi*, EWiR 2005, 221, 222; *Haas*, NZI 2005, 239 f.; *Röhricht*, ZIP 2005, 505, 514; kritischer *Roth*, LMK 2005, 57 f.

soweit es zu Gläubigerbefriedigung benötigt wird, vor Zugriffen der Gesellschafter zu schützen. Die Haftung sei also eine die §§ 30, 31 GmbHG ergänzende, aber auch darüber hinausgehende gesellschaftsrechtliche Ausschüttungsregelung.[783]

cc) Stellungnahme

Die vom BGH nunmehr vertretene „enge Auslegung" stellt eine erhebliche Einschränkung gegenüber der bisherigen Rechtsprechung zum qualifiziert faktischen Konzern dar, obwohl mit der „Bremer Vulkan"-Entscheidung der Gläubigerschutz neben den §§ 30 f. GmbHG lediglich auf eine neue Haftungsgrundlage gestellt, jedoch nicht der Schutzumfang verringert werden sollte.[784] Wie Wackerbarth schreibt, beruht die Einschränkung wohl alleine darauf, dass der II. Zivilsenat erkannt hat, dass seine Rechtsprechung zum existenzvernichtenden Eingriff eine ausufernde Überprüfung unternehmerischer Entscheidungen zur Folge hätte[785]. Diese Befürchtung ist denn auch begründet, neigt doch der BGH in seiner bisherigen Rechtsprechung zu einer ausufernden Überprüfung unternehmerischer Entscheidungen.[786] Die Befürchtung allein kann allerdings die Einschränkung nicht rechtfertigen.

Wenn man, wie der BGH in früheren Entscheidungen[787], existenzvernichtende Spekulationsgeschäfte sanktionieren möchte, spricht dies gerade für die Einbeziehung von unternehmerischen Entscheidungen.[788] Risiko bedeutet in der betriebswirtschaftlichen Entscheidungslehre schlicht die Möglichkeit einer Fehlentscheidung. Ein Risikogeschäft oder ein Risikoprojekt ist demzufolge eine geschäftliche Disposition, die eine Fehlentscheidung sein kann.[789] Wenn die Risiken einer Entscheidung als Missbrauch bewertet werden müssen, kann es nicht darauf ankommen, ob es sich bei dieser Entscheidung um ein Spekulationsgeschäft, eine nachteilige Strukturmaßnahme oder eine sonstige unternehmerische Maßnahme handelt. Dies ist auch den Befürwortern der jüngsten BGH-Rechtsprechung bewusst, weil sie ausnahmsweise bei Eingehung unvertretbarer riskanter Spekulationsgeschäfte solche Handlungen zur Begründung der Haftung ausreichen lassen wollen.[790]

In einem Urteil des BGH aus dem Jahre 1994[791] heißt es sogar, „...dass die Gesellschaft so geführt werden muss, dass sie, wenn nicht unvorhergesehene Entwicklungen eintreten, ihren Verbindlichkeiten nachkommen kann", andernfalls würde ein Missbrauch der beherrschten Gesellschafterstellung im Sinne der „TBB"-Rechtsprechung vorliegen. Im Hinblick auf den Umstand, dass es in der

---

[783] So *Röhricht*, ZIP 2005, 505, 514; *Keßler*, GmbHR 2005, 257, 260 schreibt, dass der Nachteilsausgleich für fehlerhafte Geschäftsführungsmaßnahmen nur im Innenverhältnis erfolgen kann.

[784] *Röhricht*, ZIP 2005, 505, 513, der davon spricht, dass die Existenzvernichtungshaftung nur ein Nachfolger der Rechtsfigur des qualifiziert faktischen Konzerns ist.

[785] *Wackerbarth*, ZIP 2005, 877, 883 f.

[786] Siehe hierzu BGH AG 1985, 165; BGH NJW 1987, 1077, 1078

[787] BGH NJW 2000, 1571.

[788] Für eine Haftung bei Begründung unverhältnismäßiger Risiken, *Lutter/Banerjea*, ZGR 2003, 402, 414; *Schulz/Israel*, NZG 2005, 329, 311.

[789] *Hillenkamp*, NStZ 1981, 161, 165.

[790] *Röhricht*, ZIP 2005, 505, 514.

[791] BGH ZIP 1994, 1690, 1693 (= NJW 1994, 3288, 3290).

damaligen Entscheidung um die Frage der konzernrechtlichen Haftung wegen Zuweisung einer begrenzten Unternehmensfunktion ging, ist folglich auch der BGH davon ausgegangen, dass Leitungsentscheidungen, die über ein zulässiges Maß hinausgehen, als potentiell haftungsbegründendes Verhalten in Betracht kommen[792].

Durch das Abstellen auf den Abzug von Vermögen können zudem eine Vielzahl an relevanten Verhaltensweisen die Haftung nicht mehr auslösen.[793] Zum Teil wird zwar das Argument angeführt, dass als Vermögensentzug bei extensiver Auslegung sämtlich denkbare Maßnahmen in Betracht kommen würden.[794] Dem kann so jedoch nicht zugestimmt werden. Zu nennen sind z.B. wirtschaftliche Umstrukturierungsmaßnahmen zu Lasten der abhängigen GmbH, Abzug von notwendigem Personal[795] bzw. die Entnahme wichtiger Produktionsmittel gegen ein Entgelt, Aufgabe wesentlicher Unternehmensfunktionen, ersatzlose Einstellung erfolgreicher Produktlinien (um Produkte anderer Konzerntöchter zu fördern) sowie Spekulationen zu Lasten der Gläubiger. Nachteilige Verhaltensweisen gegenüber der Gesellschaft, die die Insolvenz herbeigeführt haben, müssen nämlich nicht zwingend mit einem Vermögensentzug und damit mit einem Vorteil des Alleingesellschafters einhergehen. Hinter solchen Transaktionen steht häufig die Überlegung, dass bei nicht mehr vertretbaren Verlustsituationen in einem Unternehmensbereich ein anderer gesunder Unternehmensbereich nicht infiziert und deshalb auf eine andere Gesellschaft übertragen werden soll (sogenannte „Sterbehauskonstruktion").[796]

Für die Gläubiger macht es letztlich aber keinen Unterschied, ob die Gesellschafter das Existenzminimum der GmbH durch Ausplünderung sabotieren oder durch sonstige Rücksichtslosigkeit gegenüber den Befriedigungsinteressen der Gläubiger mutwillig verspielen. Wenn der Schutzzweck der Haftung darin besteht, die Fähigkeit der Gesellschaft zur Bedienung der Verbindlichkeiten zu erhalten, so wird dieses Gläubigerinteresse nicht nur durch Zugriffe auf das Gesellschaftsvermögen gefährdet, sondern ebenso durch jede Handlungsweise, mit der die Gesellschafter die Bonität der Gesellschaft sabotieren.[797] Dies ist insbesondere dann der Fall, wenn sie die Gesellschaft unterkapitalisiert fortführen.[798] Wie Haas allerdings richtigerweise feststellt, wird durch die Einschränkung des Haftungsinstituts auf den Entzug von Gesellschaftsvermögen gerade nicht die Fälle erfasst, in denen die

---

[792] In einem Urteil vom 25.11.1996 spricht der II. Zivilsenat selbst von „pflichtwidrig nachteiligen Leitungsmaßnahmen", vgl. BGH NJW 1997, 943, 944.

[793] Dies erkennt auch *Wackerbarth*, ZIP 2005, 877, 879.

[794] *Wackerbarth*, ZIP 2005, 877, 879; so auch die Auslegung von *Haas*, NZI 2005, 239.

[795] *Wahl*, GmbHR 2005, 994, 996, schreibt hierzu, dass diesen Einwirkungen gemein ist, dass sie die Fähigkeit der GmbH zur Generierung von Gewinnen beeinträchtigen, das gegenwärtige Vermögen der Gesellschaft jedoch nicht verringern; a.A. *Wackerbarth*, ZIP 2005, 877, 879.

[796] *Decher*, in: Münchner Hdb. des GesR, GmbH (1. Auflage), § 71 Rn. 27.

[797] *Roth*, NZG 2003, 1081, 1082; a.A. *Wackerbarth*, ZIP 2005, 877, 879.

[798] *Hölzle*, ZIP 2004, 1729, 1733.

Gesellschaft „schlicht" fortgeführt wird.[799] Damit wird die Gesellschafterhaftung wegen existenzvernichtender Eingriffe aber gänzlich ungeeignet, Fälle der materiellen Unterkapitalisierung zu sanktionieren.[800]

Aufgrund der im Innenrecht der GmbH herrschenden weitgehenden Gestaltungsfreiheit können zudem Verhältnisse herbeigeführt werden, die im Ergebnis sogar noch über die Wirkung eines Beherrschungsvertrages hinausgehen.[801] Dann wäre es allerdings geboten gewesen, wenn man wie der BGH die §§ 302 ff. AktG nicht mehr anwenden möchte, die Herbeiführung solcher im Vertragskonzern durch den Verlustausgleich legitimierten Verhältnisse, als fehlende angemessene Rücksichtnahme einzustufen[802], anstatt zu einer Einschränkung des Haftungstatbestandes zu kommen. Die gegenteilige Sichtweise des BGH muß die Konsequenz in Kauf nehmen, dass das Eingreifen der §§ 302 ff. AktG insoweit zur Disposition des herrschenden Gesellschafters steht.[803] Dieser könnte durch die Wahl der

---

[799] So auch *Wackerbarth*, ZIP 2005, 877, 880, der hieraus den Schluss zieht, dass der BGH eine Haftung für materielle Unterkapitalisierung nach wie vor ablehnt.

[800] *Haas*, NZI 2005, 239 f.

[801] Vgl. hierzu *Timm*, nach dessen Ansicht der Abschluss eines Beherrschungsvertrages aufgrund des Weisungsrechts der Gesellschafter, und der damit gegebenen Beherrschungsmöglichkeit, entbehrlich wird, vgl. *Timm*, JuS 1999, 760, 762.

[802] So schon der BGH im „Autokran"-Urteil, in dem er davon spricht, dass wenn im GmbH-Konzern ohne vertragliche Grundlage ein mit Abschluss eines Beherrschungsvertrages vergleichbarer „gefährlicher Zustand" hergestellt werde, zugunsten der Gläubiger auch ein vergleichbarer Schutz geboten werden müsse, vgl. BGHZ 95, 330, 341. Nach Ansicht des BGH stellen gerade die Tatbestände, in denen die GmbH einen Geschäftsbetrieb entwickelt hat, der äußerlich einer Betriebsabteilung des herrschenden Unternehmens nahe kommt oder wenn eine selbstständige Existenz der GmbH in Folge der einseitigen Ausrichtung auf den Konzern gefährdet wäre, in der Regel deutlich Anzeichen dafür dar, dass eine nachhaltige Gefährdung besonders der Gläubigerinteressen gegeben sei, die eine entsprechende Anwendung der §§ 303, 322 Abs. 2 und 3 AktG rechtfertige, vgl. BGHZ 95, 330, 344 f.
Im Grundsatz so auch *K. Schmidt*, GesR, § 39 III 3 a), S. 1226 f., nach dessen Ansicht der Schutz der Gläubiger nicht hinter der Rechtslage bei Bestehen eines Beherrschungsvertrages zurückbleiben und das Fehlen eines Unternehmensvertrages nicht zur Belohnung des herrschenden Unternehmens führen darf. Hierin erblickt er die Rechtfertigung einer Verlustausgleichspflicht analog § 302 AktG. Nach seiner Ansicht stellt gerade der vollständige Autonomieverlust bei der Tochter (also eine dem Beherrschungsvertrag vergleichbare Leitungsdichte) das Merkmal der von ihm befürworteten Strukturhaftung analog § 302 AktG dar, vgl. *K. Schmidt*, ZIP 1991, 1325, 1328 f.; vgl. auch *ders.*, GmbHR 1979, 121, 130, in dem er davon spricht, dass die Schaffung einer bloßen Betriebsabteilung nur durch den Abschluss eines Beherrschungsvertrages legitimiert werden kann und ein Merkmal zur Bestimmung des Vorliegens eines qualifiziert faktischen Konzerns gerade die Fälle erfassen müsste, in denen die Unterwerfung der abhängigen GmbH den Beherrschungsvertrag ersetze; vgl. hierzu auch *Emmerich*, in: Entwicklungen im GmbH-Konzernrecht (ZGR-Sonderheft 6), S. 64, 75.
Durch diese Grenzziehung dürfte es auch nicht zu der von *Meyer* befürchteten „Dysfunktionalisierung des Vertragskonzernrechts" kommen, vgl. *Meyer*, S. 885 f. Vielmehr wird diese Grenzziehung einen Anreiz zu unternehmensvertraglichen Legitimierung bewirken. So auch das Ergebnis *Meyers* bei Benachteiligung der faktischen gegenüber der vertraglichen Unternehmensverbindung, vgl. *Meyer*, S. 913.

[803] Dies nimmt die Gegenansicht anscheinend in Kauf; vgl. hierzu *Decher*, in: Münchner Hdb. des GesR, GmbH (1. Auflage), § 72 Rn. 1; *Gäbelein*, GmbHR 1992, 786, 787; wohl auch *Timmann*, S. 125 ff., der allerdings nicht den Fall bedenkt, in welchem eine Satzungsgestaltung die autonome Lebensfähigkeit der abhängigen Gesellschaft aufhebt.

Rechtsform über die Beachtung der §§ 302 ff. AktG und der darin verbrieften Schutzmechanismen entscheiden.[804] Ob und wie dieses Ergebnis in Anbetracht des zwingenden Charakters dieser Vorschriften überhaupt hinnehmbar ist[805], sollen die Gegner des hier vorgeschlagenen Lösungsweges begründen.[806]

Für eine „weite" Auslegung kann weiter angeführt werden, dass auch in der mehrgliedrigen abhängigen Gesellschaft ein weites Verständnis der haftungsauslösenden Maßnahmen vorherrscht. Die mitgliedschaftliche Treuepflicht lässt den herrschenden Gesellschafter gegenüber der abhängigen Gesellschaft für rücksichtslose Eingriffe einstehen, ohne dass es darauf ankommt, in welcher Form sich diese Einflussnahme vollzieht.[807] Gegenüber der Einmann-GmbH wird eine unangemessene Rücksicht zwar erst bei Herbeiführung der Insolvenz sanktioniert, dabei kann es aber ebensowenig wie in der mehrgliedrigen Gesellschaft auf die Form der Einflussnahme ankommen.

Im Ergebnis ist sich somit denjenigen Stimmen[808] anzuschließen, die auch in unternehmerischen (Fehl-)Entscheidungen eine potentiell haftungsauslösende Verhaltensweise erblicken. Dementsprechend zählen auch Strukturmaßnahmen, die der Gesellschaft „lediglich" ihre Lebensfähigkeit nehmen, zum haftungsrelevanten Bereich. Wenn geschrieben wird, dass durch das Gesellschaftsinteresse zu rechtfertigende Vorgänge oder vom Alleingesellschafter getroffene Leitungsentscheidungen eine Haftung nicht nach sich ziehen können[809], geht dieser generelleAusschluss zu weit.[810] Vielmehr sollte den Bedenken gegen eine Haftung für unternehmerische Entscheidungen im Rahmen des Haftungsmaßstabes der fehlenden angemessenen Rücksicht Rechnung getragen werden, anstatt zu einem generellen Ausschluss der Haftung für Leitungsentscheidungen zu kommen.[811] Die Existenz-

[804] Ähnlich die Bedenken im Hinblick auf die formellen Voraussetzungen *Kropff*, in: FS f. Semler, S. 517, 532 f.; vgl. auch *Timm*, NJW 1987, 977, 981, der in Anbetracht der Tatsache, dass die enge Konzernherrschaft in der GmbH ansonsten folgenlos bliebe, für die Anwendbarkeit der Rechtsfolgen des Vertragskonzern plädierte; *Meyer*, S. 885 u. 911, der schreibt, dass die bestehenden Haftungsregeln den haftungsrechtlichen Anreiz schaffen würden, faktische Konzernierung zu zementieren, da man auch so zu zentralen Konzernen „zum halben Preis" gelangen würde.

Die aufgezeigte Konsequenz würde gleichermaßen für die §§ 319 ff. AktG gelten, wenn man sich entgegen der herrschenden Meinung für eine analoge Anwendung der Vorschriften bei einer Eingliederung einer GmbH in eine andere GmbH oder AG entscheidet, so z.B. *Meyer*, S. 788 ff.; für die herrschende Meinung vgl. Hachenburg/*Ulmer*, Anh. § 77 Rn. 5; Baumbach/Hueck/*Zöllner*, GmbH-KonzernR Rn. 5; *Röhricht*, in: Festschrift 50 Jahre BGH, S. 83, 92f.; *Bitter*, ZIP 2001, 265, 276.

[805] Zum zwingend Charakter der §§ 291 ff., 300 ff. AktG zuletzt *Schürnbrand*, ZHR 169 (2005), 35, 37.

[806] So kommt *Bitter* zu dem Ergebnis, dass ein Beherrschungsvertrag zwischen einem Gesellschafter und seiner Einmann-GmbH nicht denkbar sei. Die Wertungen des Aktienrechts seien generell nicht übernahmefähig, vgl. *Bitter*, ZIP 2001, 265, 277.

[807] *Emmerich/Sonnenschein/Habersack*, Konzernrecht, 7. Aufl., § 30 III 2 S. 453.

[808] Vgl. die Fn. 771 genannten Vertreter.

[809] *Schaub*, DNotZ 2002, 468, 471.

[810] Gegen eine generelle Betrachtungsweise auch *Decher*, Diskussionsbericht in ZHR-Beiheft 70 (2001), S. 73, 77.

[811] Wie hier *Roth*, NZG 2003, 1081, 1082; wenn Hoffmann schreibt, dass vom Alleingesellschafter getroffene Leitungsentscheidungen keine Haftung auslösen könnten, sofern sie keinen versteckten

vernichtungshaftung sollte nicht als Ergänzung der gesellschafsrechtlichen Ausschüttungsregeln verstanden werden, sondern als Insolvenzverursachungshaftung, die an die Stelle der Haftung im qualifiziert faktischen GmbH-Konzern getreten ist.[812] Nur hierdurch wird die Frage nach einem eigenständigen Anwendungsbereich der Haftung befriedigend gelöst.[813]

3) Ermittlung der Verletzung des Eigeninteresses

Nachdem nun der Bereich feststeht, in dem sich der Gesellschafter der Haftung für Existenzvernichtung aussetzen kann, ist die Frage zu klären, wann die jeweiligen Einwirkungen des Alleingesellschafters eine fehlende angemessene Rücksicht gegenüber der Gesellschaft erkennen lassen. Die ins Spiel gebrachte allgemeine Formel, dass die äußerste Grenze dort zu setzen sei, „wo der kompensationslose Abzug von Vermögen und Ertragschancen die Gesellschaft ohne Rücksicht auf die Erhaltung ihrer Fähigkeit, ihren Verbindlichkeiten nachzukommen, und ohne Einhaltung eines die Befriedigung aller Gläubiger sicherstellenden geordneten Insolvenzverfahren nach seriösen kaufmännischen Maßstäben in den voraussehbaren wirtschaftlichen Zusammenbruch treiben muss“[814], ist viel zu „schwammig“, um mit ihr im Einzelfall vertretbare Ergebnisse erzielen zu können, die auch im Hinblick auf die Rechtssicherheit der Gesellschafter zu befriedigen vermögen.

a) Unmöglichkeit der Ermittlung eines rücksichtslosen Eingriffs?

Im Schrifttum findet sich die Ansicht, dass eine Beurteilung des Gesellschafterverhaltens als rücksichtslosen Eingriff in das Interesse der Gesellschaft unmöglich sei, da sich in der Unternehmensverbindung für den Gesellschafter unlösbare Widersprüche ergeben würden.[815] Einerseits treffe ihn eine auch den Beteiligungsbesitz umfassende Verpflichtung zur bestmöglichen Ressourcennutzung und abgeleitet daraus eine Konzernleitungspflicht, welche zwingend die Verpflichtung zur Verfolgung von Konzerninteressen enthalte. Andererseits hätte er das stets von seiner Gesellschafterposition abweichende Eigeninteresse zu beachten. Als Alleingesell-

---

Eingriff enthielten, zeigt, dass die Gegenansicht von Anfang an damit beschäftigt sein wird, die durch den generellen Ausschluss herbeigeführten unbilligen Ergebnisse wieder auszugleichen, vgl. *Hoffmann*, NZG 2002, 68, 70; ebenso *Röhricht*, ZIP 2005, 505, 514, der bei Eingehung unvertretbarer riskanter Spekulationsgeschäfte eine Ausnahme machen möchte; vgl. hierzu auch die Entscheidung des LAG Köln ZIP 2003, 1893, 1895, wonach derartige Maßnahmen (Übertragung eines Auftrages) *grundsätzlich* in den Bereich der unternehmerische Freiheit fielen und deshalb nicht zu beanstanden seien. Anders verhalte es sich nur, wenn sie dazu dienten, den Gläubigerzugriff auf das Gesellschaftsvermögen zu vereiteln.

[812] Selbst *Röhricht* spricht davon, dass die Existenzvernichtungshaftung die Funktion einer Insolvenzvertiefungs- und -verursachungshaftung ausfüllt, vgl. *Röhricht*, ZIP 2005, 505, 515.

[813] Sie hierzu auch *Wilhelmi*, EWiR 2005, 221, 222, *ders.*, DZWiR 2003, 45, 56 f., der für den Fall, dass man für die Notwendigkeit zur Erfüllung der Gesellschaftsverbindlichkeiten auf das Vorliegen einer Unterbilanz zum Zeitpunkt des Entzugs abstellt, eine weitere Annäherung an die §§ 30 f. GmbHG erkennt und zu recht die Frage nach einem eigenständigen Anwendungsbereich der Haftung stellt.

[814] *Röhricht*, in: Festschrift 50 Jahre BGH, S. 83, 106.

[815] *Jansen*, S. 66 f., die ein von den Gesellschaftern abstrahiertes eigenständiges Bestandsinteresse nicht anerkennt.

schafter der faktischen Konzerntochter könne er jedoch nur eine Verpflichtung auf Kosten der anderen erfüllen.

Es ist zwar richtig, dass der Alleingesellschafter nur eine Pflicht erfüllen kann. Entscheidet er sich für die Erfüllung einer dieser Pflicht, kann man allerdings nachprüfen, ob diese Entscheidung vertretbar war. Unrichtig ist nämlich die Einschätzung, dass die Abwägung zwischen der Konzernleitungspflicht und dem Eigeninteresse der Gesellschaft nur bei Vorhandensein von Minderheitsgesellschaftern möglich sei.[816] Warum divergierende Interessen erst bei Vorhandensein mindestens zweier Personen als Interessenträgern formulierbar und dadurch abgrenzbar sein sollen, bleibt unklar. Im Gegenteil ist doch vielmehr ein Abwägungsprozess über widerstreitende Positionen jeder Entscheidungsfindung natürlicher Personen immanent. Zudem wird gerade durch das Kriterium der unangemessenen Rücksicht ein Maßstab zur Verfügung gestellt, der aufzeigen soll, wie weit die Benachteiligung der abhängigen Gesellschaft gehen darf.

b) Heranziehung des § 43 GmbHG

Ein nicht unbeachtlicher Teil des Schrifttums stellt im faktischen mehrgliedrigen GmbH-Konzern für die Ermittlung einer Treuepflichtverletzung auf eine Analogie zu § 43 GmbHG ab.[817] Nach den Vertretern dieser Ansicht zeigt die „ITT"-Entscheidung des BGH zur Treuepflicht des Mehrheitsgesellschafters, dass § 43 Abs. 1, 2 GmbHG den für diesen Verkehrskreis relevanten Sorgfaltsmaßstab markiere, weshalb die Haftung des GmbH-Gesellschafters einer Haftung nach Maßgabe des § 43 Abs. 2 GmbHG entsprechen müsse.[818] Hiernach darf das herrschende Unternehmen die abhängige Gesellschaft nur zu Maßnahmen veranlassen, die sich mit den aus § 43 GmbHG ergebenden Maßstäben für eine ordentliche Geschäftsführung einer unabhängigen GmbH vereinbaren lassen. Eine Einschränkungsmöglichkeit der Dispositionsfreiheit der Gesellschafter über den Sorgfaltsmaßstab des § 43 GmbHG hätte den Vorteil, auf die bereits gewonnenen Erkenntnisse der Geschäftsführerhaftung in Rechtsprechung und Literatur zurückgreifen zu können und sie für den Gesellschafter – mit Modifikationen – brauchbar zu machen.

c) Anwendung der §§ 311, 317 AktG

Daneben findet sich häufig der Vorschlag, die Frage, ob durch eine Maßnahme der Bestand der abhängigen Gesellschaft gefährdet werde, in einem Vergleich zum Verhalten eines ordentlichen und gewissenhaften Geschäftsführers einer konzernunabhängigen und wirtschaftlich selbstständigen Gesellschaft zu ermitteln.[819] Dem-

---

[816] *Jansen*, S. 67 (insbes. Fn. 37).

[817] *Westermann*, GmbHR 1976, 77, 80; *M.Winter*, S. 113 ff., Rowedder/Schmidt-Leithoff/ *Koppensteiner*, Anh. § 52 Rn. 77.

[818] *Rehbinder*, ZGR 1977, 581, 639 ff.

[819] *Rehbinder*, AG 1986, 85, 90 u. 96; so auch: *Kropff*, in: Münchner Komm/AktG, § 317 AktG Rn. 36; *ders.*, AG 1993, 485, 489 f.; *Kölling*, NZG 2000, 8, 11; *Schaub*, NZA 1989, 5, 8; missverständlich *Schilling*, in: FS f. Hefermehl, S. 383, 386, der zuerst vom Sorgfaltsmaßstab des § 43 GmbHG spricht, für die Frage des Entlastungsbeweises jedoch auf die Anforderungen des § 317 AktG (entsprechend) zurückgreifen möchte; für die Bestimmung des Missbrauchs der Leitungsmacht bei qualifizierter fak-

nach soll also der Maßstab der §§ 311, 317 Abs. 2 AktG auf die GmbH entsprechend angewendet werden.

Nach zum Teil vertretener Ansicht soll eine Feststellung entsprechend der Wertung des § 317 Abs. 2 AktG allerdings allein nicht ausreichen. Vielmehr habe eine Prüfung hinzuzukommen, ob der besondere Zweck der abhängigen GmbH und das darin orientierte Gesellschaftsinteresse die Vornahme des Rechtsgeschäfts oder der Maßnahme geboten sein ließen oder ob dem Vorgehen begründete Bedenken im Hinblick auf die schützenswerten Belange der anderen Beteiligten und die für den Bestand der GmbH entscheidende Ertragskraft des Unternehmens entgegenstanden.[820] Ähnlich äußern sich einige Stimmen im Schrifttum, die es als besondere Leistung des „TBB"-Urteils bezeichnen, das seit „Autokran" bis „Video" bestehende Problem gelöst zu haben, indem nunmehr zur Ermittlung der unangemessenen Rücksicht in der mehrgliedrigen GmbH allein auf die konkrete GmbH und auf ihre Interessen abgestellt werde.[821] Die Abweichung vom „Normalfall" sei kein zuverlässiges Kriterium, vielmehr müsse danach gefragt werden, ob eine unabhängige Gesellschaft („frei von Abhängigkeit i.S.v. § 17 AktG) zur Verwirklichung ihres satzungsmäßigen Zwecks und Unternehmensgegenstandes gleichfalls die durch das herrschende Unternehmen veranlasste Maßnahme ergriffen hätte.[822] Das herrschende Unternehmen missbrauche seine Gesellschafterstellung, wenn die fragliche Maßnahme mit den Belangen der abhängigen GmbH, definiert durch ihren Gegenstand und ihren Zweck, unvereinbar sei.[823] Diesem Ansatz scheint auch der BGH nahezustehen. Im „Autokran"-Urteil[824] wurde der Konzernspitze die Möglichkeit eines Entlastungsbeweises zugestanden, wenn diese dartun könne, dass auch ein pflichtgemäßer Geschäftsführer einer selbstständigen GmbH deren Geschäfte unter den gegebenen Umständen nicht anders geführt hätte. Für die Frage nach der Haftung des herrschenden Unternehmens soll es, auch wenn der BGH

---

tischer Unternehmensverbindungen auf die §§ 311, 317 AktG abstellend: *Eschenbruch*, S. 3437; *Schulze-Osterloh*, ZIP 1993, 1838, 1840; *Krieger*, ZGR 1994, 375, 379 ff.; Hachenburg/*Ulmer*, Anh. § 77 Rn. 130; *Timm*, JuS 1999, 867, 871; *Meyer*, S. 894; Scholz/*Emmerich*, Anh. KonzernR Rn. 102 ff. (allerdings nur für die mehrgliedrige Gesellschaft); für die Zeit nach der „Bremer Vulkan"-Entscheidung wie hier *Drygala*, GmbHR 2003, 729, 733; *Emmerich*, AG 2004, 423, 427; im Ergebnis auch *Bruns*, WM 2003, 815, 818 f.; *Lutter/Banerjea*, ZGR 2003, 402, 414 ff., *Wimmer-Leonhardt*, S. 279 f.

Ganz anders und deshalb nicht mit der Ausführung oben zu verwechseln Rowedder/Schmidt - Leithoff/*Koppensteiner*, Anh. § 52 Rn. 49 u. 78, der das Verbot des qualifizierten Einmann-Konzerns nicht aus der Verletzung der Treuepflicht ableiten, sondern direkt auf die §§ 311, 317 AktG direkt abstellt; so auch schon *Kropff*, in: FS f. Semler, S. 517, 536.

[820] *Ulmer*, ZHR 148, 391, 420.

[821] *Lutter*, DB 1994, 129, 130; ähnlich auch *Kropff*, AG 1993, 485, 490; zustimmend *Eschenbruch*, Rn. 3437.

[822] *Lutter*, ZIP 1985, 1425, 1433 f.; *ders.*, JZ 1993, 580 f.; *Lutter/Hommelhoff*, Anh. § 13 Rn. 28; *Ziegler*, WM 1989, 1041, 1045, der auf eine konzernabhängige, aber dennoch eine grundsätzliche eigenständige Vermögens- und Haftungseinheit darstellende Gesellschaft abstellt; *Drygala*, GmbHR 1993, 317, 322 ff.; *Emmerich/Sonnenschein/Habersack*, Konzernrecht, 7. Aufl., § 31 III 1 S. 469; *Bruns*, WM 2001, 1497, 1499 f.

[823] So auch Scholz/*Emmerich*, Anh. KonzernR Rn. 101; *Bruns*, WM 2001, 1497, 1500.

[824] BGHZ 95, 330, 344.

damals noch von einer Strukturhaftung ausging, demzufolge auf eine den §§ 311, 317 AktG entsprechende Wertung ankommen.

Diesem Ansatz steht allerdings ein nicht unbeachtlicher Teil des Schrifttums entgegen, der den Vergleich mit dem Verhalten des Geschäftsführers einer unabhängigen GmbH aus den unterschiedlichsten Gründen für unzulässig erachtet.[825] Die Heranziehung einer unabhängigen GmbH als Vergleichsmaßstab würde die Tatsache, dass dem Alleingesellschafter im Konzern vielfältigere Handlungsmöglichkeiten als im Vergleich zu einer unabhängigen Gesellschaft offen stünden, außer Acht lassen.

d) Minderung der Ertragslage/Verbandsfremde Sonderinteressen

Nach einem weiteren Ansatz sollen Rechtsgeschäfte und Maßnahmen nachteilig sein, die voraussichtlich die Vermögenslage oder den Ertrag der abhängigen Gesellschaft mindern, es sei denn, auch ein ordentlicher und gewissenhafter Geschäftsführer einer unabhängigen Gesellschaft hätte ebenso gehandelt.[826] Gegen diese Einschränkung spricht, dass es für die fehlende Rücksichtnahme nicht auf eine direkte Verminderung des Gesellschaftsvermögens oder auf die bilanzielle Erfassbarkeit der Maßnahme ankommt.

Eine weitere Meinung stellt für die Beantwortung der Frage, ob ein objektiver Missbrauch i.S.d. „TBB“-Entscheidung vorliegt, zunächst auf die Tatsache ab, dass das Konzerninteresse über den herrschenden Gesellschafter in das Eigeninteresse einfließe und dieses von innen heraus begrenze. Aus diesem Grunde sei nur für den Fall, in dem das herrschende Unternehmen verbandsfremde Sonderinteressen verfolge, die den Interessen der Gläubiger widersprächen, das Eigeninteresse rein objektiv zu bestimmen. Zu fragen sei in dieser Situation, wie der Gesellschafter gehandelt hätte, wenn er keiner Fremdbindung unterlegen hätte.[827] Wann aber verbandsfremde Sonderinteressen vorliegen sollen, lässt diese Überlegung unbeantwortet.

e) Stellungnahme

Schaut man auf die Stimmen im Schrifttum, die dafür plädieren, als Vergleichsmaßstab für die Beurteilung der fehlenden angemessenen Rücksichtnahme auf das Verhalten eines Geschäftsführers einer unabhängigen Gesellschaft abzustellen (entsprechend §§ 311, 317 AktG), steht dahinter der Zweck, gerade den durch den Konzernsachverhalt gestörten Interessengleichlauf zwischen Gesellschaftern und Gläubigern wiederherzustellen. Das Kriterium der fehlenden Rücksichtnahme auf das Eigeninteresse wird also mit Hilfe der Funktion definiert, die dieser Begriff erfüllen soll. Dies deckt sich, da dem Begriff des Nachteils eine Sorgfaltspflichtverletzung immanent ist, mit den Ergebnissen, die man durch eine Anwendung des § 43 GmbHG als Maßstab der Bestimmung der unangemessenen Rücksicht gewin-

---

[825] *Windbichler*, in: FS f. Kissel, S. 1287, 1300 ff.; *dies.*, RdA 2000, 238, 239 ff.; *Wiedemann*, ZIP 1986, 1293, 1303; *Beinert*, S. 102 ff.; *Versteegen*, S. 198; *Ehlke*, DB 1986, 523, 525; *Hommelhoff*, ZGR 1994, 395, 403; *Drygala*, GmbHR 1993, 317, 324.

[826] *Krieger*, ZGR 1994, 375, 379.

[827] *Limmer*, S. 35 f.

nen würde.[828] Im Ergebnis sollte jedoch, wenn sich dieser Weg als vertretbar herausstellt, allein auf den Vergleichsmaßstab der §§ 311, 317 AktG abgestellt werden. Der Gesetzgeber hat gerade in diesen Normen festgelegt, wie eine abhängige Gesellschaft zum Schutz der Gesellschafter und Gläubiger gegen die Gefahren der Abhängigkeit zu führen ist.[829]

aa) Vorteile einer Wertung entsprechend §§ 311, 317 AktG

Ein Beherrschungsvertrag gibt dem herrschenden Unternehmen das Recht, der vertragsunterworfenen abhängigen Gesellschaft umfassend Weisung zu erteilen, sie zu benachteiligen und sie dadurch wirtschaftlich vollkommen in den Konzern einzugliedern. Im faktischen Konzern hat der Alleingesellschafter durch sein Weisungsrecht gegenüber der Geschäftsführung ebenfalls die Möglichkeit zur umfassenden Beherrschung, jedoch nur, weil der GmbH-Gesetzgeber die vorliegende Situation nicht bedachte.[830] Der Alleingesellschafter kann sich so verhalten, weil ihm durch die Beherrschung einer weiteren Gesellschaft die Möglichkeit offen steht, die Vorteile aus dieser Situation zu schöpfen. Ist er hingegen nicht zugleich an einer anderen Gesellschaft beteiligt, fehlt ihm häufig die Gelegenheit, die Gewinne der unternehmerischen Tätigkeit seiner „abhängigen" GmbH an einer anderen Stelle zu realisieren. Er kann ein gewinnmaximierendes Verhalten zunächst einmal nur im Rahmen der Gesellschaft verfolgen, was ihn von den meisten Konzernmaßnahmen von vornherein Abstand nehmen lassen würde.[831]

Stellte man nun nicht darauf ab, wie ein Geschäftsführer einer organisatorisch und wirtschaftlich unabhängigen Gesellschaft entschieden hätte, würde der Tatsache nicht genügend Wert beigemessen, dass der Alleingesellschafter seiner Gesellschaft nur deshalb eine dienende und damit nichterwerbswirtschaftliche Zielsetzung geben und trotzdem mit ihr mittelbar erwerbswirtschaftliche Ziele verfolgen kann, weil er eine weitere Gesellschaft beherrscht, in dem er die Vorteile aus der nichterwerbswirtschaftlichen Zielsetzung realisieren kann.

---

[828] *Emmerich/Sonnenschein/Habersack*, Konzernrecht, 7. Aufl., § 30 III 2, S. 454.

[829] *Eschenbruch*, Rn. 3366 ff.; *Flume*, BGB Allg. Teil, Bd. I/2, § 4 IV, S. 123, hiergegen kann auch nicht vorgebracht werden, dass der BGH einer Bestimmung der unangemessenen Rücksicht über § 43 GmbHG näher steht. Für eine Beurteilung des Vorliegens eines rücksichtslosen Eingriffs an Hand der Vorschrift des § 43 GmbHG kann nämlich gerade nicht auf die „ITT"-Entscheidung des BGH (BGHZ 65, 15 ff.) verwiesen werden. Die Argumentation Rehbinders übersieht, dass der BGH den Maßstab des § 43 GmbHG nur für den Verschuldensmaßstab heranzieht, jedoch nicht für die Bestimmung der aus der Treuepflicht folgenden Sorgfaltspflichten des Mehrheitsgesellschafters, vgl. hierzu BGH NJW 1977, 191, 192, insoweit nicht in BGHZ 65, 15 ff. abgedruckt; so auch *H.J. Mertens*, in: FS f. Fischer, S. 461, 463.

[830] So schon BGHZ 95, 330, 341, „das gesetzliche Leitbild"; vgl. auch *K. Schmidt*, GmbHR 1979, 121, 130.

[831] Das heißt nicht, dass keine Fallgruppen denkbar sind, in denen der Alleingesellschafter als Privatmann sich Vorteile der unangemessenen Rücksicht zu nutze machen könnte. Siehe zu den möglichen Fallgruppen die Darstellung ab C) III. 1) e).

bb) Die satzungsmäßig abhängig gegründete GmbH

Zu Recht wird zwar herausgestellt, dass die Fragestellung, ob ein pflichtgemäß handelnder Geschäftsführer einer selbständigen GmbH die Geschäfte ebenso geführt hätte, nur bedingt sinnvoll sei, wenn man bedenke, dass die abhängige GmbH zulässigerweise von vornherein keine unabhängige unternehmerische Zielsetzung habe.[832] Eine wirtschaftlich selbstständige unternehmerische Tätigkeit mit Gewinnerzielungsabsicht sei deshalb nicht nötig, zudem seien dienende Funktionen im Rahmen eines Unternehmensverbundes möglich.[833]

Der Einwand, dass damit das Konstrukt einer fiktiven hypothetischen unabhängigen Vergleichs-GmbH im Falle der abhängig gegründeten GmbH im Widerspruch zur Satzungsautonomie des Alleingesellschafters stehe[834], kann jedoch nicht überzeugen. Richtig ist, dass es für die Ermittlung der unangemessenen Rücksicht auf den satzungsmäßigen Zweck und den Unternehmensgegenstand ankommt. Insoweit kann man auch der These zustimmen, dass allein die Ausübung der satzungsmäßigen Funktion grundsätzlich keine Verletzung des Eigeninteresses auslösen kann.[835]

Das damit aber der Vergleich zum Verhalten eines Geschäftsführers einer unabhängigen GmbH nicht möglich sein soll, erscheint mehr als fragwürdig. Diese These würde nur überzeugen, wenn eine von vornherein auf Konzernverhältnisse zugeschnittene Gesellschaft außerhalb des Konzerns nicht lebensfähig sein müsste.[836] Insoweit würde man sich dann nämlich dem Einwand aussetzen, dass es einer Fiktion gleichkäme, wenn man von der Gesellschaft ein wirtschaftliches, autonomes oder gar vernünftiges Verhalten abverlangen würde.[837] Eine solche Fiktion würde es nämlich darstellen, wenn auf das Verhalten eines unabhängigen ordentlichen Geschäftsführers abgestellt würde, da dieser seiner Gesellschaft niemals die Fähigkeit zur selbständigen Existenz auf dem Markt nehmen würde.

cc) „Konzernexterne Lebensfähigkeit" als absolute Grenze

Die These, dass der Gesichtspunkt des Autonomieverlustes der GmbH, anders als bei den §§ 311, 317 AktG[838], keine Rolle spielen kann, ist aber verfehlt.[839] Gegen

---

[832] *Windbichler*, in: FS f. Kissel, S. 1287, 1300 f.; ähnlich *Wiedemann*, ZIP 1986, 1293, 1303, der die Frage aufwirft, wie man Maßnahmen mit einem Maßstab beurteilen soll, für den diese fremd sind.

[833] *Windbichler*, RdA 2000, 238, 239; *Hommelhoff*, ZGR 1994, 395, 403; a.A. *Kropff*, in: FS f. Semler, S. 517, 519 ff.

[834] So *Beinert*, S. 102 ff.

[835] *Windbichler*, RdA 2000, 238, 239; so auch *Timmann*, Die Durchsetzung von Konzerninteressen in der Satzung der abhängigen Aktiengesellschaft, S. 126.

[836] *Windbichler*, RdA 2000, 238, 239; vgl. zu dieser Ansicht auch einen Diskussionsbericht von *Drygala*, ZGR 1994, 422, 424; *Lehmann*, in: FS f. Beusch, S. 479, 489, der die Existenzfähigkeit nach Auflösung nicht als Maßstab für die Zulässigkeit von Maßnahmen heranziehen möchte; ebenso *Schneider*, ZGR 1980, 511, 544 (vgl. aber auch die gegenteilige Ansicht von *Schneider*, WM 1993, 782, 784); *Heyder*, S. 73 f.; *Bitter*, ZIP 2001, 265, 276.

[837] *Ehlke*, DB 1986, 523, 525; vgl. auch *Versteegen*, S. 198.

[838] Vgl. nur *Biedenkopf/Koppensteiner*, in: Kölner Komm., § 311 Rn. 24; *Flume*, BGB Allg. Teil, § 4 IV, S. 123 f.; *Kropff*, ZGR 1984, 112, 117.

dieses Ergebnis kann auch nicht die aus § 1 GmbHG folgenden Satzungsautonomie des Gesellschafters ins Feld geführt werden. Die Satzungsautonomie, bedenkt man das im ersten Teil herausgearbeitete Ergebnis, verleiht gerade nicht die Macht, über die durch das Eigeninteresse geschützte Funktion der juristischen Person zu disponieren. Das für den faktischen GmbH-Konzern mit dem Bestand der Gesellschaft die „konzernexterne" Lebensfähigkeit gemeint sein muss, ergibt sich aus mehreren Gesichtspunkten.[840]

aaa) Wertung aus den §§ 302 ff. AktG

Nach der Konzeption des Aktiengesetzes sind Einwirkungen, welche den Verlust der konzernexternen Existenzfähigkeit der Tochtergesellschaft herbeiführen, nur gegen den Preis des Abschlusses eines Beherrschungsvertrages erlaubt.[841] Nach der Grundidee der Bestimmungen über den faktischen Konzern ist die Gesellschaft so zu stellen, wie wenn sie ein unabhängiges Unternehmen betreiben würde (vgl. § 317 Abs. 2 AktG). Die abhängige Gesellschaft muss daher die wesentlichen für ein selbstständiges Auftreten am Markt notwendigen Funktionen behalten.[842] Erst der Abschluss eines Beherrschungsvertrages ermöglicht die umfassende Konzernintegration der beherrschten Gesellschaft, indem er erlaubt, für die Dauer der Laufzeit all ihre unternehmerische Aktivität dem Handlungsprogramm des herrschen-

---

[839] Auf diese Grenze für die Bestimmung des Nachteils der abhängigen GmbH(bzw. der unangemessenen Rücksicht) stellen auch das LG Oldenburg ZIP 1992, 1632, 1636, das von der Erlangung und Erhaltung wirtschaftlicher Selbstständigkeit spricht; OLG Dresden AG 1997, 330, 332; *Burgard*, WM 1993, 925, 928; *Schneider*, WM 1993, 782, 784; *Hoffmann-Becking*, in: Probleme des Konzernrechts, S. 68 (78); *Hommelhoff*, in: Der qualifizierte faktische GmbH-Konzern, S. 245, 248; *Krieger*, in: Der qualifizierte faktische GmbH-Konzern, S. 41, 48 u. 52, *ders.*, in: Münchner Hdb. des GesR, AG, § 69 Rn. 71 u. 116; *Decher*, in: Münchner Hdb. des GesR, GmbH (1. Auflage), § 71 Rn. 30; *Wiedemann*, Die Unternehmensgruppe, S. 83, der bezüglich der Erhaltung der Selbstständigkeit der abhängigen Gesellschaft von einem naturrechtlichen Satz spricht; zu einem ähnlichen Ergebnis müssten eigentlich auch diejenigen Stimmen im Schrifttum kommen, die eine Pflicht des herrschenden Unternehmens zur ordnungsgemäßen Konzerngeschäftsführung anerkennen, vgl. nur *Lutter*, ZGR 1982, 244, 264 ff., der die Führung einer Tochtergesellschaft wie eine Betriebsabteilung (Behandlung als Sklave), als Fall eines qualifizierten Konzerns betrachtet und sich dabei auf §§ 311 ff. AktG stützt, der zum Ausdruck bringe, dass ordnungsgemäße Konzerführung verlange, dass „trotz einzelner nachteiliger Eingriffe des herrschenden Unternehmens die Autonomie der abhängigen Gesellschaft im Prinzip erhalten bleibt"; ähnlich, wenn auch mit Blick auf die Geschäftsführerhaftung nach § 43 GmbHG äußert sich *Fleck*, ZHR 149 (1985), 387, 395, nach dessen Meinung die wirtschaftliche Existenzfähigkeit der GmbH den zwingenden, auch für den Satzungsgeber nicht disponiblen Kernbereich pflichtgebundener Unternehmensleitung bilde.

[840] *K. Schmidt*, GmbHR 1979, 121, 130, der davon spricht, dass die Schaffung einer bloßen Betriebsabteilung nur durch den Abschluss eines Beherrschungsvertrages legitimiert werden kann und ein Merkmal zur Bestimmung des Vorliegens eines qualifiziert faktischen Konzerns gerade die Fälle erfassen müsste, in denen die Unterwerfung der abhängigen GmbH den Beherrschungsvertrag ersetzt.

[841] *Mestmäcker*, in: FS f. Kronstein , S. 129, 134; *Neuhaus*, Die zivilrechtliche Organhaftung des Vorstands einer beherrschten AG im sog. faktischen Konzern und im Vertragskonzern, S. 92 f.; vgl. auch *K.Schmidt*, GmbHR 1979, 121, 130; ähnlich *ders.*, GesR, § 39 II 3 b), S. 1218, wonach in einer Einmann-GmbH der Vertrag die Vernachlässigung des Eigeninteresses legitimiert.

[842] *Kropff*, ZGR 1984, 112, 117.

den Vertragsteils unterzuordnen und dienstbar zu machen.[843] Einzige Einschränkung ist hierbei, dass die für die abhängige Gesellschaft nachteiligen Einwirkungen den Belangen des herrschenden Unternehmens oder anderer Konzernmitglieder dienen müssen. Der Beherrschungsvertrag legitimiert die Ausübung der Konzernherrschaft folglich auch dann, wenn die Gesellschaft während der Laufzeit des Vertrags hierdurch die Fähigkeit zur selbstständigen Existenz am Markt verlieren würde.[844]

Dies erklärt sich daraus, dass das Vermögen der Gesellschaft mit dem Abschluss des Vertrages nicht mehr der Verwirklichung des eigenen Gesellschaftszwecks dient, sondern in erster Linie oder sogar ausschließlich Mittel zur Erreichung der Konzernziele ist. Falls dies für die Konzernziele erforderlich sein sollte, entfallen also die Schranken, die der Konzernherrschaft ansonsten durch das Eigeninteresse der abhängigen Gesellschaft gezogen werden.[845] Hiermit korrespondiert die Verlustausgleichspflicht des herrschenden Unternehmens, die, so der BGH, „...das Gegenstück der bis zur Beendigung des Vertragsverhältnisses bestehenden Leitungsmacht und der mit ihrer Ausübung verbundenen zulässigen Benachteiligung der beherrschten Gesellschaft“ ist.[846] Die Verlustausgleichspflicht soll unter anderem die vertraglich begründete Einflussmöglichkeit des herrschenden Unternehmens und die davon ausgehende Gefahr für den Bestand der abhängigen Gesellschaft kompensieren.[847]

Auch wenn die Rechtsprechung mit der „Bremer Vulkan“-Entscheidung den Rückgriff auf das aktienrechtliche Haftungssystem für das GmbH-Konzernrecht endgültig verworfen hat, heißt dies nicht, dass diese dem Aktienrecht zu entnehmende gesetzgeberische Wertungen für das GmbH-Recht nicht brauchbar gemacht werden kann.[848] Dies ergibt sich aus der oben angestellten Überlegung[849]: Wenn man wie der BGH die §§ 302 ff. AktG nicht mehr anwenden möchte, muss die

---

[843] *Kleindiek*, ZIP 1991, 1330, 1334.

[844] *Kropff*, in: Münchner Komm/AktG, § 311 Rn. 155; *Hüffer*, AktG, § 303 Rn. 1; a.A. *Semler*, S. 200; *Heyder*, S. 73 f.
Noch weitergehender wären die Möglichkeiten, die eine Eingliederung nach §§ 319 ff. AktG erlaubt. Kaufmännisch betrachtet besteht die eingegliederte Gesellschaft quasi nur noch als – wenn auch rechtlich selbstständige – Betriebsabteilung der herrschenden Gesellschaft fort (AktG 1965, RegE, Begr. zu § 313). Als Ausgleich hierfür sieht das AktG aber eine gesamtschuldnerische Mithaftung der Hauptgesellschaft und ergänzend eine Sicherheitsleistung zu Gunsten der Altgläubiger und eine Verlustausgleichspflicht zur Gewährleistung des Grundkapitals vor, §§ 321, 322, 324 Abs. 3 AktG.

[845] So auch *K. Schmidt*, GesR, § 39 II 3 b), S. 1218.

[846] BGHZ 103, 1, 10.

[847] *Kleindiek*, ZIP 1988, 613, 621; *ders.*, ZIP 1991, 1330, 1334; *Stimpel*, in: Probleme des Konzernrechts, S. 11, 22 f., der vom Schutz vor der unkontrollierbaren Aushöhlung der Vermögenssubstanz spricht. Ob die §§ 302 ff. dieser Aufgabe überhaupt nachkommen können, ist Gegenstand einer späteren Untersuchung. Daneben wird der Zweck der §§ 302 ff in der Kompensation der Kapitalbindung gesehen, vgl. statt vieler *Hüffer*, AktG, § 302 Rn. 3 m.w.N.

[848] Andere Ansicht *Winbichler*, RdA 2000, 238, 239, die den aus dem Aktienrecht stammenden Gesichtspunkt des Autonomieverlustes in der GmbH nicht anwenden möchte; ähnlich Bitter, ZIP 2001, 265, 277.

[849] Vgl. hierzu C) IV. 2) b) cc).

Herbeiführung solcher im Vertragskonzern durch den Verlustausgleich legitimierten Verhältnisse als fehlende angemessene Rücksichtnahme eingestuft werden.[850]

Durch eine solche Vorgehensweise wird keinesfalls die Tatsache übersehen, dass das Gesetz – zumindest für die Aktiengesellschaft – das Institut des faktischen Konzerns als weitere Konzernierungsform anerkennt.[851] Natürlich ist dem herrschenden Unternehmen weiterhin erlaubt, die Tochtergesellschaft auf Konzernbedürfnisse auszurichten, weil andernfalls, so die geäußerte Befürchtung, der Konzern als wirtschaftliche Planungs-, Entscheidungs- und Kontrolleinheit negiert würde.[852] Die herrschende Gesellschaft genießt jedoch nach den hier erarbeiteten Ergebnissen in solch einer Konzernierungsform – im Gegensatz zur Situation im Vertragskonzern – bei seiner wirtschaftlichen Einbeziehung der abhängigen Gesellschaft keine Privilegierung in dem Sinn, dass sie auf die konzernexterne Lebensfähigkeit der abhängigen Gesellschaft keine Rücksicht zu nehmen hat.[853] Demzufolge muss die Herbeiführung eines solchen Zustandes auch in der Ein-

---

850 So schon der BGH im „Autokran“-Urteil, in dem er davon spricht, dass wenn im GmbH – Konzern ohne vertragliche Grundlage ein mit Abschluss eines Beherrschungsvertrages vergleichbarer „gefährlicher Zustand“ hergestellt werde, zugunsten der Gläubiger auch ein vergleichbarer Schutz geboten werden müsse, vgl. BGHZ 95, 330, 341. Nach Ansicht des BGH stellen gerade die Tatbestände, in denen die GmbH einen Geschäftsbetrieb entwickelt hat, der äußerlich einer Betriebsabteilung des herrschenden Unternehmens nahe kommt oder wenn eine selbstständige Existenz der GmbH in Folge der einseitigen Ausrichtung auf den Konzern gefährdet wäre, in der Regel deutlich Anzeichen dafür dar, dass eine nachhaltige Gefährdung besonders der Gläubigerinteressen gegeben sei, die eine entsprechende Anwendung der §§ 303, 322 Abs. 2 und 3 AktG rechtfertige, vgl. BGHZ 95, 330, 344 f.
Im Grundsatz so auch *K. Schmidt*, GesR, § 39 III 3 a), S. 1226 f., nach dessen Ansicht der Schutz der Gläubiger nicht hinter der Rechtslage bei Bestehen eines Beherrschungsvertrages zurückbleiben und das Fehlen eines Unternehmensvertrages nicht zur Belohnung des herrschenden Unternehmens führen darf. Hierin erblickt er die Rechtfertigung einer Verlustausgleichspflicht analog § 302 AktG. Nach seiner Ansicht stellt gerade der vollständige Autonomieverlust bei der Tochter (also eine dem Beherrschungsvertrag vergleichbare Leitungsdichte) das Merkmal der von ihm befürworteten Strukturhaftung analog § 302 AktG dar, vgl. *K. Schmidt*, ZIP 1991, 1325, 1328 f.; vgl. auch *ders.*, GmbHR 1979, 121, 130, in dem er davon spricht, dass die Schaffung einer bloßen Betriebsabteilung nur durch den Abschluss eines Beherrschungsvertrages legitimiert werden kann und ein Merkmal zur Bestimmung des Vorliegens eines qualifiziert faktischen Konzerns gerade die Fälle erfassen müsste, in denen die Unterwerfung der abhängigen GmbH den Beherrschungsvertrag ersetze; vgl. hierzu auch *Emmerich*, in: Entwicklungen im GmbH-Konzernrecht (ZGR-Sonderheft 6), S. 64, 75.
Durch diese Grenzziehung dürfte es auch nicht zu der von *Meyer* befürchteten „Dysfunktionalisierung des Vertragskonzernrechts“ kommen, vgl. *Meyer*, S. 885 f. Vielmehr wird diese Grenzziehung einen Anreiz zu unternehmensvertraglichen Legitimierung bewirken. So auch das Ergebnis *Meyers* bei Benachteiligung der faktischen gegenüber der vertraglichen Unternehmensverbindung, vgl. *Meyer*, S. 913.

851 So *Timm*, NJW 1987, 977, 982; *Scheffler*, in: FS f. Goerdeler, S. 469, 477; *Hommelhoff*, S. 136; *Drüke*, DB 2000, 713, 714 f.

852 *Oser*, WPg 1994, 312, 314; gegen ein Verbot der Verfolgung von Konzerninteressen in der GmbH sprechen sich auch Baumbach/Hueck/*Zöllner*, GmbH-KonzernR Rn. 35; *Decher*, in: Münchner Hdb. des GesR, GmbH (1. Auflage), § 72 Rn. 1 und *Gäbelein*, GmbHR 1992, 786, 787 aus.

853 *Kowalski*, GmbHR 1993, 253, 255, der die Lebensfähigkeit der Gesellschaft nach Beendigung der Leitungsmacht als Maßstab für die Zulässigkeit von Maßnahmen heranzieht; vgl. auch *Schön*, ZHR 159 (1995), 351, 374, der nur den Abschluss einer Unternehmensvertrages als Erlaubnis für solche schädigende Eingriffe anerkennt.

mann-GmbH als rücksichtsloser Eingriff qualifiziert werden, der im Falle der Insolvenz der Gesellschaft die Haftung für Existenzvernichtung auszulösen vermag. Die für die Konzernbildung ausschlaggebenden Gründe, wie die organisatorische Flexibilität, die gesteigerten Rationalisierungsmöglichkeiten des Produktionsablaufs, die Diversifikation der Angebots- und Lieferpalette und der Synergieeffekt durch die Kombination verschiedener Fertigungsstufen[854], werden durch ein solches Verständnis keinesfalls negiert, ihnen werden lediglich die absoluten Grenzen des noch Zulässigen vorgegeben.

Von einem solchen Konzept scheint auch der BGH auszugehen, wenn er in der „Supermarkt"-Entscheidung[855] im Hinblick auf die durch den Beherrschungsvertrag bewirkten Überlagerung der Gesellschafts- durch die Konzerninteressen auch bei Abwesenheit von Minderheitsgesellschaftern davon spricht, dass „...der Gesellschaftszweck unter Aufhebung der unabhängigen erwerbswirtschaftlichen Teilnahme am Wirtschaftsverkehr.....am Konzerninteresse ausgerichtet" werden könne.[856] In der „Siemens"-Entscheidung[857] heißt es noch weitergehend: „...dadurch, dass mit dem Unternehmensvertrag die unabhängige erwerbswirtschaftliche Teilnahme der abhängigen Gesellschaft am Wirtschaftsverkehr für die Dauer seiner Geltung außer Kraft gesetzt wird, treten für die Gesellschaftsgläubiger, insbesondere auch bei der Einmann-GmbH, wirtschaftliche Gefahren auf, die sie in erhöhtem Maße schutzbedürftig machen. Diese Schutzbedürftigkeit folgt auch aus einer dem Alleingesellschafter der abhängigen GmbH aufgrund des Unternehmensvertrages zustehenden Weisungskompetenz".

Diese Überlegungen machen aber nur dann einen Sinn, wenn der BGH nicht schon der aus dem GmbH-Innenrecht folgenden Weisungskompetenz der Gesellschafter eine solche Befugnis zuspricht. Die Ausführungen des BGH können also nur so verstanden werden, dass es auch im faktischen GmbH-Konzern Grenzen der Herrschaftsmacht des Alleingesellschafters gibt, die erst durch den Abschluss eines Beherrschungsvertrages aufgehoben werden können.[858] Es gibt also auch nach Ansicht des BGH kein generelles Verbot der Verfolgung von Konzerninteressen, wohl aber ein Verbot der Herbeiführung von Umständen, die erst durch den Abschluss eines Beherrschungsvertrages legitimiert werden.

bbb) Grenzen des § 1 GmbHG

Etwas anderes kann sich auch nicht aus § 1 GmbHG ergeben.[859] Es ist richtig, dass die Vorschrift auch „nachteilige" Zwecke erlaubt. Aus diesem Grunde ist auch das Argument, die abhängige Gesellschaft lasse sich allein auf Grundlage eines Be-

---

[854] Vgl. hierzu *Timm*, JuS 1999, 553, 555.
[855] BGHZ 105, 324 ff.
[856] BGHZ 105, 324, 331.
[857] BGH ZIP 1992, 395, 398 (= GmbHR 1992, 253 ff.).
[858] Dies erkennt auch *Gäbelein*, GmbHR 1992, 786, 787.
[859] *Beinert*, S. 102 ff.

herrschungsvertrages für Konzerninteressen in Dienst nehmen, aber nicht durch eine bloße Satzungsklausel, nicht tragfähig.[860]

Es würde jedoch Sinn und Zweck der Vorschrift widersprechen, wenn man über die Zwecksetzung zulässigerweise die konzernexterne Existenz der GmbH aufheben könnte. Wenn § 1 GmbHG auch die Errichtung zu ideellen Zwecken erlaubt, dann gerade mit der Vorstellung, dass die GmbH diese Zwecke auch verfolgen kann.[861] Dass das GmbHG selbst von einer „autonomen" Existenzfähigkeit ausgeht, zeigt sich schon an der Tatsache, dass dem GmbH-Gesetzgeber die Situation der Einbindung einer Gesellschaft in einen Konzern völlig unbekannt war.[862] Folglich konnte er bei der Statuierung des § 1 GmbHG nicht vom Leitbild der nur im Abhängigkeitsverhältnis „lebensfähigen" Gesellschaft ausgehen.[863] Für diese Wertung spricht auch ein vergleichender Blick auf die Situation bei gemeinnützigen Betrieben. Sie orientieren ihre Leistungen unmittelbar an Personengruppen oder Sachzielen außerhalb des Unternehmens. In dieser Hinsicht sind sie also mit einer Konzerntochter vergleichbar, der eine bestimmte Funktion innerhalb des Konzerns zugewiesen wurde. Auch sie konzentriert ihre Leistung auf die Ziele des Konzerns. Ausschließlich gemeinnützige Unternehmen in der Privatwirtschaft kann es allerdings nur dann geben, wenn sie Vermögenszuwendung von Dritten erhalten.[864]

Die Gesellschafter einer GmbH sind nun aber nicht zu Nachschüssen verpflichtet (§ 26 GmbHG). Wenn die satzungsmäßig abhängig gegründete GmbH jedoch als zulässige Gestaltung angesehen wird, kann dies nur bedeuten, dass der Gesellschafter bei seiner Gestaltungsfreiheit nicht soweit gehen darf, dass die Gesellschaft hierdurch ihre konzernexterne Lebensfähigkeit verliert.

---

[860] So aber *Kropff*, in: FS f. Semler, S. 517, 532; vgl. in diesem Zusammenhang auch *Lutter*, AG 1990, 179, 183, der die vollständige oder nahezu vollständige Ausrichtung der Produktion auf die Bedürfnisse der Obergesellschaft nicht als „Leitungs-Übermaß" bewerten will, wenn z.B. die Preisgestaltung nach dem „Arms-lengths"-Prinzip erfolgt; vgl. für einen Überblick zur Frage der Durchsetzung von Konzerninteressen in der Satzung auch *Timmann*, Die Durchbrechung von Konzerinteressen in der Satzung der abhängigen Aktiengesellschaft.

[861] Vgl. hierzu vor allem *Fleck*, ZHR 149 (1985), 387, 394, der zu dem Ergebnis kommt, dass die Gesellschaft zwar zu jedem zulässigen Zweck errichtet werden dürfe und dieser auch ein uneigennütziger sein könne, jedoch ein Mindestmaß an gleichzeitiger Bindung an das eigene Bestandinteresse unerlässlich sei. Er begründet diese Erwägung damit, dass der wirtschaftliche Ruin der Gesellschaft ja auch zwangsläufig diese Fremdziele in Frage stellen müsste; eine ähnliche Argumentation findet sich bei *Heyder*, S. 72.

[862] Vgl. hierzu *K. Schmidt*, GmbHR 1979, 121, 130, nach dessen Meinung es nicht dem Leitbild der GmbH entsprechen würde, wenn die autonom gedachte Gesellschaft in eine Abhängigkeit gerät, die aus ihr eine bloße Betriebsabteilung macht; ähnliche Bedenken finden sich auch bei *Westermann*, der die Trennung von wirtschaftlicher Tätigkeit und den Anfall der entstehenden Gewinne als ad absurdum Führung des handelsrechtlichen Gewerbebegriffs bezeichnet, vgl. *Westermann*, GmbHR 1970, 313.

[863] Nach BGHZ 95, 330, 341 geht das gesetzliche Leitbild vielmehr von einer autonomen Gesellschaft aus.

[864] *Wiedemann*, ZGR 1975, 385, 414.

ccc) Ähnlichkeit zum genossenschaftlichen Prinzip

Zu einem ähnlichen Ergebnis wird man mit einem Ansatz gelangen, der die These beinhaltet, dass die sog. Funktionstöchter eines Konzerns in ihrer Struktur dem genossenschaftlichen Prinzip entsprechen würden.[865] Genossenschaften würden es ihren Mitgliedern ermöglichen, die ihnen obliegenden Funktionen auf den gemeinschaftlichen Betrieb zu übertragen, um einen Rationalisierungseffekt zu schaffen. Die Umsatzerlöse, die an den Mitgliedern erzielt würden, seien nämlich so bemessen, dass Sie nur die Kosten im Mitgliedergeschäft decken würden. Die Erzielung eines ausgewogenen wirtschaftlichen Ergebnisses könne jedoch nur den Sinn haben, der Genossenschaft eine selbstständige Existenz zu belassen. Wenn die Konzerntochter über ihre Satzung eine ähnliche Struktur erhalte, müsse ihr trotz der auf den Konzern ausgerichteten Zweckgestaltung deshalb derselbe Freiraum belassen werden.[866]

Ein so verstandener Bestandsschutz der Gesellschaft führt auch nicht dazu, dass eine nicht-wirtschaftliche Zwecksetzung unzulässigerweise in eine erwerbswirtschaftliche Zwecksetzung umgedeutet wird. Der Bestand verlangt nur, dass die Gesellschaft rentabel arbeitet. Die Geschäftsführung muss also auf die Erzielung eines angemessenen, zur substantiellen Erhaltung von Kapital- und Ertragskraft ausreichenden Umsatz gerichtet sein.[867] Für eine mit erwerbswirtschaftlichen Zwecken errichtete Gesellschaft wird man nämlich noch zusätzlich verlangen müssen, dass es nicht nur um die „Erhaltung der Ertragskraft", sondern um die Erwirtschaftung von Erträgen geht. Die Erhaltung eines autonomen Bestandes ist folglich selbst einer nicht wirtschaftlichen Zwecksetzung immanent.

ddd) Vergleich mit Verhältnissen einer mehrgliedrigen Gesellschaft

Für das vorgetragene Verständnis spricht zudem, dass in der mehrgliedrigen GmbH nicht nur Einflussnahmen, die zu feststellbaren Vermögensschäden führen, sondern auch solche, die der Gesellschaft ihre wirtschaftliche Selbstständigkeit berauben, zu einem Schadensausgleich unter dem Gesichtspunkt einer Treuepflichtverletzung i.S. des „ITT"-Urteil[868] führen.[869] Obwohl die Haftung in der Einmann-GmbH im Unterschied hierzu noch die Herbeiführung der Insolvenz verlangt, kann für die Maßnahmen, die zu einem solchen Zustand führen, nichts anderes gelten als in der mehrgliedrigen Gesellschaft.

Für ein solches Ergebnis kann weiterhin angeführt werden, dass vor der „Bremer Vulkan"-Entscheidung eine zusätzliche Haftung unter dem Gesichtspunkt der Treuepflicht des Alleingesellschafters mit der Erwägung abgetan wurde, dass in solch einer Situation sowieso eine „einverleibende Beherrschung" (qualifizierter faktischer Konzern) vorliege, welche eine Verlustübernahmepflicht zum Schutze der Gläubigerinteressen nach sich ziehe.[870] Da nun eine „einverleibende Beherr-

---

865 *Wiedemann*, GesR I, S. 327.
866 *Wiedemann*, GesR I, S. 327.
867 *Mertens*, in: Kölner Komm., § 76 Rn. 22.
868 BGHZ 65, 15, 18 ff.
869 Baumbach/Hueck/*Zöllner*, GmbH-KonzernR Rn. 53a.
870 So z.B. Baumbach/Hueck/*Zöllner*, GmbH-KonzernR Rn. 84.

schung“ nicht mehr durch die Verlustausgleichspflicht des § 302 AktG abgefangen wird, muss man die so entstandene Lücke schließen und schon den Verlust der konzernexternen Lebensfähigkeit als fehlende angemessene Rücksichtnahme qualifizieren.

dd) Funktionstüchtigkeit der §§ 311, 317 AktG

Hierdurch kann man auch nicht mehr einwenden, dass bei einer längerfristigen Einbindung in einen Konzern der Prüfungsmaßstab der §§ 311, 317 AktG versagt. So wurde vereinzelnd vorgebracht, dass man die Folgen einzelner Eingriffe für die Autonomie der Tochter nicht mehr bewerten könne, weil im Konzernverbund niemand mehr „von der Hypothese fortbestehender Autonomie her denke“.[871] Dieser Einwand kann nicht überzeugen, weil nach hier vertretener Auffassung schon die Maßnahmen eine fehlende Rücksichtnahme darstellen, die der GmbH die selbstständige Lebensfähigkeit entziehen. Es bedarf deshalb auch im faktischen Konzern keiner „Hypothese fortbestehender Autonomie“, weil sich das herrschende Unternehmen nur insoweit die Konzerneffekte zunutze machen kann, die der Gesellschaft nicht die selbstständige Existenzfähigkeit nehmen. Gerade Sinn und Zweck des § 311 AktG ist es doch, die punktuell gestörte Autonomie der Tochter durch punktuellen Vermögensausgleich wiederherzustellen.[872]

Gegen die entsprechende Heranziehung der aus §§ 311, 317 AktG folgenden Wertung könnte jedoch vorgebracht werden, dass sich der Schutzbereich des § 311 AktG lediglich auf die Wahrung der Vermögensinteressen der abhängigen Gesellschaft beschränke und deshalb nicht den Schutz ihrer Existenz bewirken solle.[873] Allein die Tatsache, dass die allmähliche Abkehr der faktisch konzernierten Tochtergesellschaft vom Markt oder die kaum wahrnehmbare Auszehrung ihrer unternehmerischen Potenz ein Problem des faktischen Konzerns darstelle, könne deshalb nicht zum Ergebnis führen, dass hierfür die §§ 311 ff. AktG Abhilfe zu schaffen hätten.[874] Einer solchen Sichtweise steht jedoch die bislang herrschende Lehre entgegen, die den §§ 311 ff. AktG auch den Schutz des Eigeninteresses auferlegt.[875] Begründet wird dies mit dem Zweck der Vorschrift, welcher der Sache nach die bestehenden Vermögensinteressen der außenstehenden Aktionäre und Gläubiger schützen solle.[876] Deren Interesse erfordere, dass die Gesellschaft nach Beendigung des Abhängigkeitsverhältnisses wieder lebens- und wettbewerbsfähig sei. Folglich müsse der § 311 AktG gerade Maßnahmen Einhalt gebieten, die diesem Zweck zuwiderliefen.

---

[871] *Lutter*, ZGR 1982, 244, 265; *Hoffmann-Becking*, in: Probleme des Konzernrechts, S. 68, 76.
[872] *Flume*, BGB Allg. Teil, Bd. I/2, § 4 IV, S. 123 f.
[873] *Hommelhoff*, S. 134.
[874] *Hommelhoff*, S. 134.
[875] *K. Schmidt*, GesR, § 31 IV, S. 964 f. (3. Aufl.); *Strohn*, S.16 ff.; *Biedenkopf/Koppensteiner*, in: Kölner Komm., Vor § 311 Rn. 12; *Kropff*, in: Münchner Komm/AktG, § 311 Rn. 10; *Semler*, S. 286 Fn. 419; *Mülbert*, Aktiengesellschaft, Unternehmensgruppe und Kapitalmarkt, S. 277 ff. (insbesondere S. 281).
[876] *Hüffer*, AktG, § 311 Rn. 1.

Im Hinblick darauf, dass das herrschende Unternehmen nur um den Preis einer Verlustausgleichspflicht die abhängige Gesellschaft für die Dauer der Vertragslaufzeit zu einem nicht mehr selbstständig lebensfähigen Konzerndiener umwandeln darf, wird man den Sinn und Zweck des § 311 AktG dahingehend auszulegen haben, dass er den Status als autonomen Unternehmensträger gewährleisten soll. Folglich kann der Maßstab der §§ 311 ff. AktG auch für die Treuepflicht des Alleingesellschafters brauchbar gemacht werden, der das Bestandsinteresse der Einmann-GmbH zu wahren hat.

ee) Berücksichtigung atypischer Zwecksetzungen

Der hier vorgeschlagene Maßstab führt auch keineswegs zu unvertretbaren Ergebnissen. Wenn die Gesellschaft über einen „atypischen", nicht erwerbswirtschaftlichen Zweck verfügt, kann dies durch den hier favorisierten Vergleichsmaßstab berücksichtigt werden. Die Verfolgung des satzungsmäßigen Zwecks stellt in solch einem Fall solange keinen rücksichtslosen Eingriff in die Interessen der Gesellschaft dar, wie der „autonome" Bestand der Gesellschaft, der von vornherein ein nicht zur Disposition stehender Zweck der Gesellschaft ist, hierdurch nicht vernichtet wird.[877] Ein letzter Rest an gewinnorientiertem Streben wird demnach durch den nicht disponiblen Zweck der Gesellschaft gewährleistet, der ihre Fähigkeit schützen soll, ihre Verbindlichkeiten gegenüber ihren Gläubigern erfüllen zu können. Genau für diesen Bereich ist deshalb danach zu fragen, wie in der unabhängigen Gesellschaft gehandelt worden wäre, die auf denselben Zweck ausgerichtet ist. Die Gesellschaft ist folglich auch in dieser Konstellation zumindest so zu leiten, dass sie im Rahmen des Konzerns die ihr zugedachten Aufgaben erfüllen kann[878] und sich so verhält, wie sich eine konzernunabhängige Gesellschaft zur Sicherung des autonomen Bestandes hätte verhalten müssen. Sie hätte z.B. ihre Preise zumindest zum Erhalt der wirtschaftlichen Existenz kalkuliert und eine endgültige Absperrung vom allgemeinen Markt nicht hingenommen.[879] Dabei wird nicht übersehen, dass eine GmbH nicht von Rechts wegen am Markt teilnehmen muss, um das Haftungsprivileg zu Gunsten ihrer Gesellschafter zu erlangen.[880] Aber selbst eine auf bestimmte, isolierte und marktferne Funktionen ausgerichtete Gesellschaft (z.B. Zulieferer-GmbH) wird als unabhängiges Unternehmen die Er-

---

[877] Insoweit besteht ein Unterschied zu der von *Windbichler*, RdA 2000, 238, 239 vorgetragenen These, dass die Ausübung der satzungsmäßig dienenden Funktion keine Verletzung des Eigeninteresses begründen könne. Zu weitgehend ist daher auch die These Meyers, die Gleichberechtigung einer abhängig gegründeten Tochtergesellschaft folge unabhängig von einem abstrakten Gesellschafterinteresse aus der pauschalen gesetzlichen Anordnung, jede Benachteiligung bis zum Ende des Geschäftsjahres auszugleichen. Was ein Nachteil in diesem Sinne darstellt, ist nämlich gerade am satzungsmäßigen Zweck der Gesellschaft festzumachen, vgl. *Emmerich*, in: Emmerich/Habersack, Aktien- und GmbH-Konzernrecht, § 311 Rn. 41. Damit kommt es nämlich doch auf „irgendein abstraktes Gesellschaftsinteresse" an.

[878] So schon BGH ZIP 1994, 1690, 1693 (= NJW 1994, 3288, 3290); *Wimmer-Leonhardt*, S. 275.

[879] Der Geschäftsführer einer unabhängigen Gesellschaft würde bei „wirtschaftlicher" Abhängigkeit zumindest auf lange Kündigungsfristen bestehen, damit eine Rückausrichtung auf den Markt langfristig eingeleitet werden könnte.

[880] So ein Einwand von *Lutter*, ZIP 1985, 1425, 1433.

haltung der Existenzfähigkeit als oberste Pflicht ansehen, was aber im Falle der Beendigung der „wirtschaftlichen“ Abhängigkeit nur durch eine Teilnahme am Markt gewährleistet wird.

ff) Gleichlauf mit mehrgliedriger Gesellschaft

Auch die Tatsache, dass das Haftungsmodell in der mehrgliedrigen Gesellschaft ohne weiteres Anwendung finden wird, spricht für den hier favorisierten Vergleichsmaßstab.[881] Sind Minderheitengesellschafter vorhanden, müssen sich Maßnahmen des herrschenden Unternehmens, die nicht durch den Abschluss eines Beherrschungsvertrages oder eine Eingliederung legitimiert sind, für die Frage nach der unangemessenen Rücksichtnahme daran messen lassen, ob die unabhängige Gesellschaft zur Verwirklichung ihres satzungsmäßigen Zwecks und Unternehmensgegenstandes gleichfalls die durch das herrschende Unternehmen veranlasste Maßnahme ergriffen hätte.[882] Bedenkt man nun an dieser Stelle das schon erarbeitete Ergebnis[883], dass das Eigeninteresse bzw. Gesellschaftsinteresse der Einmann-GmbH zwar wesentlich bescheidenerer Art ist, als wenn Minderheitengesellschafter vorhanden sind, sich dieser Unterschied aber nur darin wiederspiegelt, dass die Grenze missbräuchlichen Verhaltens in der Einmann-GmbH erst dann überschritten ist, wenn die fehlende Rücksichtnahme die Insolvenz der Gesellschaft zur Folge hat, so kann dieser Unterschied allein nicht dazu führen, dass für die Beurteilung der Frage, welche Verhaltensweisen überhaupt eine Haftung auslösen können, bei der ein- und mehrgliedrigen Gesellschaft unterschiedliche Maßstäbe herangezogen werden.[884] Der Vergleich mit dem Verhalten des Geschäftsführers einer unabhängigen GmbH ist demnach auch bei Fehlen von Minderheitengesellschafter angebracht.

g) Ergebnis

Die oben erörterten Ansätze des Vergleichs mit einem unabhängigen Geschäftsführer und der Satzungsautonomie der Gesellschafter stehen, wenn man die konzernexterne (autonome) Lebensfähigkeit der Gesellschaft als absolute Grenze anerkennt, nur auf den ersten Blick zueinander im Widerspruch. Verbindet man beide Überlegungen miteinander, kommt man zu vertretbaren Ergebnissen. Für das Merkmal der fehlenden Rücksichtnahme kommt es unabhängig vom Vorhandensein weiterer Gesellschafter darauf an, ob ein ordentlicher und gewissenhafter Geschäftsführer einer unabhängigen GmbH zur Verwirklichung des konkreten satzungsmäßigen Zwecks und Unternehmensgegenstandes gleichfalls die durch das

---

[881] Vgl. Erg. bei B) IV.

[882] *Habersack*, in: Emmerich/Habersack, Aktien- und GmbH-Konzernrecht (2. Auflage), Anh. II § 318 Rn. 15; *Emmerich/Sonnenschein/Habersack*, Konzernrecht, 7. Aufl., § 30 III 2, S. 454; *Eschenbruch*, Rn. 3366; Scholz/*Emmerich*, Anh. KonzernR Rn. 102 ff.

[883] Vgl. Erg. bei B) III) 3) b).

[884] Ähnlich *Ulmer*, ZHR-Beiheft 70 (2001), 41, 56.

herrschende Unternehmen veranlasste Maßnahme ergriffen hätte.[885] Die angemessene Rücksicht ist demnach ähnlich der Wertung der §§ 311, 317 AktG zu bestimmen.[886]

Auch wenn § 1 GmbHG nicht voraussetzt, dass die Zwecke für die Gesellschaft nicht nachteilig sein dürfen, so wird zumindest durch die §§ 302 ff. AktG zum Ausdruck gebracht, dass der Zweck ihr nicht die Fähigkeit zur konzernexternen Existenz nehmen darf. Will die herrschende Gesellschaft also Maßnahmen durchführen, die der Gesellschaft für den Zeitraum der Beherrschung die autonome Lebensfähigkeit am Markt nehmen, so hat sie zwingend einen Beherrschungsvertrag abzuschließen, egal ob die Tochter eine AG oder GmbH ist. Wenn somit in der satzungsmäßig abhängig gegründeten Einmann-GmbH der oben besprochene nicht disponible Zweck der Gesellschaft verlangt, dass sie die ihr zugeteilte Funktion erfüllen kann, und diese Funktionszuweisung in der Satzung nicht dazu führen darf, dass die Gesellschaft nicht mehr autonom am Markt auftreten könnte, ist der Vergleich mit dem Verhalten des Geschäftsführers einer unabhängigen Gesellschaft auch bei einer abhängig gegründeten Gesellschaft möglich. Aus den Ergebnissen lässt sich zugleich entnehmen, dass der durch Satzungsgestaltung herbeigeführte Verlust der eigenständigen Lebensfähigkeit eine Fallgruppe der Existenzvernichtungshaftung darstellt.[887]

4) Einschränkung des Haftungsmaßstabes durch die unternehmerische Entscheidungsfreiheit

Die Beurteilung in die weitere Zukunft reichender und damit risikobehafteter Planungen ist häufig Gegenstand unternehmerischer Entscheidungen. Die Möglichkeit, dass unternehmensleitende Maßnahmen zu Schaden führen können, ist folglich auf die Tatsache zurückzuführen, dass es unternehmerischen Verhalten immanent ist, dass risikobehaftete Maßnahmen vorgenommen werden müssen.[888] Zudem bedarf gerade die Entdeckung neuer Märkte und die damit verbundene Steigerung des „shareholder value", eines – notwendig risikobehafteten – Vorstoßes innovativer Unternehmer.[889] Daneben ist zu bedenken, dass die Leitung eines Unternehmens gerade nicht mit starren Normen möglich ist, sondern eine flexible am Einzelfall orientierte Bandbreite an möglichen und zulässigen Entscheidungsalternativen erfordert. Unternehmerisches Handeln und Planen bedeutet also Risiken einzugehen, wobei stets die Gefahr besteht, dass sich eine Handlung nachträglich als

---

[885] Vgl. BGHZ 141, 79, 84 u. 88f., in dem für den Begriff des Nachteils nach § 311 AktG auf die besonderen Verhältnisse der abhängigen Gesellschaft abgestellt wird; BAG RdA 2000, 235, 236; *Strohn*, S. 73 f.

[886] *Krieger*, ZGR 1994, 375, 379; *Kropff*, AG 1993, 485, 490; *Ulmer*, ZHR-Beiheft 70 (2001), 41, 54; *Drygala*, GmbHR 2003, 729, 733; *Emmerich*, AG 2004, 423, 427.

[887] Hierzu mehr unter C) VIII. 1) g); so auch *Röhricht*, in: Festschrift 50 Jahre BGH, S. 83, 111; *Bruns*, WM 2001, 1497, 1499 u. 1509.

[888] *Sonnenberger*, GmbHR 1973, 25, 28; *Prahl*, WPg 1996, 830, 833.

[889] Wie hier *Keßler*, in: FS f. Baumann, S. 153, 167.

falsch herausstellt. In diesen Fällen ist für denjenigen, der die Entscheidung ex post betrachtet, leicht festzustellen, dass eine andere Entscheidung für die Gesellschaft besser gewesen wäre.

Um der Gefahr zu entgehen, dass die Entscheidungsträger durch übertriebene Anforderungen an den Sorgfaltsmaßstab von für das Wirtschaftsleben notwendigen risikobehafteten Maßnahmen abgehalten werden, wird der Geschäftsführung in solchen Fällen ein Handlungsspielraum zugestanden.[890] Die Geschäftsführung trägt demnach nicht das allgemeine Unternehmensrisiko, vielmehr schließt die Freiheit zum unternehmerischen Wagnis und Risiko auf ihrer Kehrseite auch das Recht auf Irrtum ein. Die Folgen einer entsprechenden unternehmerischen Fehlentscheidung hat grundsätzlich nicht das die Entscheidung treffende Organ zu tragen, sondern die Gesellschaft und damit über § 13 Abs. 2 GmbHG mittelbar die Gläubiger.[891]

a) Entscheidungsfreiheit auch für Alleingesellschafter

Den Gesellschaftern als Anteilseignern muss aus zwei Gründen ein entsprechender Handlungsspielraum zugestanden werden.[892] Zum einen lassen sich sachliche Gründe aus der Natur der unternehmerischen Entscheidung herleiten, die gleichermaßen für den Geschäftsführer wie auch für den anweisenden Gesellschafter als Anteilseigner Geltung beanspruchen können. Die unternehmerische Entscheidung selbst beruht zumeist auf Annahmen und Prognosen, die eine zuverlässige und genaue Einschätzung künftiger Entwicklungen nur bedingt oder überhaupt nicht zulassen. Wie in der betriebswirtschaftlichen Literatur schon seit langem feststeht, werden unternehmerische Entscheidungen häufig auf Grundlage von nicht kalkulierbaren Kriterien getroffen.[893] Es liegt also in der unternehmerischen Entscheidung selbst begründet, dass dem entscheidungstreffenden „Organ" ein gewisses erlaubtes unternehmerisches Risiko zugestanden werden muss, weil zum Zeitpunkt der Vornahme der Maßnahme nicht nur eine Entscheidung die allein vertretbare ist.[894]

Zum anderen haben zwar die Ergebnisse im ersten Teil gezeigt, dass § 13 Abs. 2 GmbHG einer Haftung für Existenzvernichtung nicht entgegensteht, gleichwohl wird man aber den Einwand zu berücksichtigen haben, dass die durch § 13 Abs. 2 GmbHG angeordnete Haftungstrennung nicht durch überzogene Pflichtenstandards

---

[890] Geßler/Hefermehl/*Hefermehl*, Komm. AktG, § 76 Rn. 14; Dies gilt grundsätzlich auch für die GmbH, vgl. hierzu *Ebenroth/Lange*, GmbHR 1992, 69, 72; *Keßler*, in: FS f. Baumann, S. 153, 177. Die Gesellschafter dürfen zwar die Grundsätze der Unternehmenspolitik bestimmen, die Geschäftsführer sind aber für den organisatorischen Rahmen und das tägliche Geschäft verantwortlich. Er hat zwar die durch die Gesellschafter aufgestellten Grundsätze der Unternehmenspolitik als auch bestehende Einzelweisungen zu beachten, trifft aber trotzdem alle unternehmerischen Entscheidungen, vgl. hierzu Scholz/*Schneider*, § 43 Rn. 42.

[891] *Hommelhoff*, S. 171, 172; Scholz/*Schneider*, § 43 Rn. 7; *Emmerich*, AG 2004, 423, 427.

[892] Im Ergebnis wie hier *Roth*, NZG 2003, 1081, 1082; *Drygala*, GmbHR 2003, 729, 733; a.A. *Lutter/Banerjea*, ZGR 2003, 402, 416, deren ablehnende Haltung jedoch in erster Linie wohl darauf beruht, dass sie eine verschuldensunabhängige objektive Missbrauchshaftung bejahen, bei der ein solcher Freiraum dogmatisch nicht passt.

[893] *Korndörfer*, Allgemeine Betriebswirtschaftslehre, S. 398.

[894] So auch *Drygala*, GmbHR 2003, 729, 733.

zur Farce wird.[895] Dieser Gefahr dürfte man jedoch insoweit begegnen können, wenn man den aus den §§ 13 Abs. 2, 30 f. GmbHG folgenden gesetzgeberische Willen in die Haftungsvoraussetzungen mit einfließen lässt, dass diejenigen Existenzvernichtungen eine Haftung nicht zu begründen vermögen, die sich als Folge der Realisierung des „normalen" unternehmerischen Risikos darstellen[896]. Die GmbH ist nun einmal in erster Linie zu dem Zweck bereitgestellt worden, den Gesellschaftern die Schaffung einer Existenzgrundlage bei überschaubarem Haftungsrisiko zu ermöglichen. Ein Verhalten wird folglich erst dann als rücksichtsloser Eingriff eingestuft werden können, wenn eine ex ante-Betrachtung ergibt, dass die Grenzen des erlaubten unternehmerischen Risikos überschritten worden sind.[897]

Durch das Regulativ, dass dem Gesellschafter bei unternehmerischen Entscheidungen, die im Grunde in jeder die Haftung auslösenden Maßnahme stecken, ein Entscheidungsfreiraum zugesprochen wird, dürfte sich die Relativierung der aus § 13 Abs. 2 GmbHG folgenden Haftungsbeschränkung in einem für die Rechtsordnung hinnehmbaren Rahmen halten.

b) Prüfungsstandort

Fraglich ist nur, ob der den Gesellschaftern zugestandene Freiraum zu einer Einschränkung des hier herausgearbeiteten Maßstabes der fehlenden angemessenen Rücksicht führt oder an anderer Stelle des Haftungstatbestandes Berücksichtigung finden sollte.

Die wohl herrschende Meinung[898] berücksichtigt im Rahmen der Ermittlung des nachteiligen Charakters eine Maßnahme i.S.d. §§ 311, 317 AktG die Tatsache, dass auch dem ordentlichen und gewissenhaften Geschäftsführer ein Bereich erlaubten unternehmerischen Risikos zugesprochen werden muss, so dass nicht nur eine, sondern mehrere Verhaltensweisen sorgfaltsgemäß sein können. Das Gesetz würde von einem abhängigen Geschäftsleiter nicht mehr verlangen als von einem unabhängigen, arg. § 317 Abs. 2 AktG.[899] Aufgabe des Nachteilsbegriffs sei es deshalb, die pflichtgemäße von der pflichtwidrigen Risikoentscheidung abzugrenzen.[900]

---

[895] *Priester*, ZGR 1993, 512, 524; *Schaub*, DNotZ 2002, 468, 471; *Benecke*, BB 2003, 1190, 1194.

[896] wie hier *M.Winter*, S. 213, der von „Extremfällen" unternehmerischen Fehlverhaltens spricht; Emmerich, AG 2004, 423, 427; *Bruns*, WM 2003, 815, 819; *Wilhelmi*, DZWIR 2003, 45, 57; *Westermann*, NZG 2002, 1129, 1135; a.A. *Kleindiek*, in: ZIP 1991, 1330, 1333, der solche Verluste, in Berufung auf die Video-Entscheidung des BGH (BGHZ 115, 187, 196 f.), gerade von der Verlustausgleichspflicht erfasst sieht, selbst wenn für ihre Entstehung das Konzerninteresse keine Rolle gespielt hat; bzgl. der Risikoverteilung bei „normalen" Risiken vgl. *Drygala*, GmbHR 1993, 317, 328; *Bitter*, ZIP 2001, 265, 272; *ders.*, WM 2001, 2133, 2136 f.

[897] Hierdurch sollte den Bedenken von *Keßler*, GmbHR 2005, 257, 260 f. ausreichend Rechnung getragen werden.

[898] OLG Stuttgart DB 2000, 709, 711; *Drüke*, DB 2000, 713, 714 f.; *Lutter*, in: FS f. Steindorff, S. 125 , 135 f.; *Kropff*, in: Münchner Komm/AktG, § 311 Rn.152 f.; *Hüffer*, AktG, § 311 Rn. 34; *Adler/ Düring/ Schmalz*, Rechnungslegung und Prüfung der Unternehmen, § 311 Rn. 56; *Emmerich*, in: Emmerich/Habersack, Aktien- und GmbH-Konzernrecht, § 311 Rn. 39 ff.

[899] *Lutter*, in: FS f. Steindorff, S. 125, 135 f.

[900] *Drüke*, DB 2000, 713, 714 f.

Andere wiederum verstehen den Bereich des erlaubten unternehmerischen Risikos dagegen eher als eine Begrenzung des Verschuldens. Die Haftung würde somit nicht schon mangels einer Pflichtwidrigkeit, sondern erst aufgrund eines fehlenden Verschuldens entfallen.[901] Nach zum Teil vertretener Ansicht ist die Frage des erlaubten unternehmerischen Risikos auf der Ebene der Zurechnung zu lösen. Zu fragen sei, ob die Möglichkeit einer Existenzgefährdung bei vernünftiger kaufmännischer Betrachtungsweise erkennbar war.[902] Daneben findet sich die Ansicht, wonach der unternehmerische Handlungsspielraum einen Haftungsausnahmetatbestand, nicht aber einen eigenen Verschuldensmaßstab begründe. Eine Handlung bleibe demnach selbst dann haftungsfrei, wenn sie nach allgemeinen Grundsätzen als schuldhafte Sorgfaltspflichtverletzung bewertet werden müsse.[903]

Gegen eine solche Sichtweise spricht allerdings, dass bei der Wahrnehmung der zugewiesenen Aufgaben der eingeräumte Ermessensspielraum nicht nur durch den normativen Handlungsmaßstab, sondern auch durch den Sorgfaltsmaßstab des § 43 GmbHG bzw. § 93 AktG definiert wird. Deshalb begründet das unternehmerische Ermessen nach richtiger Auffassung auch keinen Haftungsfreiraum, sondern definiert die Entscheidungsfreiheit in den gesetzlichen Grenzen.[904] Nur ein solches Verständnis vom erlaubten unternehmerischen Risiko dürfte zudem mit der „ARAG/Garmenbeck"-Entscheidung[905] des II. Zivilsenats in Einklang stehen, in dem es heißt: „...oder das Verhalten des Vorstands nicht schon aus anderen Gründen als pflichtwidrig gelten muss". Hieraus wird deutlich, dass auch der BGH Fehlentscheidungen außerhalb des durch das „unternehmerische Ermessen" begründeten Handlungsspielraums als Pflichtverletzung i.S.d. § 93 Abs. 2 S. 1 AktG bewertet.[906]

c) Zwischenergebnis

Eine Pflichtverletzung i.S.d. „Bremer Vulkan"-Entscheidung kommt trotz Herbeiführung der Insolvenz der Gesellschaft nur dann in Betracht, wenn eine nicht vertretbare Entscheidung getroffen wurde. Die Alleingesellschafter haben bei der Auswahl der verschiedenen Möglichkeiten einen weiten Spielraum. Entscheidend ist, ob er das Unternehmen unter Berücksichtigung gesicherter und bewährter betriebswirtschaftlicher Erkenntnisse und unter Beachtung aller maßgeblichen Rechtsvorschriften geleitet und erkennbaren Gefahren vorgebeugt hat. Haben sich die Gesellschafter bei ihrer Tätigkeit in diesem Rahmen bewegt, können sie für ein unternehmerisches Fehlschlagen einer bestimmten Geschäftspolitik grundsätzlich

[901] Geßler/Hefermehl/*Hefermehl*, Komm. AktG, § 76 Rn. 14, nicht eindeutig hingegen bei § 93 Rn. 10 als er davon spricht, dass nicht schon in der Vornahme von Risikogeschäften eine Pflichtwidrigkeit oder ein Verschulden zu sehen ist; ebenfalls nicht eindeutig *Boujong*, DZWiR 1997, 326, 328.
[902] *Keßler*, GmbHR 2002, 945, 950.
[903] *Horn*, ZIP 1997, 1129, 1135.
[904] *Ebenroth/Lange*, GmbHR 1992, 69, 71; wohl auch *Hopt*, in: FS f. Mestmäcker, S. 909, 920, der davon spricht, dass das unternehmerische Ermessen bei der Bestimmung des allgemeinen Verhaltenstandards berücksichtigt werden kann.
[905] BGHZ 135, 244, 253 f.
[906] Ebenso *M. Roth*, Unternehmerisches Ermessen und Haftung des Vorstands, S. 33.

nicht haftbar gemacht werden.[907] Von einem rücksichtslosen Eingriff wird man demnach nur noch bei Entscheidungen ausgehen können, die außerhalb des Rahmens seriösen unternehmerischen Risikos liegen und sich mit einer verantwortungsbewussten Unternehmensführung nicht vereinbaren lassen.[908]

aa) Bestimmung der Grenzen des erlaubten unternehmerischen Risikos

Um den Rahmen der noch vertretbaren Unternehmensführung zu bestimmen, wird wie gesagt vielfach darauf abgestellt, dass der Geschäftsführer nicht gegen die allgemein anerkannten („gesicherten und praktisch bewährten") betriebswirtschaftlichen Erkenntnisse und Erfahrungen verstoßen haben darf.[909] Die Grundsätze betriebswirtschaftlicher Entscheidungsregeln stehen für eine Vielzahl von theoretischen Regeln, auf die für eine Grenzziehung zurückgegriffen werden könnte. Zu nennen sind die Maximin-Regel, die Maximax-Regel, die Hurwicz-Regel, die Savage-Niehans-Regel und die Laplace-Regel.[910] Diese Vielzahl an Regeln führt allerdings auch zu ihrer juristischen Unverwertbarkeit. Schon aus der Sicht der Betriebswirtschaftslehre lassen sich gegen alle Regeln Kritikpunkte vortragen.[911] Ein allgemeiner Geltungsanspruch kommt keiner dieser Lehren zu, weshalb es schwer fallen dürfte, eine dieser Entscheidungsregeln zur juristisch greifbaren Pflicht zu machen. Zudem geben betriebswirtschaftliche Regeln im allgemeinen keine verbindliche Handlungsanweisung vor, die bei mehreren möglichen Verhaltensweisen immer nur eine bestimmte Maßnahme als zulässig erscheinen lässt.

Da somit generalisierungsfähige Kriterien in der Betriebswirtschaftslehre dafür fehlen, wann eine unternehmerische Entscheidung den Rahmen des Zulässigen überschreitet, ist es fraglich, wie weitgehend der Spielraum ist, der den Gesellschaftern zugestanden werden muss. Im Folgenden sollen deshalb die Anforderungen an eine zulässige unternehmerische Entscheidung und der Umfang der gerichtlichen Nachprüfung herausgearbeitet werden.[912]

---

[907] Scholz/*Schneider*, § 43 Rn. 70; Hachenburg/*Mertens*, § 43 Rn. 24; *Ebenroth/Lange*, GmbHR 1992, 69, 71; bezüglich des Ermessens vgl. LG Heidelberg, ZIP 1994, 780, 781.

[908] Zu ähnlichen Ergebnisse kommen *Lutter*, in: Entwicklungen im GmbH-Konzernrecht (ZGR-Sonderheft), S. 192, 205; *K. Schmidt*, ZIP 1986, 146, 148; *ders.*, ZIP 1988, 1497, 1505 f. und *Drygala*, GmbHR 1993, 317, 322, *ders.*, GmbHR 2003, 729, 733; *Raiser*, in: FS f. Ulmer, S. 493, 503; im Ergebnis wohl auch *Kropff*, AG 1993, 485, 490, der „wohlmeinende" Maßnahmen nicht erfassen will; *Eschenbruch*, Rn. 3436; *Decher*, in: Münchner Hdb. des GesR, GmbH (1. Auflage), § 71 Rn. 11; durch diese Erfordernis dürfte auch den in einer Diskussion zur Haftung im qualifiziert faktischen GmbH-Konzern geäußerten Bedenken Rechnung getragen werden, vgl. hierzu *Witt*, in: ZHR-Beiheft 70 (2001), S. 73, 77 f.; bedenklich weitgehend hingegen die Meinung *Bruns*, WM 2001, 1497, 1508, bei dem jede Einflussnahme zu einer Einstandspflicht der Konzernmutter führt, sofern hierdurch die Insolvenz der Konzerntochter verursacht wurde.

[909] *Mertens*, in: Kölner Komm., § 93 Rn. 45; *Scharpf*, DB 1997, 737; *Höhn*, Die Geschäftsleitung der GmbH-Organisation, Führung und Verantwortung, S. 80.

[910] *Bamberger/Coenenberger*, Betriebswirtschaftliche Entscheidungslehre, S. 127 ff.

[911] *Nell*, Wahrscheinlichkeitsurteile in juristischen Entscheidungen, S. 134 f.

[912] In Anbetracht des Umfangs dieses Problemkomplexes und im Hinblick auf den Gegenstand der Arbeit verstehen sich die folgenden Ausführungen nur als kurzer Überblick.

aaa) Justitiabilität unternehmerischer Entscheidungen

Zunächst soll der Frage nachgegangen werden, inwieweit die so zu erfolgende unternehmerische Entscheidung einer gerichtlichen Überprüfung offen steht. Erst wenn diese Frage beantwortet ist, kann darüber befunden werden, welche Kriterien zur Überprüfung herangezogen werden können.

Der BGH neigt in seiner Rechtsprechung dazu, unternehmerische Entscheidungen einer weitgehenden Inhaltskontrolle zu unterwerfen.[913] Das bedeutet im Endeffekt, dass die Gerichte auch hinsichtlich der Zweckmäßigkeit eine ex ante Überprüfung vornehmen. Gegen eine Zweckmäßigkeitsprüfung von unternehmerischen Entscheidungen spricht, dass hierdurch der Beurteilungsspielraum des Gesellschafters hinfällig und dieser dadurch in seiner unternehmerischen Freiheit und Verantwortung erheblich eingeschränkt wird. Deshalb finden sich auch vielfach Stimmen im Schrifttum, die dafür plädieren, dass die Gerichte allein zur Überprüfung von Ermessensfehlern berechtigt sind.[914] Begründet wird dies unter anderem mit dem zutreffenden, aber zugleich auch banalen Hinweis, dass Richter die schlechteren Unternehmer seien und deshalb soweit irgend möglich aus den Geschäften des Unternehmens herausgehalten werden müssten.[915]

Das Zugeständnis eines Kernbereichs unternehmerischer Verantwortung kann nur dann Sinn machen, wenn damit zugleich die Konsequenz einer nur eingeschränkten gerichtlichen Kontrolle verbunden wird. Eine Zweckmäßigkeitskontrolle würde die eben zugestandenen Spielräume für autonome unternehmerische Entscheidungen wieder aufheben. Gerade dem in der Rechts- und Wirtschaftsordnung der Bundesrepublik Deutschland geschützten Kernbereich unternehmerischer Eigenverantwortung kann nur Rechnung getragen werden, wenn die zur Überprüfung angerufenen Gerichte sich darauf beschränken zu prüfen, ob die unternehmerische Entscheidung mit dem Gesetz und der Unternehmensverfassung im Einklang steht[916] und ob das Ermessen in einer rechtlich nicht zu beanstandenden Weise ausgeübt wurde.

bbb) Grenzen des zulässigen unternehmerischen Risikos

Auch wenn damit von einem inhaltlich nicht überprüfbaren Freiraum der Gesellschafter ausgegangen werden kann, ist allerdings noch nicht viel für die Konkretisierung dieses Bereichs gewonnen.

---

[913] So z.B. BGH AG 1985, 165, im Urteil ging es um den Kauf einer EDV-Anlage zu ungünstigen Konditionen. Der BGH stufte damals den nachteiligen Vertrag als pflichtwidrig ein und nahm eine Angemessenheitsprüfung vor; vgl. auch BGH NJW 1987, 1077, 1078.

[914] OLG Düsseldorf ZIP 1996, 1083, 1087; Scholz/*Schneider*, § 43 Rn. 48; *Ebenroth/Lange*, GmbHR 1992, 69, 71.

[915] *Mutter*, Unternehmerische Entscheidungen und Haftung des Aufsichtsrats der Aktiengesellschaft, S. 228 f.

[916] *Ebenroth/Lange*, GmbHR 1992, 69, 71.

(1) Ermessensüberprüfung mittels öffentlich-rechtlicher Grundsätze

Das OLG Düsseldorf[917] zieht für die Beantwortung der Frage, ob die unternehmerische Entscheidungsfreiheit in einer rechtlich nicht zu beanstandenden Weise ausgeübt wurde, die im Bereich des öffentlichen Rechts allgemein anerkannten Grundsätze zur Ermessensausübung entsprechend heran.

Im öffentlichen Recht wird das Ermessen dadurch definiert, dass die Behörde bei Vorliegen eines bestimmten Sachverhalts zwischen mehreren Handlungsalternativen wählen kann.[918] Auch wenn das OLG Düsseldorf von Ermessen, Ermessensfehler und Ermessensreduktion auf Null spricht, handelt es sich bei der unternehmerischen Entscheidung im Hinblick auf den Vergleich zum Verwaltungsrecht jedoch vielmehr um eine Fallgruppe des Beurteilungsspielraums, weil dort wie hier dem Gesellschafter eine Bandbreite von Entscheidungsmöglichkeiten offensteht.[919] Hinzu kommt, dass eine Anleihe in der Ermessenfehlerlehre des Verwaltungsrechts letztlich nicht zur Verbesserung der Justitiabilität unternehmerischen Handelns beiträgt, weil sich die verwaltungsrechtlichen Fallgruppen der Ermessensentscheidung nicht sachgemäß auf unternehmerische Entscheidungen übertragen lassen.[920]

(2) Heranziehung der „*business judgement rule*"

Eine Lösung der Frage, welche Kriterien für die Bestimmung dieses Beurteilungsspielraums herangezogen werden sollten, könnte mit Blick auf das amerikanische Aktienrecht gefunden werden, das aufgrund der richterrechtlichen *business judgement rule* eine Regelung mit Schutzwirkung für Manager enthält.[921] Dort heißt es: *„A director or officer who makes a business judgement in good faith fulfils his duty of care, if he (1) is not interested in the subject of the business judgement" (2) "is informed with respect of the subject of the business judgement to the extent the director or officer reasonably believes to be appropriate and the circumstance" (3) „and rationaly believes that the business judgement is in the best interests of the*

---

[917] OLG Düsseldorf AG 1995, 416, 418 f. -II. Instanz „ARAG/Garmenbeck"-; so auch *Großmann*, Unternehmensziele im Aktienrecht, S. 169; *Wiedemann*, Organverantwortung und Gesellschafterklage in der Aktiengesellschaft, S. 13 f., der die Grundsätze zur Überprüfbarkeit eines Planungsermessens heranziehen möchte (Abwägungsdefizite, usw.); *Kaffiné*, S. 104 f.

[918] *Maurer*, Allgemeines Verwaltungsrecht, § 7 Rn. 7.

[919] *Kessler*, Die Leitungsmacht eines Vorstandes einer Aktiengesellschaft, S. 247, für geschäftspolitische Entscheidungen des Vorstandes, die seiner Meinung nach zur Fallgruppe „prognostischer Entscheidungen wertenden Charakters zu zählen sind (S. 254); vgl. für das Verwaltungsrecht *Schulze-Fielitz*, JZ 1993, 772, der einen Beurteilungsspielraum annimmt, wenn der unbestimmte Rechtsbegriff von einer prognostischen Entscheidung oder von Risiken mit wertendem Charakter abhängt.

[920] *Mutter*, S. 253 f.

[921] ähnlich *Lutter* für den GmbH-Geschäftsführer, in: GmbHR 2000, 301, 309 (Fn. 73); auf die „business judgement rule" zur Bestimmung des Sorgfaltsmaßstabs stellt auch *Kessler* ab, in: GmbHR 2001, 1095, 1100; *Decher*, in: Münchner Hdb. des GesR, GmbH (1. Auflage), § 71 Rn. 11; *Roth*, NZG 2003, 1081, 1082; *Luttermann*, BB 2001, 2433, 2436; sich für eine Anwendbarkeit aussprechend auch *Abeltshauser*, Leistungshaftung im Kapitalgesellschaftsrecht, S. 245 ff., insbesondere das Ergebnis auf S. 268 f., wonach die für das US-amerikanische Recht zugrunde gelegte Typologie der Haftungsfälle auch auf das deutsche Kapitalgesellschaftsrecht passe; nicht abgeneigt *Wimmer-Leonhardt*, S. 282.

corporation".[922] Eine Überprüfung einer unternehmerischen Entscheidung durch die Gerichte ist hiernach erst möglich, wenn der Anspruchssteller darlegen kann, dass eine der Voraussetzungen der Regelung nicht eingehalten wurde. Dies hat den Vorteil, dass die unternehmerische Beurteilung der getroffenen Maßnahme von Rechts wegen der unternehmerischen Sachkunde der entscheidenden Gesellschaftsorgane anvertraut wird[923]. Ein weiterer Vorteil kann darin erblickt werden, dass sich die ***business judgement rule*** ohne weiteres in die Nachteilsprüfung nach den §§ 311, 317 AktG einfügen würde, da sie zum Teil auf die gleichen Kriterien abstellen.[924] So wird im Rahmen der ***business judgement rule*** ebenso wie bei der Bestimmung der Nachteiligkeit i.S.d. § 311 AktG auf einen Marktvergleich abgestellt. Die Maßnahme muss sich innerhalb beider Haftungssysteme auch danach beurteilen lassen, ob die Entscheidung diesbezüglich auf ausreichenden wirtschaftlichen Informationen vorgenommen wurde[925]. Gegen die Anwendbarkeit der ***business judgement rule*** im deutschen Recht werden allerdings Bedenken vorgetragen:

(a) Kein Haftungsfreiraum im deutschen Recht der Unternehmensleitung?

So wird darauf hingewiesen, dass das deutsche Recht der Unternehmensleitung viel strenger sei, da § 93 Abs. 2 AktG keinen Freiraum für unternehmerisches Handeln vorsehe, weshalb sich die Übertragung der Grundsätze verbieten würde.[926]

Die Kritik richtet sich in erster Linie gegen die aus dem amerikanischen Recht folgende Konsequenz eines Haftungsfreiraumes, wenn überhaupt, so die Begründung, könne das unternehmerische Ermessen nur bei der Bestimmung der allgemeinen Verhaltensstandards berücksichtigt werden. Gerade an dieser Einschränkung zeigt sich allerdings, dass die vorgetragenen Bedenken hier nicht greifen können. Das unternehmerische Ermessen soll auch nach dem hier vertretenen Verständnis keinen Haftungsfreiraum begründen, sondern definiert nur die Entscheidungsfreiheit in den gesetzlichen Grenzen. Um diese Grenzen konkretisieren zu können, sollen die Grundsätze der ***business judgement rule*** vorliegend brauchbar gemacht werden, nicht jedoch, um einen Haftungsfreiraum zu installieren.[927] Für

---

[922] American Law Institut, Principles of Corporate Governance: Analysis and Recommendations (Tentative Draft No. 4, 1985), § 4.01 (c) Duty of Care of Directors and Officers; the Business Judgment Rule; Merkt, US-amerikanisches Geselschaftsrecht, S. 398 ff.; ***Buxbaum***, in: Kreuzer, Die Haftung der Leitungsorgane von Kapitalgesellschaften, S. 79 ff.; Scholz/***Schneider***, § 43 Rn. 46; ***Buxbaum/ Schneider***, ZGR 1982, 199, 215; ***Hopt***, in FS f. Mestmäcker, S. 909, 920.

[923] ***Paefgen***, Unternehmerische Entscheidungen und Rechtsbindung der Organe in der AG, S. 176.

[924] Abeltshauser, S. 251; von der Brauchbarkeit im Rahmen des § 311 Abs. 1 AktG geht auch ***Paefgen***, S. 213 aus.

[925] ***Abeltshauser***, S. 251.

[926] ***Hopt***, in: FS f. Mestmäcker, S. 909, 920.

[927] Vgl. hierzu ***Ulmer***, ZHR 163 (1999), 290, 299, der die Einbeziehung der „business judgement rule" in den Maßstab des § 93 Abs. 2 AktG als eine Entwicklung bewertet, die den Besonderheiten unternehmerischen Handelns angemessen Rechnung trägt und deshalb uneingeschränkt zu begrüßen ist und deshalb vorschlägt, eine den „business judgement rule" vergleichbare Definition der Pflichtverletzung in § 93 AktG als neuen Absatz einzuführen; vgl. auch ***Paefgen***, S. 179, nach dessen Ansicht die „bu-

die Heranziehung kann weiter angeführt werden, dass sich der Gesetzgeber im Zusammenhang mit dem UMAG bemüht, die Risiken einer unternehmerischen Innenhaftung der Organwalter gemäß den Vorgaben der „ARAG/Garmenbeck"-Doktrin zu begrenzen.[928]

(b) Keine Anwendung als Beweislastregel

Gegen die Brauchbarkeit des „Gedankenguts" der *business judgement rule* wird weiter eingewendet, dass die Regel zumindest in ihrer originären Anwendung als Beweislastregel im deutschen Recht in eine Sackgasse führen würde.[929] Richtig ist, dass die *business judgement rule* neben ihrer materiell pflichtbegründenden und haftungsbegrenzenden Aufgabe auch die Funktion der Regelung der Darlegungs- und Beweislast zukommt.[930] Richtig ist auch, dass ein großer Unterschied zum amerikanischen Recht allein durch die Tatsache begründet wird, dass die *business judgement rule* von einem rechtmäßigen Handeln des Verantwortlichen ausgeht und dementsprechend dem Kläger auferlegt darzutun und zu beweisen, dass sich die Gesellschaftsorgane des Schutzes der *„Rule"* begeben haben, während das deutsche Recht mit § 93 Abs. 2 S. 2 AktG eine positiv-gesetzliche Regelung enthält, die dem Geschäftsleiter die Beweislast auferlegt[931]. Allein diese Tatsache spricht jedoch nicht gegen eine Anwendbarkeit. Wenn der Alleingesellschafter sich an die Voraussetzungen dieser Regel gehalten hat, kann er sich unter Berufung auf seinen unternehmerischen Entscheidungsfreiraum entlasten. Der Regelung des § 93 Abs. 2 S. 2 AktG ist demnach schon genüge getan, wenn man die *business judgement rule* nicht wie im amerikanischen Recht als Beweislastregel heranzieht, sondern wie hier vertreten als Maßstab zulässiger Entscheidungsausübung.

(c) *Business jugdgement rule* nur für Geschäftsführungsorgane?

Wie oben festgestellt, ist die unternehmerische Entscheidung mit einer Entscheidung vergleichbar, die einen Beurteilungsspielraum im Sinne des Verwaltungsrechts eröffnen würde.[932] Auch hier stehen mehrere Handlungsalternativen zur Auswahl, die sich im nachhinein als fehlerhaft herausstellen können. Wenn nun von der *business judgement rule* gesagt wird, dass sie strukturell mit der Lehre vom Beurteilungsspielraum verwandt ist[933], könnte dies ausschlaggebend dafür sein, für die Beantwortung der Frage, ab wann eine unternehmerische Entscheidung einen Eingriff ohne angemessene Rücksicht begründet, auf diesen dem Ge-

---

siness judgement rule" gewährleisten soll, dass der Konkretisierung des Gesellschaftsinteresses durch die Gesellschaftsorgane grundsätzlich der Vorrang vor der richterlichen Beurteilung gebührt.

928 Auf diese Entwicklung weist auch *Keßler*, GmbHR 2005, 257, 261 hin, allerdings um die Haftung für Managementfehler abzulehnen.

929 *Mutter*, S. 217; vgl. auch *Heermann*, AG 1998, 201, 206, der aus der „business judgement rule „ aufgrund dessen lediglich Erleichterungen hinsichtlich Substantiierung und Beweisführung ableiten will.

930 *Paefgen*, S. 169.

931 Für die Anwendbarkeit dieser Regel auf den GmbH-Geschäftsführer vgl. Scholz/*Schneider*, § 43 Rn. 167; *Heermann*, ZIP 1998, 761, 765.

932 Vgl. Erg. bei C) III. 4) c) aa) bbb) (1).

933 *Bungert*, Die GmbH im US-amerikanischen Recht – Close Corporation, S. 45.

sellschaftsrecht näheren Maßstab zurückzugreifen. In Anbetracht dieses Ergebnisses verwundert es denn auch nicht, dass der II. Zivilsenat die Grundsätze der *business judgement rule* in der „ARAG/Garmenbeck"-Entscheidung vom 21.4.1997 erkennbar aufgegriffen hat, als er seinen Grundsatz zum Umfang des unternehmerischen Ermessens des Vorstands einer AG ausformulierte[934].

Die Tatsache, dass nach Ansicht des BGH für die Bestimmung des Umfangs des unternehmerischen Ermessens des Vorstands auf diese Kriterien abgestellt werden sollte, führt allerdings noch nicht dazu, für die Bestimmung der Grenzen unternehmerischer Entscheidungsfreiheit der Gesellschafter auch ohne weiteres hierauf abzustellen. Zu berücksichtigen ist, dass der Vorstand einer Aktiengesellschaft ebenso wie der Geschäftsführer einer GmbH Sachwalter fremden Vermögens ist und insoweit ein Unterschied zu den Verpflichtungen eines Gesellschafters besteht, weshalb die Heranziehung der *business judgement rule* zur Überprüfung von Unternehmensentscheidungen der Gesellschafter unangebracht sein könnte.

Diese Bedenken sind im Ergebnis allerdings unbegründet. Die *business judgement rule* ist nämlich kein spezifisch auf den Vorstand (*board of directors*) zugeschnittenes oder gar beschränktes Regelwerk[935]. Sie verfolgt zwar durchaus den Zweck, den Vorstand als Fremdverwalter von seiner unternehmerischen Haftung freizustellen. Darüber hinaus dient sie jedoch auch dem allgemeinen Zweck, die Grenzen des rechtlichen Schutzes von unternehmerischen Ermessensentscheidungen herauszustellen.[936] So hat im amerikanischen Recht, im Recht der verbundenen Unternehmen, der Minderheitenaktionär eine offensichtliche Benachteiligung bzw. Schädigung der Gesellschaft darzulegen, um damit die Vermutung sorgfaltswidriger Unternehmensleitung sowie eine Beweislastumkehr auf die Obergesellschaft auszulösen.[937] Ihre Verwendung zur Bestimmung des Umfangs des unternehmerischen Ermessens des Vorstands oder eines Geschäftsführers nimmt ihr demzufolge nicht die Eignung, auch die Grenzen von Ermessensentscheidungen von Gesellschaftern einer GmbH ermitteln zu können.[938]

In Anbetracht der Tatsache, dass es vorliegend allerdings um die Frage der Haftung des Alleingesellschafters einer GmbH geht, sind gegebenenfalls Modifikationen zur Ausprägung der Regelung i.S.d. „ARAG/Garmenbeck"-Entscheidung vorzunehmen, da die Übernahme der *business judgement rule* im amerikanischen

---

934 BGHZ 135, 244, 253 f.

935 *Abeltshauser*, S. 134 f. u. 249.

936 *Paefgen*, S. 183.

937 Warshaw v. Calhoun, 221 A 2d 487.

938 So im Ergebnis auch *Paefgen*, S. 183 f.; *Zöllner*, AG 2000, 145, 153 (Fn. 85), der das Modell der „business judgement rule" zur Bewältigung der Problematik des unternehmerischen Ermessens im Zusammenhang mit der Inhaltskontrolle von Hauptversammlungsbeschlüssen fruchtbar machen will; *Abeltshauser*, S. 249.

Recht lediglich für den Mehrheitsgesellschafter diskutiert wird[939], der im Gegensatz zu einem Alleingesellschafter noch Minderheiteninteressen berücksichtigen muss.[940]

(3) Überprüfung der Anwendbarkeit der ARAG/Garmenbeck"-Grundsätze

Nach der „ARAG/Garmenbeck"-Entscheidung können sich die Gesellschafter dann nicht mehr auf ihre unternehmerische Entscheidungsfreiheit berufen, „...wenn die Grenzen, in denen sich ein von Verantwortungsbewusstsein getragenes, ausschließlich am Unternehmenswohl orientiertes, auf sorgfältiger Ermittlung der Entscheidungsgrundlage beruhendes unternehmerisches Handeln bewegen muss, deutlich überschritten sind, die Bereitschaft, unternehmerisches Risiko einzugehen, in unverantwortlicher Weise überspannt worden sind".[941]

(a) *Disinterested Judgement*

Als erste Voraussetzung darf der Vorstand seiner Entscheidung keine sachfremde Erwägung zugrundegelegt haben, damit diese noch durch sein unternehmerisches Ermessen gedeckt ist. Kommt die Übernahme des unternehmerischen Risikos ihm in einer anderen Funktion zugute, verfolgt er also außerhalb der Gesellschaft liegende Ziele, z.B. in einer anderen Gesellschaft, wird ihm ein Verweis auf seinen unternehmerischen Entscheidungsfreiraum verwehrt.[942]

Dieses Kriterium kann, wenn man sich die vorherigen Ergebnisse anschaut, nicht für die Überprüfung von Ermessensentscheidungen des Alleingesellschafters brauchbar gemacht werden. Hiernach ist es dem herrschenden Unternehmen auch im GmbH-Recht erlaubt, die Tochtergesellschaft auf Konzernbedürfnisse auszurichten. Es können Änderungen bei der abhängigen Gesellschaft veranlasst werden, um dieses auf die Konzernstrategie auszurichten.[943] In solch einem Fall werden mit den getroffenen Entscheidungen außerhalb der Gesellschaft liegende Ziele verfolgt, ohne dass darin zugleich eine unangemessene Rücksicht gegenüber den Interessen der Gesellschaft gesehen werden muss.[944] Die sich aus dem disponiblen Zweck der Gesellschaft ergebenden Grenzen solcher Verhaltensweisen, dass die Gesellschaft die ihr zugeteilte Funktion erfüllen kann, und diese Funktionszuweisung auch nicht dazu führen darf, dass die Gesellschaft nicht mehr autonom am Markt auftreten kann, lässt sich jedenfalls nicht mit dem Kriterium des *disinterested judgement* fassen.

---

[939] Dies liegt daran, dass die amerikanische Rechtsprechung eine Haftung des Alleingesellschafters nicht anerkennt, vgl. hierzu die Entscheidung Rankin v. Frebank Co., 47 Cal. App. 3d S. 75, 83 ff., 121 Cal Rptr. 348, 353 ff., in welcher die These vom „Unternehmen an sich", dem Treuepflicht geschuldet werden könnte, ausdrücklich durch das Gericht verworfen wurde; so auch Anadarko Petro v. Panhandle Eastern, 545 a.2d S. 1171, 1174 Del. 1988.

[940] Für eine Anwendbarkeit spricht sich auch *Kessler*, GmbHR 2001, 1095, 1100 aus; wohl auch *Henze*, NZG 2003, 649, 658.

[941] BGHZ 135, 244, 253 f.

[942] *Merkt*, S. 402.

[943] Für die Fülle an Möglichkeiten vgl. die Darstellung bei B) II. 1) c) aa) bbb) (1).

[944] Zu den Grenzen solcher konzernstrategischen Strukturmaßnahmen vgl. C) VIII. 1) h).

(b) *Due care-informed judgement*

Alle anfallenden Entscheidungen sind sorgfältig vorzubereiten und zu fällen. Der Vorstand einer Aktiengesellschaft muss, ebenso wie der Geschäftsführer einer GmbH, vor jeder unternehmerischen Ermessensentscheidung eine Ermittlung der hierfür maßgeblichen Grundlagen unter Ausschöpfung aller zugänglichen Erkenntnisquellen durchführen, sowie eine darauf folgende korrekte Auswertung dieser Erkenntnisse vornehmen.[945] Hierbei sollen die Anforderungen um so höher angesetzt werden, je weitreichender und einschneidender die Konsequenzen eines Fehlschlages für die Gesellschaft sind.[946] Bei Entscheidungen ins „Blaue hinein", also ohne jegliches unternehmerisches Konzept, können sich Geschäftsführungsorgane folglich nicht mehr auf die unternehmerische Entscheidungsfreiheit berufen.

Diesen Maßstab wird man auch für den Alleingesellschafter anzulegen habe.[947] Zwar folgt für ihn diese Verpflichtung nicht wie beim Geschäftsführer aus § 43 GmbHG. Jedoch muss auch nach den Grundsätzen, die im Rahmen der Nachteilsermittlung nach § 311 AktG zur Anwendung kommen, die in Frage stehende Maßnahme auf der Grundlage ausreichender wirtschaftlicher Informationen vorgenommen worden sein.[948] An diesem Maßstab orientieren sich, wie oben herausgearbeitet wurde, auch die Sorgfaltspflichten des Alleingesellschafters im Hinblick auf den Bestandschutz der Gesellschaft. Demnach kann die Frage nach dem *informed judgement* auch hinsichtlich der Entscheidungen des herrschenden Alleingesellschafters gestellt werden. Zu fordern ist eine plausible und ggf. dokumentierte Risikoanalyse, die eine angemessene Berücksichtigung „existentieller" Konsequenzen für die GmbH und deren Folgen für die Gesellschaftsgläubiger erkennen lässt[949]. Hierfür spricht auch, dass der für die unternehmerische Entscheidung maßgebende Sachverhalt ex ante zu beurteilen ist. Es liegt demnach gerade im Interesse des Alleingesellschafters, diesen Sachverhalt hinreichend zu ermitteln und zu dokumentieren, um einer später möglichen Beweislast begegnen zu können.[950]

Um zu vertretbaren Ergebnissen zu kommen, wird man bei diesem Kriterium allerdings noch ein Korrektiv einbauen müssen. Es sind durchaus Entscheidungssituationen denkbar, die ein Handeln ohne vollständige Information verlangen, weshalb hier die Pflicht zur vollständigen Ermittlung der Entscheidungsgrundlage eine realitätsfremde Forderung darstellt. Ein Organmitglied, das gegen Rechtsvorschriften verstößt, handelt dann nicht pflichtwidrig, wenn die zu treffende Entscheidung eilbedürftig war.[951] Wenn man diese Einschränkung aber selbst bei Verstößen ge-

[945] vgl. hierzu Aronson v. Lewis, 473 A.2d 805 (Del. 1984).

[946] LG Düsseldorf, ZIP 1985, 1985, 1990; *Scharpf*, DB 1997, 737, 740; *Lutter*, GmbHR 2000, 301, 306.

[947] *Kessler*, GmbHR 2001, 1095, 1100.

[948] *Abeltshauser*, S. 251.

[949] *Kessler*, GmbHR 2001, 1095, 1100; wohl auch *Diem*, ZIP 2003, 1283, 1284 u. 1286, nach dessen Ansicht den Gesellschaftern ein Prüfungspflicht im Hinblick auf die möglichen Konsequenzen einer Sicherheitenbestellung obliegt; wohl auch *Drygala*, GmbHR 2003, 729, 735, der von einem aufgrund vernünftiger Kriterien errichteten Finanzplan zu Dokumentationszwecken spricht.

[950] So auch *Drygala*, GmbHR 2003, 729, 735; *Lutter/Hommelhoff*, § 13 Rn. 31; Zur Beweislastverteilung vgl. die Darstellung unten bei C) X.

[951] *Schilling*, in: Großkomm. AktG, § 93 Anm. 16., unter Hinweis auf RGZ 39, 94, 98.

gen gesetzliche Regeln für angebracht hält, wird man erst recht den Ermessensmaßstab für unternehmerische Entscheidungen dahingehend erweitern müssen, dass sich der Alleingesellschafter vom Fehlgehen des eingegangen Risikos freisprechen kann, wenn er jede vernünftige Anstrengung unternommen hat, die für eine Entscheidung notwendigen und verfügbaren Informationen zu beschaffen und er eine auf der Grundlage dieser Informationen basierende sorgfältige Risikoabwägung vorgenommen hat. Der persönliche Zeitmangel zur Informationsbeschaffung wird jedoch nicht ausreichen, um diese Voraussetzung zu erfüllen. Er kann seine Arbeit an zuverlässige Dritte delegieren[952], weshalb der persönliche Zeitmangel schwerlich eine Fehlentscheidung rechtfertigen kann.

(c) *Rational belief*

Dieser Voraussetzung kommt innerhalb der Überprüfung unternehmerischer Entscheidungen die geringste Bedeutung zu. Die Frage, ob das Geschäftsführungsorgan der rationalen Überzeugung war, dem Unternehmensziel und -interesse bestmöglich Rechnung getragen zu haben, also sein Handeln allein am Wohl der Gesellschaft orientiert zu haben[953], ist nämlich als innere Tatsache nur schwer nachweisbar. Man stellt hier deshalb zumeist auf außerhalb der Gesellschaft erzielte Effekte ab und fragt, ob diese von Anfang an gegenüber den Interessen der Gesellschaft im Vordergrund standen. Der Sache nach weist dieses Merkmal damit eine gewisse Nähe zum Merkmal *disinterested judgement* auf[954], was folglich seine Brauchbarkeit für den hier diskutierten Haftungstatbestand entfallen lässt. Wie schon gesagt, muss der Alleingesellschafter sein Handeln nicht am Wohl der Gesellschaft orientieren, sondern kann sie in gewissem Maße zur Verfolgung von Konzerninteressen instrumentalisieren. Wenn man aber zur Bestimmung dieses Kriteriums auch im faktischen Konzern auf die außerhalb der Gesellschaft erzielten Effekte abstellen wollte, so würde dies im Ergebnis zu einem Ausschluss des unternehmerischen Entscheidungsfreiraums führen, da die Verfolgung von Konzerninteressen hier zumeist im Vordergrund steht.

(d) Risikoüberspannung

Das letzte vom BGH aufgestellte Kriterium, die Bereitschaft, unternehmerische Risiken einzugehen, dürfe nicht in „unverantwortlicher Weise" überspannt worden sein, ist wohl der Ahndung von Ermessensmissbräuchen zu dienen bestimmt. Im Ergebnis nimmt der BGH hiermit eine Ermessensreduzierung auf Null vor, wenn das Risiko dazu führen muss, dass es vernünftigerweise keine Alternative zu einer bestimmten Entscheidung gibt.

---

[952] Scholz/*Schneider*, § 43 Rn. 38.

[953] Vgl. Panter v. Marshall Field & Co, 646 F.2d 271, 293 (7th Cir.1981); Sinclair Oil Corp v. Levien, 280 A.2d 717, 720 (Del.S.Ct.1971).

[954] So auch *Trockels*, AG 1990, 139, 142, nachdem „rational belief" auch die Verfolgung finanzieller Eigeninteressen verbietet.

(aa) Überprüfbarkeit von Risikoentscheidungen?

Gegen die Beurteilung der Angemessenheit von Risikoentscheidungen werden allerdings Bedenken erhoben.[955] Zur Begründung wird angeführt, dass, um beurteilen zu können, ob ein angemessenes Verhältnis zwischen Chancen und Risiken bestanden habe, es wesentlich auf eine Prognose über die Eintrittswahrscheinlichkeit und die Größe der möglichen Vor- und Nachteile ankomme. Gerade im Hinblick auf die Schwierigkeiten solcher Prognosen sei aber das unternehmerische Ermessen anerkannt worden. Durch die Überprüfung der „Verhältnismäßigkeit" des Risikos würde man diese Entscheidung praktisch wieder aufheben, weshalb hiervon Abstand zu nehmen sei. Zudem werde hierdurch bewirkt, dass sich das Führungsorgan einer erheblichen Haftungsgefahr aussetze, was dazu führe, dass das Organ für die Gesellschaft vorteilhafte Geschäfte unterlassen würde, wenn hiermit ein ungewöhnliches Risiko verbunden sei.

Die Bedenken können nicht überzeugen. Richtig ist, dass die Frage nach den Grenzen des erlaubten unternehmerischen Risikos im Endeffekt auf eine Abwägung der Vor- und Nachteile hinausläuft.[956] Entgegen der oben zitierten Ansicht[957] stellt sich der BGH allerdings dieser Aufgabe. So heißt es z.B. in der „EDV"-Entscheidung: „Erst danach (gemeint ist der Sachvortrag des Klägers auf Grundlage der „TBB"-Grundsätze) wird sich auch beurteilen lassen, ob der Beklagte die von ihm beherrschte GmbH mit ihrem beschränkten Haftungsvermögen etwa für ein Projekt missbraucht, das von vornherein mit Risiken in einer Größenordnung begründet war, die seine Durchführung als Spekulation zu Lasten der Gläubiger erschienen ließ" [958]. Die gegenteilige Auffassung würde in ihrer Konsequenz dazu führen, dass unternehmerische Risikoentscheidungen niemals nachprüfbar wären. Den Gesellschaftern ist aber nur im Bereich des erlaubten unternehmerischen Risikos kein Vorwurf für Fehlentscheidungen zu machen. Wann dieser Bereich verlassen wurde, muss der Überprüfung durch Gerichte offen stehen.

(bb) Ermittlungskriterien

Da somit feststeht, dass die Angemessenheit einer Risikoentscheidung der Nachprüfung durch Gerichte zugänglich ist, steht im Weiteren die Aufgabe an, bestimmen zu müssen, wann eine solche „Überspannung des Risikos" bejaht werden kann.

---

[955] *Oltmanns*, Geschäftsleiterhaftung und unternehmerisches Ermessen, S. 243 ff.

[956] Auf das Kriterium fehlender Rentabilität abstellend z.B.: BGH ZIP 1992, 694, 695, allerdings im Zusammenhang mit einer Haftung aus § 826 BGB; BGH ZIP 1994, 1690, 1693, wonach eine Beeinträchtigung der Eigenbelange gegeben sein soll, wenn die Vergütung der Gesellschaft zur Abdeckung des übernommenen Risikos nicht ausreicht; bzgl. der Risikoverlagerung bei Ausgliederung eines defizitären Bereichs auf diese Voraussetzung abstellend OLG Dresden AG 1997, 330, 332.

[957] *Oltmanns*, S. 266.

[958] BGH NJW 1994, 446, 447; auch in BGH ZIP 2000, 493, 494 geht der II. Zivilsenat davon aus, die Verhältnismäßigkeit eines Risikos beurteilen zu können.

(aaa) Maßstab nach der „ARAG/Garmenbeck"-Entscheidung

Nach der in der „ARAG/Garmenbeck-Entscheidung geäußerten Ansicht des BGH soll eine Überspannung des Risikos und damit eine Pflichtwidrigkeit anzunehmen sein, wenn die Gesellschaft Risiken übernimmt, bei deren Verwirklichung sie in den Untergang gerissen würde.[959] Lutter und Mertens wollen den Maßstab des BGH selbst dann gelten lassen, wenn die Gefahr der Realisierung als fernliegend einzustufen ist und die Chancen des Geschäftes als verlockend zu bezeichnen waren.[960] Mit einem solchen Verständnis umgehen sie natürlich Abgrenzungsschwierigkeiten, weil es auch nach ihrem Maßstab letztlich allein darauf ankommt, dass die Gesellschaft niemals durch das Eingehen von Risiken der Gefahr ausgesetzt werden darf, in die Insolvenz gerissen zu werden.

Gegen die Brauchbarkeit eines solchen Maßstabs wurde aber bereits zu Recht eingewendet, dass das Risiko einer Existenzvernichtung fast jedem Geschäft innewohnt, egal wie fernliegend dieses auch erscheinen mag.[961] So sei z.B. die Aufnahme von Geschäftsaktivitäten eine Maßnahme, die bei ihrem Fehlschlag zum Konkurs der Gesellschaft führen könne. Soll demnach von einer Existenzgründung abgesehen werden? Die einer Entscheidung innewohnende Gefahr der Existenzvernichtung sollte demnach nicht ausreichen, um eine Überspannung des erlaubten Risikos zu begründen.[962] Vielmehr müssen noch andere Kriterien hinzutreten, damit die drohende Existenzvernichtung den Rahmen unternehmerischer Entscheidungsfreiheit verlässt und als „Spekulation zu Lasten der Gläubiger" angesehen werden kann. Entscheidend sollte sein, ob sich schon im Zeitpunkt der Entscheidungsfindung im Rahmen vernünftiger kaufmännischer Erwägungen abzeichnet, dass das übernommene Risiko die Gesellschaft auf kurze oder mittlere Frist vernichtet.[963] Für alle anderen Fälle eines existenzbedrohenden Risikos ist zumindest zu fordern, dass vor der Entscheidung alle Möglichkeiten der Risikominimierung getroffen wurden.[964] Fehlen diese Vorkehrungen, ist dem BGH darin zuzustimmen, dass, wenn die Gesellschaft Risiken übernimmt, bei deren Verwirklichung sie in den Untergang gerissen würde, die Grenzen des erlaubten Risikos überschritten sind.

(bbb) Eigeninteresse des Geschäftsführers

Nach einer anderen Meinung soll für die Frage, welches Maß an Risikobereitschaft an den Tag zu legen ist, um noch der Sorgfaltspflicht zu genügen, auf das Korrektiv des Eigeninteresses des Geschäftsführers zurückgreifen, welches mit dem Un-

---

[959] BGHZ 69, 207, 213 ff.; 135, 244, 252.

[960] *Lutter*, GmbHR 2000, 301, 305; Hachenburg/*Mertens*, § 43 Rn. 27.

[961] *Oltmanns*, S. 247 f.

[962] Insoweit wird man auch mit dem von *Bitter* (in: WM 2001, 2133, 2141) vorgeschlagenen Maßstab der „Vorhersehbarkeit" nicht weiterkommen, wenn man hierunter allein das Erkennen der Gefahr einer Existenzvernichtung versteht.

[963] Vgl. *Keßler*, GmbHR 2001, 1095, 1100; *Drygala*, GmbHR 2003, 729, 735 f.

[964] Für den Geschäftsführer der GmbH: *Ebenroth/Lange*, GmbHR 1992, 69, 72; *Lutter* GmbHR 2000, 301, 304; *Scharpf*, DB 1997, 737, der für die Einrichtung von Risikomanagementsystemen plädiert; für den Vorstand der AG: OLG Düsseldorf ZIP 1995, 1985, 1990 u. 1992; *Götz*, NJW 1997, 3275, 3276, der risikominimierende Gegengeschäfte befürwortet.

ternehmensinteresse gleichlaufen würde.[965] Hiergegen spricht wohl, dass spätestens zum Zeitpunkt der Überschuldung das Interesse der Verwaltung an der Vermeidung größerer Risiken erlöschen wird, da es praktisch nichts mehr zu verlieren gibt.[966] Zudem wird im Schrifttum zu Recht darauf hingewiesen, dass die Entscheidung darüber, ob der Geschäftsführer seiner Sorgfaltspflicht genügt hat oder nicht, bei einem seiner Natur nach vorsichtigen Geschäftsführer anders ausfallen werde als bei einem risikofreudigeren Geschäftsführer.[967]

(ccc) Verhältnismäßigkeit des Risikos

Das LG Düsseldorf stellt allein darauf ab, dass die Risiken für das Unternehmen nicht unangemessen und unverhältnismäßig sein dürfen.[968] Wann Unangemessenheit aber angenommen werden kann, lässt sich den Ausführungen des Urteils nicht entnehmen. Das LG Düsseldorf ersetzt damit einen unbestimmten Begriff durch einen anderen, anstatt zu klären, wie die Grenzen des zulässigen Risikos zu ermitteln sind. Einen ähnlichen Vorwurf wird man einem Lösungsansatz machen müssen, der im Zusammenhang mit der Haftung für Unterkapitalisierung eine Haftung bejaht, wenn der Misserfolg bei normalem Geschäftsverlauf mit hoher, das gewöhnliche Geschäftsrisiko deutlich übersteigender Wahrscheinlichkeit zu erwarten war.[969] Was das gewöhnliche Geschäftsrisiko ist oder wie es zu ermitteln ist, lässt nämlich auch dieser Ansatz unbeantwortet.

Nach der wohl herrschenden Meinung im Schrifttum ist der Haftungsspielraum noch gewahrt, wenn das eingegangene Risiko nach dem Erkenntnisstand zur Zeit der Entscheidung nicht außer Verhältnis zum erwarteten Gewinn steht.[970] Was erlaubt sei, bemesse sich nicht allein nach der Wahrscheinlichkeit des Gelingens oder Misslingens, sondern lasse sich nur aus der Relation dieser Wahrscheinlichkeit zu Art und Höhe des möglichen Schadens bestimmen. Je höher der mögliche Schaden sei, um so niedriger müsse die Wahrscheinlichkeit seines Eintritts sein.[971]

Einer solchen Sichtweise scheint auch der BGH zugeneigt, da er in der „EDV"-Entscheidung[972] bezüglich der Frage, ob sich die Risikozuweisung an die abhängige GmbH noch in einem vertretbaren Rahmen abspielt, unter anderem auf die

---

[965] *Roth*, GmbHG, 2. Aufl., § 43 Anm. 2.2.

[966] Vgl. *Gurke*, Verhaltensweisen und Sorgfaltspflichten, S. 39.

[967] *Höhn*, S. 142.

[968] LG Düsseldorf ZIP 1995, 1985, 1990.

[969] *Priester*, ZGR 1993, 512, 526.

[970] Baumbach/Hueck/*Zöllner*, § 43 Rn. 21; *Thümmel*, Persönliche Haftung von Managern und Aufsichtsräten, Rn. 134; Höhn, S. 142; *Hommelhoff*, S. 172; *Götz*, NJW 1997, 3275, 3276; ähnlich auch *Wiesner*, in: Münchner Hdb. des GesR, AG, § 25 Rn. 7.

[971] Ähnlich äußert sich *Clemm*, der verlangt, dass die Risiken in einem angemessenen Verhältnis zu den realistischer zu erwartenden Chancen stehen und obendrein so begrenzt sind, dass bei einem ungünstigen Verlauf nach menschlichem Ermessen eine Existenzgefährdung des Unternehmens als ausgeschlossen erscheint, vgl. *Clemm*, in: FS f. Ritter, S. 675, 686; *Drygala*, GmbHR 2003, 729, 736, nach dessen Ansicht es auf das Verhältnis von Chancen und Risiken ankommt.

[972] BGH NJW 1994, 446 f.; dem folgend OLG Dresden AG 1997, 330 ff. (= WiB 1997, 466 ff); nähere Ausführungen hierzu im Rahmen der Fallgruppe „Aschenputtelgesellschaften", vgl. hierzu C) VI. 1) f).

Kosten-Nutzen-Verteilung der Maßnahme abstellt. Damit ist klar, dass auch der BGH für die Bestimmung des zulässigen Risikos einer Abwägung der sich aus der Entscheidung ergebenden Vor- und Nachteile offen gegenübersteht. Daneben stellt der BGH in der gerade zitierten Entscheidung auf den Vergleich zur geringen Eigenkapitalausstattung der Gesellschaft ab.[973]

Wie oben festgestellt wurde, stellt das Betreiben einer materiell unterkapitalisierten Gesellschaft ein Verhalten dar, das es an der angemessenen Rücksicht gegenüber dem Eigeninteresse der Gesellschaft vermissen lässt.[974] Dann ist es aber nur konsequent, die Kapitalausstattung auch als Kriterium der Bestimmung einer Risikoüberschreitung heranzuziehen. Dass in einer unternehmerischen Entscheidung innewohnende Risiko, das nicht mehr in einer vertretbaren Relation zur Eigenkapitalausstattung der Gesellschaft steht, muss folglich als eine Überschreitung der unternehmerischen Entscheidungsfreiheit qualifiziert werden.

(ddd) Konzernexterne Lebensfähigkeit

Das herrschende Unternehmen genießt im GmbH-Recht nach den hier erarbeiteten Ergebnissen im faktischen Konzern – im Gegensatz zur Situation im Vertragskonzern – bei seiner wirtschaftlichen Einbeziehung der abhängigen Gesellschaft keine Privilegierung in dem Sinn, dass es auf die konzernexterne Lebensfähigkeit der abhängigen Gesellschaft keine Rücksicht zu nehmen hat[975]. Auch wenn sich die aus dem disponiblen Zweck der Gesellschaft ergebenden Grenzen nicht, wie oben festgestellt werden musste, mit dem Kriterium des *disinterested judgement* fassen lassen, so wird man jedoch gerade eine Risikoüberspannung anzunehmen haben, wenn die unternehmerische Entscheidung im Ergebnis zur Aufhebung der autonomen Lebensfähigkeit der abhängigen Gesellschaft führt. Eine solche Entscheidung hält sich nach der gesetzlichen Wertung nämlich nur dann im Rahmen des unternehmerischen Ermessen, wenn zuvor ein Beherrschungsvertrag abgeschlossen wurde. Erst dieser ermöglicht die umfassende Konzernintegration der beherrschten Gesellschaft, indem er erlaubt, für die Dauer der Laufzeit all ihre unternehmerische Aktivität dem Handlungsprogramm des herrschenden Vertragsteils unterzuordnen und dienstbar zu machen.[976] Nur der Abschluss eines Beherrschungsvertrages legitimiert die Ausübung der Konzernherrschaft und damit auch die diesbezüglichen unternehmerischen Entscheidungen, selbst dann, wenn die Gesellschaft während der Laufzeit des Vertrags hierdurch die Fähigkeit zur selbstständigen Existenz am Markt verliert.

(eee) Überprüfung des Unternehmenskonzepts?

Neben diesen Kriterien zur Ermittlung der unangemessenen Risikoverteilung wird zum Teil darauf abgestellt, ob es von vornherein an einer betriebswirtschaftlich

---

[973] BGH NJW 1994, 446 f.; vgl. auch BAG ZIP 1996, 333 ff. (= NZA 1996, 311 ff.).

[974] Vgl. Erg. bei B) III. 5) c).

[975] Vgl. Darstellung ab C) IV. 3) e) cc).

[976] *Kleindiek*, ZIP 1991, 1330, 1334.

vernünftigen und oder auch nur vertretbaren Unternehmenskonzeption mangelte.[977] Auf ein ganz ähnliches Konzept stützt sich das OLG Dresden[978], welches für die Beurteilung der Zulässigkeit einer „Ausgliederung eines Risikobereichs" auf das Vorliegen eines unternehmerischen Konzepts im Hinblick auf die Eigenkapitalausstattung abstellt. Es kommt demnach nicht auf das Risiko der Eigenkapitalausstattung an sich an, sondern darauf, dass eine Konzeption vorliegt, die als Ziel die Überlebensfähigkeit der Tochtergesellschaft auf dem Markt formuliert.

Eine solche Vorgehensweise birgt aber den Nachteil in sich, dass unternehmerische Konzepte nur sehr schwer justitiabel sind und es so für die Praxis kaum berechenbar sein dürfte, wann ein Konzept den Anforderungen der Gerichte noch genügen wird.[979] Die Gerichte sind, wie schon gesagt, die schlechteren Unternehmer, weshalb ihnen nicht Beurteilung obliegen sollte, ob ein unternehmerisches Konzept noch als ausreichend angesehen werden kann oder nicht. Dies war zwar in dem der Entscheidung des OLG Dresden zugrunde liegenden Sachverhalt ohne größere Probleme möglich, da bei der Gesellschaft ein Personal- und Materialaufwand vorlag, der das 100fache des Stammkapitals ausmachte und schon zum Gründungszeitpunkt ein voraussehbarer Fehlbetrag für das Rumpfgeschäftsjahr in Höhe des 15fachen des Stammkapitals feststand. Die Sachlage wird jedoch nicht immer so eindeutig sein. Die Überprüfung des Vorliegens eines tragfähigen unternehmerischen Konzepts ist nichts anderes als die bei der Besprechung der unternehmerischen Entscheidungsfreiheit als zu weitgehend abgelehnte inhaltliche Überprüfung von unternehmerischen Entscheidungen. Wenn überhaupt kann man das Kriterium des unternehmerischen Konzepts nur insoweit berücksichtigen, als dass die unternehmerische Entscheidung bei Fehlen jeglichen Konzepts, bzw. bei evidenter Unzulänglichkeit wie im Fall des OLG Dresden, eine Überschreitung der unternehmerischen Entscheidungsfreiheit darstellt. Diese Fälle dürften aber bereits ausreichend durch die Voraussetzung des *„due care"* erfasst sein, da es bei Fehlen eines unternehmerischen Konzepts auch an einer plausiblen und gegebenenfalls dokumentierten Risikoanalyse fehlen wird, die eine angemessene Berücksichtigung möglicher Konsequenzen erkennen lässt.

(fff) Zwischenergebnis

Unabhängig von der Frage, welches Maß an Risiko noch unternehmerisch vertretbar ist, dürfte es stets als erforderlich anzusehen sein, dass vor der Entscheidung alle Möglichkeiten der Risikominimierung getroffen wurden. Deshalb sollte man ein Überschreiten der unternehmerischen Entscheidungsfreiheit annehmen, wenn das Risiko völlig außer Verhältnis zu den wirtschaftlichen Ressourcen der Gesellschaft stand und das Risiko der Existenzvernichtung auch nicht durch Sicherungsmaßnahmen abgefangen werden konnte. Daneben wird man etwa die Umstellung der gesamten Produktion einer Gesellschaft auf ein neues Produkt dann als unter-

---

[977] *Altmeppen*, ZIP 2001, 1837, 1841; *Luttermann*, BB 2001, 2433, 2436, der jedoch eingesteht, dass dies nur in Extremfällen ein klares Ergebnis begründen kann; vgl. auch *Bitter*, WM 2001, 2133, 2141, der damit eine weit überdurchschnittliche Insolvenzwahrscheinlichkeit begründet.
[978] OLG Dresden AG 1997, 330, 332.
[979] *Wilken*, WiB 1997, 453, 456.

nehmerisch nicht mehr vertretbare Entscheidung einstufen können, wenn der gewinnbringende oder sogar kostendeckende Absatz des Produkts nicht gesichert ist und die Gesellschaft bei einem Fehlschlag des neuen Produktionsprogramms wirtschaftlich nicht überleben könnte.

Daneben sollte anhand der Kriterien der Eigenkapitalausstattung und der Kosten-Nutzen-Verteilung ermittelt werden, ob das eingegangene Risiko einen rücksichtslosen Eingriff in die Interessen der Gesellschaft begründet.[980] Der Umfang des noch vertretbaren Risikos wird sich hierbei allerdings nach der Art und Größe des Unternehmens zu richten haben. Je nach Branche kann nämlich ein Geschäftsakt auch dann noch als unternehmerisch vertretbar angesehen werden, wenn ihm ein hohes Verlustrisiko anhaftet, es andererseits aber die Chance eines enorm hohen Gewinns mit sich bringt.

Wenn man sich die vorgeschlagenen Bewertungskriterien ansieht, wird man zu dem Schluss kommen müssen, dass die Grenze der noch hinnehmbaren unternehmerischen Fehlentscheidungen auch in dem Fall unterschritten ist, in dem das Risiko gar nicht kalkulierbar ist, also überhaupt nicht mit den Gewinnchancen abgewogen werden kann.[981] Dies deckt sich gerade mit dem hier verwendeten Vergleichsmaßstab zur Bestimmung unangemessener Rücksicht, da Maßnahmen mit unkalkulierbaren Risiken von einem ordentlichen und gewissenhaften Geschäftsführer einer unabhängigen Gesellschaft niemals vorgenommen werden.[982]

Eine Risikoüberspannung ist ebenfalls anzunehmen, wenn die unternehmerische Entscheidung im Ergebnis zur Aufhebung der autonomen Lebensfähigkeit der abhängigen Gesellschaft führt. Eine solche Entscheidung hält sich nach der gesetzlichen Wertung nämlich nur dann im Rahmen des unternehmerischen Ermessen, wenn zuvor ein Beherrschungsvertrag abgeschlossen wurde.

(4) Ergebnis

Je größer der mögliche Schaden und je wahrscheinlicher das Eintreten eines solchen Schadens ist, desto gründlicher muss die Entscheidung durch den Geschäftsführer vorbereitet werden. Es wird also zu fragen sein, ob die unternehmerische Entscheidung zweckmäßig vorbereitet wurde, ob umfassende Informationen eingeholt wurden und alle Möglichkeiten der Risikominimierung getroffen wurden. Hierbei sollte berücksichtigt werden, dass der für die unternehmerische Entscheidung maßgebende Sachverhalt ex ante zu beurteilen ist. Eine retrospektive Prüfung würde zur Erfolgshaftung führen, die das deutsche Gesellschaftsrecht nicht kennt.[983] Folglich kann es auch nur auf die Erkenntnismöglichkeiten zur Zeit der

---

980 Vgl. nur BGH NJW 1994, 446 f.; mehr zu dieser Rechtsprechung im Rahmen der Fallgruppen unter dem Punkt der „Aschenputtelgesellschaft".

981 *Biedenkopf/Koppensteiner*, in: Kölner Komm., § 311 Rn. 15; *Hüffer*, AktG, § 311 Rn. 34.

982 Vgl. *Adler/Düring/Schmaltz*, Rechnungslegung und Prüfung der Unternehmen, § 311 Rn. 56, die dies für den Vorstand einer unabhängigen Gesellschaft feststellen.

983 *Wiedemann*, Organverantwortung, S. 13.

Vornahme des Geschäfts ankommen. Stellt sich erst im Nachhinein heraus, dass eine Entscheidung weitaus riskanter war als erwartet, kann dies die Haftung der Gesellschafter nicht begründen.[984]

bb) Freiraum auch bei Sanierungsmaßnahmen

Der für unternehmerische Entscheidungen festgestellte „Freiraum" wird auch für Sanierungsmaßnahmen zu gelten haben, da sie ohne weiteres als unternehmerische Entscheidungen eingestuft werden können.[985] Zudem ist es in diesem Bereich absolut verfehlt, den Alleingesellschafter für Maßnahmen zur Rechenschaft zu ziehen, die die Gesellschaft vor der ansonsten sicheren Insolvenz bewahren sollten. Wird eine sanierungsbedürftige Gesellschaft in einen faktischen Konzern eingebunden, kann nicht von vornherein gewährleistet werden, dass Hilfsmaßnahmen des herrschenden Unternehmens erfolgsversprechend sind. Ist die Gesellschaft nämlich ohne harte Eingriffe, wie z.B. die Aufgabe eines Marktes, einer Produktreihe oder eines Betriebsteils[986], nicht vor der Insolvenz zu retten, sollte dem Gesellschafter die Existenzvernichtung bei Misslingen des Sanierungskonzepts nicht angelastet werden.[987] Auf einem ähnlichen Standpunkt stellte auch die 1. Instanz im Fall des „Bremer Vulkan" ab. Nach Ansicht des LG Bremen[988] liegt keine Verletzung der Treuepflicht vor, wenn die Muttergesellschaft versucht, wirtschaftliche Schwierigkeiten anderer Verbundgesellschaften und des Konzerns insgesamt durch Zusammenfassung aller Kräfte des Gesamtkonzerns zu beheben.

Hierunter fallen allerdings nicht diejenigen Fälle, in denen die abhängige Gesellschaft erst durch die fehlende Rücksichtnahme zum Sanierungsfall geworden ist und die Konzernmutter sich in diesem Stadium für einen Sanierungsversuch entscheidet.[989] Die vorangegangene Pflichtwidrigkeit kann – in Anlehnung an den im Strafrecht[990] anerkannten Rückritt vom Versuch – nur durch eine „Erfolgsverhinderung", also die Abwendung der zur Insolvenz führenden Krise der Gesellschaft, rückgängig gemacht werden[991]. Für die anderen Fälle gilt, dass dem Sanierungsversuch eine günstige Prognose zugrundegelegen haben muss. Ein ordentlicher und gewissenhafter Geschäftsführer würde nämlich seiner Pflicht zur Stellung des Insolvenzantrages (§ 64 GmbHG) nachkommen, wenn eine Überschuldung vorliegt und die Insolvenzerwartung gegenüber der Sanierungserwartung überwie-

---

[984] Für den Vorstand: Geßler/Hefermehl/*Hefermehl*, § 93 AktG Rn. 13; *Mertens*, in: Kölner Komm., § 93 AktG Rn. 48; *Oltmanns*, S. 243.

[985] So auch *Decher*, in: ZHR-Beiheft 70 (2001), 25, 39; *ders.*, in: Münchner Hdb. des GesR, GmbH (1. Auflage), § 71 Rn. 35, nach dessen Ansicht die gegenteilige Sichtweise zu einer dem Recht fremden Erfolgsgarantie für Sanierungen führen würde.

[986] Vgl. bzgl. weiterer Beispiele *Uelner*, Sanierung im faktischen Aktienkonzern, S. 41 f.

[987] Vgl. zu diesem Problemkomplex ausführlich *Schanze/Kern*, AG 1991, 421 ff.

[988] LG Bremen ZIP 1998, 561, 565 f.

[989] *Decher*, in: Münchner Hdb. des GesR, GmbH (1. Auflage), § 71 Rn. 35; *Drygala*, GmbHR 2003, 729, 731; eine Sanierungspflicht verneinend *Röhricht*, in: Festschrift 50 Jahre BGH, S. 83 ff.

[990] Für das Strafrecht vgl. statt vieler *Maurach/Gössel*, Strafrecht AT/II, § 41 Rn. 1.

[991] So auch *Keßler*, GmbHR 2005, 257, 260; eine solche Verpflichtung zur Erfolgsabwendung wird auch für die im Weiteren besprochenen Fallgruppen angenommen werden können, sofern die Gesellschafter sich von der Gefahr einer Haftung wegen Existenzvernichtung befreien möchten.

gen würde.[992] Wie K. Schmidt zutreffend dargelegt hat, ermöglicht der zweiteilige Überschuldensbegriff auch in Anbetracht des § 64 GmbH Sanierungsbemühungen.[993] Er bietet den unbestreitbaren Vorteil, dass einerseits erfolgsversprechende Sanierungen möglich sind, andererseits aber konkursreife Unternehmen aus dem Verkehr gezogen würden. Wenn die Prognose z.B. ungünstig ist, so ist dem Sanierungsversuch dennoch nicht der Weg versperrt, da das sanierende Unternehmen jederzeit durch Zufuhr sowohl von Eigenkapital als auch von Liquidität beide in § 64 Abs. 1 GmbHG benannten Zustände beseitigen kann.[994] Hierbei wird aber zu beachten sein, dass Literatur und Rechtsprechung außergerichtliche Sanierungsbemühungen nur innerhalb der gesetzlichen Dreiwochenfrist für den Insolvenzantrag (§ 64 Abs. 1 GmbHG) zulassen[995]. Dies gilt zwar eigentlich nur im Zusammenhang mit der Insolvenzantragspflicht des Geschäftsführers, jedoch wird man hieraus die Wertung des Gesetzgebers zu entnehmen haben, dass eine Entscheidung über eine außergerichtliche Sanierung im Interesse der Gläubiger nur drei Wochen nach Eintritt der Zahlungsunfähigkeit zulässig ist.

5) Ergebnis

Der einzuhaltende Mindeststandard an Rücksicht ist nach den hier gefundenen Ergebnissen derjenige, der dem Geschäftsführer einer unabhängigen GmbH, die sich in der rechtlichen und wirtschaftlichen Situation der abhängigen GmbH befindet, grundsätzlich abverlangt wird. Dieses Verständnis des Vergleichsmaßstabes führt dazu, dass nicht jede Ausübung der satzungsmäßigen Funktion eine Verletzung des Eigeninteresses der Gesellschaft darstellt. Die Ausrichtung der Satzung der abhängigen Gesellschaft auf den faktischen Konzern und die Verfolgung dieser Ziele ist für sich genommen grundsätzlich nicht haftungsauslösend.[996] Erst die hieraus mögliche Beeinträchtigung der Gläubigerinteressen führt zur Existenzvernichtungshaftung nach den Grundsätzen des „Bremer Vulkan"-Urteils. Mit dem Vergleich zum Verhalten des Geschäftsführers einer unabhängigen GmbH wird auch nicht automatisch der Maßstab einer gewinnorientierten GmbH zugrundegelegt, da es durchaus legitim ist, auch in der unabhängigen GmbH nicht wirtschaftliche Ziele zu verfolgen. Jedoch ist auch hier zumindest ein solches Maß an erwerbswirtschaftlichem Streben erforderlich, dass die Gesellschaft zumindest ihrer nichterwerbswirtschaftlichen Zielsetzung nachkommen kann.

---

[992] *Lutter/Hommelhoff*, § 64 Rn. 3.

[993] *K. Schmidt*, ZIP 1980, 328, 329.

[994] Dies dürfte um so mehr gelten, als nach dem Überschuldungstatbestand des § 19 Abs. 2 InsO die Überlebensfähigkeit der Gesellschaft auf der Grundlage der Überschuldungsbilanz zu ermitteln ist (S.2), zum Überschuldungstatbestand Rowedder/Schmidt-Leithoff/*Schmidt-Leithoff*, § 64 Rn. 3; Scholz/*K. Schmidt*, Vor § 64 GmbHG Rn. 16 f.

[995] So *Uhlenbruck*, BB 1985, 1277, 1282.

[996] Insoweit ist die Meinung *Schöns*, ZGR 1996, 429, 454 ff., dass für Gesellschaft mit ideeller oder gemischtwirtschaftlicher Zielsetzung eine verschärfte Haftung einzuführen sei, als zu weitgehend abzulehnen.

Um die Haftungstrennung des § 13 Abs. 2 GmbH jedoch nicht durch zu überzogene Pflichtenstandards zur Farce werden zu lassen, muss auch das hiesige Verständnis vom Haftungsmaßstab dem berechtigten Einwand genüge tun, dass nachteilige unternehmerische Entscheidungen („Fehleinschätzungen") nicht schlechthin die Haftung auslösen können. In diesem Bereich muss dem Alleingesellschafter eine unternehmerische Entscheidungsfreiheit zugestanden werden, der die Gefahr der Fehlentscheidung immanent ist. Somit können Maßnahmen, die sich im Rahmen dieses unternehmerischen Entscheidungsfreiraums bewegen, selbst im Falle des Misslingens nicht als rücksichtsloser Eingriff bewertet werden. Für die Beantwortung der Frage, wann diese Freiheit in einer rechtlich zu beanstandenden Art und Weise ausgeübt wurde, sollten die in der „ARAG/Garmenbeck"-Entscheidung entwickelten Grundsätze für den Alleingesellschafter mit den oben besprochenen Modifikationen brauchbar gemacht werden.

V. Insolvenz

Um die Haftung nach den „Bremer Vulkan"-Grundsätzen auslösen zu können, müsste der Alleingesellschafter durch den rücksichtslosen Eingriff die Fähigkeit der abhängigen Gesellschaft beeinträchtigt haben, ihren Verbindlichkeiten gegenüber ihren Gläubigern nachkommen zu können. Mit diesem Erfordernis stellt der BGH ausdrücklich auf die im TBB-Urteil herausgearbeitete Konkretisierung des objektiven Missbrauchskriteriums für die Einmann-GmbH ab, die auch in weiteren Entscheidungen bestätigt wurde[997]. Diesem Merkmal kommt besondere Bedeutung zu, weil andernfalls der herrschende Alleingesellschafter um die Früchte der „faktischen Konzernierung" gebracht würde, ohne dass sich die fehlende Rücksichtnahme zu Lasten der Gläubiger oder Arbeitnehmer der abhängigen Gesellschaft ausgewirkt haben müsste. Deren schutzwürdige Interessen sind es jedoch gerade, um deretwillen die Anerkennung eines Eigeninteresses der Einmann-Gesellschaft, das über die Vorschriften der §§ 30 ff. GmbHG hinausgeht, gerechtfertigt ist.[998]

1) Zeitpunkt des Eingreifens der Haftung

In Bezug auf die entsprechende Passage des „TBB"-Urteils wurde unterschiedlich darüber geurteilt, wie diese Voraussetzung zu verstehen ist. Die Rechtsprechung und ihr folgend der wohl herrschende Teil der Literatur deuten die Passage so, dass

---

[997] BGHZ 122, 123, 130; BGH NJW 1994, 3288, 3290; BAG ZIP 1996, 333, 335; BSG ZIP 1994, 1944, 1948.

[998] *Ulmer*, ZIP 2001, 2021, 2028; *Eberl-Borges*, Jura 2002, 761, 765; a.A. *Meyer*, S. 895, nach dessen Ansicht es nicht auf dieses Merkmal ankommt. Die Verletzung des Rücksichtnahmegebots wird vielmehr, wie in der mehrgliedrigen Gesellschaft, durch jegliche Nachteilszufügung erfüllt (Wertung aus §§ 311, 317 AktG); so auch schon *Schulze-Osterloh*, ZIP 1993, 1838, 1840, nach dessen Ansicht diese Voraussetzung lediglich eine praktische Bedeutung hat, da sich die Frage der Haftung für Verbindlichkeiten erst stellt, wenn dieser Zustand eingetreten ist. Für den Tatbestand könne es deshalb nicht darauf ankommen, ob speziell die abhängige Einmann-GmbH ihre Verbindlichkeiten noch erfüllen kann oder nicht.

die Existenzgefährdungshaftung erst dann greift, wenn sich die Gesellschaft im Stadium der Zahlungsunfähigkeit befindet.[999]

a) Abstellen auf Zeitpunkt der Existenzgefährdung?
Gegen diese Einschränkung des Gläubigerschutzes wurde vorgebracht, dass sie die Konzernhaftung übermäßig verkürze, da sie erst im Falle der Insolvenz der abhängigen Gesellschaft greife und somit im Vorfeld der Insolvenz keinen „angemessenen Mindestschutz" gewähre.[1000] Vielmehr bestünde die Haftung nach dem §§ 302 ff. AktG analog bereits dann, wenn der Missbrauch der Leitungsmacht zu einer konkreten Bestandsgefährdung geführt habe.[1001] Gerade in der Praxis stelle sich die Frage einer drohenden Haftung des herrschenden Unternehmens bereits im Zeitpunkt der Krise der Gesellschaft, weshalb die Haftung bereits zu dem Zeitpunkt greifen müsse, in dem die Existenzvernichtung der Gesellschaft mit an Sicherheit grenzender Wahrscheinlichkeit zu erwarten war. Für diesen früheren Zeitpunkt spreche, dass das herrschende Unternehmen in der Insolvenz selbst nicht mehr leistungsfähig sein könne.[1002]

Für ein Eingreifen schon im Stadium der Existenzgefährdung könnte auch ein Urteil des BGH aus dem Jahr 1999[1003] sprechen. In diesem keinen Konzernsachverhalt betreffenden Urteil ging es um die Haftung der Gesellschafter für die einvernehmliche Veranlassung von Vermögenseinbußen. Der II. Zivilsenat ließ die an einer solchen Transaktion beteiligten Gesellschafter grundsätzlich nur unter den Voraussetzungen der §§ 31 Abs. 3, 43 Abs. 3 S. 3 GmbHG haften, stellte jedoch auch klar, dass eine andere Beurteilung für den Fall der Existenzgefährdung angebracht sei. Der BGH stellt damit also bei Fehlen von schutzwürdigen Minderheiten, was ja der Situation in der Einmann-GmbH entsprechen würde, auf den im Schrifttum geforderten früheren Zeitpunkt ab.

---

[999] BGHZ 122, 123, 130; BGH NJW 1994, 3288, 3290 f., „Gefahr hat sich nicht verwirklicht"; BGH NJW 1997, 943, 944; BAG ZIP 1996, 333, 335; BSG ZIP 1994, 1944, 1948; BSG ZIP 1996, 1134, 1137; *Röhricht*, in: Festschrift 50 Jahre BGH, S. 83, 109; vor „TBB" schon: *Timm*, NJW 1992, 2185, 2194; *K. Schmidt*, ZIP 1988, 1497, 1504, der von einer „Konkursverursachungshaftung spricht; für die Zeit nach dem „Bremer Vulkan"-Urteil: *Hoffmann*, NZG 2002, 68, 69; *Schaub*, DNotZ 2002, 468, 470; *Schrell*, BB 2003, 1451, 1455; *Haas*, WM 2003, 1929, 1937; *Wilhelmi*, DZWIR 2003, 45, 46; *Döser*, AG 2003, 406, 413; für eine Erweiterung auf die Existenzbedrohung *Schrell/Kirchner*, BB 2003, 1451, 1454; *Schulz/Israel*, NZG 2005, 329, 331.

[1000] Hachenburg/*Ulmer*, § 77 Rn. 136; *Ulmer*, WPg 1986, 685, 692, der davon spricht, dass die Existenz nicht „gefährdet oder in Frage gestellt" werden dürfe; in ZIP 2001, 2021, 2023 stellt *Ulmer* nicht mehr auf diese Einschränkung ab.

[1001] *Habersack*, in: Emmerich/Habersack, Aktien- und GmbH-Konzernrecht (2. Auflage), Anh. II § 318 Rn. 8; Hachenburg/*Ulmer*, § 77 Rn. 135 f.; Scholz/*Emmerich*, Anh. KonzernR Rn. 105; *Decher*, in: Münchner Hdb. des GesR, GmbH (1. Auflage), § 71 Rn. 22; *Mülbert*, DStR 2001, 1937, 1943, nach dessen Ansicht die Existenzvernichtung kein zusätzliches Tatbestandsmerkmal ist, sondern allein bei der Berechnung der Schadenshöhe zu berücksichtigen sei; *Burgard*, ZIP 2002, 827, 830.

[1002] *Koppensteiner*, in: FS f. Steindorff, S. 77, 111.

[1003] BGHZ 142, 92 ff.

b) Stellungnahme

Das neue Haftungssystem des BGH beruht nach hier vertretener Meinung auf einer Verletzung der Treuepflicht gegenüber dem Eigeninteresse der Gesellschaft. Dieses Eigeninteresse wurde mit denen von der zweiten Meinung zur Begründung eines früheren Zeitpunktes herangezogenen Gläubigerinteressen begründet. Sollte es sich also als richtig erweisen, dass diese Interessen schon mit Eintritt der Bestandsgefährdung beeinträchtigt sind, ist es auch nur konsequent bezüglich des Eingreifens der Haftung, die ja gerade das Schutzdefizit der Gläubiger im faktischen Konzern kompensieren soll, auf den Zeitpunkt abzustellen, in dem die Zahlungsunfähigkeit schon mit hoher Wahrscheinlichkeit zu erwarten ist.

Gegen die eingewendeten Belange der Gläubiger, deren Schutz durch das Haftungsverständnis der herrschenden Meinung verkürzt würden, spricht jedoch, dass die Gläubiger erst dann betroffen sind, wenn die Gesellschaft zusammenbricht, also ein Insolvenz- oder Vergleichsverfahren eingeleitet werden muss, in dem die Gläubiger mit ihren Forderungen auszufallen drohen.[1004]

Für das Erfordernis der Insolvenz kann auch auf den im Vorfeld der „Bremer Vulkan"-Entscheidung erschienen Beitrag des Vorsitzenden des II. Zivilsenats des BGH Röhrichts verwiesen werden.[1005] Nach dessen Ansicht kann wegen der umfassenden Dispositionsfreiheit der Alleingesellschafter über Vermögen und Geschäftschancen ihrer Gesellschaft die mangelnde Rücksichtnahme keine Haftung begründen, solange die Funktionsfähigkeit der Gesellschaft, als zur Kanalisierung der Haftung geeigneter selbstständiger Haftungsträger, bewahrt würde. Erst wenn der rücksichtslose Eingriff in die Interessen der Gesellschaft dazu führe, dass die Gesellschaft in ihrem wirtschaftlichen Zusammenbruch ihren Verbindlichkeiten nicht mehr nachkommen könne, was nicht der Fall sei, wenn sie über den zur Befriedigung ihrer Gläubiger ausreichenden Bestand an Einzelausgleichsansprüchen verfüge, sei der Haftungstatbestand erfüllt.[1006]

Dass der II. Zivilsenat im „Bremer Vulkan"-Urteil[1007] dieser Ansicht seines Vorsitzenden gefolgt ist, ergibt sich aus dem Fehlen des Merkmals der Unmöglichkeit des Einzelausgleichs im Vergleich zum Haftungstatbestand der „TBB"-Entscheidung. Auf den Vorrang von Einzelausgleichsansprüchen kommt es nämlich erst dann nicht mehr an, wenn man die Haftung für Existenzgefährdung erst bei Insolvenz der abhängigen Gesellschaft eintreten lässt. Erst hier liegt nämlich eine Situation vor, in der sonstige, die Insolvenz verhindernde Ansprüche der GmbH nicht bestehen.[1008] Etwas anderes ergibt sich auch nicht aus der Tatsache,

---

1004 Roth/Altmeppen/*Altmeppen*, (3. Auflage) Anh. § 13 Rn. 160; für den Zeitpunkt der tatsächlichen Realisierung der Gefahr auch *Haas*, WM 2003, 1929, 1937.

1005 *Röhricht*, in: Festschrift 50 Jahre BGH, S. 83 ff.

1006 *Röhricht*, in: Festschrift 50 Jahre BGH, S. 83, 109 u. 114 f.; vgl. hierzu auch *Kowalski*, GmbHR 1993, 253, 257, der davon spricht, dass Maßnahmen, die eine fehlende angemessene Rücksicht zum Ausdruck bringen, gegenüber Gläubigern erst dann haftungsauslösend sind, wenn die Gläubiger der Gesellschaft hierdurch beeinträchtigt würden.

1007 BGHZ 149, 10 ff. (= ZIP 2001, 1874 ff.).

1008 Vgl. *Röhricht*, in: Festschrift 50 Jahre BGH, S. 83, 115 u. 121; der damit auf einer Linie mit *Drygala*, GmbHR 1993, 317, 321 liegt, für den die Unmöglichkeit des Einzelausgleichs aus der Insolvenz selbst folgt.

dass es in dem der „Bremer Vulkan"-Entscheidung zugrundeliegenden Sachverhalt nicht zur Insolvenz der abhängigen Gesellschaft (MTW) gekommen ist, und der BGH trotzdem zum Ergebnis kam, dass die BVV ihrer Pflicht zur angemessenen Rücksichtnahme auf die Belange der MTW und der damit einhergehenden Pflicht, die Existenz nicht zu gefährden, nicht nachgekommen ist. Dies liegt nicht an einer Ausdehnung des Haftungstatbestandes auf bloße Existenzgefährdung, sondern vielmehr an der Tatsache, dass die Überschuldung der MTW von dritter Seite her ausgeglichen wurde. Ohne das Eingreifen der THA (= Treuhandanstalt) wäre die MTW nicht mehr in der Lage gewesen, ihre Verbindlichkeiten gegenüber ihren Gläubigern zu erfüllen. Dieses Eingreifen von dritter Seite darf aber keineswegs dazu führen, dass der Alleingesellschafter von seiner Haftung wegen unangemessener Rücksichtnahme freigestellt wird. Folglich konnte der II. Zivilsenat den vorliegenden Fall auch zum Anlass nehmen, die Haftung im faktischen Konzern von einer Verlustausgleichs- in eine Existenzvernichtungshaftung umzuwandeln. Bestätigung findet diese Auslegung in der dem „Bremer Vulkan"-Urteil direkt nachfolgenden Entscheidung, in welchem der BGH ausdrücklich festhielt, dass eine Existenzgefährdung allein nicht genüge, um einen haftungsbegründenden existenzvernichtenden Eingriff annehmen zu können.[1009]

2) Ergebnis

Die Haftungsfolge nach der „Bremer Vulkan"-Entscheidung greift erst dann ein, wenn die abhängige GmbH auch nach Rückzahlung des Stammkapitals nicht ihren Verbindlichkeiten nachkommen kann.[1010] Mit diesem Kriterium stellt der BGH auf den Eintritt der Insolvenz der Tochtergesellschaft ab. Die Eröffnung des Insolvenzverfahrens bzw. eines entsprechenden Antrags ist hierfür nicht ausreichend, da diese Merkmale allein keinen Aufschluss darüber geben, ob der Gesellschaft noch ein erforderlicher Bestand an Ansprüchen zusteht, um ihre Verbindlichkeiten gegenüber ihren Gläubigern erfüllen zu können.[1011] Die Gründe, die für das Abstellen auf den früheren Zeitpunkt der Bestandsgefährdung vorgebracht wurden, vermögen nicht zu überzeugen. Vielmehr würde man sich einer weiteren Problematik aussetzen, bestimmen zu müssen, ab welchem Zeitpunkt von einer ausreichenden Bestandsgefährdung ausgegangen werden kann, was auch von den Befürwortern der Gegenansicht erkannt wird.[1012]

Eine Inanspruchnahme der ohne die gebotene Rücksicht auf die Belange der Gesellschaft handelnden Gesellschafter durch die benachteiligten Gesellschaftsgläubiger scheidet aus, wenn über das Vermögen der Gesellschaft das Insolvenzverfah-

[1009] BGHZ 150, 61, 67 f.

[1010] Vgl. hierzu die umfassende Darstellung bei *Lutter/Banerjea*, ZGR 2003, 402, 421 ff.

[1011] Vgl. hierzu OLG München DB 1998, 614, 615.

[1012] Vgl. *Decher*, in: Münchner Hdb. des GesR, GmbH (1. Auflage), § 71 Rn. 22; *Bruns*, WM 2001, 1497, 1501, geht davon aus, dass die Feststellung der Geeignetheit zur Existenzgefährdung nur im Wege der Topik erfolgen könnte; wie hier *Schrell*, BB 2003, 1451, 1455, nach dessen Ansicht ein Abstellen auf den Zeitpunkt der Existenzgefährdung aufgrund der Weite dieses Begriffs, insbesondere im Hinblick auf den haftungsrelevanten Bereich unternehmerischer Fehlentscheidungen, mehr als ungeeignet sei.

ren eröffnet wird. In diesem Fall kann nur der Insolvenzverwalter den in erster Linie der Gesellschaft zustehenden Anspruch gegen die Gesellschafter auf Ausgleich der der Gesellschaft entstandenen Nachteile geltend machen.[1013]

VI. Verschulden

Die Frage, ob der im „TBB"-Urteil vollzogene Wechsel von der Strukturhaftung zur Verhaltenshaftung ein Verschulden des Gesellschafters zur Voraussetzung hat, wurde bis zuletzt vehement verneint.[1014] Der Missbrauch der Stellung des herrschenden Gesellschafters müsse lediglich objektiv sein, weshalb jeglichen Ansätzen, die für das Erfordernis eines Verschuldensmerkmals plädierten, eine Absage erteilt wurde.[1015]

Diejenigen[1016], die ein Verschulden für erforderlich hielten, begründeten dies unter anderem mit der Erwägung, dass es sich hierbei um eine Qualifizierung der allgemeinen Treuepflichtverletzung durch mangelhafte Leitung handele. So stellt der II. Zivilsenat in der „Bremer Vulkan"-Entscheidung auf die im Eingriff liegende Pflichtverletzung ab, was nach zum Teil vertretener Ansicht mehr als deutlich für die Tatsache spricht, dass es sich bei der zweiten Säule des neuen Haftungskonzepts um eine verschuldensabhängige Verhaltenshaftung handelt.[1017] Hinzu kommt, dass die Ablehnung eines Verschuldenserfordernisses vor der „Bremer Vulkan"-Entscheidung größtenteils damit begründet wurde, dass auch die analog als Haftungsgrundlage herangezogenen §§ 302 ff. AktG kein Verschulden erforderten.[1018] Mit dem im „Bremer Vulkan"-Urteil ausgesprochenen Verzicht bezüglich der Heranziehung des aktienrechtlichen Haftungssystems, dürfte sich die Tragfähigkeit dieses Arguments spätestens erledigt haben. Hinzu kommt, dass die hier favorisierte dogmatische Grundlage der Existenzvernichtungshaftung ein Verschulden voraussetzt.[1019] Die Haftung aus der Treuebindung gegenüber der Gesellschaft ist nämlich ein Verletzungstatbestand, der grundsätzlich ein Verschulden voraussetzt.[1020]

[1013] BGHZ 151, 181, 187; BAG ZIP 2005, 1174, 1176.

[1014] OLG Bremen AG 1999, 466, 467; Hachenburg/Ulmer, Anh. § 77 Rn. 131, *Ulmer*, in: ZHR-Beiheft 70 (2001), S. 41, 65; *ders.*, JZ 2002, 1049, 1050; *Henze*, Konzernrecht – Höchst- und obergerichtliche Rechtssprechung, Rn. 265; Baumbach/Hueck/*Zöllner*, GmbH-KonzernR Rn. 91; *Meyer*, S. 893; *Bruns*, WM 2001, 1497, 1505, der allerdings auch davon ausgeht, dass die Konzernhaftung eine Durchgriffshaftung darstellt; *Lutter/Hommelhoff*, § 13 Rn. 25; *Keßler*, GmbHR 2002, 945, 950; *Vetter*, ZIP 2003, 601, 602; *Emmerich/Habersack*, Konzernrecht, 8. Aufl. § 31 II 3 c) S. 432.

[1015] *Goette*, § 9 Rn. 15; *Meyer*, S. 893.

[1016] OLG Rostock ZIP 2004, 118, 120; *K. Schmidt*, NJW 2001, 3577, 3579; für eine „Culpa-Haftung" auch *Altmeppen*, ZIP 2002, 961, 966, der jedoch den Ansatz über die Treuepflicht für verfehlt hält.

[1017] *K. Schmidt*, NJW 2001, 3577, 3579; *Ulmer*, ZIP 2001, 2021, 2028.

[1018] Baumbach/Hueck/*Zöllner*, GmbH-KonzernR Rn. 91; *Bruns*, WM 2001, 1497, 1505.

[1019] *Wiedemann/Hirte*, in: FS 50 Jahre BGH – Festgabe der Wissenschaft, Bd. II, S. 337, 352.

[1020] *Ulmer*, ZHR 148 (1984), 391, 421.

Natürlich könnte man dem entgegenbringen, dass im deutschen Recht der objektive Verschuldensmaßstab ohne wirkliche eigenständige Bedeutung ist, weshalb das Verschuldenserfordernis zu vernachlässigen sei.[1021] Im Hinblick auf die Tatsache, dass beim Geschäftsführer der Verstoß gegen die Pflichten des § 43 Abs. 1 GmbHG zugleich das zur Haftung erforderliche Verschulden begründe[1022], sei es nämlich praktisch kaum denkbar, dass für objektiv pflichtwidriges Verhalten mangels Verschulden ausnahmsweise nicht gehaftet wird.[1023] Da dem Begriff des Nachteils i. S. der §§ 311, 317 AktG eine Sorgfaltspflichtverletzung immanent ist, wird man mit der hier vorgeschlagenen Methode bezüglich der Ermittlung der fehlenden Rücksichtnahme häufig zu ähnlichen Ergebnissen kommen, wie wenn man § 43 GmbHG zur Ermittlung dieses Merkmals herangezogen hätte. Dass damit zugleich die Prüfung von Pflichtverletzung und Verschulden Hand in Hand gehen wird[1024], ist damit nicht gesagt. Ob für den Alleingesellschafter zwingend der objektive Verschuldensmaßstab des § 43 GmbHG gelten muss oder nicht doch höhere Anforderungen an sein Verschulden zu stellen sind, ist durch die Wahl des Vergleichsmaßstabes der §§ 311, 317 AktG für die Bestimmung der fehlenden Rücksichtnahme nämlich nicht vorherbestimmt. So finden sich neben den Befürwortern des Verschuldensmaßstabes des § 43 GmbHG auch Stimmen in der Literatur, die für § 276 BGB, § 93 Abs. 5 S. 2 und 3 AktG oder den Maßstab der *„diligentia quam in suis"* (§ 708 BGB) plädieren.

1) Verschuldensmaßstab

Zu klären bleibt demnach, ob man, wie von der herrschenden Ansicht vorgeschlagen, den Verschuldensmaßstab des § 43 GmbHG an das Handeln des Alleingesellschafters anzulegen hat oder ob im vorliegend Haftungssystem ein anderer Maßstab angebrachter ist.

a) § 708 BGB

Einige Vertreter des Schrifttums erachten es als gesetzessystematisch, den Maßstab des § 708 BGB auf den geschäftsführend tätigen Gesellschafter anzuwenden.[1025] Hiernach hätte der anweisende Gesellschafter nur die Sorgfalt zu beachten, die er in eigenen Angelegenheiten anzuwenden pflegt (*„dilligentia quam in suis"*). Geschlossen wird dies aus der Tatsache, dass dem Recht der Gesellschafter zur Überwachung der Geschäftsführung (§ 46 Nr. 6 GmbHG) im Gesetz kein besonderer Sorgfaltsmaßstab auferlegt wurde.

[1021] *Röhricht*, in: Festschrift 50 Jahre BGH, S. 83, 116; *Wiedemann/Hirte*, in: FS 50 Jahre BGH – Festgabe der Wissenschaft, Bd. II, S. 337, 352; zum verobjektivierten Verschuldensmaßstab auch *Hopt*, in: FS f. Mestmäcker, S. 909, 916; *Wahl*, GmbHR 2004, 994, 997.

[1022] So *Ebenroth/Lange*, GmbHR 1992, 69, 70.

[1023] BGH NJW 1994, 2232, 2233.

[1024] So *Hirte*, Berufshaftung, S. 382.

[1025] *Sandmann*, S. 286; vgl. auch *Burgard*, ZIP 2002, 827, 837; *Thöni*, GmbHR 1989, 187, 191 f., der diesem Verschuldensmaßstab zumindest in der personalistisch ausgestalteten GmbH anwenden möchte, in der kapitalistisch strukturierten GmbH dagegen den des § 276 BGB.

Für die Heranziehung des § 708 BGB könnte sprechen, dass es sich bei der Existenzvernichtungshaftung um eine Pflichtwidrigkeit gegenüber dem Eigeninteresse der Gesellschaft handelt. Beim Pflichtverstoß könnte es sich daher um eine Pflichtwidrigkeit innerhalb einer geschlossenen Gesellschaftergruppe handeln.[1026] Tatsächlich wurde das Eigeninteresse der Einmann-GmbH aber nur anerkannt, um einen Verstoß gegen schützenswerte Drittinteressen sanktionieren zu können. Die unangemessene Rücksicht gegenüber dem Eigeninteresse ist demnach vergleichbar mit einem Verstoß gegen eine im Drittinteresse geschaffene Schutznorm, weshalb § 708 BGB als Verschuldensmaßstab nicht in Betracht kommen kann[1027].

Bei § 708 BGB entfällt zudem nicht lediglich die Ersatzpflicht für einen Schaden, sondern es entfällt bereits die Pflicht, einen höheren Sorgfaltsstandard einzuhalten. Die Regelung gilt allgemein auch bei der BGB-Gesellschaft als rechtspolitisch verfehlt.[1028] Die Haftung wird den Bedürfnissen des Rechtsverkehrs nicht gerecht, weshalb sich schon aus diesem Grund eine Übertragung der Vorschriften auf die GmbH verbieten sollte. Führt man sich den Sorgfaltsmaßstab des § 708 BGB vor Augen, so wird gerade in Konzernsachverhalten sichtbar, dass damit jeglicher Schutz außenstehender Dritten unterlaufen würde. Bei beherrschenden Gesellschaften ist die Einflussnahme herrschaftsimmanent, so dass auch die nachteilige Einflussnahme auf die abhängige Gesellschaft immer der Sorgfalt entsprechen würde, die der herrschende Gesellschafter in eigenen Angelegenheiten anzuwenden pflegt. Ein Verschulden käme bei einem solchen Maßstab praktisch nie zum Tragen, weshalb er nicht auf den herrschenden Alleingesellschafter angewendet werden sollte.

b) § 43 Abs. 1 GmbHG

Vor diesem Hintergrund schlagen nicht wenige Vertreter des Schrifttums § 43 Abs. 1 GmbHG als Verschuldensmaßstab einer Treuepflichtverletzung der Gesellschafter vor.[1029] Hiernach ist der Maßstab für die Frage nach dem Vorliegen einer Fahrlässigkeit nicht die im Verkehr erforderliche Sorgfalt, sondern die Sorgfalt eines ordentlichen Geschäftsmannes.[1030] Da dieser Verschuldensmaßstab aus dem GmbHG stammt, erscheint es nahe liegend, ihn auch auf andere Haftungsmodelle des GmbH-Rechts zu übertragen.

[1026] So die Voraussetzung des BGH für die Anwendung des § 708 BGB, vgl. BGHZ 93, 146, 150.

[1027] BGHZ 93, 146, 150; vgl. hierzu auch *Tiebert*, S.107 f.; *Heck*, S. 174, wonach § 708 BGB nicht mehr angewendet werden kann, wenn es an einer Vertrauensbeziehung in der Gesellschaft fehlt.

[1028] Vgl. hierzu die umfassenden Darstellungen von *Müller-Graff*, AcP 191 (1991), 475 ff.; *Hoffmann*, NJW 1967, 1207 ff.

[1029] *Immenga*, S. 261 u. 268; *Rehbinder*, ZGR 1976, 386, 393; *Lutter/Hommelhoff*, Anh. § 13 Rn. 18; im Ergebnis natürlich auch diejenigen Stimmen, die § 43 als Maßstab für die Ermittlung der Treuepflichtverletzung heranziehen: *Ziegler*, WM 1989, 1041, 1045; *Westermann*, GmbHR 1976, 77, 80; *M. Winter*, S. 113 ff., Rowedder/Schmidt-Leithoff/*Koppensteiner*, Anh. § 52 Rn. 77.

[1030] Scholz/*Schneider*, § 43 Rn. 165.

aa) Unzulässige Haftungsverschärfung gegenüber § 276 BGB?

Hiergegen könnte man aber vorbringen, dass dies der Gesetzessystematik nicht gerecht wird. § 43 GmbHG bestimmt nach seinen eindeutigen Wortlaut nur für den Geschäftsführer eine gegenüber dem normalen Haftungsmaßstab des § 276 Abs. 1 BGB verschärfte Haftung. Ein Gesellschafter, der sich auf gesetzlich verliehenes Recht beschränkt und nicht als Gesellschaftsgeschäftsführer tätig wird, müsse demnach bei Ausübung des Weisungsrechts nur für Vorsatz und Fahrlässigkeit i.S.d. § 276 BGB haften.[1031] Hierfür ließe sich anführen, dass sie selbst bei intensivster Ausübung des Weisungsrechts in erster Linie Privatleute sind, für die der Haftungsmaßstab des § 276 Abs. 1 BGB gilt.[1032] Gegen die Heranziehung des § 43 GmbHG wird weiter eingewendet, die Gesellschafter würden durch die Unterwerfung unter den Maßstab des § 43 GmbHG im Resultat wie ein Geschäftsführungsorgan neben der Geschäftsführung behandelt. Hierdurch würde aber eine Organhaftung erreicht, die lege lata mit dem geltenden GmbH-Recht nicht vereinbar sei.[1033]

Wenn man erklärt, dass die Gesellschafter im Verhältnis zur Gesellschaft keine organschaftliche Pflicht haben, die Unternehmenspolitik mit der Sorgfalt eines ordentlichen Geschäftsmannes zu bestimmen, weil sie eben kein fremdes Vermögen verwalten, so ist diese These zumindest nach dem „Bremer Vulkan"-Urteil so nicht mehr haltbar. Wie sich in der Prüfung zum Eigeninteresse bereits gezeigt hat, wird der Gesellschafter im Anwendungsfeld des nicht-disponiblen Eigeninteresses der Gesellschaft in einem Bereich tätig, in dem er zwar keine fremden Geschäfte seiner GmbH führt, aber im Interesse der Gläubiger an Verhaltensregeln gebunden ist.

Dass sich diese Verhaltensregeln im faktischen Konzern am Verschuldensmaßstab des § 43 GmbHG ausrichten können, zeigt ein Blick auf die „ITT"-Entscheidung des BGH[1034]. Seit diesem Urteil ist weitgehend unbestritten, dass Mehrheitsgesellschafter zum Ersatz eines der Gesellschaft zugeführten Schadens verpflichtet sind, wenn sie die ihnen gegenüber der Minderheit obliegende Treuepflicht verletzen. Die Mehrheitsgesellschafter haften unter den Voraussetzungen, dass sie ihren Einfluss missbrauchen, um die Geschäftsführung zu einer Geschäftsführungsmaßnahme zu veranlassen, die für die Gesellschaft nachteilig ist und deshalb die Interessen der Minderheitsgesellschafter verletzt. Hierbei spielt es keine Rolle, ob diese Veranlassung im Rahmen der Beschlussfassung einer Gesellschafterversammlung oder außerhalb einer solchen erfolgt.

Für die Beurteilung des Verschuldens, welches den Treueverstoß zu einem haftungsbegründenden Tatbestand macht, stellt der BGH in Fällen von Unternehmensverbindungen auf § 43 GmbHG ab, ohne dass es sich dabei dogmatisch um eine Haftung wegen nicht ordnungsgemäßer faktischer Geschäftsführung han-

---

[1031] Rowedder/*Koppensteiner*, § 43 Rn. 59.

[1032] *Ulmer*, ZHR 148, 391, 420 f.; gegen den Maßstab des § 43 GmbHG auch *Fleck*, ZGR 1990, 31, 35 f., dessen Argumente nach den bisher gefundenen Ergebnissen nicht zu überzeugen vermögen.

[1033] *Schramm*, S. 93.

[1034] BGHZ 65, 15, 18 f.

delt.[1035] Der Blick auf diesen Haftungstatbestand zeigt also, dass mit dem Abstellen auf den Verschuldensmaßstab des § 43 GmbHG keineswegs mit gängigen Prinzipien des Gesellschaftsrechts gebrochen wird. Wenn für die Haftung des in einer Unternehmensverbindung befindlichen Mehrheitsgesellschafter gegenüber dem Minderheitsgesellschafter dieser Verschuldensmaßstab angemessen erscheint, ist durchaus angebracht, denselben Maßstab für eine Treuepflichtverletzung gegenüber der abhängigen Einmann-GmbH heranzuziehen.[1036] Dem Fehlen von Minderheitengesellschaftern und ihren zu berücksichtigenden Interessen wird im Haftungsmodell nämlich bereits durch das zusätzliche Erfordernis der Insolvenz der Einmann-GmbH Rechnung getragen. Die Verhaltensweisen, die eine unangemessene Rücksicht in der mehrgliedrigen als auch in der eingliedrigen Gesellschaft darstellen, sind allerdings identisch.[1037] Wie die „ITT"-Entscheidung[1038] zeigt, hat sich die Überprüfung dieser Verhaltensweisen am Verschuldensmaßstab des § 43 GmbHG auszurichten.

bb) Haftung nur für grobe Sorgfaltswidrigkeiten?

Gegen den Maßstab des § 43 GmbHG könnte aber das von Altmeppen[1039] ins Spiel gebrachte Argument sprechen, der herrschende Gesellschafter einer GmbH würde durch diesen Verschuldensmaßstab einer strengeren Geschäftsführerhaftung unterliegen als der Fremdgeschäftsführer bzw. der Vorstand einer AG. Seiner Meinung nach kommt eine Haftung des herrschenden Gesellschafters wegen einer Schädigung des Gesellschaftsvermögens zu Lasten der Gläubigerbefriedigung nur mit der Einschränkung in Betracht, dass in analoger Anwendung des § 93 Abs. 5 S. 2 AktG – soweit es nicht um Einlagenrückgewähr gehe – nur der gröbliche Verstoß gegen die Sorgfalt eines ordentlichen Geschäftsmannes den Schadensersatzanspruch im Gläubigerinteresse der Gesellschafterdisposition entziehe. Der ansonsten entstehende Wertungswiderspruch zwischen der AG und der GmbH sei nicht hinzunehmen.

cc) Stellungnahme

Zwar geht Altmeppen von einer „modifizierten" Organhaftung aus und bezieht deshalb die Frage der Anwendung des § 93 Abs. 5 AktG auf die Verzichtbarkeit der Haftung. Jedoch kommt dies nach dem hier vertretenen Treuepflichtansatz im Ergebnis einem niedrigeren Verschuldensmaßstab gleich.[1040] Wenn die Verzicht-

---

[1035] BGH NJW 1976, 191, 192 (insoweit nicht in BGHZ 65, 15 ff. abgedruckt); so auch das OLG Karlsruhe, WM 1984, 656, 660; außerhalb von Unternehmensverbindungen soll jedoch § 276 BGB gelten, vgl. BGHZ 95, 146, 150.

[1036] Vgl. hierzu auch BGHZ 119, 255, 261, in dieser Entscheidung geht der BGH ohne weiteres davon aus, dass der nichtunternehmerische Alleingesellschafter der Haftung aus § 43 Abs. 2 GmbHG unterfällt.

[1037] Vgl. Ergebnis bei C) IV. 3) g).

[1038] BGHZ 65, 15, 18 f.

[1039] *Altmeppen*, DB 2000, 261, 262; *ders.*, DB 2000, 657, 660; *ders.*, ZIP 2001, 1837, 1844; *ders.*, NJW 2002, 321, 323 f.

[1040] Dies sieht wohl auch *K. Schmidt* so, der im Zusammenhang mit dem Ansatz von Altmeppen von einem „Rekurs auf § 93 Abs. 5 S. 2, 3 AktG und damit auf eine nur gröbliche Sorgfaltswidrigkeiten barkeit des Anspruchs erst bei groben Sorgfaltsverstößen nicht mehr gegeben sein soll, heißt dies auf den hier gewählten Ansatz übertragen nichts anderes, als dass einfache Sorgfaltspflichtverstöße regelmäßig nicht zu einem Schadensersatz führen werden. Sollte die Aussage deshalb zutreffen, ist es angebracht, den Verschuldensmaßstab auf grobe Sorgfaltswidrigkeiten zu beschränken.

aaa) Wertung des § 93 Abs. 5 S. 3 AktG unvereinbar mit GmbHG

Gegen eine solche Sichtweise spricht zunächst, dass die Wertung des § 93 Abs. 5 S. 3 AktG schon nicht für den Fremdgeschäftsführer der GmbH brauchbar gemacht werden kann. Dies ergibt sich aus den Strukturunterschieden zwischen AG und GmbH, die sich vor allem im Bereich der Unternehmensverfassung zeigen. Ein wesentlicher Unterschied zwischen AG und GmbH liegt in der Gesellschafterverfassung. Bei der GmbH besteht eine umfassende Kompetenz der Gesellschafter für alle unternehmenspolitischen wichtigen Entscheidungen und außergewöhnliche Maßnahmen. Eine Kompetenz der Geschäftsführung besteht lediglich für das Tagesgeschäft. Die Geschäftsführung ist weisungsabhängig, darüber hinaus unterliegt das Innenverhältnis der Disposition der Gesellschafter (§ 45 Abs. 1 GmbHG). Die Mehrheitsherrschaft der Gesellschafter kann noch durch Sonderrechte, wie z.B. Geschäftsführungssonderrechte oder Mehrfachstimmrechte, intensiviert werden.

In der AG leitet der Vorstand die Gesellschaft weitgehend eigenverantwortlich (§ 76 Abs. 1 AktG). Es bestehen lediglich punktuelle Hauptversammlungszuständigkeiten. Anders als in § 37 Abs. 1 GmbHG vorgesehen, enthält das Aktienrecht kein allgemeines Weisungsrecht der Aktionäre bzw. der Hauptversammlung gegenüber dem Vorstand. Führt man sich diesen Unterschied vor Augen, so spricht schon der Sinn und Zweck der § 93 Abs. 5 S. 3 AktG gegen eine Anwendbarkeit auf die GmbH. Die Vorschrift greift die Frage nach einem eigenen Verfolgungsrecht der bei der AG ausfallenden Gläubiger auf und schränkt dieses auf die Fälle grober Sorgfaltswidrigkeiten ein, um die Entschlusskraft und Verantwortungsbereitschaft der Vorstandsmitglieder nicht unter der drohenden Rechtsverfolgung durch die Gläubiger leiden zu lassen.[1041] Diese Gefahr besteht aber bei einer Haftungssanktion gegen den Fremdgeschäftsführer einer GmbH gerade nicht. Durch die Möglichkeit der GmbH-Gesellschafter, den Geschäftsführern bindende Anweisungen zu geben und damit die Gesellschaft zu leiten, wird die Verantwortung der Geschäftsführer aufgehoben, wenn sie Gesellschafterbeschlüssen oder Weisungen des alleinigen Gesellschafters Folge leisten.[1042] Der Zweck der Norm kann also bei einem Fremdgeschäftsführer der GmbH nicht zum Tragen kommen.

Gegen eine analoge Heranziehung des § 93 Abs. 5 S. 2 und S. 3 AktG spricht zudem, dass die in Satz 2 erwähnten Katalogfälle i.S.d. § 93 Abs. 3 AktG in der GmbH entweder gar nicht einschlägig sind oder im GmbHG eine besondere Rege-

---

erfassende Haftungsnorm" spricht, vgl. *K .Schmidt*, NJW 2001, 3577, 3580; vgl. auch *Goette*, DStR 2001, 1857, der von der durch § 93 Abs. 5 S. 2 und 3 AktG aufgeworfenen Frage der subjektiven Voraussetzungen spricht.

1041 Geßler/Hefermehl/*Hefermehl*, AktG, § 93 Rn. 70; so auch ausdrücklich Altmeppen, DB 2000, 261, 262 f.

1042 BGHZ 31, 258, 278; *Kust*, WM 1980, 758.

lung erfahren haben, die ihrerseits die Unverzichtbarkeit des Schadensersatzanspruchs im Gläubigerinteresse anordnen (§ 64 Abs. 2 S. 3 GmbHG). Die für eine Analogie erforderliche Regelungslücke könnte man demnach allein darin erblicken, dass der Verzicht in der GmbH selbst dann möglich ist, wenn dem Geschäftsführer nur eine einfache Sorgfaltswidrigkeit zur Last gelegt wird. Die teilweise Regelung der Unverzichtbarkeit im Gläubigerinteresse, wie z.B. bei den §§ 43 Abs. 3 und 64 Abs. 2 S. 3 GmbHG, spricht aber gerade gegen eine planwidrige Lücke. Der Gesetzgeber hat dem Geschäftsleiter einer AG in Kenntnis der Vorschriften des GmbHG einen größeren Spielraum zugebilligt, in dem er die Geschäfte der Gesellschaft leiten kann.

bbb) Weitere Einwände

Der Heranziehung des § 93 Abs. 5 S. 2 und 3 AktG stehen jedoch nicht nur unter diesen Gesichtspunkten Bedenken entgegen. So findet sich der Hinweis, dass § 93 Abs. 5 S. 2 und 3 AktG nicht die Haftung begrenzen sollen, sondern nur den Direktzugriff der Gesellschaftsgläubiger. Für die Konturierung der Gesellschafterverantwortlichkeit und des Haftungstatbestandes sei die Vorschrift deshalb nicht geeignet. Folglich könne die Norm nicht zur Begründung eines niedrigeren Verschuldensmaßstabes herangezogen werden.[1043] Noch schwerwiegender sei, dass gerade der Zweck des § 93 Abs. 5 S. 2 AktG die Vorstandsmitglieder vor Gläubigerklagen zu schützen, die sich auf alle Arten angeblicher Sorgfaltspflichtverletzungen unabhängig von ihrer Schwere stützten, bei den hier in Frage stehenden Eingriffen des Alleingesellschafters nicht greifen würde. Bei den Alleingesellschaftern gehe es um den Schaden, der der GmbH durch die fehlende Rücksicht auf ihre Interessen beigebracht wurde, weshalb ein Schutz vor den Gläubigern schwerlich angebracht sei.[1044]

Diesen Bedenken kann in vollem Umfang zugestimmt werden. Wer durch einen rücksichtslosen Eingriff in die Interessen der Gesellschaft deren Existenz aufs Spiel setzt, setzt seine Entschlusskraft gerade nicht mehr zu Gunsten der Gesellschaft ein. Warum sollte man also etwas durch die Einschränkung von Gläubigerrechten schützen, was sowieso nicht mehr vorhanden ist? Dem Gesellschafter einen Verschuldensfreiraum jenseits der groben Sorgfalt zuzubilligen, ist völlig unangebracht. Gerade der sich rücksichtslos gegenüber den Eigeninteressen der Einmann-Gesellschaft verhaltende Alleingesellschafter darf sich nicht mit dem Argument des Schutzes seiner Entschlusskraft und Verantwortungsbereitschaft im Interesse der Gesellschaft vor einer Haftung wegen einfacher Sorgfaltswidrigkeit frei zeichnen können.

[1043] *K. Schmidt*, NJW 2001, 3577, 3580.

[1044] *Ulmer*, ZIP 2001, 2021, 2027, der diese Frage im Zusammenhang mit dem Verfolgungsrecht der Gläubiger bespricht. Auch wenn er diese Äußerung folglich in einem anderen Zusammenhang bringt, kann die damit verbundene Wertung, dass die Gesellschafter in dieser Situation keines besonderen Schutzes bedürfen, auch für die Frage nach dem Verschuldensmaßstab brauchbar gemacht werden.

2) Ergebnis

Ausgehend von dem schon in der „ITT“-Entscheidung des BGH zum Ausdruck kommenden Prinzip, dass der Ausübung von Konzernherrschaft auch die Verantwortung für die Folgen dieser Haftung entsprechen muss[1045], hat sich die Verschuldensbeurteilung danach zu richten, ob die im Abhängigkeitsverhältnis erfolgenden Maßnahmen noch mit dem Mindestmaß eines Bestandschutzinteresses einer zwar konzernabhängigen, aber dennoch grundsätzlich eigenständigen Vermögens- und Haftungseinheit darstellenden Gesellschaft zu vereinbaren sind. Maßstab dieser Haftungsverantwortlichkeit soll nach der hier vertretenen Auffassung die von einem ordentlichen Geschäftsführer zu beachtende Sorgfalt sein. Für die Haftung des in einer Unternehmensverbindung befindlichen Mehrheitsgesellschafters gegenüber dem Minderheitsgesellschafter wird dieser Verschuldensmaßstab als angemessen bewertet. Da das Fehlen von Minderheitengesellschaftern und ihren zu berücksichtigenden Interessen allerdings bereits durch das zusätzliche Erfordernis der Insolvenz der Einmann-GmbH Rechnung getragen wird und die Verhaltensweisen, die eine unangemessene Rücksicht in der mehrgliedrigen als auch in der eingliedrigen Gesellschaft darstellen, identisch sind, ist es angebracht, denselben Maßstab für eine Treuepflichtverletzung gegenüber der abhängigen Einmann-GmbH heranzuziehen. Wie oben festgestellt wurde, führt die Beurteilung des Verschuldens anhand des § 43 GmbHG auch nicht dazu, dass es sich dabei zugleich dogmatisch um eine Haftung wegen nicht ordnungsgemäßer faktischer Geschäftsführung handelt.[1046] Es wird durch eine solche Vorgehensweise also keines-wegs mit gängigen Prinzipien des Gesellschaftsrechts gebrochen.

VII. Rechtsfolgen der Haftung

Gegen eine auf Verletzung der Treuepflicht beruhende Innenhaftung wird vorgetragen, dass die Rechtsfolge allein die Pflicht zum Ersatz des der Gesellschaft zugefügten Schadens sein kann, jedoch keine unbeschränkte Haftung des Alleingesellschafter herbeiführen kann.[1047] Richtig ist, dass die Vertreter einer Lösung über die Treuepflicht als Rechtsfolge eines Verstoßes gegen das Bestandsvernichtungsverbot einen nach § 287 ZPO zu schätzenden, die dauerhafte Schädigung ausgleichenden Schadensersatz befürworten.[1048] Problematisch hieran erscheint, dass auch Richter regelmäßig erst zu einer Schadensschätzung nach § 287 ZPO übergehen, wenn der Kläger insoweit zumindest aussagekräftige Indizien substantiiert vorgetragen hat.[1049] Zudem findet sich im Schrifttum die Kritik dass die Schadensschät

1045 *Mestmäcker*, in: FS f. Kronstein, S. 129, 131; *Rehbinder*, ZGR 1977, 581, 640.

1046 BGH NJW 1976, 191, 192 (insoweit nicht in BGHZ 65, 15 ff. abgedruckt); so auch das OLG Karlsruhe, WM 1984, 656, 660; außerhalb von Unternehmensverbindungen soll jedoch § 276 BGB gelten, vgl. BGHZ 95, 146, 150.

1047 *Lutter/Banerjea*, ZGR 2003, 402, 412.

1048 *K. Schmidt*, GesR, § 39 III 3 b) bb), S. 1235; *Ulmer*, ZIP 2001, 2021, 2028; *Altmeppen*, ZIP 2001, 3580, 3581.

1049 *Lutter/Banerjea*, ZGR 2003, 402, 413.

zung nach § 287 ZPO regelmäßig auf einen Verlustausgleich analog § 302 AktG hinauslaufen würde[1050], weil das Ausmaß der konkreten Schädigung gerade nicht mehr feststellbar sei.[1051]

1) Höchstschaden der Gesellschaft

Der BGH hat diese Beweisschwierigkeiten der Gläubiger erkannt und verlangt im Unterschlagungsfall für eine beschränkte Haftung des Alleingesellschafters nunmehr ausdrücklich, dass der Gesellschafter nachweisen kann, dass der Gesellschaft im Vergleich zu der Vermögenslage bei einem redlichen Verhalten nur ein begrenzter – und dann in diesem Umfang auszugleichender – Nachteil entstanden ist (sog. Höchstschaden der Gesellschaft).[1052] Der BGH hat damit zugleich eine Vermutung für den tatsächlichen Umfang der Gläubigerschädigung begründet.[1053] Gelingt der Entlastungsnachweis nämlich nicht, so besteht die Haftung in Höhe der gesamten Überschuldung bis zur restlosen Gläubigerbefriedigung.

2) Stellungnahme

Es ist richtig, dass der II. Zivilsenat den Gesellschaftern die Möglichkeit eröffnet, nicht für Schäden zu haften, die bereits vor seinem Eingriff gegeben ware.[1054] Bestand schon vor dem rücksichtslosen Eingriff des Alleingesellschafters eine Schieflage der Gesellschaft, wäre es nämlich mehr als problematisch, den Gesellschafter auch für Forderungen haften zu lassen, die bereits vor seinem schädigenden Verhalten nicht mehr in vollem Umfang werthaltig waren.[1055] Wie zu Anfang der Arbeit festgestellt, wird das allgemeine Risiko, mit den Forderungen auszufallen, durch die Vorschrift des § 13 Abs. 2 GmbHG gerade den Gläubigern auferlegt.[1056] Wenn aber feststeht, dass sich das vom Gläubiger eingegangene Risiko auch ohne den Eingriff des Gesellschafters jedenfalls zu einem erheblichen Teil realisiert hätte, ist es nicht angezeigt, die gesetzlich vorgesehene Risikoverteilung außer Acht zu lassen.[1057] Es ist demnach richtig, dem Gesellschafter die Möglichkeit zu eröffnen, die Haftung umfangmäßig auf den Schaden zu begrenzen, den die Gesellschaft und deren Gläubiger durch den rücksichtlosen Eingriff erlitten haben.[1058]

[1050] Für einen Verlustausgleich als unmittelbare Folge der Treuepflichtverletzung spricht sich *Mülbert*, DStR 2001, 1937, 1946 f. aus.

[1051] *Lutter/Banerjea*, ZGR 2003, 402, 413, die hieraus den Schluss ziehen, dass die Annahme einer „echten" Außenhaftung vor allem wegen der Rechtsfolge dem Innenhaftungskonzept überlegen sei.

[1052] BGH ZIP 2005, 117,

[1053] Zu dieser Vermutung des Schadensumfang vgl. *Altmeppen*, ZIP 2001, 1837, 1845 f.

[1054] Eine ausführliche Begründung zur betragsmäßig beschränkten Haftung liefert *Vetter*, ZIP 2003, 601, 604; vgl. auch *Altmeppen*, ZIP 2005, 119, 120 f.; *Wackerbarth*, ZIP 2005, 877, 880.

[1055] Ausführlich hierzu *Vetter*, ZIP 2003, 601, 603 ff; *Habersack*, in: Emmerich/Habersack, Aktien- und GmbH-Konzernrecht, Anh. § 318 Rn. 35; *Lutter/Banerjea*, ZGR 2003, 402, 431 ff.; *Altmeppen*, ZIP 2005, 119, 120.

[1056] *Vetter*, ZIP 2003, 601, 605; *Emmerich*, JuS 2005, 180, 181.

[1057] Im Ergebnis ähnlich *Keßler*, GmbHR 2005, 257, 263.

[1058] So schon vor der zitierten BGH-Entscheidung *Vetter*, ZIP 2003, 601, 603 ff.

Die vom BGH trotz dieser Ausgangslage angestellte Vermutung des Schadenumfangs ist jedoch berechtigt.[1059] In den hier interessierenden Fällen der Existenzvernichtung hat der Gesellschafter das Vermögen seiner GmbH in einem der Höhe nach nicht mehr feststellbaren Ausmaß zu Lasten unbefriedigter Gläubiger geschädigt. Es liegt also gerade an seinem Verhalten, dass eine dem Grunde nach feststehende Haftung im Gläubigerinteresse der Höhe nach nicht festgestellt werden kann.[1060] Die Beschränkung der Haftung auf die der Gesellschaft entstandenen Schäden darf aber nicht dazu führen, dass die Ansprüche nur deshalb nicht durchgesetzt werden, weil der Umfang des Schadens nicht festgestellt werden kann. Diese Verschiebung der Darlegungs- und Beweislast ist im Hinblick auf Sphärengesichtspunkte vollauf gerechtfertigt und entspricht allgemeinen Beweislastgrundsätzen.[1061]

3) Ergebnis

Der Gesellschafter haftet also dafür, dass er der Gesellschaft durch den Eingriff die Fähigkeit genommen hat, ihre Verbindlichkeiten zu erfüllen. Der Schaden den die Gesellschaft erleidet, ist deshalb ohne Heranziehung des § 287 ZPO grundsätzlich mit der Summe aller Insolvenzforderungen bezifferbar.[1062] Hinsichtlich eines geringeren Schadens obliegt dem Gesellschafter die Darlegungs- und Beweislast.

VIII. Relevante Fallgruppen

Beim Verhalten eines ordentlichen und gewissenhaften Geschäftsführers einer unabhängigen Gesellschaft handelt es sich notwendigerweise um ein generalklauselartiges Kriterium, dessen genauer Inhalt sich erst im Einzelfall genau ermitteln lässt. Im folgenden Abschnitt sollen trotzdem gewisse Anwendungsfelder aufgezeigt werden, in denen das Haftungsmodell für Existenzgefährdung sowohl im Einpersonen- als auch im Mehrpersonen-Konzern greifen wird. Im Hinblick darauf, dass Schätzungen zufolge über 50 % der am Markt befindlichen GmbHs in Konzernen eingebunden sind[1063] und damit der Anwendungsbereich des Konzernrechts und die Gefahr, in eine Konzernhaftung zu geraten, nicht zu unterschätzen sind, ist diese „Konkretisierung" besonders im Hinblick auf die Rechtssicherheit der Gesellschafter geboten. Ihnen soll aufgezeigt werden, in welchen Bereichen sie sich der Gefahr einer Existenzvernichtungshaftung aussetzten können.

[1059] *Wackerbarth*, ZIP 2005, 877, 880; *Altmeppen*, ZIP 2005, 119, 120; kritisch *Haas*, NZI 2005, 239, 240, der ein gewisses Spannungsverhältnis zur Geschäftsführerhaftung im Falle der Insolvenzverschleppung erkennt.

[1060] *Altmeppen*, ZIP 2005, 119, 120.

[1061] *Altmeppen*, ZIP 2005, 119, 120; *Keßler*, GmbHR 2005, 257, 263; a.A. *Haas*, NZI 2005, 239, 240, der hierin eine vom allgemeinen Schadensrecht klar abweichende Beweislastregel erkennt.

[1062] Vgl. auch *Wackerbarth*, ZIP 2005, 877, 880.

[1063] Scholz/*Emmerich*, Anh. KonzernR Rn. 3.

1) Fallgruppen der Existenzvernichtungshaftung

Die Frage, welche Fallgruppen für die Existenzgefährdungshaftung der Gesellschafter relevant werden können, wird schon seit langem aufgeworfen.[1064] Sicher ist zumindest, dass nicht nur die §§ 30 f. GmbHG die Maßnahmen definieren, durch die ein Eigeninteresse der Gesellschaft verletzt werden kann.[1065] Inwieweit die bereits in der Literatur diskutierten Fallgruppen im hier besprochenen Haftungsmodell relevant sein werden, ist im sich nun anschließenden Teil zu klären.

a) Liquiditätsentzug/ Cash-Management

Wie ein Blick auf die von den Gerichten entschiedenen konzernrechtlichen Fälle zeigt, kommt vor allem dem Entzug von Liquidität eine erhebliche Bedeutung zu. Wie schon erwähnt, ging es in der „Autokran"-Entscheidung um den mittels Factoringverträgen erfolgten Entzug von Gewinn und Liquidität mehrerer Gesellschaften.[1066] Daneben sorgte der Fall „Gerken" für Aufsehen, bei dem es „lediglich" um einen einmaligen Liquiditätsabzug ging, der jedoch zu einem Zeitpunkt erfolgte, als die Gesellschaft darauf angewiesen war, ihre Kreditlinie bei ihrer Hausbank unter einen bestimmten Betrag zurückzuführen.[1067] Zu nennen ist auch der Fall des LG Frankfurt[1068], bei dem es neben dem Zwang zum erheblich überteuerten Bezug von Waren der Muttergesellschaft, um den Einbehalt von mindestens 80 % – im Höchstfall konnten es 95 % sein – der eigentlich der abhängigen Gesellschaft zustehenden Liquidität ging.

aa) Konzernweites Cash-Management

Unter Liquiditätsabzug im betriebswirtschaftlichen Sinne ist die Verlagerung und der Transfer von liquiden Mitteln zwischen Konzerngesellschaften zu verstehen. Der Vorgang dient dem Zweck, einen möglichst geringen Sicherheitsbestand an liquiden Mitteln vorzuhalten und die finanziellen Ressourcen rentabel zu nutzen.[1069] Das Ziel einer rentablen Nutzung der finanziellen Ressourcen eines Konzerns führt in den meisten Fällen, so auch im Falle des Bremer Vulkan-Konzerns, zu einer Installation eines konzernweiten Cash-Management. Der aus dem amerikanischen Recht stammende Begriff „Cash-Management" steht für alle Aufgaben und Maßnahmen, die zur Liquiditätssicherung und zur Erreichung höchster Effizienz im Zahlungsverkehr durchgeführt werden[1070]. Wie der Fall des „Bremer Vulkan"-Konzerns belegt, in dem eine zielorientierte Steuerung der Liquidität der Konzerntöchter vorgenommen wurde, kann ein Cash-Management über die reine Finanz

---

[1064] *Priester*, ZGR 1993, 512, 523; auch *K .Schmidt*, ZIP 1986, 146, 148 f.: Der weniger die Begründung einer dogmatischen Grundlage, als die Ausarbeitung der sich hieraus ergebenden Pflichten als Aufgabe für die Zukunft versteht; *ders.*, in: Der qualifizierte faktische GmbH-Konzern, S. 109, 127.

[1065] Vgl. Erg. bei B) II. 1) c) aa) ccc) (2).

[1066] BGHZ 95, 330 ff.

[1067] OLG Saarbrücken GmbHR 1993, 39 ff.

[1068] LG Frankfurt AG 1998, 98 f.

[1069] *Perridon/Steiner*, Finanzwirtschaft der Unternehmung, S. 551 ff.

[1070] *Reintges*, in: Christians (Hrsg.), Finanzierungshandbuch, S. 663, 674.

verwaltung hinausgehen. Die Durchführung eines solchen Cash-Managements kann entweder direkt beim Mutterkonzern erfolgen oder bei speziellen Betreibergesellschaften mit Sitz im In- oder Ausland.[1071]

aaa) Funktion und Funktionsweise eines solchen Cash-Managements

Ein zentrales Cash-Management bündelt regelmäßig die gesamte Überschussliquidität der Gesellschaft und stellt einen konzernweiten Liquiditätsausgleich her.[1072] Alle bei den Konzernunternehmen eingehenden Zahlungen werden bei einer zentralen Stelle zusammengefasst, welche darüber entscheidet, wo, wann und in welchem Umfang die verfügbaren Mittel im Konzern eingesetzt werden. Die Betreibergesellschaft führt den einzelnen Konzernunternehmen also die benötigten Mittel zu und begleicht Verbindlichkeiten gegenüber Dritten. Hierdurch wird verhindert, dass eine Konzerntochter Kredite aufnehmen muss, während in einem anderen Unternehmen des Konzerns Mittel ungenutzt bleiben.[1073] Die Bündelung der Finanzkraft im Cash-Management ermöglicht zudem eine bessere Verhandlungsbasis des Mutterkonzerns bzw. der Betreibergesellschaft gegenüber den Kreditinstituten, wenn es um bessere Konditionen bei der Aufnahme von Krediten oder Geldanlagen geht.[1074] Demnach bewirkt die zentrale Steuerung des Finanzwesens auch positive Effekte im Außenverhältnis, die das Tochterunternehmen allein nicht realisieren könnte.[1075] Das Cash-Management übernimmt daneben die konzerninterne Verrechnung von Forderungen und Verbindlichkeiten (sogenanntes *clearing*), wodurch erhebliche Transaktionskosten gespart werden.[1076] Durch ein Cash-Management werden demnach Kosten minimiert (Kosten der Kassenerhaltung, der Zahlungsströme, Finanzierungskosten) und Anlageerlöse maximiert.[1077]

Die Einführung eines konzernweiten Cash-Managements ist für eine abhängige Gesellschaft also nicht direkt mit Nachteilen verbunden. Vielmehr überwiegen auf den ersten Blick die betriebswirtschaftlichen Vorteile einer solchen Konstruktion. Die Abgabe der liquiden Mittel an die das Cash-Management durchführende Finanzierungsgesellschaft stellt keinen endgültigen Vermögensabgang bei der beherrschten Gesellschaft dar.[1078] Die Gesellschaft erhält als Ausgleich einen Rückzahlungsanspruch in voller Höhe. Die durch die zentrale Kreditaufnahme bewirkte Verkümmerung der Beziehungen zu den Kreditinstituten kann angesichts der hierdurch berwirkten Konditionsvorteile ebenfalls nicht als rücksichtsloser Eingriff in die Interessen der Gesellschaft eingestuft werden.[1079] Selbst wenn der Mutterkonzern zentral aufgenommene Darlehen an die Tochtergesellschaften weiterleitet und

---

[1071] *Zeidler*, Zentrales Cashmanagement in faktischen Aktienkonzernen, S. 7.

[1072] Zur genauen Funktionsweise und den einzelnen Varianten vgl. *Henze*, WM 2005, 717, 717 f.; *Reidenbach*, WM 2004, 1421, 1423; *Morsch*, NZG 2003, 97 ff.

[1073] *Sieger/Hasselbach*, BB 1999, 645.

[1074] *Jula/Breitbarth*, AG 1997, 256; *Römermann/Schröder*, GmbHR 2001, 1015, 1020.

[1075] *Decher*, DB 1989, 965, 970; *Hoffmann-Becking*, in: Probleme des Konzernrechts, S. 68, 80.

[1076] *Büschgen*, WM 1995, 733, 736; *Zeidler*, S. 1.

[1077] *Theisen*, in: Lutter, Holding-Handbuch, S. 361, 372; *Jula/Breitbarth*, AG 1997, 256, 257; *Hahn*, Der Konzern 2004, 641, 644.

[1078] *Strohn*, S. 112.

[1079] *Hoffmann-Becking*, in: Probleme des Konzernrechts, S. 68, 80; *Freitag*, WM 2003, 805, 810.

diese dafür Sicherheiten bereitstellen, kann dies nicht als unangemessene Rücksicht bewertet werden, da die Tochtergesellschaft auch bei einer eigenständigen Darlehensaufnahme Sicherheiten stellen müsste. Die zentrale Durchführung der Liquiditätsplanung (Eigenkapitalausstattung, Gewinnverwendung, Verschuldungsgrad) durch die Betreibergesellschaft ist für die abhängige GmbH ebenfalls nicht existenzbedrohend, weil sie diese in einer Krise ohne größere Umstände wieder selbst übernehmen könnte.[1080] An der grundsätzlichen Zulässigkeit der Einführung einer zentralen Kassenhaltung bestehen, angesichts dieses Befundes und aufgrund des auch im GmbH-Konzern geltenden Grundsatzes der Finanzierungsfreiheit[1081], keine Bedenken.

bbb) Risiken einer solchen Konstruktion

Wie der Zusammenbruch des Bremer Vulkanverbundes allerdings gezeigt hat, sind solche Finanzsysteme auch mit erheblichen Risiken verbunden. Sie werden vor allem durch die Tatsache begründet, dass an sich gesunde Gesellschaften beim Zusammenbruch eines zentralen Cash-Managements zumeist mit in die Insolvenz gerissen werden (sogenannter „Mitreißeffekt“).[1082] Diese Kettenreaktion ist vor allem darauf zurückzuführen, dass den einbezogenen Gesellschaften keine eigenen Liquiditätsreserven belassen werden und sie dementsprechend auf die Kapitalzuführung durch das Cash - Management angewiesen sind, um ihre eigenen Verbindlichkeiten erfüllen zu können. Der Ausfall der Betreibergesellschaft hat dementsprechend auch einen Ausfall der zuzuführenden Mittel zur Folge, was die Gefahr einer sofortigen Zahlungsunfähigkeit herbeiführt. Durch die Einführung eines Liquiditätsausgleichs wird folglich das Schicksal der Tochter auf das Engste mit dem Schicksal der Mutter verknüpft. Daneben besteht die Gefahr, dass durch die nahezu vollständige Abgabe der Liquidität die zur Aufrechterhaltung des Geschäftsbetriebes notwendigen Investitionen unterbleiben.[1083]

bb) Bestimmung der fehlenden angemessenen Rücksichtnahme

Die Frage, wann die Einbeziehung in ein Cash-Management einen rücksichtslosen Eingriff begründet, soll anhand des gewählten Vergleichsmaßstabs ermittelt werden. Wie oben bereits kurz angesprochen, verlangt der BGH neuerdings für die Vergabe von Darlehen an Gesellschafter, welche aus den gebundenen Mitteln der Gesellschaft erfolgt, dass die Darlehensvergabe (i) im Interesse der Gesellschaft erfolgt, (ii) die Darlehensbedingungen dem Drittvergleich standhalten und (iii) die Kreditwürdigkeit des Gesellschafters „selbst bei Anlegung strengster Maßstäbe außerhalb jeden vernünftigen Zweifels steht oder die Rückzahlung des Darlehens

---

[1080] *Decher*, in: Münchner Hdb. des GesR, GmbH, § 68 Rn. 23.

[1081] *Luttermann*, BB 2001, 2433, 2434; *Limmer*, S. 241.

[1082] *Bayer*, in: FS f. Lutter, S. 1011, 1015; *Oser*, WPg 1994, 312, 315; *Zeidler*, S. 1; vgl. als weiteres Beispiel die Insolvenz der AEG/Neff-Gruppe, hierzu insbes. den Bericht von *Wellensiek*, ZIP 1982, 1370, 1371.

[1083] *Scheffler*, in: FS f. Goerdeler, S. 469, 479.

durch werthaltige Sicherheiten voll gewährleistet ist.[1084] Für die Fälle, in denen die Abgabe liquider Mittel aus dem freien Vermögen erfolgt, wird man im Hinblick auf die Gefahr der Existenzvernichtung zumindest fordern müssen, dass die Geldanlage im Verbund, im Vergleich mit einer Geldanlage bei einer privaten oder öffentlichen Bank, keine Nachteile oder Risiken für die Existenz der Gesellschaft in sich birgt. Man wird deshalb zumindest entsprechende Einlagensicherungen fordern müssen, die bei „außenstehenden" Kreditinstituten üblich sind.[1085] Da die Cash-Pool-Teilnehmer die jeweiligen Forderungen üblicherweise im Normalfall täglich fällig stellen können, wird die Geldanlage auch den banküblichen Einlagezinsen entsprechen müssen.[1086] Auch für Zahlung aus dem freien Vemögen gilt natürlich, dass, wenn zum jeweiligen Zeitpunkt der Einzahlung in den Cash Pool erhebliche Zweifel an der Bonität[1087] des Cash-Managements bestehen und demzufolge die Rückzahlung der Einlage nicht mehr genügend gesichert ist, der Liquiditätsabzug bei der Tochtergesellschaft ein haftungsbegründendes Verhalten darstellt.[1088] Dabei dürfte es keine Rolle spielen, ob der Kontensaldo der Tochtergesellschaft im Rahmen des Cash-Managements positiv oder negativ ist.[1089]

Da es aber vorrangisten Ziel der Existenzvernichtungshaftung ist, die Zahlungsfähigkeit der Gesellschaft aufrecht zu erhalten, wird man weiter verlangen müssen, dass der Gesellschaft unter keinen Umständen finanzielle Mittel abgezogen werden, die diese für den Eigenbedarf benötigt, bzw. die Gesellschaft ihren Bedarf auch täglich im Cash Pool decken kann.[1090]. Bei einem solchen Verständnis des „Eingriffsmerkmals" bleibt es dem herrschenden Alleingesellschafter natürlich er-

---

1084 BGHZ 157, 72, 77; siehe zu den Ausnahmen auch die Besprechung von *Hentzen*, ZGR 2005, 480, 494 ff. m.w.N.

1085 Vgl. *Eschenbruch*, Rn. 3317, der von marktkonformer Absicherung spricht; bzgl. des Umfangs der Sicherheiten (insbes. der Rückstellungen) vgl. *Kowalski*, GmbHR 1993, 253, 256; bezüglich der Nachteile vgl. *Jula/Breitbarth*, AG 1997, 256, 259, die bzgl. des Grundsatzes, dass die Darlehenskondition am Markt auszurichten sind, vom „at-arms-length"-Prinzip sprechen; vgl. auch *Decher*, ZHR-Beiheft 70 (2001), 25, 38; *Kiethe/Groeschke*, BB 1994, 2149, 2150; *Lutter*, ZIP 1985, 1425, 1434, der die zinslose oder ungesicherte Vergabe von Krediten an das herrschende Unternehmen sich als einen Fall der pflichtwidrigen Konzerngeschäftsführung herausstellt.

1086 So *Langner/Mentgen*, GmbHR 2004, 1121, 1125 für die Frage der Haftung nach § 30 GmbHG; im Ergebnis muss also auf die marktüblichen Guthabenzinsen sofort fälliger Geldanlagen oder auf Tagesgeldkonten abgestellt werden.

1087 Auf die Bonität abstellend auch *Römermann/Schröder*, GmbHR 2001, 1015, 1020, jedoch nur im Hinblick auf die Frage der Haftung der Manager; im Zusammenhang mit der Frage der Reichweite des Weisungsrechts im Vertragskonzern im Hinblick auf Finanztransaktionen auf die Bonität abstellend *Clemm*, in: ZHR 141 (1977), 197, 205; ebenso *Emmerich*, in: Entwicklungen im GmbH-Konzernrecht (ZGR-Sonderheft 6), S. 64, 75.

1088 Natürlich muss dieses Verhalten die Insolvenz der Einmann-Gesellschaft bewirkt haben.

1089 *Hoffmann-Becking*, in: Probleme des Konzernrechts, S. 68, 81.

1090 BGH NJW 1994, 3288, 3290, in dem Urteil heißt es, „die Gesellschaft muss so geführt werden, dass sie, wenn nicht unvorhergesehene Entwicklungen eintreten, ihren Verbindlichkeiten nachkommen kann", womit das Gericht auf das von Kowalski herausgearbeitete Kriterium abstellt, vgl. auch *Kowalski*, GmbHR 1993, 253, 256; *Drygala*, GmbHR 1993, 317, 325; *Oser*, WPg 1994, 312, 315; *Wessels*, ZIP 2004, 793, 795, der eine positive Fortführungsprognose für die abhängige GmbH verlangt.

laubt, der Gesellschaft freies Vermögen zu entziehen. Er wird allerdings darauf zu achten haben, dass nur überschüssige Liquidität abgezogen wird, also solche, auf die die Gesellschaft zur Erfüllung ihrer Funktion nicht angewiesen ist[1091] Dies beinhaltet, dass die Gesellschaft nicht nur ihren aktuellen fälligen Verbindlichkeiten nachkommen muss, sondern auch künftige Verbindlichkeiten, die bei einer Fortsetzung des Geschäftsbetriebes zwangsläufig anlaufen, zu berücksichtigen sind.[1092] Drygala spricht in diesem Zusammenhang von der Einführung eines Solvenztests. Bei einer Ausschüttung oder Entnahme ist deshalb immer die Frage zu stellen, ob dadurch die Fähigkeit der Gesellschaft zur planmäßigen Tilgung ihrer Schulden beeinträchtigt wird. Eine unangemessene Rücksicht liege erst vor, wenn der Gesellschafter Geld entnimmt, auf das die Gesellschaft nicht verzichten kann, ohne voraussichtlich gegenüber ihren Gläubigern in Zahlungsschwierigkeiten zu kommen.[1093]

Hieraus folgt, dass der herrschende Gesellschafter stets in der Lage sein muss, den aktuellen und künftigen Bedarf der einzahlenden Gesellschaft zu decken.[1094] Erforderlich ist hierfür die Erstellung einer aktuelle und umfassenden Liquiditätsplanung für den gesamten Konzern und deren zeitnahe Umsetzung.[1095] Daneben ist die Werthaltigkeit der Forderungen durch die herrschende Muttergesellschaft laufend zu überwachen, um auf sich abzeichnende Risiken frühzeitig reagieren zu können.[1096] Besteht die Gefahr, dass der Liquiditätsbedarf der Gesellschaft in Zukunft nicht mehr gedeckt ist, müssen die Einzahlungen in den Cash-Pool unterbunden bzw. als ultima ratio die Vereinbarung, auf der das Cash-Management beruht, gekündigt werden, um eine Haftung wegen Existenzvernichtung zu vermeiden.[1097] Für diesen Fall muss auch sichergestellt werden, dass Verbindungen der abhängigen Gesellschaft zu Kreditinstituten aufrechterhalten werden oder zumindest sofort wiederhergestellt werden können.[1098]

[1091] Von existenznotwendiger Liquidität sprechen das OLG Karlsruhe GmbHR 1998, 235; *Priester*, ZIP 1989, 1301, 1302 ff.; *Löffler*, Die abhängige Personengesellschaft, S. 45 f. u. 105 ff.; *Wiedemann*, ZGR 2003, 283, 293.

[1092] Wie hier *Kowalski*, GmbHR 1993, 253, 256; ähnlich *Drygala*, GmbHR 1993, 317, 325, der zwar von der Begleichung fälliger Schulden spricht, jedoch auch die Mittel einbezieht, „die bereits fest eingeplant" waren, was im Ergebnis wohl gerade für die Liquidität gelten wird, die zur Erfüllung der Aufgaben zwingend erforderlich sind; *Oser*, WPg 1994, 312, 315, spricht sogar von betriebsnotwendigen (Re- oder Netto-) Investitionen; a.A. *Lutter/Banerjea*, ZGR 2003, 402, 425, die nur unmittelbare Insolvenzverursachung erfassen wollen und deshalb die Auswirkungen von Handlungen auf künftig fällig werdende Verbindlichkeiten nicht als haftungsrelevant betrachten.

[1093] *Drygala*, GmbHR 2003, 729, 734; auf den Solvenztest stellt auch *Wiedemann*, ZGR 2003, 283, 293 f. ab; vgl. hierzu auch *Schneider*, ZGR 1984, 497, 534.

[1094] *Wessels*, ZIP 2004, 793, 795.

[1095] *Haarmann* WPg-Sonderheft 2003, 75, 79; *Reidenbach*, WM 2004, 1421, 1425.

[1096] *Reidenbach*, WM 2004, 1421, 1425; *Henze*, WM 2005, 717, 726; *Schäfer*, GmbHR 2005, 133, 137, der die Überwachungspflicht mit einer entsprechenden Informationspflicht gegenüber der Tochtergesellschaft verbindet; so schon *Morsch*, NZG 2003, 97, 105.

[1097] *Sieger/Hasselbach*, BB 1999, 645, 648; *Morsch*, NZG 2003, 97, 105; *Henze*, WM 2005, 717, 726; *Vetter/Stadler*, Haftungsrisiken beim konzernweiten Cash Pooling, 2003, Rz. 143, 195

[1098] *Henze*, WM 2005, 717, 726.

Nach diesen Kriterien hätte auch die Verpflichtung der MTW zur Einzahlung an die Treasury der BVV als rücksichtsloser Eingriff des Alleingesellschafters eingestuft werden müssen. Der Konzern kaufte vor allem Sanierungsfälle auf, also Unternehmen mit hohem Risikopotential, die fast immer Verlustbringer waren. Geld kam nur durch hohe Subventionen und negative Kaufpreise in die Kassen des Bremer Vulkans. Hinzu kommt, dass die Produktivität des Konzerns teilweise bis zu 30 % unter dem Weltniveau und die Absatzpreise bis zu 15 % unter den Selbstkosten lagen. So waren z.B. die zwei im Jahr 1993 angenommenen Aufträge für zwei Kreuzfahrtschiffe von Anfang an mit einem Verlust von 200 Millionen DM kalkuliert. Wenig überraschend war es deshalb, dass der Konzern im Jahresergebnis 1993 einen Verlust von 190 Mio. DM auswies und beim ordentlichen Betriebserfolg eine Verluststeigerung von 118 % vermeldete. Die im Frühjahr 1994 erfolgte Übernahme der Schiess AG zu einem negativen Kaufpreis von 334 Millionen DM, bescherte dem Konzern wegen des Verzichts auf eine vollständige betriebswirtschaftliche Prüfung Defizite von 220 Mio. DM. Um 1994 einen Jahresüberschuss von 56 Mio. DM in der Gewinn- und Verlustrechnung ausweisen zu können, mussten fast 96 Millionen DM an Rückstellungen erfolgserhöhend aufgelöst werden. An Krisensignalen fehlte es demnach nicht, worauf auch die Höhe des Schuldenberges bei den Banken im Februar 1996 in Höhe von 1,4 Milliarden DM schließen lässt. In solch einer Situation hätte der Geschäftsführer einer unabhängigen Gesellschaft von der Einzahlung überschüssiger Liquidität abgesehen, weil das Verlustrisiko wesentlich höher war als bei einer kurzfristigen Anlage bei einem konzernfremden Dritten.[1099]

cc) Ergebnis

Ein zentrales Cash-Management ist als grundsätzlich zulässig zu betrachten, weshalb allein die Installation eines solchen Systems keine fehlende Rücksichtnahme gegenüber dem Eigeninteressen der Gesellschaft begründen kann. Der Einmann-Tochtergesellschaft müssen jedoch die finanziellen Mittel überlassen werden, die sie benötigt, um ihre aktuell fälligen sowie ihre absehbaren künftigen Verpflichtungen erfüllen zu können. Die am Cash-Management beteiligten Gesellschaften müssen laufend unter Anlegung der oben genannten Maßstäbe prüfen, ob diese Voraussetzungen noch vorliegen. Zu diesem Zwecke muss ein funktionierendes und gegenseitiges Informationssystem geschaffen werden.[1100]

b) Bestellung von Sicherheiten

Eine unangemessene Rücksicht kann ferner mit der Herstellung eines Haftungsverbandes begründet werden.[1101] Im Hinblick auf das sich hinter diesen Begriffen ver-

---

[1099] Diesen Aspekt verkennt das LG Bremen ZIP 1998, 561, 565.

[1100] *Vetter/Stadler*, Haftungsrisiken beim konzernweiten Cash Pooling, 2003, Rz. 196 ff.

[1101] So *Röhricht*, in: Festschrift 50 Jahre BGH, S. 83, 113; *Decher*, in: ZHR-Beiheft 70 (2001), 25, 38; *Goette*, § 9 Rn. 17; *M. Burgard*, WM 1993, 925, 929; *Oser*, WPg 1994, 312, 315, der dies als unangemessene Konzerngeschäftsführung bezeichnet; zweifelnd *Henze*, Rn. 269, *ders.*, WM 2005, 717 ff.; zur Bedeutung der Rechtsprechung für die LBO Finanzierung vgl. die Beiträge von *Schrell/Kirchner*, BB 2003, 1452 ff.; *Esters*, GmbHR 2004, 105 ff.; *Schulz/Israel*, NZG 2005, 329 ff.

steckende Gefährdungspotential verwundert es nicht, dass sich die Rechtsprechung schon wiederholt mit solchen Verhaltensweisen auseinandersetzen musste.

aa) Rechtsprechung

Im „TBB“-Fall[1102] hatte das herrschende Unternehmen die mehreren von ihm beherrschten und geleiteten Gesellschaften veranlasst, durch schriftliche Erklärung gegenüber einer Bank die gesamtschuldnerische Haftung für Verbindlichkeiten jedes einzelnen von ihnen gegenüber der Bank zu übernehmen. In einem vom LG Stuttgart[1103] entschiedenen Fall mussten mehrere Konzernunternehmen Sicherheiten (Schuldbeitritte und Abtretung sämtlicher gegenwärtiger und zukünftiger Forderungen aus laufender Geschäftstätigkeit) für Verbindlichkeiten des herrschenden Unternehmens gewähren. Nach dem Zusammenbruch des Mutterkonzerns waren alle Tochtergesellschaften gezwungen, nach und nach Konkurs anzumelden. Das LG Stuttgart erklärte im Ergebnis die Sicherheiten für sittenwidrig. Durch die Globalzession, sowie den Schuldbeitritt, seien die Chancen anderer Gläubiger, ihre Forderungen gegenüber den Konzerntöchtern realisieren zu können, sehr stark gefährdet gewesen. Auch wenn eine solche Konstruktion kein Einzelfall sei, dürfe der redliche Geschäftsverkehr darauf vertrauen, dass eine neu gegründete GmbH mit einem Stammkapital von 50.000,- DM (heute: 25.000,- EUR) nicht unabhängig von ihrer eigenen Geschäftstätigkeit für Kredite über Millionen hafte.[1104]

Keinen rücksichtslosen Eingriff stellt es nach Ansicht des BGH[1105] hingegen dar, wenn bestimmte, im einzelnen feststehende Forderungen der abhängigen Gesellschaft an eine andere Konzerngesellschaft zur Sicherung von Ansprüchen abgetreten werden, die diesem seinerseits gegen die abhängige Gesellschaft zustehen. Die aus einer Übersicherung möglicherweise eintretenden allgemeinen Rechtsfolgen reichten nicht aus, um einen bleibenden Rechtsnachteil der Gesellschaft entstehen zu lassen. Etwas anderes soll aber anscheinend gelten, wenn der nicht zur Befriedigung benötigte überschießende Teil der abgetretenen Forderungen ständig anderen Zwecken der Gesellschaft oder des Konzerns dienstbar gemacht wird und damit der beherrschten Gesellschaft endgültig entzogen wird. Der II. Zivilsenat spricht nämlich insoweit nur von der Zulässigkeit des „zeitweiligen“ Entzugs des für den Sicherungszweck nicht benötigten Teils.[1106]

bb) Bestimmung der fehlenden angemessenen Rücksicht

Für solche Verhaltenweisen wird trotz des vom BGH festgestellten Vorrangs der Kapitalerhaltungsvorschriften ein Bedürfnis für die Existenzvernichtungshaftung bestehen. Nach wohl bislang noch herrschender Meinung ist die Bestellung von Sicherheiten für fremde Schuld zunächst nämlich bilanzneutral, es erfolgt lediglich der Vermerk „unter der Bilanz“ gem. §§ 251, 268 Abs. 7 HGB. Eine Sicherheit ist erst dann bilanzierungspflichtig, wenn die Inanspruchnahme des Sicherungsgebers

---

1102 BGHZ 122, 123 ff.
1103 LG Stuttgart WM 1992, 982 ff.
1104 LG Stuttgart WM 1992, 982, 983.
1105 BGH NJW 1995, 1544, 1545.
1106 BGH NJW 1995, 1544, 1545.

objektiv wahrscheinlich ist und daher bei gewissenhafter kaufmännischer Beurteilung dafür gem. § 249 Abs. 1 S. 1 HGB eine Rückstellung zu bilden wäre.[1107] Die bloße Bestellung der Sicherheit wird deshalb noch nicht als Auszahlung i.S.d. § 30 Abs. 1 GmbHG angesehen.[1108]

Selbst wenn sich diese Sichtweise[1109] unter dem Eindruck der neuen Rechtsprechung[1110] des BGH zu § 30 Abs. 1 GmbHG ändern sollte, da bereits mit der Bestellung einer dinglichen Sicherheit dem Gesellschaftsvermögen Haftungsmasse entzogen wird, die Gesellschaft aber nur einen zeitlich hinausgeschobenen schuldrechtlichen Rückgewähranspruch erwirbt[1111], so führt dies jedoch genausowenig zu einem Ausschluss der Existenzvernichtungshaftung, wie es bei direkter Darlehensvergabe der abhängigen Gesellschaft der Fall wäre. Erfolgt die Bestellung der Sicherheit aus dem freien Vermögen der Gesellsaft, oder sind die Voraussetzungen der vom BGH angedeuteten Ausnahme erfüllt, besteht die Gefahr, dass durch die Bestellung der Sicherheit die Existenzvernichtung der Gesellschaft herbeigeführt wird. Zudem sollte auch hier wieder an die Fälle gedacht werden, in denen der Verstoß gegen § 30 GmbHG eine weitergehende Vermögensbeeinträchtigung zur Folge hat, welche allein durch die nach § 31 GmbHG bestimmte Rückforderung des Auszahlungsbetrages nicht kompensiert werden kann.

Im Falle der Bestellung von Sicherheiten durch Konzerntöchter besteht die Verpflichtung der Geschäftsführung darin, eine genaue Analyse der Kosten, Risiken und Gewinnchancen zu erarbeiten, bevor die Entscheidung für oder gegen die Durchführung der Maßnahme getroffen wird.[1112] Der Gesellschafter muss zum Zeitpunkt der Bestellung der Sicherheit prüfen, ob die Zielgesellschaft während der Laufzeit des Kredits wahrscheinlich einen Cash-Flow erwirtschaften wird, der nach Abzug aller laufenden Kosten und Aufwendungen, z.B. für sonstige Verbindlichkeiten und notwendige Investitionen, ausreicht, die Kreditverbindlichkeiten zu erfüllen.[1113] Nach dem Ergebnis dieser Prüfung darf die Inanspruchnahme der Sicherheit durch den Sicherungsnehmer nicht objektiv wahrscheinlich sein.[1114] Zum

---

[1107] *Sonnenhol/Groß*, ZHR 159 (1995), 388, 399.

[1108] OLG München ZIP 1998, 1438, 1439; Baumbach/Hueck/*Hueck/Fastrich*, § 30 Rn. 19; *Peltzer/Bell*, ZIP 1993, 1757, 1761; *Groß/Sonnenhol*, GmbHR 1995, 561, 561; *Steinbeck*, WM 1999, 885, 887; die Sicherheitsbestellung einer AG im Interesse ihre Aktionärs wird hingegen überwiegend als unzulässig angesehen, wenn der AG nicht im Umfang der bestellten Sicherheiten die vom Aktionär aufgenommenen Kreditmittel weitergereicht werde, vgl. hierzu OLG Düsseldorf AG 1980, 273, 274 f.; OLG Hamburg AG 1980, 275, 279; OLG Koblenz AG 1977, 231, 232; *Bastuck*, WM 2000, 1091, 1095.

[1109] Zuletzt bestätigt in BGH ZIP 2002, 436, 437.

[1110] BGHZ 157, 72 ff.

[1111] So die Einschätzung von *Henze*, WM 2005, 717, 721 f.; *Habersack/Schürnbrand*, NZG 2004, 689, 696; *Schilmar*, DB 2005, 1411, 1415; *Weitnauer*, ZIP 2005, 790, 792, nur für dingliche Sicherheiten *Wessels*, ZIP 2004, 793, 797; abwartend *Lutter/Hommelhoff*, § 30 Rn. 35a; gegen eine Änderung spricht sich *Seidel*, DStR 2004, 1130, 1135 aus. Die Sicherheitenbestellung im Gesellschaftsinteresse sei ein „Weniger", da sie noch keine Weggabe von Gesellschaftsvermögen bedeute, sondern lediglich die Grundlegung einer späteren Weggabe.

[1112] *Bayer*, in: FS f. Lutter, S. 1011, 1019.

[1113] *Diem*, ZIP 2003, 1283, 1286.

[1114] So auch *Diem*, ZIP 2003, 1283, 1286; *ders.*, Akquisitionsfinanzierung, S. 220.

Teil wird ein auf die Wahrscheinlichkeit der Inanspruchnahme abstellender Ansatz mit der Begründung abgelehnt, dass die dem zugrundeliegende bilanzielle Betrachtungsweise auch im Rahmen des existenzvernichtenden Eingriffs verfehlt sei.[1115] Folge dieser Sichtweise wäre, dass die Zurechenbarkeit selbst dann nicht verneint werden könnte, wenn der Zusammenbruch bei der Bestellung nicht erkennbar war.[1116] Wie oben festgestellt, kommt es für die Erfüllung der Tatbestandsmerkmale aber gerade darauf an, ob der Zusammenbruch bei vernünftiger kaufmännischer Betrachtung objektiv erkennbar war.[1117] Stellt sich im Ergebnis durch die Sicherheitenbestellung die Gefahr einer Existenzvernichtung der Tochter heraus, würde ein Geschäftsführer den Bereich des erlaubten unternehmerischen Risikos überschreiten, wenn er in dieser Situation die Sicherheit bestellt und das Risiko der Existenzvernichtung nicht durch andere Weise[1118], insbesondere durch entsprechende Rückstellungen[1119], ausgeschaltet hat.

cc) Ergebnis

Ein Finanzverbund, bei dem die Schwestergesellschaften wechselseitig für ihre Verbindlichkeiten haften, kann also eine fehlende Rücksichtnahme gegenüber der Einmann-GmbH begründen, wenn die Gesellschaft im Falle der Inanspruchnahme der Sicherheit in ihrer Existenz vernichtet würde. Dem kann jedoch entgegengewirkt werden, wenn für etwaige Inanspruchnahmen entsprechende Rückstellungen gebildet werden. In der Vertragsgestaltungspraxis hat man auf die „Bremer Vulkan"-Entscheidung insoweit reagiert, als dass von Sicherungsgebern in der Rechtsform einer GmbH die Aufnahme eines Passus in die Sicherheitenverträge gefordert wird, der das Recht der Banken zur Verwertung pauschal beschränkt, falls sie zu einem existenzvernichtenden Eingriff in die Geschicke der sicherungsgebenden GmbH führen (sog. „Limitation Language").[1120]

c) Wettbewerbsverbot des Alleingesellschafters

In den bisherigen Stellungnahmen zum faktischen GmbH-Konzern findet sich die Meinung, dass im Hinblick auf den Bestandsschutz der Einmann-GmbH auch der Wettbewerb des Alleingesellschafters mit seiner Gesellschaft ein Verhalten darstellen soll, das die Haftung für Existenzvernichtung auslösen kann.[1121] Gerade im Konzern besteht wohl ein Bedürfnis dafür, Geschäfte zu tätigen, die sich mit dem

---

[1115] *Weitnauer*, ZIP 2005, 790, 795.

[1116] *Weitnauer*, ZIP 2005, 790, 795.

[1117] So auch *Keßler*, GmbHR 2002, 945, 950; *ders.*, GmbHR 2001, 1095, 1099 f.; *Röhricht*, in: Festschrift 50 Jahre BGH, S. 83, 106; *Lutter/Banerjea*, ZGR 2003, 402, 416; *Diem*, S. 221.

[1118] Gedacht wird z.B. an sogenannte „*Limitation Language*" (vgl. hierzu Fn. 1120)

[1119] *Röhricht*, in: Festschrift 50 Jahre BGH, S. 83, 113.

[1120] Vgl. zu dieser Tendenz *Freitag*, WM 2003, 805; *Diem*, ZIP 2003, 1283, 1287; *Schulz/Israel*, NZG 2005, 329 ff.; *Weitnauer*, ZIP 2005, 790 ff.; *Schrell* sieht in dieser Entwicklung die Gefahr begründet, dass finanzierende Banken auf diesem Umweg von den Auswirkungen der Existenzvernichtungshaftung erfasst werden, da den Banken durch die Alleingesellschafter nur ein im Umfang deutlich gemindertes Sicherheitspotential bestellt werden könne, vgl. *Schrell*, BB 2003, 1451, 1452 f.; kritisch *Esters*, GmbHR 2004, 105, 110.

[1121] *Priester*, ZGR 1993, 512, 531 f.; ebenso *U .Burgard*, ZIP 2002, 827, 836.

Unternehmensgegenstand der abhängigen GmbH decken oder sich zumindest überschneiden. Hieraus ergibt sich ein nicht zu unterschätzendes Gefährdungspotential für die abhängige Gesellschaft, da es in der Hand des Alleingesellschafters liegt, welcher Gesellschaft er existenznotwendige Geschäfte zukommen lässt.

Stellt man in dieser Konstellation auf das Verhalten eines ordentlichen und gewissenhaften Geschäftsführers einer unabhängigen Gesellschaft ab, kommt man ohne weiteres zu dem Ergebnis, dass dieser keinen Wettbewerb mit der Gesellschaft betreiben darf ohne gegen seine Pflichten zu verstoßen. Für den Geschäftsführer ergibt sich ein Wettbewerbsverbot nach Ansicht des BGH[1122] aus seiner Treuepflicht als Geschäftsführer zur Gesellschaft. Aufgrund ihrer Organstellung und ihrer damit verbundenen weitreichenden Befugnisse und faktischen Einwirkungsmöglichkeiten trifft sie auch ohne eine besondere Regelung in der Satzung oder im Anstellungsvertrag eine intensive Treuepflicht gegenüber der Gesellschaft.[1123] Der Geschäftsführer schuldet der Gesellschaft neben der aktiven Förderung des Gesellschaftszwecks auch Loyalität, aus der unter anderem folgt, dass sie „ihre Organstellung nicht zu ihren eigenen Gunsten auf Kosten der Gesellschaft ausnutzen" dürfen.[1124] Teils wird das Wettbewerbsverbot auch auf eine Analogie zu § 88 AktG gestützt[1125], andere wiederum sehen eine Lösung in der Heranziehung des § 112 HGB[1126].

Mit der Feststellung des Bestehens eines Wettbewerbverbotes des Geschäftsführers ist aber noch nicht gesagt, dass dieses auch für den Gesellschafter der GmbH besteht. Das Wettbewerbsvebot des Geschäftsführers ist durch dessen besondere Stellung als Verwalter fremden Vermögens bedingt. Für den Alleingesellschafter müsste also erst der Nachweis des Bestehens einer gleichwertigen Pflicht gegenüber der Gesellschaft erbracht werden, damit ein Wettbewerbsverbot angenommen werden kann. Um die sich innerhalb dieses Problemkreises ergebenden Fragen beantworten zu können, soll zunächst ein Blick auf den Geltungsgrund des Wettbewerbsverbots für Gesellschafter geworfen werden.

aa) Geltungsgrund des Wettbewerbsverbots von Gesellschaftern

Nach den §§ 112, 113 HGB gilt für alle Gesellschafter einer OHG, ob geschäftsführend oder nicht, ein gesetzliches Wettbewerbsverbot. Über § 161 HGB gilt dies auch für den Komplementär einer KG, nicht hingegen für den Kommanditisten (§ 165 HGB). Entsprechendes formuliert § 88 AktG für den Vorstand der Aktiengesellschaft, mit der Verschärfung, dass schlechthin jeglicher Betrieb eines eigenen Handelsgewerbes, selbst außerhalb des Geschäftszweiges der Gesellschaft, untersagt ist. Für die GmbH, die ihrer inneren Struktur sowohl der OHG, aber auch der AG angenähert sein kann, enthält das GmbH-Gesetz hingegen keine vergleichbaren Regelungen für den Gesellschafter.

[1122] BGHZ 10, 187, 192; 49, 30, 31.
[1123] BGHZ 49, 30, 31; von der *Osten*, GmbHR 1989, 450, 453.
[1124] Hachenburg/*Mertens*, § 43 Rn. 35 u. 38.
[1125] *Spiegelberger*, GmbHR 1992, 727, 728.
[1126] *Mertens/Cahn*, in: FS f. Heinsius, S. 545, 546.

Ein Wettbewerbsverbot könnte sich aber aus der allgemeinen Förderpflicht als Verbandsmitglied ergeben. Hiernach ist auch der nichtgeschäftsführende Gesellschafter als Teil des Verbandes daran gebunden, die durch den in der Satzung festgelegten Zweck bestehende Belange der Gesellschaft zu fördern und zu wahren.[1127] Als passive Förderpflicht des Gesellschaftszwecks bestehen bestimmte Unterlassungs- und Loyalitätspflichten des Mitgliedes. Diese können auch die Verpflichtung beinhalten, bestimmte Wettbewerbshandlungen zu unterlassen.[1128]

bb) Wettbewerbsverbot des Alleingesellschafters einer GmbH

Wenn damit der Geltungsgrund für die Herleitung eines Wettbewerbsverbots unproblematisch in der Förder- und Treuepflicht des Gesellschafters erblickt werden kann, ist damit jedoch noch nicht der Nachweis erbracht, dass die Konkurrenz gegenüber der abhängigen GmbH ein Verhalten darstellt, das geeignet ist, die Haftung für Existenzvernichtung auszulösen. Damit der Wettbewerb mit der eigenen Gesellschaft als rücksichtsloser Eingriff eingestuft werden kann, müsste die Treuepflicht gegenüber der Einmann-GmbH so weitgehend sein, dass sie ein Wettbewerbsverbot bewirken kann.

Die bisher voherrschende Meinung erkennt jedoch ein Wettbewerbsverbot des Alleingesellschafters nicht an.[1129] Gegen ein Wettbewerbsverbot des Einmanngesellschafters wurde bislang vorgebracht, dass es diesem, mangels einer in solch einer Situation bestehenden Treuepflicht zur Gesellschaft, schon an der dogmatischen Grundlage fehlen würde.[1130] Der Geltungsgrund eines Wettbewerbsverbots sei nun einmal die Treuepflicht gegenüber den Mitgesellschaftern, welche jedoch in einer Einmann-GmbH nicht zum Tragen kommen würde. Die Einmann-GmbH könne auch kein von ihrem Alleingesellschafter zu unterscheidendes Interesse beanspruchen. Andere Interessen, wie die der Gläubiger und Arbeitnehmer, seien unbeachtlich, weil diese gerade keine durch eine solche Treuepflicht zu schützenden Interessen darstellen würden.

Fraglich ist, ob dieser Meinung in Anbetracht der mit der „Bremer Vulkan"-Entscheidung gewonnen Erkenntnis, dass auch der Alleingesellschafter zum Schutze seiner Gesellschaft Eingriffsgrenzen zu achten hat, so noch zugestimmt werden kann oder ob sich die gegenteilige Sichtweise nunmehr als vorzugswürdig erweist.

[1127] *Timm*, GmbHR 1981,177f.

[1128] *Lutter*, AcP 180 (1980), 84, 110.

[1129] *Tiedchen*, GmbHR 1993, 616, 618 f.; *Röhricht*, WPg 1992, 766, 784 ff.; *ders.*, in: Festschrift 50 Jahre BGH, S. 83, 105; *Claussen/Korth*, in: FS f. Beusch, S. 111, 117; *Spiegelberger*, GmbHR 1992, 727, 735; *Knobbe-Keuk*, GmbHR 1992, 333, 335; *Schneider*, BB 1991, 1681, 1685; *Schulze-Osterloh*, FR 1993, 73, 80; a.A. *Niehues*, DB 1992, 496, 500; *Tillmann*, in: FS f. Felix, S. 507, 520, jeweils ohne nähere Begründung; vgl. auch BFH DStR 1995, 1873, 1874; BFH DStR 1996, 337, (338), die ein Wettbewerbsverbot auch für den Fall bejahen, dass der Alleingesellschafter der GmbH Vermögen entzieht, das zur Deckung des Stammkapitals benötigt wird.

[1130] Scholz/*Schneider*, § 43 Rn. 128; *Röhricht*, WPg 1992, 766, 784 ff.; *Armbrüster*, ZIP 1997, 1269, 1278; *Tiedchen*, GmbHR 1993, 616, 617 f.; *Lutter/Hommelhoff*, § 14 Rn. 24; *Schneider*, BB 1991, 1681, 1685; *Meyer-Arndt*, BB 1992, 534, 535 f.; allgemein zur Verneinung einer Treuepflicht des Alleingesellschafters BGHZ 119, 257, 262; 122, 333, 336.

aaa) Argumentation der herrschenden Meinung

Wie gerade angemerkt, wird unter anderem gegen ein Wettbewerbsverbot des Alleingesellschafters vorgetragen, dass der Zweck des Wettbewerbsverbot eines GmbH-Gesellschafters allein den Schutz der Mitgesellschafter bewirken soll, nicht aber den der Gesellschaft als solche oder der Gesellschaftsgläubiger[1131]. Das Wettbewerbsverbot habe zivilrechtlich allein die Funktion, die Gesellschafter davor zu schützen, dass einer von ihnen geschäftliche Chancen, die nach dem Zweck des Zusammenschlusses in der Rechtsform einer GmbH nur gemeinsam wahrgenommen werden sollen, für sich alleine nutzt und damit seine Mitgesellschafter gegen ihren Willen von der Teilhabe an diesen Chancen ausschließt.[1132] Grundsätzlich müsse damit für den Alleingesellschafter gelten, dass er nach Belieben darüber entscheiden könne, ob er Geschäfte in der GmbH, in einer anderen von ihm beherrschten Gesellschaft oder außerhalb jedes Verbandes wahrnehmen wolle.

bbb) Zweck nur Schutz der Mitgesellschafter?

Rechtfertigt man ein Wettbewerbsverbot mit der Überlegung, die Mitgesellschafter vor einem Eingriff in ihre Rechte zu schützen, kann dieser Gesichtspunkt in der Einmann-GmbH natürlich keine Geltung beanspruchen. Dieses Ergebnis bedeutet aber nicht gleichzeitig, dass damit das Wettbewerbsverbot von vornherein keine Fallgruppe des über die Treuepflicht geltenden Bestandgefährdungsverbotes sein kann. Bedenkt man nämlich, dass durch den Wettbewerb regelmäßig primär die Gesellschaft geschädigt wird, während sich der Schaden der Gesellschafter nur als Reflex dessen in einer Minderung des Wertes ihrer Beteiligung niederschlägt, scheint der allein auf die Mitgesellschafter abstellende Ansatz zu kurz zu greifen. Vielmehr könnte sich die Anerkennung eines Wettbewerbsverbotes auch aus anderen Gründen als erforderlich erweisen.

(1) Zusätzliche Zwecke des Wettbewerbsverbots

Es verwundert demnach nicht, dass die Befürworter eines Wettbewerbsverbotes des Alleingesellschafters damit argumentieren, ein solches Verbot würde auch der Erhaltung der Leistungs- und Wettbewerbsfähigkeit und damit natürlich auch dem Bestand der Gesellschaft dienen.[1133] Daneben wird ein Wettbewerbsverbot zum Teil mit der Überlegung gerechtfertigt, die Gesellschaft müsse davor geschützt werden, dass der konkurrierende Gesellschafter sie nicht in der Absicht schädigt, einen unliebsamen Mitbewerber vom Markt zu drängen.[1134] Zum Teil wird dem

---

[1131] *Armbrüster*, ZIP 1997, 1269, 1277 f.; *Tiedchen*, GmbHR 1993, 616, 618; *Knobbe-Keuk*, GmbHR 1992, 333, 335; *Spiegelberger*, GmbHR 1992, 727, 735; *Schneider*, BB 1991, 1681, 1684; *Röhricht*, WPg 1992, 766, 784 ff.; Scholz/*Schneider*, § 43 Rn. 127; *Schulze-Osterloh*, FR 1993, 73, 79 f.; *Mertens/Cahn*, in: FS f. Heinsius, S. 545, 561; *Döllerer*, ZGR 1992, 587, 594.

[1132] *Röhricht*, WPg 1992, 766, 784.

[1133] *Mayer*, DNotZ 1992, 641, 644; der sich dabei wohl auf die entsprechende Passage von BGHZ 89, 162, 166 bezieht.

[1134] BGHZ 89, 162, 166; *Salfeld*, Wettbewerbsverbote im Gesellschaftsrecht, S. 12; *Polley*, Wettbewerbsverbot, S. 89 ff.; ähnlich *Tiedchen*, GmbHR 1993, 616, 617, die von einer Verdrängung in eine schlechtere Position spricht.

Wettbewerbsverbot der Sinn und Zweck entnommen, die Gesellschaft vor einer externen Verwertung ihres Know-how zu schützen.[1135]

Diese Zwecke des Wettbewerbsverbotes kommen ohne weiteres in einer Einmann-Gesellschaft zum Tragen, wenn man ein unabhängiges Eigeninteresse der Gesellschaft bejaht. Dem Alleingesellschafter sollen gerade aufgrund des Eigeninteresses der Gesellschaft solche Maßnahmen untersagt sein, die ein ordentlicher und gewissenhafter Geschäftsführer einer unabhängigen GmbH nicht durchführen würde. Hierzu zählen aber gerade die Marktverdrängung der eigenen Gesellschaft oder die Preisgabe von Know-how ohne entsprechende Vergütung. Diese Zwecke des Wettbewerbsverbotes könnten mit der Statuierung eines Existenzvernichtungsverbotes verfolgt werden.

Ein Wettbewerbsverbot des Alleingesellschafters kann sich demnach, neben dem von der herrschenden Meinung benannten Zweck, auch aus anderen Schutzzwecken ergeben. Demzufolge wird man die Ablehnung eines Wettbewerbsverbotes des Alleingesellschafters einer GmbH nicht allein damit rechtfertigen können, dass es in solch einer Situation an einem Geltungsgrund mangeln würde.

(2) Gläubigerschutz nicht Sinn und Zweck des Verbotes?

Sollte sich allerdings herausstellen, dass die Gläubiger keinen Anspruch darauf haben, dass der Alleingesellschafter den Wettbewerb mit seiner Gesellschaft unterlässt[1136], kann das durch die „Bremer Vulkan"-Entscheidung anerkannte Eigeninteresse der Einmann-Gesellschaft nicht in der Lage sein, eine Treuepflicht zu erzeugen, die auch dem Alleingesellschafter einem Wettbewerbsverbot unterwirft. Denn dieses Interesse ist nach der hier vertretenen Auffassung ja nichts anderes als die berechtigten Erwartungen des Rechtsverkehrs und damit das Interesse der Gläubiger an der Erfüllung ihrer Verbindlichkeiten. Im weiteren Gang der Untersuchung ist deshalb zu überprüfen, ob die durch die Konstruktion des Eigeninteresses der Einmann-Gesellschaft geschützten Interessen ein Wettbewerbsverbot rechtfertigen können.

(a) Einwand der Abdingbarkeit

Nach zum Teil vertretener Ansicht soll schon die Tatsache, dass das Wettbewerbsverbot unstrittig als abdingbar einzustufen sei, gegen eine Einbeziehung der Gläubiger unter den Schutzzweck sprechen. Gläubigerschützende Vorschriften seien nun mal zwingend, da sie allenfalls ihren Zweck schwerlich erfüllen könnten.[1137] Daneben wird die Disponibilität des Wettbewerbsverbots auch damit begründet, dass die Gläubiger bereits in vielfältigster Art und Weise geschützt seien und im Gegensatz dazu ein unabdingbares Wettbewerbsverbot für den Alleingesellschafter eine zu einschneidende Folge darstelle, die ihn unter Umständen sogar von der Übernahme der Gesellschafterstellung abhalte.[1138] Für die Rechtfertigung dieser Ansicht wird weiter vorgebracht, dass das Recht der GmbH zum Zwecke des Gläubi-

[1135] *Salfeld*, S. 23 f.; *Polley*, S. 89 ff.

[1136] *Geiger*, Wettbewerbsverbote im Konzernrecht, S. 56.

[1137] *Tiedchen*, GmbHR 1993, 616, 618; *Schulze-Osterloh*, FR 1993, 73, 79.

[1138] *Armbrüster*, ZIP 1997, 1269, 1275.

gerschutzes nur die Vorschriften über die Aufbringung und Erhaltung des Stammkapitals enthalten würde. Selbst die daneben anerkannten ungeschriebenen Schutzmechanismen wie die Durchgriffshaftung oder die Verlustausgleichspflicht nach den §§ 302 f. AktG analog sollten einen Schutz vor Verlust des Stammkapitals durch geschäftliche Tätigkeit der Gesellschaft nicht bewirken. Dies solle selbst dann gelten, wenn der Verlust auf konkurrierende Tätigkeit der Gesellschafter zurückzuführen sei.[1139]

(b) Vorrang des Gläubigerschutzes

Hiergegen muss zum wiederholten Male gesagt werden, dass der Schutz der Gläubiger im faktischen Konzern allein über die §§ 30 f. GmbHG nicht gewährleistet werden kann, weshalb ein weitergehender Schutz erforderlich ist. Der Befürchtung, potentielle Kandidaten würden durch ein Wettbewerbsverbot von der Übernahme der Gesellschafterstellung abgehalten, ist ebenfalls kein tragfähiges Argument. Wie die bisherigen Ergebnisse belegen, ist der beherrschende Gesellschafter, wenn sich sein Verhalten als rücksichtsloser Eingriff darstellen sollte, keinesfalls schützenswert. Vielmehr bedarf der Rechtsverkehr Schutz vor dem Verhalten eines so agierenden Gesellschafters. Sollte es sich bewahrheiten, dass man durch eine so verstandene Haftung für Wettbewerbsverstöße von der Übernahme einer Gesellschafterstellung abgehalten wird, sollte dies begrüßt werden. Auf solche Teilnehmer, die das Risiko einer Unternehmung in einer verantwortungslosen Art und Weise auf Gläubiger abwälzen, ist der Rechtsverkehr nicht angewiesen.

Die Argumente zur Begründung der Dispositionsmacht der Gesellschafter können demzufolge nicht überzeugen. Wenn auch die Gesellschaft nach der hier vertretenen Auffassung kein Interesse an sich hat, so sind jedoch zumindest im Bereich der Existenzgefährdung die Interessen des Rechtsverkehrs erheblich. Es besteht folglich auch in der Einmann-GmbH ein Bereich, in dem Interessenkollisionen auftreten können, wenn die Fähigkeit der Gesellschaft zur Erfüllung ihrer Verbindlichkeiten gefährdet würde. Warum dem Alleingesellschafter gerade über diese Interessen im Bereich des Wettbewerbs mit seiner Gesellschaft die Verfügungsmacht zugesprochen werden sollte, vermögen die oben angeführten Argumente nicht zu erklären.

ccc) Treuepflicht des Alleingesellschafters als Grundlage des Verbots?

Wenn die bisherigen Argumente nicht überzeugen konnten, ist dies unter anderem auf die Tatsache zurückzuführen, dass sie ein Eigeninteresse der Einmann-GmbH und damit eine Treuepflicht des Alleingesellschafters kategorisch ablehnen. Um so schwieriger dürfte es werden, den Argumenten etwas entgegenzusetzen, die ein Wettbewerbsverbot des Alleingesellschafters ablehnen, obwohl sie eine Treuepflicht des Alleingesellschafters zur abhängigen GmbH – jedenfalls zum Zwecke der Untersuchung – anerkennen.

[1139] *Tiedchen*, GmbHR 1993, 616, 618; *Armbrüster*, ZIP 1997, 1269, 1275; *Röhricht*, WPg 1992, 766, 785.

(1) Wettbewerbsverbot allein aus § 705 BGB

So wird gegen die Treuepflicht aus dem Sonderrechtsverhältnis zwischen Gesellschaft und Gesellschafter der Vorwurf erhoben, dass dieser auf § 242 BGB zurückzuführende Schutz ein ungeschriebenes Wettbewerbsverbot nicht zu begründen vermöge. Hierzu würde es vielmehr eines Rückgriffs auf die aus § 705 BGB entspringende gesteigerte Treuepflicht bedürfen, der jedoch in der Einmann-GmbH mangels Vertragspartners nicht möglich sei.[1140]

In Anbetracht der Tatsache, dass das Eigeninteresse der Einmann-GmbH mit der Funktion dieses Rechtsgebildes begründet wurde, der im Ergebnis einen nicht entziehbaren Gesellschaftszweck darstellt, dürften diese gegen den Ansatz der Treuepflicht formulierten Bedenken hier nicht tragen. Denn auch der Alleingesellschafter ist entsprechend dem Sinn und Zweck des § 705 BGB zur Zweckförderung verpflichtet. Gerade die im 1. Teil gegebene Begründung für das Bestehen eines Eigeninteresses der Einmann-GmbH macht sich nicht des Vorwurfs schuldig, ein auf einer Treuepflicht beruhendes ungeschriebenes Wettbewerbsverbot nicht begründen zu können.

(2) Abstraktheit des Wettbewerbsverbots

Interessanter dürfte allerdings die These sein, dass gerade eine Treuepflicht, wie sie vorliegend angeommen wird, zur Begründung eines generellen Wettbewerbsverbotes ungeeignet sei.[1141] Die Zulässigkeit einer auf Dauer angelegten erwerbswirtschaftlichen Tätigkeit außerhalb der Gesellschaft könne nicht von der wirtschaftlichen Situation abhängen, in der sich die Gesellschaft jeweils befinden würde.[1142] Ähnlich die Äußerung, dass die Gesellschaft durch den Wettbewerb des Alleingesellschafters zwar in ihrer Position am Markt beeinträchtigt werde, ihre Existenz sei jedoch nur unter ganz bestimmten ökonomischen Voraussetzungen betroffen. Eine Postulierung eines Wettbewerbsverbots komme damit nicht in Frage, weil dieses wegen seiner Abstraktheit losgelöst von einer wirtschaftlichen Situation gelten müsse.[1143]

Der hinter dem Wettbewerbsverbot stehende Zweck ist die Verhinderung der sich aus dem Konkurrenzverhältnis zum Gesellschafter ergebenden abstrakten Gefährdung der Gesellschaft. Ein Wettbewerbsverbot ist gerade nur dort hinnehmbar, wo der Schutz der Gesellschaft nicht durch ein konkretes Schädigungsverbot gewährleistet werden kann.[1144] Wie von den oben genannten Meinungen zutreffend festgestellt, lässt sich deshalb ein generelles Verbot des Wettbewerbs mit einem

---

[1140] So de *Angelis*, Ungeschriebene Wettbewerbsverbote für Gesellschafter im GmbH-Recht, S. 74.

[1141] Vgl. *Röhricht*, in: Festschrift 50 Jahre BGH, S. 83, 105, der in diesem Beitrag auf die von ihm damals noch als Mindermeinung bezeichnete „Treuepflicht besonderer Art" eingeht, die im Ergebnis genau dem entspricht, was nach hier vertretener Meinung als dogmatische Grundlage der zweiten Haftungssäule angesehen werden sollte.

[1142] *Röhricht*, WPg 1992, 766, 785; auf diesen Aspekt abstellend schon *Mertens/Cahn*, in: FS f. Heinsius, S. 545, 561; vgl. auch *Fleischer*, DStR 1999, 1249, 1252, der eine Treuepflicht im Interesse der Gläubiger für die Begründung eines Wettbewerbsverbots ebenfalls nicht als ausreichend erachtet.

[1143] *Geiger*, S. 55.

[1144] *M. Winter*, S. 244.

Bestandsinteresse der Gesellschaft und der daraus resultierenden Treuepflicht nicht begründen. Die Treuepflicht gegenüber der Einmann-GmbH verbietet dem Gesellschafter lediglich den rücksichtslosen Eingriff in die Belange der Gesellschaft, wenn hierdurch die Fähigkeit der Gesellschaft beeinträchtigt wird, ihre Verbindlichkeiten gegenüber den Gläubiger nachkommen zu können. Wenn nun bereits der Wettbewerb mit der Einmann-Gesellschaft verboten wäre, käme es auf diese zweite Voraussetzung der Insolvenz gar nicht mehr an, da ein Wettbewerbsverbot bereits ohne konkrete Gefährdung gelten würde. Eine so weitegehende Verpflichtung kann der Treuebindung zur Einmanm-GmbH nach den bisherigen Ergebnissen allerdings nicht entnommen werden.

ddd) Ergebnis

Der Alleingesellschafter unterliegt trotz der Anerkennung eines Eigeninteresses der Einmann-GmbH keinem Wettbewerbsverbot. Dieses Ergebnis dürfte sich auch nicht der Kritik aussetzen, die Effektivität der Existenzvernichtungshaftung sei nicht gewährleistet, wenn man es dem Alleingesellschafter gestatte, mit der Einmann-GmbH in Konkurrenz zu treten. Diese Konstellation birgt zwar die nicht unerhebliche Gefahr in sich, dass sich die abhängige Gesellschaft in Händen der Konkurrenz befindet. Dies kann jedoch keinen Präventivschutz der Gesellschaft, und damit mittelbar der Gläubiger, rechtfertigen. Der Alleingesellschafter darf also generell Geschäfte als eigene, auf eigene Rechnung wahrnehmen. Der wirtschaftliche Wettbewerb des Alleingesellschafters gegenüber seiner GmbH ist ohne weiteres zulässig. Sollte der „konkrete“ Wettbewerb mit der Gesellschaft die Insolvenz der abhängigen Einmann-GmbH auslösen, muss dieser Schädigung auf andere Art und Weise beigekommen werden.

d) Entzug von Geschäftschancen

In Anbetracht des gerade erarbeiteten Ergebnisses ist denn auch nicht verwunderlich, dass gerade der treuwidrige Entzug von Geschäftschancen als eine der in Betracht kommenden Fallgruppen einer Existenzvernichtungshaftung genannt wird.[1145] In solchen Konstellationen besteht durchaus die Gefahr, dass der Alleingesellschafter sich Geschäftschancen zur Förderung seiner anderweitigen unternehmerischen Interessen zunutze macht und dabei die Zielsetzung der abhängigen GmbH hinten anstellt oder gar verletzt. Hierin ist ein Verhalten zu erblicken, dass ohne weiteres als unangemessene Rücksicht gegenüber den Interessen der Gesellschaft eingestuft werden kann. Es dürfte unstreitig sein, dass ein ordentlicher und gewissenhafter Geschäftsführer einer unabhängigen Gesellschaft einem Konkurrenten keine Interna offenbart, die diesem die Möglichkeit einräumt, sich ohne die Aufwendung von Zeit und Gesellschaftsmitteln eine Geschäftschance zu erschliessen, für die er auf dem freien Markt ein Entgelt zu entrichten hätte.

[1145] BGH ZIP 2005, 117, 119; *Kessler*, GmbHR 2001, 1095, 1100; *Röhricht*, in: Festschrift 50 Jahre BGH S. 83, 91 u. 105 f., der zwar davon spricht, dass der Alleingesellschafter sich Geschäftschancen aneignen darf, jedoch sei die äußerste Grenze dort gesetzt, wo der Abzug der Ertragschancen die Gesellschaft in die Insolvenz führt; *Altmeppen*, ZIP 2001, 1837, 1841.

aa) Ablehnende Stimmen aus dem Schrifttum

Es wird allerdings das Argument vorgebracht, dass einer Einbeziehung dieser Fallgruppe entgegenstehe, dass es im Konzern gerade nicht verboten sei, einer Tochtergesellschaft operatives Geschäft zu entziehen, solange hierdurch nicht die Interessen von Minderheitengesellschaftern verletzt würden.[1146] Demnach könnte also der Entzug von Geschäftschancen und zukünftigen Gewinnmöglichkeiten in einer Einmann-GmbH niemals einen rücksichtslosen Eingriff begründen. Zum selben Ergebnis gelangt man, wenn man die Meinung vertritt, dass Gesellschaftsgläubiger in konzernrechtlichen Gesellschaften keinen Anspruch darauf haben, dass der Geschäftsbereich der abhängigen Gesellschaft ausgeweitet wird.[1147]

bb) Stellungnahme

Es wird also zu untersuchen sein, ob dem Alleingesellschafter gerade die Treuepflicht zu seiner Einmann-GmbH gebietet, dieser jedenfalls für den Fall die Geschäftschance zu belassen, in dem er ansonsten die Insolvenz der Gesellschaft herbeiführt.[1148]

Als Argument für die Einschlägigkeit einer solchen Verhaltensweise als Fallgruppe einer Haftung für existenzvernichtende Eingriffe kann angeführt werden, dass selbst der II. Zivilsenat im „Bremer Vulkan“-Urteil davon ausgeht, dass sich ein Gesellschafter nicht nur wegen eines bestandsvernichtenden Eingriffs in das Vermögen der Einmann-Gesellschaft eines Schadensersatzanspruchs aussetzen kann. In der Entscheidung heißt es vielmehr: „...wegen eines bestandsvernichtenden Eingriffs in ihr Vermögen und ihre Geschäftschancen“.[1149] Der BGH gibt also zu erkennen, dass ein Eingriff in Vermögenserwartungen von Relevanz für die von ihm postulierte Bestandsvernichtungshaftung ist.

aaa) Rückschluss aus der Ablehnung eines Wettbewerbsverbots?

Gegen die Einbeziehung dieser Fallgruppe in das neue Haftungsmodell könnte jedoch sprechen, dass der Gesellschafter einer Einmann-GmbH, wie oben festgestellt wurde, keinem Wettbewerbsverbot unterliegt und dies unabhängig davon, ob er zugleich Geschäftsführer ist oder nicht. So findet sich denn auch die Überlegung, ob der Dispens vom Wettbewerbsverbot nicht auch die Entbindung von der Pflicht enthalte, bestimmte Geschäftschancen der Gesellschaft wahrzunehmen. Grundsätzlich dürfe der Gesellschafter im Bereich der GmbH, wenn er vom Wettbewerbsverbot befreit sei, Geschäfte tätigen. Wenn sich nun Wettbewerbsverbot und Ge-

---

[1146] *Drygala*, GmbHR 1993, 317, 325.

[1147] So *Kowalski*, GmbHR 1993, 253, 257, haftungsbegründend ist demgegenüber die Verringerung oder Einstellung bestehender Aktivität; *Eschenbruch*, Rn. 3436; vgl. hierzu auch BGH DStR 1996, 839, wonach keine Verpflichtung der Gesellschafter einer GmbH besteht, deren Geschäftsbetrieb im Interesse von Gesellschaftsgläubigern im bisherigen Umfang fortzuführen.

[1148] Gegen eine solche Bindung des Alleingesellschafters: Hachenburg/*Mertens*, § 43 Rn. 41; missverständlich derselbe in *Mertens/Cahn*, in: FS f. Heinsius, S. 545, 566, der die Grenze der Zulässigkeit eines Eingriffs durch Konkurrenztätigkeit am Bestand des Unternehmens festmacht.

[1149] BGHZ 149, 10, 16 (=ZIP 2001, 1874, 1876).

schäftschancenlehre in bestimmten Bereichen decken würden, könne dies auch eine Befreiung vom Verbot der Wahrnehmung von Geschäftschancen bedeuten.[1150]

Diese Überlegung setzt sich allerdings der Kritik aus, dass treuwidriger Wettbewerb nur einen speziellen Ausschnitt aus dem allgemeinen Verbot der unzulässigen Aneignung einer der Gesellschaft gebührenden Geschäftschance darstellt[1151], weshalb mit der oben aufgestellten These vom Weniger zum Mehr geschlossen wird. Nun gibt es aber auch Stimmen im Schrifttum die darauf hinweisen, dass der Schutzbereich des Konkurrenzverbotes weiter zu fassen ist als derjenige der Geschäftschancenlehre.[1152] Nach einer dritten Meinung wiederum ist der Schutzbereich der Geschäftschancenlehre mal weiter und mal enger als derjenige des Wettbewerbsverbots.[1153]

Der hinter dem Wettbewerbsverbot stehende Zweck ist die Verhinderung der sich aus dem Konkurrenzverhältnis zum Gesellschafter ergebenden abstrakten Gefährdung der Gesellschaft. Durch das Verbot, sämtliche Geschäftschancen im Geschäftsbereich der Gesellschaft wahrzunehmen, soll die Überlebensfähigkeit der Gesellschaft gesichert werden. Die Geschäftschancenlehre erfasst hingegen die Übernahme tatsächlicher und rechtsgeschäftlicher Chancen, die sich der Gesellschaft eröffnen, gleich, ob sie dem Geschäftsbereich der Gesellschaft zuzuordnen sind oder nicht.[1154] Beide stellen sich damit als Ausprägung der Treuepflicht mit einem jeweils eigenständigen Regelungsbereich dar. Auch wenn es nicht selten der Fall sein mag, dass eine Handlung sowohl unter das Verbot, der GmbH Wettbewerb zu machen, als auch in den sachlichen Anwendungsbereich der Geschäftschancenlehre fällt[1155] – was immer dann der Fall ist, wenn es sich um eine Geschäftschance aus dem Geschäftsbereich der GmbH handelt und der Treuepflichtige bei der Realisierung unternehmerische Interessen verfolgt[1156] – so führt dies allerdings nicht dazu, aus dem Fehlen eines Wettbewerbsverbots auf die Zulässigkeit des Entzugs von Geschäftschancen zu schließen. Zwar beruhen beide Rechtsinstitute auf derselben rechtlichen Grundlage zur Gesellschaft, jedoch wurde ein Wettbewerbsverbot des Alleingesellschafters allein aus dem Grunde abgelehnt, dass die Treuepflicht zur Einmann-Gesellschaft ein abstrakt geltendes generelles Verbot nicht zu begründen vermag. Dass damit die Treuepflicht des Alleingesellschafter nicht den konkreten Entzug einer Geschäftschance verbieten kann, der zur einer Existenzvernichtung der Gesellschaft führt, ist hierdurch nicht gesagt. Das Wettbewerbsverbot und das Verbot zum Entzug von Geschäftschancen stellen zwar

[1150] *Steck*, S. 107 ff.

[1151] *Timm*, GmbHR 1981, 177; *Röhricht*, WPg 1992, 766, 768 (Fn. 8); *Schließl*, GmbHR 1988, 53, 53; *Weisser*, Corporate Opportunities, S. 147 f.

[1152] So etwa *Löffler*, NJW 1986, 223, 227 (Fn. 59); *Salfeld*, S. 50.

[1153] *Kübler/Waltermann*, ZGR 1991, 162, 173 f.

[1154] Scholz/*Schneider*, § 43 Rn. 144.

[1155] *Kübler/Waltermann*, ZGR 1991, 162, 173.

[1156] *Schuhknecht*, Schranken der Geschäftschancenwahrnehmung und Wettbewerbsverbot beim GmbH-Geschäftsführer, S. 31.

beide Ausprägung der Treuepflicht dar, sie haben aber trotzdem jeweils einen eigenständigen Regelungsbereich, bei dem das festgestellte Eigeninteresse der Einmann-GmbH deshalb auch andere Auswirkungen haben kann.

bbb) Fehlende Dispositionsmacht der Gesellschafter

Einer Befreiung des Alleingesellschafters vom Verbot des Entzugs von Geschäftschancen steht zudem entgegen, dass der Alleingesellschafter in dem hier zur Untersuchung stehenden Bereich der Existenzgefährdung in seiner Entscheidung über die Befreiung vom Verbot des Entzugs von Geschäftschancen nicht frei ist.

(1) Verhältnismäßigkeit des Freigabebeschlusses

Für die Richtigkeit der These, dass der Entzug von Geschäftschancen eine Fallgruppe der Existenzvernichtungshaftung darstellt, kann die Tatsache angeführt werden, dass die Freigabe von Geschäftschancen neben der erforderlichen Stimmenmehrheit grundsätzlich einer sachlichen Rechtfertigung bedarf. Ist die Gesellschaft konzernabhängig oder wird sie von einem Mehrheitsgesellschafter-Geschäftsführer geleitet, bietet der Freigabebeschluss keine Richtigkeitsgewähr mehr.[1157] Daher muss der Beschluss geeignet, erforderlich und verhältnismäßig sein.[1158] Sollte sich nun herausstellen, dass dieses Erfordernis auch im Einmann-GmbH-Konzern zum Tragen kommt, weil auch hier durch die Konzernabhängigkeit der Beschluss an sich keine Richtigkeitsgewähr mehr bietet, dürfte sich das Argument der Abdingbarkeit erledigen. Denn ein Beschluss, der die Freigabe einer Geschäftschance beinhaltet, der die Gesellschaft in eine Lage führt, in der sie ihre Verbindlichkeiten gegenüber den Gläubigern nicht mehr erfüllen kann, dürfte „als Missbrauch der Gesellschafterstellung“ ohne weiteres die Angemessenheit abzusprechen sein. Damit würde es dem Alleingesellschafter insoweit an der Dispositionsbefugnis fehlen, sich von dem diesbezüglichen Verbot zu befreien.

(a) Kein Bedürfnis für sachliche Rechtfertigung in der Einmann-Gesellschaft

Die Frage nach der Notwendigkeit einer sachlichen Rechtfertigung der Befreiung wird allerdings zum Teil für den Fall verneint, dass eine dissentierende Minderheit nicht vorhanden ist.[1159] Diese Situation ist im Ergebnis nicht anders zu beurteilen als der Fall einer 100 % GmbH-Konzerntochter. Jeweils fehlt es an einer schutzwürdigen Minderheit, die den Interessen der Mehrheit nachgeben und zu deren Schutz deshalb die Angemessenheit des Beschlusses gegeben sein muss. Sollte sich diese Meinung als richtig erweisen, müsste der hier angedachte Ansatz ins Leere laufen.

(b) Stellungnahme

Schaut man auf die Begründungen für das Rechtfertigungserfordernis, wird fast ausschließlich der Grund angeführt, dass ein Freigabebeschluss in die mitglied-

---

[1157] BGHZ 80, 69, 74; *Röhricht*, WPg 1992, 766, 782; *Schließl*, GmbHR 1988, 53, 55.
[1158] *Lawall*, NJW 1997, 1742, 1745; *Schließl*, GmbHR 1988, 53, 55.
[1159] *Röhricht*, WPg 1992, 766, 783.

schaftlich verbürgten Rechte eingreift. Die hieraus gezogene Schlussfolgerung, dass das Rechtfertigungserfordernis nicht in der Einmann-GmbH zum Tragen kommen kann, erscheint also einleuchtend. In solch einer Situation besteht gerade nicht die Gefahr, dass der Wert der Mitgliedschaft anderer dadurch herabgesetzt wird, dass die Gesellschaft nicht mehr alle Geschäftschancen wahrnimmt.

Wenn jedoch geschrieben wird, dass der Beschluss nicht lediglich die Interessen der Gesellschaft berühre, sondern auch die der Mitgesellschafter[1160], zeigt sich deutlich, dass auch im Interesse der Gesellschaft eine Grenze begründet ist, die der Freigabebeschluss nicht überschreiten darf. Nach der Rechtsprechung des BFH zum Wettbewerbsrecht besteht diese Grenze in dem durch das zwingende Gesetzesrecht gezogenen Rahmen, insbesondere in den Regeln zur Kapitalerhaltung und -aufbringung.[1161] Der Alleingesellschafter unterliegt nach dieser Rechtsprechung solange keinem Verbot, als er der Gesellschaft Vermögen entzieht, das zur Deckung des Stammkapitals nicht benötigt wird. Damit liegt der BFH allerdings genau auf der Linie der früheren Rechtsprechung des BGH, der ein über die §§ 30 f. GmbHG hinausgehendes Eigeninteresse ablehnte, und insoweit den Alleingesellschafter von jeder Schadensersatzpflicht freistellte.[1162]

Bedenkt man an dieser Stelle die durch die „Bremer Vulkan"-Entscheidung ausgelöste Entwicklung, dass auch der abhängigen Einmann-GmbH ein Eigeninteresse außerhalb des Bereiches der §§ 30 f. GmbHG zukommt, das gewissermaßen als Extension des gesetzgeberischen Willens verstanden werden muss, so wird deutlich, dass die vom BFH gesetzte Grenze der Freiheit der Gesellschafter nicht mehr an den §§ 30 f. GmbHG enden darf.[1163] Legt man dieses Verständnis zugrunde, ist es verständlich, warum auch der Alleingesellschafter insoweit einer Einschränkung seiner Entscheidungsfreiheit unterliegt, als er durch den Entzug einer Geschäftschance die Existenz der Gesellschaft in unangemessener Weise vernichten würde.

(2) Lückenfüllung gegenüber fehlendem Wettbewerbsverbot

Als Argument für eine Einbeziehung muss auch angeführt werden, dass, wenn man ein solches auf Extremfälle reduziertes Verbot des Entzugs von Geschäftschancen nicht anerkennen würde, hierdurch die Effektivität des Existenzvernichtungsverbotes beeinträchtigt wäre. Beim Alleingesellschafter ist zwar hinzunehmen, dass sich die Gesellschaft „in den Händen der Konkurrenz befindet"[1164], jedoch muss auch ihm die Treuepflicht im Interesse der Gläubiger gebieten, angemessene Rücksicht

---

1160 *Timm*, GmbHR 1981, 177, 182; ebenso *Lawall*, NJW 1997, 1742, 1745; *Schließl*, GmbHR 1988, 53, 55, spricht von den Interessen der Gesellschaft und der Minderheit; *Knobbe-Keuk*, GmbHR 1992, 333, 336, die den einzigen Zweck eines Wettbewerbsverbotes darin erblickt, Gesellschaft und Mitgesellschafter vor den Gefahren zu schützen, die sich daraus ergeben können, dass der Gesellschafter seinen Einfluss missbraucht.

1161 BFH GmbHR 1996, 58; vgl. hierzu auch *Röhricht*, WPg 1992, 766, 783 f., nach dessen Meinung diese Grenze auch für den treuwidrigen Entzug von Geschäftschancen der Gesellschaft gilt.

1162 BGHZ 122, 333 ff.

1163 Nichts anderes meint Röhricht, wenn er schreibt, dass der Entzug von Ertragschancen im Bereich der Existenzvernichtung potentiell haftungsauslösend sei, vgl. *Röhricht*, in: Festschrift 50 Jahre BGH, S. 83, 106.

1164 Formulierung bei *Röhricht*, WPg 1992, 766, 772.

auf die Fähigkeit seiner Gesellschaft zu nehmen, ihre Verbindlichkeiten erfüllen zu können. In diesem beschränkten Bereich ist es folglich auch dem Alleingesellschafter verboten, der Gesellschaft Geschäftschancen zu entziehen. Wenn dies nicht gelten würde, stünde dem Alleingesellschafter eine nicht unerhebliche Möglichkeit zur Vernichtung seiner Gesellschaft zur Verfügung. Er könnte ihr lebensnotwenige Ertragschancen entziehen, ohne etwaige Konsequenzen fürchten zu müssen.

cc) Geschäftschancen der Gesellschaft

Wenn im Ergebnis somit feststeht, dass sich auch der Alleingesellschafter durch den Entzug von Geschäfts- bzw. Ertragschancen der Existenzvernichtungshaftung aussetzen kann, muss geklärt werden, welche Vermögenswerte und Erwerbschancen der Gesellschaft überhaupt zuzurechnen sind. Um eine Pflichtwidrigkeit des Alleingesellschafters feststellen zu können, die die Haftungsfolgen nach den „Bremer Vulkan"-Grundsätzen bewirkt, muss nämlich feststehen, in welchem Umfang der Gesellschaft Geschäftschancen überhaupt gebühren. Durch diese Bestimmung wird insoweit den Bedenken im Schrifttum Rechnung getragen, dass die Gläubiger keinen Anspruch darauf haben, dass der Geschäftsbereich der Gesellschaft „ohne Grund" ausgeweitet wird. Nur der Entzug von Geschäftschancen, die in einer gewissen Beziehung zur Gesellschaft stehen, kann einen rücksichtslosen Eingriff begründen, da sie sich schon im Vermögen der Gesellschaft in gewisser Weise realisiert haben und damit den Gläubigern eine Befriedigungsmöglichkeit entzogen würde.

Die Abgrenzung ist auch im Interesse des herrschenden Gesellschafters geboten, weil ihm im Hinblick auf seine Rechtssicherheit ein Maßstab an die Hand zu geben ist, bei welchen Geschäftsgelegenheiten der Entzug zu einer Existenzvernichtungshaftung führen kann. Führt man sich nämlich einen Fall vor Augen, in dem die Unternehmensgruppe aus mehreren 100 % Töchtern besteht und die Wahrnehmung der Geschäftschance mehreren Töchtern möglich ist, würde sich der Alleingesellschafter in einer „Treuepflicht-Zwickmühle" befinden, in der er immer gegen eine oder mehrere ihm obliegende Pflichten verstoßen würde. Im Hinblick auf diese Konsequenz ist es folglich geboten, Kriterien zu finden, die eine Zuordnung von Geschäftschancen zum jeweiligen Rechtssubjekt ermöglichen.

aaa) Der Geschäftszweig der Gesellschaft

Die Rechtsprechung stellt darauf ab, dass Vorstand und Geschäftsführung im Geschäftszweig der Gesellschaft keine Geschäfte auf eigene Rechnung machen dürfen (sogenannter *line of business-test*).[1165] Was unter dem Kriterium des Geschäftszweigs der Gesellschaft zu verstehen ist, wird im Schrifttum unterschiedlich beurteilt, zumal auch die diese Formel begründende amerikanische Rechtsprechung in diesem Punkt keine einheitliche Linie aufweist[1166]. Um eine relativ eindeutige

[1165] BGH GmbHR 1965, 194; Hachenburg/*Mertens*, § 43 Rn. 39; Scholz/*Schneider*, § 43 Rn. 144 ff.; zum amerikanischen Recht: *Immenga*, S. 156 ff.

[1166] Vgl. Faber v. Servan Land Co.. Inc., 541 F.2d 1086, 1088 (5th Cir. 1976); Equity Corp. V. Milton, 221 A.2d, 494, 497 (Del. 1966); Lancaster Lonse Leaf Tobacco Co. v. Robinson, 109 A.2d. 558, 563

Grenzziehung zu erreichen, wird zum Teil für ein Abstellen auf den in der Satzung festgelegten Unternehmensgegenstand plädiert.[1167] Andere wiederum wollen unter dem Begriff des Geschäftszweiges den tatsächlich ausgeübten Tätigkeitsbereich der Gesellschaft verstanden wissen.[1168]

Zu bedenken ist bei diesem Kriterium jedoch, dass die soeben geschilderte Lehre vor allem im Hinblick auf die Geschäftsführungsorgane der „corporation" entwickelt wurde. Während eine so strikte Zuordnung aller Erwerbschancen, welche die Gesellschaft hätte wahrnehmen können, für ein im Dienste der Unternehmung tätiges Organ noch gerechtfertigt erscheint, zumal dieses ja auch für seine Treue zur Gesellschaft einen Lohn erhält, dürfte dies für den Alleingesellschafter ein zu strenger Maßstab sein.[1169] Wie in der vorangegangenen Untersuchung festgestellt wurde, ist der wirtschaftliche Wettbewerb des Alleingesellschafters gegenüber seiner GmbH ohne weiteres zulässig, wenn nicht sogar volkswirtschaftlich erwünscht. Gerade im Konzern besteht für den herrschenden Alleingesellschafter ein Bedürfnis, Geschäfte zu tätigen, die sich mit dem Unternehmensgegenstand der abhängigen GmbH decken oder sich zumindest überschneiden. Damit fehlt es aber an einer Vergleichbarkeit der Sachverhalte, denn gerade der Geschäftsführer unterliegt einem strengen, aus seiner organschaftlichen Treuepflicht folgenden Wettbewerbsverbot, welches ihm gebietet, seine persönlichen Interessen grundsätzlich denen der Gesellschaft unterzuordnen.

Hinzu kommt, dass diese Gleichstellung des Pflichtenrahmens des Geschäftsführers mit dem des Gesellschafters gegen die marktwirtschaftlich strukturierte, auf Wettbewerb begründete Wirtschaftsordnung verstößt. Diese reserviert gerade nicht Geschäftschancen von vornherein und von Rechts wegen für bestimmte Wirtschaftssubjekte.[1170]

Einer solchen Argumentation wird zwar entgegnet, dass die Gesellschafter allein schon durch die Festlegung des Gesellschaftszwecks der Gesellschaft bestimmte Geschäftschancen zuteilen würden.[1171] Die Erkenntnis, dass der Gesellschafter dies

---

(N.H. 1954); außerhalb der amerikanischen Rechtsprechung haben sich insbesondere Brudney und Clark um eine eigenständige Konzeption der *corporate opportunity doctrine* bemüht (vgl. *Brudney/Clark*, A New Look at Corporate Opportunities, S. 1011 ff.). Nach ihrem Ansatz dürfen Abschlusschancen und Erwerbsmöglichkeiten nicht ausgenutzt werden, wenn sie *„functionally related to the corporations business"* sind. Diese Formel unterscheidet sich von dem justitiablen Kriterium der *„line of business"*, d.h. des Geschäftszweiges, vor allem dadurch, dass sie nicht primär auf den satzungsmäßigen Unternehmenszweck, sondern auf das reale Erscheinungsbild der geschäftlichen Betätigung abstellt (S. 1012 f.). Darüber hinaus ist den Organvertretern der Zugriff auf die *„opportunity"* dann untersagt, wenn sie Gegenstand des Interesses oder einer Erwartung (*„expectancy"*) der Gesellschaft sind. Diese Begriffe dürften der Gesellschaft vor allem dort zusätzlichen Schutz gewähren, wo sie in die Phase der Erwägung eingetreten ist, ihre Geschäftstätigkeit auf für sie neue Bereiche zu erstrecken oder zu verlagern.

[1167] *Lutter/Hommelhoff*, Anh. § 6 Rn. 22; *Goette*, DStR 1998, 1139.

[1168] Scholz/*Schneider*, § 43 Rn. 127; *Kübler/Waltermann*, ZGR 1991, 162, 170, BGHZ 70, 331, 332: für die Bestimmung des Geschäftsgegenstandes beim Wettbewerbsverbot.

[1169] *Mertens/Cahn*, in: FS f. Heinsius, S. 545, 550 f.

[1170] *Röhricht*, in: WPg 1992, 766, 775; ebenso *Merkt*, ZHR 159 (1995), 423, 436; *Lawall*, NJW 1997, 1742, 1744.

[1171] *Priester*, ZGR 1993, 512, 532.

durch eine Einschränkung des Unternehmensgegenstandes jedoch weitgehend wieder aufheben kann, relativiert die Schlagkraft dieses Einwandes jedoch erheblich. Wenn es dem Alleingesellschafter zudem erlaubt ist, im Betätigungsfeld seiner Gesellschaft als Konkurrent tätig zu werden, wird das vorgeschlagene Kriterium zur Zuordnung von Geschäftschancen völlig unbrauchbar. Wie soll denn vernünftigerweise eine Zuordnung über den Geschäftszweig erfolgen, wenn es dem Alleingesellschafter gestattet ist, zwei Gesellschaften mit identischem Geschäftsgegenstand auf demselben Markt zu betreiben? Das Kriterium des Geschäftszweigs der Gesellschaft kann demnach nicht brauchbar gemacht werden, um eine verlässliche Zuordnung von Geschäftschancen zur Gesellschaft oder zum Alleingesellschafter zu erhalten.

bbb) In Betracht kommende Zuordnungskriterien

Eine treupflichtwidrige Ausnutzung einer Gewinnchance durch den Gesellschafter sollte erst dann in Betracht kommen, wenn die betreffende Chance aus ganz bestimmten Gründen gerade der Gesellschaft zuzuordnen ist und deshalb für die Wahrnehmung durch ihren Gesellschafter gesperrt ist.[1172] Welche Gründe für eine Zuordnung in Betracht kommen könnten, wird zum Teil unterschiedlich beurteilt. Zum einen wird die Zuordnung aufgrund des Bestehens einer Sonderbeziehung diskutiert. Zum anderen sollen vor allem Geschäftschancen relevant sein, die für die Gesellschaft wesentlich sind oder die mit Gesellschaftsmitteln realisiert wurden.

(1) Zurechnung aufgrund von Sonderbeziehungen

Der Gesellschaft gebühren auf jeden Fall solche Erwerbschancen, die ihr aufgrund konkreter rechtlicher Zuordnungskriterien zugeordnet sind.[1173] Hierunter versteht man jegliche, irgendwie rechtlich verdichtete Anstrengung der GmbH oder ihrer potentiellen Geschäftspartner in Bezug auf einen möglichen Vertragsschluss. Das ist dort eindeutig, wo schon eine rechtliche Zuordnung, etwa kraft Vertrages, besteht. Aber auch dort, wo die Gesellschaft in konkrete Vertragsverhandlungen getreten ist oder ihr ein konkretes Vertragsangebot gemacht wurde, muss ein Geschäft zu den Erwerbschancen der Gesellschaft zählen.[1174] Hierbei ist entscheidend, dass der Geschäftsabschluss gerade der Gesellschaft angetragen wurde. Es wird also auf die Absicht des Dritten zu achten sein, mit wem er als Vertragspartner kontrahieren wollte.[1175] Fraglich ist, ob dies auch für die Fälle zu gelten hat, in denen die Geschäftschance dem Alleingesellschafter nur mit Rücksicht auf seine Stellung in der Gesellschaft angetragen wurde.[1176] Bedenkt man, dass der Alleinge-

---

[1172] Statt vieler vgl. nur *Röhricht*, WPg 1992, 766, 775.

[1173] *Schaub*, DNotZ 2002, 468, 471, der von konkreten Erwerbsaussichten spricht, vgl. hierzu auch *Kübler*, in: FS f. Werner, S. 437, 439 ff.

[1174] Vgl. *Lawall*, NJW 1997, 1742, 1744 in Berufung auf BGH GmbHR 1968, 141, 142; vgl. auch *Schließl*, GmbHR 1988, 53, 54: für den Geschäftsführer.

[1175] *Kübler/Waltermann*, ZGR 1991, 162, 168; *Röhricht*, WPg 1992, 766, 775.

[1176] *Kübler/Waltermann*, ZGR 1991, 162, 168, *Schließl*, GmbHR 1988, 53, 54; *Röhricht*, WPg 1992, 766, 775.

sellschafter keinem Wettbewerbsverbot unterliegt, dürfte dieses Kriterium in den Einmann-GmbH nichts taugen. Zu denken ist nur an den oben geschilderten Fall, in dem der Alleingesellschafter zwei eingliedrige Gesellschaften mit identischem Geschäftsgegenstand auf demselben Markt betreibt.

Neben den rechtlichen Kriterien kommen weiterhin auch tatsächliche Zuordnungskriterien in Betracht, die eine Zuordnung zur Gesellschaft ermöglichen. Als gebundene, der GmbH gebührende Geschäftschancen sind alle diejenigen einzuordnen, die sich aus einer bestehenden Geschäftsverbindung ergeben. Zu denken ist vor allem an Geschäftsbeziehungen zu Lieferanten und Abnehmern.[1177] Aus den selben Erwägungen ist eine Chance der Gesellschaft zuzurechnen, wenn diese mit der Chance als erste in Berührung gekommen ist.[1178]

(2) Weitergehende Zurechnungskriterien

Das Abstellen auf die rechtliche oder tatsächliche Sonderbeziehung wird eine Vielzahl der Fallgruppen befriedigend lösen können. Daneben sind aber auch Konstellationen denkbar, in denen zwar noch keine konkrete Sonderbeziehung, allerdings durchaus ein Bedürfnis besteht, die Geschäftschance der Gesellschaft zuzuordnen. Hierfür kommen, wie gesagt, vor allem Geschäftschancen in Betracht, die für die Gesellschaft wesentlich sind oder die mit Gesellschaftsmitteln realisiert wurden. Eine solche Zuordnung greift aber nicht nur in die Rechte des herrschenden Gesellschafters ein, sondern auch in die Rechte Dritter, denen hierdurch mittelbar vorgeschrieben wird, mit wem sie Geschäfte zu betreiben haben. Für ein Abstellen auf diese Zuordnungskriterien ist dementsprechend eine besondere Rechtfertigung erforderlich.

(a) Wesentlichkeit der Chance

Im Hinblick auf die amerikanische „*corporate opportunity doctrine*" und dem dort verwendeten „*Essentialy-Tests*"[1179], finden sich einige Stimmen in Rechtsprechung und Schrifttum, die die Wesentlichkeit eines Geschäftes für die Gesellschaft als Rechtfertigung für die Zuordnung einer Chance zur Gesellschaft heranziehen.[1180] Nach anderer Ansicht sollte man dieses Kriterium jedoch mit Vorsicht behandeln, weil es kaum justiziable Wertungsfragen in die Entscheidung mit einführe und es zudem wenig sachgemäß erschiene, bei der Treuepflicht nach wichtigen und weniger wichtigen Angelegenheiten zu unterscheiden.[1181]

Für die Abgrenzung der Geschäftschancen im Verhältnis zum Alleingesellschafter erscheint dieses Kriterium in der Tat nicht geeignet. Im Gegensatz zum Geschäftsführer ist dem Gesellschafter der Wettbewerb mit der Einmann-Gesellschaft

---

[1177] *Weisser*, S. 155.

[1178] BGH WM 1989, 1216, 1217; BGH NJW 1989, 2687, 2688 -„Sägewerkfall"-; *Kübler/Waltermann*, ZGR 1991, 162, 164 f.

[1179] Vgl. Blake v. Buffalo Creek R. Co. 56 N.Y. 485 (1874).

[1180] BGH NJW 1986, 584, 585 -„Druckzylinderfall"-; *Röhricht*, WPg 1992, 766, 775; *Timm*, GmbHR 1981, 177, 181, *Lutter/Timm*, NJW 1982, 409, 410; *Thümmel*, Rn. 148.

[1181] *Kübler/Waltermann*, ZGR 1991, 162, 170; ebenso *Weisser*, S. 170.

grundsätzlich erlaubt.[1182] Wie sollte dann aber der Fall entschieden werden, in dem die Chance sowohl für die abhängige, als auch für die herrschende Gesellschaft von wesentlicher Bedeutung ist? Ob eine Geschäftschance der Gesellschaft vorliegt, sollte sich allein nach der Sphäre richten, aus der der Gesellschafter die Chance entnimmt. Die Bedeutung eines Geschäftes vermag die Zuordnung in die ein oder andere Sphäre allerdings nicht zu begründen. Fehlt es aber am Bezug der Chance zur Einmann-Gesellschaft, dürfen die Gesellschafter diese ebenso wahrnehmen wie jeder Dritte.

Zudem dürfte das Kriterium der Wesentlichkeit, wenn man hierunter die lebensnotwendigen Geschäfte der Gesellschaft versteht, alle für die Haftung wegen Existenzvernichtung relevanten Fälle beschreiben. Im Rahmen des hier diskutierten Haftungsmodells sind sowieso nur die Fälle von Bedeutung, in denen die Chance für das Bestehen der Unternehmung lebenswichtig war. Damit stellt sich das Merkmal für die hier interessierende Abgrenzung jedoch als völlig untauglich dar, weil es nicht zu erklären vermag, warum eine spezielle „lebensnotwendige“ Chance für die Gesellschaft zu reservieren war. Sinn und Zweck der Geschäftschancenlehre besteht darin, zu bestimmen, wann in eine Geschäftschance der Gesellschaft eingegriffen wurde. Hierdurch sollen der Gesellschaft die ihr zustehenden lebensnotwendigen Chancen bewahrt werden. In Anbetracht dieses Ziels kann es allerdings nicht angehen, für die Bestimmung dieses Bereiches auf ein Mittel abzustellen, das diesen Sinn und Zweck einfach nur wiedergibt. Ein solches Kriterium kann keine befriedigenden Ergebnisse liefern, weshalb hierauf von vornherein verzichtet werden sollte.

(b) Ausnutzung der „Ressourcen“ der Gesellschaft

Nach zum Teil vertretener Ansicht in Rechtsprechung und Literatur soll von einer Geschäftschance der Gesellschaft ausgegangen werden können, wenn sich der Alleingesellschafter zur Durchführung des Geschäftes eines bei der Gesellschaft erworbenen besonderen Know-hows oder ihres Personals bediene.[1183]

Besinnt man sich auf die zum Zweck des Wettbewerbsverbots gemachten Ausführungen, erscheint es naheliegend, die Nutzung von Gesellschaftsinterna als Kriterium für die Bestimmung der Zugehörigkeit einer Geschäftschance heranzuziehen. Wie beim Wettbewerbsverbot schon ausgeführt wurde, entstehen der Gesellschaft aus der externen Nutzung ihres technischen oder betriebswirtschaftlichen Know-hows Gefahren, vor denen sie auch bei Fehlen von Mitgesellschaftern geschützt werden muss, weil auch der Ausverkauf von immateriellen Werten den Untergang der Gesellschaft auslösen kann. Neben den gesetzlich geschützten Rechten wie Gebrauchs- und Geschmacksmustern stellen Betriebs- und Geschäftsgeheimnisse, wie z.B. technische und betriebliche Erfindungen, Fabrikationsverfahren und Konstruktionen einen erheblichen immateriellen Unternehmenswert dar, der mittels von Verträgen in ein Entgelt umgewandelt werden könnte[1184]. Dieser Wert besteht

---

[1182] Vgl. Erg. ab C) VIII. 1) c) bb) ddd).

[1183] BGH WM 1976, 77; *Thiel*, DStR 1993, 1801, 1804; *Röhricht*, WPg 1992, 766, 775; *Schließl*, GmbHR 1988, 53, 54. *Kübler/Waltermann*, ZGR 1991, 162, 168.

[1184] Zu denken ist aber auch Kunden- und Lieferantenbeziehungen, sowie Facharbeitskräfte.

aber nur solange, wie die Gesellschaft in der Lage ist, dies vor Konkurrenten geheim zu halten. Die Zuordnung von Geschäftschancen, die mittels Ressourcen der Gesellschaft erschlossen wurden, sei es durch den Einsatz von Personal, den Einsatz finanzieller Mittel oder die externe Verwertung von Know-how, rechtfertigt sich demnach unter dem Gesichtspunkt, dass es sich hierbei wertungsmäßig um nichts anderes handelt als um umgeformtes Gesellschaftsvermögen, das der Gesellschaft auf diese Weise entzogen wird. Nichts anderes kann für den Fall gelten, in dem bereits hohe Aufwendungen im Hinblick auf einen bestimmtem in Aussicht stehenden Auftrag getätigt wurden. Die spätere „unentgeltliche" Überleitung einer solchen Geschäftsgelegenheit kommt im Ergebnis einem schon im oberen Teil genannten verbotenen Liquiditätsabzug gleich.[1185]

Zu beachten ist allerdings, dass nicht jede Konstruktions- und Verfahrenstechnik als ein allein der Gesellschaft zustehender Unternehmenswert angesehen werden kann. Die Geheimhaltungspflicht beschränkt sich nur auf das Know-how, das nicht am fertigen Produkt offen zu Tage tritt oder aufgrund eines gesetzlichen Offenlegungserfordernisses (§§ 32 Abs. 1, 3 PatG; § 4 Abs. 2 GebrMG) bekannt ist.[1186] Ansonsten besteht die Gefahr, dass der Alleingesellschafter schlechter behandelt wird als jeder Dritte, dem dieses Know-how gegenüber bekannt gemacht wird. Die Wahrnehmung einer aufgrund solcher Ressourcen eröffneten Geschäftsgelegenheit in einer anderen Gesellschaft stellt demnach ein Verhalten dar, das es nicht an der Rücksicht gegenüber der Einmann-GmbH fehlen lässt.

(c) Zwischenergebnis

Der Gesellschaft sind grundsätzlich die Geschäftsgelegenheiten zuzuordnen, die sich gerade nur aufgrund von Wettbewerbsvorteilen eröffnen. Sei es, weil die Gesellschaft über kompetentes Personal verfügt, sei es, weil ihr besondere technische Kenntnisse zur Verfügung stehen. Will der herrschende Gesellschafter eine solche Chance der Gesellschaft wahrnehmen, trifft es die Pflicht nach den „Bremer Vulkan"-Grundsätzen, hierdurch den Bestand der Gesellschaft nicht zu gefährden. Damit dürften vor allem solche Fälle erfasst sein, in denen risikoreiche Entwicklungsprojekte in der Einmann-Tochtergesellschaft durchgeführt, im Falle des Erfolges jedoch in der Muttergesellschaft realisiert werden.[1187] Wenn die Muttergesellschaft schon auf Kosten der Gläubiger das Risiko unternehmerischer Fehlschläge dadurch minimieren kann, dass es dieses Risiko der Tochtergesellschaften zuteilt, so muss es wenigstens darauf achten, dass die Gesellschaft bei Entzug einer solchen Marktchance ihre Existenz wahren kann. Es wird also unter Umständen den Entzug des Know-how und die angefallenen Entwicklungskosten durch ein entsprechendes Entgelt auffangen müssen.[1188]

[1185] *Wassermeyer*, DStR 1997, 681, 684.

[1186] *Salfeld*, S. 25 f.

[1187] Vgl. *Löffler*, NJW 1986, 223, 227 der von der Ausnutzung von Geheimverfahren spricht, die mit Mitteln der Gesellschaft entwickelt wurden.

[1188] Vgl. hierzu BAG ZIP 1995, 491, 498, wonach eine Vorteilsverlagerung zu Gunsten des herrschenden Unternehmens nicht gegeben ist, wenn die Verlagerung zukunftsträchtiger Entwicklung den Tochterkonzern von weiteren Entwicklungskosten befreit und ihr ein Kaufpreis für die bisherigen ccc) Abstrakte Wahrnehmungsmöglichkeit ausreichend?

Damit ist allerdings noch nicht geklärt, ob eine Geschäftschance der Gesellschaft nach diesen Kriterien erst dann vorliegt, wenn sie personell, finanziell und sachlich in der Lage ist, diese Chance wahrzunehmen[1189], oder ob man den Kreis weiterziehen muss, indem man jede „abstrakte Gefährdung" der Interessen der Gesellschaft ausreichen lässt.

Für den Geschäftsführer einer GmbH wird Letzteres mit der Begründung vertreten, dass so mangels objektiver Maßstäbe im Einzelfall kaum lösbare Abgrenzungsschwierigkeiten vermieden würden.[1190] Deshalb sei allein mit dem Maßstab eines ordentlichen und gewissenhaften Geschäftsmannes zu beurteilen, ob eine Gesellschaft eine sich ihr bietende Geschäftschance wahrgenommen hätte. Auf dieser Linie liegt auch die Rechtsprechung des BGH[1191], nach welcher der Einwand der Unmöglichkeit der Wahrnehmung unbeachtlich sein soll. Die Rechtsprechung des BGH zum Gesellschafter-Geschäftsführer beruht auf der einfachen Erwägung, dass es gerade in solchen Situationen die Pflicht des Geschäftsführers ist, die Wahrnehmung zu ermöglichen. Es müsste als widersinnig und überaus kontraproduktiv angesehen werden, wenn sich ein Geschäftsführer mit dem Einwand verteidigen könnte, aufgrund seiner Untätigkeit dürfe er die Chance selbst wahrnehmen.[1192]

Zwar trifft den Alleingesellschafter im Gegensatz zum Geschäftsführer nicht die Pflicht, alles zur Förderung der Gesellschaft zu tun. Er hat gerade nicht die Pflicht, neue Geschäftschancen aufzuspüren, weshalb sich die direkte Übertragung der Rechtssprechungsgrundsätze auf diesen Fall verbietet. Wenn die Geschäftschance jedoch nach den oben beschriebenen Kriterien der Tochtergesellschaft zuzurechnen ist, spürt der Alleingesellschafter gar keine Geschäftchance auf, sondern würde eine dem Vermögen innewohnende Erwartung realisieren, weshalb es auch in dieser Konstellation nicht auf die Möglichkeit der Wahrnehmung ankommen kann. Jede andere Sichtweise hätte zur Folge, dass der Gesellschafter die abhängige Gesellschaft, nachdem sich die Chance bei ihr ergeben hat, durch Entzug von Liquidität immer so knapp bei Kasse halten könnte, dass fast jede Gelegenheit nicht realisiert werden könnte und somit der Entzug, selbst bei Verursachung der Insolvenz, nicht zu einer Haftung führen würde. Für die Frage nach dem Vorliegen eines rücksichtslosen Eingriffs kann es demnach nicht darauf ankommen, ob die abhängige Gesellschaft die ihr nach den obigen Grundsätzen zuzurechnende Geschäftschance selbst wahrnehmen kann oder nicht.[1193]

Entwicklungsergebnisse gezahlt wird; a.A. *Eschenbruch*, Rn. 3436, der der Konzernleitung das Recht Entwicklungschancen anderer Konzernunternehmen zu berücksichtigen, ohne diese Einschränkung zuspricht.

1189 BFH DStR 1997, 325; diese Frage stellt sich auch *Wassermeyer*, DB 1992, 2410; *Hölzle*, ZIP 2003, 1376, 1382, der einen solchen Einwand der Gesellschafter für zulässig erachtet.

1190 Scholz/*Schneider*, § 43 Rn. 145.

1191 BGH NJW 1986, 584, 585.

1192 *Merkt*, ZHR 159 (1995), 423, 444.

1193 Dies verkennt das LAG Köln ZIP 2003, 1893, 1895, nach dessen Ansicht es im Rahmen der unternehmerischen Freiheit liegen muss, solche Chancen wahrzunehmen oder nicht. Es führt allerdings zumindest aus, dass die Übertragung von Aufträgen in andere Gesellschaften nicht dazu führen dürfe, Gläubigern den Zugriff auf das zur Erfüllung der Gesellschaftsverbindlichkeiten benötigte Vermögen

Die damit aus seiner Treuepflicht zur Gesellschaft resultierende Förderpflicht des Alleingesellschafters, den Eingriff in den vorhandenen Markt der Gesellschaft zu unterlassen, führt auf der anderen Seite natürlich nicht zur Pflicht, die Gesellschaft – gleichsam einer nicht gegebenen „Nachschusspflicht" – ständig mit angemessenem Kapital auszustatten, um ihr die Erschließung neuer Geschäftsgelegenheiten zu ermöglichen.[1194] Der Gesellschafter ist trotz dieses weiten Verständnisses natürlich nicht verpflichtet, die Gesellschaft in die Lage zu versetzen, die Geschäftschance wahrzunehmen. Wenn er jedoch die Chance mit einer anderen Gesellschaft nutzen möchte, hat er trotz der in der Einmann-GmbH fehlenden Möglichkeit der selbstständigen Realisierung der Chance, ein angemessenes Entgelt für den Entzug zu zahlen, da diese Chance ja einen Vermögenswert der abhängigen Gesellschaft ausmacht. Allein hierdurch kann einem „Missbrauch" der Gesellschaft adäquat begegnet werden. Zudem gewährleistet allein dieses Verständnis, dass die Gesellschaft trotz der entzogenen Chance die Fähigkeit behält, ihre Verbindlichkeiten gegenüber ihren Gläubigern erfüllen zu können.

dd) Ergebnis

Sollte sich die Geschäftschance nach den gerade erarbeiteten Grundsätzen der abhängigen Gesellschaft zuordnen lassen, stellt der Entzug einen rücksichtslosen Eingriff in die Bestandsinteressen der Gesellschaft dar. Führt der Entzug der Chance zur Insolvenz der Gesellschaft, hat der Alleingesellschafter hierfür nach den Grundsätzen der „Bremer Vulkan"-Entscheidung einzustehen, wenn er in diesen Fällen keine Kompensation des Nachteils – in Form eines angemessenen Entgelts – vorgenommen hat.

e) „Auslaufenlassen"/GmbH-Stafette

Einen weiteren Anwendungsbereich der Existenzvernichtungshaftung könnte die Fallgruppe des sogennante „Auslaufenlassens" im Rahmen einer GmbH-Stafette darstellen.[1195] Ein Blick auf die Rechtsprechung der letzten Jahre zeigt, dass gerade die durch den Abzug aller Ressourcen und Übertragung des Vermögens auf eine andere GmbH herbeigeführte Existenzvernichtung häufig Gegenstand der Spruchpraxis war.[1196] So lag auch dem im Rahmen der Bestimmung der dogmatischen Grundlage des Haftungsmodells besprochenen „KBV"-Urteil eine entsprechende Verhaltensweise zu Grunde.

---

zu entziehen; wie hier *Hölzle*, ZIP 2003, 1897, 1898, dessen Begründung über die kaufmännische Sorgfalt allerdings nicht überzeugt.

[1194] *Röhricht*, WPg 1992, 766, 774.

[1195] *Kowalski*, GmbHR 1993, 253, 257; *Emmerich*, AG 2004, 423, 426; bezüglich dieser Fallgruppe wird allerdings auch angemerkt, dass es zweifelhaft sein könne, ob die Konzernlage für solch ein Verhalten überhaupt noch von Bedeutung sei, weil es durchaus Konstellationen gäbe, in denen die Nachfolgegesellschaft erst nach Stilllegung ihrer Vorgängergesellschaft gegründet werde, vgl. *Röhricht*, in: Festschrift 50 Jahre BGH, S. 83, 91.

[1196] BGHZ 76, 352, 355; BGH ZIP 1996, 637 f.(= NJW 1996, 1283 f. = DStR 1996, 839 f. = DB 1996, 714 f.); BGH NJW 1997, 943 f.(= BB 1997, 489 ff.); OLG Köln ZIP 1989, 1565, 1571; OLG Köln BB 1997, 169 ff.; ein Fall des reinen „Auslaufenlassens" war Gegenstand einer Entscheidung des OLG Düsseldorf NZG 2001, 368 ff.

aa) Umschreibung des Problemkreises

Versteht man die GmbH-Stafette im Sinne einer Überleitung des Geschäftsbetriebes auf eine weitere GmbH zu einem Zeitpunkt, in dem die Vorläufer-GmbH ihre Verbindlichkeiten nicht mehr erfüllen kann[1197], dürfte es schwer fallen, hieraus eine Haftung für Existenzvernichtung herzuleiten. Nicht die Insolvenz begründet die Haftung des Alleingesellschafters, sondern die fehlende angemessene Rücksichtnahme, die diesen Zustand herbeigeführt hat. Die Überleitung an sich kann aber auch zu einem Zeitpunkt stattfinden, in dem das Stadium der Insolvenz der Gesellschaft schon erreicht ist, weshalb hier auch nicht die Fallgruppe des Entzugs von Geschäftschancen zum Tragen kommen kann.

Um die Fallgruppen der GmbH-Stafette befriedigend lösen zu können, wird man deshalb auf einem anderen Anknüpfungspunkt zurückgreifen müssen. Die Verringerung oder Einstellung von Aktivitäten oder der Abzug aller Ressourcen der Einmann-GmbH, die die Insolvenz der Gesellschaft herbeigeführt haben, sind genau die Verhaltensweise, die sich unter dem so oft genannten Begriff der GmbH-Stafette verstecken.[1198] Ein solches Verständnis führt vor allem dazu, dass nichts anderes für den Fall gelten kann, in dem der herrschende Gesellschafter die zuvor werbende und auch aktiv am Wirtschafts- und Geschäftsleben teilnehmende abhängige Gesellschaft durch Weisung in einen „inaktiven" Zustand führt, ohne die Ressourcen der Gesellschaft auf eine andere von ihm beherrschte Gesellschaft zu übertragen.[1199]

bb) Wertung aus den §§ 65 ff. GmbHG

Wie die Ausführungen zur Treuepflicht verdeutlicht haben, setzt die Funktion der juristischen Person als Haftungsträger voraus, dass der Alleingesellschafter neben den gesetzlichen Vorschriften zum Gläubigerschutz den Anspruch der Gesellschaft auf Bestand jedenfalls solange respektiert, wie er noch keinen Auflösungsbeschluss getroffen hat. Erst durch diesen Beschluss wird der mit dem Eigeninteresse der Gesellschaft herbeigeführte Schutz der Gläubiger durch die §§ 65 ff. GmbHG übernommen. Wenn der Alleingesellschafter nun durch Maßnahmen, wie der Abwerbung von Fachpersonal oder den Entzug von Betriebseinrichtungen, das Gesellschaftsunternehmen aushöhlt, greift er einer Liquidation unerlaubt vorweg.[1200] Es kann nicht angehen, dass dem Alleingesellschafter die Möglichkeit eingeräumt wird, solange Dispositionen über das Vermögen der Gesellschaft vorzunehmen, bis den Gläubigern zur Befriedigung ihrer Forderungen nur noch der Gesellschaftsmantel zur Verfügung steht. Vielmehr muss gerade eine Verhaltensweise, die ge-

---

[1197] Hachenburg/*Mertens*, Anh. § 13 Rn. 53, der in dieser Verhaltensweise Fälle der Unterkapitalisierung erblickt.

[1198] OLG Köln BB 1997, 169, 170, in dem Urteil wird von „Leerlaufenlassen" gesprochen.

[1199] Als Beispiel für ein solche „reines Auslaufenlassen" vgl. OLG Düsseldorf NZG 2001, 368 ff.; zur Relevanz dieser Verhaltenweise vgl. auch *Decher*, in: ZHR-Beiheft 70 (2001), 25, 37.

[1200] BGHZ 76, 352, 355 für den Mehrheitsgesellschafter; dies verkennt *Drygala*, GmbHR 1993, 317, 325, wenn er den Vergleich mit der Übertragung des operativen Geschäfts im Rahmen eines Joint Venture bemüht. In dieser Situation kommt es dem herrschenden Unternehmen ja gerade nicht darauf an, durch die Übertragung des operativen Geschäftes die Auflösung der Gesellschaft zu betreiben.

zielt den Schutz der §§ 65 ff. GmbHG dadurch aushebelt, dass sie die Gesellschaft außerhalb einer geordneten Liquidation auslaufen lässt, als fehlende Rücksichtnahme auf das unabhängige Eigeninteresse der abhängigen Einmann-GmbH bewertet werden.

cc) Bestätigung durch den Vergleichsmaßstab

Bestätigung findet dieses Ergebnis durch den hier gewählten Vergleichsmaßstab. Ein Geschäftsführer würde „seiner" Gesellschaft nie vorhandene Ertragsquellen vorenthalten und ihr Überleben mit allen erdenklichen Mitteln, jedenfalls bis zum Zeitpunkt eines Auflösungsbeschlusses, sichern. Vor allem würde er gegen seine Pflichten verstoßen, wenn er außerhalb des gesetzlich angeordneten Verfahrens die Auflösung der Gesellschaft betreiben würde.[1201] Die Geschäftsführer sind im Falle einer Krise der Gesellschaft, die sich durch nachhaltige Verluste und fehlende Ertragskraft abzeichnet, vielmehr dazu verpflichtet, Sanierungsmöglichkeiten zu prüfen und Sanierungskonzepte zu entwickeln, die dann den Gesellschaftern vorzulegen sind. Diese sind dann dazu verpflichtet, deutlich vor dem Zeitpunkt der Insolvenz die Entscheidung für eine Liquidation der GmbH oder deren Fortführung zu treffen.[1202] Eine andere Alternative, wie z.B. das „Auslaufenlassen", sieht das Gesetz gerade nicht vor.

Weiterhin kann für die Richtigkeit dieses Ergebnisses auf die Tatsache verwiesen werden, dass dem herrschenden Alleingesellschafter das Institut der Verschmelzung zur Verfügung steht, falls er über die Ressourcen des abhängigen Gesellschaft ohne Rücksicht auf deren Fortbestand verfügen will.[1203] So besteht gerade nach § 2 Nr. 1 UmwG die Möglichkeit, dass Rechtsträger unter Auflösung ohne Abwicklung im Wege der Aufnahme durch Übertragung des Vermögens eines Rechtsträgers als Ganzes auf einen anderen bestehenden Rechtsträger verschmolzen werden. Wirtschaftlich gesehen geschieht bei den Fällen der GmbH-Stafette nichts anderes, jedoch wird hier der in §§ 20 Abs. 1 Nr. 1, 22 UmwG angeordnete Gläubigerschutz nicht eingehalten.[1204] Hiernach übernimmt der übernehmende Rechtsträger grundsätzlich die Verbindlichkeiten des zu übertragenden Rechtsträgers und die Gläubiger können Sicherheitsleistung einfordern, soweit sie nicht Befriedigung verlangen können. Gerade in diesen Normen kommt zum Ausdruck,

---

[1201] *Altmeppen*, ZIP 2002, 1553, 1562, spricht in diesem Zusammenhang von einer Kardinalpflicht hinsichtlich der Kapitalerhaltungsregeln.

[1202] *Lutter/Hommelhoff*, § 64 Rn. 3.

[1203] *Priester*, ZIP 1989, 1301, 1303.

Eine ähnliche Wirkung wie der Verschmelzung kommt der Eingliederung nach den §§ 319 ff. AktG zu (*Hüffer*, AktG, § 319 Rn. 2). Der Unterschied zur Verschmelzung durch Aufnahme (§§ 4 ff. UmwG) besteht darin, dass bei diesem Verfahren die rechtliche Selbstständigkeit der Gesellschaft unberührt bleibt. Die herrschende Meinung hält jedoch eine Eingliederung einer GmbH in eine andere GmbH oder AG nicht für möglich, vgl. für die h.M. statt vieler Hachenburg/Ulmer, Anh. § 77 Rn. 5; a.A. *Meyer*, S. 788 ff.

[1204] Bei einer Eingliederung nach den §§ 319 ff. AktG würde das herrschende Unternehmen eine gesamtschuldnerische Mithaftung (§ 322 AktG), eine Verpflichtung zur Sicherheitsleistung zu Gunsten der Altgläubiger (§ 321 AktG) und eine Verlustausgleichspflicht zur Gewährleistung des Stammkapitals (§ 324 Abs. 3 AktG) treffen.

dass der Gesetzgeber einen Schutz der Gläubiger bei Verlagerung von Geschäftsaktivitäten für erforderlich hält. Diese Wertung kann ohne weiteres auch für Fälle außerhalb des UmwG brauchbar gemacht werden, ohne dass die Voraussetzungen einer Analogie gegeben sein müssten. Im Hinblick auf die Wahrung der schutzwürdigen Interessen der Gläubiger dürfte damit einer Einbeziehung der Fallgruppe des „Auslaufenlassens" einer anhängigen GmbH in das neue Haftungssystem nichts entgegenstehen.

dd) Ergebnis

Dem Gesellschafter ist innerhalb wie außerhalb eines Insolvenzverfahrens stets nur unter Beachtung des Vorrangs der außenstehenden Gesellschaftsgläubiger die Aneignung von Gesellschaftsvermögen gestattet. Da der gesetzlich angeordnete Gläubigerschutz in diesen Stadien, wie festgestellt wurde, nichts anderes ist, als der Ausgleich für die zuvor durch die Funktion der juristischen Person als Haftungsträger geschützten Interessen, muss der Entzug von Ressourcen und Vermögen auch in diesem Stadium seine Grenze im Eigeninteresse der Gesellschaft finden. Folglich stellt das „Auslaufenlassen" im Rahmen einer GmbH-Stafette eine Fallgruppe der Existenzvernichtungshaftung dar. Der Unangemessenheit, die in der Übertragung von Geschäftsbereichen oder dem ganzen Geschäft zum Ausdruck kommt, kann jedoch, wie auch schon in anderen Fallgruppen angeklungen, durch eine angemessene Gegenleistung entgegengewirkt werden.[1205]

f) „Aschenputtelgesellschaft" (unangemessene Risikoverteilung)

Vielfach wird die sogenannte Aschenputtelgesellschaft als eine die Haftung auslösende Konstellation genannt.[1206] Hierbei handelt es sich um Konstruktionen, die von vornherein auf eine Aushöhlung der wirtschaftlichen Substanz der Gesellschaft angelegt sind, da der Gesellschaft untragbare Risiken zugewiesen werden.[1207]

Bezeichnend für diese Fallgruppen ist ein Urteil des BGH vom 13.12.93[1208]. Im konkreten Fall führte das herrschende Unternehmen über die abhängige GmbH sehr kostenaufwendige Entwicklungsarbeiten durch, wobei sich die hieraus resultierenden Geschäftschancen nicht realisieren ließen, was die Insolvenz der Gesellschaft zur Folge hatte. Der BGH ließ erkennen, dass er eine nachteilige Behandlung der abhängigen GmbH durch das herrschende Unternehmen für den Fall bejahen würde, dass die abhängige GmbH als alleiniger Kostenträger für eine Gewinn-

---

[1205] *Drygala*, GmbHR 1993, 317, 325.

[1206] *Röhricht*, in: Festschrift 50 Jahre BGH, S. 83, 91 u. 102; *Decher*, in: ZHR-Beiheft 70 (2001), S. 25, 38; *Altmeppen*, ZIP 2001, 1837, 1841; *Luttermann*, BB 2001, 2433, 2436; *Scheffler*, in: FS f. Goerdeler, S. 469, 479, der einen Nachteil bejaht, wenn die Gesellschaft auf andere, aus ihrer Sicht aber riskantere und weniger erfolgsversprechende Geschäftsfelder verwiesen wird, hierbei aber nicht von Aschenputtelgesellschaften spricht, sondern von einer Fallgruppe „konzernstrategischer Entscheidungen"; *Oser*, WPg 1994, 312, 316; *Henze*, NZG 2003, 649, 659; *Lutter/Banerjea*, ZGR 2003, 402, 414.

[1207] *Röhricht*, in: Festschrift 50 Jahre BGH, S. 83, 102.

[1208] BGH NJW 1994, 446 ff. -„EDV-Peripherie"- (= BB 1994, 303 ff.= DB 1994, 370 ff.)

chance verwendet wird, „die, wenn sie sich verwirklicht hätte, vor allem den anderen von ihm beherrschten Gesellschaften zugute gekommen wäre".

aa) Bestimmung des rücksichtslosen Eingriffs

Wie in der Untersuchung zu den Grenzen des erlaubten unternehmerischen Ermessens festgestellt werden konnte, würde ein ordentlicher und gewissenhafter Geschäftsführer diese Grenzen überschreiten, wenn das Kosten-Nutzen-Verhältnis des eingegangenen Risikos unangemessen ist oder die Kapitalausstattung dem Risiko in keinerlei Hinsicht genügt. Auf eben diese Kriterien stellt auch der BGH[1209] für die Beantwortung der Frage ab, wann die Risikozuweisung an eine abhängige Gesellschaft eine unangemessene Rücksicht gegenüber den Interessen dieser Gesellschaft begründet.

aaa) Unzureichende Kapitalausstattung

So nimmt der BGH ein unangemessenes Risiko, was im Ergebnis einer fehlenden Rücksichtnahme nach den „Bremer Vulkan"-Grundsätzen entspricht, für den Fall an, in dem die abhängige GmbH zwar alleiniger Nutznießer der Entwicklungsarbeiten sein sollte, die Kapitalausstattung der GmbH für die Durchführung dieser Arbeiten aber völlig unzureichend war.[1210] Die Bestimmung einer einen „rücksichtslosen Eingriff" darstellenden Risikoverteilung anhand dieses Kriteriums steht mit einer schon im Rahmen der Durchgriffshaftung zitierten Einschätzung im Einklang, dass die Unterkapitalisierung und die dadurch bewirkte übermäßige Insolvenzwahrscheinlichkeit bei Risikoprojekten das wirkliche Gläubigerproblem ist.[1211] Im Gegensatz zur „Durchgriffslösung" macht sich die hier favorisierte Lösung über eine Treuepflichthafung jedoch nicht des Vorwurfs schuldig, eine erst ex post bestimmbare Unterkapitalisierung nicht sanktionieren zu können. Demnach kann die Risikozuweisung auf eine Tochtergesellschaft, die für die Übernahme eines solchen Risikos nicht genügend kapitalisiert ist, als eine die Existenzvernichtungshaftung auslösende Verhaltensweise qualifiziert werden.

1209 BGH NJW 1994, 446, 447; auf das Kriterium fehlender Rentabilität abstellend auch BGH ZIP 1992, 694, 695, allerdings im Zusammenhang mit einer Haftung aus § 826 BGB; BGH ZIP 1994, 1690, 1693; bzgl. der Risikoverlagerung bei Ausgliederung eines defizitären Bereichs auf diese Voraussetzung abstellend das OLG Dresden AG 1997, 330, 332; auf das Kriterium der ungenügenden Kapitalisierung abstellend auch BGH ZIP 2000, 493, 494.

1210 Vgl. BGH NJW 1994, 446, 447. Die herrschende Meinung im Schrifttum versteht die Formulierung des BGH (insbes. „Spekulation zu Lasten der Gläubiger"), die einen Verweis auf die Ausführung des OLG Hamburgs zur materiellen Unterkapitalisierung enthielten, allerdings als Hinweis darauf, dass das Berufungsgericht neben der konzernrechtlichen Haftung den Aspekt des Durchgriffs wegen Unterkapitalisierung untersuchen soll; vgl. nur *Hommelhoff*, ZGR 1994, 395, 405 (Fn. 45); *Raiser*, ZGR 1995, 156, 162 ff.; Rowedder/Schmidt-Leithoff/*Pentz*, § 13 Rn. 137, der im Zusammenhang mit der Durchgriffshaftung von „Spekulationen zu Lasten der Gläubiger" spricht. Das hiermit eine Voraussetzung für das Eingreifen der konzernrechtlichen Haftung gemeint ist, vertreten: BAG ZIP 1996, 333, 335, dass das Vorliegen eines außergewöhnlich großen Risikos aus dem Vergleich zur Eigenkapitalausstattung bestimmt; OLG Dresden AG 1997, 330, 332; BAG ZIP 1999, 24, 27; BGH ZIP 2000, 493, 494; *Hüffer*, AktG, § 311 Rn. 34; *Krieger*, in: Münchner Hdb. des GesR, AG, § 69 Rn. 117; *Decher*, in: Münchner Hdb. des GesR, GmbH, § 69 Rn. 13f. ; *Benecke*, BB 2003, 1190, 1194.

1211 *Bitter*, WM 2001, 2133, 2137.

bbb) Kosten-Nutzenverteilung

Dies gilt nach Ansicht des BGH auch für die Fälle, in denen es zwar nicht an einer mangelnden Kapitalausstattung fehlt, sich jedoch schon in der Kosten-Nutzenverteilung eine unangemessene Risikoverteilung (bzw. fehlende Rücksichtnahme) wiederspiegelt.[1212] Der BGH will hierdurch die Fälle erfasst wissen, in denen die Gewinnchance, wenn sie sich denn verwirklicht hätte, einer anderen Gesellschaft des herrschenden Alleingesellschafters zugute gekommen wäre.[1213] Für das Abstellen auf diesen Aspekt spricht , dass hierdurch alle Fälle erfasst werden, in denen das Risiko der veranlassten Maßnahme die Insolvenz herbeigeführt hat, bevor es zum Entzug der Geschäftschance kommen konnte. In solchen Konstellationen wird die Gesellschaft als Kostenträger missbraucht, obwohl sich der Nutzen von vornherein in einer anderen Gesellschaft realisieren sollte.[1214] Würde man nun solche Risikoverteilungen nicht als eine Fallgruppe der Existenzvernichtungshaftung begreifen, hätte man zwar mit der Fallgruppe des Entzugs von Geschäftschancen ein Instrument für den Fall zur Verfügung, dass sich die aus dem Risiko hervorgehende Geschäftschance realisieren lässt und deshalb auf eine andere Gesellschaft verlagert wird. Jedoch würde die Gesellschaft gerade für den Fall hilflos gestellt, in dem sich das Risiko des Fehlschlags verwirklicht hat.

bb) Ergebnis

Daneben möchte das OLG Dresden[1215] für die Beurteilung der Zulässigkeit einer „Ausgliederung eines Risikobereichs“ auf das Vorliegen eines unternehmerischen Konzepts im Hinblick auf die Eigenkapitalausstattung abstellen. Wie bereits im Rahmen der Bestimmung der Grenzen des erlaubten unternehmerischen Risikos festgestellt, birgt diese Vorgehensweise den Nachteil in sich, dass unternehmerische Konzepte nur sehr schwer justitiabel sind und es so für die Praxis kaum berechenbar sein dürfte, wann ein Konzept den Anforderungen der Gerichte noch genügen wird. Die Frage, ob eine Tochtergesellschaft lediglich zu Lasten der Gesellschaftsgläubiger als haftungsrechtliches Zuordnungsobjekt nach außen hin dienen sollte, dürfte sich bereits mit den beiden zur Verfügung stehenden Kriterien der unangemessenen Eigenkapitalausstattung und dem Kosten-Nutzen-Verhältnis befriedigend lösen lassen, weshalb ein Bedürfnis für ein weiteres Kriterium nicht be-

---

[1212] So auch BGH ZIP 1994, 1690, 1693, wonach eine Beeinträchtigung der Eigenbelange gegeben sein soll, wenn die Vergütung der Gesellschaft zur Abdeckung des übernommenen Risikos nicht ausreicht.

[1213] BGH NJW 1994, 446, 447; auf diesen Punkt stellt auch der Großteil der Literatur ab, vgl. *Röhricht*, in: Festschrift 50 Jahre BGH, S. 83, 102; *Decher*, in: ZHR-Beiheft 70 (2001), 25, 38; *Krieger*, in: Münchner Hdb. des GesR, AG, § 69 Rn. 117.

[1214] Wird die Gesellschaft allein für die Entwicklung oder Erforschung gegründet, kann natürlich allein die Tatsache, dass die Erkenntnisse planmäßig außerhalb der Gesellschaft ausgenutzt werden, nicht zur Bejahung einer unangemessenen Rücksicht führen, jedoch wird man in diesen Fällen wie gesagt darauf zu achten haben, dass die Gesellschaft trotz des Entzuges der Neuentwicklung etc. nicht ihre selbstständige Lebensfähigkeit verliert. Man wird demnach zumindest ein Entgelt vereinbaren müssen, dass die Kosten der Entwicklung abdeckt, um in diesen Fällen eine unangemessene Kosten-Nutzen-Verteilung verneinen zu können.

[1215] OLG Dresden AG 1997, 330, 332.

steht. Der Alleingesellschafter wird seine Haftung selbst nach diesen Kriterien allerdings dadurch vermeiden können, dass er bereits mit Zuweisung des Risikos einen entsprechenden Ausgleich zusagt, welcher das Kosten-Nutzen-Verhältnis angemessen erscheinen lässt.

g) Satzungsgestaltung

Lutter geht davon aus, dass man ebenso wie man zulässigerweise GmbH & Co. KG gründen könne, deren einziger Zweck in der Übernahme der persönlichen Haftung einer KG bestehe, auch die Rolle als Produktions-, Finanzierungs- oder Forschungstochter in der Satzung festschreiben könne.[1216] Die Leitung einer solchen Tochter ohne Vertrieb bzw. Markt würde dann keine Verletzung des Eigeninteresses begründen.[1217]

Diesem Ergebnis kann im Hinblick auf den hier gewählten Beurteilungsmaßstab für das Vorliegen eines rücksichtslosen Eingriffs ohne weiteres zugestimmt werden. Die gegenteilige Ansicht müsste die Konsequenz in Kauf nehmen, dass die Satzungsautonomie des § 1 GmbHG dort ihre Grenze findet, wo die GmbH konzerndienende Funktion zugewiesen bekommt. Dies dürfte allerdings mit § 1 GmbHG grundsätzlich nicht im Einklang stehen, der zwar verlangt, dass nur zulässige Zwecke in die Satzung aufgenommen werden dürfen, jedoch damit nicht zugleich erklärt, dass die Zwecke für die Gesellschaft nicht nachteilig sein dürfen. Die schon bei der Gründung erfolgte satzungsmäßige Zuweisung einer begrenzten Funktion innerhalb des Konzerns, vermag folglich einen rücksichtslosen Eingriff eines Gesellschafters grundsätzlich nicht zu begründen.[1218]

aa) Satzungsgestaltung als rücksichtsloser Eingriff

Wie die Ausführungen zum Vergleichsmaßstab der unangemessenen Rücksicht gezeigt haben, gilt die Richtigkeit dieser These allerdings nur solange, wie die Gesellschaft mit der zugewiesenen Funktion noch die Fähigkeit selbständiger Existenz am Markt behält. Den Gesellschaftern ist die Zuweisung einer weitergehenden „dienenden" Funktion, welche der Gesellschaft die Fähigkeit zur selbstständigen Existenz am Markt nehmen würde, nur um den Preis der Verlustausgleichspflicht nach den §§ 302 ff. AktG gestattet[1219]. § 1 GmbHG erlaubt zwar nachteilige Gesellschaftszwecke, nach den hier erarbeiteten Ergebnissen jedoch nicht solche, die die konzernexterne Existenzfähigkeit der Gesellschaft aufheben würden.[1220]

1216 *Lutter*, DB 1994, 129, 130.

1217 Statt vieler vgl. Hachenburg/*Ulmer*, Anh. § 77 Rn. 131, der jedoch keine wirkliche Antwort darauf findet, wann ein solches Verhalten die Haftung auslöst. Dass das Verhalten eine unangemessene Rücksicht darstellen muss, hilft jedenfalls nicht weiter.

1218 *Habersack*, in: Emmerich/Habersack, Aktien- und GmbH-Konzernrecht, Anh. § 318 Rn. 39.

1219 Wiedemann bezeichnet es sogar als naturrechtlichen Satz, dass derjenige, der als herrschendes Unternehmen die Selbstständigkeit einer abhängigen Gesellschaft aufhebt, mit den Vorteilen auch die Schuldenlast zu übernehmen hat, vgl. *Wiedemann*, Die Unternehmensgruppe, S. 83.

1220 Deshalb kann einem Untersuchungsergebnis der OECD nicht zugestimmt werden, wonach es bei einer vollständig in eine Muttergesellschaft integrierten Tochtergesellschaft zwecklos sei, ein unabhängiges Interesse der Tochtergesellschaft unter Schutzgesichtspunkten anzunehmen, vgl. den Bericht der Organisation for Economic Cooperation and Development, Die Verantwortlichkeit von Mutterge-

Dass die satzungsmäßig abhängige Gründung trotzdem grundsätzlich zulässig ist, ist auch mit den Interessen der Gläubiger zu vereinbaren. Diese wissen zumeist, dass die Einmann-GmbH nur Aufgaben im Konzern wahrnimmt. Selbst wenn sie, wie z.B. die Arbeitnehmer oder Gläubiger deliktischer Ansprüche, sozusagen gezwungenermaßen Gläubiger der GmbH sind, sind ihre Interessen gewahrt, wenn die Gesellschaft ihre Funktion im Konzern ausfüllt. In diesem Zustand ist sie nach den hier erarbeiteten Grundsätzen nämlich so zu leiten, dass sie zumindest über das Maß an Liquidität verfügt, um den Verbindlichkeiten gegenüber ihren Gläubigern nachkommen zu können[1221]. Zudem würde auch der Geschäftsführer einer unabhängigen Gesellschaft „dienende" Funktionen übernehmen, solange seine Gesellschaft nicht die Fähigkeit zum selbstständigen Auftreten am Markt verlieren würde. Belege für solche vertraglichen Abhängigkeiten finden sich genug, wie ein Blick auf die gerade in der Autoindustrie gängige Praxis zeigt. Bis zu diesem Zeitpunkt besteht für die Gläubiger damit keine von der Situation in einer unabhängigen GmbH abweichende Gefahrenlage, welche ein früheres Eingreifen rechtfertigen könnte.

bb) Ergebnis

Mit Blick auf die eben besprochene Fallgruppe der Aschenputtelgesellschaft muss auch die durch Satzungsgestaltung beruhende ungleiche Verteilung von Chancen und Risiken auf verschiedene Konzerngesellschaften, die dem „Aschenputtel" im Konzern von vornherein die Fähigkeit vorenthält, gegen die normalen Risiken ihres Geschäftsbetriebes zu bestehen, mit einem so verstandenen Interesse als unvereinbar angesehen werden.[1222] Der oben herausgearbeitete Begriff des Eigeninteresses setzt nämlich zwingend voraus, dass die Gesellschafter bei ihren Dispositionen über Ertragschancen und Vermögen der Gesellschaft wenigstens die durch die Mindeststandards seriösen unternehmerischen Verhaltens gebotene Rücksichtnahme auf die Bestandserhaltung, und damit auch auf die Fähigkeit der Gesellschaft zur Begleichung der „übernommenen" Verbindlichkeiten, walten lassen. Damit muss eine fehlende Rücksichtnahme für den Fall bejaht werden, dass die Gesellschaft wegen der satzungsmäßigen Abhängigkeit nicht „autonom" lebensfähig ist.[1223] Das Eigeninteresse kann demzufolge auch schon im Falle der Gründung beeinträchtigt werden.[1224]

Eine solche Maßnahme, die nach den vorgestellten Kriterien im Ergebnis eine unangemessene Rücksicht darstellt, kann in der abhängigen Einmann-GmbH zwar eine Haftung nicht sofort bewirken, weil die Existenz der Gesellschaft erst dann vernichtet wird, wenn die herrschende Gesellschaft das Abhängigkeitsverhältnis

---

sellschaften für ihre Tochtergesellschaften, S. 32; wie hier *Habersack*, in: Emmerich/Habersack, Aktien- und GmbH-Konzernrecht, Anh. § 318 Rn. 39.

[1221] Vgl. Erg. oben bei C) IV. 3) e) cc) ddd).

[1222] So schon *Röhricht*, in: Festschrift 50 Jahre BGH, S. 83, 105.

[1223] Im Ergebnis ähnlich *Emmerich/Habersack*, Konzernrecht, 8. Aufl., § 31 II 3. S. 432.

[1224] *Habersack*, in: Emmerich/Habersack, Aktien- und GmbH-Konzernrecht, Anh. § 318 Rn. 39 m.w.N.; *Emmerich/Habersack*, Konzernrecht, 8. Aufl., § 31 II 3. S. 430; a.A. *Beinert*, S. 163, die davon ausgeht, dass das Eigeninteresse durch diesen Vorgang erst definiert wird.

aufhebt und hierdurch die Insolvenz ausgelöst wird. Eine entsprechende Satzungsgestaltung löst aber in Anlehnung an das Strafrecht eine Garantenpflicht aus „Ingerenz“ aus, die dazu verpflichtet, die externe Lebensfähigkeit der Gesellschaft wiederherzustellen.[1225] Dies ist nicht zu verwechseln mit einer nach dem Gesetz nicht bestehenden Nachschusspflicht (§ 26 GmbHG). Vielmehr geht es um die Abwendung des Schadensersatzanspruchs, der durch die Maßnahme ausgelöst wurde, jedoch durch die Beendigung des Abhängigkeitsverhältnisses und die hierdurch herbeigeführte Insolvenz aufschiebend bedingt ist. Die Treuepflicht gegenüber dem Bestandsinteresse der Gesellschaft verbiete es folglich, die Gesellschaft in einen Markt zu entlassen, für den sie aufgrund der durchgeführten Satzungsgestaltung nicht mehr gewappnet ist und welche in kürzester Zeit die Insolvenz der Gesellschaft herbeiführt.[1226]

h) Konzernstrategische Strukturmaßnahmen

Die Einbindung in einen faktischen Konzern bedeutet in der Regel, dass die Muttergesellschaft bei der abhängigen Gesellschaft Änderungen veranlasst, um dieses auf die Konzernstrategie auszurichten. Dies beruht auf der einleuchtenden Erkenntnis, dass sich die wirtschaftlichen Vorteile einer Unternehmensverbindung zumeist nur dann ausnutzen lassen, wenn die abhängige Gesellschaft Verhaltensweisen an den Tag legt, die für den Gesamtkonzern von Vorteil sind. Im Hinblick auf diese Bedeutung für die Konzernierung ist es wenig verwunderlich, dass bereits im Vorfeld des „TBB“-Urteils darüber diskutiert wurde, ob eine einzelne, isolierte Strukturmaßnahme dazu führen kann, dass eine nicht mehr isolierbare schädigende Verletzung des Eigeninteresses der abhängigen GmbH eintritt. Besonderes Augenmerk wurde auf die Aufgabe bestimmter Marktaktivitäten, die Abgabe von Ressourcen an die Muttergesellschaft, sowie die Zentralisierung von unternehmerischen Schlüsselfunktionen gerichtet.[1227] Daneben gibt es eine Vielzahl von geschäftsleitenden Maßnahmen, die der Geschäftsführer einer unabhängigen Gesellschaft nicht durchgeführt hätte. In Betracht kommen vor allem Investitions-, Organisations- oder Personalmaßnahmen.[1228] Hinter solchen Transaktionen steht häufig die Überlegung, dass bei nicht mehr vertretbaren Verlustsituationen in einem Unternehmensbereich ein anderer gesunder Unternehmensbereich nicht infiziert und deshalb auf eine andere Gesellschaft übertragen werden soll (sogenannte „Sterbe-

[1225] Ähnlich äußert sich *Limmer*, S. 118 ff., der aufgrund der Garantenpflicht die Pflicht des herrschenden Unternehmers begründet, seinen Einfluss geltend zu machen und die Fortsetzung der Geschäftsbeziehung zu veranlassen. Hierdurch würde die Aktivierung der latenten Bestandsvernichtungsgefahr verhindert; eine solche Lösung hat zudem den Vorteil, dass man die Haftung nicht schon bei einer Bestandsgefährdung zulassen muss, um zu vertretbaren Ergebnissen zu kommen, so aber eine Überlegung von *Henze*, NZG 2003, 649, 658.

[1226] Im Ergebnis so auch *Drygala*, GmbHR 2003, 729, 735.

[1227] *Kleindiek*, GmbHR 1992, 574, 576; *Krieger*, in: Der qualifizierte faktische GmbH-Konzern, S. 41, 46 ff.; *Ulmer*, in: Der qualifizierte faktische GmbH-Konzern, S. 65, 80 f.; *Hommelhoff*, in: Der qualifizierte faktische GmbH-Konzern, S. 245, 248 f.; *Scheffler*, in: FS f. Goerdeler, S. 469, 479.

[1228] Diese Maßnahmen werden auch im Rahmen des § 311 AktG einer Überprüfung ihrer Nachteiligkeit unterzogen, vgl. *Habersack*, in: Emmerich/Habersack, Aktien- und GmbH-Konzernrecht, § 311 Rn. 57.

hauskonstruktion").[1229] Die Relevanz solcher Verhaltensweisen dürfte sich auch mit dem Wandel des Haftungssystems von einer Struktur- zu einer Verhaltenshaftung nicht erledigt haben.[1230]

aa) Bisherige Stellungnahmen des BGH

Wenig hilfreich für die hier zu beantwortende Frage, ob solche Maßnahmen der zweiten Säule des Haftungskonzepts zuzuordnen sind, dürfte ein Urteil des BGH aus dem Jahr 1994[1231]sein. Dort heißt es, dass die Zuweisung einer begrenzten Unternehmensfunktion allein nicht zu einer konzernrechtlichen Haftung führe, solange die Gesellschaft unter Wahrung ihres Eigeninteresses geleitet wird.

Das Gericht bezog sich hierbei allerdings auf einen Beitrag von Krieger[1232], der solche Maßnahmen deshalb nicht zur Begründung einer Konzernhaftung ausreichen ließ, weil sie nach seiner Meinung nicht das Einzelausgleichssystem in Frage stellen würden und damit die Subsidiarität der Konzernhaftung nach den „TBB"-Grundsätzen nicht begründet sei. Zudem seien solche Maßnahmen unzulässig, wenn die Konzerngesellschaft nicht von vornherein zu dem beschränkten Zweck gegründet worden sei.[1233] Ein genereller Ausschluss solcher Maßnahmen als haftungsbegründende Verhaltensweisen war diesem Beitrag demnach keinesfalls zu entnehmen.

Das eine in der Satzung vorgenommene Zuweisung einer Funktion die Haftung nicht von vornherein auslöst, steht im Einklang mit dem oben gefundenen Ergebnis.[1234] Das damit aber konzernintegrative Strukturmaßnahmen, wie z.B. die spätere Zuweisung einer begrenzten Einzelfunktion im Konzernganzen, der Entzug von Funktionen oder die Ausrichtung auf einen anderen Markt, keinen rücksichtslosen Eingriff in das Eigeninteresse darstellen können, ist damit nicht gesagt.

Vielmehr heißt es in der „Siemens"-Entscheidung[1235], dass die aufgrund des Unternehmensvertrages zustehende Weisungskompetenz gemäß § 308 Abs. 1 AktG auch den Fall umfasse, dass eine den Belangen des herrschenden Unternehmens

---

1229 *Decher*, in: Münchner Hdb. des GesR, GmbH (1. Auflage), § 71 Rn. 27.

1230 So spricht *Ulmer*, in: ZIP 2001, 2021, 2028, von sonstigen abhängigkeits- oder konzernbedingten, die Lebensfähigkeit der Tochtergesellschaft gefährdenden Umstrukturierungen; Wilken gibt zwar zu bedenken, dass diese Aspekte im Anschluss an das „TBB" nur noch vereinzelt aufgegriffen wurden, was seines Erachtens auf den Wechsel von einer Struktur- zu einer Verhaltenshaftung zurückzuführen sei. Jedoch stellt er selbst heraus, dass jeder Struktur ein Verhalten vorausgehe, weshalb sich die Relevanz dieser Fallgruppen nicht erledigt habe, vgl. *Wilken*, WiB 1997, 453, 456.

1231 BGH ZIP 1994, 1690, 1693 (= NJW 1994, 3288, 3290).

1232 *Krieger*, in: Der qualifizierte faktische GmbH-Konzern, S. 41, 48 f.

1233 *Krieger*, in: Der qualifizierte faktische GmbH-Konzern, S. 41, 48 f.; insoweit geht der auf diesem Urteil beruhende Hinweis von Bitter ins Leere, dass die Strukturmaßnahme an sich die Haftung nicht zu begründen vermag, vgl. *Bitter*, S. 539; beachtet man diesen Hintergrund des BGH-Urteils dürfte das darauf aufbauende Urteil des OLG Köln NZG 1998, 820, 821 als zu weitgehend abzulehnen sein, in dem die Haftung nach den TBB-Grundsätzen selbst für den Fall verneint wurde, dass die zugewiesene Einzelfunktion mit den zur Verfügung gestellten sachlichen und persönlichen Mittel zu keinem Zeitpunkt erfüllt werden konnte. Insoweit verlangt ja selbst der BGH ZIP 1994, 1690, 1693, dass die Gesellschaft unter Wahrung der Eigeninteressen geleitet werden muss.

1234 Vgl. Erg. bei C) IV. 3) e) ee).

1235 BGH ZIP 1992, 395, 398.

dienende, der abhängigen Gesellschaft nachteilige Weisung erteilt wird. Mit dieser Grenzziehung gegenüber der normalen Weisungskompetenz des GmbHG knüpft der BGH an vorangegangene Entscheidungen[1236] an, wonach es den Gesellschaftern einer GmbH, wenn kein Beherrschungsvertrag geschlossen wurde, trotz ihrer gesetzlichen Weisungsbefugnis nicht erlaubt ist, die Gesellschaft im Konzerninteresse zu schädigen. Dies muss dann aber auch für im Konzerninteresse erfolgende Strukturmaßnahmen gelten.

bb) Bestimmung der fehlenden angemessenen Rücksichtnahme

Nach dem hier verwendeten Vergleichsmaßstab muss deshalb gelten, dass, wenn kein Beherrschungsvertrag geschlossen wird, die Grenze zulässiger Abhängigkeit dort erreicht ist, wo der Geschäftsführer einer unabhängigen GmbH diese Entscheidung nicht mehr so getroffen hätte. Wird die abhängige Einmann-GmbH durch konzerninterne Umstrukturierungsmaßnahmen zum bloßen Hilfsunternehmen, muss es also einzelne Unternehmensfunktionen an andere Konzernunternehmen abgeben, ist die Grenze zum rücksichtslosen Eingriff dort überschritten, wo ein Geschäftsführer einer unabhängigen Gesellschaft die unabhängige Marktstellung zu Gunsten einer dauerhaften Kooperation mit einem anderen Unternehmen nicht aufgegeben hätte. Für den notwendigen Vergleich ist vor allem an Rechtsgeschäfte zu denken, in denen die Gesellschaft derart umfangreiche Liefer- und Dienstleistungsverpflichtungen übernimmt, die zur Folge hätten, dass sie ihre gesamte Kapazität zur Erfüllung dieser Verpflichtung einsetzen müsste. Daneben wird das in einer unabhängigen Gesellschaft mögliche „outsourcen" von Unternehmensfunktionen Aufschluss über die Grenzen entsprechender Strukturmaßnahmen geben können.

Durch eine solche Grenzziehung klärt sich die im Schrifttum aufgeworfene Frage, wieweit die Muttergesellschaft die Unternehmenspolitik der Tochter bestimmen und diese auf konzernstrategische Ziele ausrichten darf.[1237] Natürlich darf der Tochtergesellschaft vorgeschrieben werden, sich in einem für den Gesamtkonzern relevanten Bereich weiter zu betätigen oder einen für den Konzern nicht mehr relevanten Produktionsbereich aufzugeben. Jedoch darf sie dies nur unter der Voraussetzung veranlassen, dass die konzernbedingte Strukturmaßnahme auch von einer unabhängigen Gesellschaft noch durchgeführt würde. Einen rücksichtslosen Eingriff stellen folglich Strukturmaßnahmen dar, die zu einem Verlust der konzernexternen Existenzfähigkeit der Tochtergesellschaft führen.[1238] Eine so weitgehende Abhängigkeit würde ein Geschäftsführer einer unabhängigen Gesellschaft selbst im Rahmen einer dauerhaften Kooperation nicht zulassen.

[1236] BGHZ 115, 187, 193 -„Video"-; 116, 37; 42.

[1237] So die Frage von *Hoffmann-Becking*, in: Probleme des Konzernrechts, S. 68, 78.

[1238] *Decher*, Münchner Hdb des GesR, GmbH (1. Auflage), § 70 Rn. 23 ff.; a.A. *Drygala*, GmbHR 2003, 729, 735, nach dessen Ansicht eine Sicherstellung der Existenz in der Gruppe genügt. *Drygala* bejaht trotzdem eine Verpflichtung der Gesellschafter, beim Ende der Konzernbeziehung Wiederaufbauhilfen zu leisten.

aaa) In Betracht kommende Strukturmaßnahmen

Als solche Strukturmaßnahmen werden zumeist die Zentralisierung des Funktionsbereichs Erzeugung, des Absatzes, der Forschung und Entwicklung genannt.[1239] So wird durch die Ausgliederung der Erzeugung aus einem Produktionsunternehmen ein reines Dienstleistungsunternehmen mit Hilfsfunktionen zu Gunsten der Mutter- und der Schwestergesellschaften. Bleibt die abhängige Gesellschaft auf die Produktion zu Gunsten des Konzerns beschränkt, so ist es nach Beendigung des Beherrschungsverhältnisses nicht mehr selbstständig existenzfähig, da es bei einer Auflösung der Verflechtung selbst ihre Vertriebsfunktion mangels absetzbarer Produkte nicht mehr erfüllen kann.

Bei der Ausgliederung der Absatzfunktion wird es nach dem hier erarbeiteten Vergleichsmaßstab darauf ankommen, ob ein sorgfältiger Geschäftsführer nach einer Abwägung der positiven Synergieeffekte mit den Nachteilen der Vertriebsaufgabe, der Ausgliederung zugestimmt hätte.[1240] Hierbei ist vor allem an die Gefahren zu denken, die sich bei Eintritt des Konkurses der Vertriebsgesellschaft ergeben können. Die Zulässigkeit hängt davon ab, ob ihre Erzeugnisse aufgrund des Firmennamens oder aufgrund der Einmaligkeit auf dem Markt so bekannt und so sehr geschätzt sind, dass die abhängige GmbH in kürzester Zeit einen Kundenkontakt herstellen könnte und von sich aus in der Lage wäre, nach einer Ablösung vom Konzernverbund eine eigene Vertriebsorganisation zu errichten.[1241] Sollte die Prüfung ergeben, dass dies nicht der Fall ist, würde der Geschäftsführer einer unabhängigen GmbH von der ungesicherten Aufgabe des eigenen Vertriebes absehen.

Nichts anderes kann für den Bereich der Forschung und Entwicklung gelten. Die Grundlagenforschung ist in der heutigen Zeit im Hinblick auf den immer rasanter werdenden Innovationswettbewerb in einigen Branchen auf Dauer gesehen lebensnotwendig. Bedarf es für diesen Bereich zudem hochqualifizierter Wissenschaftler, die auf dem Arbeitsmarkt nicht ständig und nicht in genügender Zahl zur Verfügung stehen, so wird die Herauslösung der Grundlagenforschung aus der abhängigen Gesellschaft dessen selbstständige Existenzfähigkeit zerstören, wenn ihm nicht zugleich eine anderweitige Funktion zugeteilt wird, mit der es selbstständig am Markt auftreten könnte.

Eine Umstrukturierung führt folglich nicht zur Qualifizierung als Eingriff, wenn die übrigen Unternehmensfunktionen der abhängigen Gesellschaft zugleich derart erweitert werden, dass sie als Dienstleistungs- oder Handelsunternehmen auch selbstständig existieren könnten. Nicht selten werden allerdings nur Teilaufgaben aus dem Erzeugungsbereich zentralisiert. In dieser Fallgestaltung wird es darauf ankommen, ob der abgegebene Funktionsbereich jederzeit durch Inanspruchnahme von Leistungen eines dritten, konzernfremden Unternehmens ersetzt werden kann.

1239 Vgl. hierzu vor allem *Strohn*, S. 108 ff.; *Hoffmann-Becking*, in: Probleme des Konzernrechts, S. 68, 78 f.; *Krieger*, in: Der qualifizierte faktische GmbH-Konzern, S. 41, 52 f.

1240 *Kropff*, in: Münchner Komm/AKtG, § 311 Rn. 210.

1241 Nach Ansicht von *Kowalski*, GmbHR 1993, 253, 257, darf es nicht zu einer Ausblendung des „Goodwill" der Gesellschaft kommen.

bbb) Eingliederung unrentabler Unternehmensbereiche

Aber nicht nur die Ausgliederung von wesentlichen Unternehmensfunktionen, sondern auch die Eingliederung eines unrentablen Unternehmensbereichs in eine Tochtergesellschaft, kann einen rücksichtslosen Eingriff in die Interessen der abhängigen Gesellschaft darstellen.[1242] Als Beispiel für die Praxisrelevanz solcher Konstellationen kann auf einen vom OLG Dresden entschiedenen Fall verwiesen werden.[1243] Die Beklagte, eine GmbH, entschloss sich, ein Unternehmen von der 100%igen Tochter-GmbH der Klägerin in Form eines sogenannten *„asset deals"* zu erwerben. Unmittelbar nach Erwerb sollte das Unternehmen auf eine vom Beklagten zu gründende GmbH überführt werden. Die erworbenen Gegenstände wurden jedoch nicht auf die neugegründete GmbH überführt, sondern lediglich zur Nutzung überlassen. Die Klägerin erbrachte nach Errichtung der GmbH an diese unterschiedliche Leistungen, zu denen sie aufgrund einer Rahmenvereinbarung, die die Beklagte im Rahmen des Unternehmenskaufes übernommen hatte, verpflichtet war. Die Tochter-GmbH erwirtschaftete in den letzten Geschäftsjahren durch das später auf sie übertragenen Unternehmen Verluste in Millionenhöhe, wobei alleine Personal- und Materialaufwand rund 5 Mio. DM ausmachten.

Wie schon die Ausführung zur Fallgruppe der Aschenputtelgesellschaften gezeigt hat, muss eine solche unangemessene Risikoverlagerung als rücksichtsloser Eingriff eingestuft werden. Zu diesem Ergebnis kommt das OLG Dresden auch für die hier in Rede stehende Eingliederung eines unrentablen Unternehmensbereichs, wobei es in der Begründung, ähnlich der Kriterien des BGH zur Bestimmung der Angemessenheit von Risikogeschäften, darauf abstellt, dass das mit der Eingliederung bewirkte Risiko in keinem Verhältnis zur Eigenkapitalausstattung der Gesellschaft stand und auch kein unternehmerisches Konzept bzgl. der Überlebensfähigkeit der Gesellschaft erkennbar war.[1244]

cc) Ergebnis

Verliert die Gesellschaft ihre Fähigkeit einer eigenen Existenz am Markt, stellt dies, wenn das die Abhängigkeit begründende Verhältnis beendet wird und die Insolvenz der Gesellschaft hierdurch bewirkt worden ist, ein in der Einmann-GmbH die Haftung auslösendes Verhalten dar.[1245] Die Tatsache, dass sich der Schaden erst nach Beendigung des Abhängigkeitsverhältnisses realisiert, kann zu keiner anderen Beurteilung führen, weil die Existenzvernichtung bereits im früheren Verhalten angelegt war.[1246] Ebenso wie Satzungsgestaltungen lösen Strukturmaßnahmen

---

[1242] So z.B. *Ulmer*, ZHR 148 (1984), 391, 398.

[1243] OLG Dresden AG 1997, 330 ff. (= GmbHR 1997, 215 ff.).

[1244] OLG Dresden AG 1997, 330, 332.

[1245] In der mehrgliedrigen abhängigen GmbH wird es demnach nur auf den Verlust der konzernexternen Lebensfähigkeit ankommen.

[1246] Das Verhalten muss für eine Haftung unter Ingerenzgesichtspunkten allerdings bereits zum Zeitpunkt der Vornahme pflichtwidrig gewesen sein, weshalb es erforderlich ist, die externe Lebensfähigkeit als absolute Grenze der Strukturmaßnahmen anzuerkennen; vgl. hierzu auch *Krieger*, in: Münchner Hdb. des GesR., AG, § 69 Rn. 123, der beim alten Haftungssystem bei Maßnahmen, welche die Existenzfähigkeit nach Beendigung des Konzernverhältnisses bedrohen, nicht die Verlustausgleichsin Anlehnung an das Strafrecht eine Garantenpflicht aus „Ingerenz" aus. Wenn also die Konzernintegration so weitgehend ist, dass die abhängige Gesellschaft bei Auflösung der Konzernverflechtung nicht mehr selbst lebensfähig ist, kann sich die herrschende Gesellschaft dadurch der Existenzvernichtungshaftung aussetzen, dass es die konzernintegrative Maßnahme nicht zurückgenommen hat, also keine „Wiederaufbauhilfe" geleistet hat.[1247]

i) Konzerninterne Rechtsgeschäfte

Im Zusammenhang mit den Fällen nachteiliger Konzernleitung wird immer wieder auf die Möglichkeit der Schädigung der Tochtergesellschaft durch konzerninterne Rechtsgeschäfte („Verrechnungspreise") hingewiesen.[1248] Die Relevanz dieser Fallgruppe lässt sich leicht mit den zum Teil sehr intensiven Leistungsaustauschbeziehungen zwischen den einzelnen Konzernunternehmen erklären, die gerade die durch den Konzern bezweckten Synergieeffekte bewirken sollen.

aa) Relevanz in der Konzernrechtsprechung

Eine solche Fallgestaltung lag dem schon innerhalb der Fallgruppe der Strukturmaßnahmen angesprochenen Urteil des BGH[1249] aus dem Jahr 1994 zugrunde. Eine OHG hatte mit ihrer Konzernschwester, einer GmbH, einen Rahmenvertrag zur Abwicklung von Bauvorhaben geschlossen. Die OHG schloss Bauverträge mit Dritten ab und erhielt dafür eine Vergütung in Festpreisen. Sie übertrug im Innenverhältnis die gesamte Bauausführung der GmbH. Diese sollte von der OHG alle erforderlichen Mittel erhalten und darüber hinaus sollten ihr 1,5 % der von der OHG realisierten Festpreise zustehen. Neben der an dieser Stelle weniger interessierenden Frage, ob schon die begrenzte Zuweisung einer Einzelfunktion innerhalb des Konzerns die Haftung auslösen könne, stellt der II. Zivilsenat fest, dass die Vergütung dieser Funktion dem zugewiesenen Risiko entsprechen müsse. Im konkreten Fall wurde die Gewinnspanne der abhängigen GmbH, die als Bauträger tätig wurde, nur deshalb so knapp kalkuliert, um lukrative Architektenaufträge für die herrschende Gesellschaft aquirieren zu können. Der BGH stellte im Hinblick auf die niedrigen Preise fest, dass vieles dafür spreche, dass die sich aus der eigentlichen Bauausführung ergebenden Risiken bei der Kalkulation nur deshalb vernachlässigt werden konnten, weil durch die Unternehmenskonstruktion die Möglichkeit eröffnet wurde, die hieraus resultierenden Risiken auf die GmbH auszugliedern.[1250]

---

pflicht während der Dauer der Konzerneinbindung anwenden möchte, sondern auf § 303 AktG abstellt. Er nimmt insoweit also auch eine Art Garantenstellung an.

[1247] Im Ergebnis wie hier *Drygala*, GmbHR 2003, 729, 735.

[1248] *Decher*, in: ZHR-Beiheft 70 (2001), 25, 36; *Kowalski*, GmbHR 1993, 253, 256; *M. Burgard*, WM 1993, 925, 929, der von „konzerninternen Leistungen jeder Art" spricht; *Krieger*, in: Der qualifizierte faktische GmbH-Konzern, S. 41, 57; *Lutter*, JZ 1993, 580, 581; *Kölling*, NZG 2000, 8, 12.

[1249] BGH ZIP 1994, 1690 ff.(= DStR 1994, 1816 ff.; NJW 1994, 3288 ff.; DB 1994, 2385 ff.); vgl. auch BGH NJW 1995, 1544, 1545, wonach die dortige Aufgliederung in eine Bauträgergesellschaft und Architektengesellschaft keine einseitige Risikoverlagerung darstellte.

[1250] BGH ZIP 1994, 1690, 1692; vgl. zu einer ähnlichen Fallgestaltung allerdings im Hinblick auf eine Haftung aus § 826 BGB, BGH ZIP 1992, 694 f.

In diesen Zusammenhang wird man auch einen vom BAG[1251] entschiedenen Fall einzuordnen haben. In der dem BAG zur Entscheidung vorliegenden Sachverhalt hatte eine Konzernschwester für eine andere Leistungen erbracht, die mit ungefähr 5 Mio. Euro zu bewerten waren. Ein angemessener Ausgleich für die Leistungen konnte vom Beklagten nicht nachgewiesen werden.

bb) Bestimmung der fehlenden angemessenen Rücksichtnahme

Um die Angemessenheit solcher konzerninternen Geschäfte zu ermitteln, sollte man sich entsprechend dem verwendeten Maßstab an der Frage orientieren, ob auch ein ordentlicher und gewissenhafter Geschäftsführer einer unabhängigen Gesellschaft das Geschäft so abgeschlossen hätte. Vielfach wird im Zusammenhang mit diesem Maßstab auf das steuerrechtliche Institut der verdeckten Gewinnausschüttung zurückgegriffen, was wohl auf die Tatsache zurückzuführen ist, dass sich der Haftungstatbestand, den § 311 AktG regelt, und der Tatbestand der verdeckten Gewinnausschüttung in vielen Fällen decken[1252]. Unter einer verdeckten Gewinnausschüttung versteht man nämlich eine Vermögensverminderung, die durch das Gesellschaftsverhältnis veranlasst ist. Eine Veranlassung durch das Gesellschaftsverhältnis – und demnach auch eine unangemessene Rücksicht – liegt vor, wenn ein ordentlicher und gewissenhafter Geschäftsführer diese Vermögensverminderung gegenüber einem Nichtgesellschafter nicht hingenommen hätte.[1253]

Dieser Maßstab passt selbst dann, wenn mit der Gesellschaft eine nichtwirtschaftliche Zielsetzung verfolgt wird. Denn selbst in solch einem Fall verlangt der Bestandsschutz, dass die Gesellschaft rentabel arbeitet. Die Geschäftsführung muss also auf die Erzielung eines angemessenen, zur substantiellen Erhaltung von Kapital- und Ertragskraft ausreichenden Umsatz gerichtet sein.[1254] In diesem Bereich kann folglich überprüft werden, ob die Maßnahme so auch noch gegenüber einem konzernfremden Dritten durchgeführt worden wäre.

IX. Außenhaftung oder Innenhaftung

Mit der Bejahung einer Treuepflicht gegenüber der Gesellschaft als dogmatische Grundlage der Existenzvernichtungshaftung ist gleichzeitig auch die Richtung der Haftung als Innenhaftung vorgegeben.[1255] Das gegen eine Innenhaftung vorgebrachte Argument, dass mit dem Abschied vom aktienrechtlichen System der §§ 302 ff. AktG zugleich auch das dieser aktienrechtlichen Systematik vergleichba-

---

[1251] BAG NJW 1994, 3244 ff.; weiterhin ist auch ein Fall des LG Frankfurt anzuführen, bei dem es um Abgabepreise über dem Marktniveau ging und die Ersatzbeschaffung über Konkurrenzunternehmen verboten war, vgl. LG Frankfurt AG 1998, 98 f. Im konkreten Fall gelang jedoch der Nachweis einer hieraus folgenden Beeinträchtigung nicht.

[1252] *Döllerer*, BB 1967, 1437, 1438.

[1253] *Knobbe-Keuk*, Bilanz- und Unternehmenssteuerrecht, § 19 I, S. 643; da somit bei der Bestimmung des noch zulässigen Bereichs auf einen Drittvergleich abgestellt wird, könnte man auch auf das aus dem amerikanischen Recht herrührende „at arms length"-Prinzip zurückgreifen, so z.B. *Krieger*, in: Der qualifizierte faktische GmbH-Konzern, S. 41, 57.

[1254] Vgl. oben C) IV. 3) e) cc) ccc).

[1255] Dementsprechend bedarf es in diesem Zusammenhang auch keiner Differenzierung nach Gläubigergruppen.

re Regel-/Ausnahmeverhältnis der Innen- und Außenhaftung aufgegeben sei, konnte bereits in den vorstehenden Ausführungen widerlegt werden.[1256] Der Anspruch aufgrund eines bestandsvernichtenden Eingriffs steht nach den Ausführungen im „Bremer Vulkan"-Urteil allein der Gesellschaft zu.[1257] Diese Verteilung ist nicht unbillig. Die Verletzung des Eigeninteresses durch den Alleingesellschafter, welches zu einem Ersatzanspruch der Gesellschaft führt, löst bei den Gläubigern lediglich einen Reflexschaden aus, der durch die Verminderung der ihnen zustehenden Haftungsmasse hervorgerufen wird. Diese Tatsache allein vermag aber nicht das Ergebnis zu rechtfertigen, dass hierdurch direkte Schadensersatzansprüche einzelner Gesellschaftsgläubiger ausgelöst werden. Die hier als dogmatische Grundlage der Existenzvernichtungshaftung befürwortete Treuepflicht besteht, auch wenn das Eigeninteresse gerade wegen der schutzbedürftigen Interessen der Gläubiger anerkannt wurde, allein gegenüber der Gesellschaft. Zu ihrer Geltendmachung sind damit zunächst nur die formellen Geschäftsführer der Gesellschaft berufen. Im Insolvenzverfahren sind dies die Insolvenzverwalter.[1258] Da die Haftung der Gesellschafter allerdings auch dem Schutz der Gesellschaftsgläubiger dient, sind die Ansprüche der Gesellschaft nicht verzichtbar. Die Haftungshöhe wird sich nach dem bei der GmbH durch die Einflussnahme verursachten Schaden richten, allerdings begrenzt auf den zur Befriedigung der Gläubiger erforderlichen Betrag (vgl. § 43 Abs. 3 S. 3 GmbHG).

Im Hinblick auf die mittelbare Betroffenheit der Gläubiger, sollte man ihnen jedoch unter anderem für den Fall der masselosen Insolvenz über eine analoge Anwendung der §§ 62 Abs. 2, 93 Abs. 5, 309 Abs. 4 S. 3, 310 Abs. 4, 317 Abs. 4, 318 Abs. 4 AktG die Möglichkeit einräumen, den der Gesellschaft zustehenden Schadensersatzanspruch subsidiär geltend zu machen, wobei der Anspruch dann auf den jeweiligen Ausfall des Gläubigers gerichtet ist.[1259] Dieses Verfolgungsrecht ist nach den bisher herausgearbeiteten Ergebnissen auch nicht analog § 93 Abs. 5 S. 2 AktG auf Fälle grober Sorgfaltswidrigkeit zu beschränken. Die zur Rechtfertigung einer solchen Einschränkung vorgebrachten Argumente, welche bereits im Rahmen des Verschuldensmaßstabs des Haftungsmodells besprochen wurden, konnten allesamt nicht überzeugen.[1260] Dementsprechend sollte auf diese Argumentation auch nicht zur Begründung eines eingeschränkten Verfolgungsrechts zurückgegriffen werden.[1261]

X. Darlegungs- und Beweislast

Die Frage der Darlegungs- und Beweislast galt lange Zeit als eines der Kernprobleme des Konzernrechts. Insbesondere die Vermutungsregeln zum Bestehen eines

---

[1256] Vgl. Erg. oben bei B) III. 2) c).

[1257] BGHZ 149, 10, 16 (= ZIP 2001, 1874, 1876).

[1258] *Ulmer*, ZIP 2001, 2021, 2027.

[1259] Hachenburg/*Ulmer*, Anh. § 77 Rn. 91; *Ulmer*, ZIP 2001, 2021, 2028 f.; *K. Schmidt*, GesR, § 9 IV 5, S. 244 f.; *Altmeppen*, ZIP 2002, 1553, 1560; als weiterer Fall eines eigenen Verfolgungsrechts kommt der Fall der Löschung der Gesellschaft in Betracht.

[1260] Vgl. die Erg. oben bei C) VI. 1) b) bb) und cc).

[1261] So auch *Ulmer*, ZIP 2001, 2021, 2027; *Decher*, ZinsO 2002, 113, 116.

qualifizierten faktischen Konzerns lösten heftige Diskussionen aus.[1262] Der BGH stellte in mehreren Entscheidungen[1263] auf den Umstand ab, dass die Geschäfte der abhängigen GmbH dauernd und umfassend geführt sein müssten. Dies begründe die tatsächliche Vermutung dafür, dass auf die eigenen Belange der abhängigen Gesellschaft keine Rücksicht genommen worden sei. Es war nach Ansicht des BGH also Sache des herrschenden Gesellschafters darzulegen, dass die eingetretenen Verluste auf Umständen beruhen, die mit der Ausübung der Leitungsmacht nichts zu tun haben.[1264]

Seit der Klarstellung im „TBB"-Urteil gilt es jedoch als allgemeiner Konsens, dass die Darlegungs- und Beweislast bei der anspruchsstellenden Partei liegt.[1265] Der Kläger muss im Sinne eines Indizienbeweises die Umstände darlegen und ggf. beweisen, die die Annahme einer durch einen rücksichtslosen Eingriff herbeigeführten Insolvenz der Einmann-GmbH zumindest nahe legen. Nur wenn er diesen Anforderungen genügt hat und es um Interna der GmbH geht, zu deren weiterer Aufklärung der Kläger nicht in der Lage ist, da er in der Regel keinen Einblick in die inneren Angelegenheiten der Muttergesellschaft oder der übrigen Konzernmitglieder hat, soll eine Erleichterung seiner Darlegungslast in Betracht kommen. So soll es von diesem Zeitpunkt an dem Beklagten obliegen, seinerseits substantiiert zu bestreiten und auf diesem Wege nähere Angaben zu machen. Kommt es der Darlegungspflicht nicht nach, so gilt das Vorbringen des Klägers auch insoweit nach § 138 Abs. 3 ZPO als zugestanden, als es mangels Einblicks in den dem Beklagten zugänglichen Geschehensbereich nicht den sonst zu stellenden Anforderungen genügt. Dies soll jedoch nur gelten, wenn der herrschende Gesellschafter die maßgebenden Tatsachen kennt und ihm die Darlegung zumutbar ist.

1) Nur Erleichterungen der Substantiierungslast?

Fraglich ist, ob das „TBB"-Urteil neben dieser Einschränkung der Substantiierungspflicht auch noch eine weitere Erleichterung der Darlegungs- und Beweislast derart enthält, dass es nach Erfüllung der Substantiierungspflicht auch zu einer Umkehr der Beweislast kommt, so dass ein non liquet zu Lasten des Beklagten ginge. Die wohl herrschende Meinung entnimmt den Ausführungen der „TBB"-Entscheidung lediglich die oben genannte Erleichterung hinsichtlich der Substantiierungslast.[1266]

[1262] Vgl. statt vieler *Lutter*, in: Der qualifizierte faktische Konzern, S. 183, 196 ff.; *Kleindiek*, GmbHR 1992, 574, 578.

[1263] BGHZ 95, 330, 344; 107, 7, 17; 115, 187, 194.

[1264] Vgl. BGHZ 95, 330, 344; zustimmend unter anderen auch *Priester*, in: FS. f. Semler, S. 561, 570 ff.

[1265] BGHZ 122, 123, 131 ff.; diese Klarstellung geht auf einen von Kleindiek vorgeschlagenen Ansatz zurück, vgl. *Kleindiek*, GmbHR 1992, 574, 578 ff.

[1266] BAG ZIP 1994, 1378, 1379; *Drygala*, GmbHR 1993, 317, 327 f.; *Kowalski*, GmbHR 1993, 253, 258; *Lutter/Hommelhoff*, Anh. § 13 Rn. 35; *Schneider*, WM 1993, 782, 784; *Krieger*, ZGR 1994, 375, 388 f.; *Decher*, in: Münchner Hdb. des GesR, GmbH, § 71 Rn. 20; *ders.* in: ZHR-Beiheft 70 (2001), S. 25, 34; *Ulmer*, in: ZHR-Beiheft 70 (2001), S. 41, 65 f.; *Goette*, Rn. 23; *ders.*, in: ZHR-Beiheft 70 (2001), S. 11, 24; *Habersack*, in: Emmerich/Habersack, Aktien- und GmbH-Konzernrecht (2. Auflage), Anh. II § 318 Rn. 26 a.E.

a) Auch Umkehr der Beweislast

Von einem nicht unwesentlichen Teil der Literatur wird dies so vertreten.[1267] Begründet wird das Ergebnis unter anderen mit dem Hinweis, dass der BGH selbst zwischen der Substantiierungslast und der Darlegungs- und Beweislast unterscheiden würde. Die Vertreter dieser Ansicht beziehen sich dabei in erster Linie auf den zweiten Leitsatz des „TBB“-Urteils, in welchem es heißt: „Der Kläger hat vielmehr Umstände darzulegen und zu beweisen, die eine solche Annahme nahe legen. Dabei können ihm ... Erleichterungen hinsichtlich seiner Substantiierungslast eingeräumt werden...“[1268]. Im Hinblick auf diese Passage wird darauf abgestellt, dass auch im Bereich der Konzernhaftung schon wegen der verfassungsrechtlichen Vorgaben für das Beweisverfahren Fälle auftreten würden, in denen die Beweiserleichterung „bis hin zu einer Beweislastumkehr“ führen müsste.[1269] In der Zeit vor dem „TBB“-Urteil wurde besonders darauf abgestellt, dass wegen der Unüberschaubarkeit und Unkontrollierbarkeit verdichteter Leitungsmacht nach allgemein anerkannten, sich in zahlreichen gesetzlichen Vorschriften niederschlagenden Grundsätzen die Beweislast umzukehren sei[1270]. Diesen Ansatz greifen auch diejenigen Stimmen im Schrifttum auf, die sich zur Begründung der Beweislastumkehr auf die Darlegungs- und Beweislastverteilung im Rahmen des § 317 AktG stützen. Ein non liquet ginge dementsprechend zu Lasten des herrschenden Gesellschafters.[1271]

b) Einführung eines Anscheinsbeweises

Darüber hinaus findet sich eine Meinung im Schrifttum, die zwar nicht von einer Umkehr der Beweislast spricht, jedoch für einen Anscheinsbeweis des Klägers eintritt.[1272] Durch den Beweis des ersten Anscheins, der im Gesetz nicht erwähnt sondern nur durch die Rechtsprechung ausgebildet ist, wird die Beweislast abgemildert. Die beweisbelastete Partei muss nur einen Tatbestand dartun, der nach allgemeiner Lebenserfahrung, d.h. nach einem allgemeinen Erfahrungssatz, auf eine bestimmte Ursache hinweist. Hierfür trägt sie die Beweislast.[1273] Ist das Gericht vom Vorliegen des Tatbestandes überzeugt, ist es Sache des Gegners, diese Überzeugung im Wege des Gegenbeweises zu erschüttern. Die beweisbelastete Partei muss

---

1267 BAG ZIP 94, 729, 731; *Schanze*, AG 1993, 376, 379; *Kropff*, AG 1993, 485, 494; *Mutter*, JuS 1993, 999, 1002 f.; *Versteegen*, DB 1993, 1225, 1230, der davon spricht, dass nur die die Annahme rechtfertigender Indizien bewiesen werden müssen, jedoch nicht der Verstoß; *Buchner/Weigl*, DNotZ 1994, 580, 601; vgl. auch *K. Schmidt*, der jedenfalls herrschenden Unternehmen die Beweislast aufbürden will, in: GesR, § 39 III 2 c), S. 1224; *Vetter*, ZIP 2003, 601, 612.

1268 BGHZ 122, 123.

1269 *Hirte*, Der qualifizierte faktische Konzern-Fortsetzungsband, S. 7, er bezieht sich hierbei auf eine Entscheidung des BVerfG zu einer ähnlichen Problematik aus dem Bereich der Arzthaftung (BVerfGE 52, 131, 153 f.).

1270 *Stimpel*, ZGR 1991, 144, 153.

1271 *Buchner/Weigl*, DNotZ 1994, 580, 601.

1272 *Ebenroth/Wilken*, ZIP 1993, 558, 560, der von einer anscheinsbeweisähnlichen Beweisführung spricht; von einem Anscheinsbeweis ausgehend auch *M. Burgard*, WM 1993, 925, 932; Hachenburg/*Ulmer*, Anh. § 77 Rn. 149.

1273 Zöller/*Greger*, ZPO-Komm., Vor § 284 Rn. 29.

also gegen die zunächst nur prima facie bewiesene Ursache selbst unmittelbar den Beweis erbringen, was nach Ansicht des BGH allerdings nicht mit einer Beweislastumkehr zu verwechseln ist[1274]. Für die Entkräftung des Anscheinsbeweises reicht es schon aus, dass der Beweisgegner die bestehende richterliche Überzeugung im Wege des Gegenbeweises erschüttert.

c) Stellungnahme

Gegen die Annahme einer Beweislastumkehr spricht, dass eine solche Vorgehensweise in der Zivilprozessordnung zumeist nur dann in Erwägung gezogen wird, wenn die nicht beweisbelastete Partei vorsätzlich oder fahrlässig Beweise vereitelt hat.[1275] Ist der Gesellschafter seiner Substantiierungspflicht nachgekommen, hat er gerade kein Verhalten an den Tag gelegt, das mit einer Beweisvereitelung gleichgesetzt werden könnte. Zudem ist den Gläubigern durch § 13 Abs. 2 GmbHG das „normale" Insolvenzrisiko zugewiesen worden. Um der Wertung des § 13 Abs. 2 GmbHG gerecht zu werden, muss folglich das Prozessrisiko der Nichtnachweisbarkeit eines „unnormalen" Insolvenzrisikos in die Sphäre der Gläubiger fallen und darf nicht den Gesellschaftern angelastet werden.

Aus diesem Grunde kann auch der Hinweis auf die im Rahmen des § 317 AktG übliche Beweislastverteilung eine Beweislastumkehr nicht rechtfertigen.[1276] Nach dem bisher herausgearbeiteten Ergebnissen wird die fehlende Rücksichtnahme gegenüber der Einmann-GmbH zwar über den aus §§ 311, 317 AktG stammenden Vergleichsmaßstab ermittelt. Dies führt jedoch nicht zwingend dazu, dass gleichzeitig die aus diesen Vorschriften zu entnehmende Beweislastverteilung zu übernehmen ist. Der dort praktizierten Beweislastverteilung steht nämlich die aus § 13 Abs. 2 GmbHG folgende Risikoverteilung entgegen. Hinzu kommt, dass der BGH im „TBB"-Urteil die Anforderungen an die Beweis- und Darlegungslast formuliert hat, ohne dabei sein Ergebnis an eine dieser Normen anzuknüpfen. Eine solche Anknüpfung findet sich z.B. im „Autokran"-Urteil[1277], was die Vermutung nahe legt, dass der II. Zivilsenat im „TBB"-Urteil bewusst hiervon abgesehen hat. Die Beweislastverteilung im faktischen GmbH-Konzern folgt damit allein den „TBB"-Grundsätzen und nicht einer entsprechenden Wertung aus § 317 Abs. 2 AktG.

Ebenso muss von der Heranziehung der Grundsätze zum Anscheinsbeweis Abstand genommen werden. Auch wenn nach Ansicht des BGH der Anscheinsbeweis nicht zu einer Beweislastumkehr führt, so muss der Alleingesellschafter hierbei doch versuchen, diese Überzeugung im Wege des Gegenbeweises zu erschüttern, wenn das Gericht vom Vorliegen des Tatbestandes überzeugt ist. Die Nichtaufklärbarkeit würde also auch in diesem Bereich zu seinen Lasten gehen, was nach hier vertretener Auffassung nicht mit der aus dem Trennungsprinzip folgenden Wertung des § 13 Abs. 2 GmbHG zu vereinbaren ist. Gegen die Heranziehung eines Anscheinsbeweises spricht zudem, dass es im Konzernrecht fast keine typischen Geschehensabläufe gibt, bei denen nach der Lebenserfahrung durch das Hervorrufen

[1274] BGHZ 100, 31, 34.
[1275] *Schilken*, Zivilprozeßrecht, § 11 Rn. 507.
[1276] Zur Beweislastverteilung im Rahmen des § 317 AktG, vgl. *Hüffer*, AktG, § 317 Rn. 12.
[1277] BGHZ 95, 330, 344, „ähnlich § 317 Abs. 2 AktG".

einer bestimmten Folge auf die Verursachung durch ein bestimmtes schuldhaftes Verhalten geschlossen werden könnte.[1278] Der BGH verlangt nämlich, dass der behauptete Vorgang zu jenen gehören müsse, die schon auf den ersten Blick nach einem durch Regelmäßigkeit, Üblichkeit und Häufigkeit geprägten Muster abzulaufen pflegen.[1279] Bei der Haftung für Existenzvernichtung, die durch die fehlende angemessene Rücksichtnahme gegenüber den Eigeninteressen der Gesellschaft ausgelöst wird, sind aber individuelle Verhaltensweisen zu beurteilen, weshalb die tatbestandlichen Voraussetzungen des Anscheinsbeweises hier nicht vorliegen. Zu Recht wurde bereits vor dem „TBB"-Urteil angemerkt, dass es keine Erfahrungssätze in der Art gibt, dass eine dauernde und umfassende Leitung zu einer Verletzung des Eigeninteresses der abhängigen Gesellschaft führt.[1280] Gleiches gilt im Übrigen auch für die Übernahme der Alleingeschäftsführung durch den herrschenden Alleingesellschafter. Dass gerade im Bereich der Einmann-GmbH „leider" von der Typizität der Geschehensabläufe ausgegangen werden muss, kann demnach nicht bejaht werden.[1281] Vielmehr wird man die Erfahrungssätze des Konzernrechts, da sie „Vermutungskriterien minderen Ranges"[1282] sind, nur als Mittel des Indizienbeweises verwenden können.[1283]

Gegen dieses Ergebnis wird allerdings eingewandt, dass es für die Frage der Beweislast auf die Ursachen der Insolvenz nicht ankommen könne, weil die Ursachen der entstandenen Verluste auch im Rahmen der §§ 302 ff. AktG unerheblich seien. Deshalb weise bereits die Insolvenz der Gesellschaft auf eine vorangegangene Verletzung der Eigeninteressen hin, welche einen Anscheinsbeweis zu Gunsten des Gläubigers rechtfertigen könne.[1284] Bedenkt man den im „Bremer Vulkan"-Urteil ausgesprochenen Verzicht auf eine analoge Heranziehung des aktienrechtlichen Haftungssystems, kann dieses Argument nicht mehr überzeugen. Aber selbst die These, dass die Insolvenz einer Gesellschaft regelmäßig darauf hinweise, dass das Eigeninteresse der abhängigen Gesellschaft nachhaltig verletzt wurde, entbehrt jeder Grundlage.[1285] Das alleinige Abstellen auf das Vorliegen der Insolvenz auf Grundlage eines solchen „Erfahrungssatzes" würde gerade im Hinblick auf die daraus folgende Beeinträchtigung des aus § 13 Abs. 2 GmbHG folgenden Grundsatzes zu einer nicht zu rechtfertigenden Belastung des Alleingesellschafters führen.

2) Rechtslage nach der „Bremer Vulkan"-Entscheidung

Im Hinblick darauf, dass der BGH „Abschied" von der Haftungsfigur des qualifizierten faktischen Konzerns genommen hat und für die Haftung des herrschenden Gesellschafters aus Treuepflichtverletzung die Meinung vertreten wird, dass hierbei von einer Beweislastumkehr analog § 43 Abs. 2 GmbHG, §§ 309 Abs. 2 S. 2,

[1278] *Bruns*, WM 2001, 1497, 1506.
[1279] BGHZ 100, 31, 33; BGH NJW 1991, 230, 231.
[1280] *Kleindiek*, GmbHR 1992, 574, 580.
[1281] So aber *Hirte*, S. 7; *Ebenroth/Wilken*, ZIP 1993, 558, 560.
[1282] So *Kleindiek*, GmbHR 1992, 574, 580.
[1283] Für das Zivilprozessrecht vgl. *Schilken*, Zivilprozeßrecht, § 11 Rn. 495 u. 497.
[1284] *M. Burgard*, WM 1993, 925, 932 f.
[1285] *Kropff*, AG 1993, 485, 494, der auch dem „TBB"-Urteil eine solche Aussage entnimmt.

317 Abs. 2 AktG ausgegangen werden muss[1286], könnte man über eine Anwendung dieser Regeln diskutieren.

Im Rahmen der Rechtsfolgen des Haftungsinstitut wurde zudem festgestellt, dass der BGH im Hinblick auf die Beweisschwierigkeiten der Gläubiger bezüglich des Nachweises des konkreten Schadens, von einer Vermutung hinsichtlich der Schadenshöhe ausgeht. Der Gesellschafter haftet nämlich nur dann in beschränkten Umfang, wenn er nachweisen kann, dass der Gesellschaft im Vergleich zu der Vermögenslage bei einem redlichen Verhalten nur ein begrenzter – und dann in diesem Umfang auszugleichender – Nachteil entstanden ist (sog. Höchstschaden der Gesellschaft).[1287] Gelingt der Entlastungsnachweis nicht, so besteht die Haftung in Höhe der gesamten Überschuldung bis zur restlosen Gläubigerbefriedigung. Wie oben näher begründet wurde, ist eine solche Vermutung des Schadenumfangs berechtigt.[1288]

In Anbetracht der Tatsache, dass sich der II. Zivilsenat in der „Bremer Vulkan"-Entscheidung und auch in den Folgeentscheidungen bezüglich der Frage, wer die Voraussetzungen einer Haftung darzulegen und zu beweisen hat, nicht geäußert hat, ist davon auszugehen, dass es insoweit für das neue Haftungskonzept bei den Grundsätzen des „TBB"-Urteils bleibt.[1289] Eine stillschweigende Änderung der Rechtsprechung kann – insbesondere im Hinblick auf den ausdrücklichen Wandel bezüglich des Schadensumfangs – nicht angenommen werden.

Auch das vielfach vorgetragene Argument, dass allein die Erleichterung hinsichtlich der Substantiierungslast nicht ausreiche, um das berechtigte Schutzbedürfnis der Anspruchssteller sicherzustellen, vermag eine andere Beurteilung nicht zu begründen.[1290] Der Darlegungsnot außenstehender Gläubiger, die keine Einsichtsmöglichkeit in die Interna des Konzerns haben, wird über eine unter besonderen Umständen eingeschränkte Substantiierungslast der klagenden Partei und der damit verbundenen Pflicht der beklagten Partei genauere Angaben zu diesen Interna zu machen, genüge getan.

Ferner können die Erwägungen, die eine Verschiebung der Darlegungs- und Beweislast bezüglich des Schadens rechtfertigen konnten, können hier nicht brauchbar gemacht werden. Die Vermutung hinsichtlich des bei der Gesellschaft entstandenen Schadens konnte allein damit begründet werden, dass die Beschränkung der Haftung auf die der Gesellschaft entstandenen Schäden nicht dazu führen darf, dass die Ansprüche nur deshalb nicht durchgesetzt werden, weil der Umfang des Schadens nicht festgestellt werden kann. Die Verschiebung der Darlegungs-

---

1286 *Lutter/Hommelhoff*, Anh. § 13 Rn. 18; Rowedder/Schmidt-Leithoff/*Koppensteiner*, Anh. § 52 Rn. 77.

1287 BGH ZIP 2005, 117, 118.

1288 Vgl. C) VIII. 2).

1289 LAG Köln ZIP 2003, 1893 ff.; so auch die Einschätzung von *Keßler*, GmbHR 2002, 945, 951, *ders.*, GmbHR 2005, 257, 263; *Bruns*, WM 2003, 815, 820; *Lutter/Banerjea*, ZGR 2003, 402, 417; *Vetter*, ZIP 2003, 601, 611; *Habersack*, in: Emmerich/Habersack, Aktien- und GmbH-Konzernrecht, Anh.§ 318 Rn. 45; *Emmerich/Habersack*, Konzernrecht, 8. Aufl., § 31 III 2 S. 434; zumindest für die abhängige GmbH bejahend *Drygala*, GmbHR 2003, 729, 737.

1290 Zu diesem Argument vgl. Hachenburg/*Ulmer*, § 77 Rn. 149 m.w.N.

und Beweislast im Hinblick auf Sphärengesichtspunkte war deshalb an dieser Stelle vollauf gerechtfertigt.[1291] Eine Beweislastumkehr hinsichtlich des Vorliegens des Haftungstatbestandes kann aber gerade nicht mit den schützenswerten Interessen der Gläubiger gerechtfertigt werden. Schon die Verteilung der Substantiierungslast nach den TBB-Grundsätzen bietet nämlich die Aussicht, dass die Prozessrisiken angemessen verteilt werden und der Kläger mit dem Vortrag schädigender Maßnahmen nicht überfordert ist.[1292]

3) Geltung auch in der unabhängigen GmbH?

Drygala schlägt vor, die Umkehr der Darlegungslast i.S.d. der „TBB"-Entscheidung in einer unabhängigen Gesellschaft nicht anzuwenden.[1293] Er begründet dieses Ergebnis damit, dass man ansonsten an der Tatsache vorbeigehen würde, dass in der unabhängigen Gesellschaft das Interesse des Gesellschafters am Wohlergehen der Gesellschaft nachteilige Handlungen effektiv begrenze.[1294] Die Wahrscheinlichkeit dafür, dass der beherrschende Gesellschafter Entscheidungen zum Nachteil der abhängigen GmbH treffe, sei signifikant höher als die Wahrscheinlichkeit, dass der Gesellschafter, der nur an einer Gesellschaft beteiligt sei, dasselbe Verhalten an den Tag lege.[1295]

Dem wird man so zustimmen müssen, da die Erfahrungssätze des Konzernrechts zumindest „Vermutungskriterien minderen Ranges" sind, die als Mittel des Indizienbeweises herhalten können. Auf solche Erfahrungssätze kann man aber im Bereich der unabhängigen GmbH noch nicht zurückgreifen. Auch wenn kein qualitativer Unterschied in der Gefahr zu erkennen ist, so besteht jedenfalls ein quantitativer Unterschied bezüglich der Gefahrenlage im Konzern im Vergleich zur unabhängigen Gesellschaft, weshalb man in diesem Bereich von einer Erleichterung der Darlegungslast absehen sollte.

4) Indizien eines existenzvernichtenden Eingriffs

Welche Umstände einen existenzvernichtenden Eingriff des Alleingesellschafters i.S. der „Bremer Vulkan"-Grundsätze zumindest „nahelegen", dürfte eine Frage sein, die sich eigentlich nur von Fall zu Fall entscheiden lassen wird. Auf der Grundlage der bisherigen Rechtsprechung steht jedenfalls noch nicht eindeutig fest, in welchem Umfang der Kläger vortragen muss, um seine Klage schlüssig zu machen. Um dieser Unsicherheit für den Alleingesellschafter zu begegnen, sind vom Schrifttum Indizien aufgestellt worden, die Rückschluss auf das Vorliegen des

[1291] So auch *Keßler*, GmbHR 2005, 257, 264.
[1292] So *Drygala*, GmbHR 1993, 317, 328; vgl. auch *Goette*, DStR 1993, 568, 571.
[1293] *Drygala*, GmbHR 2003, 729, 738.
[1294] *Drygala*, GmbHR 2003, 729, 738.
[1295] *Drygala*, GmbHR 2003, 729, 738.

Haftungstatbestandes geben sollen.[1296] Inwieweit diese Indizien auch nach der „Bremer Vulkan"-Entscheidung noch brauchbar gemacht werden können, ist Gegenstand der folgenden Betrachtung.

a) Dauernde und umfassende Leitung?

Gerade in der Zeit nach dem „TBB"-Urteil mehrten sich die Stimmen in der Literatur, die dafür plädierten, das Vorliegen einer dauernden und umfassenden Leitung als Indiz für das Eingreifen des Haftungstatbestandes anzuerkennen.[1297] Dies wurde unter anderem damit begründet, dass die Darlegung des maßgeblichen Eingriffs aufgrund der Haftungsdogmatik schon nicht zumutbar sei, da diese gerade auf die Nichtisolierbarkeit der Einzeleingriffe infolge der Dichte der Leitungsmacht abstelle.[1298]

Mit dem vom II. Zivilsenat im „Bremer Vulkan"-Urteil ausgesprochenen Verzicht auf die Nichtisolierbarkeit der Einzeleingriffe ist dieses Argument weggefallen. Den Vertretern dieses Ansatzes dürfte es zudem schwer fallen zu erklären, warum der Hinweis auf ein Merkmal, das gerade nach der BGH-Rechtsprechung zur Begründung eines rücksichtslosen Eingriffs nicht mehr herangezogen wird, die Substantiierungspflicht des Beklagten auslösen soll.[1299]

b) Insolvenz der Gesellschaft?

Neben dem Indiz der dauernden und umfassenden Leitung sahen die meisten Beiträge nach dem „TBB"-Urteil in der Insolvenz der GmbH einen Umstand, der es nahe lege, dass das herrschende Unternehmen die Belange der abhängigen Gesellschaft nachhaltig verletzt hat.[1300]

aa) Ansicht des BAG

Auf diesem Standpunkt beruht auch ein Urteil des Bundesarbeitsgerichts aus dem Jahr 1995.[1301] Das BAG versuchte zunächst die fehlende Rücksichtnahme gegenüber der Gesellschaft mit einer außergewöhnlich hohen und ungesicherten Darlehensvergabe an eine andere Gesellschaft des Alleingesellschafters zu begründen. Im Weiteren stellte es jedoch, ohne diesbezüglich zu einem Ergebnis gekommen zu sein, darauf ab, dass es „...im übrigen nach der Rechtsprechung des BGH stets an der angemessenen Rücksichtnahme fehle, wenn die Gesellschaft infolge der im

---

[1296] Für das Abstellen auf Indizien auch *Kowalski*, GmbHR 1993, 253, 258 f.; vgl. statt vieler die umfassende Fallgruppenbildung bei Scholz/*Emmerich*, Anh. KonzernR Rn. 120 ff., der jedoch in kaum einem Punkt gefolgt werden kann.

[1297] *Ebenroth/Wilken*, ZIP 1993, 558, 561 f.; Scholz/*Emmerich*, Anh. KonzernR Rn. 118, der von Breite und Intensität der Einflussnahme spricht.

[1298] *Kiethe/Groeschke*, BB 1994, 2149, 2151.

[1299] Vielmehr heißt es im „TBB"-Urteil eindeutig, „dass sie (die Beeinträchtigung der Interessen der abhängigen Gesellschaft) vorliege, kann auch nicht mittels einer tatsächlichen Vermutung allein einer solchen Ausübung der Leitungsmacht (gemeint ist die dauernde und umfassende) gefolgert werden, vgl. BGHZ 122, 123, 131.

[1300] *Kiethe/Groeschke*, BB 1994, 2149, 2151; *Ulmer*, in: FS 50 Jahre BGH, Bd.2, S. 273, 304; *ders.*, ZHR-Beiheft 70 (2001), 41, 65 f.; Scholz/*Emmerich*, Anh. KonzernR Rn. 123.

[1301] BAG ZIP 1996, 333, 335.

Konzerninteresse ausgeübten Einwirkungen ihren Verbindlichkeiten nicht nachkommen kann".

bb) Stellungnahme

Das BAG kann nur so verstanden werden, dass es diese Passage des „TBB"-Urteils als Indiz für das Vorliegen eines rücksichtslosen Eingriffs versteht, insbesondere weil es später im Bezug auf diese Passage von der Darlegung der Haftungsvoraussetzung spricht.

Richtig ist, dass es für die Haftung des Alleingesellschafters darauf ankommt, dass er die Insolvenz der Gesellschaft durch einen rücksichtslosen Eingriff in die Interessen der Gesellschaft herbeigeführt haben muss. Man kann im Hinblick hierauf wohl von einer Insolvenzverursachungshaftung sprechen. Dass dieser Verweis auf die dem „Bremer Vulkan"-Urteil entsprechende Passage des „TBB"-Urteils aber nicht überzeugen kann, ergibt sich aus einem anderen Urteil des BGH.[1302] Dort heißt es: „...nicht die Vermögenslosigkeit oder Insolvenz begründe die konzernrechtliche Haftung, sondern pflichtwidrige nachteilige Leitungsmaßnahmen, die zu einem derartigen Zustand geführt haben". Will man dieser Einschränkung genügen, kann allein der Hinweis auf die Insolvenz kein Indiz für das Vorliegen unangemessener Rücksichtnahme darstellen.

Zum gleichen Ergebnis – jedenfalls wenn man die fehlende Rücksichtnahme und die Insolvenz als zwei voneinander zu trennende Voraussetzungen der Existenzvernichtungshaftung begreift – wird man mit der Einschränkung kommen, dass der Vortrag von Indizien und Anhaltspunkten, die nur einzelne Tatbestandsvoraussetzungen darlegen, alleine nicht ausreichend ist.[1303]

cc) Ergebnis

Berücksichtigt man die schon seit dem „TBB"-Urteil bestehenden Anforderungen an die klagende Partei, dann wird klar, dass auch der Hinweis auf die Insolvenz der abhängigen Einmann-GmbH insoweit nicht ausreichen wird, um diesen Anforderungen nachzukommen. Wenn mit der „TBB"-Entscheidung gerade von der missglückten Vermutungsregel der dauernden und umfassenden Leitungsmacht Abschied genommen wurde, weil dies mit dem Prinzip der beschränkten Haftung nicht vereinbar war, muss dies erst recht für eine Indizienvermutung bezüglich der Insolvenz der abhängigen Gesellschaft gelten, die sogar über den ursprünglichen Standpunkt der Rechtsprechung bis zum „Video"-Urteil hinausgeht.[1304]

c) Relevante Indizien

Um der Darlegungs- und Beweislast zu genügen, wird man demnach einzelne schädigende Maßnahmen anführen müssen, die es, so jedenfalls der BGH im „TBB"-Urteil[1305], „nahelegen", dass eine nachhaltige Schädigung der abhängigen

---

[1302] BGH NJW 1997, 943, 944.

[1303] *Kölling*, NZG 2000, 8, 14.

[1304] Vgl. hierzu BGH WM 1997, 316, 317; *Decher*, ZHR-Beiheft 70 (2001), 25, 35; *Lutter/Hommelhoff*, Anh. § 13 Rn. 36; Baumbach/Hueck/*Zöllner*, GmbH-KonzernR Rn. 92.

[1305] BGHZ 122, 123, 131.

Gesellschaft vorliegt. Hierbei wird man auf die bei der Fallgruppenbildung gewonnen Erkenntnisse zurückgreifen können. Der Hinweis auf das Bestehen eines „Cash-Management-Systems“ oder einer Betriebsaufspaltung an sich, wird demnach nicht ausreichen, eine Erklärungspflicht des herrschenden Gesellschafters hinsichtlich nicht benannter, möglicher Nachteilszufügungen auszulösen. Gleiches gilt für die personelle Verflechtung („Doppelmandat“) und die Geschäftsführung durch den Alleingesellschafter.[1306]

Nach den bisherigen Ergebnissen wird dies, so die Ansicht des BGH[1307], auch für den Vortrag der Übernahme des Entwicklungsrisikos zu gelten haben. Der II. Zivilsenat verwies in dieser Entscheidung aus dem Jahr 1994 die Sache an das Berufungsgericht zurück, damit die Parteien Gelegenheit erhielten, ihren Sachvortrag auf Grundlage der im „TBB“-Urteil aufgestellten Grundsätze zu ergänzen. Den bisherigen Sachvorträgen sei nämlich nicht zu entnehmen, dass der Beklagte die GmbH als alleiniger Kostenträger für eine Gewinnchance verwendet habe, die, wenn sie sich verwirklicht hätte, einer anderen vom Beklagten beherrschten Gesellschaft zugute gekommen wäre.

Im Zusammenhang mit diesem Urteil findet sich die These, dass man – im Hinblick auf die sich für den Gläubiger ergebenden Schwierigkeiten, an Interna der Gesellschaft zu gelangen – den Vortrag der Übernahme des Entwicklungsrisikos zumindest dann ausreichen lassen müsse, wenn klar gewesen sei, dass die Zahlungsunfähigkeit gerade hierdurch bewirkt worden sei. Dieser Befund hätte es zumindest nahe gelegt, dass eine nachhaltige Schädigung der Tochter gegeben sei.[1308] Ein Blick auf das Ergebnis der Fallgruppe der Aschenputtelgesellschaft zeigt aber, dass allein die durch die Risikozuweisung herbeigeführte Zahlungsunfähigkeit des „Aschenputtels“ eine fehlende Rücksichtnahme nicht zu begründen vermag. Vielmehr kommt es hierfür auf die unzureichende Eigenkapitalausstattung oder das Kosten-Nutzen-Verhältnis im Vergleich zur Höhe des zugewiesenen Risikos an. Ansonsten wird man nicht, um es mit den Worten des BGH[1309] zu sagen, von einer „Spekulation zu Lasten der Gläubiger“ ausgehen können.

Zu einer Klärung der Frage, ob die Kapitalausstattung genügend war oder ein angemessenes Kosten-Nutzen-Verhältnis bestand, dürfte der Kläger jedoch regelmäßig nicht in der Lage sein, weil er in der Regel keinen Einblick in die inneren Angelegenheiten der abhängigen Gesellschaft hat. Damit die im „TBB“-Urteil angesprochene Erleichterung der Darlegungslast nicht eine bloße Leerformel bleibt, hat der Kläger im Prozess lediglich Indizien vorzubringen, die das Vorliegen dieser Voraussetzung nahe legen. Der verklagte Gesellschafter hat dann entsprechend den „TBB“-Grundsätzen zu diesen Punkten nähere Angaben zu machen.

[1306] So auch *Lutter/Hommelhoff*, Anh. § 13 Rn. 35; *Drygala*, GmbHR 1993, 317, 322; a.A. Scholz/*Emmerich*, Anh. Konzernrecht Rn. 119.

[1307] BGH NJW 1994, 446 f.

[1308] *Buchner/Weigl*, DNotZ 1994, 580, 601.

[1309] BGH NJW 1994, 446, 447.

5) Ergebnis

Auch nach der „Bremer Vulkan"-Entscheidung bleibt es also dabei, dass der Kläger Umstände darzulegen und zu beweisen hat, die es zumindest „nahelegen", dass auf die Belange der abhängigen Gesellschaft keine angemessene Rücksicht genommen wurde. Entgegen vielfacher Stimmen im Schrifttum kommt es hierbei nicht zu einer Umkehr der Beweislast und auch nicht zur Anwendung der Grundsätze des Anscheinsbeweises. Vielmehr kommt dem Kläger eine Erleichterung der Substantiierungslast zu Gute, welche die Aussicht dafür bietet, dass die Prozessrisiken angemessen verteilt werden und der Kläger mit dem Vortrag schädigender Maßnahmen nicht überfordert ist. Zwischen dauernder und umfassender Leitung der abhängigen Gesellschaft und der Beeinträchtigung ihre Interessen besteht allerdings auch weiterhin kein Vermutungszusammenhang. Ebenso sind nach den hier erarbeiteten Ergebnissen die Insolvenz, das Bestehen eines Cash-Management-Systems, die Betriebsaufspaltung oder das Vorliegen personeller Verflechtungen kein ausreichendes Indiz für das Vorliegen eines rücksichtslosen Eingriffs des Beklagten.

Kommt der Kläger den oben geschilderten Anforderungen nach, ist es Sache des Beklagten, die Aufklärung des Sachverhalts zu fördern, wenn er im Gegensatz zum klagenden Gläubiger die maßgebenden Tatsachen kennt und ihm die Darlegung dieser Umstände zumutbar ist. Für die Tatsache, dass der Schaden der Gesellschaft auf einen Höchstschaden begrenzt ist, obliegt – nach der schlüssigen Darlegung des Haftungstatbestandes durch den Kläger – dem Beklagten die Darlegungs- und Beweislast.

D) 3. Teil: Zusammenfassung der Ergebnisse

I. Die Haftungstrennung zwischen Gesellschaft und Gesellschafter, wie sie von § 13 Abs. 2 GmbHG vorgesehen ist, lässt sich ohne von der Rechtsordnung hinnehmbare Folgen für andere Teilnehmer am Rechtsverkehr nur dann rechtfertigen und praktisch durchhalten, wenn die Gesellschafter die selbstständige Existenzfähigkeit des Haftungsträgers respektieren. Die gesetzlichen Schutzmechanismen der §§ 30 f. GmbHG können auf die meisten konzernbedingten Gefahren allerdings nicht reagieren, und wenn doch, gewährleistet § 31 GmbHG nur die Rückforderung des Auszahlungsbetrages, hingegen nicht den Ausgleich des durch die Existenzvernichtung bewirkten weiteren Schadens. Angesichts der damit in diesen Konstellationen bestehenden Gläubigergefährdung ist es richtig, dass der BGH diesen Anspruch der Gesellschaft durch die Statuierung einer Existenzvernichtungshaftung sichert. Die Anerkennung eines Bestandsinteresses aufgrund der gefährdeten Erfüllungsinteressen der Gläubiger muss als „teleologische Extension" des seitens des Gesetzgebers verfolgten Schutzes der Gläubiger von den nicht hinzunehmenden Folgen der Haftungstrennung verstanden werden. Eine Subsidiarität dieses Anspruchs gegenüber möglichen Ansprüchen aus den §§ 823 Abs. 2, 826 BGB besteht nicht.

Die Befürchtung, dass eine so verstandene Pflicht die durch Art. 14 GG geschützte unternehmerische Befugnis zur Auflösung der Gesellschaft in unzulässiger Weise einengen könnte, ist gegenstandlos. Ein Bestandsvernichtungsverbot steht auch mit der freiheitlichen Wirtschaftsordnung im Einklang, der es nicht entspricht, alle herrschenden Gesellschafter ohne Rücksicht auf die innere Gesellschaftsstruktur Verhaltenspflichten zu unterwerfen. Das in der „Bremer Vulkan"-Entscheidung zum Ausdruck kommende Bestandsvernichtungsverbot unterwirft den Alleingesellschafter nur insoweit einer Verhaltenspflicht, als er der abhängigen Gesellschaft die Rücksichtnahme auf ihre Fähigkeit schuldet, ihre Verbindlichkeiten gegenüber ihren Gläubigern erfüllen zu können. Er darf sie also nicht durch einen rücksichtslosen Eingriff in die Insolvenz führen.

II. Den Vertretern der Lösung über die Durchgriffshaftung ist zuzugeben, dass die bisher einzige anerkannte Fallgruppe der Durchgriffshaftung, die Vermögensvermischung, wenigstens zum Teil auch in Konzernlagen zum Tragen kommt. Dies dürfte umso mehr gelten, wenn man die Anforderungen an das Eingreifen der Tatbestände herunterschraubt. Bester Beleg für diese Einschätzung ist gerade das „KBV"-Urteil des BGH, in dem das Verhalten der beiden Gesellschafter ohne weiteres den Durchgriff wegen Vermögensvermischung gerechtfertigt hat.

Dies darf jedoch nicht zum Anlass genommen werden, das Bestandvernichtungsverbot auf die dogmatische Grundlage der Durchgriffshaftung zu stellen. Jenseits der Fälle von Einlagenrückgewähr und Vermögensvermischung gibt es existenzvernichtende Verhaltensweisen, an denen ein Gesellschafter schuldhaft mitgewirkt haben kann. Den mit einer Konzerneinbindung einhergehenden Gefahren kann allein mit einer Haftung wegen Sphären- oder Vermögensvermischung nicht effektiv begegnet werden. Für alle anderen Fälle der Existenzvernichtung fehlt es im Konzept der Durchgriffshaftung allerdings noch an einer dogmatischen Grundlage, wie ein Blick auf das Problemfeld der materiellen Unterkapitalisierung offenbart. Dass der Begründungsansatz über eine Durchgriffshaftung nicht mehr als eine Erwägung bleiben sollte, ergibt sich neben dieser grundsätzlichen Kritik an der Idee einer Durchgriffshaftung zudem aus dem „Bremer Vulkan"-Urteil selbst. Das Konzept einer Durchgriffshaftung fügt sich nicht ohne Bruch in die im „Bremer Vulkan"-Urteil ausgesprochenen Wertungen ein.

Dieser Vorwurf kann einer Lösung über die Treuepflicht des Alleingesellschafters nicht entgegenhalten werden. Ein Lösungsansatz über die Treuepflicht des Alleingesellschafters bietet im Gegensatz zu einer Durchgriffshaftung die Möglichkeit, das „brennendste Gläubigerproblem" des GmbH-Rechts, die materielle Unterkapitalisierung, zu lösen. Eine nur ex post bestimmbare Unterkapitalisierung kann nur eine Verschuldenshaftung zur Folge haben, weil die Fehlfinanzierung erkennbar und vorwerfbar gewesen sein muss.

Entgegen vielfacher Bekundungen kann die Treuepflichtkonzeption auch in der Einmann-GmbH brauchbar gemacht werden. Durch die Anerkennung eines Bestandschutzes der Einmann-GmbH kommt dieser zugleich ein Eigeninteresse zu, ein sozusagen nicht entziehbarer Gesellschaftszweck, welcher als Anknüpfungspunkt für eine Treuepflichthaftung zur Verfügung steht. Die Treuepflicht ist der GmbH als Zweckgebilde geschuldet. Zu diesem Zweck zählt nach den hier gefundenen Ergebnissen auch die Respektierung der Funktionsfähigkeit der Gesellschaft als ein Haftungsträger, welcher die durch die Haftungstrennung bewirkte Beeinträchtigung der Gläubigerinteressen abfangen soll. Es geht folglich um den Schutz des aufgebrachten und einem bestimmten Zweck gewidmeten Vermögens vor existenzvernichtenden Eingriffen der Gesellschafter. Eine Verletzung dieser Zwecksetzung führt zu einem Schadensersatzanspruch der Gesellschaft gegenüber ihrem Alleingesellschafter.

Die Anknüpfung des „Bremer Vulkan"-Urteils an die Treuepflichtkonzeption stellt im Vergleich mit der Durchgriffskonzeption auch keine Benachteiligung der Gläubiger dar. Auch bei einer Ausgestaltung als Innenhaftung wird den Gläubigern im Falle der masselosen GmbH im Hinblick auf ihre mittelbare Betroffenheit in analoger Anwendung der §§ 62 Abs. 2, 93 Abs. 5, 117 Abs. 5, 309 Abs. 4 S. 3, 310 Abs. 4, 317 Abs. 4, 318 Abs. 4 AktG die Möglichkeit einzuräumen sein, diesen der Gesellschaft zustehenden Schadenersatzanspruch subsidiär geltend zu machen, wobei der Anspruch dann auf den jeweiligen Ausfall des Gläubigers gerichtet ist.

Gegen ein organschaftliches Haftungsmodell im Vergleich zur hier favorisierten dogmatischen Grundlage spricht zudem, dass der individuelle GmbH-Gesellschafter nicht, wie ein Aufsichtsrat, ein für jede Sorgfaltspflichtverletzung haftendes Gesellschaftsorgan, wohl aber ein durch Treuepflichten gebundenes Mitglied ist.

III. Haftungstatbestand

1) Trotz des vom II. Zivilsenat vorgegebenen Vorrangs des § 31 GmbHG bedarf es im Haftungstatbestand der Existenzvernichtungshaftung keines gesonderten Kriteriums der Subsidiarität. Schon durch die Tatbestandsvoraussetzung der Insolvenz wird gewährleistet, dass kein Anspruch nach § 31 GmbHG besteht, der die Erfüllung der

dem Gläubiger gegenüber der Gesellschaft zustehenden Forderungen gewährleisten kann. Es bedarf keines Kriteriums, das speziell den Vorrang von Einzelausgleichsansprüchen gewährleistet.

2) Haftungsadressat einer Durchgriffshaftung ist der herrschende alleinige Gesellschafter, der existenzvernichtend in die abhängige Gesellschaft eingreift. Nach der Entscheidung des II. Zivilsenats vom 25. Februar 2002 stehen dem die einvernehmlich handelnden Gesellschafter einer mehrgliedrigen GmbH gleich, und zwar auch dann, wenn sie selber kein Vermögen der GmbH empfangen haben.

Die Haftung erfasst allerdings auch den Alleingesellschafter der unabhängigen Gesellschaft. Der vom BGH im „KBV"-Urteil vorgenommenen Ausdehnung der Grundsätze der Existenzvernichtungshaftung auf diesen Fall ist zuzustimmen. Es ist zwar richtig, dass in Konzernlagen eine „erhöhte" Gefahr der Verletzung des Eigeninteresses der Gesellschaft besteht, weil dieses dort regelmäßig vom Konzerninteresse überlagert wird, während ein Privatgesellschafter dazu tendiert, sich die GmbH als Produzent von Einkünften zu erhalten. Es gibt aber auch unabhängig vom Bestehen eines Konzernsachverhaltes Gefahrenlagen in der unabhängigen GmbH, auf die die §§ 30 f. GmbHG keine Antwort zu geben vermögen. Wenn damit aber das für die Anerkennung eines Eigeninteresses relevante Gläubigerschutzdefizit, und die damit einhergehende Funktionsunfähigkeit der GmbH als Haftungsträger, unabhängig vom Bestehen einer Konzernlage zu bejahen ist, darf der Schutz der Gläubiger in dieser Situation nicht hinter dem durch die Anerkennung des Eigeninteresses bewirkten Standards des faktischen Konzerns zurückbleiben. Gerade weil durch das „Bremer Vulkan"-Urteil die gravierenden Unterschiede zwischen einer allgemeinen Bestandsschutzhaftung und einer Konzernhaftung beseitigt wurden, ist es richtig, die dort anerkannten Haftungsgrundsätze auch für eine allgemeine Bestandsschutzhaftung brauchbar zu machen.

Neben dem unmittelbar beteiligten Gesellschafter haftet auch die nur mittelbar beteiligte Konzernspitze, die die Entscheidungen für einen existenzvernichtenden Eingriff der Tochter bei der Enkelgesellschaft entschieden und veranlasst hat. Zum einen wird durch diesen Schritt einer Umgehung der Haftung von vornherein Einhalt geboten. Zum anderen ist dieser Schritt auch durchaus gerechtfertigt, wenn die Konzernspitze die Enkelgesellschaft aktiv beherrscht. Eine solche Ausdehnung der Haftung passt sich im Gegensatz zu einer echten Durchgriffshaftung auch ohne Schwierigkeiten in die hier favorisierte dogmatische Grundlage der Treuepflicht ein.

Nach dem hier favorisierten Haftungsmaßstab muss eine Haftung von Schwestergesellschaften nach Existenzvernichtungsgrundsätzen allerdings ausscheiden. Eine unmittelbare Haftung kommt nur unter den Voraussetzungen der §§ 823 ff. BGB in Betracht. Aus Sicht der Treuepflichtkonzeption ist es konsequent, wenn der BGH es als zweifelhaft bezeichnet, ob die Grundsätze zur Haftung des Gesellschafters wegen existenzvernichtenden Eingriffs auch auf Schwestergesellschaften anwendbar sind. Dem Zugriff der Gläubiger unterliegt aufgrund der Haftung für Existenzvernichtung allerdings der Anteilsbesitz der Muttergesellschaft.

3) Dem Kriterium der fehlenden angemessenen Rücksicht kommt auch bei Fehlen von Minderheitsgesellschaftern eine eigenständige Bedeutung zu. Unter diese Tatbestandsvoraussetzung sollten nach den hier gefundenen Ergebnissen auch unternehmerische (Fehl-)Entscheidungen fallen. Der II. Zivilsenat betont zwar sowohl im Fall „Autohändler" als auch im „Unterschlagungsfall", dass durch den Eingriff ein betriebsfremden Zwecken dienender Vermögensentzug bewirkt werden muss. Der Haftungstatbestand des existenzvernichtenden Eingriffs beziehe sich deshalb nicht auf Managementfehler. Die vom BGH nunmehr vertretene „enge Auslegung" stellt jedoch eine erhebliche Einschränkung gegenüber der bisherigen Rechtsprechung zum qualifiziert faktischen Konzern dar und ist deshalb abzulehnen. Durch das Abstellen auf den Abzug von Vermögen können eine Vielzahl an relevanten Verhaltensweisen die Haftung nicht mehr auslösen. Die gegenteilige Sichtweise des BGH muß zudem die Konsequenz in Kauf nehmen, dass das Eingreifen der §§ 302 ff. AktG insoweit zur Disposition des herrschenden Gesellschafters steht.

Für die Frage, wann sich eine Maßnahme als unangemessene Rücksicht erweist, sollte auf den Maßstab der §§ 311, 317 AktG zurückgegriffen werden. Der Vergleich mit dem Verhalten eines unabhängigen Geschäftsführers und die Satzungsautonomie der Gesellschafter stehen, wenn man die konzernexterne („autonome") Lebensfähigkeit der Gesellschaft als absolute Grenze anerkennt, nur auf den ersten Blick zueinander im Widerspruch. Verbindet man beide Überlegungen miteinander, kommt man zu vertretbaren Ergebnissen. Für das Merkmal der fehlenden Rücksichtnahme kommt es unabhängig vom Vorhandensein weiterer Gesellschafter darauf an, ob ein ordentlicher und gewissenhafter Geschäftsführer einer unabhängigen GmbH zur Verwirklichung des konkreten satzungsmäßigen Zwecks und Unternehmensgegenstandes gleichfalls die durch das herrschende Unternehmen veranlasste Maßnahme ergriffen hätte. Auch wenn § 1 GmbHG nicht voraussetzt, dass die Zwecke für die Gesellschaft nicht nachteilig sein dürfen, so wird zumindest durch die §§ 302 ff. AktG zum Ausdruck gebracht, dass der Zweck ihr nicht die Fähigkeit zur konzernexternen Existenz nehmen darf. Will das herrschende Unternehmen also Maßnahmen durchführen, die der Gesellschaft für den Zeitraum der Beherrschung die autonome Lebensfähigkeit am Markt nehmen, so hat es zwingend einen Beherrschungsvertrag abzuschließen und zwar unabhängig davon, ob die Tochter eine AG oder GmbH ist.

Um der Gefahr zu entgehen, dass die Entscheidungsträger durch übertriebene Anforderungen an den Sorgfaltsmaßstab von wirtschaftlich notwendigen, risikobehafteten Maßnahmen abgehalten werden, sollte den Gesellschaftern allerdings ein unternehmerischer Ermessensspielraum zugestanden werden. Eine Pflichtverletzung i.S.d. „Bremer Vulkan"-Entscheidung kommt trotz Herbeiführung der Insolvenz der Gesellschaft damit nur dann in Betracht, wenn eine nicht vertretbare Entscheidung getroffen wurde. Die Alleingesellschafter haben bei der Auswahl der verschiedenen Möglichkeiten einen weiten Spielraum. Entscheidend ist, ob er das Unternehmen unter Berücksichtigung gesicherter und bewährter betriebswirtschaftlicher Erkenntnisse und unter Beachtung aller maßgeblichen Rechtsvorschriften geleitet und erkennbaren Gefahren vorgebeugt hat. Haben sich die Gesellschafter bei ihrer Tätigkeit in diesem Rahmen bewegt, können sie für ein unternehmerisches Fehlschlagen einer bestimmten Geschäftspolitik nicht haftbar gemacht werden.

Für die Lösung der Frage, welche Kriterien für die Bestimmung dieses Beurteilungsspielraums herangezogen werden sollten, soll auf die *„business judgement rule"* in ihrer Ausprägung i.S.d. „ARAG/Garmenbeck"-Entscheidung abgestellt werden. Die *„business judgement rule"* ist kein spezifisch auf den Vorstand zugeschnittenes oder gar beschränktes Regelwerk. Sie dient auch dem allgemeinen Zweck, die Grenzen des rechtlichen Schutzes von unternehmerischen Ermessensentscheidungen herauszustellen. Die Grundsätze können deshalb mit Modifikationen auch für den Alleingesellschafter herangezogen werden.

3) Die Haftungsfolge nach der „Bremer Vulkan"-Entscheidung greift erst dann ein, wenn die abhängige GmbH ihren Verbindlichkeiten nicht mehr nachkommen kann. Mit diesem Kriterium stellt der BGH auf den Eintritt der Insolvenz der Tochtergesellschaft ab. Die Eröffnung des Insolvenzverfahrens bzw. eines entsprechenden Antrags ist hierfür nicht ausreichend, da diese Merkmale allein keinen Aufschluss darüber geben, ob der Gesellschaft noch ein erforderlicher Bestand an Ansprüchen zusteht, um ihre Verbindlichkeiten gegenüber ihren Gläubigern erfüllen zu können.

4) Ausgehend von dem schon in der „ITT"-Entscheidung zum Ausdruck kommenden Prinzip, dass der Ausübung von Konzernherrschaft auch die Verantwortung für die Folgen dieser Haftung entsprechen muss, hat sich die Verschuldensbeurteilung danach zu richten, ob die im Abhängigkeitsverhältnis erfolgenden Maßnahmen noch mit dem Mindestmaß eines Bestandschutzinteresses einer zwar konzernabhängigen, aber dennoch grundsätzlich eigenständige Vermögens- und Haftungseinheit darstellenden Gesellschaft zu vereinbaren sind. Maßstab dieser Haftungsverantwortlichkeit soll nach der hier vertretenen Auffassung die von einem ordentlichen Geschäftsführer zu beachtende Sorgfalt gemäß § 43 GmbHG sein. Die Wertung des § 93 Abs. 5 S. 3 AktG, wonach der Verzicht auf einen Schadensersatzanspruch erst bei groben Sorgfaltsverstößen unzulässig ist, kann nicht für das GmbH-Recht und damit für den Verschuldensmaßstab brauchbar gemacht werden.

5) Rechtsfolge der Verletzung der Treuepflicht ist die Pflicht zum Ersatz des der Gesellschaft zugefügten Schadens. Die Beschränkung der Haftung auf die der Gesellschaft entstandenen Schäden darf aber nicht dazu führen, dass die Ansprüche nur deshalb nicht durchgesetzt werden können, weil der Umfang des Schadens nicht festgestellt werden kann. Es ist deshalb richtig, dass der BGH den Gesellschafter dafüer haften lässt, dass er der Gesellschaft durch den Eingriff die Fähigkeit genommen hat, ihre Verbindlichkeiten zu erfüllen. Der Schaden den die Gesellschaft erleidet, ist aufgrund einer Vermutung – ohne Heranziehung des § 287 ZPO – grundsätzlich mit der Summe aller Insolvenzforderungen bezifferbar. Hinsichtlich eines geringeren Schadens obliegt dem Gesellschafter die Darlegungs- und Beweislast. Die Verschiebung der Darlegungs- und Beweislast ist im Hinblick auf Sphärengesichtspunkte vollauf gerechtfertigt und entspricht allgemeinen Beweislastgrundsätzen.

6) Auch nach der „Bremer Vulkan“-Entscheidung bleibt es dabei, dass der Kläger Umstände darzulegen und zu beweisen hat, die es zumindest nahe legen, dass auf die Belange der abhängigen Gesellschaft nicht angemessen Rücksicht genommen wurde. Entgegen vielfacher Stimmen im Schrifttum kommt es hierbei nicht zu einer Umkehr der Beweislast und auch nicht zur Anwendung der Grundsätze des Anscheinsbeweises. Vielmehr kommt dem Kläger eine Erleichterung der Substantiierungslast zugute, welche die Aussicht dafür bietet, dass die Prozessrisiken angemessen verteilt werden und der Kläger mit dem Vortrag schädigender Maßnahmen nicht überfordert ist. Kommt der Kläger den oben geschilderten Anforderungen nach, ist es Sache des Beklagten, die Aufklärung des Sachverhalts zu fördern, wenn er im Gegensatz zum klagenden Gläubiger die maßgebenden Tatsachen kennt und ihm die Darlegung dieser Umstände zumutbar ist. Allein in der unabhängigen GmbH sollte man von einer Erleichterung der Darlegungslast absehen.

V. Relevant wird die Existenzvernichtungshaftung vor allem beim Liquiditätsabzug, bei der Herstellung von Haftungsverbänden sowie bei der ungesicherten Vergabe von Darlehen. Hingegen vermag das Eigeninteresse der Einmann-GmbH kein Wettbewerbsverbot des Alleingesellschafters zu begründen. Der Schutz der Gesellschaft wird in diesem Bereich erst bei einem konkreten Entzug einer der Gesellschaft gebührenden Geschäftschance begründet. Daneben werden vor allem schon die seit langer Zeit relevanten Verhaltensweisen, die sich unter den Schlagwörtern „Auslaufenlassen“, „GmbH-Stafette“ und „Aschenputtelgesellschaft“ verbergen, einen Anwendungsbereich für die Existenzvernichtungshaftung bieten. Der Alleingesellschafter wird sich allerdings auch durch unangemessene Satzungsgestaltungen, Strukturmaßnahmen und konzerninterne Rechtsgeschäfte der Gefahr einer Haftung nach den „Bremer Vulkan“-Grundsätzen aussetzen.

Die Tatsache, dass sich der Schaden bei einigen Verhaltensweisen erst nach Beendigung des Abhängigkeitsverhältnisses realisiert, kann zu keiner anderen Beurteilung hinsichtlich ihrer Relevanz führen, weil die Existenzvernichtung bereits im früheren Verhalten angelegt war. Eine solche Maßnahme löst – in Anlehnung an die strafrechtlichen Grundsätze zur Haftung für Unterlassen – eine Garantenpflicht aus „Ingerenz“ aus, die dazu verpflichtet, die externe Lebensfähigkeit der Gesellschaft wiederherzustellen. Dies ist nicht zu verwechseln mit einer nach dem Gesetz nicht bestehenden Nachschusspflicht (§ 26 GmbHG). Vielmehr geht es um die Abwendung des Schadensersatzanspruchs, der durch die Maßnahme ausgelöst wurde, jedoch durch die Beendigung des Abhängigkeitsverhältnisses und die hierdurch herbeigeführte Insolvenz aufschiebend bedingt ist. Die Treuepflicht gegenüber dem Bestandsinteresse der Gesellschaft verbiete es folglich, die Gesellschaft in einen Markt zu entlassen, für den sie aufgrund der durchgeführten Maßnahme nicht mehr gewappnet ist und der in kürzester Zeit die Insolvenz der Gesellschaft herbeiführt.
Der für unternehmerische Entscheidungen festgestellte „Freiraum“ wird zwar auch für Sanierungsmaßnahmen zu gelten haben, da sie ohne weiteres als unternehmerische Entscheidungen eingestuft werden können. Allerdings gilt dies nicht für diejenigen Fälle, in denen das abhängige Unternehmen erst durch die fehlende Rücksichtnahme zum Sanierungsfall geworden ist und die Konzernmutter sich in diesem

Stadium für einen Sanierungsversuch entscheidet. Die vorangegangene Pflichtwidrigkeit kann nur durch eine „Erfolgsverhinderung“, also die Abwendung der zur Insolvenz führenden Krise der Gesellschaft, rückgängig gemacht werden.

VI. Es sind keine Gründe ersichtlich, warum der im „Bremer Vulkan“-Urteil begründete Abschied vom aktienrechtlichen Haftungssystem der §§ 302 ff. AktG auf den Einmann-GmbH-Konzern beschränkt bleiben sollte. Die Anknüpfung der Haftung an die aktienrechtlichen Elemente der §§ 302 ff. AktG ist dort ebenso verfehlt wie im Einmann-GmbH-Konzern, weshalb sich der in der „Bremer Vulkan“-Entscheidung zum Ausdruck gebrachte Abschied auch auf die mehrgliedrige abhängige Gesellschaft erstrecken sollte.

Literaturverzeichnis

Abeltshauser, Thomas E. — Leitungshaftung im Kapitalgesellschaftsrecht, Köln, Berlin, Bonn, München 1998.

Adams, Michael — Der Markt für Unternehmenskontrolle und sein Missbrauch, in: AG 1989, S. 333 ff.

ders. — Eigentum, Kontrolle und Beschränkte Haftung, Baden-Baden 1991.

Altmeppen, Holger — Abschied vom „qualifiziert faktischen Konzern", Heidelberg 1991.

ders. — Die systematische Einordnung der Rechtsprechung zum qualifiziert faktischen Konzern nach „TBB", in: DB 1994, S. 1912 ff.

ders. — Anmerkung zum Urteil des BGH v. 7.11.1994, in: ZIP 1994, S. 1939 ff.

ders. — Anmerkung zu BGH-Urteil vom 10.02.99, in: ZIP 1999, S. 881 ff.

ders. — Anmerkung zu BGH-Urteil vom 21.06.99, in: ZIP 1999, S. 1354 ff.

ders. — Ungültige Vereinbarungen zur Haftung von GmbH-Geschäftsführern, in: DB 2000, S. 261 ff.

ders. — Zur Disponibilität der Geschäftsführerhaftung in der GmbH, in: DB 2000, S. 657 ff.

ders. — Grundlegend Neues zum „qualifiziert faktischen" Konzern und zum Gläubigerschutz in der Einmann-GmbH, in: ZIP 2001, S. 1837 ff.

ders. — Gesellschafterhaftung und „Konzernhaftung" bei der GmbH, in: NJW 2002, S. 321 ff.

ders. — Ausfall- und Verhaltenshaftung des Mitgesellschafters in der GmbH, in: ZIP 2002, S. 961 ff.

ders. — Zur Entwicklung eines neuen Gläubigerschutzkonzeptes in der GmbH, in: ZIP 2002, S. 1553 ff.

ders. — Anmerkung zum Urteil des BGH v. 13.12.2004 – II ZR 206/02, in: ZIP 2005, 119 ff.

Armbrüster, Christian — Wettbewerbsverbote im Kapitalgesellschaftsrecht, in: ZIP 1997, S. 1269 ff.

Assmann, Heinz - Dieter	Gläubigerschutz im faktischen GmbH-Konzern durch richterliche Rechtsfortbildung – Teil 2, in: JZ 1986, S. 928 ff.
ders.	Der faktische GmbH-Konzern, in: FS 100 Jahre GmbH-Gesetz, S. 657 ff., Köln 1992.
Authenrieth, Karlheinz	Die Haftung für Darlehn der abhängigen Gesellschaft an die Konzernmutter im faktischen GmbH-Konzern, in: GmbHR 1984, S.198 ff.
Ballerstedt, Kurt	Kapital, Gewinn und Ausschüttung bei Kapitalgesellschaften, Tübingen 1949.
ders.	Unternehmen und Wirtschaftsverfassung, in: JZ 1951, S. 486 ff.
Bamberger, Günter/ Coenenberg, Adolf G.	Betriebswirtschaftliche Entscheidungslehre, 11. Aufl., München 2002.
Barnert, Martin	Anmerkung zum Urteil des BGH vom 24.06.2002 („KBV"), in: JR 2003, S. 199 ff.
Bastuck, Burkhard	Kreditbesicherung im Konzern – Geklärte Fragen, offene Fragen und Vertragsgestaltung –, in: WM 2000, S. 1091 ff.
Bauder, Wofgang	Anmerkung zu BGH-Urteil vom 29.3.1983 „TBB", in: BB 1993, S. 1103 ff.
Baumbach, Adolf/Hueck, Alfred	GmbH-Gesetz, 17. Aufl., München 2000. (zitiert: Baumbach/ Hueck/ Bearb.)
Bayer, Walter	Zentrale Konzernfinanzierung, Cash Management und Kapitalerhaltung, in: FS f. Lutter, S. 1011 ff., Köln 2000.
ders.	Der an der Tochter beteiligte Mehrheitsgesellschafter der Mutter: herrschendes Unternehmen? – Zugleich Besprechung der Entscheidung BGHZ 148, 123 (MLP), in: ZGR 2002, S. 933 ff.
Beinert, Stefanie	Die Konzernhaftung für die satzungsgemäß abhängig gegründete GmbH, Köln 1995.
Belling, Detlev W./ Steinau-Steinrück, Robert v.	Anmerkung zu BAG-Urteil vom 08.03.94, in: SAE 1996, S. 253 ff.
Bender, Hans-Udo	Das Ende klassischer Konzernfinanzierung durch die jüngere BGH-Rechtsprechung, in: BB 2005, S. 1492 ff.

Benecke, Martina — Existenzvernichtender Eingriff statt qualifiziert faktischer Konzern: Die neue Rechtsprechung des BGH zur Haftung von GmbH-Gesellschaftern, in: BB 2003, S. 1190 ff.

Bentler, Helmut — Das Gesellschaftsrecht der Betriebsaufspaltung, Baden-Baden 1986.

Binz, Mark K. — Die GmbH & Co., 8. Auflage, München 1992.

Bischoff, Thomas — Sachliche Voraussetzungen von Mehrheitsbeschlüssen in Kapitalgesellschaften, in: BB 1987, S. 1055 ff.

Bitter, Georg — Konzernrechtliche Durchgriffshaftung bei Personengesellschaften, Köln, Berlin, Bonn, München 1999.

ders. — Das „TBB"-Urteil und das noch immer vergessene GmbH-Vertragskonzernrecht, in: ZIP 2001, S. 265 ff.

ders. — Der Anfang vom Ende des „qualifiziert faktischen GmbH-Konzerns, in: WM 2001, S. 2133 ff.

Bitter, Walter/ Bitter, Georg — Alles klar im qualifiziert faktischen Konzern? Oder: Die Ausweitung der BGH-Rechtsprechung durch das BAG, in: BB, 1996, S. 2153 ff.

Blaurock, Uwe — Einfluß im Unternehmen und die gesellschaftsrechtliche Haftungsstruktur, in: FS f. W.Stimpel, S. 553 ff., Berlin, New York 1985.

Bollmann, Christian-Friedrich — Der Schadensersatzanspruch gem. § 317 AktG, bei Schädigung der abhängigen Eine-Person-AG, Berlin 1995.

Boujong, Karlheinz — Zur Auslegung und Fortbildung des GmbH-Rechts in der neuen Judikatur des Bundesgerichtshofs; in: GmbHR 1992, S. 207 ff.

ders. — Das Trennungsprinzip des § 13 Abs. 2 GmbHG und seine Grenzen in der neuen Judikatur des Bundesgerichtshofs, in: FS f. W. Odersky, S. 739 ff., Berlin 1996.

ders. — Anmerkung zum BGH Urt. v. 21.04.1997 „ARAG/ Garmbeck", in: DZWIR 1997, S. 326 ff.

ders. — Das GmbH-Recht in den Jahren 2000 bis 2002, in: NZG 2003, S. 497 ff.

Brammsen, Joerg — Strafbare Untreue des Geschäftsführers bei einverständlicher Schmälerung des GmbH-Vermögens? in: DB 1989, S. 1609 ff.

Brandes, Helmut — Grundsätze der Kapitalerhaltung im Vertragskonzern, in: FS f. A. Kellermann, S. 25 ff., Berlin 1991.

Brandner, Hans Erich — Natürliche Personen als Einmann-Konzernspitze, in: Der qualifizierte faktische GmbH-Konzern, S. 207 ff., hrsg. v. Hommelhoff, Peter/Stimpel, Walter/Ulmer, Peter, Köln 1992

Brinkmann, Moritz — Funktion und Anwendungsbereich des § 93 InsO – Die einheitliche Einziehung als Instrument zur Verbesserung der Sanierungsaussichten in der Unternehmensinsolvenz, in: ZGR 2003, S. 264 ff.

Brudney, Victor/Clark, Robert — A New Look at Corporate Opportunities, 94 Harv.L.Rev 997 (1981).

Bruns, Patrick — Das „TBB"-Urteil und die Folgen – Ein Beitrag zur Haftungsverfassung im qualifizierten faktischen GmbH-Konzern –, in: WM 2001, S. 1497 ff.

ders. — Existenz- und Gläubigerschutz in der GmbH – das Vulkan-Konzept, in: WM 2003, S. 815 ff.

ders. — Zur Reichweite der Haftung wegen existenzvernichtenden Eingriffs, in: NZG 2004, S. 409 ff.

Buchner, Herbert/Weigl, Gerald — Die Haftung im qualifizierten faktischen Konzern – Zu den Haftungsrisiken des beherrschenden Gesellschafters einer Kapitalgesellschaft, in: DNotZ 1994, S. 580 ff.

Bungert, Hartwin — Die GmbH im US-amerikanischen Recht – Close Corporation, Köln 1993.

Büschgen, Hans E. — Zur Eigenkapitalausstattung der GmbH und GmbH & Co.KG, Teil I u. II, in: GmbHR 1974, S. 25 ff. und 49 ff.

ders. — In-house banking, in: WM 1995, S. 733 ff.

Burgard, Michael — Die Tatbestandsmerkmale des qualifiziert faktischen GmbH-Konzerns und ihre Konkretisierung nach „TBB", in: WM 1993, S. 925 ff.

Burgard, Ulrich — Die Förder- und Treuepflicht des Alleingesellschafters einer GmbH – Überlegungen zu einer gläubigerschützenden Corporate Governance bei der GmbH, in: ZIP 2002, S. 827 ff.

Buxbaum, Richard M. — The Duty of Care and the Business Judgement Rule in American Law recent Developments and Current Problems, in: Kreuzer, Die Haftung der Leitungsorgane , S. 79 ff, Baden-Baden 1991.

Buxbaum, Richard M./ Schneider, Uwe H. — Die Fortentwicklung der Aktionärsklage und der Konzernklage im amerikanischen Recht, in: ZGR 1982, S. 199 ff.

Cahn, Andreas — Kapitalerhaltung im Konzern, Köln, Berlin, Bonn, München 1998.

ders. — Verlustübernahme und Einzelaugleich im qualifizierten faktischen Konzern, in: ZIP 2001, S. 2159 ff.

ders. — Die Ausfallhaftung des GmbH-Gesellschafters – Besprechung der Entscheidung BGHZ 150, S. 61 ff., in: ZGR 2003, S. 298 ff.

ders. — Das richterliche Verbot der Kreditvergabe an Gesellschafter und seine Folgen, in: Der Konzern 2004, S. 235 ff.

Canaris, Claus-Wilhelm — Die Haftung für fahrlässige Verletzung der Konkursantragspflicht nach § 64 GmbHG, in: JZ 1993, S. 649 ff.

Claussen, Carsten P./ Korth, H.-Michael — Das Wettbewerbsverbot des Geschäftsführers/ Gesellschafters einer GmbH, in: FS für K. Beusch, S. 111 ff., Berlin 1993

Clemm, Hermann — Grenzen der Weisungsfolgepflicht des Vorstandes der beherrschten AG bei bestehenden Beherrschungsvertrag, in: ZHR 141 (1977), S.197 ff.

ders. — Zur Verantwortung der Unternehmensleitung gegenüber Aktionären („shareholder value"), Arbeitnehmern und Gemeinwohl („soziale Verantwortung"), in: FS f. W. Ritter, S. 675 ff., Köln 1997.

Däubler, Wolfgang — Fehlerhafte Gesellschafterbeschlüsse bei der GmbH im Lichte des neuen Aktienrechts, in: GmbHR 1968, S. 4 ff.

de Angelis, Marco — Ungeschriebene Wettbewerbsverbote für Gesellschafter im GmbH-Recht, Everwinkel 1997.

Decher, Christian E. — Neues zum qualifiziert faktischen GmbH-Konzern, in: DB 1989, S. 965 ff.

ders.	Haftung im qualifizierten faktischen GmbH-Konzern – verbleibende Relevanz nach dem TBB-Urteil – Bemerkungen aus Sicht der Praxis, in: ZHR-Beiheft 70 (2001), S. 25 ff., Hrsg. P. Ulmer, Heidelberg 2001.
ders.	Konzernhaftung im Lichte von Bremer Vulkan, in: ZInsO 2002, S. 113 ff.
Diem, Andreas	Besicherung von Gesellschaftsverbindlichkeiten als existenzvernichtender Eingriff des Gesellschafters?, in: ZIP 2003, S. 1283 ff.
ders.	Akqusitionsfinanzierung – Kredite für Unternehmenskäufe, München 2005
Döllerer, Georg	Fragen der verdeckten Gewinnausschüttung der Aktiengesellschaft, in: BB 1967, S. 1437 ff.
ders.	Die Rechtsprechung des Bundesfinanzhofs zum Steuerrecht der Unternehmen, in: ZGR 1992, S. 587 ff.
Döser, Wulf H.	Der faktische Konzern, in: AG 2003, S. 406 ff.
Drax, Manfred	Durchgriffs- und Konzernhaftung der GmbH-Gesellschafter, München 1992.
Drüke, Heiner	Die Haftung der Muttergesellschaft für Schulden der Tochtergesellschaft, Köln, Berlin, Bonn, München 1988.
ders.	Anmerkung zum Urteil des OLG Stuttgart v. 4.2.2000, in: DB 2000, S. 713 ff.
Drygala, Tim	Der Gläubigerschutz bei der typischen Betriebsaufspaltung, Köln 1991.
ders.	Anm. zu Urteil des BGH v. 12.10.92, in: ZIP 1992, S. 1628 ff.
ders.	Verhaltenshaftung im faktischen GmbH-Konzern, in: GmbHR 1993, S.317 ff.
ders.	Bericht über die Diskussion, in: ZGR 1994, S. 422 ff.
ders.	Abschied vom qualifiziert faktischen Konzern – oder Konzernrecht für alle, in: GmbHR 2003, S. 729 ff.
Ebenroth, Carsten Thomas/ Lange, Knut Werner	Sorgfaltspflichten und Haftung des Geschäftsführers einer GmbH nach § 43 GmbHG, in: GmbHR 1992, S. 69 ff.
Ebenroth, Carsten Thomas/ Wilken, Oliver	Beweislast und Gesellschafterhaftung im qualifizierten faktischen GmbH-Konzern, in: ZIP 1993, S. 558 ff.

Eberl-Borges, Christina	Die Konzernhaftung im Kapitalgesellschaftskonzernrecht, in: Jura 2002, S. 761 ff.
dies.	Die Haftung des herrschenden Unternehmens für Schulden einer konzernabhängigen Personengesellschaft – zugleich eine Kritik an der Rechtsprechung des Bundesarbeitsgerichts –, in: WM 2003, S. 105 ff.
Ehlke, Michael	Konzerninduzierter Haftungsdurchgriff auf den GmbH-Gesellschafter, in: DB 1986, S. 523 ff.
Ehricke, Ulrich	Zur Begründung der Durchgriffshaftung in der GmbH, insbesondere aus methodischer Sicht, in: AcP 199 (1999), S. 257 ff.
Eidenmüller, Horst/ Engert, Andreas	Rechtsökonomik des Mindestkapitals im GmbH-Recht, in: GmbHR 2005, S. 433 ff.
Eisenhardt, Ulrich	Zum Weisungsrecht der Gesellschafter in der nicht mitbestimmten GmbH, in: FS f. G. Pfeiffer, S. 839 ff., Köln 1988.
Emmerich, Volker	Das GmbH-Konzernrecht, in: AG 1975, S. 285 ff.
ders.	Das Konzernrecht der Personengesellschaften – Rückblick und Ausblick – in: FS für Walter Stimpel, 1985, S. 743 ff.
ders.	Bestandsschutz im GmbH-Vertragskonzern, in: Entwicklungen im GmbH-Konzernrecht (ZGR-Sonderheft 6), S. 64 ff., Hrsg. v. P. Hommelhoff, J. Semler, P. Doralt, G.H. Roth, Berlin-New York 1986.
ders.	Anmerkungen zu der Vulkan-Doktrin, AG 2004, S. 423 ff.
ders.	Anmerkung zu BGH – Urteil v. 20.9.2004 – II ZR 302/02, in: JuS 2005, S. 181 ff.
Emmerich, Volker/ Habersack, Matthias	Aktien- und GmbH-Konzernrecht 2. Aufl., München 2001. 4. Aufl., München 2005.
Emmerich, Volker/ Habersack, Matthias	Konzernrecht, 8. Aufl., München 2005.
Emmerich, Volker/Sonnenschein, Jürgen/ Habersack, Matthias	Konzernrecht, 7. Aufl., München 2001
Ensthaler, Jürgen/ Kreher, Markus	Verlustausgleichpflicht im qualifizierten faktischen GmbH-Konzern, in: BB 1995, S. 1422 ff.

Erman, Walter	Kommentar zum Bürgerlichen Gesetzbuch, 10. Aufl., Bd. I (§§ 1 – 853), Köln 2000. (zit.: Erman/ Bearb.)
Eschenbruch, Klaus	Konzernhaftung – Haftung der Unternehmen und der Manager, Düsseldorf 1996.
Esters, Florian	Die GmbH als taugliches Objekt von Konzernfinanzierungen und LBOs nach „Bremer Vulkan" und „KBV", in: GmbHR 2004, S. 105 ff.
Fabricius, Fritz	Relativität der Rechtsfähigkeit, München, Berlin 1963.
Fabritius, Andreas	Vermögensbindung in AG und GmbH – tiefgreifender Unterschied oder grundsätzliche Identität?, in: ZHR 144 (1980), S. 628 ff.
Fikentscher, Wolfgang	Schuldrecht, 9. Auflage, Berlin, New York 1997.
Fischer, Nicole N./ Gasteyer, Thomas	Grenzen der Sicherheitsbestellung bei der GmbH, in: NZG 2003, S. 517 ff.
Fischer, Robert/Lutter, Marcus	Kommentar zum GmbH-Gesetz, 11. Aufl., Köln 1985. (zit.: Fischer/ Lutter/ Bearb.)
Fleck, Hans - Joachim	Zur Haftung des GmbH-Geschäftsführers, in: GmbHR 1974, S. 224 ff.
ders.	Eigeninteresse der GmbH – Die Drittanstellung des GmbH-Geschäftsführers, in: ZHR 149 (1985), S. 387 ff.
ders.	Mißbrauch der Vertretungsmacht oder Treuebruch des mit Einverständnis aller Gesellschafter handelnden GmbH-Geschäftsführers aus zivilrechtlicher Sicht, in: ZGR 1990, S. 31 ff.
ders.	Der Grundsatz der Kapitalerhaltung – seine Ausweitung und seine Grenzen, in: FS 100 Jahre GmbH-Gesetz, S. 391 ff., Köln 1992.
Fleischer, Holger	Verdeckte Gewinnausschüttung: Die Geschäftschancenlehre im Spannungsfeld zwischen Gesellschafts- und Steuerrecht, in: DStR 1999, S. 1249 ff.
Flume, Werner	Unternehmen und juristische Personen, in: FS für G. Beitzke, S. 43 ff., Berlin 1979.
ders.	Der Gesellschafter und das Vermögen der Kapitalgesellschaft und die Problematik der verdeckten Gewinnausschüttung, in: ZHR 144 (1980), S. 18 ff.

ders.	Allgemeiner Teil des Bürgerlichen Rechts, 1. Band Teil II, Die juristische Person, Berlin, Heidelberg, New York, Tokyo 1983. (zit.: Flume, BGB Allg. Teil, Bd. I/2).
ders.	Die Haftung des GmbH-Geschäftsführers bei Geschäften nach Konkursreife der GmbH, in: ZIP 1994, S. 337 ff.
Freitag, Robert	§§ 30, 31 GmbHG „Bremer Vulkan-Urteil" und „Limitation Language" – (Ab-)Wege in der GmbH-Konzernfinanzierung? – in: WM 2003, S. 805 ff.
Fuhrmann, Lambertus	Kreditgewährung an Gesellschafter: Ende des Konzernweiten Cash-Managements?, in: NZG 2004, S. 552 ff.
Gäbelein, Wolfgang	Unternehmensverträge bei der Einpersonen-GmbH, in: GmbHR 1992, S. 786 ff.
Gätsch, Andreas	Gläubigerschutz im qualifiziert faktischen GmbH-Konzern, Marburg 1997.
Gehrlein, Markus	Einverständliche verdeckte Gewinnentnahmen der Gesellschafter als Untreue (§ 266 StGB) zu Lasten der GmbH, in: NJW 2000, S.1089 f.
ders.	Haftung wegen existenzvernichtenden Eingriffs im Einzelfall, in: BB 2005, S. 613 ff.
Geiger, Martin	Wettbewerbsverbote im Konzernrecht, Baden-Baden 1996.
Geißler, Markus	Zukunft, Stillstand oder Geltungsverlust für die Durchgriffshaftung im Recht der GmbH?, in: GmbHR 1993, S. 71 ff.
Geitzhaus, Georg	Verlustausgleichspflicht als Motor der Konzernplanung, in: GmbHR 1989, S. 397 ff.
v. Gerkan, Hartwin	Das Recht des Eigenkapitalersatzes in der Diskussion, in: ZGR 1997, S. 173 ff.
Geßler, Ernst	Bestandsschutz der beherrschten Gesellschaft im Vertragskonzern, in: ZHR 140 (1976), S. 433 ff.
Geßler, Ernst/ Hefermehl, Wolfgang/ Eckardt, Ulrich/Kropf, Bruno	Aktiengesetz Kommentar, Band I, §§ 1 - 75, München 1973. Band II, §§ 76 - 147, München 1974. Band VI, §§ 291 - 410, München 1994. (zitiert: Geßler/ Hefermehl/ Bearb., Komm. AktG).
Glaser, Erhard	Grenzen des Weisungsrechts im Vertragskonzern, München 1982

Görling, Helmut — Die Konzernhaftung in mehrstufigen Unternehmensverbindungen, Frankfurt a.M. 1998.

Görner, André/Kling, Michael — Die Ausfallhaftung des GmbH-Gesellschafters (II) – Ausgewählte Fragen zum Anwendungsbereich im Rahmen der Kapitalaufbringung und Erhaltung, in: GmbHR 2004, S. 778 ff.

Goette, Wulf — Haftungsvoraussetzungen im qualifiziert faktischen Konzern, in: DStR 1993, S. 568 ff.

ders. — Die GmbH nach der BGH Rechtsprechung, Zivilrechtliche Grundlagen steuerrechtlicher Beratung, München 1997.

ders. — Das Anstellungsverhältnis des GmbH-Geschäftsführers in der Rechtsprechung des Bundesgerichtshofs, in: DStR 1998, S. 1139 ff.

ders. — Haftung im qualifiziert faktischen GmbH – Konzern, Verbleibende Relevanz nach dem TBB – Urteil – Rechtsprechungsübersicht, in: ZHR-Beiheft 70 (2001), S. 11 ff.,

ders. — Anmerkung zum „Bremer Vulkan"-Urteil, in: DStR 2001, S. 1857.

ders. — Wo steht der BGH nach „Centros" und „Inspire Art"?, in: DStR 2005, S. 197 ff.

ders. — Aus der neueren Rechtsprechung des BGH zum GmbH-Recht, in: ZIP 2005, S. 1481 ff.

Götz, Heinrich — Die Pflicht des Aufsichtsrats zur Haftbarmachung von Vorstandsmitgliedern, in: NJW 1997, S. 3275 ff.

Groß, Wolfgang/Sonnenhol, Jürgen — Besicherung von Krediten an Konzernunternehmen – Zugleich eine Erwiderung auf Peltzer, GmbHR 1995, 15 und Peltzer/Bell, ZIP 1993, 1757, in: GmbHR 1995, S. 561 ff.

Großkommentar — Zum Aktiengesetz, Erster Band, 1. Halbband §§ 1 – 75, Berlin 1973. Erster Band, 2. Halbband §§ 76 – 147, Berlin 1973. (zitiert: Bearb., in: Großkomm. AktG).

Großmann, Adolf — Unternehmensziele im Aktienrecht, Köln, Berlin, Bonn, München 1980.

Grunewald, Babara — Die unbeschränkte Haftung beschränkt haftender Gesellschafter für die Verletzung von Aufklärungspflichten im vorvertraglichen Bereich, in: ZGR 1986, S. 580 ff.

Gurke, Michael	Verhaltensweisen und Sorgfaltspflichten von Vorstandsmitgliedern und Geschäftsführern bei drohender Überschuldung, Berlin 1982.
Haarmann, Wilhelm	Gesellschafts- und Zivilrecht bei Holdingstrukturen, in: WPg-Sonderheft 2003, S. 75 ff.
Haas, Ulrich	Die Gesellschafterhaftung wegen „Existenzvernichtung“, in: WM 2003, S. 1929 ff.
ders.	Anmerkung zum BGH-Urteil v. 13.12.2004- II ZR 206/02, in: NZI 2005, 239 f.
Habersack, Mathias/ Schürnbrand, Jan	Cash Management und Sicherheitenbestellung bei AG und GmbH im Lichte des richterrechtlichen Verbots der Kreditvergabe an Gesellschafter, in: NZG 2004, S. 689 ff.
Hachenburg, Max	Gesetz betreffend die Gesellschaft mit beschränkter Haftung (GmbHG). Großkommentar, hrsg. v. Peter Ulmer: Band I, Allg. Einleitung, §§ 1 - 34, 8. Auflage, Berlin, New York 1992. Band II, §§ 35 - 52, 8. Auflage, Berlin, New York 1997. Band III, §§ 53 - 85 (Register), 8. Auflage, Berlin, New York 1997.
Häsemeyer, Ludwig	Obstruktion gegen Sanierung und gesellschafts-rechtliche Treuepflichten, in: ZHR 160 (1996), S. 109 ff.
Hahn, Volker	Zum Spannungsverhältnis von Kapitalerhaltung und Cash Pool im Konzern, in: Der Konzern 2004, S. 641 ff.
Hansen, Herbert	Die Kapitalausstattung der GmbH, in: GmbHR 1981, S. 259 ff.
Hartmann, Christian	Der Schutz der GmbH vor ihren Gesellschaftern – Zu den Grenzen gesellschafterlicher Disposition über die Treuepflicht gegenüber der Gesellschaft –, in: GmbHR 1999, S. 1061 ff.
Hausmann, Fritz	Vom Aktienwesen und vom Aktienrecht, Mannheim, Berlin, Leipzig 1928.
Heck, Jan Peter	Personengesellschaften im Konzern, Osnabrück 1986.
Heermann, Peter W.	Wie weit reicht die Pflicht des Aufsichtsrats zur Geltendmachung von Schadensersatzansprüchen gegen Mitglieder des Vorstands?, in: AG 1998, S. 201 ff.
ders.	Unternehmerisches Ermessen, Organhaftung und Beweislastverteilung, in: ZIP 1998, S. 761 ff.

Heidelberger Kommentar	Kommentar zur Insolvenzordnung, 2.Aufl. Heidelberg 2001. (zit.: HK/ Bearb., InsO).
Heidenhain, Martin	Anmerkung zum Urteil des BGH v. 24.06.2002 („KBV“), in: LMK 2003, S. 7 f.
Helmreich, Kilian	Die Gewährung von Darlehen durch die GmbH in der Situation der Unterbilanz an ihre Gesellschafter nach der aktuellen Rechtsprechung des BGH – Zu-gleich Besprechung des BGH-Urteil v. 24.11.2003-II ZR 171/01, in: GmbHR 2004, S. 457 ff.
Henssler, Martin	Die Betriebsaufspaltung – Konzernrechtliche Durchgriffshaftung im Gleichordnungskonzern?, in: ZGR 2000, S. 479 ff.
Hentzen, Matthias	Konzernfinanzierung nach BGHZ 157, 72, in: ZGR 2005, S. 480 ff.
Henze, Hartwig	Entwicklung der Rechtsprechung des BGH im GmbH-Recht, in: GmbHR 2000, S. 1069 ff.
ders.	Konzernrecht – Höchst- und obergerichtliche Rechtsprechung, Köln 2001.
ders.	Ausfallhaftung des GmbH-Gesellschafters, in: BB 2002, S. 1011 f.
ders.	Gesichtspunkte des Kapitalerhaltungsgebotes und seiner Ergänzung im Kapitalgesellschaftsrecht in der Rechtsprechung des BGH, in: NZG 2003, S. 649 ff.
ders.	Konzernfinanzierung und Besicherung – Das Upstreamrisiko aus Gesellschafter- und Bankensicht, in: WM 2005, S. 717 ff.
Hess, Harald/Weis, Michaela/ Wienberg, Rüdiger	Kommentar zur Insolvenzordnung mit EGInsO, Band 1, Insolvenzordnung, 2. Aufl., Heidelberg 2001. (zit.: Hess/Weis/Wienberg/Bearb., InsO).
Heyder, Stefan	Der qualifizierte faktische Aktienkonzern, Frankfurt a.M., Berlin 1997.
Hillenkamp, Thomas	Risikogeschäfte und Untreue, in: NStZ 1981, S. 161 ff.
Hirte, Heribert	Der qualifiziert faktische Konzern – Fortsetzungsband, Köln 1993.
ders.	Berufshaftung, München 1996.
Höhn, Reinhard	Die Geschäftsleitung der GmbH-Organisation, Führung und Verantwortung, Köln 1987.

Hölzle, Gerrit — Existenzvernichtungshaftung „Klimapflege“ und Insolvenzanfechtung, in: ZIP 2003, S. 1376 ff.

ders. — Anmerkung zu Urteil des LAG Köln v.20.06.2003, in: ZIP 2003, S. 1897 f.

ders. — Materielle Unterkapitalisierung und Existenzvernichtungshaftung – Das Phantom als Fallgruppe der Durchgriffshaftung, in: ZIP 2004, S. 1729 ff.

Hoffmann, Hans – Joachim — Die Fragwürdigkeit der Haftung für „diligentia quam in suis“, in: NJW 1967, S. 1207 ff.

Hoffmann, Jochen — Das GmbH – Konzernrecht nach dem „Bremer Vulkan“ -Urteil, in: NZG 2002, S. 68 ff.

Hoffmann-Becking, Michael — Der qualifiziert faktische AG-Konzern – Tatbestand und Abwehransprüche, in: Ulmer, Peter (Hrsg.), Probleme des Konzernrechts, S. 68 ff., Heidelberg 1989.

ders. (Hrsg.) — Münchner Handbuch des Gesellschaftsrechts, Band 4, Aktiengesellschaft, 2. Auflage, München 1999. (zit.: Bearbeiter, in: Münchner Hdb. des GesR, AG)

Hommelhoff, Peter — Die Konzernleitungspflicht, Köln, Berlin, Bonn, München 1982.

ders. — Vorkehr gegen qualifizierte Abhängigkeits- und Konzernlagen, in: Der qualifizierte faktische GmbH-Konzern, S. 245 ff., hrsg. v. Hommelhoff, Peter/Stimpel, Walter/Ulmer, Peter, Köln 1992.

ders. — Die qualifiziert faktische Unternehmensverbindung: ihre Tatbestandsmerkmale nach dem TBB-Urteil und deren rechtsdogmatisches Fundament, in: ZGR 1994, S. 395 ff.

Hopt, Klaus J. — Die Haftung von Vorstand und Aufsichtsrat, in: FS f. Mestmäcker, S. 909 ff., Baden-Baden 1990.

Hopt, Klaus J./Hehl, Günther — Gesellschaftsrecht, 3. Aufl., München 1987.

Horn, Norbert — Die Haftung des Vorstands der AG nach § 93 AktG und die Pflichten des Aufsichtsrates, in: ZIP 1997, S. 1129 ff.

Hueck, Alfred — Die Entlastung im GmbH-Recht, in: GmbHR 1959, S. 189 ff.

Hüffer, Uwe — Buchbesprechung, in: NJW 1982, S. 428 f.

ders. — Zur gesellschaftsrechtlichen Treuepflicht als richterlicher Generalklausel, in: FS f. E. Steindorff, S. 59 ff., Berlin 1999.

ders. — Kommentar zum Aktiengesetz, 5.Aufl., München 2002. (zit.: Hüffer, AktG).

Immenga, Ulrich — Die personalisierte Kapitalgesellschaft, Bad Homburg 1970.

ders. — Die Problematik der Anfechtungsklage im GmbH-Recht, in: GmbHR 1973, S. 5 ff.

ders. — Bestandsschutz der beherrschten Gesellschaft im Vertragskonzern, in: ZHR 140 (1976), S. 301 ff.

ders. — Bindung von Rechtsmacht und Treuepflichten, in: FS 100 Jahre GmbH-Gesetz, S. 189 ff., Köln 1992.

Ivens, Michael — Das Fördergebot des GmbH-Gesellschafters, in: GmbHR 1988, S. 249 ff.

Janert, Ingo — Durchgriffshaftung im GmbH-Konzern – Ein Überblick über die neue BGH-Rechtsprechung, in: MDR 2003, S. 724 ff.

Jansen, Christina — Konzernbildungskontrolle im faktischen GmbH-Konzern, Münster, New York 1993.

Jaschinski, Susanne — Die Haftung von Schwestergesellschaften im GmbH-Unterordnungskonzern – Ein Beitrag zum Konzernverfassungsrecht, Frankfurt a.M. 1997.

Jürgenmeyer, Michael — Das Unternehmensinteresse, Heidelberg 1984.

Jula, Rocco/Breitbarth, Carmen — Liquiditätsausgleich im Konzern durch konzerninterne Darlehen, in: AG 1997, S. 256 ff.

Kaffiné, Patrick — Begrenzung der Haftungsrisiken des Geschäftsführers einer GmbH gegenüber der Gesellschaft bei Ausführung wirtschaftlich nachteiliger Weisungen der Gesellschafter, Frankfurt a.M. 2001.

Kantzas, Ioannis — Das Weisungsrecht im Vertragskonzern, Frankfurt am Main, Bern, New York, Paris 1988.

Kanzleiter, Rainer — Anmerkung zum Urteil des OLG Hamm v.15.01.1996, in: DNotZ 1996, S. 819 ff.

Karollus, Martin — Weitere Präzisierung zur Konkursverschleppung, in: ZIP 1995, S. 269 ff.

Keller, Dirk — Die deliktische Außenhaftung des GmbH-Geschäftsführers für Fehlverhalten im Unternehmensbereich, Frankfurt a.M. 2002.

Kerber, Markus C.	Die Beurteilung von Cash-Pool-Verträgen im Lichte höchstrichterlicher Rechtsprechung, in: ZGR 2005, S. 437 ff.
Kern, Hans - Günther	Die Unbestimmtheit der selbständigen Konzernhaftungstatbestandes (Rechtstatsächliche und dogmatische Grundlagen), Berlin 1998.
Kessler, Manfred H.	Die Leitungsmacht des Vorstands einer Aktiengesellschaft, Tübingen 1991.
Keßler, Jürgen	Zivilrechtliche Haftungsrisiken der Betriebsaufspaltung, in: GmbHR 1993, S. 541 ff.
ders.	Die aktienrechtliche Organhaftung im Lichte der „business judgement rule" – eine rechtsvergleichende Betrachtung zum deutschen und US-amerikanischen Recht, in: FS f. Baumann, S. 153 ff., Karlruhe 1999.
ders.	Kapitalerhaltung und normativer Gläubigerschutz in der Einpersonen-GmbH – zum beiläufigen Ende des „qualifiziert faktischen GmbH-Konzerns, in: GmbHR 2001, S. 1095 ff.
ders.	Die Durchgriffshaftung der GmbH-Gesellschafter wegen „existenzgefährdender" Eingriffe – Zur dogmatischen Konzeption des Gläubigerschutzes in der GmbH, in: GmbHR 2002, S. 945 ff.
ders.	Unternehmensstillegung, Managementversagen und Haftungsdurchgriff – Zur dogmatischen Grundlage des existenzvernichtenden Eingriffs, in: GmbHR 2005, S. 257 ff.
Kiethe, Kurt	Die Renaissance des § 826 BGB im Gesellschaftsrecht, in: NZG 2005, S. 333.
ders.	Haftungs- und Ausfallrisiken beim Cash Pooling, in: DStR 2005, S. 1573 ff.
Kiethe, Kurt/Groeschke, Peer	Darlegungs- und Beweislast für die Haftung im qualifiziert faktischen Konzern, in: BB 1994, S. 2149 ff.
dies.	Das schutzwürdige Eigeninteresse der GmbH innerhalb und außerhalb von Konzernsachverhalten, in: NZG 2001, S. 504 f.
Kirchner, Christian	Ökonomische Überlegung zum Konzernrecht, in: ZGR 1985, S. 214 ff.
Kleindiek, Detlef	Fehlerhafte Unternehmensverträge im GmbH- Recht, in: ZIP 1988, S. 613 ff.

ders. | Strukturvielfalt im Personengesellschaftskonzern, Köln, Berlin, Bonn, München 1991.

ders. | Strukturkonzepte für den qualifiziert faktischen GmbH-Konzern, in: ZIP 1991, S. 1330 ff.

ders. | Haftung, freie Beweiswürdigung und Beweiserleichterung im qualifizierten faktischen GmbH-Konzern, in: GmbHR 1992, S. 574 ff.

ders. | Kurskorrektur im GmbH-Konzernrecht, in: DZWIR 1993, S. 177 ff.

Knobbe - Keuk, Brigitte | Der Tatbestand der verdeckten Gewinnausschüttung und branchengleiche Tätigkeit des Gesellschafter- Geschäftsführers, in: GmbHR 1992, S. 333 ff.

dies. | Zum Erdbeben „Video“, in: DB 1992, S. 1461 ff.

dies. | Bilanz- und Unternehmenssteuerrecht, 9. Aufl., Köln 1993.

Knoblau, Jochen | Leitungsmacht und Verantwortlichkeit bei Bestehen eines Beherrschungsvertrages nach der Regelung des neuen Aktiengesetzes, Würzburg 1968.

Knülling–Dingeldey, Britta | Nachforderungsrecht oder Schuldbefreiung, Göttingen 1984.

Kölling, Lars | Der qualifiziert faktische GmbH-Konzern, in: NZG 2000, S. 8 ff.

Kölner Kommentar | Zum Aktiengesetz,
Band 1 §§ 1 – 75 AktG,
2. Aufl., Köln - Berlin - Bonn - München 1988.
Band 2 §§ 148 – 290 AktG
1. Aufl., Köln – Berlin – Bonn - München 1985.
Band 2 §§ 71 - 117 AktG,
2.Aufl., Köln - Berlin - Bonn - München 1996.
Band 3 §§ 291 – 410 AktG,
1.Aufl., Köln - Berlin - Bonn - München 1985.
(zit.: Bearb., in: Kölner Komm.,)

Koerfer, Rolf/Selzner, Harald | Minderheitenschutz beim Abschluß von GmbH-Beherrschungsverträgen, in: GmbHR 1997, S. 285 ff.

Kohlmann, Günther | Untreue zum Nachteil des Vermögens einer GmbH trotz Zustimmung sämtlicher Gesellschafter, in: FS für W. Werner, S. 387 ff, Berlin 1984.

Konzen, Horst | Geschäftsführung, Weisungsrecht und Verantwortlichkeit in der GmbH und GmbH & Co. KG, in: NJW 1989, S. 2977 ff.

Koppensteiner, Hans–Georg — Abhängige Aktiengesellschaften aus rechtspolitischer Sicht, in: FS für E. Steindorff, S. 77 ff., Berlin 1990.

ders. — Buchbesprechung: Emmerich/ Sonnenschein, Konzernrecht, in: AG 1995, S. 95 f.

Korndörfer, Wolfgang — Allgemeine Betriebswirtschaftslehre, 7. Aufl., Wiesbaden 1986.

Korth, Michael — Der Abschluß von Beherrschungs- und Gewinnabführungsverträgen im GmbH-Recht, Köln; Berlin, Bonn, München 1986.

Kowalski, André — „TBB" - Rückkehr zu „Autokran"?, in: GmbHR 1993, S. 253 ff.

ders. — Kurzkommentar zur Entscheidung des OLG Hamm, in: EWiR § 302 AktG 1/ 97, S. 437 f.

Krieger, Gerd — Der Tatbestand des qualifiziert faktischen Konzerns, in: Der qualifizierte faktische GmbH-Konzern, S. 41 ff., hrsg. v.Hommelhoff, Peter/Stimpel, Walter/ Ulmer, Peter, Köln 1992.

ders. — Kann die Praxis mit TBB leben?, in: ZGR 1994, S. 375 ff.

Kropff, Bruno — Zur Konzernleitungspflicht, in: ZGR 1984, S. 112 ff.

ders. — Das TBB-Urteil und das Aktienkonzernrecht, in: AG 1993, S. 485 ff.

ders. — Der GmbH-Beherrschungsvertrag: Voraussetzung für den Vorrang von Konzerninteressen, in: FS für J. Semler, S. 517 ff., Berlin 1993.

Kübler, Friedrich — Erwerbschancen und Organpflichten – Überlegungen zur Entwicklung der Lehre von den „corporate opportunities", in: FS f. W. Werner, S. 437 ff., Berlin 1984.

ders. — Anmerkung zum BGH-Urteil 29.03.1993 ("TBB"), in: NJW 1993, S. 1204 f.

ders. — Gesellschaftsrecht: die privatrechtlichen Ordnungsstrukturen und Regelungsprobleme von Verbänden und Unternehmen, 5. Aufl., Heidelberg 1998.

Kübler, Friedrich/ Waltermann, Jens — Geschäftschancen der Kommanditgesellschaft, in: ZGR 1991, S. 162 ff.

Kuhn, Georg — Haften die GmbH-Gesellschafter für Gesellschaftsschulden persönlich?, in: FS f. R. Fischer, S. 351 ff., Berlin 1979.

Kuhn, Ottmar	Strohmanngründung bei Kapitalgesellschaften, Tübingen 1964.
Kust, Egon	Zur Sorgfaltspflicht und Verantwortlichkeit eines ordentlichen und gewissenhaften Geschäftsleiters, in: WM 1980, S. 758 ff.
Langner, Olaf	Cash Pooling Systeme auf dem Prüfstand der BGH-Rechtsprechung zum Ausschüttungsverbot gemäß § 30 GmbHG, in: GmbHR 2005, S. 1017 ff.
Langner, Olaf/ Mentgen, Judith	Aufsteigende Darlehen im physischen Cash Pooling und die neue Rechtsprechung des BGH, in: GmbHR 2004, S. 1121 ff.
Larenz, Karl	Methodenlehre der Rechtswissenschaft, 6. Auflage, Berlin, Heidelberg, New York 1991.
Lawall, Lars	Verdeckte Gewinnausschüttung und Geschäftschancenlehre im GmbH-Recht, in: NJW 1997, S. 1742 ff.
Lehmann, Jürgen	Der qualifiziert faktische Konzern – ein Phantom?, in: FS f. Beusch, S. 479 ff.
Lehmann, Michael	Schranken der beschränkten Haftung – Zur ökonomischen Legitimation des Durchgriffs bei der GmbH; in: GmbHR 1992, S. 200 ff.
Lieder, Jan	Anm. zu Urteil des OLG Rostock v. 10.12.2003 – 6 U 56/03, in: DZWIR 2004, S. 252 ff.
ders.	Zur Haftung wegen existenzvernichtenden Eingriffs, in: DZWIR 2005, S. 309 ff.
Limmer, Peter	Die Haftungsverfassung des faktischen GmbH-Konzerns, Köln 1992.
ders.	Die Haftung im qualifizierten faktischen Personengesellschaftskonzern, in: GmbHR 1992, S. 265 ff.
Lindacher, Walter F.	Haftung des GmbH-Geschäftsführers und Einwand des Auswahl- und Überwachungsmitverschuldens, in: JuS 1984, S. 672 ff.
Löffler, Joachim	Zur Reichweite des gesetzlichen Wettbewerbsverbots in der Kommanditgesellschaft, in: NJW 1986, S. 223 ff.
ders.	Die abhängige Personengesellschaft, Heidelberg 1988.
Lutter, Marcus	Theorie der Mitgliedschaft, in: AcP 180 (1980), S. 84 ff.

ders.	Die zivilrechtliche Haftung in der Unternehmensgruppe, in: ZGR 1982, S. 244 ff.
ders.	Die Haftung des herrschenden Unternehmens im GmbH-Konzern, in: ZIP 1985, S. 1425 ff.
ders.	Das System des deutschen GmbH-Konzernrechts, in: Entwicklungen im GmbH-Konzernrecht (ZGR- Sonderheft 6), S. 192 ff., Hrsg. v. P. Hommelhoff, J. Semler, P. Doralt, G.H. Roth, Berlin 1986.
ders.	Die Treuepflicht des Aktionärs, in: ZHR 153 (1989), S. 446 ff.
ders.	Vermögensveräußerung einer abhängigen Aktiengesellschaft, Haftungsrisiken beim „asset stripping", in: FS E. Steindorff, S. 125 ff., Berlin 1990.
ders.	Der qualifiziert faktische Konzern, in: AG 1990, S. 179 ff.
ders.	Natürliche Personen als Einmann-Konzernspitze, in: Der qualifiziert faktische GmbH-Konzern, S. 183 ff., hrsg. v. Hommelhoff, Peter/Stimpel, Water/ Ulmer, Peter, Köln 1992.
ders.	Anmerkung zu BGH Urteil vom 29.3.1991 („TBB"), in: JZ 1993, S. 580 ff.
ders.	Gefahren persönlicher Haftung für Gesellschafter und Geschäftsführer einer GmbH, in: DB 1994, S. 129 ff.
ders.	Holding-Handbuch/Recht – Management – Steuern, Köln 1995. (zit.: Bearb., in: Lutter (Hrsg.), Holding Handbuch).
ders.	Haftung und Haftungsfreiräume des GmbH-Geschäftsführers, in: GmbHR 2000, S. 301 ff.
Lutter, Marcus/Banerjea, Nirmal	Die Haftung wegen Existenzvernichtung, in: ZGR 2003, S. 402 ff.
Lutter, Marcus/ Hommelhoff, Peter	GmbH-Gesetz-Kommentar, 15. Aufl., Köln 2000 und 13. Aufl., Köln 1991. (zitiert: Lutter/Hommelhoff)
Lutter, Marcus/Timm, Wolfram	Konzernrechtlicher Präventivschutz im GmbH.-Recht, in: NJW 1982, S. 409 ff.
Luttermann, Claus	Unternehmensfinanzierung, Geschäftsleiterpflicht und Haftkapital bei Kapitalgesellschaften, in: BB 2001, S. 2433 ff.

Lux, Jochen — Anmerkung zu BGH-Urteil vom 24.11.2003, in: MDR 2004, S. 342 f.

Marsch-Barner, Reinhard — Treuepflichten zwischen Aktionären und Verhaltenspflichten bei der Stimmrechtsbündelung, in: ZHR 157 (1993), S.172 ff.

Maunz, Theodor/Dürig, Günter — Kommentar zum Grundgesetz, Bd. II Art. 12 – 20, Lief. 1 – 41, (zit.: Maunz/ Dürig/ Bearb.)

Maunz, Theodor/ Zippelius, Reinhold — Deutsches Staatsrecht, 30. Aufl., München 1998.

Maurach, Reinhart/ Gössel, Karl Heinz/ Zipf, Heinz — Strafrecht Allgemeiner Teil, Teilband 2, 7. Auflage, Heidelberg 1989. (zit.: Maurach/ Bearb., Strafrecht AT/ II).

Maurer, Hartmut — Allgemeines Verwaltungsrecht, 13. Auflage, München 2000.

Mayer, Dieter — Verletzung des Wettbewerbsverbots durch Gesellschafter und Gesellschafter-Geschäftsführer einer GmbH, in: DNotZ 1992, S. 641 ff.

Mecke, Thomas — Bericht über die Diskussion zum Referat von Emmerich, Bestandsschutz im GmbH-Vertragskonzern, in: Entwicklungen im GmbH-Konzernrecht (ZGR-Sonderheft 6), S. 97 ff., Berlin, New York 1986.

ders. — Konzernstruktur und Aktionärsentscheid, Baden-Baden 1993.

Meiser, Michael — Leitungsautonomie im divisionalisierten Konzern, Frankfurt a.M., Bern 1984.

Merkt, Hanno — US-amerikanischen Gesellschaftsrecht, Heidelberg 1991.

ders. — Unternehmensleitung und Interessenkollision, in: ZHR 159 (1995), S. 423 ff.

Mertens, Hans - Joachim — Die Geschäftsführung in der GmbH und das ITT-Urteil, in: FS f. R. Fischer, S. 461 ff., Berlin 1979.

ders. — Zur Auslegung und zum Verhältnis von § 76 Abs. 1 und § 58 AktG im Hinblick auf eigennützige soziale Aktivitäten der Aktiengesellschaft, in: FS f. R. Goerdeler, S. 349 ff., Düsseldorf 1987.

Mertens, Hans Joachim/ Cahn, Andreas — Wettbewerbsverbot und verdeckte Gewinnausschüttung im GmbH-Konzern, in: FS für Heinsius, S. 545 ff., Berlin 1991.

Mestmäcker, Ernst Joachim — Verwaltung, Konzerngewalt und Rechte der Aktionäre Karlsruhe 1958.

ders. — Zur Systematik des Rechts der verbundenen Unternehmen im neuen Aktiengesetz, in: FS für H. Kronstein, S. 129 ff., Karlsruhe 1967.

Meyer, Justus — Haftungsbeschränkung im Recht der Handelsgesellschaften, Berlin, Heidelberg 2000.

Meyer, Justus/Hermes, Judith — Das „GmbH-Schutzschild" in der Insolvenz, in: GmbHR 2005, S. 807 ff.

Meyer-Arndt, Lüder — Wettbewerbsverbot und verdeckte Gewinnausschüttung, in: BB 1992, S. 534 ff.

Michalski, Lutz (Hrsg.) — Kommentar zum Gesetz betreffend die Gesellschaft mit beschränkter Haftung, Bd. I, Systematische Darstellung 1-7, §§ 1-34 GmbHG, München 2002. (zit.: Bearb., in: Michalski, GmbHG)

Mödl, Robert — Pflichten des einzigen Gesellschafters gegenüber „seiner" GmbH – BGHZ 149, 10,in: JuS 2003, S. 14 ff.

Möhring, Ludwig — Schutz der Gläubiger einer konzernabhängigen GmbH, Berlin 1993.

Mohr, Randolf — Das neue Konzept zum Gläubigerschutz bei der GmbH – Von der Konzernhaftung zur Haftung wegen „Existenzvernichtung", in: GmbH-StB 2003, S. 52 ff.

Morsch, Stephan — Probleme der Kapitalaufbringung und der Kapitalerhaltung im Cash-Pool, in: NZG 2003, S. 97 ff.

Mülbert, Peter O. — Aktiengesellschaft, Unternehmensgruppe und Kapitalmarkt, 2. Auflage, München 1996.

ders. — Abschied von der „TBB"-Haftungsregel für den qualifiziert faktischen GmbH-Konzern, in: DStR 2001, S. 1937 ff.

Müller-Erzbach, Rudolf — Das private Recht der Mitgliedschaft als Prüfstein eines kausalen Rechtsdenkens, Weimar 1948.

ders. — Das Erfassen des Rechts aus den Elementen des Zusammenlebens, veranschaulicht am Gesellschaftsrecht, in: AcP 154 (1955), S. 299 ff.

Müller-Freienfels, Wolfram — Zur Lehre vom sogenannten „Durchgriff" bei juristischen Personen im Privatrecht, in: AcP 156 (1957), S. 522 ff.

Müller-Graff, Peter–Christian	Haftungsrecht und Gesellschaftsrecht – Der Maßstab der „diligentia quam in suis“ für Geschäftsführer in Personengesellschaften, in: AcP 191 (1991), S. 475 ff.
Münchner Kommentar	Zum Aktiengesetz §§ 278 - 328, 2.Aufl., München 2000. (zitiert: Bearb., in: Münchner Komm/AktG)
Münchner Kommentar	Zum bürgerlichen Gesetzbuch, §§ 1 - 240, 4.Auflage, München 2001. (zit.: Bearb., in: Münchner Komm/BGB)
Münchner Kommentar	Zur Insolvenzordnung, Bd. II, §§ 103 – 269, München 2002 (zit.: Bearb., in: Münchner Komm/Inso)
Mutter, Stefan	Das „TBB“-Urteil des BGH: Haftung im qualifizierten faktischen Konzern, in: JuS 1993, S. 999 ff.
ders.	Unternehmerische Entscheidungen und Haftung des Aufsichtsrats der Aktiengesellschaft, Köln 1994.
Nassall, Wendt	Der existenzvernichtende Eingriff in die GmbH: Einwendungen aus verfassungsrechtlicher und insolvenzrechtlicher Sicht, in: ZIP 2003, S. 969 ff.
Nell, Ernst Ludwig	Wahrscheinlichkeitsurteile in juristischen Entscheidungen, Berlin 1983.
Nerlich, Jörg/ Römermann, Volker	Kommentar zur Insolvenzordnung, Stand: 6. EL. Juni 2003, München 2003 (zit.: NR/Bearb, Kommentar zur InsO).
Neuhaus, Jürgen R.	Die zivilrechtliche Organhaftung des Vorstandes einer beherrschten AG im sog. faktischen Konzern und im Vertragskonzern, Essen 1969.
Netter, Oskar	Zur aktienrechtlichen Theorie des „Unternehmens an sich“, in: FS für A. Pinner, Berlin, Leipzig 1932.
Niehues, Karl	Das Wettbewerbsverbot der GmbH als Steuerproblem, in: DB 1992, S. 496 ff.
Nirk, Rudolf	Zur Rechtsfolgenseite der Durchgriffhaftung, in: FS f. W. Stimpel, S. 443 ff., Berlin 1985.
Noack, Ulrich	Kapitalersatz bei verbundenen Unternehmen, in: GmbhR 1996, S. 153 ff.
Nußbaum, Arthur	Zur neuen Entwicklung der Lehre vom Unternehmen, in: Beiträge zum Wirtschaftsrecht Bd. II, S. 492 ff., Marburg 1931.

Oltmanns, Martin — Geschäftsleiterhaftung und unternehmerisches Ermessen – Die Business Judgment Rule im deutschen und amerikanischen Recht, Frankfurt a.M. 2001.

Organisation for Economic Development (OECD) — Die Verantwortlichkeit von Muttergesellschaften für Co-operation und ihre Tochtergesellschaften, Frankfurt a.M. 1982.

Oser, Peter — Bilanzrechtliche Implikationen qualifiziert faktischer Konzernierung im Spiegel des „TBB“-Urteils des BGH, in: WPg 1994, S. 312 ff.

Paefgen, Walter G. — Unternehmerische Entscheidungen und Rechtsbindung der Organe in der AG, Köln 2002.

Palandt, Otto — Kommentar zum Bürgerlichen Gesetzbuch, 62. Aufl., München 2003. (zit.: Palandt/ Bearb.)

Peltzer, Martin/Bell, Martin — Besicherung von Gesellschaftskrediten mit dem GmbH-Vermögen, in: ZIP 2003, S. 1757 ff.

Perridon, Louis/Steiner, Manfred — Finanzwirtschaft der Unternehmung, 9. Aufl., München 1997.

Polley, Notker — Wettbewerbsverbote und Geschäftschancenlehre, Eine Untersuchung am Beispiel der Geschäftsleitung von US-Corporation und deutscher GmbH, Baden-Baden 1992.

Prahl, Reinhard — Bilanzierung und Prüfung von Financial Instruments in Industrie- und Handelsunternehmen, in: WPg 1996, S. 830 ff.

Priester, Hans - Joachim — Unbeschränkte Konzernhaftung des GmbH-Gesellschafters, in: ZIP 1986, S. 137 ff.

ders. — Liquiditätsausstattung der abhängigen Gesellschaft und unterjährige Verlustdeckung bei Unternehmensverträgen, in: ZIP 1989, S.1301 ff.

ders. — Die eigene GmbH als fremder Dritter – Eigensphäre der Gesellschaft und Verhaltenspflichten ihrer Gesellschafter, in: ZGR 1993, S.512 ff.

ders. — Uneingeschränkter Verlustausgleich – zwingende Folge qualifizierter Konzernherrschaft?, in: FS f. J. Semler, S. 561 ff., Berlin 1993.

Priester, Hans Joachim/ Mayer, Dieter (Hrsg.) — Münchener Handbuch des Gesellschaftsrechts, Band 3, Gesellschaft mit beschränkter Haftung, 1. Auflage, München 1996 2. Auflage, München 2003. (zit.: Bearb., Münchner HdB. des GesR, GmbH)

Raisch, Peter | Zum Begriff und zur Bedeutung des Unternehmensinteresses als Verhaltensmaxime von Vorstands- und Aufsichtsratmitgliedern, in: FS f. Hefermehl, S. 347 ff., München 1976.

Raiser, Thomas | Das Unternehmensinteresse, in: FS f. R. Schmidt, S. 101 ff., Karlsruhe 1976.

ders. | Recht der Kapitalgesellschaften, 2. Aufl., München 1992.

ders. | Konzernhaftung und Unterkapitalisierungshaftung, in: ZGR 1995, S. 156 ff.

ders. | Die Haftung einer Schwestergesellschaft für die Schulden einer anderen Schwester nach dem Urteil „Bremer Vulkan“ des BGH, in: FS für P. Ulmer, S. 493 ff., Berlin 2003.

Rathenau, Walther | Vom Aktienwesen, Berlin 1917.

Rehbinder, Eckard | Treuepflichten im GmbH-Konzern,in: ZGR 1976, S. 386 ff.

ders. | Gesellschaftsrechtliche Probleme mehrstufiger Unternehmensverbindungen, in: ZGR 1977, S. 581 ff.

ders. | Minderheitenschutz und Gläubigerschutz im faktischen GmbH-Konzern, in: AG 1986, S.85 ff.

Reidenbach, Dirk | Cash Pooling und Kapitalerhaltung nach neuer höchstrichterlicher Rechtssprechung, in: WM 2004, S. 1421 ff.

Reintges, Hans | Finanzierungsvorgänge und finanzwirtschaftliche Disposition im Konzern, in: Christians F.W., Finanzierungshandbuch, 2. Aufl., Wiesbaden 1988.

Reuter, Dieter | Der Einfluß der Mitbestimmung auf das Gesellschafts- und Arbeitsrecht, in: AcP 179 (1979), S. 509 ff.

Rittner, Fritz | Zur Verantwortung der Unternehmensleitung, in: JZ 1980, S. 113 ff.

Röhricht, Volker | Das Wettbewerbsverbot des Gesellschafters und des Geschäftsführers, in: WPg 1992, S. 766 ff.

ders. | Von Rechtswissenschaft und Rechtsprechung, in: ZGR 1999, S. 445 ff.

ders. | Die GmbH im Spannungsfeld zwischen wirtschaftlicher Dispositionsfreiheit der Gesellschafter und Gläubigerschutz, in: FS 50 Jahre BGH, S.83 ff.

ders. | Insolvenzrechtliche Aspekte im Gesellschaftsrecht, in: ZIP 2005, S. 505 ff.

Römermann, Volker/ Schröder Henning	Aufgabe des qualifiziert faktischen GmbH-Konzerns Das „Bremer Vulkan"-Urteil des BGH vom 17.9.2001, in: GmbHR 2001, S. 1015 ff.
Römermann, Volker	Anmerkung zum BGH – Urteil v. 24.06.2002 – II ZR 300/00, in: BGH-Report 2002, S. 881 f.
Rogge, Clemens	Die Haftung im qualifiziert faktischen Konzern und ihr Vermeidung, Frankfurt a.M., Berlin 1999.
Roth, Günther H.	Geschäftsführerpflichten und Gesellschafterhaftung bei Überschuldung der GmbH, in: GmbHR 1985, S. 137 ff.
ders.	Gesetz betreffend die Gesellschaft mit beschränkter Haftung, Erläuterungen, 2. Auflage, München 1987.
ders.	Haftung als faktischer Geschäftsführer, Besprechung der Entscheidung BGHZ 104, 44 ff., in: ZGR 1989, S.421 ff.
ders.	Unterkapitalisierung und persönliche Haftung, in: ZGR 1993, S. 170 ff.
ders.	Kurzkommentar zum Vorlagebeschluß des BGH v. 20.9.1993 (=ZIP 1993, S. 1543), in: EWiR 1993, S. 1095 f.
ders.	Gläubigerschutz durch Existenzschutz, in: NZG 2003, S. 1081 ff.
ders.	Anmerkung zum BGH-Urteil v. 13.12.2004 – II ZR 256/02, in: LMK 2005, 57 f.
Roth, Günther H./ Altmeppen, Holger	Gesetz betreffend die Gesellschaft mit beschränkter Haftung, Erläuterungen, 3. Auflage, München 1997. 4. Auflage München 2003. (zit.: Roth/Altmeppen/ Bearb.)
Roth, Markus	Unternehmerisches Ermessen und Haftung des Vorstands, München 2001.
Rowedder, Heinz/ Schmidt-Leithoff, Christian	Gesetz betreffend die Gesellschaft mit beschränkter Haftung (GmbHG), Kommentar, 4. Auflage, München 2002. (zit.: Rowedder/ Schmidt-Leithoff/ Bearb.)
Rubner, Daniel	Abschied von der Existenzvernichtungshaftung, in: DStR 2005, S. 1694 ff.
Saenger,Ingo/Koch, Raphael	Kreditgewährung an Gesellschafter aus gebundenem Vermögen als verbotene Auszahlung auch bei vollwertigem Rückzahlungsanspruch, in: NZG 2004, S. 271 f.

Salfeld, Rainer — Wettbewerbsverbote im Gesellschaftsrecht, Frankfurt a.M., Bern, New York, Paris 1987.

Sandmann, Bernd — Die Haftung von Arbeitnehmern, Geschäftsführern und leitenden Angestellten, Tübingen 2001.

Schäfer, Carsten — Darlehensgewährung an Gesellschafter als verbotene Ausschüttung i.S.v. § 30 GmbHG – Todesstoß für das konzernweite Cash Pooling?, in: GmbHR 2005, S. 133 ff.

Schanze, Erich — Durchgriff, Normanwendung oder Organhaftung, in: AG 1982, S. 42 ff.

ders. — Anmerkung zum „TBB"-Urteil des BGH, in: AG 1993, S. 376 ff.

Schanze, Erich/ Kern, Hans – Günther — Sanierungsversuch und Konzernhaftung, in: AG 1991, S. 421 ff.

Scharpf, Paul — Die Sorgfaltspflichten des Geschäftsführers einer GmbH, in: DB 1997, S. 737 ff.

Schaub, Bernhard — Anmerkung zum „Bremer Vulkan"-Urteil, in: DNotZ 2002, S. 468 ff.

Schauß, Wolfgang — Das Weisungsrecht des herrschenden Unternehmens bei Bestehen eines Beherrschungsvertrages (§ 308 AktG), Wiesbaden 1973

Scheffler, Eberhard — Konzernleitung aus betriebswirtschaftlicher Sicht, in: DB 1985, S. 2005 ff.

ders. — Zur Problematik der Konzernleitung, in: FS für R. Goerdeler, S. 469 ff.

Schilken, Eberhard — Zivilprozeßrecht, 3. Auflage, Köln, Berlin, Bonn, München 2000.

Schilling, Wolfgang — Grundlagen eines GmbH-Konzernrechts, in: FS f. W. Hefermehl, S. 383 ff., München 1976.

ders. — Das Aktienunternehmen, in: ZHR 144 (1980), S. 136 ff.

Schilmar, Boris — Kapitalerhaltung versus Konzernfinanzierung? – Cash Pooling und Upstream-Besicherung im Lichte der neuesten BGH-Rechtsprechung, in: DB 2004, S. 1411 ff.

Schließl, Maximilian — Die Wahrnehmung von Geschäftschancen der GmbH durch ihren Geschäftsführer, in: GmbHR 1988, S. 53 ff.

Schmidt, Karsten — Konkursantragspflicht bei der GmbH und bürgerliches Deliktsrecht, in: JZ 1978, S. 661 ff.

ders. Konzernrecht, Minderheitenschutz und GmbH-Innenrecht, in: GmbHR 1979, S. 121 ff.

ders. Organverantwortlichkeit und Sanierung im Insolvenzrecht der Unternehmen, in: ZIP 1980, S. 328 ff.

ders. Zur Gläubigersicherung im Liquiditätsrecht der Kapitalgesellschaften, Genossenschaften und Vereine, in: ZIP 1981, S. 1 ff.

ders. Die Eigenkapitalausstattung der Unternehmen als rechtspolitisches Problem, in: JZ 1984, S. 771 ff.

ders. Insolvenzrisiko und gesellschaftsrechtliche Haftung, in: JZ 1985, S. 301 ff.

ders. Zum Haftungsdurchgriff wegen Sphärenvermischung und zur Haftungsverfassung im GmbH-Konzern, in: BB 1985, S. 2074 ff.

ders. Konzernhaftung oder mitgliedschaftliche Haftung der privaten GmbH-Gesellschafter, in: ZIP 1986, S. 146 ff.

ders. Konkursverschleppungshaftung und Konkursverursachungshaftung, in: ZIP 1988, S. 1497 ff.

ders. Verlustausgleichspflicht und Konzernleitungshaftung im qualifiziert faktischen GmbH-Konzern, in: ZIP 1989, S. 545 ff.

ders. § 32 a GmbHG: ein Allheilmittel gegen unerwünschten Eigenkapitalersatz, in: ZIP 1990, S. 69 ff.

ders. Zum Stand des Konzernhaftungsrechts bei der GmbH, in: ZIP 1991, S. 1325 ff.

ders. Verlustausgleich im qualifiziert faktischen Konzern, in: Der qualifizierte faktische GmbH-Konzern, S. 109 ff., hrsg. v. Hommelhoff, Peter/ Stimpel, Walter/Ulmer, Peter, Köln 1992.

ders. „Konzernhaftung" nach dem TBB-Urteil – Versuch einer Orientierung, in: ZIP 1993, S. 549 ff.

ders. Die wundersame Karriere des Unternehmensbegriffs im Reich der Konzernhaftung, in: AG 1994, S. 189 ff.

ders. Gesellschafterhaftung und „Konzernhaftung" bei der GmbH, in: NJW 2001, S. 3577 ff.

ders. Was ist, was will und was kann das Konzernrecht des Aktiengesetzes?, in: FS f. Jean Nicolas Druey, S. 551 ff., Basel 2002

ders.	Gesellschaftsrecht, 4. Auflage, Köln, Berlin, Bonn, München 2002. (zit.: K.Schmidt, GesR)
Schnauder, Franz/ Müller-Christmann, Bernd	Durchblick: Der zivilrechtliche Schutz des GmbH-Vermögens vor dem Zugriff der Gesellschafter, in: JuS 1998, S. 980 ff.
Schneider, Helmut	Wettbewerbsverbot und verdeckte Gewinnausschüttung, Kunst oder Fehlgriff des BFH?, in: BB 1991, S. 1681 ff.
Schneider, Uwe H.	Konzernbildung, Konzernleitung und Verlustausgleich im Konzernrecht der Personengesellschaften, in: ZGR 1980, S. 511 ff.
ders.	Haftungsmilderung für Vorstandsmitglieder und Geschäftsführer bei fehlerhafter Unternehmensleitung?, in: FS für W. Werner, S. 795 ff., Berlin 1984.
ders.	Das Recht der Konzernfinanzierung, in: ZGR 1984, S. 497 ff.
ders.	Mittelbare Verdeckte Gewinnausschüttung im GmbH-Konzern, in: ZGR 1985, S. 279 ff.
ders.	„Kapitalmindernde Darlehn" der GmbH an ihre Gesellschafter, in: FS f. Döllerer, S. 537 ff., Düsseldorf 1988.
ders.	Neues zum qualifiziert faktischen GmbH-Konzern: Das „TBB"-Urteil, in: WM 1993, S. 782 ff.
Schneider, Uwe H./ Burgard, Ulrich	Treuepflichten im mehrstufigen Unternehmenskonzern, in: FS für Ulmer, S. 579 ff., Berlin 2003.
Schockenhoff, Martin	Gesellschaftsinteresse und Gleichbehandlung beim Bezugsrechtsausschluß, Köln, Berlin, Bonn, München 1988.
Schön, Wolfgang	Kreditbesicherung durch abhängige Kapitalgesellschaften, in: ZHR 159 (1995), S. 351 ff.
ders.	Der Einfluß öffentlich-rechtlicher Zielsetzungen auf das Statut privatrechtlicher Eigengesellschaften der öffentlichen Hand: – Gesellschaftsrechtliche Analyse– in: ZGR 1996, S. 429 ff.
ders.	Zur „Existenzvernichtung" der juristischen Person, in: ZHR 168 (2004), S. 268 ff.
Scholz, Franz	Kommentar zum GmbH-Gesetz, Bd.I, §§ 1-44, Anh. KonzernR, 9. Aufl., Köln 2000. Bd. II, §§ 45-87, 9. Aufl., Köln 2002. (zit.: Scholz/ Bearb.).
Schramm, Volker	Konzernverantwortung und Haftungsdurchgriff im qualifizierten faktischen GmbH-Konzern, München 1991.

Schrell, Thomas K.	Fremdfinanzierte Unternehmenskäufe nach der KBV-Entscheidung des BGH: Sicherheitspakete als existenzvernichtender Eingriff, in: BB 2003, S. 1451 ff.
Schröder, Henning	Anmerkung zum BGH-Urteil v. 24.06.2002 – II ZR 300/00, in: GmbHR 2002, S. 904 f.
ders.	Anmerkung zum BGH-Urteil v. 13.12.2004 – II ZR 206/02, in: GmbHR 2005, S. 227 ff.
Schürnbrand, Jan	„Verdeckte“ und „atypische“ Beherrschungsverträge im Aktien- und GmbH-Recht, in: ZHR 169 (2005), S. 35 ff.
Schuhknecht, Rainer	Schranken der Geschäftswahrnehmung und Wettbewerbsverbot beim GmbH-Geschäftsführer, Tübingen 1992.
Schulz, Thomas/ Israel, Alexander	Kein existenzvernichtender Eingriff durch typische Finanzierung bei Leveraged Buy-Out, in: NZG 2005, S. 329 ff.
Schulze-Fielitz, Helmuth	Neue Kriterien für die verwaltungsrechtliche Kontrolldichte bei der Anwendung unbestimmter Rechtsbegriffe, in: JZ 1993, S. 772 ff.
Schulze-Osterloh, Joachim	Buchbesprechung, in: ZHR 142 (1978), S. 519 ff.
ders.	Gläubiger- und Minderheitenschutz bei der steuerlichen Betriebsaufspaltung, in: ZGR 1983, S. 123 ff.
ders.	Ersatzansprüche gegen Gesellschafter und verdeckte Gewinnausschüttung im Recht der GmbH unter besonderer Berücksichtigung von Verstößen gegen Wettbewerbsverbote, in: FR 1993, S. 73 ff.
ders.	Vermeidung der Konzernhaftung nach dem TBB-Urteil durch ordnungsgemäße Buchführung, in: ZIP 1993, S. 1838 ff.
Seidel, Wolfgang	Cash Pooing nur noch im Vertragskonzern? in: DStR 2004, S. 1130 ff.
Semler, Johannes	Fehlerhafte Geschäftsführung in der Einmann-GmbH, in: FS f. R. Goerdeler, S. 551 ff., Düsseldorf 1987.
ders.	Doppelmandats-Verbund im Konzern, in: FS f. E. Stiefel, S. 719 ff., München 1987.
ders.	Leitung und Überwachung der Aktiengesellschaft, 2. Auflage, Köln, Berlin, Bonn, München 1996.
Sieger, Jürgen/Hasselbach, Kai	Konzernfinanzierung durch Cash Pools und Kapitalerhöhung, in: BB 1999, S. 645 ff.

Simon, Stefan/Leuering, Dieter — Der existenzvernichtende Eingriff. – eine Bestandsaufnahme, in: NJW-Spezial 2005, S, 267 ff.

Sina, Peter — Grenzen des Konzernweisungsrechts nach § 308 AktG, in: AG 1991, S. 1 ff.

Sonnenberg, Thomas — Die Änderung des Gesellschaftszwecks, Frankfurt a.M., Bern, New York, Paris 1990.

Sonnenberger, Hans J. — Gesellschaftsrechtliche Verantwortlichkeit geschäftsführender Organe von Kapitalgesellschaften, in: GmbHR 1973, S. 25 ff.

Sonnenhol, Jürgen/Groß, Wolfgang — Besicherung von Krediten Dritter an Konzernunternehmen, in: ZHR 159 (1995), S. 388 ff.

Sonnenschein, Jürgen — Der aktienrechtliche Vertragskonzern im Unternehmesrecht, in: ZGR 1981, S. 429 ff.

Sonntag, Bernd — Konzernbildungs- und Konzernleitungskontrolle bei der GmbH, Frankfurt a.M., Bern, New York, Paris 1990.

Spiegelberger, Sebastian — Zum GmbH-Wettbewerbsverbot – ein Bumerang für den BFH, in: GmbHR 1992, S. 727 ff.

Steck, Dieter — Wettbewerbsverbot und verdeckte Gewinnausschüttung bei bei der GmbH unter besonderer Berücksichtigung des Einflusses Zivilrechts auf das Steuerrecht, Tübingen 1999.

Stein, Ursula — Das faktische Organ, Köln, Berlin, Bonn, München 1984.

Steinbeck, Anja — Besicherung von Gesellschaftsverbindlichkeiten durch die GmbH – Mißbrauch der Vertretungsmacht durch den Geschäftsführer –, in: WM 1999, S. 885 ff.

Steiniger, Uwe H. — Die Haftung des Geschäftsführers und/oder des Gesellschafter-Geschäftsführers aus culpa in contrahendo bei wirtschaftlicher Bedrängnis der GmbH, Frankfurt a. M. 1986.

Stimpel, Walter — Die Rechtsprechung des BGH zur Innenhaftung des herrschenden Unternehmens im GmbH-Konzern, in: AG 1986, S. 117 ff.

ders. — "Durchgriffshaftung bei der GmbH"-Tatbestände, Verlustausgleich, Ausfallhaftung, in: FS f. R. Goerdeler, S. 601 ff., Düsseldorf 1987.

ders. — Rückblick auf das „Gervais"-Urteil, in: Probleme des Konzernrechts, S. 11 ff., Symposium zum 80.Geburtstag. von W. Schilling, Heidelberg 1989.

ders.	Haftung im qualifizierten faktischen GmbH-Konzern, in: ZGR 1991, S. 144 ff.
Strelau, Susanne	Wettbewerbsverbot für den GmbH-Geschäftsführer und Befreiungsmöglichkeiten, Marburg 1999.
Streyl, Annedore	Zur konzernrechtlichen Problematik von Vorstands-Doppelmandaten, Heidelberg 1992.
Strohn, Lutz	Die Verfassung der Aktiengesellschaft im faktischen Konzern, Köln, Berlin, Bonn, München 1977.
Sudhoff, Heinrich	Rechte und Pflichten des Geschäftsführers einer GmbH und einer GmbH & Co., 13. Auflage, Köln 1990.
Teichmann, Arndt	Gestaltungsfreiheit in Gesellschaftsverträgen, München 1970.
Thiel, Jochen	Die verdeckte Gewinnausschüttung im Spannungsfeld zum Zivil- und Steuerrecht, in: DStR 1993, S. 1801 ff.
Thöni, Wilfried	Zur Haftung des GmbH-Gesellschafters in Geschäftsführungsangelegenheiten, in: GmbHR 1989, S. 187 ff.
Thümmel, Roderich C.	Persönliche Haftung von Managern – Haftungsrisiken von Managern und Aufsichtsräten –, Stuttgart, München 1996.
Tiedchen, Susanne	Wettbewerbsverbot im GmbH-Konzern, in: GmbHR 1993, S. 616 ff.
Tillmann, Bert	Konkurriende Tätigkeit des beherrschenden Gesellschafter-Geschäftsführers, in: FS für G. Felix, S. 507 ff., Köln 1989.
Timm, Wolfram	Die Aktiengesellschaft als Konzernspitze, Köln, Berlin, Bonn, München 1980.
ders.	Wettbewerbsverbot und „Geschäftschancen" – Lehre im Recht der GmbH, in: GmbHR 1981, S. 177 ff.
ders.	Anmerkung zum Urteil des LG Bochum v. 20.5. 1986, in: ZIP 1986, S. 1387 ff.
ders.	Grundfragen des „qualifiziert" faktischen Konzerns im Aktienrecht, in: NJW 1987, S. 977 ff.
ders.	Treuepflichten im Aktienrecht, in: WM 1991, S. 481 ff.
ders.	Das Recht der faktischen Unternehmensverbindung im Umbruch, in: NJW 1992, S. 2185 ff.
ders.	Grundfälle zum Konzernrecht, in: JuS 1999, S. 553 ff., 656 ff., S. 760 ff., S. 867 ff.

Timmann, Henrik — Die Durchsetzung von Konzerninteressen in der Satzung der abhängigen Aktiengesellschaft, Baden-Baden 2001.

Treffer, Christian — Haftungsrisiken bei der Gründung einer GmbH-Auffang-gesellschaft, in: GmbHR 2003, S. 166 ff.

Trockels, Friedrich — „Business Judgement Rule“ und “Corporate Take-Overs in: AG 1990, S. 139 ff.

Tröger, Tobias — Treupflicht im Konzernrecht, Köln, Berlin, Bonn, München 2000

Tröster, Heinz G. — Die Einmann-GmbH, Erlangen, Nürnberg 1971.

Uelner, Jens — Sanierung im faktischen Aktienkonzern, Konzernrechtliche Kompetenzen und Gefahren, Aachen 1996.

Uhlenbruck, Wilhelm — Die Pflichten des Geschäftsführers einer GmbH oder GmbH & Co. KG in der Krise des Unternehmens, in: BB 1985, S. 1277 ff.

ders. — Die GmbH & Co. KG in Krise, Konkurs und Vergleich, 2. Auflage, Köln 1988.

Ulmer, Peter — Die Einmann-Gründung der GmbH – ein Dauergeschenk?, in: BB 1980, S. 1001 ff.

ders. — Gläubigerschutz im faktischen GmbH-Konzern beim Fehlen von Minderheitengesellschaftern, in: ZHR 148 (1984), S.391 ff.

ders. — Die GmbH und der Gläubigerschutz, in: GmbHR 1984, S. 256 ff.

ders. — Verlustübernahmepflicht des herrschenden Unternehmens als konzernspezifischer Kapitalerhaltungsschutz, in: AG 1986, S. 123 ff.

ders. — Der Gläubigerschutz im GmbH-Konzern, in: WPg 1986, S. 685 ff.

ders. — Gläubigerschutz im „qualifizierten“ faktischen GmbH-Konzern, in: NJW 1986, S. 1579 ff.

ders. — Schutz der GmbH gegen Schädigung zugunsten ihrer Gesellschafter? Zur Relevanz der Rechtsprechung zu § 266 StGB für das Gesellschaftsrecht, in: FS für Gerd Pfeiffer, Köln, Berlin 1988.

ders.	Vermutungs- und Beweisfragen: Qualifizierungsvermutung, Kausalitätsgegenbeweis, in: Der qualifizierte faktische GmbH-Konzern, S. 65 ff., hrsg. v. Hommelhoff, Peter/ Stimpel, Walter/ Ulmer, Peter, Köln 1992.
ders.	Die Aktionärsklage als Instrument zur Kontrolle des Vorstands- und Aufsichtsratshandelns, in: ZHR 163 (1999), S. 290 ff.
ders.	Das Recht der GmbH & Co. nach 50 Jahren BGH-Rechtsprechung, in: 50 Jahre BGH –Festgabe der Wissenschaft, Band II, S. 273 ff., München 2000.
ders.	Gesellschafterhaftung im faktischen Einmann-Konzern („Konzernhaftung") – Diskussionsstand nach TBB; Perspektiven, in: ZHR-Beiheft 70 (2001), S. 41 ff., Hrsg. P. Ulmer, Heidelberg 2001.
ders.	Von „TBB" zu „Bremer Vulkan" – Revolution oder Evolution?, in: ZIP 2001, S.2021 ff.
ders.	Anmerkung zum BGH-Urteil v. 24.06.2002 – II ZR 300/00 in: JZ 2002, S. 1049 ff.
ders.	Editorial – Vom Ungang mit rechtsfortbildenden BGH-Urteilen, in: ZHR 169 (2005), S. 1 ff.
Verhoeven, Thomas	GmbH-Konzern-Innenrecht, Bonn 1978.
Versteegen, Peter	Das TBB-Urteil als Wegbegleiter einer allgemeinen Intransparenzhaftung in der GmbH?, in: DB 1993, S: 1225 ff.
ders.	Konzernverantwortlichkeit und Haftungsprivileg, Köln 1993.
der Osten, Dinnies von	Das Wettbewerbsverbot von Gesellschaftern und Gesellschafter-Geschäftsführern in der GmbH, in: GmbHR 1989, S. 450 ff.
Vetter, Jochen	Rechtsfolgen existenzvernichtender Eingriffe, in: ZIP 2003, S. 601 ff.
ders.	Darlehen der GmbH an ihren Gesellschafter und Erhaltung des Stammkapitals, in: BB 2004, S. 1509 ff.
Vetter, Jochen/ Stadler, Christoph	Haftungsrisiken beim konzernweiten Cash Pooling, Köln 2003.
Vonnemann, Wolfgang	Strafbarkeit von GmbH-Geschäftsführern wegen Untreue zu Lasten der GmbH bei Zustimmung der Gesellschafter?, in: GmbHR 1988, S. 329 ff.
ders.	Die Haftung im qualifiziert faktischen GmbH-Konzern, in: BB 1990, S. 217 ff.

ders.	Haftung der GmbH-Gesellschafter bei materieller Unterkapitalisierung, Baden-Baden 1991.
ders.	Die Haftung von GmbH-Gesellschaftern wegen materieller Unterkapitalisierung, in: GmbHR 1992, S. 77 ff.
Wackerbarth, Ulrich	Grenzen der Leitungsmacht in der internationalen Unternehmensgruppe, München 2001.
ders.	Existenzvernichtungshaftung 2005, Unternehmerische Entscheidungen auf dem Prüfstand?, in: ZIP 2005, S. 877 ff.
Wahl, Axel	Die Haftung für „existenzvernichtende Eingriffe" in der instanzgerichtlichen Rechtsprechung, in: GmbHR 2004, 994.
Wassermeyer, Franz	Überlegungen zur BFH-Rechtsprechung zum Wettbewerbsverbot, in: DB 1992, S. 2410 ff.
ders.	Die neuere BFH-Rechtsprechung zu Verstößen gegen ein Wettbewerbsverbot durch den Gesellschafter-Geschäftsführer einer GmbH, in: DStR 1997, S. 681 ff.
Weber, Christoph	Privatautonomie und Außeneinfluß im Gesellschaftsrecht, Tübingen 2000.
Weber, Dolf	GmbH-rechtliche Probleme des Management Buy-Out, in: ZHR 155 (1991), S. 120 ff.
Weitbrecht, Cornelius	Haftung der Gesellschafter bei materieller Unterkapitalisierung der Gesellschaft, Köln 1990.
Weitnauer, Wolfgang	Die Akquisitionsfinanzierung auf dem Prüfstand der Kapitalerhaltungsregeln, in: ZIP 2005, S. 790 ff.
Weisser, Johannes	Corporate Opportunities, Köln, Berlin, Bonn, München 1991.
Wellenkamp, Ludger	Die Haftung von Geschäftsleitern im Konzern, in: WM 1993, S.2155 ff.
ders.	Der Durchgriff auf den GmbH-Gesellschafter, in: DStR 2003, S. 210 f.
Wellensiek, Jobst	Bericht des Konkursverwalters der NEFF-Werke-GmbH, in: ZIP 1982, S. 1370 ff.
Westermann, Harm Peter	Die GmbH ohne erwerbswirtschaftliche Zielsetzung, in: GmbHR 1970, S. 313.
ders.	GmbH-Konzernrecht kraft richterlicher Rechtsfortbildung?, in: GmbHR 1976, S. 77 ff.

Westermann, Hans – Peter	Haftungsrisiken eines „beherrschenden" GmbH-Gesellschafters in: NZG 2002, S. 1129 ff.
Wessels, Peter	Aufsteigende Finanzierungshilfen in GmbH und AG, in: ZIP 2004, S. 793 ff.
Wiedemann, Herbert	Juristische Personen und Gesamthand als Sondervermögen, in: WM 1975, Beilage Nr. 4.
ders.	Grundfragen der Unternehmensverfassung, in: ZGR 1975, S. 385 ff.
ders.	Gesellschaftsrecht, Band I: Grundlagen, München 1980.
ders.	Gesellschaftsrechtliche Probleme der Betriebsaufspaltung, in: ZIP 1986, S. 1293 ff.
ders.	Die Unternehmensgruppe im Privatrecht, Tübingen 1988.
ders.	Organverantwortung und Gesellschafterklagen in der Aktiengesellschaft, Opladen 1989.
ders.	Zu den Treuepflichten im Gesellschaftsrecht, in: FS für T. Heinsius, S. 949 ff., Berlin 1991.
ders.	Reflexion zur Durchgriffshaftung – Zugleich Besprechung des Urteils BGH, WM 2002, S. 1804 ff. („KBV"), in: ZGR 2003, S. 283 ff.
Wiedemann, Herbert/ Hirte, Heribert	Die Konkretisierung der Pflichten des herrschenden Unternehmens – Besprechung der Heumann-Ogilvy-Entscheidung, in: ZGR 1986, S. 163 ff.
dies.	Konzernrecht, in: 50 Jahre BGH – Festgabe der Wissenschaft, Band II, S. 337 ff., München 2000.
Wilhelm, Hermann	Die Beendigung des Beherrschungs- und Gewinnabführungsvertrages, Köln, Berlin, Bonn, München 1975.
Wilhelm, Jan	Die Vermögensbindung bei der Aktiengesellschaft und der GmbH und das Problem der Unterkapitalisierung, in: FS f. W. Flume Bd. II, S. 337 ff., Köln 1978.
ders.	Rechtsform und Haftung bei der juristischen Person, Köln, Berlin, Bonn, München 1981.
ders.	Konzernrecht und allgemeines Haftungsrecht, in: DB 1986, S. 2113 ff.
ders.	Konkursantragspflicht des GmbH-Geschäftsführers und Quotenschaden, in: ZIP 1993, S. 1833 ff.

ders. Kapitalgesellschaftsrecht, Berlin, New York 1998.

ders. Zurück zur Durchgriffshaftung – das „KBV"-Urteil des II. Zivilsenats des BGH vom 24.06.2002, in: NJW 2003, S. 175 ff.

ders. Anmerkung zum BGH-Urteil v. 13.12.2004 – II ZR 206/02, in: LMK 2005, S. 56 f.

Wilhelmi, Rüdiger Die „neue" Existenzvernichtungshaftung der Gesellschafter der GmbH, in: DZWIR 2003, S. 45 ff.

ders. Anmerkung zum Urteil des BGH v. 13.12.2004 – II ZR 206/02, in: EWiR 2005, S. 221 f.

Wilken, Oliver Qualifizierter faktischer Konzern und Unterkapitalisierung, in: WiB 1997, S. 453 ff.

ders. Cash-Management und qualifiziert faktische Konzernierung, in: DB 2001, S. 2383 ff.

Willburger, Wolfram Günter Der Durchgriff auf die Gesellschafter wegen ausgeübter Herrschaftsmacht im Haftungssystem der GmbH, Mainz 1994.

Wimmer-Leonhardt, Susanne Konzernhaftungsrecht – Die Haftung der Konzernmuttergesellschaft für die Tochtergesellschaften im deutschen und englischen Recht, Tübingen 2004.

Windbichler, Christine Unternehmensverträge und Zusammenschlußkontrolle Köln, Berlin, Bonn, München 1977.

dies. Arbeitsrechtler und andere Laien in der Baugrube des Gesellschaftsrechts, in: FS f. O.R. Kissel, S. 1287 ff., München 1994.

dies. Anm. zu BAG-Urteil vom 8.9.1998, in: RdA 2000, S. 238 ff.

Winter, Martin Verdeckte Gewinnausschüttung im GmbH-Recht, in: ZHR 148 (1984), S. 579 ff.

ders. Mitgliedschaftliche Treuebindung im GmbHR, Heilbronn 1986.

ders. Eigeninteresse und Treupflicht bei der Einmann-GmbH in der neueren BGH-Rechtsprechung, in: ZGR 1994, S.570 ff.

Witt, Carl – Heinz Bericht über die Diskussion, in: ZHR-Beiheft 70 (2001), S. 73 ff., Hrsg. P. Ulmer, Heidelberg 2001.

Wolany, Josef Rechte und Pflichten eines Gesellschafters einer GmbH, Köln 1964.

Wodicka, Josef Maria — Die Untreue zum Nachteil der GmbH bei vorheriger Zustimmung aller Gesellschafter, Frankfurt a.M. 1993.

Wolf, Thomas — Der Abschied von der Haftungsgrundlage des qualifiziert faktischen GmbH-Konzerns und die Auswirkungen auf Cash-Management-Systeme, in: StuB 2002, S. 1130 ff.

Wrede, Sabine — Die bodenschutzrechtliche Konzernhaftung nach BBodSchG im Lichte der „Bremer Vulkan"-Entscheidung des BGH, in: NuR 2003, S. 593 ff.

Zeidler, Finn — Zentrales Cashmanagement in faktischen Aktienkonzernen, Köln, Berlin, Bonn, München 1999.

Ziegler, Klaus — Verlustausgleich und Haftungsdurchgriff beim qualifiziert faktischen GmbH-Konzern Teil I und Teil II, in: WM 1989, S. 1041 ff. und S. 1077 ff.

Ziemons, Hildegard — Die Haftung der Gesellschafter für Einflußnahmen auf die Geschäftsführung der GmbH, Köln, Berlin, Bonn, München 1996.

Zöller, Richard — Kommentar zur Zivilprozeßordnung, mit Gerichtsverfassungs- und den Einführungsgesetzen, mit internationalem Zivilprozeßrecht, Kostenanmerkungen, Köln 1997. (zit.: Zöller/ Bearb., ZPO – Komm.).

Zöllner, Wolfgang — Die Schranken mitgliedschaftlicher Stimmrechtsmacht bei den privatrechtlichen Personenverbänden, München, Berlin 1963.

ders. — Inhaltsfreiheit bei Gesellschaftsverträgen, in: FS 100 Jahre GmbH-Gesetz, S. 85 ff., Köln 1992.

ders. — Treuepflichtgesteuertes Aktienkonzernrecht, in: ZHR 162 (1998), S. 235 ff.

ders. — Zur Problematik der aktienrechtlichen Anfechtungsklage, in: AG 2000, S. 145 ff.

Peter Lang · Europäischer Verlag der Wissenschaften

Edward Renger

Gläubigerschutz durch § 32a GmbHG

Ein Beitrag zur ökonomischen Analyse des Eigenkapitalersatzrechts unter Einbeziehung US-amerikanischer Regelungskonzepte

Frankfurt am Main, Berlin, Bern, Bruxelles, New York, Oxford, Wien, 2004.
XXII, 214 S.
Europäische Hochschulschriften: Reihe 2, Rechtswissenschaft. Bd. 4071
ISBN 3-631-52946-5 · br. € 42.50*

§ 32a GmbHG regelt das Schicksal von Gesellschafterdarlehen und verwandten Finanzierungsmitteln, die an eine GmbH in der Krise vergeben wurden und in der Insolvenz wieder abgezogen werden sollen. Bis zum heutigen Tage sind die Kernfragen im Zusammenhang mit dieser Norm, nämlich warum sie notwendig ist und wie ihr Regelungsumfang beschaffen sein müßte, nicht geklärt. Zur Beantwortung dieser Fragen vereint die Studie eine finanzwirtschaftliche Untersuchung mit dem ersten umfassenden Modell der Gesellschafterfremdfinanzierung, eine ökonomische Analyse des Rechts zur Frage der rechtspolitischen Notwendigkeit ihrer Regulierung und eine rechtsvergleichende Untersuchung alternativer Regelungskonzepte in den USA. Diese werden durch eine Analyse möglicher Fortentwicklungen unter Berücksichtigung der gewonnenen Erkenntnisse ergänzt.

Aus dem Inhalt: Grundlagen der Gesellschafterfremdfinanzierung · Auswirkungen der Gesellschafterfremdfinanzierung auf die externen Gläubiger im allgemeinen · Auswirkungen der Gesellschafterfremdfinanzierung im Anwendungsbereich des § 32a GmbHG · Notwendigkeit einer Regulierung · Auswirkungen des § 32a GmbHG auf die identifizierten Gläubigergefahren · Das US-amerikanische Recht als mögliches Vorbild für Verbesserungen · Weitere Verbesserungsansätze

Frankfurt am Main · Berlin · Bern · Bruxelles · New York · Oxford · Wien
Auslieferung: Verlag Peter Lang AG
Moosstr. 1, CH-2542 Pieterlen
Telefax 00 41 (0) 32 / 376 17 27

*inklusive der in Deutschland gültigen Mehrwertsteuer
Preisänderungen vorbehalten

Homepage http://www.peterlang.de

FSC
www.fsc.org
MIX
Papier | Fördert
gute Waldnutzung
FSC® C083411

Kolibri 360 GmbH
Ferdinand-Jühlke-Straße 7
99095 Erfurt, Deutschland
produktsicherheit@kolibri360.de

Druck:
CPI Druckdienstleistungen GmbH
im Auftrag der
Kolibri 360 GmbH
Ferdinand-Jühlke-Str. 7
99095 Erfurt